Das Fragerecht des Arbeitgebers nach den Vorstrafen des Bewerbers

Schriften zum Arbeitsrecht und Wirtschaftsrecht

Herausgegeben von Abbo Junker

Band 37

PETER LANG
Frankfurt am Main · Berlin · Bern · Bruxelles · New York · Oxford · Wien

Alida Milthaler

Das Fragerecht des Arbeitgebers nach den Vorstrafen des Bewerbers

PETER LANG
Europäischer Verlag der Wissenschaften

Bibliografische Information Der Deutschen Bibliothek
Die Deutsche Bibliothek verzeichnet diese Publikation in der Deutschen Nationalbibliografie; detaillierte bibliografische Daten sind im Internet über <http://dnb.ddb.de> abrufbar.

Zugl.: Göttingen, Univ., Diss., 2005

D 7
ISSN 1433-4666
ISBN 3-631-54657-2

www.peterlang.de

Meinen Eltern

Vorwort

Diese Arbeit habe ich im Mai 2004 fertig gestellt. Die juristische Fakultät der Georg-August-Universität Göttingen hat sie im Sommersemester 2005 als Dissertation angenommen. Rechtsprechung, Literatur und Gesetzgebung sind bis Sommer 2005 berücksichtigt.

Mein herzlicher Dank gilt meinem Doktorvater, Herrn Prof. Dr. Abbo Junker für die hilfreiche Betreuung während der Anfertigung der Arbeit und vor allem für die sorgfältige und sehr schnelle Erstellung des Erstgutachtens. Mein Dank gilt weiter Frau Prof. Dr. Barbara Veit, die das Zweitgutachten erstellt hat.

Ebenso möchte ich allen Mitarbeitern des Lehrstuhls danken. Einen großen Anteil am Gelingen dieser Arbeit haben meine Eltern, die mich stets unterstützt haben und mir jede Hilfe haben zuteil werden lassen.

Göttingen, im Juni 2005

Alida Milthaler

Inhaltsverzeichnis

Abkürzungsverzeichnis

A. A.	Andere Ansicht
Abs.	Absatz
AcP	Archiv für civilistische Praxis (Zeitschrift)
AFG	Arbeitsförderungsgesetz (abgelöst durch das SGB III)
AGB-Gesetz	Gesetz über die allgemeinen Geschäftsbedingungen
AiB	Arbeitsrecht im Betrieb (Zeitschrift)
Anm.	Anmerkung / en
AP	Arbeitsrechtliche Praxis (Entscheidungssammlung)
AR-Blattei	Arbeitsrechts-Blattei
ArbG	Arbeitsgericht
ArbPlSchG	Arbeitsplatzschutzgesetz
ArbR-Hdb.	Arbeitsrechtshandbuch
ARS	Arbeitsrechtssammlung
ARSt.	Arbeitsrecht in Stichworten (Zeitschrift)
Art.	Artikel
AuA	Arbeit und Arbeitsrecht (Zeitschrift)
AufenthG	Aufenthaltsgesetz
Aufl.	Auflage
AuR	Arbeit und Recht (Zeitschrift)
BABl.	Bundesarbeitsblatt
BAG	Bundesarbeitsgericht
BAGE	Entscheidungen des Bundesarbeitsgerichts
BAT	Bundesangestelltentarif
BayOLG	Bayrisches Oberlandesgericht
BayVBl.	Bayrische Verwaltungsblätter
BB	Betriebsberater (Zeitschrift)
BBiG	Bundesbildungsgesetz
BetrR	Der Betriebsrat (Zeitschrift)
BetrVG	Betriebsverfassungsgesetz
BDSG	Bundesdatenschutzgesetz
BErzGG	Bundeserziehungsgeldgesetz
BFH	Bundesfinanzhof
BGB	Bürgerliches Gesetzbuch
BGBl.	Bundesgesetzblatt
BGH	Bundesgerichtshof
BGHSt	Entscheidungssammlung des Bundesgerichtshofs in Strafsachen
BGHZ	Entscheidungssammlung des Bundesgerichtshofs in Zivilsachen
BGleiG	Bundesgleichstellungsgesetz
Bl.	Blatt
BlStSozArbR	Blätter für Steuerrecht, Sozialversicherung und Arbeitsrecht (Zeitschrift)
BPersVG	Bundespersonalvertretungsgesetz
BT-Drucks.	Bundestagsdrucksachen
BtMG	Betäubungsmittelgesetz

BR-Drucks.	Bundesratsdrucksachen
BUV	Betriebs- und Unternehmensverfassung (Zeitschrift)
BVerfG	Bundesverfassungsgericht
BVerfGE	Entscheidungssammlung des Bundesverfassungsgerichts
BVerwG	Bundesverwaltungsgericht
BVerwGE	Entscheidungssammlung des Bundesverwaltungsgerichts
BZRG	Bundeszentralregistergesetz
bzw.	beziehungsweise
CR	Computer und Recht (Zeitschrift)
DAR	Deutsches Autorecht (Zeitschrift)
DB	Der Betrieb (Zeitschrift)
DGB	Deutscher Gewerkschaftsbund
d. h.	das heißt
Diss. Jur.	Juristische Dissertation
DJ	Deutsche Justiz (Zeitschrift)
DR	Deutsches Recht (Zeitschrift)
DJZ	Deutsche Juristenzeitung (Zeitschrift)
DÖV	Die öffentliche Verwaltung (Zeitschrift)
DRiZ	Deutsche Richterzeitschrift (Zeitschrift)
DVBl.	Deutsche Verwaltungsblätter (Zeitschrift)
DVR	Datenverarbeitung im Recht (Zeitschrift)
EBR-Gesetz	Europäisches Betriebsrätegesetz
EGBGB	Einführungsgesetz zum Bürgerlichen Gesetzbuch
EGGVG	Einführungsgesetz zum Gerichtsverfassungsgesetz
EGKS	Europäische Gemeinschaft für Kohle und Stahl
EGMR	Europäischer Gerichtshof für Menschenrechte
EMRK	Europäische Menschenrechtskonvention
ErbBauVO	Erbbauverordnung
etc.	et cetera
EzA	Entscheidungen zum Arbeitsrecht
f. / ff.	folgende / r
Fn.	Fußnote
FS	Festschrift
GA	Goltdammer's Archiv für Strafrecht (Zeitschrift)
GG	Grundgesetz
GewO	Gewerbeordnung
GK	Gemeinschaftskommentar
GmbHG	GmbH-Gesetz
GRUR	Gewerblicher Rechtsschutz und Urheberrecht (Zeitschrift)
GS	Gedächtnisschrift
HausRatsVO	Hausratsverordnung
HGB	Handelsgesetzbuch

Hrsg.	Herausgeber
HwB-AR	Handwörterbuch Arbeitsrecht
HWiG	Haustürwiderrufsgesetz
HzA	Handbuch zum Arbeitsrecht
i. d. R.	in der Regel
i. F. d.	in Form des
insb.	insbesondere
InsO	Insolvenzordnung
i. R. d.	im Rahmen des
i. S. d.	im Sinne des
i. V. m.	in Verbindung mit
JGG	Jugendgerichtsgesetz
JhJb.	Jherings Jahrbücher für die Dogmatik des bürgerlichen Rechts (Zeitschrift)
JR	Juristische Rundschau (Zeitschrift)
Jura	Juristische Ausbildung (Zeitschrift)
JuS	Juristische Schulung (Zeitschrift)
JVBl.	Justizverwaltungsblätter (Zeitschrift)
JVKostO	Justizverwaltungskostenordnung
JZ	Juristenzeitung (Zeitschrift)
KG	Kammergericht
KO	Konkursordnung
GK	Gemeinschaftskommentar zum Kündigungsschutzgesetz
KSchG	Kündigungsschutzgesetz
LAG	Landesarbeitsgericht
LAGE	Entscheidungssammlung der Landesarbeitsgerichte
LK	Leipziger Kommentar zum StGB
LM	Nachschlagewerk des Bundesgerichtshofs / Lindenmaier-Möhring
MDR	Monatsschrift für Deutsches Recht (Zeitschrift)
MfS	Ministerium für Staatssicherheit
MRK	vgl. EMRK
MünchArbR	Münchener Handbuch zum Arbeitsrecht
MünchKomm	Münchener Kommentar
MuSchG	Mutterschutzgesetz
Nds. RPfl.	Niedersächsischer Rechtspfleger (Zeitschrift)
n. F.	neue Fassung
NJW	Neue Juristische Wochenschrift (Zeitschrift)
NJW-RR	Neue Juristische Wochenschrift, Rechtsprechungs-Report Zivilrecht (Zeitschrift)
Nr.	Nummer

NStZ	Neue Zeitschrift für Strafrecht (Zeitschrift)
NZA	Neue Zeitschrift für Arbeitsrecht (Zeitschrift)
NZA-RR	Rechtsprechungsreport Arbeitsrecht (Zeitschrift)
o. g.	oben genannt
OLG	Oberlandesgericht
OVG	Oberverwaltungsgericht
PA 1997	Police Act 1997
ProdHaftG	Produkthaftungsgesetz
RdA	Recht der Arbeit (Zeitschrift)
RdErl. d. RMdI	Runderlaß des Reichsministers des Inneren
RDV	Recht der Datenverarbeitung (Zeitschrift)
RG	Reichsgericht
RGSt	Entscheidungen des Reichsgerichts in Strafsachen
RGZ	Entscheidungen des Reichsgerichts in Zivilsachen
RGBl.	Reichsgesetzblatt
RGRK	Kommentar zum Bürgerlichen Gesetzbuch mit besonderer Berücksichtigung der Rechtsprechung des Reichsgerichts und des Bundesgerichtshofs
Rn.	Randnummer
ROA 1974	Rehabilitation of Offenders Act 1974
RzK	Rechtsprechung zum Kündigungsrecht
S.	Seite
s.	siehe
SachenRBerG	Sachenrechtsbereinigungsgesetz
SAE	Sammlung arbeitsrechtlicher Entscheidungen (Zeitschrift)
SchuldRAnpG	Schuldrechtsanpassungsgesetz
SchwbG	Schwerbehindertengesetz (abgelöst durch das SGB IX)
SGb.	Die Sozialgerichtsbarkeit (Zeitschrift)
SGB III	Sozialgesetzbuch Teil III
SGB IX	Sozialgesetzbuch Teil IX
Sog. / sog.	So genannte / r
Sp.	Spalte
StGB	Strafgesetzbuch
StPO	Strafprozeßordnung
StrafRegVO	Strafregisterverordnung
StrafTilgG	Straftilgungsgesetz
StV	Strafverteidiger (Zeitschrift)
StVG	Straßenverkehrsgesetz
StVZO	Straßenverkehrszulassungsordnung
TVG	Tarifvertragsgesetz
u. a.	und andere
u. ä.	und ähnliche

UFITA	Archiv für Urheber- und Medienrecht (Zeitschrift)
UmwG	Umweltgesetz
u. U.	unter Umständen
VerbrKrG	Verbraucherkreditgesetz
VersR	Versicherungsrecht (Zeitschrift)
VG	Verwaltungsgericht
Vgl. / vgl.	vergleiche
VwVfG	Verwaltungsverfahrensgesetz
WehrStrafG	Wehrstrafgesetz
WRV	Weimarer Reichsverfassung
ZAkfDR	Zeitschrift der Akademie für Deutsches Recht
ZAS	Zeitschrift für Arbeitsrecht und Sozialrecht
z. B.	zum Beispiel
ZBR	Zeitschrift für Beamtenrecht
ZDG	Zivildienstleistendengesetz
ZfA	Zeitschrift für Arbeitsrecht
ZfgesStW	Zeitschrift für die gesamte Staatsrechtswissenschaft
ZHR	Zeitschrift für das gesamte Handelsrecht und Wirtschaftsrecht
ZIP	Zeitschrift für Wirtschaftsrecht
ZRP	Zeitschrift für Rechtspolitik
ZTR	Zeitschrift für Tarif-, Arbeits- und Sozialrecht des öffentlichen Dienstes

Einleitung

Das Fragerecht des Arbeitgebers nach den Vorstrafen des Bewerbers ist seit Jahrzehnten in der Rechtsprechung und Literatur umstritten, da hierfür keine gesetzliche Regelung besteht. Nach und nach hat sich eine herrschende Meinung herausgebildet, die das arbeitgeberseitige Fragerecht auf die für das in Aussicht genommene Arbeitsverhältnis einschlägigen Vorstrafen beschränkt. Dazu steht das Führungszeugnis für private Zwecke nach § 30 Abs. 1 S. 1 BZRG in Widerspruch, denn dieses offenbart dem Arbeitgeber auch die nicht einschlägigen Vorstrafen. Dem Arbeitgeber ist es daher möglich, sein richterrechtlich beschränktes Fragerecht mittels des Führungszeugnisses zu umgehen. Dies wiederum widerspricht dem Resozialisierungszweck des Führungszeugnisses und dem Recht des Bewerbers auf informationelle Selbstbestimmung aus Art. 2 Abs. 1 i. V. m. Art. 1 Abs. 1 GG. Die Rechtslage nach dem BZRG und das richterrechtlich beschränkte Fragerecht sind somit gegenläufig. Nach jahrzehntelanger Diskussion in Rechtsprechung und Lehre hat nun auch der Gesetzgeber die Regelungsnotwendigkeit dieses Themenkomplexes erkannt. Im Rahmen des Erlasses des 4. Gesetzes zur Änderung des BZRG[1] hat der Bundestag eine Änderung der geltenden Rechtslage für die Zukunft mit Hilfe eines Gesetzes über Information und Kommunikation im Arbeitsverhältnis in Aussicht gestellt. Das Führungszeugnis für private und öffentliche[2] Arbeitgeber soll danach auf arbeitsplatzrelevante Verurteilungen beschränkt werden. Es handelt sich jedoch lediglich um ein Vorhaben des Gesetzgebers; wegen der besonderen Problematik dieses Rechtsgebiets hat er sich bis jetzt noch nicht dazu in der Lage gesehen, eine Regelung zu treffen.

Die Probleme, die bei der Schaffung eines sog. Arbeitgeberführungszeugnisses entstehen, sind nicht von der Hand zu weisen. Dies zeigt vor allem ein Vergleich mit der Rechtslage in anderen europäischen Ländern, die ebenfalls Regelungen bereithalten, ein Führungszeugnis auszustellen, welches die Resozialisierung des Vorbestraften fördert und gleichzeitig dem Informationsinteresse des Arbeitgebers Rechnung trägt. Jedoch zeigt die nachfolgende Untersuchung am Beispiel Frankreichs, Großbritanniens und der Niederlande, daß dabei eine Vielzahl an Problemen entsteht. Die Abstimmung der beiden Rechtsgebiete verlangt eine sensible und vor allem einzelfallgerechte Regelung. Es entsteht eine Reihe an Folgeproblemen.

---

1 4. BZRGÄndG, BT-Drucks., XIV/6814, S. 5 ff., vor allem S. 10. Vgl. auch: Götz/Tolzmann, Einleitung zum BZRG, Rn. 33-40, § 39 BZRG Rn. 43, § 53 BZRG Rn. 13; Götz/Tolzmann, Nachtrag zur 4. Aufl. des Kommentars zum BZRG, Einleitung, Rn. 3a.

2 Vgl. dazu auch S. 100 und S. 241.

Die vorliegende Arbeit setzt sich zunächst mit der Interessenlage von Arbeitgeber und Bewerber auseinander. Anschließend finden das Strafregisterwesen und die Entwicklung der Beurteilung des Arbeitgeberfragerechts nach Vorstrafen des Bewerbers und ähnlichen Umständen Erörterung. Das Ziel dieser Untersuchung ist es, eine Darstellung der Problematik mit den divergierenden Interessenlagen zu geben. Daran schließt sich die Ausarbeitung verschiedener Lösungsansätze zur Aufhebung des Widerspruchs zwischen den Fragerechtsbeschränkungen und dem Inhalt des Führungszeugnisses an. Einbezogen ist die Rechtslage hinsichtlich der Ausstellung der Führungszeugnisse in Frankreich, Großbritannien und den Niederlanden. Dabei bieten sich gerade diese drei Länder an, weil sie jeweils den Schutz des Stellenbewerbers auf unterschiedliche Weise bezwecken. Anschließend erfolgt jeweils eine Prüfung, ob die ausländischen Vorschriften für eine Übertragung in das deutsche Recht zur Beseitigung des Widerspruchs geeignet sind. Anhand dieser Untersuchung wird ein eigener Lösungsvorschlag zur Schaffung eines sog. Arbeitgeberführungszeugnisses an den Gesetzgeber entwickelt.

1. Kapitel:
Die widerstreitenden Interessen der Beteiligten

Der Ausgangspunkt der Problematik von Fragerecht und Mitteilungspflicht hinsichtlich der Vorstrafen des Bewerbers ist die Kollision der gegenseitigen Interessen von Arbeitgeber und Bewerber. Der Arbeitgeber ist in seinen verfassungsrechtlich geschützten Positionen aus Art. 12 Abs. 1 GG und Art. 14 Abs. 1 GG betroffen, der Bewerber in seinem Recht auf informationelle Selbstbestimmung aus Art. 2 Abs. 1 i. V. m. Art. 1 Abs. 1 GG und seinem allgemeinen Persönlichkeitsrecht. Bei der Ausübung des Fragerechts des Arbeitgebers ist daher ein Ausgleich zwischen diesen widerstreitenden Rechtspositionen zu erzielen. Die zu ermittelnden Grenzen von Fragerecht und Mitteilungspflicht müssen daher im Einklang mit beiden Rechtskreisen stehen.

Die Einstellung[3] eines neuen Mitarbeiters ist eine der wichtigsten Personalmaßnahmen, die ein Unternehmer treffen muß. Daher möchte er sich vorher möglichst umfangreich über den Bewerber informieren. Es wird ihm vor allem darauf ankommen, etwas über die Schulabschlüsse, die weitergehende Ausbildung und den beruflichen Werdegang des Bewerbers zu erfahren. Ferner sind die besonderen Fähigkeiten und Kenntnisse und die bisherigen Arbeitsstellen des Bewerbers von herausragendem Interesse. Diese Informationen geben Auskunft darüber, ob der Bewerber den Anforderungen der Stelle entspricht. Darüber hinaus besteht i. d. R. ein ausgeprägtes Interesse des Arbeitgebers an den persönlichen Verhältnissen des Arbeitnehmers, die sich auf das in Aussicht genommene Arbeitsverhältnis auswirken können. Als solche kommen vor allem die politische oder weltanschauliche Einstellung sowie die psychische und gesundheitliche Konstitution des Bewerbers oder eine eventuelle Vorstrafe in Betracht[4]. Der Arbeitgeber ist daran interessiert zu erfahren, ob der Arbeitnehmer in der Lage

---

[3] Als „Einstellung des Arbeitnehmers“ wird die Phase zwischen dem Eintritt in die Vertragsverhandlungen und dem Abschluß des Arbeitsvertrags bezeichnet. Die betriebliche Praxis verwendet einen weiten Einstellungsbegriff, der nicht mit dem betriebsverfassungsrechtlichen Einstellungsbegriff des § 99 Abs. 1 BetrVG identisch ist, vgl.: Knipp, HwB-AR, Einstellung 795, Rn. 1, 77 f.

[4] Darüber hinaus wird von der Arbeitgeberseite des öfteren bei einer weiblichen Bewerberin nach einer Schwangerschaft, bei Männern nach einer bevorstehenden Einberufung in den Wehr- oder Zivildienst gefragt. Ansonsten fragen Arbeitgeber nach der Gewerkschafts-, Partei- oder Religionszugehörigkeit, der Schwerbehinderteneigenschaft, der Verfügbarkeit des Arbeitnehmers, die durch eine Kurbewilligung oder eine zu verbüßende Haftstrafe gemindert wird, der Höhe des bisherigen Arbeitsverdienstes, den Vermögensverhältnissen und etwaigen Unterhaltsverpflichtungen.

sein wird, seinen arbeitsvertraglichen Verpflichtungen nachzukommen, oder ob er aufgrund von Krankheit oder einer ausstehenden Haftstrafe an der Erbringung der Arbeitsleistung verhindert sein wird. Ferner lassen sich aus der Summe der persönlichen Informationen über den Bewerber möglicherweise Schlüsse auf das Verhalten und die Leistung am künftigen Arbeitsplatz ziehen[5]. Im Anbahnungsverhältnis geht es darum, „den richtigen Mann an den richtigen Platz zu stellen“[6]. Während des Anbahnungsverhältnisses will der Arbeitgeber daher möglichst alles über den Bewerber erfahren, um das Risiko des Dauerschuldverhältnisses des Arbeitsvertrags zumindest kalkulierbar zu machen[7].

Das ausgeprägte Informationsinteresse läßt sich mit den weitreichenden Folgen der Einstellung eines Arbeitnehmers begründen. Je geeigneter, qualifizierter und tatkräftiger der Angestellte ist, desto höher wird der wirtschaftliche Erfolg des Unternehmens sein. Auf der anderen Seite kann ein ungeeigneter und oft fehlender Arbeitnehmer den Arbeitgeber und sein Unternehmen stark beeinträchtigen. Der Arbeitgeber wird sich von dem unqualifizierten Mitarbeiter trennen wollen. Dabei wird er auf zahlreiche Schwierigkeiten treffen, denn ein unbefristeter Arbeitsvertrag entfaltet starke Bindungen. Der Abschluß eines Arbeitsvertrags stellt ein großes Risiko für die Vertragspartner dar[8].

Um sich vom ungeeigneten Arbeitnehmer zu trennen, hat der Arbeitgeber vor allem die Möglichkeit der Anfechtung und der Kündigung. Eine Anfechtung kommt für den Arbeitgeber nur in Betracht, sofern ihm einer der Anfechtungsgründe der §§ 119 ff. BGB zur Seite steht und die weiteren Voraussetzungen dieses Gestaltungsrechts gegeben sind. Hier werden sich nicht selten Probleme ergeben[9]. Die Möglichkeit der außerordentlichen Kündigung gemäß § 626 Abs. 1 BGB besteht nur, sofern der Arbeitgeber einen wichtigen Grund geltend machen kann, der nur in Ausnahmefällen und bei besonders schwerwiegenden Vertragsverletzungen gegeben ist. Die Wirksamkeit der ordentlichen Kündigung ist ebenfalls an zahlreiche Voraussetzungen geknüpft[10].

---

5 Stevens-Bartol, Handbuch des Arbeits- und Sozialrechts, § 7c, Rn. 38; Janker, AuA 1991, 264.

6 BAG, Urteil vom 01.08.1985 – 2 AZR 101/83, NJW 1987, 398 (399); Kasseler Handbuch zum ArbR I-Striegan, 2.10 Rn. 137; Böhm/Justen, Bewerberauswahl und Einstellungsgespräch, S. 13; Bellgardt, Rechtsprobleme des Bewerbergesprächs, S. 9.

7 Holzapfel, Wechselseitigkeit von Informationspflichten, S. 19.

8 Holzapfel, Wechselseitigkeit von Informationspflichten, S. 18; Bellgardt, Recht und Taktik des Bewerbergesprächs, S. 54.

9 Vgl. dazu S. 271 ff.

10 Vgl. dazu S. 282 ff.

Die strengen Anforderungen der Anfechtung und der Kündigung vermindern die Reaktionsmöglichkeiten des Arbeitgebers im personellen Bereich, denn das Unternehmen kann seinen Personalbestand nicht ohne weiteres und mit der erforderlichen Flexibilität an die sich ändernden Voraussetzungen des Marktes anpassen. Die eingeschränkte Möglichkeit des Arbeitgebers, sich von einem Arbeitnehmer zu trennen, behindert zum einen die Wettbewerbsfähigkeit der deutschen Unternehmen und stellt zu anderen einen Grund für die Zurückhaltung der Arbeitgeber bei der Neueinstellung von Arbeitnehmern dar[11]. Die zahlreichen

---

[11] Bellgardt, Recht und Taktik des Bewerbergesprächs, S. 54; Kraft, ZfA 1995, 419 (429); Zöllner, ZfA 1994, 423 (434). Der Sachverständigenrat zur Begutachtung der gesamtwirtschaftlichen Entwicklung hat bereits in seinem Jahresgutachten von 1989/90, Ziffer 364 ff. (370) festgestellt, daß der ausgeprägte Kündigungsschutz des deutschen Rechts lediglich die Arbeitnehmer schützt, die bereits in einem Arbeitsverhältnis beschäftigt sind. Die erwerbslosen Arbeitnehmer werden demgegenüber benachteiligt. Jedoch würde ein höherer ökonomischer Schutz für die Arbeitnehmer insgesamt dadurch erreicht, wenn gerade die Arbeitslosen eine bessere Einstellungschance erhielten. Zöllner, ZfA 1994, 423 (434) stellt hierzu eindringlich fest: „Je höher die Entlassungsbarrieren geschraubt (werden), um so höher (sind) auch die Einstellungsbarrieren. Dies (ist) der Punkt, an dem der arbeitsrechtliche Schutzgedanke zugunsten des sozial Schwächeren, wie er dem Kündigungsschutzgesetz zugrunde liegt, in sein Gegenteil umschlagen (kann)." Siehe dazu auch: Franz/Rüthers, RdA 1999, 32 (34, 35, 38); Busch, Der Arbeitgeber 1997, 446; Hümmerich, NZA 1996, 1289 (1294); Hönsch, Der Arbeitgeber 1989, 203. Zur „Insider-Outsider-Theorie" vgl. Cohen, Fehldiagnose Globalisierung, S. 138-140. Die prohibitiv wirkenden Kündigungsvorschriften des deutschen Arbeitsrechts schützen unproduktive oder störende Arbeitnehmer in ungerechtfertigter Weise vor der Entlassung. Das hat eine verminderte Wettbewerbsfähigkeit des Unternehmens zur Folge, die auch von den anderen Mitarbeitern des Unternehmens zu tragen ist, Franz/Rüthers, RdA 1999, 32 (34); Hönsch, Der Arbeitgeber 1989, 203. Durch den erhöhten Kündigungsschutz und damit die erschwerte Möglichkeit des Arbeitgebers, sich von einem Arbeitnehmer zu trennen sowie die Einschränkungen des Fragerechts beim Einstellungsgespräch und die starken Beteiligungsrechte des Betriebsrats, setzen das Arbeitsrecht und die Rechtsprechung der Arbeitsgerichte den Unternehmen Anreize, den Personalbedarf auf eine andere Weise als durch Neueinstellungen zu decken. Hier sei nur die Möglichkeit genannt, Werkverträge abzuschließen und Subunternehmer zu beschäftigen. Ferner nehmen befristete Arbeitsverträge oder das Ausweichen auf Zeitarbeitsfirmen in der Praxis zu. Darüber hinaus ist anzumerken, daß in einigen Wirtschaftssparten ganze Kolonnen ausländischer Arbeitnehmer beschäftigt werden, Hümmerich, NZA 1996, 1289 (1294), oder es werden Überstunden angeordnet, um Neueinstellungen zu vermeiden, Franz/Rüthers, RdA 1999, 32 (35). Auch werden Aufträge verlagert oder Satellitenarbeitsplätze geschaffen, Busch, Der Arbeitgeber 1997, 446. Jedoch stellt es eines der wichtigsten Unternehmensziele dar, qualifizierte Mitarbeiter nicht nur zu beschäftigen, sondern diese auch an das Unternehmen zu binden. Von deren Arbeitskraft und Wissen profitiert auch die Stellung des Unternehmens im Wettbewerb und dessen Gewinnerzielung. Da die ökonomischen Systeme vielen Veränderungen unterworfen sind, ist Flexibilität eine notwendige Voraussetzung für den wirtschaftlichen Erfolg eines Unternehmens und gleichzeitig eine Vorbedingung für das

Voraussetzungen der verschiedenen Beendigungsmöglichkeiten des Arbeitsverhältnisses beschäftigen die Personalabteilungen in großem Umfang. Die vergebens aufgewandten Einstellungs- und Einarbeitungskosten des Arbeitnehmers sowie eine mögliche Störung des Betriebsfriedens[12] und die Einstellungs- und Auswahlkosten, die bei einer erneuten Besetzung der frei gewordenen Stelle anfallen, sind in Rechnung zu stellen.

Die Schwierigkeiten, denen der deutsche Arbeitgeber begegnet, wenn er sich von einem Mitarbeiter trennen möchte, wirken sich bereits auf den Einstellungsvorgang aus und führen zu einer Wechselwirkung zwischen der Einstellungs- und Kündigungsproblematik[13]. Aus den vorgenannten Gründen wird der Arbeitgeber daher bemüht sein, derartige Folgeprobleme zu vermeiden. Dazu wird er sich so eingehend wie möglich über die Person des Stellenbewerbers informieren wollen[14]. Aus dieser Motivation heraus wird er oft über sein Ziel hinausschießen und alle Fragen stellen, die er als wissenswert erachtet. Auf der anderen Seite wird der Bewerber viele Fragen als unzulässig empfinden – mit Recht. Der Arbeitgeber wiederum kann seine Ansprüche nur dann durchsetzen und geltend machen, wenn er über die tatsächlichen Umstände informiert ist. Der Auskunftsanspruch im vorvertraglichen Anbahnungsverhältnis soll dem Arbeitgeber die Möglichkeit geben, sich über rechtserhebliche Vorgänge zu informieren[15]. Vor diesem Hintergrund stellt der Auskunftsanspruch einen Hilfsanspruch dar, da er der Durchsetzung des Hauptanspruchs und damit der Verwirklichung

---

Funktionieren des marktwirtschaftlichen Systems, Hümmerich, NZA 1996, 1289 (1290). Ist das Unternehmen indes in seiner wirtschaftlichen Entscheidungsfreiheit und Flexibilität eingeschränkt, kann es im Wettbewerb nicht bestehen. Aus diesen Gründen kann die Ökonomie nicht getrennt vom Arbeitsrecht betrachtet werden. Werden die wirtschaftlichen Aspekte bei der Anwendung und Ausgestaltung des Arbeitsrechts verkannt, so führt dies unausweichlich zu einer Verdrängung und Verletzung übergeordneter Schutzgüter wie der Gerechtigkeit und der Stabilität des Gemeinwesens, Franz/Rüthers, RdA 1999, 32. Daher wird vermehrt gefordert, das Arbeitsrecht an die veränderten gesellschaftlichen und wirtschaftlichen Rahmenbedingungen anzupassen. Vgl. allgemein: Franz/Rüthers, RdA 1999, 32 (38); Busch, Der Arbeitgeber 1997, 446 (447); Kraft, ZfA 1995, 419 (424 ff.); Kittner, AuR 1995, 385 (391 ff.); Zöllner, ZfA 1994, 423 (428 ff.); Hönsch, Der Arbeitgeber 1989, 203.

12 Ramm, Die Anfechtung des Arbeitsvertrages, S. 61; Holzapfel, Wechselseitigkeit von Informationspflichten, S. 9; Birk, Auskünfte über Arbeitnehmer, S. 197; Ehrich, HwB-AR, Fragerecht des Arbeitgebers 865, Rn. 1.

13 Bellgardt, Rechtsprobleme des Bewerbergesprächs (1. Aufl.), S. 9.

14 Holzapfel, Wechselseitigkeit von Informationspflichten, S. 9; Birk, Auskünfte über Arbeitnehmer, S. 197; Ehrich, HwB-AR, Fragerecht des Arbeitgebers 865, Rn. 1.

15 Palandt-Heinrichs, § 261 BGB Rn. 1; Boemke, AR-Blattei SD, Auskunftspflicht 320, Rn. 2; Joussen, NJW 2003, 2857 f.; Lüke, JuS 1986, 2 (3).

der wirtschaftlichen Interessen des Berechtigten dient[16]. Diese entgegengesetzten Interessen bilden den Ausgangspunkt. Sie müssen in Ausgleich gebracht werden. Aus diesem Spannungsverhältnis ergibt sich die Problematik von Fragerecht des Arbeitgebers und Offenbarungspflicht des Bewerbers[17].

§ 1: Privatautonomie und Vertragsfreiheit

Zunächst ist von der Vertragsfreiheit von Arbeitgeber und Arbeitnehmer auszugehen. Die Vertragsschließenden sind grundsätzlich frei, ob und mit welchem Inhalt sie Verträge abschließen. Der Interessenkonflikt bei der Einstellung[18] wird von der freien Wirtschaft anerkannt und sogar vorausgesetzt[19].

I. Herleitung der Vertragsfreiheit

Der Abschluß eines Arbeitsvertrags gemäß §§ 611 ff. BGB stellt den Abschluß eines privatrechtlichen Vertrags dar[20]. Im Bereich des Privatrechts gilt die Privatautonomie[21], nach der es jedem einzelnen überlassen ist, seine Lebensverhältnisse im Rahmen der bestehenden Rechtsordnung eigenverantwortlich zu gestalten[22]. Obwohl die Privatautonomie ausdrücklich nicht im Grundgesetz gewährleistet ist[23], ist sie nach der ständigen Rechtsprechung des Bundesverfas-

---

16 BGH, Urteil vom 17.05.1994 – X ZR 82/92, AR-Blattei ES 670 Nr. 11, S. 5 = NJW 1995, 386 (387); Urteil vom 02.11.1960 – V ZR 124/59, BGHZ 33, 373 (379); Soergel-Wolf, § 259 BGB Rn. 14; Boemke, AR-Blattei SD, Auskunftspflicht 320, Rn. 3.

17 BAG, Urteil vom 01.08.1985 – 2 AZR 101/83, NJW 1987, 398 (399); Fitting/Engels/-Schmidt/Trebinger/Linsenmaier, § 94 BetrVG Rn. 16; Janker, AuA 1991, 264 (265). Vgl. ferner: Bregenhorn, Die Rechtsproblematik der Personalbeurteilung, S. 134 f.

18 Siehe oben S. 25 ff. und unten S. 34 ff. Hierzu ferner: BAG, Urteil vom 01.08.1985 – 2 AZR 101/83, NJW 1987, 398 (399); Fitting/Engels/Schmidt/Trebinger/Linsenmaier, § 94 BetrVG Rn. 16; Holzapfel, Wechselseitigkeit von Informationspflichten, S. 9.

19 Hubmann, Das Persönlichkeitsrecht, S. 188.

20 Nach Echterhölter, BB 1970, 677 (682) handelt es sich mit dem Arbeitsverhältnis um ein personenrechtliches Gemeinschaftsverhältnis, das sich vom vermögensrechtlich orientierten Schuldrecht abhebt. Palandt-Weidenkaff, Einführung vor § 611 BGB Rn. 1 beschreibt den Dienstvertrag als einen schuldrechtlichen gegenseitigen Vertrag, durch den der eine Teil zur Leistung der versprochenen Dienste und der andere Teil zur Leistung der vereinbarten Vergütung verpflichtet wird. Siehe auch: Hueck/Nipperdey, Lehrbuch des Arbeitsrechts, Band I, § 22 I, S. 128; Holzapfel, Wechselseitigkeit von Informationspflichten, S. 1.

21 Palandt-Heinrichs, Überblick vor § 104 BGB Rn. 1.

22 Palandt-Heinrichs, Überblick vor § 104 BGB Rn. 1; Boemke, AR-Blattei SD, Auskunftspflicht 320, Rn. 25.

23 Anders in der Weimarer Reichsverfassung: Hier wurde die Vertragsfreiheit ausdrücklich in Art. 152 Abs. 1 WRV gewährleistet.

sungsgerichts[24] und der herrschenden Auffassung der Lehre[25] im Kern in Art. 2 Abs. 1 GG verankert. Denn die allgemeine menschliche Handlungsfreiheit des Art. 2 Abs. 1 GG umfaßt auch die Freiheit der Entfaltung im wirtschaftlichen Bereich[26]. Dazu gehört auch die Vertragsfreiheit[27], §§ 241, 305 BGB. Hinsichtlich des Abschlusses des Arbeitsvertrags unterfällt die Vertragsfreiheit dem speziellen Schutz des Art. 12 Abs. 1 GG als Teil der beruflichen Handlungsfreiheit[28]. Haupterscheinungsform der Privatautonomie ist die Vertragsfreiheit[29].

---

24 BVerfG, Beschluß vom 13.05.1986 – 1 BvR 1542/84, BVerfGE 72, 155 (170); Beschluß vom 13.05.1986 – 1 BvR 1542/84, BVerfGE 72, 155 (170); Beschluß vom 04.06.1985 – 1 BvL 12/84, BVerfGE 70, 115 (123); Beschluß vom 04.05.1982 – 1 BvL 26/77 und 66/78, BVerfGE 60, 329 (339); Beschluß vom 01.03.1979 – 1 BvR 532, 533/77, 419/78 und 1 BvL 21/78, BVerfGE 50, 290 (366); Beschluß vom 14.10.1970 – 1 BvR 306/68, BVerfGE 29, 260 (267); Beschluß vom 16.05.1961 – 2 BvF 1/60, BVerfGE 12, 341 (347); Beschluß vom 29.07.1959 – 1 BvR 394/58, BVerfGE 10, 89 (99); Beschluß vom 12.11.1958 – 2 BvL 4, 26, 40/56, 1, 7/57, BVerfGE 8, 274 (328); Beschluß vom 16.01.1957 – 1 BvR 253/56, BVerfGE 6, 32 (36 f.); Beschluß vom 20.07.1954 – 1 BvR 459, 484, 548, 555, 623, 651, 748, 783, 801/52, 5, 9/53, 96, 114/54, BVerfGE 4, 7 (15).

25 Soergel-Wolf, Vor § 145 BGB Rn. 42; Junker, Arbeitsrecht, Rn. 17; Flume, FS zum hundertjährigen Bestehen des Deutschen Juristentags, S. 135 (140); Boemke, AR-Blattei SD, Auskunftspflicht 320, Rn. 25.

26 BVerfG, Beschluß vom 29.07.1959 – 1 BvR 394/58, BVerfGE 10, 89 (99); Urteil vom 27.01.1965 – 1 BvR 213, 715/58 und 66/60, BVerfGE 18, 315 (327); Urteil vom 13.07.1965 – 1 BvR 771/59, 234, 246, 367/61 und 17/62, BVerfGE 19, 101 (111); Maunz/Dürig/Herzog-Di Fabio, Art. 2 Abs. 1 GG Rn. 19; Soergel-Wolf, Vor § 145 BGB Rn. 42.

27 BVerfG, Beschluß vom 12.11.1958 – 2 BvL 4, 26, 40/56, 1, 7/57, BVerfGE 8, 274 (328); Beschluß vom 07.04.1964 – 1 BvL 12/63, BVerfGE 17, 306 (309); BAG, Urteil vom 15.01.1955 – 1 AZR 305/54, BAGE 1, 258 (268) zur Vertragsfreiheit der Tarifvertragsparteien; BAG, Urteil vom 10.05.1957 – 1 AZR 249/56, NJW 1957, 1688 (1689); Maunz/Dürig/Herzog-Di Fabio, Art. 2 Abs. 1 GG Rn. 19; Soergel-Wolf, Vor § 145 BGB Rn. 42; Boemke, AR-Blattei SD, Auskunftspflicht 320, Rn. 25.

28 So die überwiegende Auffassung in der Rechtsprechung und Literatur: BVerfG, Beschluß vom 01.03.1978 – 1 BvR 786, 793/70, 168/71 und 95/73, BVerfGE 47, 285 (318 ff.); Maunz/Dürig-Scholz, Art. 12 GG Rn. 49, 115; Breuer, in: Handbuch des Staatsrechts, Band VI, § 147 Rn. 63; MünchArbR-Buchner, § 39 Rn. 15; Junker, Arbeitsrecht, Rn. 17; Scholz, Die Koalitionsfreiheit als Verfassungsproblem, S. 10 f., 118; Degenhart, JuS 1990, 161 (165); Scholz, ZfA 1981, 265 (275); Echterhölter, BB 1970, 677. Anders: Mangoldt/Klein/Starck-Manssen, Art. 12 Abs. 1 GG Rn. 66 und Manssen, Privatrechtsgestaltung, S. 133 f., der die Vertragsfreiheit für die berufliche Tätigkeit für derart wichtig erachtet, daß sie als unbenanntes Grundrecht in Art. 2 Abs. 1 GG einen eigenständigen materiellen Gehalt erhalten soll. Dieser untermauere die grundlegende zivilrechtliche Bedeutung in verfassungsrechtlicher Weise. Nach Manssen kann der erwünschte eigenständige verfassungsrechtliche Gehalt der Vertragsfreiheit nicht erreicht werden, wenn die Vertragsfreiheit dem Schutz des Art. 12 Abs. 1 GG unterfällt, denn dadurch würde sie als unbenanntes Grundrecht an Eigenständigkeit verlieren. Diese Argumentation überzeugt in-

Der Vertragsfreiheit steht das Prinzip der Selbstverantwortung gegenüber, welches besagt, daß jeder voll Geschäftsfähige seine wirtschaftlichen Interessen eigenverantwortlich regeln kann[30]. Dabei ist er auch selbst dafür verantwortlich, seine wirtschaftlichen Interessen bei der Eingehung von Rechtsgeschäften wahrzunehmen. Jede Vertragspartei trägt selbst die Verantwortung dafür, ein günstiges Geschäft abzuschließen. Grundsätzlich ist das Privatrechtssubjekt nicht gehalten, die Interessen des Vertragspartners zu wahren[31]. Bereits § 105 der Gewerbeordnung des Norddeutschen Bundes vom 21.06.1869[32] ging davon aus, daß Rechtsverhältnisse zwischen den Gewerbetreibenden mit den Gesellen, Gehilfen und Lehrlingen „Gegenstand freier Uebereinkunft" sind. So hat auch das Bundesarbeitsgericht[33] festgestellt, daß die Vertragsteile während der Einstellungsverhandlungen in ihren Entschlüssen frei sind[34].

---

des nicht, denn Art. 12 Abs. 1 GG geht Art. 2 Abs. 1 GG als spezielles Grundrecht vor. Ferner erfährt die Vertragsfreiheit unter Art. 12 Abs. 1 GG einen besseren Schutz, da die engeren Schranken des Art. 12 Abs. 1 GG und nicht die weite Schrankentrias des Art. 2 Abs. 1 GG gelten.

29 Palandt-Heinrichs, Einführung vor § 145 BGB Rn. 7; Junker, Arbeitsrecht, Rn. 17; Hesse, Verfassungsrecht und Privatrecht, S. 35. Vertragsfreiheit ist die Freiheit des einzelnen, seine Lebensverhältnisse durch Verträge eigenverantwortlich zu regeln. Sie läßt sich im wesentlichen in zwei Teilbereiche aufspalten: die Abschlußfreiheit und die Freiheit der inhaltlichen Gestaltung. Die Abschlußfreiheit bedeutet, daß jeder einzelne selbst entscheidet, ob er überhaupt einen Vertrag abschließt. Die Freiheit der inhaltlichen Gestaltung betrifft die Vertragsmodalitäten. Sofern sich die Person dazu entschlossen hat, überhaupt einen Vertrag abzuschließen, ist sie i. d. R. frei, auch über den Vertragspartner, die Vertragsart und den genauen Vertragsinhalt eigenverantwortlich zu entscheiden.

30 Boemke, AR-Blattei SD, Auskunftspflicht 320, Rn. 26.

31 BGH, Urteil vom 11.03.1987 – VIII ZR 215/86, NJW 1987, 2082 (2084); Palandt-Heinrichs, § 123 BGB Rn. 5, § 242 BGB Rn. 37; Boemke, AR-Blattei SD, Auskunftspflicht 320, Rn. 26; Kursawe, NZA 1997, 245 (246).

32 Bundesgesetzblatt des Norddeutschen Bundes 1869, S. 245 (269). Siehe auch: BR-Drucks. 293/95 vom 23.05.1995, Begründung zu § 1, S. 84; BR-Drucks. 293/95 vom 23.05.1995.

33 BAG, Urteil vom 22.09.1961 – 1 AZR 241/60, BAGE 11, 270 (273); Später: BAG, Urteil vom 02.10.1974 – 5 AZR 504/73, AP § 613a BGB Nr. 1 Bl. 3. So auch: BVerfG, Beschluß vom 07.02.1990 – 1 BvR 26/84, BVerfGE 81, 242 (254); BR-Drucks. 293/95 vom 23.05.1995, Begründung zu § 1, Anlage, S. 84, Begründung zum zweiten Abschnitt, S. 91; MünchKomm-Müller-Glöge, § 611 BGB Rn. 159; MünchArbR-Buchner, § 39 Rn. 68, 115; Böhm/Justen, Bewerberauswahl und Einstellungsgespräch, S. 14; Joussen, NJW 2003, 2857; Küchenhoff, RdA 1969, 97 (100).

34 BVerfG, Beschluß vom 07.02.1990 – 1 BvR 26/84, BVerfGE 81, 242 (254); BAG, Urteil vom 02.10.1974 – 5 AZR 504/73, AP § 613a BGB Nr. 1 Bl. 3; BR-Drucks. 293/95 vom 23.05.1995, S. 84, 91; MünchKomm-Müller-Glöge, § 611 BGB Rn. 159; MünchArbR-Buchner, § 39 Rn. 24, 68, 115; Boemke, AR-Blattei SD, Auskunftspflicht 320, Rn. 28; Joussen, NJW 2003, 2857; Pleyer, ZHR 125 (1963), S. 81 (84). Vgl. auch: Art. 3 Abs. 4

II. Beschränkungen der Vertragsfreiheit

Die Vertragsfreiheit ist nicht unbeschränkt gewährleistet. Für den Arbeitnehmer stellt das Arbeitsverhältnis eines der wichtigsten Vertragsverhältnisse überhaupt dar, denn es sichert seine Existenzgrundlage. Durch seine Arbeitskraft muß er seinen Lebensunterhalt und den seiner Familie bestreiten[35]. Der Arbeitgeber ist demgegenüber sozial mächtiger[36]. Unter bestimmten Voraussetzungen kann er von einer Einstellung des Bewerbers von vornherein absehen oder den Arbeitnehmer im nachhinein wieder entlassen. Daher hat das Bundesverfassungsgericht in seiner Handelsvertreter-Entscheidung[37] aus dem Jahr 1990 die Notwendigkeit der Beschränkung der Vertragsfreiheit wie folgt aufgezeigt: „Hat einer der Vertragsteile ein so starkes Übergewicht, daß er vertragliche Regelungen

---

S. 1 (Recht am Arbeitsplatz) des Entwurfes eines Arbeitsgesetzbuchs der Arbeitsgesetzbuchkommission 1977.

35 Junker, Arbeitsrecht, Rn. 8, 18; Molitor/Hueck/Riezler-Molitor, Der Arbeitsvertrag und der Entwurf eines allgemeinen Arbeitsvertragsgesetzes, S. 85; Hubmann, Das Persönlichkeitsrecht, S. 185; Nikisch, Arbeitsrecht, Band I, § 20 III 2, S. 185; Otto, Personale Freiheit und soziale Bindung, S. 15; Bellgardt, Rechtsprobleme des Bewerbergesprächs (1. Aufl.), S. 10; Hölzel, Die Arbeit – Ein Ausdruck des Personenwesens des Menschen, S. 54; Hubmann, Das Persönlichkeitsrecht, S. 185 f.

36 Conrad, Freiheitsrechte und Arbeitsverfassung, S. 164 f.; Junker, Arbeitsrecht, Rn. 18; Molitor/Hueck/Riezler-Molitor, Der Arbeitsvertrag und der Entwurf eines allgemeinen Arbeitsvertragsgesetzes, S. 85; Nikisch, Arbeitsrecht, Band I, § 20 III 2, S. 185; Borgaes, Der Informationsschutz des Arbeitsplatzbewerbers, S. 85; Bregenhorn, Die Rechtsproblematik in der Personalbeurteilung, S. 52; Ichino, RdA 1998, 271 (275); Linnenkohl, DVR 1981, 317 (342); Häßler/Kehrmann, BlStSozArbR 1967, 44 (45). Siehe dazu S. 25 ff.

37 BVerfG, Beschluß vom 07.02.1990 – 1 BvR 26/84, BVerfGE 81, 243 (255). Vgl. auch: BVerfG, Urteil vom 06.02.2001 – 1 BvR 12/92, NJW 2001, 957 (958); Beschluß vom 15.07.1998 – 1 BvR 1554/89, 963, 964/94, BVerfGE 98, 365 (395 ff.); Beschluß vom 27.01.1998 – 1 BvL 15/87, BVerfGE 97, 169 (176 ff.); Beschluß vom 02.05.1996 – 1 BvR 696/96, NJW 1996, 2021; Beschluß vom 05.08.1994 – 1 BvR 1402/89, NJW 1994, 2749 (2750); Beschluß vom 19.10.1993 – 1 BvR 567, 1044/89, BVerfGE 89, 214 (231 f.); Urteil vom 28.01.1992 – 1 BvR 1025/82, 1 BvL 16/83 und 19/91, BVerfGE 85, 191 (213); Maunz/Dürig/Herzog-Di Fabio, Art. 2 Abs. 1 GG Rn. 107; Erichsen, in: HbStR, Band VI, § 152 Rn. 58; Preis, Grundfragen der Vertragsgestaltung im Arbeitsrecht, § 2 I 2, S. 40 f.; Höfling, Vertragsfreiheit, S. 54-58; Hesse, Verfassungsrecht und Privatrecht, S. 37 f.; Flume, FS zum hundertjährigen Bestehen des Deutschen Juristentags, S. 135 (144 ff.); Raiser, FS zum hundertjährigen Bestehen des Deutschen Juristentags, Band I, S. 101 (123 ff.); Flume, Allgemeiner Teil des Bürgerlichen Rechts, Band II, § 1, 10, S. 17; Badura, FS Herschel, S. 21 (34 f., 37 f.); Zweigert, FS Rheinstein, Band II, S. 493 (502-504); Paulus/Zenker, JuS 2001, 1 (2 ff.); Hofmann, ZfA 1975, 1 (24); Häßler/Kehrmann, BlStSozArbR 1967, 44 (45); Gamillscheg, AcP 164 (1964), S. 385 (417). Ichino, RdA 1998, 271 (275) spricht von der „zivilrechtlichen Heuchelei der Vertragsparität von Arbeitgeber und Arbeitnehmer“.

praktisch einseitig setzen kann, bewirkt dies für den anderen Vertragsteil Fremdbestimmung. Wo es an einem annähernden Kräftegleichgewicht der Beteiligten fehlt, ist mit den Mitteln des Vertragsrechts kein sachgerechter Ausgleich der Interessen zu gewährleisten. Wenn bei einer solchen Sachlage über grundrechtlich verbürgte Positionen verfügt wird, müssen staatliche Regelungen ausgleichend eingreifen, um den Grundrechtsschutz zu sichern. Gesetzliche Vorschriften, die sozialem und wirtschaftlichem Ungleichgewicht entgegenwirken, verwirklichen hier die objektiven Grundentscheidungen des Grundrechtsabschnitts und damit zugleich das grundgesetzliche Sozialstaatsprinzip (Art. 20 Abs. 1, Art. 28 Abs. 1 GG).“ Der Bewerber hat keinen Anspruch auf Abschluß eines Arbeitsvertrags und daher kein subjektives „Recht auf Arbeit“[38]. Dem entspricht die Tatsache, daß der Arbeitgeber auf der anderen Seite die Freiheit hat, sich den Bewerber nach seinen eigenen Vorstellungen auszusuchen[39]. Dabei unterliegt er aus den o. g. Gründen zahlreichen Beschränkungen[40].

III. Zwischenergebnis

Beim Abschluß eines Arbeitsvertrags gilt im wesentlichen die Vertragsfreiheit aus Art. 2 Abs. 1, 12 Abs. 1 GG. Die arbeitsrechtliche Privatautonomie aus Art. 2 Abs. 1, 12 Abs. 1 GG umfaßt auch das Einstellungs- bzw. Auswahlermessen des privaten Arbeitgebers[41]. Mit der Abschlußfreiheit des Arbeitgebers geht seine Informationsfreiheit einher[42]. Sofern der Arbeitgeber mit seiner Frage in

---

38 Sachs-Tettinger, Art. 12 GG Rn. 13, 66; Herschel, Das Arbeitsrecht, Die Grundrechte, Band III/1, S. 325 (329); MünchArbR-Buchner, § 39 Rn. 33; Badura, FS Berber, S. 11 (21); Hubmann, Das Persönlichkeitsrecht, S. 186; Schwerdtner, ZfA 1977, 47 (63, 65); Häßler/Kehrmann, BlStSozArbR 1967, 44 (45). Ein solches „Recht auf Arbeit“ bejahen: Leipold, AuR 1971, 161 (insb. 163-167); Wank, Das Recht auf Arbeit im Verfassungsrecht und im Arbeitsrecht, insb. S. 11-13. Vgl. zum „Recht auf Arbeit“ ferner S. 67 ff. und S. 130 ff.

39 MünchArbR-Buchner, § 41 Rn. 1; Badura, FS Berber, S. 11 (22); Häßler/Kehrmann, BlStSozArbR 1967, 44 (45).

40 Stevens-Bartol, Handbuch des Arbeits- und Sozialrechts, § 7c, Rn. 37; Echterhölter, BB 1970, 677. Der Arbeitgeber muß insb. die Befugnisse des Betriebsrats aus §§ 99 ff. BetrVG beachten, ebenso die Gleichberechtigung der Geschlechter gemäß §§ 611a, 611b BGB, die gerichtliche Billigkeitskontrolle, das Arbeitnehmerschutzrecht, die Beschränkungen bei der Exploration des Bewerbers und den Abschlußzwang. Dabei handelt es sich nicht um eine umfassende Bindung des Arbeitgebers, sondern das geltende Recht beschränkt sich auf punktuelle Bindungen.

41 Maunz/Dürig/Herzog-Scholz, Art. 12 Rn. 55; Badura, FS Berber, S. 11 (21); Schwerdtner, ZfA 1977, 47 (65, 66); Zöllner, 52. DJT, Band I, Teil D, S. 103; Joussen, NJW 2003, 2857; Häßler/Kehrmann, BlStSozArbR 1967, 44 (45).

42 Bellgardt, Rechtsprobleme des Bewerbergesprächs (1. Aufl.), S. 10 f.; Joussen, NJW 2003, 2857.

das Persönlichkeitsrecht des Bewerbers eingreift, ist die Grenze der Informationsfreiheit und Abschlußfreiheit des Arbeitgebers erreicht[43]. Eine Berücksichtigung der Grundrechte im Privatrecht ist wegen der mittelbaren Drittwirkung über die Generalklauseln geboten[44].

§ 2: Interessen des Arbeitgebers

Die Vertragsautonomie und Berufsfreiheit des Arbeitgebers aus Art. 12 Abs. 1 GG und seine Eigentumsfreiheit aus Art. 14 Abs. 1 GG sind betroffen. Laut Rechtsprechung des Bundesverfassungsgerichts[45] fällt die Gestaltung der arbeitsrechtlichen Beziehungen zu den Mitarbeitern in den Schutzbereich des Art. 12 Abs. 1 GG. Das Verfassungs- und Arbeitsvertragsrecht garantieren dem Arbeitgeber grundsätzlich, daß er über die Personalplanung und den Arbeitskräftebedarf autonom entscheiden kann[46]. Die Arbeitgeberfreiheit erschöpft sich in der Organisation, Schaffung, Veränderung, Veräußerung und Schließung des Betriebs sowie der Auswahl der Arbeitnehmer[47]. Der Unternehmer unterliegt staatlichen Einstellungsgeboten, Entlassungsverboten und Mitwirkungsrechten des Betriebsrats, Diskriminierungsverboten und dem gesetzlichen Kündigungsschutz[48].

Beim Informationserhebungsrecht ist der Arbeitgeber in seinem Informationsinteresse als Ausfluß seiner Handlungsfreiheit betroffen[49], denn im Hinblick auf den Abschluß eines künftigen Arbeitsvertrags benötigt er Informationen, um die richtige Entscheidung zu treffen und seine Interessen optimal zu wahren[50]. Dem Arbeitgeber ist es mit einer Vielzahl an Informationen eher möglich, eine gerechte Einstellungsentscheidung zu treffen. Trifft er aufgrund von fehlenden

---

43 BAG, Urteil vom 13.06.2002 – 2 AZR 234/01, NZA 2003, 265 f.; Bellgardt, Rechtsprobleme des Bewerbergesprächs (1. Aufl.), S. 11; Joussen, NJW 2003, 2857; Trümner, Fachanwalt Arbeitsrecht 2003, 34.

44 Vgl. dazu ausführlich S. 37 f. und S. 69 f.

45 BVerfG, Urteil vom 01.0.3.1979 – 1 BvR 532, 533/77, 419/78 und 1 BvL 21/78, BVerfGE 50, 290 (308); Beschluß vom 27.01.1998 – 1 BvL 15/87, AP § 23 KSchG Nr. 17 Bl. 3. Siehe auch: MünchKomm-Müller-Glöge, § 611 BGB Rn. 324 ff.

46 MünchArbR-Buchner, § 39 Rn. 51, § 41 Rn. 1; Häßler/Kehrmann, BlStSozArbR 1967, 44 (45).

47 MünchArbR-Buchner, § 39 Rn. 13, § 41 Rn. 1, 9; Badura, FS Berber, S. 11 (22); Linnenkohl, DVR 1981, 317 (343); Küchenhoff, RdA 1969, 97 (101); Häßler/Kehrmann, BlStSozArbR 1967, 44 (45).

48 MünchArbR-Buchner, § 39 Rn. 44; Badura, FS Berber, S. 11 (22); Buchner, NZA 1991, 577 (578) Buchner, NZA 1991, 577 (578); Küchenhoff, RdA 1969, 97 (101).

49 MünchArbR-Buchner, § 41 Rn. 9 f.; Erfurter Kommentar-Preis, § 611 BGB Rn. 360; Häßler/Kehrmann, BlStSozArbR 1967, 44 (45).

50 MünchArbR-Buchner, § 41 Rn. 10; Erfurter Kommentar-Preis, § 611 BGB Rn. 330 ff.

oder falschen Informationen eine Entscheidung, ist gleichzeitig das Persönlichkeitsrecht der Bewerber betroffen[51].

Des weiteren ist der Arbeitgeber in seinem Persönlichkeitsrecht auf gewerbliche Betätigung tangiert. Diese dient nicht nur der Gesamtwirtschaft, sondern stellt zugleich seine persönliche Lebensaufgabe und die Sicherung seines Lebensunterhaltes dar[52]. Schließlich hat die Allgemeinheit ein Interesse daran, jeden Arbeitsplatz optimal zu besetzen, daß keine Kapazitätsreserven ungenutzt brach liegen, damit die Gesamtproduktivität positiv beeinflußt wird[53]. Denn eine Einstellung unqualifizierter Arbeitnehmer bedeutet eine Fehllenkung von Ressourcen[54].

§ 3: Interessen des Arbeitnehmers

Dem Informationsinteresse des Arbeitgebers stehen diverse schutzwürdige Belange des Bewerbers gegenüber. Den Bewerber werden im wesentlichen zwei Beweggründe beeinflussen. Er verfolgt das Ziel, eingestellt zu werden, sog. Interesse am Arbeitsplatz[55]. Dazu wird er i. d. R. bereit sein, dem Arbeitgeber über seine Person und seine Fähigkeiten Auskunft zu erteilen. Jedoch wird er keine Informationen über seine Intim- und Privatsphäre und über aus Arbeitgebersicht negative Umstände geben wollen[56]. Bei einer wahrheitsgemäßen Beantwortung der Frage nach den Vorstrafen des Bewerbers hängen seine Einstellungschancen davon ab, wie der Arbeitgeber die Vorstrafen bewertet. Der Bewerber befindet sich in einer Zwangslage. Er muß befürchten, nicht eingestellt zu werden, wenn er nicht alle vom Arbeitgeber gestellten Fragen beantwortet[57]. Der Bewerber ist in seinem allgemeinen Persönlichkeitsrecht aus Art. 2 Abs. 1 GG[58], vor allem in

---

51 MünchArbR-Buchner, § 41 Rn. 10; Otto, Personale Freiheit und soziale Bindung, S. 14 f.

52 Hubmann, Das Persönlichkeitsrecht, S. 190.

53 Wank, Das Recht auf Arbeit im Verfassungsrecht und im Arbeitsrecht, S. 107, 123; Wiedemann, FS Herschel, S. 463 (470); Zöllner, 52. DJT, Band I, S. D 176 f.; Hofmann, ZfA 1975, 1 (19). Vgl. S. 40 ff.

54 Wank, Das Recht auf Arbeit im Verfassungsrecht und im Arbeitsrecht, S. 107.

55 Wiedemann, FS Herschel, S. 463 (470).

56 BAG, Urteil vom 01.08.1985 – 2 AZR 101/83, AP § 123 BGB Nr. 30 Bl. 3 = NJW 1987, 398 (399); Holzapfel, Wechselseitigkeit von Informationspflichten, S. 9, 24; Degener, Das Fragerecht des Arbeitgebers gegenüber Bewerbern, S. 60 f.; Birk, Auskünfte über Arbeitnehmer, S. 197; Ehrich, HwB-AR, Fragerecht des Arbeitgebers 865, Rn. 1; Conze, ZTR 1991, 99; Hofmann, ZfA 1975, 1 (19).

57 Holzapfel, Wechselseitigkeit von Informationspflichten, S. 9; Otto, Personale Freiheit und soziale Bindung, S. 15; Häßler/Kehrmann, BlStSozArbR 1967, 44 (45).

58 BVerfG, Beschluß vom 08.01.1998 – 1 BvR 390/96, NZA 1998, 418; Urteil vom 08.07.1997 – 1 BvR 2111/95 und 1 BvR 2189/95, EzA § 611 BGB Persönlichkeitsrecht

seinem Recht auf informationelle Selbstbestimmung aus Art. 2 Abs. 1 i. V. m. Art. 1 Abs. 1 GG[59] und seinem Recht auf freie Berufswahl und Berufsausübung aus Art. 12 Abs. 1 GG betroffen.

Das Bundesverfassungsgericht hat im Volkszählungsurteil[60] das Recht auf informationelle Selbstbestimmung hergeleitet. Als besondere Ausprägung des allgemeinen Persönlichkeitsrechts aus Art. 2 Abs. 1 GG umfaßt es die Befugnis des einzelnen, grundsätzlich selbst zu bestimmen, wann und innerhalb welcher Grenzen er personenbezogene Daten offenbaren möchte[61]. Das Bundesverfassungsgericht hat bis jetzt nur über die Anwendung des informationellen Selbstbestimmungsrechts im öffentlichen Recht entschieden. Das Bundesarbeitsgericht hat sich indes für eine Anwendung des informationellen Selbstbestimmungsrechts im Arbeitsverhältnis ausgesprochen. Dabei hat es in seinen Entscheidungen aber lediglich einen Teilbereich der möglichen Anwendungsprob-

---

Nr. 11, S. 1; Badura; FS Berber, S. 11 (24 f.); Künzl, HzA, 5/1, Rn. 1070/3; Ehrich, HwB-AR, Fragerecht des Arbeitgebers 865, Rn. 3.

59 BVerfG, Urteil vom 15.12.1983 – 1 BvR 209, 269, 362, 420, 440, 484/83, BVerfGE 65, 1 ff. = NJW 1974, 419 ff.; Künzl, HzA, 5/1, Rn. 1070/3; Conze, ZTR 1991, 99 (100); Wiese, Anm. zum Urteil des BAG vom 17.05.1983 – 1 AZR 1249/79, AP § 75 BPersVG Nr. 11 Bl. 8.

60 BVerfG, Urteil vom 15.12.1983 – 1 BvR 209, 269, 362, 420, 440, 484/83, BVerfGE 65, 1 ff. = NJW 1974, 419 ff.

61 BVerfG, Urteil vom 15.12.1983 – 1 BvR 209, 269, 362, 420, 440, 484/83, BVerfGE 65, 1 (42 f.). Diese Rechtsprechung hat das Bundesverfassungsgericht in den nachfolgenden Entscheidungen bestätigt: BVerfG, Beschluß vom 11.06.1991 – 1 BvR 239/90, CR 1992, 368 (369); Urteil vom 19.12.1991 – 1 BvR 382/85, DB 1992, 786 f.; Beschluß vom 28.01.1992 – 1 BvL 1319/91, NJW 1992, 1379; Beschluß vom 25.03.1992 – 1 BvR 1430/88, NJW 1992, 1875 (1876); Beschluß vom 14.09.1989 – 2 BvR 1062/87, NJW 1990, 563 (565); Beschluß vom 09.03.1988 – 1 BvL 49/86, BVerfGE 78, 77 (84); Urteil vom 17.07.1984 – 2 BvE 11, 15/83, BVerfGE 67, 100 (143). In der Literatur: Däubler, Gläserne Belegschaften, Rn. 77; Busch, Anm. zum Urteil des BVerfG vom 15.12.1983 – 1 BvR 209/83, DVBl. 1984, 385 (386); Hufen, JZ 1984, 1072 (1074). A. A. hingegen: Ehmann, NZA 1985, Beilage 1, S. 2 (6). Nach der überwiegenden Auffassung ist das allgemeine Persönlichkeitsrecht für die Herleitung des Rechts auf informationelle Selbstbestimmung im Hinblick auf eine spezielle Situation weiterentwickelt worden: Däubler, Gläserne Belegschaften, Rn. 80; Zöllner, RDV 1985, 3 (4); Heußner, AuR 1985, 309 (314); Heußner, SGb. 1984, 279 (281, Fn. 26); Hufen, JZ 1984, 1072 (1074). Das Bundesverfassungsgericht führt aus, daß die Einschüchterung durch eine informationelle Überlegenheit nicht nur die individuellen Entfaltungschancen des einzelnen beeinträchtigt, sondern es würden ebenso Gemeinwohlbelange beeinträchtigt, da die Handlungsfähigkeit der Bürger die Grundlage des freiheitlich demokratischen Gemeinwesens sei, BVerfG, Urteil vom 15.12.1983 – 1 BvR 209, 269, 362, 420, 440, 484/83, BVerfGE 65, 1 (42); Däubler, Gläserne Belegschaften, Rn. 79.

leme erörtert[62]. Nach der herrschenden Ansicht in der Literatur wirkt das Recht auf informationelle Selbstbestimmung lediglich im Wege der mittelbaren Drittwirkung[63] auf das Arbeitsverhältnis ein[64].

Eine unmittelbare Drittwirkung[65] ließe die Interessen des Arbeitgebers unbeachtet[66]. Da auch der Arbeitgeber Grundrechtsträger ist, ist es nicht vertretbar, wenn

---

62 Im Urteil vom 06.06.1984 – 5 AZR 286/81, NZA 1984, 321-323 = DB 1984, 2626 ff. = BB 1984, 2130 ff. hat das Bundesarbeitsgericht einen Anspruch des abgewiesenen Stellenbewerbers auf Vernichtung des von ihm ausgefüllten Bewerbungsfragebogens bejaht. In der sog. Rank-Xerox-Entscheidung vom 14.09.1984 – 1 ABR 23/82, NZA 1985, 28-32 = AuR 1985, 261-264 hat das Bundesarbeitsgericht die Anwendung des Mitbestimmungsrechts des Betriebsrats aus § 87 Abs. 1 Nr. 6 BetrVG bejaht, wenn bei der Anwendung von Informationstechnologien die Gefahr besteht, daß das Verhalten und die Leistung der Arbeitnehmer dadurch überwacht werden. Im Urteil vom 22.10.1986 – 5 AZR 660/85, AP § 23 BDSG Nr. 2 Bl. 2 = DB 1987, 1048 (1049 f.) erachtete das Bundesarbeitsgericht die Speicherung der Arbeitnehmerdaten durch den Arbeitgeber im Hinblick auf das informationelle Selbstbestimmungsrecht des Bewerbers für unbedenklich. Es sei Sache des Gesetzgebers, die privatrechtlichen Beziehungen für alle Beteiligten grundrechtsmäßig auszugestalten. Vgl. ferner: Däubler, Gläserne Belegschaften, Rn. 91-95.

63 Gola/Hümmerich, Personaldatenrecht im Arbeitsverhältnis, S. 7; Stevens-Bartol, Handbuch des Arbeits- und Sozialrechts, § 7c, Rn. 39; Conze, ZTR 1991, 99 (100); Heußner, AuR 1985, 309 (314); Baumann, DVBl. 1984, 612 (613); Simitis, NJW 1984, 398 (401); Wente, NJW 1984, 1446; Gamillscheg, AcP 164 (1964), S. 385 (404).

64 Erfurter Kommentar-Wank, Einleitung zum BDSG Rn. 10; Gola/Hümmerich, Personaldatenrecht im Beamtenverhältnis, S. 7; Hinrichs, Anm. zu den Beschlüssen des BAG vom 18.02.1986 – 1 ABR 21/84 und vom 11.03.1986 – 1 ABR 12/84, AuR 1986, 285 (288); Linnenkohl/Rauschenberg, Anm. zum Urteil des BAG vom 19.03.1986 – 5 AZR 86/85, BB 1986, 1715 f.; Heußner, AuR 1985, 309 (314); Klebe/Roth, AiB 1985, 131 (134 f.); Schapper/Waniorek, AuR 1985, 246 (247 f.); Simitis, NJW 1985, 404; Walz, AuR 1985, 233 f.; Wohlgemuth, AuR 1985, 239 (240, 245); Konferenz der Datenschutzbeauftragten, DÖV 1984, 504 (506); Simitis, NJW 1984, 398 (399); Wente, NJW 1984, 1446; Wohlgemuth, AuR 1984, 257 (261). Darüber hinausgehend erachten Däubler, Gläserne Belegschaften, Rn. 106 f.; MünchArbR-Blomeyer, § 99 Rn. 5; Däubler, Das Arbeitsrecht, Band 2, Rn. 506 f.; Küpferle/Wohlgemuth, Personaldatenverarbeitende Systeme, Rn. 41 f.; Tinnefeld/Ehmann, Einführung in das Datenschutzrecht, S. 91; Wohlgemuth/-Mostert, AuR 1986, 138 (145) und Linnenkohl/Töfflinger, AuR 1986, 199 (208) das Recht auf informationelle Selbstbestimmung im Arbeitsverhältnis nicht nur über die Transformationsnorm des § 75 Abs. 2 BetrVG für anwendbar, sondern erkennen eine unmittelbare Geltung im Arbeitsverhältnis an. Sie berufen sich auf das Volkszählungsurteil, nach dem es mit dem informationellen Selbstbestimmungsrecht nicht vereinbar sei, wenn die Bürger die Preisgabe ihrer persönlichen Daten nicht kontrollieren könnten.

65 Däubler, Gläserne Belegschaften, Rn. 102; Küpferle/Wohlgemuth, Personaldatenverarbeitende Systeme, Rn. 41; Wohlgemuth, DB 1985, Beilage 21, S. 1 (9); Wohlgemuth, BetrR 1985, 5 (6); Walz, AuR 1985, 233 f. Ferner spreche für eine Berücksichtigung des informationellen Selbstbestimmungsrechts im Arbeitsrecht, daß die sog. Transforma-

seine Interessen keinen Schutz erführen[67]. Im Einstellungsgespräch muß der Bewerber wegen seines Rechts auf informationelle Selbstbestimmung nur Umstände über seine Person preisgeben, die für eine sachgerechte Entscheidung erforderlich sind[68].

Im Einstellungsgespräch ist ferner das Recht des Bewerbers auf Achtung seiner Persönlichkeit[69] betroffen. Es ist zwischen dem häuslichen und familiären Lebensbereich des Bewerbers auf der einen Seite und der beruflichen Betätigung auf der anderen Seite zu unterscheiden[70], denn auch letztere gehört zum Privat-

---

tionsnorm des § 75 Abs. 2 BetrVG den Betriebsrat und den Arbeitgeber dazu verpflichtet, die freie Persönlichkeitsentfaltung der Arbeitnehmer zu schützen. Dazu gehört auch die informationelle Selbstbestimmung gemäß Art. 2 Abs. 1 i. V. m. Art. 1 Abs. 1 GG, Wohlgemuth/Mostert, AuR 1986, 138 (143); Wohlgemuth, AuR 1985, 239 (240, Fn. 14, 245); Simitis, NJW 1985, 401 (404). Demgegenüber äußert sich Zöllner, RDV 1985, 3 (8) skeptisch, ohne jedoch eine Begründung für seine Bedenken zu liefern.

66 GK-Kreutz, § 75 BetrVG Rn. 79; Brosette, Der Wert der Wahrheit im Schatten des Rechts auf informationelle Selbstbestimmung, S. 214 ff., 237; Ehmann, AcP 188 (1988), S. 230 (266 ff., 298 ff.). Gegen eine unmittelbare Drittwirkung des Rechts auf informationelle Selbstbestimmung im Arbeitsrecht: GK-Kreutz, § 75 BetrVG Rn. 79; Zöllner, RDV 1985, 3 (5); Zöllner, DB 1984, 241 (246); Ehmann, AcP 188 (1988), S. 230 (267, 303). Eine Wirkung des Rechts auf informationelle Selbstbestimmung im Arbeitsverhältnis verneint hingegen Kort, RdA 1992, 378 (379 f.) und CR 1987, 300 (308).

67 Däubler, Gläserne Belegschaften, Rn. 113; Teske, CR 1988, 670 (671). In diesem Zusammenhang wird zum Teil auf die Informationsfreiheit des Arbeitgebers aus Art. 5 Abs. 1 GG verwiesen: Kloepfer, Datenschutz als Grundrecht, S. 32; Ehmann, NZA 1985, Beilage 1, S. 2 (6); Zöllner, RDV 1985, 3 (4); Wente, NJW 1984, 1446 (1447). Baumann, RDV 1985, 1 (3) und DVBl. 1984, 612 (613) hingegen zieht die allgemeine Handlungsfreiheit des Arbeitgebers nach Art. 2 Abs. 1 GG zur Begründung heran. Eine dritte Gruppe in der Literatur beruft sich auf die kommunikativen Elemente der Berufsfreiheit und des Eigentumsschutzes des Arbeitgebers, Kloepfer, Datenschutz als Grundrecht, S. 32; Zöllner, RDV 1985, 3 (11); Heußner, AuR 1985, 309 (314).

68 MünchArbR-Buchner, § 41 Rn. 27.

69 BGH, Urteil vom 10.05.1957 – I ZR 234/55, BGHZ 24, 200 (208); Urteil vom 24.10.1961 – VI ZR 204/60, BGHZ 36, 77 (80); Urteil vom 05.03.1963 – VI ZR 55/62, BGHZ 39, 124 (128); BGH, Urteil vom 25.05.1965 – VI ZR 19/64, GRUR 1966, 157 (158); Urteil vom 08.12.1964 – VI ZR 201/63, NJW 1965, 685 (686); Nipperdey/Wiese, Freie Entfaltung der Persönlichkeit, Die Grundrechte, Band IV/2, S. 741 (849 ff.); Hubmann, Das Persönlichkeitsrecht, S. 320 ff.; Wiese, ZfA 1971, 273 (299); Küchenhoff, RdA 1969, 97 (100). Vgl. auch: Art. 12 der Allgemeinen Erklärung der Menschenrechte vom 10.12.1948 und Art. 8 der Konvention des Europarats zum Schutze der Menschenrechte und Grundfreiheiten vom 04.11.1950, BGBl. 1952 II, S. 685 (689), 953; BGBl. 1954 II, S. 14.

70 Wiese, ZfA 1971, 273 (299).

leben des Arbeitnehmers[71]. Fraglich ist, inwieweit die persönlichkeitsrechtliche Eigensphäre des Bewerbers dem Arbeitgeber entzogen ist. Wiese[72] stellt fest, daß der Arbeitnehmer durch die Eingehung des Arbeitsverhältnisses seine beruflich-persönlichen Umstände zwangsläufig dem Arbeitgeber offenbaren muß. Indem sich die berufliche und gewerbliche Tätigkeit im wesentlichen in der Öffentlichkeit abspielt, stellt nicht schon jede Bekanntgabe von wahren Tatsachen aus der gewerblichen Betätigung eine Beeinträchtigung der persönlichen Sphäre dar[73]. Jedoch dürfe dies nicht über den Zweck des Arbeitsverhältnisses hinausgehen; die Persönlichkeit des Arbeitnehmers muß geachtet werden[74].

In diesem Zusammenhang bestehen zwei Allgemeininteressen. Es handelt sich zum einen um das Resozialisierungsinteresse des vorbestraften Arbeitnehmers[75]. Der Vorbestrafte soll in das Erwerbsleben wieder eingegliedert werden[76]. Im Hinblick auf das Wirtschaftswachstum besteht zum anderen ein Interesse der Allgemeinheit an einem möglichst hohen Beschäftigungsstand[77]. Je weniger der Arbeitgeber zur Einstellung eines Vorbestraften bereit ist, desto geringer ist die Chance für den vorbestraften Bewerber, eingestellt zu werden. Das Fragerecht des Arbeitgebers nach den Vorstrafen des Bewerbers hat daher auch gesellschaftspolitische Dimensionen[78].

---

71 BGH, Urteil vom 24.10.1961 – VI ZR 204/60, BGHZ 36, 77 (80); Urteil vom 10.05.1957 – I ZR 234/55, BGHZ 24, 200 (208); OLG München, Urteil vom 26.03.1959 – 4 U 1961/58, UFITA 29 (1950), S. 107 (108); Nipperdey/Wiese, Freie Entfaltung der Persönlichkeit, Die Grundrechte, Band IV/2, S. 741 (850 f.); Hubmann, Das Persönlichkeitsrecht, S. 322; Hunold, DB 1993, 224; Wiese, ZfA 1971, 273 (299).

72 Wiese, ZfA 1971, 273 (299). Ähnlich: Nipperdey/Wiese, Freie Entfaltung der Persönlichkeit, Die Grundrechte, Band IV/2, S. 741 (850 f.).

73 Nipperdey/Wiese, Freie Entfaltung der Persönlichkeit, Die Grundrechte, Band IV/2, S. 741 (850 f.).

74 Hunold, DB 1993, 224; Küchenhoff, RdA 1969, 97 (100).

75 BVerfG, Beschluß vom 27.11.1973 – 2 BvL 12/72 und 3/73, NJW 1974, 179 (181); BAG, Urteil vom 15.01.1970 – 2 AZR 64/69, BB 1970, 803; Wohlgemuth, Datenschutz für Arbeitnehmer, Rn. 114; Ramm, Die Anfechtung des Arbeitsvertrages, S. 61; Linnenkohl, DVR 1981, 317 (319); Hofmann, ZfA 1975, 1 (19); Maurer, AuR 1972, 9 (10); Hofmann, Anm. zum Urteil des BAG vom 15.01.1970 – 2 AZR 64/69, SAE 1971, 134 (135); Großmann, AuR 1969, 97 (98).

76 Vgl. dazu S. 85 ff. Ferner: Wohlgemuth, Datenschutz für Arbeitnehmer, Rn. 114; Linnenkohl, DVR 1981, 317 (319).

77 Hofmann, ZfA 1975, 1 (20) und § 1 AFG.

78 Linnenkohl, DVR 1981, 317 (319).

§ 4: Betriebswirtschaftliche Hintergründe der Personalplanung

Die Unternehmen sind bestrebt, das Kapital bestmöglich zu verwerten. Dieses Ziel wirkt sich auch auf die Beschäftigungspolitik aus; die menschliche Arbeit ist ein betriebswirtschaftlicher Kostenfaktor. Daher versucht der Unternehmer bei der Personalentscheidung einen optimalen Ausgleich zwischen dem Personalaufwand und dem Leistungsbeitrag des Faktors Arbeit zu erzielen[79].

Bei der Einstellung eines neuen Mitarbeiters ist zu beachten, daß eine Fehlentscheidung viele Unannehmlichkeiten und vor allem Kosten für den Betrieb nach sich zieht. Die Einstellungsentscheidung des Arbeitgebers ist daher eine Investitionsentscheidung von erheblicher Tragweite[80]. Es fallen nicht nur Kosten der erneuten Stellenausschreibung und Bewerberauswahl an, sondern es ist darüber hinaus zu berücksichtigen, daß auch die Auswahl und Einarbeitung des ungeeigneten Arbeitnehmers Zeit und Geld gekostet hat. Je nach Qualifikationsstufe des neuen Mitarbeiters können die Einstellungskosten 50 bis 200 % eines Jahresgehalts ausmachen. Das zeigt, wie kostspielig eine Fehlentscheidung für den Arbeitgeber werden kann[81]. Jedem Unternehmen sollte daher an einer ausgereiften Personalplanung gelegen sein, die die Personalkosten so gering wie möglich hält. Die Personalplanung dient im weiteren Sinne auch den Arbeitnehmerinteressen[82], denn die Transparenz der Stellenplanung bietet den Mitarbeitern eine größere Arbeitsplatzsicherheit[83]. Vor allem aber ist die Personalplanung ein

---

79 Borgaes, Der Informationsschutz des Arbeitsplatzbewerbers, S. 7.

80 Bellgardt, Rechtsprobleme des Bewerbergesprächs (1. Aufl.), S. 9.

81 Lorenzen/Westermann, in: Handbuch der Personalleitung, Wagner/Zander/Hauke (Hrsg.), S. 571 (572). Lorenzen/Westermann, in: Handbuch der Personalleitung, Wagner/Zander/-Hauke (Hrsg.), S. 571 (572 f.) zählen für die steigende Wichtigkeit der Personalentscheidungen diverse Gründe auf: zunehmende Komplexität innerbetrieblicher Aufgabenstellungen, schwierige Personalmarktlage, erhöhte Gefahr vermeidbarer frühzeitiger Kündigungen, die für das Unternehmen einen Verlust bedeuten, Signalwirkung eines attraktiven Unternehmensimages, gewachsene Ansprüche infolge des Wertewandels durch jüngere Nachwuchskräfte, entsprechende Wertsetzungen durch ein neues Bewußtsein für Firmenkulturen, kostenintensivere Personalinvestition.

82 MünchArbR-Buchner, § 35 Rn. 4; Röschlau, RKW-Handbuch Personalplanung, S. 5; Bregenhorn, Die Rechtsproblematik in der Personalbeurteilung, S. 79, 320. Darüber hinaus hat die Allgemeinheit ein weitreichendes Interesse an einer funktionierenden Personalplanung, denn die Bundesrepublik Deutschland verfügt selbst über so gut wie keine Rohstoffe. Daher ist sie in hohem Maße exportabhängig und die menschliche Arbeitskraft der wichtigste Produktionsfaktor, vgl. dazu: Röschlau, RKW-Handbuch Personalplanung, S. 5.

83 Schmidt-Dorrenbach, in: Handbuch der Personalplanung, Wagner/Zander/Hauke (Hrsg.), S. 495 (502). Die Personalplanung ist dazu geeignet, bei strukturellen Anpassungen Härten zu vermeiden, denn bei einer rechtzeitigen Reaktion der Personalplanung auf die

wichtiges Mittel, die erforderlichen Mitarbeiter in Zeiten schnell ablaufender technischer und wirtschaftlicher Veränderungen zu organisieren und bereitzustellen[84]. Die Personalplanung stellt einen Teil der Unternehmensplanung dar[85], denn die technologischen, ökonomischen und sozialen Bestimmungsgrößen des Betriebs sind als ganzes zu betrachten, da eine komplexe Verknüpfung zwischen

---

technischen und wirtschaftlichen Entwicklungen können Risiken für die Arbeitnehmer vermieden werden. Eine sachgerechte und ordnungsgemäße Personalplanung bietet für die Arbeitnehmer den Vorteil, daß eine gezielte Weiterentwicklung im Unternehmen stattfinden kann. Vgl.: Schmidt-Dorrenbach, in: Handbuch der Personalplanung, Wagner/Zander/Hauke (Hrsg.), S. 495 (502).

84 Rumpff/Boewer, Mitbestimmung in wirtschaftlichen Angelegenheiten, D Rn. 24; Hunold, Arbeitsrechtslexikon, Personalplanung 282, S. 1; Hunold, Arbeitsrechtslexikon, Personalwirtschaft 283, S. 1. Schuhmacher, Personalplanung in der Praxis, S. 5 definiert die Ziele der Personalplanung als Koordination von humanen und betriebswirtschaftlichen Aspekten im Vorfeld, um zu einem betriebswirtschaftlichen, personal-, sozial- und gesellschaftspolitischen sowie volkswirtschaftlichen Optimum zu kommen. Der Mensch sei ein entscheidender Faktor zur Erreichung des Unternehmensziels. Die fortschreitende Technisierung der Produktion erfordert einen hohen Wissens- und Kenntnisstand der Mitarbeiter, Lutz, in: Lutz/Hartmann/Hirsch-Kreinsen, Produzieren im 21. Jahrhundert, S. 103 (118 ff.); Löwisch, RdA 1999, 69 (70). Dadurch, daß der Bedarf an hochqualifizierten Mitarbeitern steigt und gleichzeitig unqualifizierte Kräfte so gut wie gar nicht mehr benötigt werden, entsteht ein Lohndifferential zuungunsten der unqualifizierten Arbeit, Löwisch, RdA 1999, 89 (71).

85 Richardi-Thüsing, § 92 BetrVG Rn. 4; MünchArbR-Buchner, § 35 Rn. 4; Röschlau, RKW-Handbuch Personalplanung, S. 12; Drumm, Personalwirtschaftslehre, S. 163 ff.; Schuhmann, Personalplanung in der Praxis, S. 11; Schmidt-Dorrenbach, in: Handbuch der Personalplanung, Wagner/Zander/Hauke (Hrsg.), S. 495 (498); Bregenhorn, Die Rechtsproblematik in der Personalbeurteilung, S. 81; Schoof, AiB 1993, 289 (309). Zu den vier Hauptbereichen der Unternehmensplanung gehören die Absatzplanung (Verkaufsplanung), die Produktionsplanung, die Personalplanung und die Investitions- und Finanzplanung, vgl. dazu: MünchArbR-Buchner, § 35 Rn. 7. Die Personalplanung selbst gliedert sich wiederum in folgende Bereiche auf: Personalbedarfsplanung mitsamt der Nachfolgeplanung, Stellenplanung, Personalbeschaffungsplanung, Personalstrukturplanung, Personalentwicklungs- und Ausbildungsplanung, Personalerhaltungsplanung, Personaleinsatzplanung, Personalabbauplanung, Personalkostenplanung bzw. Personalbudgetierung, Personalorganisationsplanung und die Personalpolitikplanung. Vgl.: BAG, Beschluß vom 06.11.1990 – 1 ABR 60/89, AP § 92 BetrVG 1972 Nr. 3 Bl. 2; Röschlau, RKW-Handbuch Personalplanung, S. 18-24; Rumpff/Boewer, Mitbestimmung in wirtschaftlichen Angelegenheiten, D Rn. 17; Schuhmann, Personalplanung in der Praxis, S. 23; Hauke, in: Handbuch der Personalleitung, Wagner/Zander/Hauke (Hrsg.), S. 29 (30 f.); Bregenhorn, Die Rechtsproblematik in der Personalbeurteilung, S. 86-92; Hunold, Arbeitsrechtslexikon, Personalplanung 282, S. 1 f.; Schoof, AiB 1993, 289 (309). Zur Personalbedarfsplanung: Schmidt-Dorrenbach, in: Handbuch der Personalplanung, Wagner/Zander/Hauke (Hrsg.), S. 495 (502-510).

diesen Punkten besteht[86]. Die Unternehmensplanung wiederum stellt ein Instrument der Unternehmensleitung dar, das der Erfüllung unternehmenspolitischer Ziele dient[87]. Daher ist der Arbeitgeber für die Personalplanung und deren Teilpläne zuständig[88].

Die Personalplanung ist auf das betriebswirtschaftliche Ziel gerichtet, die verfügbaren Arbeitskräfte bestmöglich zu nutzen, um eine langfristige Sicherung der Existenz- und Wettbewerbsfähigkeit des Unternehmens sicherzustellen[89]. Gegenüber den anderen Bereichen der Unternehmensplanung nimmt die Personalplanung einen besonderen Stellenwert ein, weil hier nicht lediglich wirtschaftliche Gesichtspunkte, sondern auch soziale Umstände zu beachten sind[90]. Nichtsdestotrotz ist es in erster Linie Aufgabe der Personalplanung, in betriebswirtschaftlicher Hinsicht die erforderlichen Mitarbeiter für die Erledigung der anfallenden Arbeiten zur Verfügung zu haben und mit ihnen einen möglichst wirtschaftlichen Leistungserfolg zu erreichen[91]. Ziel der Personalplanung ist die Ermittlung des Personalbedarfs in qualitativer und quantitativer Hinsicht[92]. Sie ist erforderlich, das für die Erfüllung der unternehmerischen oder betrieblichen Ziele erforderliche Personal zum richtigen Zeitpunkt in der gewünschten Zahl und Qualität zu beschaffen oder bereitzuhalten[93]. Daran schließen sich die Maß-

---

86 Schuhmann, Personalplanung in der Praxis, S. 11. Ferner haben Störungen im Leistungsbereich eines Unternehmensteils nicht nur negative Auswirkungen auf die betroffene Organisationseinheit, sondern die Erreichung der Ziele des Unternehmens insgesamt wird dadurch beeinträchtigt, denn alle Unternehmensteile stehen in Abhängigkeit zueinander, vgl. dazu: Schmidt-Dorrenbach, in: Handbuch der Personalplanung, Wagner/Zander/Hauke (Hrsg.), S. 495 (498).

87 Röschlau, RKW-Handbuch Personalplanung, S. 14.

88 Schuhmann, Personalplanung in der Praxis, S. 17; Bregenhorn, Die Rechtsproblematik in der Personalbeurteilung, S. 81.

89 Schmidt, in: Schmidt/Hagenbruck/Sämann (Hrsg.), Handbuch der Personalplanung, S. 13 (19).

90 MünchArbR-Buchner, § 35 Rn. 7; Rumpff/Boewer, Mitbestimmung in wirtschaftlichen Angelegenheiten, D Rn. 18. Aus diesem Grund müßte die Personalplanung eigentlich Personal- und Sozialplanung genannt werden, denn bei der Planung muß stets die betriebliche Umsetzung berücksichtigt werden, vgl.: Schuhmann, Personalplanung in der Praxis, S. 22.

91 MünchArbR-Buchner, § 35 Rn. 12; Rumpff/Boewer, Mitbestimmung in wirtschaftlichen Angelegenheiten, D Rn. 18; Schmidt, in: Schmidt/Hagenbruck/Sämann (Hrsg.), Handbuch der Personalplanung, S. 13 (19).

92 BAG, Beschluß vom 06.11.1990 – 1 ABR 60/89, AP § 92 BetrVG 1972 Nr. 3 Bl. 2; MünchArbR-Buchner, § 35 Rn. 11; Rumpff/Boewer, Mitbestimmung in wirtschaftlichen Angelegenheiten, D Rn. 18; Schuhmacher, Personalplanung in der Praxis, S. 5.

93 Rumpff/Boewer, Mitbestimmung in wirtschaftlichen Angelegenheiten, D Rn. 18; Dütz, Arbeitsrecht, Rn. 76.

nahmen der Personalbeschaffung und -freistellung, der Personalentwicklung und des Personaleinsatzes an[94].

Schlechte betriebliche Arbeitsbedingungen und betriebliche Personalpolitik haben nicht nur Auswirkungen auf die Wettbewerbsfähigkeit und den Erfolg des betroffenen Unternehmens, sondern diese sind auch gesamtwirtschaftlich von Belang[95], denn die unzureichende Nutzung des verfügbaren Arbeitskräftepotentials und die dadurch entstehenden sozialen Spannungen mindern die theoretische Höhe der volkswirtschaftlichen Personalplanung und die unterlassenen betrieblichen Investitionen in das Humankapital. Dadurch wiederum werden die Sozialkosten für die Gesamtwirtschaft erhöht. Die unternehmerische Personalplanung trägt demgegenüber dazu bei, die gesellschaftlichen Belastungen, die auf schlecht geplanten Personalentscheidungen beruhen, zu vermeiden. Aufgrund einer sachgerechten Personalplanung ist es dem Unternehmer möglich, die Arbeitsämter rechtzeitig über bevorstehende Nachfragen und Entlassungen von Arbeitnehmern zu informieren[96].

Als erste Stufe des Planungsprozesses gliedert sich die Personalbedarfsplanung in die Stellenplanung und die Bedarfsplanung[97]. Bei der Stellenplanung wird die Personalstruktur anhand der Produktionserfordernisse festgelegt[98]. Die Bedarfsplanung hat zum Inhalt, die Personalanforderungen auf der Grundlage der Stellenanforderungen zu bestimmen[99]. Auf dieser Grundlage können die Stellenbeschreibungen festgelegt werden. Eine Stellenbeschreibung ist die schriftliche Festlegung der Stelleneingliederung in das Unternehmensgefüge und die Ziele, Aufgaben und Funktionen, die mit der Stelle verbunden sind, sowie der Verantwortlichkeiten und Kompetenzen[100]. Der Sinn der genauen Stellenbeschreibung

---

94 BAG, Beschluß vom 06.11.1990 – 1 ABR 60/89, AP § 92 BetrVG 1972 Nr. 3 Bl. 2; GK-Kraft, § 92 BetrVG Rn. 13 ff.; Erfurter Kommentar-Kania, § 92 BetrVG Rn. 5; MünchArbR-Buchner, § 35 Rn. 11, 13; Schmidt, in: Schmidt/Hagenbruck/Sämann (Hrsg.), Handbuch der Personalplanung, S. 14 ff.; Rumpff/Boewer, Mitbestimmung in wirtschaftlichen Angelegenheiten, D Rn. 15 f.

95 Schmidt, in: Schmidt/Hagenbruck/Sämann (Hrsg.), Handbuch der Personalplanung, S. 13 (21); Schmidt-Dorrenbach, in: Handbuch der Personalplanung, Wagner/Zander/Hauke (Hrsg.), S. 495 (502).

96 Schmidt-Dorrenbach, in: Handbuch der Personalplanung, Wagner/Zander/Hauke (Hrsg.), S. 495 (502).

97 MünchArbR-Buchner, § 35 Rn. 14; Rumpff/Boewer, Mitbestimmung in wirtschaftlichen Angelegenheiten, D Rn. 18 f.

98 Galperin/Löwisch, § 92 BetrVG Rn. 5 f.; Rumpff/Boewer, Mitbestimmung in wirtschaftlichen Angelegenheiten, D Rn. 19; MünchArbR-Buchner, § 35 Rn. 15.

99 MünchArbR-Buchner, § 35 Rn. 16.

100 Hauke, in: Handbuch der Personalleitung, Wagner/Zander/Hauke (Hrsg.), S. 29 (42); Borgaes, Der Informationsschutz des Arbeitsplatzbewerbers, S. 68.

liegt in der Schaffung einer Ordnung, aus der jeder Arbeitnehmer seine Stellung und Aufgaben im Betrieb genau ersehen kann[101]. Aufgrund dieser Planungen werden die Stellenausschreibungen veröffentlicht. An diese erste Phase schließen sich die Personalbeschaffungs- und Personalfreistellungsmaßnahmen, die Personalentwicklungsplanung, die Personaleinsatzplanung, die Personalerhaltung sowie die Personalkostenplanung an. Bei sachgerechter Durchführung der Personalplanung ist es dem Arbeitgeber möglich, sich ein genaues Profil vom einzustellenden neuen Mitarbeiter zu machen. Die für die freie Stelle erforderliche Ausbildung, die nötigen Vorkenntnisse, Erfahrungen und Eigenschaften des Arbeitnehmers werden festgelegt. Aufgrund dieser Schablone kann der Arbeitgeber nun in den verschiedenen Bewerbungsgesprächen den Arbeitnehmer heraussuchen, der am besten geeignet ist.

§ 5: Psychologische Aspekte

Ziel der Einstellung eines neuen Mitarbeiters ist es, die offene Stelle optimal zu besetzen. Der neue Arbeitnehmer muß die Stellenanforderungen erfüllen und zudem einsatzfähig sein. Dies gilt es im Bewerbungsgespräch zu erforschen. Dafür sind grundsätzlich weniger Rechtskenntnisse erforderlich als eine gute Menschenkenntnis und die richtige Fragetechnik[102]. Nur ausnahmsweise sind bereits gewisse Frageinhalte und Fragetechniken unzulässig[103]. Es handelt sich um das psychologische Problem der Eignungsdiagnostik. Rechtskenntnisse sind im wesentlichen erst später bei der Vertragsgestaltung und der Korrektur einer falschen Einstellungsentscheidung erforderlich[104].

---

101 Hauke, in: Handbuch der Personalleitung, Wagner/Zander/Hauke (Hrsg.), S. 29 (42). Aus diesem Grund erscheint es zweckmäßig, die folgenden Punkte in die Stellenbeschreibung aufzunehmen: Stellenbezeichnung, Ziel der Stelle, Rang der Stelle, Beschreibung des Aufgabenbereichs, Stellvertretungsregelungen, Über- und Unterordnungsverhältnisse und besondere Befugnisse des Stelleninhabers. Darüber hinaus können ergänzende Angaben wie die Anforderungen an den Stelleninhaber und Kompetenzabgrenzungen mit in die Stellenbeschreibung aufgenommen werden, vgl. auch: Hauke, in: Handbuch der Personalleitung, Wagner/Zander/Hauke (Hrsg.), S. 29 (42).

102 Böhm/Justen, Bewerberauswahl und Einstellungsgespräch, S. 13; Bellgardt, Recht und Taktik des Bewerbergesprächs, S. 9; Bregenhorn, Die Rechtsproblematik in der Personalbeurteilung, S. 61; Schmid, DB 1980, 2517 (2520). Daher ist es von Vorteil, wenn die Personen, die im Bewerbungsgespräch Fragen stellen und Bewerbungsfragebögen auswerten, für die Bewerberauswahl ausgebildet werden. Ansonsten geht die Effektivität eines durchdachten und gut ausgearbeiteten Bewerberfragebogens durch eine schlechte Fragetechnik wieder verloren. Vgl. auch: Schmid, DB 1980, 2517 (2520).

103 Vgl. zu den unzulässigen Frageinhalten S. 57 ff., 74 ff., 109ff., 159 ff. und zu den unzulässigen Fragetechniken S. 46 ff.

104 Böhm/Justen, Bewerberauswahl und Einstellungsgespräch, S. 13; Bellgardt, Rechtsprobleme des Bewerbergesprächs (1. Aufl.), S. 9.

Bei der Einstellungsentscheidung handelt es sich um ein Informationsproblem[105]. Der Arbeitgeber muß alle notwendigen Informationen zur Verfügung haben, um die richtige Entscheidung treffen zu können. Dies ist nur durch eine zielgerichtete Befragung möglich. Es kann auch das Problem auftauchen, daß der Bewerber den Arbeitgeber entweder nicht richtig informieren will oder dies nicht vermag. Dafür können zahlreiche Gründe vorliegen. Informationen bedeuten Macht, denn aufgrund einer Mehrinformation entsteht eine überlegene Stellung gegenüber dem anderen Vertragspartner. Teilweise begegnen die Bewerber dem Arbeitgeber mit Mißtrauen und der Vorstellung, daß der Arbeitgeber das Wissen zu seinen Ungunsten ausnutzt. Es kann sein, daß er eine Sanktion, Abwertung, Strafe, Rüge oder anderweitige Nachteile durch den Arbeitgeber – allem zuvor die Nichteinstellung – befürchtet und daher die gewünschten Informationen zurückhält.

Ferner kann der Bewerber die Frage nicht richtig beantworten, wenn er zur Weitergabe der Informationen durch eine dritte Stelle nicht befugt ist, wenn er selbst nicht richtig informiert ist oder wenn es ihm die Art und Weise der Befragung unmöglich macht, wahrheitsgemäß zu antworten[106]. In den erstgenannten Fällen wird der Arbeitgeber i. d. R. nicht viel ausrichten können, um die gewünschten Informationen zu erlangen. Verhält es sich aber derart, daß der Bewerber aufgrund der Art und Weise der Befragung Schwierigkeiten hat, wahrheitsgemäß zu antworten, ist Abhilfe möglich. Im Hinblick auf die wirtschaftlichen Hintergründe des Einstellungsgesprächs ist erforderlich, daß der Arbeitgeber es dem Bewerber so leicht wie möglich macht, die Wahrheit zu sagen. Hierfür stehen der Führungskraft eine Auswahl verschiedener Gesprächstechniken zur Verfügung, die er im Interview anwenden kann und mit denen er auf verschiedene Situationen sachgemäß reagieren kann[107]. Der Erfolg des Bewerbungsgesprächs hängt vor allem von der Geschicklichkeit zur sozialen Interaktion – also dem Verhalten und der Person des Fragenden – ab[108]. Es entstehen dadurch Fehler, daß sich der Bewerber in der Bewerbungssituation „richtig" – der Situation angemessen – zu benehmen versucht. Er bemüht sich i. d. R., den Arbeitgeber zu beeindrucken, sich ein vorteilhaftes Image aufzubauen sowie eine möglichst vorteilhafte Selbstpräsentation zu erreichen. Wie stark die tendenzielle Verzerrung der Antworten des Bewerbers dann ausfällt, hängt vom Verhalten und der Person des Arbeitgebers und dem Wunsch des Bewerbers nach Anerkennung ab.

---

105 Junker, Arbeitsrecht, Rn. 149; Böhm/Justen, Bewerberauswahl und Einstellungsgespräch, S. 106; Ichino, RdA 1998, 271 (273).

106 Böhm/Justen, Bewerberauswahl und Einstellungsgespräch, S. 106 f.

107 Böhm/Justen, Bewerberauswahl und Einstellungsgespräch, S. 109.

108 F. Karmasin/H. Karmasin, Einführung in die Methoden und Probleme der Umfragenforschung, S. 157; Schmid, DB 1980, 2517 (2520).

In den meisten Fällen ergibt sich eine Verfälschung der Antworten daraus, daß der Bewerber seinen eigenen Standpunkt den mutmaßlichen Ansichten des Fragenden angleicht[109].

Das Interview ist das am weitesten verbreitete Instrument der Personalauswahl, denn es ist flexibel handhabbar, universell einsetzbar und ökonomisch[110]. Ein Interview stellt einen Wortwechsel zwischen zwei oder mehreren Personen dar, bei dem der Interviewer vom Befragten Daten, Meinungsäußerungen oder Einstellungen unbeeinflußt erfahren möchte[111]. Um den Bewerber so wenig wie möglich zu lenken[112], ist es erforderlich, daß sich der Arbeitgeber weder kommentierend noch sanktionierend verhält. Ganz selbständig kann der Bewerber jedoch nie antworten. Bereits die spezielle Situation des Bewerbungsgesprächs beeinflußt ihn in der Hinsicht, als daß er vor allem seine Stärken und positiven Eigenschaften in einem guten Licht erscheinen lassen möchte, nicht aber negative Umstände zu offenbaren bereit ist[113].

Es wird in der Literatur zum Einstellungsgespräch empfohlen, daß der Arbeitgeber Erwartungsfragen, vorwurfsvolle Fragen, induktive Fragen, Fragen mit einer Vorausinformation, unbewußte Beeinflussungen, Fragen mit der verbundenen Androhung einer Sanktion, wertende Fragen, provokative Fragen sowie lange Fragen unterläßt, um den Bewerber über die bereits gegebene Beeinflussung hinaus nicht noch weiter zu lenken[114]. Ebenso verhält es sich mit suggestiven Formulierungen, dem Aufnehmen umfassender Reaktionsmöglichkeiten und Antwortkonsequenzen in die Fragestellung[115]. Insbesondere induktive und provokative Fragen führen i. d. R. nicht zu wahrheitsgemäßen Antworten. Bei einer induktiven Frage streut der Arbeitgeber Wörter wie „eigentlich“, „schon“, „nur“

---

109 F. Karmasin/H. Karmasin, Einführung in die Methoden und Probleme der Umfragenforschung, S. 158, 161 f.

110 Weinert/Sarges, in: Handbuch der Personalleitung, Wagner/Zander/Hauke (Hrsg.), S. 639 (651); Borgaes, Der Informationsschutz des Arbeitsplatzbewerbers, S. 83.

111 E. Maccoby/N. Maccoby, in: Das Interview, König (Hrsg.), S. 37; Böhm/Justen, Bewerberauswahl und Einstellungsgespräch, S. 118.

112 Böhm/Justen, Bewerberauswahl und Einstellungsgespräch, S. 118; F. Karmasin/H. Karmasin, Einführung in die Methoden und Probleme der Umfragenforschung, S. 158; Bellgardt, Recht und Taktik des Bewerbergesprächs, S. 9 f.

113 Böhm/Justen, Bewerberauswahl und Einstellungsgespräch, S. 118.

114 Eine Definition und Erläuterung der verschiedenen Befragungsarten findet sich bei: Böhm/Justen, Bewerberauswahl und Einstellungsgespräch, S. 118-155; Bellgardt, Recht und Taktik des Bewerbergesprächs, S. 35-39. Zu den Gefahren des Interviews vgl.: Weinert/Sarges, in: Handbuch der Personalleitung, Wagner/Zander/Hauke (Hrsg.), S. 639 (652 f.).

115 F. Karmasin/H. Karmasin, Einführung in die Methoden und Probleme der Umfragenforschung, S. 177.

usw. unbeabsichtigt in das Gespräch ein und zeigt dem Bewerber damit versehentlich auf, welche Antwort er erwartet. Durch eine provokative Frage hingegen wird der Bewerber provoziert, um seine Reaktion überprüfen zu können. Beide Arten von Fragen sind wenig geeignet, eine wahrheitsgemäße Antwort vom Bewerber zu erfahren[116]. Denn der Bewerber wird kaum eine negative Tatsache über seine Person offenbaren. Vielmehr wird der Bewerber in eine Abwehrhaltung gehen und auf die Suggestionen parieren und dadurch so gut wie gar nichts über sich preisgeben.

In der Lehre wird empfohlen, daß der Arbeitgeber im Bewerbungsgespräch offene Fragen stellt. Diese geben dem Bewerber die Gelegenheit, sich mitzuteilen. Auf eine geschlossene Frage hingegen hat der Bewerber nur die Möglichkeit, eine exakte Antwort zu geben; darüber hinausgehende Informationen kann der Arbeitgeber hier nicht erwarten[117]. Eine offene Arbeitgeberfrage indes spricht das komplexe Denken an, während eine geschlossene Frage nur bewirkt, daß der Bewerber in die Haltung verfällt, nur noch das mitzuteilen, was ausdrücklich erfragt worden ist, aber von sich aus über eine Frage hinausgehende Informationen nicht offenbart[118]. Ferner sind offene Fragen besonders gut geeignet, die Motivation, Wertanschauungen und Zielsetzungen einer Person zu ermitteln[119]. Beherrscht der Arbeitgeber die Bedeutung der Körpersprache, kann er darüber hinaus etwas über die Einstellungen und Gefühle des Bewerbers in Erfahrung bringen[120]. Der Bewerber wird die Fragen gut verstehen können, wenn der Arbeitgeber seinen Formulierungen und der sequentiellen Anordnung seiner Fragen die größtmögliche Nähe zu einem alltäglichen Frage-Antwort-Sprechakt gibt. Ebenso verhält es sich mit möglichst kurzen Sätzen, Worten aus der Muttersprache und dem Vermeiden von Fremdworten.

Jedoch sind bestimmte Frage- und Gesprächstechniken unzulässig und dürfen daher nicht angewendet werden. Bedient sich der Arbeitgeber ihrer dennoch, stellt dies einen Eingriff in den Kernbereich der Persönlichkeit des Bewerbers aus Art. 2 Abs. 1 i. V. m. Art. 1 Abs. 1 GG dar. Der Bewerber muß in diesem Fall keine wahrheitsgemäße Antwort geben[121]. Wie sich aus den anschließenden

---

[116] Böhm/Justen, Bewerberauswahl und Einstellungsgespräch, S. 154 f.

[117] Beispiele für offene und geschlossene Fragen sind bei Böhm/Justen, Bewerberauswahl und Einstellungsgespräch, S. 156 und bei F. Karmasin/H. Karmasin, Einführung in die Methoden und Probleme der Umfragenforschung, S. 182-186 zu finden.

[118] Böhm/Justen, Bewerberauswahl und Einstellungsgespräch, S. 158.

[119] F. Karmasin/H. Karmasin, Einführung in die Methoden und Probleme der Umfragenforschung, S. 184.

[120] Vgl. dazu: Mehrabian, Nonverbal communication.

[121] Bellgardt, Recht und Taktik des Bewerbergesprächs, S. 96, 104.

Ausführungen ergibt[122], ist die Frage nach den Vorstrafen des Bewerbers in bestimmten Fallkonstellationen und unter bestimmten Voraussetzungen unzulässig. Verlangt der Arbeitgeber vom Bewerber eine lückenlose Aufstellung aller vorangegangenen Beschäftigungsverhältnisse mit deren Beginn und Ende, kommt es ihm darauf an, Beschäftigungslücken herauszufinden. Solche können sich wegen einer Mutterschaft, einer Erziehungspause, einer längeren Krankheit oder auch wegen einer Haftstrafe oder Untersuchungshaft des Bewerbers ergeben. Sofern die Frage nach der Haftstrafe beispielsweise nicht zulässig ist, so ist auch die Umgehungsfrage nach einer lückenlosen Aufzählung der vorangegangenen Beschäftigungsverhältnisse unzulässig.

Ferner sind alle Fragen, die auf eine Durchbrechung von Schutz- und Abwehrmechanismen gerichtet sind, unzulässig. Zu diesem Zweck wendet der Arbeitgeber u. a. unwahre Unterstellungen, Klischees und Vorurteile auf den Bewerber an oder erörtert Schwachstellen des Bewerbers[123]. Eine gesteigerte Form stellt das sog. Streßinterview dar, bei dem mehrere Interviewer innerhalb kurzer Intervalle Fragen stellen[124]. Alle diese Methoden sind unzulässig und können daher vom Arbeitgeber nicht erfolgreich eingesetzt werden.

Im Vorstellungsgespräch ist von Anfang eine aufrichtige und realistische Kommunikation zwischen Arbeitgeber und Bewerber erforderlich, damit Mißverständnissen entgegengewirkt wird. Wichtig hierfür ist, daß der direkte Vorgesetzte beim Bewerbungsgespräch anwesend ist und an der Einstellungsentscheidung beteiligt wird. Ferner ist es von Vorteil, wenn der Bewerber seine künftigen Kollegen und Mitarbeiter frühzeitig kennenlernt[125].

Das optimale Einstellungsgespräch läßt sich in verschiedene Phasen unterteilen. Nach einer kurzen Einleitung folgt als Kernstück die Informationsphase, in der idealerweise weder eine Diskussion oder eine Argumentation stattfindet, noch

---

122 Vgl. S. 109 ff.

123 Bellgardt, Recht und Taktik des Bewerbergesprächs, S. 89, 94.

124 Bellgardt, Rechtsprobleme des Bewerbergesprächs, S. 89, 94; Schmid, DB 1980, 2517 (2518). Zulässige Fragemethoden sind das freie, das standarisierte und das halbstandarisierte Personalinterview, das Gruppengespräch und die Gruppendiskussion. Hingegen sind das Dauer-, Kreuzfeuer- und das Streßinterview i. d. R. unzulässig. Nur ausnahmsweise – wenn z. B. die Streßbelastbarkeit für den auszuübenden Beruf erforderlich ist – können diese Interviewformen zulässig sein. Vgl. dazu: Schmid, DB 1980, 2517-2519.

125 Lorenzen/Westermann, in: Handbuch der Personalleitung, Wagner/Zander/Hauke (Hrsg.), S. 571 (573 f.). Zu den Kriterien einer sachgemäßen Personalauslese und einer erfolgreichen Analyse der Bewerbungsunterlagen: Bregenhorn, Die Rechtsproblematik in der Personalbeurteilung, S. 104-117.

Wertungen und Vorausinformationen abgegeben werden[126]. Besonders erfolgversprechend ist die Befragung durch den Arbeitgeber, wenn er in der Rolle des „Wissen-Wollenden“ verharrt und sein Interesse an der Person und den Ausführungen des Bewerbers allein durch Augenkontakt und kurze Notizen bekundet[127]. Die Lehre empfiehlt, daß der Arbeitgeber in dieser Phase stets beachten sollte, daß die Qualität der Antworten des Bewerbers nicht vom guten Willen des Bewerbers abhängen, sondern von der Neutralität und Qualität der Fragen.

Nach der Befragung des Bewerbers kommt eine weitere Informationsphase, in der der Arbeitgeber dem Bewerber die notwendigen Informationen über den Betrieb und seine Arbeitsleistung mitteilt, denn auch der Bewerber hat in der vorvertraglichen Anbahnungsphase einen Informationsanspruch gegen den Arbeitgeber. Als letztes erfolgt eine Abschlußphase, in der der Arbeitgeber zum Ausdruck bringt, wann und auf welchem Weg der Bewerber mit einer Benachrichtigung rechnen kann[128]. Des weiteren ist zu beachten, daß Unterschiede zwischen der mündlichen und der schriftlichen Befragung mittels eines Fragebogens bestehen. Im arbeitsrechtlichen Anbahnungsverhältnis handelt es sich um den sog. Bewerbungsfragebogen. Dieser hat den Vorteil, daß der Bewerber nicht durch die Person und das Verhalten des Interviewers beeinflußt wird. Nachteile ergeben sich indes daraus, daß die schriftliche Befragung meistens nur unvollständige Daten ergibt, daß es sich um eine weitestgehend unkontrollierbare Erhebungssituation handelt, sowie nur eine mangelhafte Flexibilität besteht[129]. Beherzigt der Arbeitgeber diese Hinweise, wird die Beeinflussung des Bewerbers so gering wie möglich ausfallen und er wird am ehesten die gewünschten Informationen erhalten. Auf diese Weise ist gewährleistet, daß die freie Stelle optimal besetzt wird und dadurch das betriebswirtschaftlich sinnvollste Ergebnis erzielt wird.

§ 6: Ergebnis zum 1. Kapitel

Um unter betriebswirtschaftlichen Gesichtspunkten den am meisten geeigneten Arbeitnehmer unter den zahlreichen Bewerbern auszusuchen, ist zum einen eine genaue Personalplanung erforderlich die aufzeigt, welche Fähigkeiten und Ei-

---

126 Böhm/Justen, Bewerberauswahl und Einstellungsgespräch, S. 164. Vgl. zum Aufbau eines optimalen Interviews: F. Karmasin/H. Karmasin, Einführung in die Methoden und Probleme der Umfragenforschung, S. 195-205.

127 Jaffe/Stewart, in: Lazarsfeld/Rosenberg (Ed.), The language of social research, S. 28 (32 f.); Mehrabian, Nonverbal communication, S. 17; Böhm/Justen, Bewerberauswahl und Einstellungsgespräch, S. 164.

128 Böhm/Justen, Bewerberauswahl und Einstellungsgespräch, S. 165 f.

129 Frieling/Sonntag, Lehrbuch der Arbeitspsychologie, S. 66 f.

genschaften der neue Mitarbeiter aufweisen muß. In einem zweiten Schritt muß der Arbeitgeber tatsächlich den Arbeitnehmer finden, der die Anforderungen am besten erfüllt. An dieser Stelle wird deutlich, daß es sich beim Einstellungsgespräch um ein Informationsproblem des Arbeitgebers handelt. Beeinflußt der Arbeitgeber den Bewerber psychologisch, besteht die Gefahr, daß er nicht die gewünschten Informationen erhält und daher möglicherweise eine Fehlentscheidung trifft.

2. Kapitel:

Fragerecht des Arbeitgebers und Mitteilungspflichten des Bewerbers

Der Arbeitgeber ist aufgrund seiner Vertragsfreiheit grundsätzlich in seiner Einstellungsentscheidung frei. Im einzelnen ist es nicht geklärt, ob der Arbeitgeber eine sachlich gerechtfertigte Entscheidung getroffen oder den Arbeitnehmer anhand von unsachlichen Kriterien ausgewählt hat. Dafür haben die Rechtsprechung und die Literatur Kriterien herausgearbeitet, welche sie bei der Einstellungsentscheidung des Arbeitgebers berücksichtigt wissen wollen und welche nicht. Da eine Überprüfung der tatsächlichen Einstellungsentscheidung aufgrund von Beweisschwierigkeiten nicht durchführbar ist, setzt die Rechtsprechung einen Schritt früher an und begrenzt bereits die Informationsbeschaffung des Arbeitgebers. Es handelt sich um die Datenerhebung durch eine Anfrage beim Bewerber selbst und damit um das Fragerecht des Arbeitgebers.

§ 1: Grundlagen des Fragerechts und der Mitteilungspflichten

Das Fragerecht des Arbeitgebers ist gesetzlich nicht geregelt. Während der letzten Jahrzehnte kam es wiederholt zu Versuchen einer gesetzlichen Kodifikation. Allen voran ist der Entwurf der Arbeitsgesetzbuchkommission aus dem Jahr 1977 zu nennen. Später sind auf der Grundlage des Diskussionsentwurfs eines Arbeitsgesetzes des Arbeitskreises Deutsche Rechtseinheit im Arbeitsrecht vom März 1992 der Entwurf des Freistaates Sachsen[130] und der Gesetzesentwurf des Landes Brandenburg[131] in den Bundesrat eingebracht worden. Keiner dieser Entwürfe wurde jedoch verabschiedet.

I. Gesetzesentwürfe

Am Anfang der Entwicklung einer gesetzlichen Kodifikation steht während der Zeit des Deutschen Kaiserreichs die Resolution des Deutschen Reichstags vom 11.12.1896, in der angekündigt wird, daß „die Verträge, durch welche jemand sich verpflichtet, einen Theil einer geistigen oder körperlichen Arbeitskraft für die häusliche Gemeinschaft, ein wirthschaftliches oder gewerbliches Unternehmen eines Anderen gegen einen vereinbarten Lohn zu verwenden (...), für das Deutsche Reich baldthunlichst durch eine Reichsgesetzgebung geregelt werden

---

130 BR-Drucks. 293/95 vom 23.05.1995.
131 BR-Drucks. 671/96 vom 12.09.1996.

solle“[132]. Diese Resolution erging in der 144. Sitzung des Deutschen Reichstags nach der Verabschiedung des Bürgerlichen Gesetzbuchs. Gegen Ende des ersten Weltkriegs wurde der Entwurf zu einem Arbeitskammergesetz eingebracht, der aber infolge des Zusammenbruchs des Kaiserreichs nicht verabschiedet wurde[133]. Art. 157 Abs. 2 WRV vom 11.08.1919 stellte die menschliche Arbeitskraft unter den besonderen Schutz des Reichs. Auf der Grundlage des Entwurfs des Arbeitsrechtsausschusses erging der Regierungsentwurf eines Allgemeinen Arbeitsvertragsgesetzes[134]. Fragerecht und Offenbarungspflicht wurden nicht geregelt. Da der Reichsjustizminister ab 1924 keine Mittel bereitstellte, blieb es beim Regierungsentwurf. Auch die Entwürfe des Arbeitsrechtsausschusses der Akademie für Deutsches Recht von 1938[135] und 1942[136] enthalten keine Regelung von Fragerecht und Mitteilungspflicht. Beide Entwürfe scheiterten[137].

---

[132] Antrag der XII. Kommission, Verhandlungen des Deutschen Reichstags, 9. Legislaturperiode, IV. Session 1895/97, 5. Anlageband, verabschiedet in der Sitzung am 11.12.1896, Stenographische Berichte, Band 5, S. 3846, 3822 f. Siehe auch: Weiß, Die Entwicklung des Arbeitsvertragsrechts und das BGB, S. 116; Staudinger-Richardi, Vor §§ 611 ff. BGB Rn. 482; Kaskel, Art. 157 Abs. 2 WRV, in: Grundrechte und Grundpflichten der Reichsverfassung, Band III, S. 359 (371); Ramm, Entwürfe zu einem Deutschen Arbeitsvertragsgesetz, S. 11; Molitor/Hueck/Riezler-Molitor, Der Arbeitsvertrag und der Entwurf eines allgemeinen Arbeitsvertragsgesetzes, S. 24; Dieterich, in: Berichte und Verhandlungen des 9. Internationalen Kongress, Band II/2, S. 786 (796); Umbreit, Die deutschen Gewerkschaften im Weltkrieg, S. 15; Dieterich, RdA 1978, 329 (332).

[133] Ramm, Entwürfe zu einem Deutschen Arbeitsvertragsgesetz, S. 31; Bohle, Einheitliches Arbeitsrecht in der Weimarer Republik, S. 136.

[134] Hrsg. von der Reichsarbeitsverwaltung und veröffentlicht als 28. Sonderheft zum Reichsarbeitsblatt, Vorarbeiten zum Arbeitsgesetzbuch in zwangloser Folge, Berlin, 1923. Ferner abgedruckt in: Molitor/Hueck/Riezler, Der Arbeitsvertrag und der Entwurf eines allgemeinen Arbeitsvertragsgesetzes, S. 281-304.

[135] Entwurf eines Gesetzes über das Arbeitsverhältnis, 1938. Aufgestellt vom Arbeitsrechtsausschuß der Akademie für Deutsches Recht, Hamburg 1938; in: Arbeitsberichte der Akademie für Deutsches Recht, hrsg. vom Präsidenten der Akademie für Deutsches Recht, Reichsminister Dr. Hans Frank, Nr. 8. Auch abgedruckt in: Ramm, Entwürfe zu einem Deutschen Arbeitsvertragsgesetz, S. 245-344.

[136] Entwurf einer Regelung der Arbeit, 1942, aufgestellt vom Arbeitsrechtsausschuß der Akademie für Deutsches Recht, abgedruckt in: ZfA 1990, S. 435-493 und bei Ramm, Entwürfe zu einem Deutschen Arbeitsvertragsgesetz, S. 345-400.

[137] Der erste Entwurf scheiterte, da die Reform des Arbeitsrechts von der Gestaltung des Volksgesetzbuchs abhängen sollte, Weiß, Die Entwicklung des Arbeitsvertragsrechts und das BGB, S. 118; Ramm, Entwürfe zu einem Deutschen Arbeitsvertragsgesetz, S. 70; Dieterich, RdA 1978, 329 (332); Mansfeld, DAR 1942, 117 (122); Lange, ZfgesStW 103 (1943), S. 208 (212); Hueck, ZAkfDR 1941, 60 (61). Der zweite Entwurf scheiterte, weil das Volksgesetzbuch scheiterte, Weiß, Die Entwicklung des Arbeitsvertragsrechts und das BGB, S. 118; Ramm, Entwürfe zu einem Deutschen Arbeitsvertragsgesetz, S. 75.

1. Entwurf eines Arbeitsgesetzbuchs der Arbeitsgesetzbuchkommission 1977

Um der Rechtszersplitterung auf dem Gebiet des Arbeitsrechts entgegenzuwirken[138], faßte der Deutsche Bundestag 1959 einen Beschluß darüber, daß ein einheitliches Arbeitsrecht zu schaffen sei[139]. Wegen der großen Uneinigkeiten in der Regierungskoalition wurde der Entwurf eines Arbeitsgesetzbuchs[140] erst 1977 veröffentlicht.

§ 5: Fragerecht des Arbeitgebers: (1) [1] Der Arbeitgeber darf an den Arbeitnehmer nur Fragen richten, an denen er im Hinblick auf das zu begründende Arbeitsverhältnis ein berechtigtes Interesse hat. [2] In diesem Rahmen dürfen insbesondere Fragen nach den beruflichen und fachlichen Fähigkeiten, Kenntnissen und Erfahrungen gestellt werden; das gleiche gilt für Fragen nach den persönlichen und wirtschaftlichen Verhältnissen, dem Bestehen einer Schwangerschaft und nach Vorstrafen, sofern dem Arbeitnehmer ihre Bedeutung für das Arbeitsverhältnis erkennbar ist oder ihm erläutert wird. [3] Auf sein Verlangen ist ihm der Sinn der Frage zu erläutern. [4] Soweit die Voraussetzungen des § 51 Abs. 1 des Bundeszentralregistergesetzes vorliegen, kann sich der Arbeitnehmer als straffrei bezeichnen. [5] Unzulässig sind insbesondere Fragen nach der Religions-, Gewerkschafts- und Parteizugehörigkeit des Arbeitnehmers.

(2) [1] Besteht ein Personalfragebogen (§ 94 Abs. 1 Betriebsverfassungsgesetz), so beschränkt sich das Fragerecht auf die im Fragebogen enthaltenen Fragen; Fragen nach den beruflichen und fachlichen Fähigkeiten, Kenntnissen und Erfahrungen bleiben erlaubt. [2] Den im Fragebogen enthaltenen Fragen stehen persönlichen Angaben in schriftlichen Arbeitsverträgen, die allgemein für den Betrieb verwendet werden (§ 94 Abs. 2 Betriebsverfassungsgesetz) gleich.

(3) Bei der Einstellung in ein Tendenzunternehmen (§ 118 Betriebsverfassungsgesetz) sind Fragen gestattet, soweit die verfolgte Tendenz sich auf das Arbeitsverhältnis auswirken kann; im übrigen bleiben die Absätze 1 und 2 unberührt.

(4) Wird eine Frage des Arbeitgebers, die er zu stellen nicht berechtigt ist, wahrheitswidrig beantwortet, so dürfen daraus dem Arbeitnehmer keine Nachteile erwachsen.

---

[138] Ramm, Entwürfe zu einem Deutschen Arbeitsvertragsgesetz, S. 78. Siehe auch: Dieterich, in: Berichte und Verhandlungen des 9. Internationalen Kongress, Band II/2, S. 786 (796); Kaskel, Art. 157 Abs. 2 WRV, in: Grundrechte und Grundpflichten der Reichsverfassung, Band III, S. 359 (371); 2. Aktionsprogramm des Deutschen Gewerkschaftsbundes von 1972, abgedruckt in: Gerhard Leminsky, Bernd Otto (Hrsg.), Politik und Programmatik des DGB, S. 65; Ehrenberg, BABl. 1978, 545 (547); Dieterich; RdA 1978, 329 (329 f.); Wlotzke, AuR 1974, 1 (2); Bericht des Bundesarbeitsministers, AuR 1977, 245; Herschel, DB 1959, 1440 (1441); Feig, RABl., Nichtamtlicher Teil 1928, 205.

[139] Dieterich, in: Berichte und Verhandlungen des 9. Internationalen Kongress, Band II/2, S. 786 (796); Weiß, Die Entwicklung des Arbeitsvertragsrechts und das BGB, S. 118; Dieterich, RdA 1978, 329 (333); Ramm, ZRP 1972, 13.

[140] Entwurf eines Arbeitsgesetzbuchs – Allgemeines Arbeitsvertragsrecht, Hrsg.: Bundesminister für Arbeit und Sozialordnung, September 1977, insb. S. 23-25.

§ 5a: Unterrichtungspflichten des Arbeitnehmers: [1] Auch ohne Befragung durch den Arbeitgeber ist der Arbeitnehmer verpflichtet, Krankheiten oder andere körperliche Umstände, von denen eine Gefährdung anderer ausgehen kann oder die Erfüllung des Arbeitsvertrags sonst wesentlich erschweren, mitzuteilen. [2] Zur Offenbarung einer Schwangerschaft ist die Arbeitnehmerin nur verpflichtet, wenn infolgedessen die übernommene Arbeit nicht ausgeführt werden kann oder darf. [3] Weiß der Arbeitnehmer, daß ihm die Aufnahme der Arbeit im vorgesehenen Zeitpunkt unmöglich sein wird, so hat er dies dem Arbeitgeber mitzuteilen. [4] Gleiches gilt, wenn die vorgesehene Tätigkeit im Widerspruch zu einer Wettbewerbsabrede oder einem Wettbewerbsverbot steht.

2. Diskussionsentwurf eines Arbeitsgesetzes des Arbeitskreises Deutsche Rechtseinheit im Arbeitsrecht 1992

Für den Deutschen Juristentag 1992 hat eine Gruppe von Professoren einen Diskussionsentwurf eines Arbeitsgesetzes vorgelegt[141]. In § 12 wird das Fragerecht des Arbeitgebers geregelt[142]:

§ 12: Fragerecht des Arbeitgebers: (1) [1] Der Arbeitgeber darf an den Bewerber nur Fragen richten, an deren Beantwortung für die vorgesehene Tätigkeit ein berechtigtes Interesse besteht. [2] Die Fragen dürfen nicht die Persönlichkeit und Würde des Bewerbers verletzen.

(2) Nach einer Schwangerschaft darf nur gefragt werden, wenn die vorgesehene Tätigkeit bei einer Schwangerschaft nicht ausgeübt werden kann.

(3) Nach Vorstrafen darf nur gefragt und die Vorlage eines Führungszeugnisses darf nur verlangt werden, wenn dies für den Arbeitsplatz von Bedeutung ist und der Bewerber sich nicht nach § 53 Abs. 1 des Bundeszentralregistergesetzes als straffrei bezeichnen darf.

(4) [1] Fragen nach der Parteizugehörigkeit sind unzulässig. [2] Das gilt vor Abschluß des Arbeitsvertrags auch für Fragen nach der Religions- und Gewerkschaftszugehörigkeit.

(5) [1] In Tendenzunternehmen (§ 10 Abs. 1 S. 1) sind durch den Tendenzschutz gerechtfertigte Fragen gestattet. [2] Dasselbe gilt bei Religionsgemeinschaften für Fragen, die sich aus deren Selbstbestimmungsrecht ergeben. [3] Die Absätze 1 bis 3 sind entsprechend anzuwenden.

Auf der Grundlage dieses Diskussionsentwurfs haben der Freistaat Sachsen und das Land Brandenburg jeweils einen Entwurf in das Gesetzgebungsverfahren eingebracht. Beide Gesetzgebungsverfahren wurden jedoch bereits im Bundesrat ausgesetzt[143].

---

141 Arbeitskreis Deutsche Rechtseinheit im Arbeitsrecht, 59. DJT, Band I, Teil D.

142 § 12 des Entwurfs des Arbeitsvertragsgesetzes 1992 ist abgedruckt in: Staudinger-Richardi, § 611 BGB Rn. 91.

143 Staudinger-Richardi, Vor §§ 611 ff. BGB Rn. 482.

3. Entwurf des Freistaates Sachsen

Der Gesetzesantrag des Freistaates Sachsen zur Schaffung eines Arbeitsvertragsgesetzes[144] wurde am 23.05.1995 in den Bundesrat eingebracht. Art. 30 Abs. 1 Nr. 1 des Einigungsvertrags[145] vom 31.08.1990 machte eine gesamtdeutsche Kodifikation des Arbeitsvertragsrechts erforderlich. Der Freistaat Sachsen hatte nicht die Intention, ein neues Arbeitsrecht zu schaffen, sondern wollte vielmehr das bestehende Gesetzesrecht und das Richterrecht festlegen[146]. In der Begründung des Entwurfs wird festgestellt, daß die Regelung der Frage nach den Vorstrafen der Rechtsprechung entspricht. Ferner wird es als unnötig verworfen zu klären, ob der Arbeitgeber vom Bewerber die Vorlage eines Führungszeugnisses verlangen darf[147].

§ 12: Fragerecht des Arbeitgebers: (1) [1] Der Arbeitgeber darf an den Bewerber nur Fragen richten, an deren Beantwortung für die vorgesehene Tätigkeit ein berechtigtes Interesse besteht. [2] Die Fragen dürfen nicht die Persönlichkeit und Würde des Bewerbers verletzen. [3] Unzulässig sind insbesondere Fragen

- nach einer Schwangerschaft, es sei denn, die vorgesehene Tätigkeit darf bei einer Schwangerschaft nicht ausgeübt werden
- nach der Bewältigung von Familienaufgaben
- nach Vorstrafen, es sei denn, daß dies für den Arbeitsplatz von Bedeutung ist und der Bewerber sich nicht nach § 53 Abs. 1 des Bundeszentralregistergesetzes (BZRG) straffrei bezeichnen darf.
- nach einer Parteizugehörigkeit.

[4] Das gilt vor Abschluß des Arbeitsvertrags auch für Fragen nach der Religions- und Gewerkschaftszugehörigkeit.

(2) [1] In Tendenzunternehmen (§ 10 Abs. 1 S. 1) sind durch den Tendenzschutz gerechtfertigte Fragen gestattet. [2] Dasselbe gilt bei Religionsgemeinschaften für Fragen, die sich aus deren Selbstbestimmungsrecht ergeben. [3] Absatz 1 ist entsprechend anzuwenden.

§ 13: Mitteilungspflichten des Bewerbers: (1) Der Bewerber ist auch ohne Befragung durch den Arbeitgeber verpflichtet, Krankheiten, von denen eine Gefährdung anderer Personen ausgehen kann oder andere Umstände mitzuteilen, die der Beschäftigung entgegenstehen oder sie beeinträchtigen können.

(2) Kann oder darf der Bewerber die Arbeit zu dem vorgesehenen Zeitpunkt nicht aufnehmen, so hat er dies dem Arbeitgeber mitzuteilen.

---

[144] BR-Drucks. 293/95 vom 23.05.1995.
[145] BGBl. 1990 II, S. 889 (899).
[146] BR-Drucks. 293/95 vom 23.05.1995, Anlage, S. 5.
[147] BR-Drucks. 293/95 vom 23.05.1995, Begründung zu § 12, Anlage, S. 93.

4. Gesetzesentwurf des Landes Brandenburg

Der Gesetzesantrag des Landes Brandenburg mit seinem Entwurf eines Gesetzes zur Bereinigung des Arbeitsrechts[148] umfaßt auch eine Bestimmung zum Arbeitgeberfragerecht.

§ 12: Fragerecht des Arbeitgebers: (1) [1] Der Arbeitgeber darf an den Bewerber nur Fragen richten, an deren Beantwortung für die vorgesehene Tätigkeit ein berechtigtes Interesse besteht. [2] Die Fragen dürfen nicht die Persönlichkeit und Würde des Bewerbers verletzen. [3] Unzulässig sind insbesondere Fragen

- nach einer Schwangerschaft,
- nach der Familienplanung und der Bewältigung familiärer Aufgaben,
- nach Vorstrafen, wenn diese für die Arbeitsleistung ohne Bedeutung sind oder der Bewerber sich nach § 53 Abs. 1 des Bundeszentralregistergesetzes als straffrei bezeichnen darf,
- nach der Zugehörigkeit zu einer Partei, einer Gewerkschaft oder einer Religionsgemeinschaft.

(2) Wird eine unzulässige Frage gestellt, darf dem Bewerber durch eine unrichtige Antwort kein Nachteil entstehen.

(3) [1] In Tendenzunternehmen (§ 10) sind Fragen gestattet, die dem Tendenzschutz dienen. [2] Dasselbe gilt bei Religionsgemeinschaften für Fragen, die sich aus deren Selbstbestimmungsrecht ergeben. [3] Absatz 1 gilt entsprechend.

(4) Die Beschränkungen der Absätze 1 bis 3 gelten entsprechend für anderweitige Informationserhebungen beim Bewerber.

§ 13: Mitteilungspflichten des Bewerbers: (1) Der Bewerber ist auch ohne Befragung durch den Arbeitgeber verpflichtet, persönliche Umstände mitzuteilen, von denen bei der betrieblichen Tätigkeit eine Gefährdung anderer Personen ausgeht.

(2) Kann oder darf der Bewerber die Arbeit zu dem vorgesehenen Zeitpunkt nicht aufnehmen, so hat er dies dem Arbeitgeber unverzüglich mitzuteilen.

5. Österreichische Kodifikationsbestrebungen 1960

Die Versuche einer Kodifikation des Arbeitsrechts in Österreich verlaufen parallel zu den deutschen Bemühungen nach dem ersten Weltkrieg. Die Arbeitskommission des Bundesministeriums für soziale Verwaltung[149] legte 1960 einen ersten Entwurf über das Recht des Arbeitsverhältnisses vor[150]. Er enthält keine Regelung über das Fragerecht. 1962 folgte der zweite Entwurf der Kodifikation des Arbeitsrechts über das kollektive Arbeitsrecht[151]. 1967 wurde auf Beschluß

---

[148] BR-Drucks. 671/96 vom 12.09.1996.

[149] BR-Drucks. 293/95 vom 23.05.1995; Ramm, Entwürfe zu einem Deutschen Arbeitsvertragsgesetz, S. 93; Martinek, AuR 1961, 74.

[150] Veröffentlicht in: RdA 1960, 445-467. Siehe: BR-Drucks. 293/95 vom 23.05.1995.

[151] Veröffentlicht in: RdA 1963, 54-63.

des Nationalrats vom 01.12.1966 eine Kommission eingesetzt. Diese arbeitete einen Ministerialentwurf aus[152]. Da aber keine Einigung gefunden werden konnte, kam es nicht zu einer Regierungsvorlage. Bis zum Jahr 1983 wurde über die Alternativentwürfe[153] eines zweiten Ausschusses zum Arbeitsverhältnis beraten. Am 15.12.1983 stellte diese Kommission ihre Beratungen ein; auch diese Entwürfe endeten nie in einem Gesetz[154].

6. § 7 Abs. 2 BGleiG

Die einzige gesetzliche Regelung besteht in § 7 Abs. 2 BGleiG. Das Fragerecht des Arbeitgebers und zugleich ein Katalog mit unzulässigen Fragen für die unmittelbare und mittelbare Bundesverwaltung sind hier normiert. Der Arbeitgeber darf den Bewerber in einem Auswahl- oder Vorstellungsgespräch nicht nach dem Familienstand, einer Schwangerschaft, der Sicherstellung der Betreuung von Kindern oder behinderten und pflegebedürftigen Angehörigen neben der Berufstätigkeit fragen[155]. Eine Regelung des Fragerechts nach Vorstrafen des Bewerbers ist in § 7 Abs. 2 BGleiG jedoch nicht enthalten.

7. Zwischenergebnis

Es existiert kein geltendes Gesetzesrecht zur Regelung von Fragerecht und Mitteilungspflichten[156]. Daher sind die Grundlagen der Rechtsprechung und Literatur zum Fragerecht des Arbeitgebers und der Offenbarungspflicht des Bewerbers heranzuziehen.

II. Grundlagen nach der Rechtsprechung und Lehre

Das Fragerecht und die Mitteilungspflichten finden ihre Grundlagen im vorvertraglichen Schuldverhältnis. Dieses entsteht durch die Aufnahme der Vertragsverhandlungen[157]. Unabhängig vom möglichen Zustandekommen eines späteren

---

152 Ramm, Entwürfe zu einem Deutschen Arbeitsvertragsgesetz, S. 92 f.

153 Veröffentlicht in zwei Teilen: Teil I: Entgelt, ZAS 1975, 110-115 und Teil II: Arbeitsleitung, Arbeitszeit, Urlaub und Freistellung von der Arbeit, Wahrung der Interessen des Vertragspartners, ZAS 1976, 68-74. Die Alternativentwürfe enthalten keine Regelung des Fragerechts und der Mitteilungspflichten.

154 BR-Drucks. 293/95 vom 23.05.1995; Ramm, Entwürfe zu einem Deutschen Arbeitsvertragsgesetz, S. 90, 93 f.; Martinek, FS Schwarz, S. 830 (840).

155 Siehe auch: Erfurter Kommentar-Preis, § 611 BGB Rn. 331; Scheuring, ZTR 2002, 314 (317).

156 Vgl. dazu S. 109 ff.

157 BAG, Urteil vom 16.03.1989 – 2 AZR 325/88, AP § 276 BGB Verschulden bei Vertragsabschluß Nr. 12; BAG, Urteil vom 01.08.1985 – 2 AZR 101/83, NJW 1987, 398 (399);

Vertrags sind wechselseitige Schutzpflichten aus einem gesetzlichen vorvertraglichen Schuldverhältnis ohne primäre Leistungspflichten während der Zeit der Vertragsverhandlungen gegeben[158]. Die Gewährung und Inanspruchnahme von Vertrauen bildet hierbei den inneren Grund[159].

BGH, Urteil vom 22.02.1973 – VII ZR 119/71, NJW 1973, 752 (753); Urteil vom 28.01.1976 – VIII ZR 246/74, JZ 1976, 776 (777); Urteil vom 10.11.1955 – 2 AZR 282/54, AP § 276 BGB Verschulden bei Vertragsabschluß Nr. 1 Bl. 1; Urteil vom 20.06.1952 – V ZR 34/51, BGHZ 6, 330 (333 f.); RG, Urteil vom 22.06.1936 – IV 75/36, RGZ 151, 357 (358); Urteil vom 01.03.1928 – VI 258/27, RGZ 120, 249 (251); MünchKomm-Roth, § 242 BGB Rn. 249; Soergel-Kraft, § 611 BGB Rn. 26; MünchArbR-Richardi, § 45 Rn. 11; Schaub-Schaub, ArbR-Hdb., § 25 Rn. 3; Kasseler Handbuch zum ArbR I-Striegan, 2.10 Rn. 138; Erfurter Kommentar-Preis, § 611 BGB Rn. 330; Bobrowski/Gaul, Arbeitsrecht im Betrieb, Band I, B II Rn. 1; Hueck/Nipperdey, Lehrbuch des Arbeitsrechts, Band II/1, § 48 III 7, S. 415; Nikisch, Arbeitsrecht, Band I, § 20 III 2, S. 185; Zöllner/Loritz, Arbeitsrecht, § 11 I 5, S. 148; Holzapfel, Wechselseitigkeit von Informationspflichten, S. 30; Gaul/Gaul, Arbeitsrecht für Führungskräfte, S. 51; Bellgardt, Recht und Taktik des Bewerbergesprächs, S. 82; Linnenkohl, Einführung in die Grundlagen des Arbeitsrechtes, S. 43; Bregenhorn, Die Rechtsproblematik in der Personalbeurteilung, S. 52; Linnenkohl, Einführung in die Grundlagen des Arbeitsrechts, S. 43; Larenz, FS Ballerstedt, S. 397 (397 f.); Nirk, FS Möhring, S. 385 (390); Wiedemann, FS Herschel, S. 463 (464 f.); Knipp, AR-Blattei SD, Einstellung 640, S. 5; Knipp, HwB-AR, Einstellung 795, Rn. 2; Höfle, AR-Blattei D, Vorstrafen I., I. Bedeutung im Arbeitsverhältnis, 2. Fortsetzungsblatt; Bürger/Knipp, AR-Blattei D, Einstellung I., I. Allgemeines, 1. Blatt; Stevens-Bartol, Handbuch des Arbeits- und Sozialrechts, § 7c, Rn. 43; Maus, Handbuch des Arbeitsrechts, II 2, S. 6; Kursawe, NZA 1997, 245 (246); Conze, ZTR 1991, 99 (100); Herschel, RdA 1965, 191; Neumann, DB 1961, 1291; Müller, NJW 1969, 2169, (2173); Canaris, JZ 1965, 475 (476); Schröder, Juristen-Jahrbuch 6 (1965), S. 159 (160); Gangloff, Anm. zum Urteil des LAG Düsseldorf vom 07.05.1958 – 6 Sa 173/58, SAE 1959, 162 (163); Ballerstedt, AcP 151 (1950/51), S. 501 (503); Hamel, DVBl. 1955, 796 (800).

158 Std. Rspr.: BGH, Urteil vom 08.06.1978 – III ZR 48/76, BGHZ 71, 386 (393); Urteil vom 28.01.1976 – VIII ZR 246/74, JZ 1976, 776 (777); Urteil vom 22.02.1973 – VII ZR 119/71, BGHZ 60, 221 (223 f.); Urteil vom 05.01.1960 – VIII ZR 1/59, NJW 1960, 720 f.; Urteil vom 16.03.1954 – I ZR 255/52, MDR 1954, 346 (348); Urteil vom 20.06.1952 – V ZR 34/51, BGHZ 6, 330 (333 f.) = NJW 1952, 1130 f.; RG, Urteil vom 22.06.1936 – IV 75/36, RGZ 151, 357 (358); Urteil vom 01.03.1928 – VI 258/27, RGZ 120, 249 (251); Urteil vom 05.04.1922 – I 307/21, RGZ 104, 265 (267). In der Literatur: MünchKomm-Roth, § 242 BGB Rn. 249; MünchArbR-Richardi, § 45 Rn. 11, 18; Schaub-Schaub, ArbR-Hdb., § 25 Rn. 3; Kasseler Handbuch zum ArbR I-Striegan, 2.10 Rn. 138; Erfurter Kommentar-Preis, § 611 BGB Rn. 330; Zöllner/Loritz, Arbeitsrecht, § 11 I 5, S. 148; Flume, Allgemeiner Teil des Bürgerlichen Rechts, Teil II, § 33, 8, S. 616 f.; Knipp, HwB-AR, Einstellung 795, Rn. 2; Nirk, FS Möhring (1975), S. 71 (73); Nirk, FS Möring (1965), S. 385 (390); Nirk, FS Hauß, S. 267 ff.; Höfle, AR-Blattei D, Vorstrafen I., I. Bedeutung im Arbeitsverhältnis, 2. Fortsetzungsblatt; Bürger/Knipp, AR-Blattei D, Einstellung I., I. Allgemeines, 1. Blatt; Maus, Handbuch des Arbeitsrechts, II A, S. 6; Emmerich, Jura 1987, 561 (562); Evans-von Krbek, AcP 179 (1979), S. 85

1. Vorvertragliches Anbahnungsverhältnis

Gemäß § 241 Abs. 2 BGB entsteht ein Schuldverhältnis auch durch die Aufnahme von Vertragsverhandlungen, die Anbahnung eines Vertrags und ähnliche geschäftliche Kontakte i. S. d. § 311 BGB. Dies gilt auch für das Zustandekommen eines Arbeitsverhältnisses. Im Gegensatz zu einem vermögensrechtlichen Austauschverhältnis werden personenrechtliche Bindungen herbeigeführt[160]. Nach der früheren ständigen Rechtsprechung[161] und der herrschenden Lehre[162]

---

(87); Müller, NJW 1969, 2169, (2173); Daum, NJW 1968, 372 (375); Canaris, JZ 1965, 475 (476); Herschel, RdA 1965, 191; Schröder, Juristen-Jahrbuch 6 (1965), S. 159 (160); Medicus, JuS 1965, 209 (213); Ballerstedt, AcP 151 (1950/51), S. 501 (508 f.).

159 BAG, Urteil vom 16.03.1989 – 2 AZR 325/88, AP § 276 BGB Verschulden bei Vertragsabschluß Nr. 12; Urteil vom 01.08.1985 – 2 AZR 101/83, NJW 1987, 398 (399); Urteil vom 10.11.1955 – 2 AZR 282/54, AP § 276 BGB Verschulden bei Vertragsabschluß Nr. 1 Bl. 1 f.; BGH, Urteil vom 08.06.1978 – III ZR 48/76, BGHZ 71, 386 (393); Urteil vom 28.01.1976 – VIII ZR 246/74, JZ 1976, 776 (777); Urteil vom 22.02.1973 – VII ZR 119/71, BGHZ 60, 221 (223 f.) = NJW 1973, 752 (753); Urteil vom 20.02.1967 – III ZR 134/65, NJW 1967, 1022 (1023); Urteil vom 22.11.1966 – VII ZR 191/63, NJW 1966, 498 (499); Urteil vom 17.03.1954 – II ZR 248/53, BB 1954, 360; Urteil vom 16.03.1954 – I ZR 255/52, MDR 1954, 346 (348); MünchKomm-Roth, § 242 BGB Rn. 249; MünchKomm-Emmerich, Vor § 275 BGB Rn. 53 f.; Bobrowski/Gaul, Arbeitsrecht im Betrieb, Band I, B II Rn. 1; Hueck/Nipperdey, Lehrbuch des Arbeitsrechts, Band II/1, § 48 III 7, S. 415; Gernhuber, Handbuch des Schuldrechts, Band 8, § 8 I 2, S. 174; Larenz, Schuldrecht, Band I, § 9 I 2, S. 110; Enneccerus/Lehmann, Lehrbuch des Bürgerlichen Rechts, Band II, § 43 III, S. 191; Gaul/Gaul, Arbeitsrecht für Führungskräfte, S. 51; Linnenkohl, Einführung in die Grundlagen des Arbeitsrechtes, S. 43; Bellgardt, Recht und Taktik des Bewerbergesprächs, S. 82; Linnenkohl, Einführung in die Grundlagen des Arbeitsrechts, S. 43; Larenz, FS Ballerstedt, S. 397 (397 f., 415); Canaris, FS Larenz, S. 27 (105); Nirk, FS Möhring (1975), S. 71 (73); Nirk, FS Möhring (1965), S. 385 (390); Nirk, FS Hauß, S. 267 (277); Maus, Handbuch des Arbeitsrechts, II A, S. 6; Müller, NJW 1969, 2169, (2173); Medicus, JuS 1965, 209 (213); Canaris, JZ 1965, 475 (476); Knevels, BB 1965, 336; Haberkorn, RdA 1962, 416; Larenz, MDR 1954, 515 ff.; Ballerstedt, AcP 151 (1950/51), S. 501 (506 f.); Larenz, Anm. zum Urteil des BAG vom 10.11.1955 – 2 AZR 282/54, AP § 276 BGB Verschulden bei Vertragsabschluß Nr. 1 Bl. 2 (3).

160 BAG, Urteil vom 01.08.1985 – 2 AZR 101/83, NJW 1987, 398 (399); Schröder, Juristen-Jahrbuch 6 (1965), S. 159 (160); Hofmann, ZfA 1975, 1 (27); Haberkorn, RdA 1962, 416; Neumann, DB 1961, 1291 (1292).

161 BVerfG, Beschluß vom 22.04.1958 – 2 BvL 32, 34, 35/56, BVerfGE 7, 342 (349 f.); Urteil vom 17.12.1953 – 1 BvR 323/51, 195/51, 138/52, 283/52, 319/52, BVerfGE 3, 162 (177); BAG, Urteil vom 17.11.1960 – 2 AZR 97/59, BAGE 10, 183 (185); Beschluß vom 17.12.1959 – 2 AZR 477/58, BAGE 8, 285 (297) = AP § 616 BGB Nr. 21 Bl. 6; Urteil vom 20.05.1959 – 2 AZR 452/58, BAGE 8, 1 (6) = AP § 2 ArbKrankhG Nr. 1 Bl. 3; Urteil vom 17.07.1958 – 2 AZR 314/57, AP § 611 BGB Lohnanspruch Nr. 10 Bl. 2; Urteil vom 15.11.1957 – 1 AZR 189/57, BAGE 5, 58 (65) = AP § 125 BGB Nr. 2 Bl. 4; Urteil vom 08.11.1957 – 1 AZR 123/56, BAGE 5, 44 (48); Urteil vom 25.07.1957 – 2 AZR

stellte das Arbeitsverhältnis ein personenrechtliches Gemeinschaftsverhältnis dar, das seine Parallele im Gesellschaftsvertrag fand, denn es seien gegenseitige Ehrlichkeit, Vertrauen der Vertragspartner und eine wechselseitige Rücksichtnahme auf die Interessen des anderen Vertragsteils erforderlich[163]. Dieser An-

---

93/56, BAGE 4, 326 (330); Urteil vom 01.03.1957 – 1 AZR 433/55, BAGE 4, 27 (30) = AP § 66 BetrVG 1952 Nr. 10 Bl. 2; Urteil vom 22.11.1956 – 2 AZR 314/54, BAGE 3, 185 (188) = AP § 615 BGB Betriebsrisiko Nr. 1 Bl. 2; Urteil vom 10.11.1955 – 2 AZR 591/54, BAGE 2, 221 (224) = AP § 611 BGB Beschäftigungspflicht Nr. 2 Bl. 2; Urteil vom 24.02.1955 – 2 AZR 10/54, AP § 616 BGB Nr. 2 Bl. 1 f.; Urteil vom 24.02.1955 – 2 AZR 10/54, BAGE 1, 338 (340); BGH, Urteil vom 22.06.1956 – VI ZR 140/55, BGHZ 21, 112 (114); Urteil vom 11.07.1953 – II ZR 126/52, BGHZ 10, 187 (190 f.); RAG, Urteil vom 16.09.1941 – 81/41, ARS 43, 167 (169); Urteil vom 30.10.1940 – 187/39, ARS 40, 282 (287); Urteil vom 13.09.1939 – 8/39, RAGE 22, 18 (21) = ARS 37, 230 (237); Urteil vom 19.01.1938 – 153/37, ARS 33, 172 (173); RG, Urteil vom 30.04.1935 – II 291/34, RGZ 148, 81 (90).

162 RGRK-Anders/Gehle, § 611 BGB Rn. 1; Hueck/Nipperdey, Lehrbuch des Arbeitsrechts, Band I, § 22 II 1, S. 128 f.; Nikisch, Arbeitsrecht, Band I, § 1 II 1, S. 6 f.; Kaskel/Dersch, Arbeitsrecht, § 5 I, S. 18 f.; Schnorr von Carolsfeld, Arbeitsrecht, § 6 A I 1a.) β.), S. 161; Dahm, Deutsches Recht, § 59 VIII, S. 472; Siebert, Faktische Vertragsverhältnisse, D III 2, S. 83 f.; Hueck, Der Grundsatz der gleichmäßigen Behandlung im Privatrecht, S. 134; Hueck, Der Treuegedanke im modernen Privatrecht, S. 12 f.; Schelp, The Contract of Service, S. 9; Leibholz, in: Hueck/Leibholz: Zwei Vorträge zum Arbeitsrecht, S. 27; Benda, Industrielle Herrschaft und sozialer Staat, S. 439-453; Creifelds/Weber, Rechtswörterbuch, S. 94 f.; Wüst, Die Interessengemeinschaft, II § 3, 5 c.), S. 62; Boldt, in: Der Arbeitsvertrag nach dem Recht der Mitgliedstaaten der EGKS, S. 253 (267); Krüger, Allgemeine Staatslehre, § 27 V 1, S. 478 f.; Jerusalem, Die Zersetzung im Rechtsdenken, S. 28; Grell, Der Betriebsinhaberwechsel, S. 73 f.; Linnenkohl, Einführung in die Grundlagen des Arbeitsrechts, S. 43; v. Gierke, FS Brunner, S. 37 ff. (40 ff.); Herschel, FS zum hundertjährigen Bestehen des Deutschen Juristentags, Band I, S. 305 (312); Dersch, FS Herschel (1955), S. 71 (73); Isele, FS Demelius, S. 365 (366 f.); Siebert, FS Lehmann, Band II, S. 670 (684); Nikisch, FS Nipperdey, S. 65 (69); Nikisch, FS Molitor, S. 83 (99); Schelp, FS Herschel (1955), S. 87 (94); Künzl, Einzelarbeitsverhältnis, HzA, 5/1 Rn. 1070/1; Hofmann, ZfA 1975, 1 (26); Jobs, ZfA 1972, 305 (331 ff.); Buchner, RdA 1970, 214 f.; Rehbinder, RdA 1968, 309 (312); Isele, RdA 1962, 373 (374); Trieschmann, AuR 1962, 97 (98); Neumann, DB 1961, 1291 (1292); Dersch, RdA 1958, 441; Frey, AuR 1958, 203 (204); Siebert, RdA 1958, 366 (367); Trieschmann, Anm. zum Urteil des BAG vom 05.12.1957 – 2 AZR 594/56, BABl. 1958, 196; Herschel, RdA 1956, 161 (166 f.); Siebert, RdA 1956, 13 (14); Herschel, BABl. 1955, 571 (581); Bötticher, RdA 1955, 321 (322); Fechner, RdA 1955, 161 (162); Krüger, RdA 1954, 365 (372); Frey, AuR 1953, 167 (170); Molitor, RdA 1951, 254 (255).

163 BAG, Urteil vom 07.06.1963 – 1 AZR 276/62, AP § 276 BGB Verschulden bei Vertragsabschluß Nr. 4 Bl. 2 f.; Hueck/Nipperdey, Lehrbuch des Arbeitsrechts, Band I, § 22 I 2e.), S. 131, § 48 III 7, S. 415; Wiedemann, FS Herschel, S. 463 (464); Schröder, Juristen-Jahrbuch 6 (1965), S. 159 (160); Künzl, Einzelarbeitsverhältnis, HzA, 5/1 Rn. 1070/1; Falkenberg, BB 1970, 1013; Herschel, RdA 1965, 191 (192); Neumann, DB 1961,1291 (1292).

nahme liegt das Merkmal der persönlichen Abhängigkeit zugrunde. Die Zuordnung zum Personenrecht findet ihren Ursprung im deutschrechtlichen Treudienstvertrag[164] und der marxistisch beeinflußten Lehre vom Gewaltverhältnis. Dies ist mit dem geltenden Recht indes nicht mehr vereinbar[165]. Die heutige herrschende Lehre[166] lehnt daher das personenrechtliche Gemeinschaftsverhältnis ab. Das Arbeitsverhältnis ist vielmehr ein schuldrechtlicher Austauschvertrag und Dauerschuldverhältnis[167].

2. Vorvertragliche Schutzpflichten

Vor dem Verständnis des Arbeitsverhältnisses als schuldrechtlichen Austauschvertrag finden auch die vorvertraglichen Schutzpflichten Anwendung. Im vorvertraglichen Schuldverhältnis bestehen vier verschiedene Arten von Schutzpflichten: Aufklärungspflichten, Obhutspflichten, die Verpflichtung, den Abschluß eines wirksamen Vertrags nicht zu verhindern sowie die Pflicht, den Ver-

---

164 RAG, Urteil vom 24.07.1940 – 71/40, ARS 39, 383, LS. 1; Hientzsch, Arbeitsrechtslehren im Dritten Reich, insb. S. 32-35; Isele, FS Maridakis, Band II, S. 285 (293 ff.); Wiese, ZfA 1996, 439 (452); Jobs, ZfA 1972, 305 (307 ff.). Zum nationalsozialistischen Recht: Stolleis, Gemeinwohlformeln im nationalsozialistischen Recht, S. 127 ff. und Rüthers, Die unbegrenzte Auslegung, S. 390 f.

165 So auch: MünchArbR-Richardi, § 8 Rn. 11.

166 Staudinger-Richardi, Vor § 611 BGB Rn. 19; MünchArbR-Richardi, § 8 Rn. 8-11; Schaub-Schaub, ArbR-Hdb., § 29 Rn. 1; Adomeit, Arbeitsrecht für die 90er Jahre, S. 3 f.; Stahlhacke, Arbeitsrecht, § 105 VII, S. 104; Söllner/Waltermann, Grundriß des Arbeitsrechts, § 28 III 2, S. 255; Zöllner/Loritz, Arbeitsrecht, § 11 II 7, S. 154 f.; Schwerdtner, Fürsorgetheorie und Entgelttheorie im Recht der Arbeitsbedingungen, S. 16 f.; Preis, Vertragsgestaltung, § 1 II 2, 3, S. 14 f., 17 f.; Simitis, Die faktischen Vertragsverhältnisse, S. 388; Ramm, Die Anfechtung des Arbeitsvertrages, S. 18 ff.; Kempff, Grundrechte im Arbeitsverhältnis, S. 90 f.; Wendeling-Schröder, Autonomie im Arbeitsrecht, S. 72; Rüthers, Die unbegrenzte Auslegung, S. 399 f.; Wiethölter, Rechtswissenschaft, S. 284; Wolf, Das Arbeitsverhältnis, S. 32; Ramm, in: Freiheit in der sozialen Demokratie, S. 1 (4 f.); Walter/Böhm, FS Sitzler, S. 181 (182 f.); Wiese, ZfA 1996, 439 (452 ff.); Fenn, AuR 1971, 321 (232); Leinemann, BUV 1971, 49 (53); Leinemann, AuR 1970, 134 (136 f.); Isele, Juristen-Jahrbuch 8 (1967/68), S. 63 (74); Ramm, JZ 1968, 479 (480); Söllner, AuR 1968, 242 (244); Hoffmann, Gewerkschaftliche Monatshefte 1966, 151; Farthmann, JuS 1964, 141 (143); Schmidt, AcP 162 (1963), S. 305 (331 ff.); Mayer-Maly, RdA 1962, 49 (50); Pinther, AuR 1961, (230); Farthmann, RdA 1960, 5-9; Farthmann, RdA 1958, 338 (339 f.); Mohnen, RdA 1957, 361 (366); Mavridis, RdA 1956, 444 (445); Neumann, RdA 1951, 1 (2 f.).

167 Erfurter Kommentar-Preis, § 611 BGB Rn. 4; MünchArbR-Richardi, § 8 Rn. 18; Söllner/-Waltermann, Grundriß des Arbeitsrechts, § 28 III 2, S. 254; Zöllner/Loritz, Arbeitsrecht, § 11 II 7a.), S. 155; Wendeling-Schröder, Autonomie im Arbeitsrecht, S. 72 f.; Wolf, Das Arbeitsverhältnis, S. 91-98.

tragspartner vor nutzlosen Aufwendungen zu bewahren[168]. Vorliegend handelt es sich um Aufklärungspflichten[169]. Diese umfassen die Pflicht, den Gegner über sämtliche Umstände aufzuklären, die für den Vertragsschluß erkennbar von besonderer Bedeutung sind, sofern der Vertragspartner eine Aufklärung nach Treu und Glauben und der Verkehrsauffassung redlicherweise erwarten darf[170]. Über das allgemeine, jedem Vertrag immanente Risiko ist nicht aufzuklären, sondern nur über außergewöhnliche Risiken[171].

3. Streitdarstellung

Hinsichtlich des arbeitsrechtlichen Anbahnungsverhältnisses ist es in der Rechtsprechung und Lehre seit langer Zeit umstritten, ob überhaupt ein Fragerecht des Arbeitgebers und Mitteilungspflichten des Bewerbers bestehen. Für die Dogmatik des Fragerechts macht es keinen Unterschied, auf welchen Gegenstand sich die Frage bezieht. Ferner ist darüber hinaus zu klären, wie weit diese Rechte bzw. Pflichten reichen.

---

168 MünchArbR-Richardi, § 45 Rn. 19 f.; Schaub-Schaub, ArbR-Hdb., § 25 Rn. 5-8; Erfurter Kommentar-Preis, § 611 BGB Rn. 317; Bobrowski/Gaul, Arbeitsrecht im Betrieb, Band I, B II Rn. 5; Emmerich, Das Recht der Leistungsstörungen, § 6 III, S. 84; Nirk, FS Möhring (1975), S. 71 (73); Wiedemann, FS Herschel, S. 463 (464); Frotz, GS Gschnitzer, S. 163 (164 f.); Knipp, AR-Blattei SD, Einstellung 640, S. 5; Knipp, HwB-AR, Einstellung 795, Rn. 17; Bürger/Knipp, AR-Blattei D, Einstellung I., I. Allgemeines, 1. Blatt; Janker, AuA 1991, 264; Gerhard, JZ 1970, 535; Canaris, JZ 1965, 475 (476); Emmerich, Jura 1987, 561 (562-566).

169 Zu den verschiedenen Mitteilungspflichten des Bewerbers im vorvertraglichen Anbahnungsverhältnis und ihrer Abgrenzung siehe S. 77 ff.

170 BGH, Urteil vom 22.02.1973 – VII ZR 119/71, NJW 1973, 752 (753); Urteil vom 28.04.1971 – VIII ZR 258/69, NJW 1971, 1795 (1799); Urteil vom 12.11.1969 – I ZR 93/67, NJW 1970, 653 (655); Urteil vom 20.02.1967 – III ZR 134/65, NJW 1967, 1022 (1023); Urteil vom 10.07.1963 – V ZR 66/62, LM § 463 BGB Nr. 8; MünchKomm-Roth, § 242 BGB Rn. 249, 269; Schaub-Schaub, ArbR-Hdb., § 25 Rn. 5; Enneccerus/Nipperdey, § 43 III, S. 190-193; Degener, Das Fragerecht des Arbeitgebers gegenüber Bewerbern, S. 37; Bürger/Knipp, AR-Blattei D, Einstellung I., I. Allgemeines, 1. Blatt und 1. Fortsetzungsblatt; Janker, AuA 1991, 264; Falkenberg, BB 1970, 1013 (1014).

171 BAG, Urteil vom 01.08.1985 – 2 AZR 101/83, NJW 1987, 398 (399); BGH, Urteil vom 28.03.1974 – 2 AZR 92/73, DB 1974, 1531 f. = DB 1974, 729; LAG Düsseldorf, Urteil vom 06.03.1991 – 4 Sa 1615/90, BB 1991, 1197; MünchKomm-Roth, § 242 BGB Rn. 275; Reuter, Anm. zu den Urteilen des BAG vom 01.08.1985 – 2 AZR 101/83 und vom 20.02.1986 – 2 AZR 244/85, JuS 1987, 155; Hofmann, ZfA 1975, 1 (20 f.); Haberkorn, RdA 1962, 416.

a.) Unbeschränktes Fragerecht und totale Mitteilungspflicht

Nach der These vom unbegrenzten Informationsrecht des Arbeitgebers[172] kommt dem Arbeitgeber ein grenzenloses Fragerecht zu. Den Bewerber treffe in jedem Fall eine Mitteilungspflicht. Diese Ansicht kann nur vertreten werden, wenn man dem Arbeitgeber uneingeschränkte Vertragsfreiheit zubilligt[173]. Für ein unbegrenztes Fragerecht spreche die Praktikabilität. Eine Frage könne nicht schon deshalb unzulässig sein, weil der Bewerber auf diese möglicherweise antworten wolle[174]. Die Existenz von unzulässigen Fragen schränke die arbeitgeberseitige Vertragsfreiheit ein[175]. Eine unwahre Antwort des Bewerbers bedeute eine Erschütterung des gegenseitigen Vertrauens[176], die für das personenrechtliche Arbeitsverhältnis schädlich ist.

Zwar mag diese Ansicht praktikabel sein, jedoch spricht gegen sie die Rechtssicherheit. Denn der Bewerber würde letztendlich den Preis der Rechtssicherheit alleine tragen[177]. Mit dem Argument der Rechtssicherheit könnte man jede Frage als zulässig bewerten, denn die Rechtssicherheit ist wesentlicher Bestandteil des Rechtsstaatsprinzips[178]. Jedoch stellte schon Degener[179] fest, daß die Rechtssicherheit kein absolutes Gebot ist, sondern daß sie im Zusammenhang mit allen anderen Auslegungskriterien gesehen werden muß. Sofern bei einer Kollision der verschiedenen Auslegungsmethoden nicht eindeutig zugunsten der einen Methode entschieden werden kann, ist eine Interessenabwägung vorzunehmen.

---

172 BVerwG, Urteil vom 06.05.1964 – BVerwG VIII C 135.63, BVerwGE 18, 276 (277); Maus, Handbuch des Arbeitsrechts, II A, S. 6 f.; Großmann, AuR 1969, 97 (102); Herschel, RdA 1965, 191 (193); Larenz, Anm. zum Urteil des BAG vom 22.09.1961 – 1 AZR 241/60, AP § 123 BGB Nr. 15 Bl. 3 f.

173 Hofmann, ZfA 1975, 1 (5).

174 Großmann, AuR 1969, 97 (102).

175 Larenz, Anm. zum Urteil des BAG vom 22.09.1961 – 1 AZR 241/60, AP § 123 BGB Nr. 15 Bl. 4.

176 Gangloff, Anm. zum Urteil des LAG Düsseldorf vom 07.05.1958 – 6 Sa 173/58, SAE 1959, 162 (163); Larenz, Anm. zum Urteil des BAG vom 2.09.1961 – 1 AZR 241/60, AP § 123 BGB Nr. 15 Bl. 4.

177 Degener, Das Fragerecht des Arbeitgebers gegenüber Bewerbern, S. 55.

178 BVerfG, Urteil vom 01.07.1953 – 1 BvL 23/51, BVerfGE 2, 380 (403); Urteil vom 18.12.1953 – 1 BvL 106/53, BVerfGE 3, 225 (237); Urteil vom 16.01.1957 – 1 BvR 253/56, BVerfGE 6, 32 (41); Urteil vom 19.12.1961 – 2 BvL 6/59, BVerfGE 13, 261 (271); Beschluß vom 14.03.1963 – 1 BvL 28/62, BVerfGE 15, 313 (319); Beschluß vom 16.07.1969 – 1 BvL 19/63, BVerfGE 27, 1 (8); Larenz, Anm. zum Urteil des BAG vom 22.09.1961 – 1 AZR 241/60, AP § 123 BGB Nr. 15 Bl. 4.

179 Degener, Das Fragerecht des Arbeitgebers gegenüber Bewerbern, S. 56. Siehe auch: BVerfG, Urteil vom 18.12.1953 – 1 BvL 106/53, BVerfGE 3, 225 (238); Beschluß vom 14.03.1963 – 1 BvL 28/62, BVerfGE 15, 313 (319).

Gegen das Argument, eine Begrenzung der Informationspflichten des Arbeitgebers schränke seine Vertragsfreiheit ein, spricht, daß der Arbeitgeber bei einer begrenzten Informationspflicht nicht gezwungen ist, einen bestimmten Arbeitnehmer einzustellen[180]. Die Vertragsfreiheit des Arbeitgebers ist nicht vollständig beschränkt, sondern nur zum Teil. Ferner hat die Tatsache, daß der Bewerber die Frage eventuell beantworten möchte, nichts mit deren Zulässigkeit zu tun. Ein willkürliches Fragerecht würde dem Arbeitgeber soziale Macht über andere Menschen verleihen. Dies ist weder mit dem allgemeinen Persönlichkeitsrecht aus Art. 2 Abs. 1 GG noch mit der Menschenwürde aus Art. 1 Abs. 1 GG vereinbar. Die These vom unbegrenzten Informationsrecht des Arbeitgebers kann heute nicht mehr vertreten werden.

b.) Kein Fragerecht und Offenbarungspflicht

Auf der anderen Seite wird die Ansicht vertreten, daß den Bewerber keine Mitteilungspflichten treffen[181]. Der Bewerber sei nicht dazu verpflichtet, seine gesamten persönlichen Verhältnisse ungefragt zu offenbaren. Diese Ansicht basiert auf der Annahme eines uneingeschränkten Schutzes des Persönlichkeitsrechts des Bewerbers. Für eine Ablehnung des Fragerechts und der Offenbarungspflicht spreche, daß dem Arbeitgeber im Fall der Fehleinstellung stets das Recht zur Kündigung des ungeeigneten Arbeitnehmers verbleibe. Eine Beurteilung der Fähigkeit und Geeignetheit des Bewerbers vor seiner Einstellung wird daher als unnötig erachtet.

Da im deutschen Arbeitsrecht der Kündigungsschutz sehr ausgeprägt ist[182], wird es dem Arbeitnehmer lediglich während der Probezeit problemlos möglich sein, sich vom Arbeitnehmer zu trennen. Danach ist die Kündigung des Arbeitnehmers an zahlreiche Voraussetzungen geknüpft[183]. Dem Arbeitgeber ist es folg-

---

180 BAG, Urteil vom 02.08.1963 – 1 AZR 9/63, BAGE 14, 282 (288 ff.).

181 Allgemein gegen eine generelle Offenbarungspflicht: Bulla, § 5 MuSchG Rn. 10 (A. A. jedoch in der 7. Aufl.: Buchner/Becker/Bulla, § 5 MuSchG Rn. 19 ff.); Ramm, Die Anfechtung des Arbeitsvertrages, S. 68; Endemann, BB 1953, 266. Bleser, Die Anfechtung im Arbeitsrecht, S. 30 f. ist der Auffassung, der Arbeitnehmer brauche von sich aus seine Schwerbeschädigteneigenschaft nicht zu offenbaren. BAG, Urteil vom 08.06.1955 – 2 AZR 14/54, AP § 9 MuSchG Nr. 2 Bl. 3; Bulla, § 5 MuSchG Rn. 10, 89; Otto/Eisel, § 5 MuSchG Anm. 1; Bleser, Die Anfechtung im Arbeitsrecht, S. 31; Hunn, AuR 1954, 18 (19); Bulla, RdA 1952, 10 (11) und Schulte-Langforth, BB 1952, 62 verneinen eine generelle Offenbarungspflicht hinsichtlich der Schwangerschaft der Bewerberin. Prasse, AuR 1957, 76 (77); Butz, DB 1955, 581 (582); Frey, AuR 1953, 167 (168) und Waechter, DB 1950, 83 vertreten dieselbe Ansicht bezüglich der Vorstrafen.

182 Siehe dazu bereits S. 25 ff.

183 Vgl. dazu S. 280 ff.

lich in den meisten Fällen nicht möglich, seine Einstellungsentscheidung rückgängig zu machen. Er wäre gezwungen, das Arbeitsverhältnis mit dem ungeeigneten Mitarbeiter bis auf weiteres fortzusetzen. Dies stellt eine unzulässige Beeinträchtigung der Auswahl- und Einstellungsfreiheit des Arbeitgebers als Teil seiner Vertragsfreiheit aus Art. 12 Abs. 1 GG dar, denn er wäre gehalten, jeden beliebigen Bewerber einzustellen. Eine tatsächliche Auswahl kann hier nicht zustande kommen, da der Arbeitgeber über keinerlei Informationen über die Bewerber verfügt, anhand derer er ihre Qualifikation feststellen kann. Der Ansicht, die ein Fragerecht des Arbeitgebers und eine Offenbarungspflicht des Bewerbers generell ablehnt, kann nicht gefolgt werden.

c.) Beschränktes Fragerecht und beschränkte Aufklärungspflicht

Die beiden Extremmeinungen finden heute keine Zustimmung mehr. Vielmehr streben die heutige Rechtsprechung und Lehre einen Kompromiß an. Das Fragerecht des Arbeitgebers ist im wesentlichen anerkannt. Jedoch erfährt es eine Reduktion auf solche Bereiche, von denen er zu erfahren ein objektiv anzuerkennendes Interesse hat[184]. Dementsprechend wird eine Aufklärungs- bzw. Offenbarungspflicht nur in beschränktem Umfang anerkannt. Über dieses Ergebnis besteht im wesentlichen Einigkeit. Hinsichtlich der dogmatischen Begründung der Beschränkung von Fragerecht und Offenbarungspflicht und der Mittel zur Erreichung einer Begrenzung des Fragerechts jedoch besteht Uneinheitlichkeit[185].

---

184 BAG, Urteil vom 05.10.1995 – 2 AZR 923/94, AP § 123 BGB Nr. 40 Bl. 2 = DB 1996, 580 (581); Urteil vom 07.09.1995 – 8 AZR 828/93, EzA § 242 BGB Auskunftspflicht Nr. 4, S. 6 f.; Urteil vom 05.12.1957 – 1 AZR 594/56, BAGE 5, 159 (164) = AP § 123 BGB Nr. 2; Ramm, Die Anfechtung des Arbeitsvertrages, S. 68; Künzl, Einzelarbeitsverhältnis, HzA, 5/1 Rn. 1070/3; Buchner, NZA 1991, 577 (579); Moritz, NZA 1987, 329 (331); Hofmann, ZfA 1975, 1 (6); Falkenberg, BB 1970, 1013 (1014); Haberkorn, RdA 1962, 416.

185 BAG, Urteil vom 07.02.1964 – 1 AZR 251/63, BAGE 15, 261 (263 f.) = AP § 276 BGB Verschulden bei Vertragsabschluß Nr. 6 Bl. 1 f.; Urteil vom 22.09.1961 – 1 AZR 241/60, BAGE 11, 270 (273-275) = AP § 123 BGB Nr. 15 Bl. 2; Urteil vom 05.12.1957 – 1 AZR 594/56, BAGE 5, 159 (163 f.) = AP § 123 BGB Nr. 2 Bl. 2 f.; Gaul/Gaul, Arbeitsrecht für Führungskräfte, S. 52 ff.; Hofmann, ZfA 1975, 1 (6); Maurer, AuR 1972, 9 (10); Hoppe, BlStSozArbR 1972, 375 (376); Hofmann, SAE, 134 (135); Löwisch/Krauß, SAE 1971, 176 (177); Wiese, ZfA 1971, 273 (299 f.); Gumpert, BB 1970, 804; Großmann, AuR 1969, 97 (99-101); Schmid, BB 1969, 631; Häßler/Kehrmann, BlStSozArbR 1967, 44 (45 f.); Kemter, RdA 1962, 307 (309); Neumann-Duesberg, JZ 1962, 204 (205 f.); Neumann, DB 1961, 1291 (1292 f.); Wägenbaur, BB 1958, 1061 (1062).

aa.) Treu und Glauben gemäß § 242 BGB

Eine weit verbreitete Auffassung[186] nimmt an, daß die Grenzen des Fragerechts durch eine Interessenabwägung ermittelt werden müssen. Diese ergebe sich aus dem Grundsatz von Treu und Glauben gemäß § 242 BGB und sei geeignet, einzelfallgerechte Lösungen zu ermitteln[187]. Jedoch ist eine Bewertung der Zulässigkeit der verschiedenen Fragen auf diese Weise sehr unsicher. Aufgrund der Einzelfallgenauigkeit ist eine präzise Feststellung der Zulässigkeit nicht mehr möglich. Dies führt zur Rechtsunsicherheit[188]. Laut Linnenkohl[189] ist der Grundsatz von Treu und Glauben wegen seiner mangelnden juristischen Präzision für eine dogmatische Begründung des Fragerechts des Arbeitgebers nicht geeignet.

bb.) Allgemeines Persönlichkeitsrecht

Eine weitere Ansicht[190] leitet die Beschränkung des Fragerechts und der Offenbarungspflicht aus dem allgemeinen Persönlichkeitsrecht des Bewerbers aus Art. 2 Abs. 1 GG ab. Die Frage des Arbeitgebers ist unzulässig, wenn das allgemeine Persönlichkeitsrecht des Bewerbers beeinträchtigt wird. Das allgemeine Persönlichkeitsrecht aus Art. 2 Abs. 1 GG ist jedoch ein sog. offener Tatbestand oder Rahmenrecht[191]. Die Rechtswidrigkeit der Verletzungshandlung wird nicht

---

186 BAG, Urteil vom 07.09.1995 – 8 AZR 828/93, EzA § 242 BGB Auskunftspflicht Nr. 4, S. 6 f.; BGH, Urteil vom 30.04.1964 – VII ZR 156/62, BGHZ 41, 318 (321); LAG Bayern, Urteil vom 02.06.1953 – N 83/53 VI, Amtsblatt des Bayerischen Staatsministeriums für Arbeit und soziale Fürsorge 1953, Teil C, S. 169, LS. 2; Urteil vom 21.03.1951 – V 974/50 N, Amtsblatt des Bayerischen Staatsministeriums für Arbeit und soziale Fürsorge 1951, Teil C, S. 158, LS. 1; RG, Urteil vom 27.03.1906 – Rep. II 374/05, RGZ 62, 149 (150); RG, Urteil vom 06.01.1912 – 397/11 II, JW 1912, 342; RGRK-Krüger-Nieland, § 123 BGB Rn. 19; Kasseler Handbuch zum ArbR I-Künzl, 2.1. Rn. 52; Hofmann, ZfA 1975, 1 (26 f.); Hofmann, SAE 1971, 134 (135); Wiese, ZfA 1971, 273 (300); Falkenberg, BB 1970, 1013 (1014); Schmid, BB 1969, 631; Haberkorn, RdA 1962, 416; Neumann, DB 1961, 1291; Knevels, BB 1965, 336 ff.

187 Hofmann, ZfA 1975, 1 (7).

188 Degener, Das Fragerecht des Arbeitgebers gegenüber Bewerbern, S. 42.

189 Linnenkohl, DVR 1981, 317 (340).

190 BAG, Urteil vom 07.09.1995 – 8 AZR 828/93, DB 1996, 634; LAG Berlin, Urteil vom 22.06.1992 – 9 Sa 29/92, NZA 1992, 1131 (1132); Schaub-Schaub, ArbR-Hdb., § 26 Rn. 11; Esser/Weyers, Schuldrecht, Band II, § 55 I 1d.), S. 157 f.; Wohlgemuth, Datenschutz für Arbeitnehmer, Rn. 111; Knipp, HwB-AR, Einstellung 795, Rn. 18, 43; Ehrich, HwB-AR, Fragerecht des Arbeitgebers 865, Rn. 3; Jedzig, DB 1996, 1337 f.; Wohlgemuth, AuR 1992, 46; Neumann-Duesberg, JZ 1962, 204 (205).

191 Fikentscher, Schuldrecht, Rn. 1225; Esser/Weyers, Schuldrecht, Band II, § 55 I 1d.), S. 158; Knipp, AR-Blattei SD, Einstellung 640, Rn. 67; Hofmann, ZfA 1975, 1 (7); Lei-

durch die Verletzung des Rechtsguts indiziert, sondern es bedarf einer ausdrücklichen Feststellung anhand einer Interessenabwägung[192].

Nach einer ähnlichen Ansicht[193] soll die Intimsphäre aus Art. 2 Abs. 1 GG zur Bestimmung der Grenze der Offenbarungspflicht und des Fragerechts herangezogen werden. Unzulässig ist danach jede Frage, bei der für den Bewerber die Gefahr besteht, in seinem verfassungsrechtlich gewährleisteten Recht auf Wahrung der Intimsphäre beeinträchtigt zu werden. Jedoch bedürfe es auch hier einer Güter- und Interessenabwägung[194].

cc.) „Recht auf Arbeit"

Weiterhin wird die Auffassung[195] vertreten, daß die Grenze der Offenbarungspflicht des Bewerbers mit Hilfe eines sog. „Rechts auf Arbeit" näher konkretisiert werden muß[196]. Durch dieses erfährt der Arbeitgeber bei seiner Einstellungsentscheidung eine Bindung. Zwar gewähre das „Recht auf Arbeit" i. d. R. keinen Einstellungsanspruch, sondern es diene nur dazu, die Einstellungsfreiheit des Arbeitgebers zu beschränken. Für jeden Fall müsse eine rechtswidrige Verletzung des „Rechts auf Arbeit" festgestellt werden.

Es ist jedoch zweifelhaft, ob das „Recht auf Arbeit" im Privatrecht Geltung beanspruchen kann[197]. Dies ist kein subjektives Recht, sondern lediglich ein gesellschaftsordnender Auftrag[198]. Eine Herleitung aus dem öffentlichen Recht in das

---

pold, AuR 1971, 161 (166); Mertens, JuS 1962, 261 (265). Kritisch dazu: Larenz/Canaris, Lehrbuch des Schuldrechts, Band II/2, § 80 III 2, S. 518 f.

192 Esser/Weyers, Schuldrecht, Band II, § 55 I 1d.), S. 158; Fikentscher, Rn. 1225; Hofmann, ZfA 1975, 1 (7).

193 Löwisch, Arbeitsrecht, Rn. 1221; Neumann-Duesberg, JR 1967, 1 (3); Schröder, Juristen-Jahrbuch 6 (1965), S. 159 (180 f.).

194 Knipp, HwB-AR, Einstellung 795, Rn. 43; Hofmann, ZfA 1975, 1 (9).

195 Wank, Das Recht auf Arbeit im Verfassungsrecht und im Arbeitsrecht, S. 96; Leipold, AuR 1971, 161 (164 f., 167).

196 Richardi (5. Aufl., 1973), § 94 BetrVG Rn. 2, 13; Hanau/Adomeit, Arbeitsrecht (1. Aufl., 1972), S. 139 f., 155 ff.; Schnorr von Carolsfeld, Arbeitsrecht, § 1 C I 2a.)-c.), S. 20 f.; Wank, Das Recht auf Arbeit im Verfassungsrecht und im Arbeitsrecht, S. 144 f.; Migsch, Die absolut geschützte Rechtsstellung des Arbeitnehmers, S. 114 ff.; Gamillscheg, FS Weber, S. 793 (802 f., 815); Hofmann, ZfA 1975, 1 (8); Gamillscheg, AcP 164 (1964), S. 385 (417 ff.).

197 Hofmann, ZfA 1975, 1 (8).

198 Hofmann, ZfA 1975, 1 (8). Vgl. auch: Dütz, Arbeitsrecht, Rn. 15, 69 f., der klarstellt, daß es keinen Individualanspruch auf Verschaffung eines Arbeitsplatzes gibt, sondern lediglich eine verfassungsrechtliche Verpflichtung des Gesetzgebers zur generellen Vorsorge

Privatrecht brächte erhebliche, nicht überwindbare Probleme mit sich[199]. Die Tatsache, daß es sich mit dem „Recht auf Arbeit" lediglich um einen gesellschaftsordnenden Auftrag handelt, ist auch aus anderen Vorschriften zu entnehmen. So nimmt die Bundesanstalt für Arbeit nur arbeitsvermittelnde, aber keine arbeitsplatzzuweisende Tätigkeiten vor[200]. Ferner sieht auch das SGB IX keine Zwangseinstellung von Schwerbehinderten vor[201]. Weiterhin spricht gegen ein solches „Recht auf Arbeit", daß es im deutschen Arbeitsrecht keinen privatrechtlichen Anspruch auf Einstellung gibt. Für einen solchen fehlt jegliche rechtliche Grundlage[202]. Der These vom „Recht auf Arbeit" ist daher nicht zuzustimmen.

dd.) Unmittelbare Drittwirkung der Grundrechte im Privatrecht

Früher vertraten Teile der Rechtsprechung und Lehre, daß die Beschränkung der Offenbarungspflicht und des Fragerechts aus einer unmittelbaren Drittwirkung der Grundrechte im Privatrecht[203] abzuleiten sei. Bei indiskreten Fragen durch den Arbeitgeber nehmen die Vertreter dieser Meinung einen Verstoß des Arbeitgebers gegen die verfassungsrechtlich geschützten Positionen des Bewerbers an. Dazu ist eine Güter- und Interessenabwägung für die genauere Bestimmung der

---

für Arbeitslose, die aus dem Sozialstaatsprinzip nach Art. 1 Abs. 1, 2 Abs. 1, 20 Abs. 1, 28 Abs. 1 GG abgeleitet wird und welcher durch das SGB III genüge getan ist.

199 Hueck/Nipperdey, Lehrbuch des Arbeitsrechts, Band I, § 46 I, S. 380 f.; Nikisch, Arbeitsrecht, Band I, § 5 IV 1, 2, S. 43-45; Hedemann, FS Boehmer, S. 51 (56 f.); Hofmann, ZfA 1975, 1 (8); Großmann, AuR 1969, 97 (99).

200 SGB III; Hofmann, ZfA 1975, 1 (8); Hofmann, Deutschland Archiv 4 (1971), 1072 f.

201 Hofmann, ZfA 1975, 1 (8).

202 Borgaes, Der Informationsschutz des Arbeitsplatzbewerbers, S. 1; Wiedemann, FS Herschel, S. 463 (465).

203 BVerfG, Beschluß vom 26.02.1969 – 1 BvR 619/63, BVerfGE 25, 256 (263); BAG, Urteil vom 29.06.1962 – 1 AZR 343/61, BAGE 13, 168 (174-179) = AP Art. 12 GG Nr. 25 Bl. 3-5; Urteil vom 10.05.1957 – 1 AZR 249/56, AP Art. 6 Abs. 1 GG Ehe und Familie Nr. 1 Bl. 1 = NJW 1957, 1688 (1689); Urteil vom 03.12.1954 – 1 AZR 150/54, BAGE 1, 185 (191 f.); BGH, Urteil vom 02.04.1957 – VI ZR 9/56, BGHZ 24, 72 (76 f.); Nikisch, Arbeitsrecht, Band I, § 5 III 1, 2, S. 39-42; Flume, Allgemeiner Teil des Bürgerlichen Rechts, Band II, § 1, 10b.), S. 21 f.; Nipperdey, Grundrechte und Privatrecht, S. 1, 8 f.; Nipperdey, in: Die Grundrechte, Band II, S. 1 (18 f., 35 f.); Nipperdey, in: Die Grundrechte, Band IV/2, S. 741 (747 ff.); Dürig, in: Die Grundrechte, Band II, S. 507 (525); Leisner, Grundrechte und Privatrecht, S. 332 f.; Schwab, Einführung in das Zivilrecht (1. Aufl., 1974), Rn. 89-92; Säcker, Gruppenautonomie und Übermachtkontrolle im Arbeitsrecht, S. 230 f.; Johann, Umfang des Rechts des Arbeitgebers auf Auskunft, S. 27 ff.; Dürig, FS Nawiasky, S. 157 (158 f.); Küchenhoff, RdA 1969, 97 (98 Fn. 6); Gamillscheg, AcP 164 (1964), S. 385 (419 ff.); Hueck, Anm. zu den Urteilen des BAG vom 29.06.1962 – 1 AZR 343/61 und 1 AZR 350/61, SAE 1963, 7 (9 f.); Dürig, DÖV 1958, 194 (197) Zurückhaltender: BAG, Urteil vom 28.09.1071 – 2 AZR 469/71, AuR 1973, 218 (219); Falkenberg, BB 1970, 1013 (1014).

Rechtswidrigkeit der Arbeitgeberfrage erforderlich. Eine unmittelbare Drittwirkung der Grundrechte im Privatrecht wird aber seit langem abgelehnt. Mit der herrschenden Meinung[204] besteht lediglich eine mittelbare Drittwirkung der Grundrechte im Privatrecht über die Generalklauseln.

Eine unmittelbare Drittwirkung der Grundrechte im Privatrecht kommt aus verschiedenen Gründen nicht in Betracht. Nach dem Wortlaut des Art. 1 Abs. 3 GG sind nur die drei Staatsgewalten an die Grundrechte gebunden. Von einer Bindung Privater ist hier nicht die Rede[205]. Ferner ergibt auch eine historische Auslegung, daß die Grundrechte als Abwehrrechte des einzelnen gegen den Staat entstanden sind. Nach einer systematischen Auslegung der Grundrechte ist nur an wenigen Stellen die Wirkung eines Grundrechts oder eines grundrechtsgleichen Rechts auf Private erstreckt, Art. 9 Abs. 3 S. 2, 20 Abs. 4, 38 Abs. 1 S. 2, 48 Abs. 2 GG. Im Umkehrschluß dazu können die übrigen Grundrechte daher keine unmittelbare Drittwirkung im Privatrecht entfalten. Eine Grundrechtsbindung aller würde den Sinn und Zweck der Grundrechte in ihr Gegenteil verkehren[206].

ee.) These vom Einstellungsanspruch

Gamillscheg[207] vertritt die These vom Einstellungsanspruch und fordert eine komplette Umstrukturierung des Einstellungsvorgangs. Die Arbeitsplatzverteilung soll durch eine neutrale Stelle überwacht werden, da die Arbeitsplatzverteilung durch private Stellen ungeeignet sei. Als solche kämen entweder die Ge-

---

204 Maunz/Dürig/Herzog, Art. 1 Abs. 3 GG Rn. 130 ff.; v. Mangoldt/Klein/Starck-Starck, Art. 1 Abs. 3 GG Rn. 262-266; v. Mangoldt/Klein/Starck-Gusy, Art. 10 GG Rn. 55; Sachs-Sachs, Vor Art. 1 GG Rn. 32; Sachs-Murswiek, Art. 1 GG Rn. 104; Schmidt-Bleibtreu/Klein-Kannengießer, Vor Art. 1 GG Rn. 6 ff.; Stemmler, Grundrechtswirkung und Privatrechtsentfaltung, S. 70 f.; Koch, Der Grundrechtsschutz des Drittbetroffenen, insb. S. 436-441; Nannen, Grundrechte und privatrechtliche Verträge, S. 57 ff.; Badura, RdA 1999, 8 f. Eine andere Ansicht leitet eine Wirkung der Grundrechte im Privatrecht über die Schutzpflichten der Grundrechte her: BVerfG, Beschluß vom 27.01.1998 – 1 BvL 15/87, BVerfGE 97, 169 (175 ff.); Sachs-Höfling, Art. 1 GG Rn. 104; Stern, Staatsrecht, Band III/1, S. 1511 ff.; Erichsen, Jura 1996, 527 (529-531); Looschelders/Roth, JZ 1995, 1034 (1937); Hager, JZ 1994, 373 f. Kritisch dazu: Oldiges, FS Friauf, S. 281 ff.

205 Pieroth/Schlink, Grundrechte, Rn. 173, 175.

206 Pieroth/Schlink, Grundrechte, Rn. 175.

207 Gamillscheg, FS Weber, S. 793 (804). Zur Forderung, daß ein Bewerber, der die Einstellungsvoraussetzungen erfüllt, nicht ohne Grund oder aus nichtigem Grund abgewiesen werden darf, siehe auch: Badura, FS Berber, S. 12 (22 f.); Leipold, AuR 1971, 161 ff.; Gamillscheg, AcP 164 (1964), S. 385 (417 ff.).

richte oder die Arbeitsmarktverwaltung in Betracht. Gamillscheg bevorzugt die Arbeitsgerichte für diese Aufgabe[208].

Der Einstellungsanspruch des Bewerbers sei aus §§ 75, 95, 99 BetrVG abzuleiten, denn hiernach könne der Arbeitgeber bei der Einstellung nicht nach Belieben verfahren. Aber nicht nur im Betriebsverfassungsrecht fänden sich Beschränkungen der Vertragsfreiheit des Arbeitgebers, sondern auch in anderen Bereichen. So führt Gamillscheg in diesem Zusammenhang die Pflicht des Arbeitgebers an, Schwerbehinderte einzustellen, sowie die Wiedereinstellungsgebote aus Tarifverträgen oder richterrechtlicher Rechtsfortbildung. Daher sei die Einstellungsentscheidung des Arbeitgebers i. d. R. ohnehin nicht vollkommen frei. Weitere Vorzüge einer solchen Regelung seien Vorteile für die freiheitliche Ordnung. In Zeiten der Vollbeschäftigung sei eine nur mäßige und daher tragbare Belastung der Arbeitsgerichte zu erwarten. Und in Zeiten der Arbeitslosigkeit sei es wünschenswert, die Arbeitsplatzverwaltung durch eine neutrale Stelle vornehmen zu lassen. Nur so könne eine gerechte Verteilung der freien Arbeitsplätze erreicht werden. Mit einem willkürlichen Einstellungsrecht würde dem Arbeitgeber eine Macht über Menschen gegeben, die nicht mehr von seiner Unternehmer- und Eigentumsfreiheit umfaßt sei[209].

Jedoch ist der von Gamillscheg geforderte Einstellungsanspruch in der Praxis nicht realisierbar. Die Vielzahl der Fälle würde an Beweisschwierigkeiten scheitern[210]. Die Vertragsfreiheit des Arbeitgebers würde durch die These vom Einstellungsanspruch unzulässigerweise beeinträchtigt. Ein Kontrahierungszwang des Arbeitgebers, mit einem von Dritten ausgewählten Arbeitnehmer einen Arbeitsvertrag schließen zu müssen, widerspricht grundlegend der Vertragsfreiheit des Arbeitgebers aus Art. 12 Abs. 1 GG[211]. Ferner würde die Zwangseinstellung dem Charakter des Arbeitsverhältnisses als Dauerschuldverhältnis nicht gerecht.

---

208 Gamillscheg, FS Weber, S. 793 (803 f.). Im italienischen Recht erfolgt gemäß dem Gesetz Nr. 264 vom 29.04.1949 eine Vergabe der Arbeitsplätze durch das Arbeitsamt und eine Einstellung von Arbeitnehmern ist dem Arbeitgeber ohne eine Vermittlung durch die Arbeitsämter untersagt. Vgl. dazu: Ghidini, Diritto del lavoro (5. Aufl. 1973), S. 238 ff.; Mengoni in: Boldt/Durand/Horion/Kayser/Mengony/Molenaar, Der Schutz der Arbeitnehmer bei Verlust des Arbeitsplatzes, S. 333 (388 f.).

209 Gamillscheg, FS Weber, S. 793 (802).

210 Schwerdtner, Arbeitsrecht, Band I, S. 28.

211 Kleiner, Rechtsfragen der Arbeitskräftelenkung und –vermittlung im geteilten Deutschland, S. 9 f.; Linnenkohl, DVR 1981, 317 (339); Hofmann, ZfA 1975, 1 (22); Konzen, ZfA 1972, 131 (168); Pleyer, ZHR 125 (1963), S. 81 (84 f.). Anders: Schwerdtner, Arbeitsrecht, Band I, S. 28. Zu den Unterschieden des bundesdeutschen Arbeitsrechts zum Arbeitsrecht der ehemaligen DDR: Pleyer, in: Pleyer/Lieser, Zentralplanung und Recht, S. 225 ff.

Es ist ein gegenseitiges Vertrauensverhältnis zwischen den Vertragsparteien erforderlich, um die Durchführung des Vertrags nicht zu erschweren. Ob ein solches Vertrauensverhältnis bei einer Zwangseinstellung entstehen kann, ist indes fraglich[212].

Gamillscheg klärt nicht, aufgrund welcher Informationen und Kriterien der Arbeitsrichter die Einstellungsentscheidung treffen soll. Auch der Richter benötigt – ebenso wie der Arbeitgeber – Informationen über den Bewerber. Er muß für die richtige Besetzung des freien Arbeitsplatzes auch über die Ausbildung, Kenntnisse und Fähigkeiten des Bewerbers informiert sein. Damit verlagert sich das Problem der Begrenzung des Fragerechts vom Arbeitgeber auf den Richter. Eine Lösung der Frage wird durch diese Ansicht nicht erzielt. Ferner ist hervorzuheben, daß es bei der Verteilung von Arbeitsplätzen nicht allein auf Gerechtigkeitsgesichtspunkte ankommt, sondern es in erster Linie darum geht, den Arbeitsplatz derart zu besetzten, daß die Produktivität des Unternehmens steigt. Die These vom Einstellungsanspruch kann daher nicht vertreten werden.

ff.) Das „Recht am Arbeitsplatz"

Schwerdtners These von der Konnexität von Fragerecht und Kündigungsrecht des Arbeitgebers[213] sucht die dogmatische Begründung des Fragerechts und der Offenbarungspflicht im Kündigungsrecht. Der Arbeitgeber kann das Arbeitsverhältnis nach Ablauf der Probezeit ordentlich oder außerordentlich kündigen. Daher spricht Schwerdtner davon, daß der Arbeitnehmer in allen anderen Fällen gegenüber Arbeitgeberkündigungen Bestandsschutz genießt. Diesen Bestandsschutz will er auf das Stadium der vorvertraglichen Vertragsanbahnung ausweiten[214]. Der Arbeitgeber könne den Bewerber nur nach solchen Umständen fragen, die für das in Aussicht genommene Arbeitsverhältnis von Bedeutung sind. Dafür kommen nur Umstände in Betracht, die im bestehenden Arbeitsverhältnis eine Arbeitgeberkündigung rechtfertigen würden. Andernfalls entstünden Wertungswidersprüche.

Der Kündigungsschutz kommt jedoch erst im bestehenden Arbeitsverhältnis zur Anwendung. Daher ist es keinesfalls logisch zwingend, auch schon vor der Begründung des Arbeitsverhältnisses die Anforderungen, die im Arbeitsverhältnis

---

212 Ähnlich: Schwerdtner, Arbeitsrecht, Band I, S. 28. Linnenkohl, DVR 1981, 317 (339) bezweifelt demgegenüber die Notwendigkeit einer solchen Vertrauensbeziehung zwischen Arbeitgeber und Arbeitnehmer, vor allem bei einem Massenarbeitsverhältnis in einem Großbetrieb. Letzteres sei ohnehin durch Anonymität gekennzeichnet.

213 Schwerdtner, Arbeitsrecht, Band I, S. 28 f.

214 Linnenkohl, DVR 1982, 317 (340).

gelten, zur Anwendung zu bringen[215]. Im Gegensatz zu den Haupt- und Nebenleistungspflichten im Vertragsverhältnis kommen vor Vertragsabschluß lediglich unter dem Gesichtspunkt der culpa in contrahendo und dem Vertrauensschutz aus §§ 241 Abs. 2, 311 BGB Schadensersatzansprüche, die auf den Ersatz des negativen Interesses gerichtet sind, in Betracht. Pflichtverletzungen vor und nach Vertragsschluß sind daher wegen ihrer unterschiedlichen Interessenlage verschieden zu beurteilen. Die Interessen und Gefahrenlagen im bestehenden Arbeitsverhältnis sind daher anders gelagert als bei der Vertragsanbahnung[216]. Daher ist es nicht angebracht, vor Vertragsschluß dieselben Maßstäbe anzulegen, wie im bestehenden Arbeitsverhältnis. Die These Schwerdtners von der Konnexität von Fragerecht und Kündigungsrecht ist abzulehnen.

gg.) These vom arbeitsplatzgebundenen Auswahl- und Einstellungsrecht

Linnenkohl[217] hingegen geht von einem arbeitsplatzgebundenen Auswahl- und Einstellungsrecht des Arbeitgebers aus. Überschreitet der Arbeitgeber die Grenzen seines Fragerechts, stehe dem abgewiesenen Bewerber ein Schadensersatzanspruch aus §§ 241 Abs. 1, 311 BGB (culpa in contrahendo) zu[218]. Sofern der gewünschte Arbeitsplatz noch nicht vergeben sei, könne sich dieser Schadensersatzanspruch auf eine Naturalrestitution gemäß § 249 Abs. 1 BGB richten, so daß er die Einstellung verlangen könne[219]. Des weiteren erkennt Linnenkohl dem Bewerber einen Anspruch auf Ersatz des immateriellen Schadens zu, wenn die Frage des Arbeitgebers sein allgemeines Persönlichkeitsrecht aus Art. 2 Abs. 1 GG verletzt. Den Durchsetzungsproblemen, die durch Beweisschwierigkeiten auf Seiten des Bewerbers entstehen würden, trägt Linnenkohl[220] dadurch Rechnung, daß er dem Bewerber gegen den Arbeitgeber einen Anspruch auf Begründung der Ablehnung zuspricht.

Die Begrenzung des Fragerechts leite sich aus der Unternehmerfreiheit des Arbeitgebers ab. Die Einstellungsentscheidung müsse stets arbeitsplatz- und sachbezogen sein[221]. Eine willkürliche Einstellungsfreiheit des Arbeitgebers hingegen sei daher mit der Unternehmerfreiheit nicht vereinbar. Daher ist eine Frage nur zulässig, wenn sie funktionsbezogen und damit arbeitsplatz- und sachbezo-

215 Linnenkohl, DVR 1981, 317 (340).
216 Siehe dazu auch: Künzl, Einzelarbeitsverhältnis, HzA, 5/1 Rn. 1070/5.
217 Linnenkohl, DVR 1981, 317 (341-346, insb. 343).
218 Schaub-Schaub, ArbR-Hdb., § 25 Rn. 1; Linnenkohl, DVR 1981, 317 (345).
219 Zum Einstellungsanspruch siehe: Gamillscheg, FS Weber, S. 793 (803); Linnenkohl, DVR 1981, 317 (345); Leipold, AuR 1971, 161 (166).
220 Linnenkohl, DVR 1981, 317 (345 f.).
221 Linnenkohl, DVR 1981, 317 (343 f.).

gen ist. Fragen darf der Arbeitgeber also nur nach den Arbeitsplatzanforderungen und der Eignung des Bewerbers. Dies entspreche dem Grundsatz der Verhältnismäßigkeit und sei aus § 99 BetrVG abzuleiten[222]. Jedoch besteht auch hier das Problem, welche Fragen im einzelnen davon umfaßt sein sollen. Dazu sind die gegenseitigen Interessen von Arbeitgeber und Bewerber einander gegenüberzustellen, um die Grenze zwischen zulässigen und unzulässigen Fragen bestimmen zu können.

hh.) Mitbestimmung des Betriebsrats

Ferner wird vorgeschlagen, die Begrenzung des Fragerechts aus den Mitbestimmungsrechten des Betriebsrats in personellen Angelegenheiten abzuleiten[223]. Diese hätten den Sinn und Zweck, Ausuferungen der Vertragsfreiheit des Arbeitgebers entgegenzuwirken[224]. Die Mitbestimmungsrechte des Betriebsrats aus §§ 92-95 BetrVG beziehen sich auch auf den vorvertraglichen Bereich der Vertragsanbahnung. Damit sei die Einflußnahme des Betriebsrats im vorvertraglichen Bereich des Arbeitgebers[225] möglich. Bei der Aufstellung von Personalfragebögen gemäß § 94 Abs. 1 BetrVG soll somit der Betriebsrat darauf achten, daß es nicht zu einer Verletzung des allgemeinen Persönlichkeitsrechts des Bewerbers kommt. Bregenhorn[226] erachtet diese Lösung für beide Seiten als vorteilhaft, denn der Bewerber kann sich bei Zweifeln über seine Offenbarungspflichten beim Betriebsrat Gewißheit verschaffen. Dadurch sieht er sich nicht mehr der Gefahr ausgesetzt, daß der Arbeitgeber den Arbeitsvertrag bei einer unzulässigen Falschauskunft anficht oder kündigt. Für den Arbeitgeber hingegen biete diese Lösung den Vorteil, daß er bei der Bewerberauswahl keine wichtigen Fragen vergessen und somit alle notwendigen Informationen für seine Einstellungsentscheidung in Erfahrung bringen kann.

Diese Ansicht ist jedoch allein deshalb fraglich, weil in kleineren Betrieben kein Betriebsrat existiert. Auch wenn es dem Arbeitgeber im Hinblick auf die Ver-

---

[222] Linnenkohl, DVR 1981, 317 (344).

[223] Bregenhorn, Die Rechtsproblematik in der Personalbeurteilung, S. 139-141; Hofmann, ZfA 1975, 1 (23).

[224] Richardi-Thüsing, Vor § 92 BetrVG Rn. 6 f.; Hofmann, ZfA 1975, 1 (23).

[225] Begründung zum Regierungsentwurf zum BetrVG vom 05.02.1971, BT-Drucks. VI/1786, S. 50; Richardi-Thüsing, Vor § 92 BetrVG Rn. 6 f.; Däubler/Kittner/Klebe-Schneider, § 92 BetrVG Rn. 1; Fitting/Engels/Schmidt/Trebinger/Linsenmaier, § 92 BetrVG Rn. 2 f.; Meisel, Die Mitwirkung und Mitbestimmung des Betriebsrats in personellen Angelegenheiten, Rn. 107 ff.; Kehrmann/Schneider, Das Mitbestimmungsgespräch 1973, 23 (25-27); Gamillscheg, FS Weber, S. 793 (803); Hofmann, ZfA 1975, 1 (23); Stahlhacke, BlStSozArbR 1972, 51 (52 f.); Richardi, ZfA 1972, Sonderheft, S. 1 (2 f.).

[226] Bregenhorn, Die Rechtsproblematik in der Personalbeurteilung, S. 140.

sachlichung der Personalarbeit zu empfehlen ist, Personalfragebögen aufzustellen, besteht für den Arbeitgeber kein rechtlicher Zwang, einen Personalfragebogen aufzustellen[227]. Ferner wird ein gewissenhafter Arbeitgeber, der an seinem eigenen wirtschaftlichen Erfolg interessiert ist, auch ohne Personalfragebögen in der Lage sein, sicherzustellen, daß er bei der Bewerberauswahl alle für ihn entscheidenden Fragen stellt und somit an die für ihn wichtigen Informationen über den Stellenbewerber kommt. Daher vermag diese Begründung nicht zu überzeugen.

III. Zwischenergebnis

Trotz der unterschiedlichen dogmatischen Herleitungen lassen sich allen Lösungsansätzen zwei gleiche Gedanken entnehmen. Zum einen darf der Arbeitnehmer nur Fragen stellen, die mit der Eignung des Bewerbers und der Erfüllung der Arbeitsplatzanforderungen im Zusammenhang stehen. Zum anderen ist zur Bestimmung der Zulässigkeit einer Arbeitgeberfrage stets eine Abwägung der gegenseitigen Interessen von Arbeitgeber und Bewerber anzustellen.

§ 2: Fragerecht des Arbeitgebers

Wegen der Schutzbedürftigkeit des Arbeitnehmers erfährt das Fragerecht besondere Einschränkungen. Auf der anderen Seite zieht die falsche Beantwortung einer unzulässigen Frage unter dem Gesichtspunkt des Arbeitnehmerschutzes für den Bewerber keine negativen Rechtsfolgen nach sich[228]. Die Abgrenzung zwischen zulässigen und unzulässigen Arbeitgeberfragen richtet sich danach, ob der Arbeitgeber im Hinblick auf die angestrebte Tätigkeit des Bewerbers ein schutzwürdiges Interesse an der wahrheitsgemäßen Beantwortung hat[229]. Nach der ständigen Rechtsprechung[230] und herrschenden Lehre[231] darf der Arbeitgeber

---

[227] So die herrschende Meinung in der Rechtsprechung und Literatur: LAG Frankfurt am Main, Beschluß vom 08.01.1991 – 5 Ta BV 162/90, LAGE § 94 BetrVG Nr. 1 S. 7; LAG Düsseldorf, Beschluß vom 24.07.1984 – Ta BV 67/84, BB 1985, 55 (56); GK-Kraft, § 94 BetrVG Rn. 3; Fitting/Engels/Schmidt/Trebinger/Linsenmaier, § 94 BetrVG Rn. 13; Hess/Schlochauer/Glaubitz-Glock, § 94 BetrVG Rn. 16; Däubler/Kittner/Klebe-Klebe, § 94 BetrVG Rn. 2; MünchArbR-Matthes, § 347 Rn. 15.

[228] Siehe dazu S. 259 ff. Vgl. auch: Sorgel-Kraft, § 611 BGB Rn. 28.

[229] Erfurter Kommentar-Preis, § 611 BGB Rn. 333; Reuter, Anm. zu den Urteilen des BAG vom 01.08.1985 – 2 AZR 101/83 und vom 20.02.1986 – 2 AZR 244/85, JuS 1987, 155.

[230] BAG, Urteil vom 20.05.1999 – 2 AZR 320/98, DB 1999, 1859 = NZA 1999, 975 = NJW 1999, 3653; Urteil vom 28.05.1998 – 2 AZR 549/97, AP § 123 BGB Nr. 46 Bl. 2 f.; Urteil vom 07.09.1995 – 8 AZR 828/93, AP § 242 BGB Auskunftspflicht Nr. 24 Bl. 3 f. = DB 1996, 634; Urteil vom 05.10.1995 – 2 AZR 923/94, BAGE 81, 120 (123) = AP § 123 BGB Nr. 40 Bl. 2 = DB 1996, 580; Urteil vom 07.09.1995 – 8 AZR 828/93, EzA § 242

dem Bewerber nur Fragen stellen, an deren Beantwortung er im Hinblick auf das in Aussicht genommene Arbeitsverhältnis ein berechtigtes, billigenswertes und schutzwürdiges Interesse hat. Das ist der Fall, wenn die Beantwortung der Frage für den angestrebten Arbeitsplatz und die zu verrichtende Tätigkeit selbst von Bedeutung ist[232] und die Arbeitgeberinteressen die grundrechtlich geschützten

---

BGB Auskunftspflicht Nr. 4, S. 6 f.; Urteil vom 11.11.1993 – 467/93, BAGE 75, 77 (81) = AP § 123 BGB Nr. 38 Bl. 2 = DB 1994, 939 = NJW 1994, 1363 (1364); Urteil vom 22.10.1986 – 5 AZR 660/85, AP § 23 BDSG Nr. 2 Bl. 4 f.; Urteil vom 20.02.1986 – 2 AZR 244/85, BAGE 51, 167 (172) = AP § 123 BGB Nr. 31 Bl. 2 f. = DB 1986, 2287; Urteil vom 01.08.1985 – 2 AZR 101/83, DB 1986, 2238 (2239); Urteil vom 07.06.1984 – 2 AZR 270/83, AP § 123 BGB Nr. 26 Bl. 3 = DB 1984, 2706; Urteil vom 05.12.1957 – 1 AZR 594/56, AP § 123 BGB Nr. 2 Bl. 2 f. LAG Hamm, Urteil vom 08.02.1995 – 18 Sa 2136/93, LAGE § 123 BGB Nr. 21 S. 2.

231 Soergel-Kraft, § 611 BGB Rn. 29; Staudinger-Richardi, § 611 BGB Rn. 89; Palandt-Weidenkaff, § 611 BGB Rn. 6; Däubler/Kittner/Klebe-Klebe, § 94 BetrVG Rn. 12; Fitting/Engels/Schmidt/Trebinger/Linsenmaier, § 94 BetrVG Rn. 16; MünchArbR-Buchner, § 41 Rn. 33; Kasseler Handbuch zum ArbR I-Künzl, 2.1. Rn. 62; Kasseler Handbuch zum ArbR I-Striegan, 2.10 Rn. 138; Erfurter Kommentar-Preis, § 611 BGB Rn. 333; Junker, Arbeitsrecht, Rn. 149, 152; Dütz, Arbeitsrecht, Rn. 85; Däubler, Das Arbeitsrecht, Band 2, Rn. 50; Weber, § 1 SchwbG Rn. 8; Gaul/Gaul, Arbeitsrecht für Führungskräfte, S. 53; Bauer, Arbeitsrechtliche Aufhebungsverträge, Rn. II 306; Däubler, Gläserne Belegschaften, Rn. 209; Linnenkohl, Einführung in die Grundlagen des Arbeitsrechtes, S. 46; Gola/Hümmerich, Personaldatenrecht im Arbeitsverhältnis, S 17; Boemke, AR-Blattei SD, Auskunftspflicht 320, Rn. 48; Hunold, Fragerecht des Arbeitgebers, Nr. 187, S. 1, in: Arbeitsrechtslexikon; Künzl, Einzelarbeitsverhältnis, HzA, 5/1 Rn. 1070/11; Ehrich, HwB-AR, Fragerecht des Arbeitgebers 865, Rn. 4; Joussen, NJW 2003, 2857 (2858); Trümner, Fachanwalt Arbeitsrecht 2003, 34; Reimers/Wiesinger, AuA 2003, 25 (27); Ehrich, DB 2000. 421 (421, 427); Strick, NZA 2000, 695 (696); Klein, Der Arbeitgeber 1997, 749 (750); Raab, RdA 1995, 36 (41); Buchner, NZA 1991, 577 (578); Richardi, NZA 1988, 73 (74); Eich, NZA 1987, Beilage 2, 10 (11); Teske, ZIP 1987, 960 (966); Reuter, Anm. zu den Urteilen des BAG vom 01.08.1985 – 2 AZR 101/83 und vom 20.02.1986 – 2 AZR 244/85, JuS 1987, 155; Hofmann, ZfA 1975, 1 (27); Häßler/-Kehrmann, BlStSozArbR 1967, 44 (45); Neumann, DB 1961, 1291 f.

232 BAG, Urteil vom 20.05.1999 – 2 AZR 320/98, NJW 1999, 3653 (3654 f.); Urteil vom 07.09.1995 – 8 AZR 828/93, EzA § 242 BGB Auskunftspflicht Nr. 4, S. 6 f.; Urteil vom 11.11.1993 – 2 AZR 467/93, NJW 1994, 1363 (1364); Urteil vom 05.12.1957 – 594/56, AP § 123 BGB Nr. 2 Bl. 2 f.; Erfurter Kommentar-Preis, § 611 BGB Rn. 333; Palandt-Weidenkaff, § 611 BGB Rn. 6; Löwisch, Arbeitsrecht, Rn. 1221; Dütz, Arbeitsrecht, Rn. 85; Weber, § 1 SchwbG Rn. 8; Götz, Grundzüge des Arbeitsrechts, S. 17; Gola/Hümmerich, Personaldatenrecht im Arbeitsverhältnis, S. 17; Bellgardt, Rechtsprobleme des Bewerbergesprächs (1. Aufl.), S. 12; Knipp, HwB-AR, Einstellung 795, Rn. 43; Ehrich, HwB-AR, Fragerecht des Arbeitgebers 865, Rn. 4; Bengelsdorf, in: Arbeitsrechtslexikon, Anfechtung 16, S. 4; Wank, Anm. zum Urteil des BAG vom 19.05.1983 – 2 AZR 171/81, EzA § 123 BGB Nr. 23, S. 97; Joussen, NJW 2003, 2857 (2858); Reimers/Wiesinger, AuA 2003, 25 (27); Wohlgemuth, AuR 1992, 46 (47).

Interessen des Bewerbers überwiegen[233]. Fragen nach dem beruflichen und schulischen Werdegang, beruflichen Kenntnissen, Erfahrungen und Fähigkeiten, Abschlüssen und Prüfungen sind uneingeschränkt zulässig[234]. Bei allen anderen Fragen muß jeweils danach differenziert werden, ob sie in das Persönlichkeitsrecht und das Recht auf informationelle Selbstbestimmung des Bewerbers eingreifen. Es muß ein Sachzusammenhang der Frage mit dem Arbeitsverhältnis bestehen, ferner sind das Zeitmoment und die Zweckbezogenheit der Frage zu berücksichtigen.

Es kommt darauf an, welche Daten für eine sachgerechte Einstellungsentscheidung erforderlich sind, damit der Arbeitgeber die Eignung des Bewerbers für die Tätigkeit beurteilen kann[235]. Es kommt nicht auf die subjektiven Vorstellungen des Arbeitgebers an, sondern es ist ein objektiver, an den Wertanschauungen der

---

[233] BAG, Urteil vom 05.10.1995 – 2 AZR 923/94, AP § 123 BGB Nr. 40 Bl. 2; Urteil vom 07.09.1995 – 8 AZR 828/93, EzA § 242 BGB Auskunftspflicht Nr. 4, S. 6 f.; Urteil vom 07.06.1984 – 2 AZR 270/83, AP § 123 BGB Nr. 26 Bl. 3; MünchArbR-Buchner, § 41 Rn. 33; Schaub-Schaub, ArbR-Hdb., § 25 Rn. 5; Weber, § 1 SchwbG Rn. 8; Gaul/Gaul, Arbeitsrecht für Führungskräfte, S. 52; Ehrich, HwB-AR, Fragerecht des Arbeitgebers 865, Rn. 4; Joussen, NJW 2003, 2857 (2858); Trümner, Fachanwalt Arbeitsrecht 2003, 34; Ehrich, DB 2000, 421; Raab, RdA 1995, 36 (41); Buchner, NZA 1991, 577 (578); Hofmann, ZfA 1975, 1 (5 f.); Falkenberg, BB 1970, 1013 f.; Kemter, RdA 1962, 307 (307 f., 309).

[234] BAG, Urteil vom 22.10.1986 – 5 AZR 660/85, AP § 23 BDSG Nr. 2 Bl. 4 f.; LAG Hamm, Urteil vom 08.02.1995 – 18 Sa 2136/93, LAGE § 123 BGB Nr. 21 Bl. 2; LAG Köln, Urteil vom 13.11.1995 – 3 Sa 832/95, LAGE § 123 BGB Nr. 23 S. 1 f.; Soergel-Kraft, § 611 BGB Rn. 29; Palandt-Weidenkaff, § 611 BGB Rn. 6; Richardi-Thüsing, § 94 BetrVG Rn. 12; Löwisch, Arbeitsrecht, Rn. 1221; Brox/Rüthers, Arbeitsrecht, Rn. 63; Bauer, Arbeitsrechtliche Aufhebungsverträge, Rn. II 306; Wiedemann, FS Herschel, S. 463 (470); Hunold, Fragerecht des Arbeitgebers, Nr. 187, S. 1, 4, in: Arbeitsrechtslexikon; Knipp, HwB-AR, Einstellung 795, Rn. 43; Dörner, AR-Blattei SD, Anfechtung 60, Rn. 51; Klein, Der Arbeitgeber 1997, 749; Wohlgemuth, AuR 1992, 46 (47); Buchner, NZA 1991, 577 (578); Conze, ZTR 1991, 99 (100); Richardi, NZA 1988, 73 (74); Knevels, BB 1965, 336 (337).

[235] BAG, Urteil vom 12.02.1970 – 2 AZR 184/69, AP § 123 BGB Nr. 17 LS 1, Bl. 2; MünchArbR-Buchner, § 41 Rn. 29, 39; Kasseler Handbuch zum ArbR I-Striegan, 2.10 Rn. 139; Richardi-Thüsing, § 94 BetrVG Rn. 11 f.; Stege/Weinspach, § 94 BetrVG Rn. 1; Erfurter Kommentar-Preis, § 611 BGB Rn. 331; Brox/Rüthers, Arbeitsrecht, Rn. 63; Götz, Grundzüge des Arbeitsrechts, S. 17; Bauer, Arbeitsrechtliche Aufhebungsverträge, Rn. II 310; Linnenkohl, Einführung in die Grundlagen des Arbeitsrechtes, S. 46; Wiedemann, FS Herschel, S. 463 (471); Knipp, AR-Blattei SD, Einstellung 640, Rn. 67; Knipp, HwB-AR, Einstellung 795, Rn. 43; Künzl, Einzelarbeitsverhältnis, HzA, 5/1 Rn. 1070/11; Klein, Der Arbeitgeber 1997, 749; Wohlgemuth, AuR 1992, 46 (47); Buchner, NZA 1991, 577 (578 f.); Weichert, CR 1991, 361 (363).

Rechtsordnung orientierter Maßstab anzulegen[236]. Nach persönlichen Daten darf der Arbeitgeber nur fragen, sofern diese in einem Sachzusammenhang mit dem Arbeitsverhältnis stehen[237]. Darüber hinaus ist zu berücksichtigen, daß Umstände in der Person des Bewerbers ihre Relevanz für das in Aussicht genommene Arbeitsverhältnis im Laufe der Zeit verlieren können. Das kann der Fall sein, wenn die Umstände längere Zeit zurückliegen und sich in der Zwischenzeit eine Änderung der Ausgangslage ergeben hat[238]. Drittens kommt es für die Beurteilung der Zulässigkeit der Arbeitgeberfrage auf die Zweckbezogenheit an. Dabei soll der Zweckzusammenhang mit dem Arbeitsverhältnis nicht mit der Zweckbeziehung zur Arbeitspflicht des Arbeitnehmers gleichzusetzen sein[239], sondern der geforderte Zusammenhang muß sich aus der Erfüllung der geschuldeten Leistung oder sonstigen Pflichtenbindungen zum Arbeitsverhältnis ergeben. Ein nur allgemeiner Zusammenhang reicht indes nicht aus[240].

§ 3: Mitteilungspflichten des Bewerbers

Unter dem Gesichtspunkt des Persönlichkeitsrechts kann es vom Bewerber nur in Ausnahmefällen erwartet werden, daß er dem Arbeitgeber negative Umstände mitteilt, die seine Person betreffen[241]. Es muß differenziert werden, ob der Arbeitgeber den Bewerber vorher gefragt hat oder nicht.

---

[236] BAG, Urteil vom 20.05.1999 – 2 AZR 320/98, DB 1999, 1859 = NJW 1999, 3653 (3654); Urteil vom 22.10.1986 – 5 AZR 660/85, BB 1987, 1461 (1462); Staudinger-Richardi, § 611 BGB Rn. 90; MünchArbR-Buchner, § 41 Rn. 29; Linnenkohl, Einführung in die Grundlagen des Arbeitsrechtes, S. 46; Dörner, AR-Blattei SD, Anfechtung 60, Rn. 52; Ehrich, DB 2000, 421; Klein, Der Arbeitgeber 1997, 749; Buchner, NZA 1991, 577 (578); Conze, ZTR 1991, 99 (100); Janker, AuA 1991, 264 (265).

[237] MünchArbR-Buchner, § 41 Rn. 33; Kasseler Handbuch zum ArbR I-Striegan, 2.10 Rn. 139; Stege/Weinspach, § 94 BetrVG Rn. 1; Brox/Rüthers, Arbeitsrecht, Rn. 63; Däubler, Gläserne Belegschaften, Rn. 209; Wohlgemuth, Datenschutz für Arbeitnehmer, Rn. 114; Knipp, AR-Blattei SD, Einstellung 640, Rn. 67; Klein, Der Arbeitgeber 1997, 749; Conze, ZTR 1991, 99 (100).

[238] MünchArbR-Buchner, § 41 Rn. 34. Vgl. hierzu auch S. 277 ff.

[239] BAG, Urteil vom 07.09.1995 – 8 AZR 828/93, EzA § 242 BGB Auskunftspflicht Nr. 4, S. 7 = DB 1996, 634; MünchArbR-Buchner, § 41 Rn. 35; Künzl, Einzelarbeitsverhältnis, HzA, 5/1 Rn. 1070/11.

[240] BAG, Urteil vom 07.09.1995 – 8 AZR 828/93, EzA § 242 BGB Auskunftspflicht Nr. 4, S. 7 = AP § 242 BGB Auskunftspflicht Nr. 24 Bl. 3 f. = DB 1996, 634; Fitting/Engels/-Schmidt/Trebinger/Linsenmaier, § 94 BetrVG Rn. 16; MünchArbR-Buchner, § 41 Rn. 33 ff.; Kasseler Handbuch zum ArbR I-Künzl, 2.1. Rn. 62; Künzl, Einzelarbeitsverhältnis, HzA, 5/1 Rn. 1070/11.

[241] MünchKomm-Roth, § 242 BGB Rn. 282; Schaub-Schaub, ArbR-Hdb., § 25 Rn. 5; Schröder, Juristen-Jahrbuch 6 (1965), S. 159 (164).

I. Begriffsklärung

Schon Holzapfel[242] und Degener[243] haben auf die uneinheitliche Verwendung[244] der Begriffe „Offenbarungspflicht", „Aufklärungspflicht", „Mitteilungspflicht" und „Informationspflicht" hingewiesen. Bei einer fehlenden Befragung des Bewerbers durch den Arbeitgeber handelt es sich um eine Offenbarungspflicht. Diese stellt die Pflicht des Bewerbers dar, dem Arbeitgeber unaufgefordert Auskunft über bestimmte Umstände zu erteilen[245]. Nach Holzapfel[246] setzt eine Offenbarung sprachlich gesehen schon keine Frage voraus. Wer offenbart, antwortet nicht. Er informiert vielmehr, weil er glaubt, sich dem anderen gegenüber erklären zu müssen. Hier kann eine unterlassene Mitteilung zu Rechtsnachteilen des Bewerbers führen. Bei einer vorherigen Befragung des Bewerbers durch den Arbeitgeber handelt es sich um eine Aufklärungspflicht. Den Bewerber trifft keine Pflicht zur Beantwortung der ihm gestellten Frage. Er kann vielmehr eine Antwort verweigern, ohne daß er Rechtsnachteile zu befürchten hat[247]. Der Aufklärungspflicht des Bewerbers steht daher das Fragerecht des Arbeitgebers gegenüber[248]. Diese Begriffsterminologie hat sich auch in der Rechtsprechung und in der Lehre durchgesetzt.

---

242 Holzapfel, Wechselseitigkeit von Informationspflichten, S. 25-30.

243 Degener, Das Fragerecht des Arbeitgebers gegenüber Bewerbern, S. 37-39.

244 Gaul/Gaul, Arbeitsrecht für Führungskräfte, S. 52 ff. und Falkenberg, BB 1970, 1013 (1014) sprechen von einer Aufklärungspflicht auch bei einer fehlenden Frage. Hingegen bezeichnen Soergel-Kraft, § 611 BGB Rn. 31 und Bobrowski/Gaul, Das Arbeitsrecht im Betrieb, Band I, B II Rn. 19 dieselbe Pflicht als eine Mitteilungspflicht. Jedoch überwiegt die Bezeichnung als Offenbarungspflicht: MünchKomm-Roth, § 242 BGB Rn. 260 ff.; Staudinger-Richardi, § 611 BGB Rn. 111; MünchArbR-Buchner, § 41 Rn. 164; Kasseler Handbuch zum ArbR I-Künzl, 2.1 Rn. 57 f.; Degener, Das Fragerecht des Arbeitgebers gegenüber Bewerbern, S. 38; Holzapfel, Wechselseitigkeit von Informationspflichten, S. 26; Schröder, Juristen-Jahrbuch 6 (1965), S. 159 (164); Knipp, AR-Blattei SD, Einstellung 640, Rn. 66; Stevens-Bartol, Handbuch des Arbeits- und Sozialrechts, § 7c, Rn. 43; Künzl, Einzelarbeitsverhältnis, HzA, 5/1 Rn. 1070/7; Neumann, DB 1961,1291 (1292).

245 BGH, Urteil vom 17.03.1954 – II ZR 248/53, BB 1954, 360; Degener, Das Fragerecht des Arbeitgebers gegenüber Bewerbern, S. 38; Holzapfel, Wechselseitigkeit von Informationspflichten, S. 26; Bellgardt, Recht und Taktik des Bewerbergesprächs, S. 82; Linnenkohl, Einführung in die Grundlagen des Arbeitsrechts, S. 45; Höfle, AR-Blattei D, Vorstrafen I., I. Bedeutung im Arbeitsverhältnis, 2. Fortsetzungsblatt.

246 Holzapfel, Wechselseitigkeit von Informationspflichten, S. 26.

247 LAG Bremen, Urteil vom 24.02.1960 – I Sa 160/59, BB 1960, 743; Degener, Das Fragerecht des Arbeitgebers gegenüber Bewerbern, S. 39; Walker, DB 1987, 273; Häßler/Kehrmann, BlStSozArbR 1967, 44 (45).

248 Holzapfel, Wechselseitigkeit von Informationspflichten, S. 26.

II. Aufklärungspflicht

Nach der ständigen Rechtsprechung des Bundesgerichtshofs[249] ist jede Partei bei den Vertragsverhandlungen dazu verpflichtet, die andere Seite über Umstände aufzuklären, die zur Vereitelung des Vertragszwecks geeignet und für die Entschließung des anderen Teils von wesentlicher Bedeutung sind. Das allgemeine Vertragsrisiko jedoch muß jeder Vertragsteil selbst tragen und sich über die ihn interessierenden Umstände informieren[250]. Auch hinsichtlich der Vertragsverhandlungen zum Abschluß eines Arbeitsvertrags bestehen Aufklärungspflichten[251]. Da sie das Gegenstück zum Fragerecht des Arbeitgebers darstellen, ist der Bewerber immer zur wahrheitsgemäßen Mitteilung verpflichtet, wenn der Arbeitgeber eine zulässige Frage gestellt hat[252]. Der Bewerber darf zwar die Beantwortung der Frage verweigern, denn es besteht keine Pflicht zur Mitteilung. Sofern der Bewerber aber auf eine zulässige Frage des Arbeitgebers antwortet, muß diese Antwort der Wahrheit entsprechen[253].

III. Offenbarungspflicht

Grundsätzlich muß jede Partei selbst die sie interessierenden Umstände erfragen. Denn jeder Vertragsteil muß für sich selbst festlegen, welche Umstände für sie im Hinblick auf den Vertragsschluß erheblich sind[254]. Daher kann prinzipiell

---

249 BGH, Urteil vom 22.02.1973 – VII ZR 119/71, BGHZ 60, 221 (224); Urteil vom 27.02.1974 – V ZR 85/72, NJW 1974, 849 (851); Urteil vom 05.01.1960 – VIII ZR 1/59, NJW 1960, 720 f.; Urteil vom 24.02.1978 – V ZR 122/75, DB 1978, 979; Urteil vom 10.03.1982 – VIII ZR 311/80, WM 1981, 482 (483 f.); Urteil vom 02.03.1978 – VII ZR 104/77, WM 1978, 723 f.; Urteil vom 20.03.1978 – II ZR 159/76, WM 1978, 873 (875); Urteil vom 08.06.1978 – III ZR 136/76, WM 1978, 1039 (1041); Urteil vom 28.05.1971 – V ZR 23/69, WM 1971, 1096 (1097); RG, Urteil vom 23.06.1926 – V 487/25, RGZ 114, 155 (159); Urteil vom 03.12.1920 – VII 219/20, RGZ 101, 47 (50); Urteil vom 02.01.1920 – II 271/19, RGZ 97, 325 (327); Urteil vom 24.09.1918 – VII 95/18, RGZ 95, 58 (60). Siehe auch: Wiedemann, FS Herschel, S. 463 (466 f.).

250 BGH, Urteil vom 15.04.1997 – IX ZR 112/96, NJW 1997, 3230 (3231); Staudinger-Köhler, § 433 BGB Rn. 126; Emmerich, Das Recht der Leistungsstörungen, § 7 II 1, S. 96; Wiedemann, FS Herschel, S. 463 (464); Hartwieg, JuS 1973, 733 (737 f.).

251 BAG, Urteil vom 24.09.1974 – 3 AZR 589/73, AP § 13 GmbHG Nr. 1 Bl. 2-3; Urteil vom 10.11.1955 – 2 AZR 282/54, AP § 276 BGB Verschulden bei Vertragsabschluß Nr. 1 Bl. 1 f.; Wiedemann, FS Herschel, S. 463 (467).

252 Staudinger-Richardi, § 611 BGB Rn. 110; MünchArbR-Richardi, § 45 Rn. 27; Boemke, AR-Blattei SD, Auskunftspflicht 320, Rn. 48.

253 MünchArbR-Richardi, § 45 Rn. 27; Boemke, AR-Blattei SD, Auskunftspflicht 320, Rn. 48.

254 Staudinger-Richardi, § 611 BGB Rn. 111, 165; Schaub-Schaub, ArbR-Hdb., § 26 Rn. 10; MünchArbR-Richardi, § 45 Rn. 29; Kasseler Handbuch zum ArbR I-Künzl, 2.1. Rn. 57;

von keinem Vertragsteil erwartet werden, ungefragt negative Umstände über die eigene Person zu offenbaren, die seine Einstellung erschweren würden[255]. Der Bewerber muß grundsätzlich nur Angaben machen, sofern ihn der Arbeitgeber zuvor gefragt hat[256]. Folglich besteht keine generelle Offenbarungspflicht des Bewerbers[257]. Auf der anderen Seite darf der Bewerber bei der Wahrnehmung seiner Interessen aber nicht so weit gehen, daß er dem Arbeitgeber Schaden zufügt. Daher muß er ausnahmsweise ohne vorheriges Befragen von sich aus auf solche Umstände hinweisen, die eine grundlegende Bedeutung für die Entscheidung über den Vertragsabschluß haben[258] und durch die die normalen Vertragsrisiken überschritten werden[259].

Junker, Arbeitsrecht, Rn. 150; Maus, Werbung und Anbahnung des Arbeitsverhältnisses, II A, Rn. 8, S. 7; Bellgardt, Recht und Taktik des Bewerbergesprächs, S. 82; Stevens-Bartol, in: Handbuch des Arbeits- und Sozialrechts, § 7c, Rn. 44; Boemke, AR-Blattei SD, Auskunftspflicht 320, Rn. 47.

255 MünchArbR-Richardi, § 45 Rn. 29; Däubler/Kittner/Klebe-Klebe, § 94 BetrVG Rn. 12, 17; MünchKomm-Roth, § 242 BGB Rn. 295; Junker, Arbeitsrecht, Rn. 150; Götz, Grundzüge des Arbeitsrechts, S. 16; Maus, Werbung und Anbahnung des Arbeitsverhältnisses, II A, Rn. 8, S. 7; Bregenhorn, Die Rechtsproblematik in der Personalbeurteilung, S. 138; Hunold, in: Arbeitsrechtslexikon, Fragrecht des Arbeitgebers 187, S. 1, 5; Hofmann, ZfA 1975, 1 (47).

256 LAG Mainz, Urteil vom 06.07.1984 – 6 Sa 179/84, NJW 1985, 510; MünchArbR-Buchner, § 41 Rn. 164; Zöllner/Loritz, Arbeitsrecht, § 11 I 5a.), S. 148 f.; Bellgardt, Recht und Taktik des Bewerbergesprächs, S. 82; Boemke, AR-Blattei SD, Auskunftspflicht 320, Rn. 48; Knipp, AR-Blattei SD, Einstellung 640, Rn. 66; Hunold, in: Arbeitsrechtslexikon, Fragerecht des Arbeitgebers 187, S. 1; Stevens-Bartol, in: Handbuch des Arbeits- und Sozialrechts, § 7c, Rn. 44; Falkenberg, Anm. zum Urteil des LAG Düsseldorf vom 15.06.1973 – 9 Sa 177/73, EzA § 123 BGB Nr. 11, S. 32 f.; Eich, NZA 1987, Beilage 2, 10 (11); Hofmann, ZfA 1975, 1 (47).

257 BGH, Urteil vom 08.02.1967 – VIII ZR 205/64, BB 1967, 311; Däubler/Kittner/Klebe-Klebe, § 94 BetrVG Rn. 12; MünchKomm-Roth, § 242 BGB Rn. 270; Palandt-Weidenkaff, § 611 BGB Rn. 7; MünchArbR-Buchner, § 41 Rn. 164; Zöllner/Loritz, Arbeitsrecht, § 11 I 5a.), S. 148 f.; Götz, Grundzüge des Arbeitsrechts, S. 16; Bellgardt, Recht und Taktik des Bewerbergesprächs, S. 82; Bregenhorn, Die Rechtsproblematik in der Personalbeurteilung, S. 138; Stevens-Bartol, in: Handbuch des Arbeits- und Sozialrechts, § 7c, Rn. 44; Bengelsdorf, in: Arbeitsrechtslexikon, Anfechtung 16, S. 4, 7; Eich, NZA 1987, Beilage 2, 10 (11); Moritz, NZA 1987, 329 (334 f.); Knevels, BB 1965, 336 (337).

258 BGH, Urteil vom 21.02.1991 – 2 AZR 449/90, AP § 123 BGB Nr. 35 Bl. 3 = NZA 1991, 719 (720 f.); Urteil vom 20.02.1986 – 2 AZR 244/85, JuS 1987, 155; Urteil vom 01.08.1985 – 2 AZR 101/83, BAGE 49, 214 (220) = AP § 123 BGB Nr. 30 Bl. 3 f.; Urteil vom 28.02.1973 – VIII ZR 192/71, BB 1973, 1093 (1094); Urteil vom 25.03.1976 – 2 AZR 136/75, AP § 123 BGB Nr. 19 Bl. 1 ff.; Urteil vom 07.02.1964 – 1 AZR 251/63, BAGE 15, 261 (264 f.) = AP § 276 BGB Verschulden bei Vertragsabschluß Nr. 6 Bl. 2 f.; Urteil vom 08.02.1967 – VIII ZR 205/64, BB 1967, 311; LAG Mainz, Urteil vom 06.07.1984 – 6 Sa 179/84, NJW 1985, 510; OLG München, Urteil vom 26.10.1966 – 7 U 1530/66, BB 1966, 1367 f.; LAG Mainz, Urteil vom 06.07.1984 – 6 Sa 179/84, NJW

Die Offenbarungspflicht gliedert sich in zwei verschiedene Arten von Pflichten. Es handelt sich um Schutzpflichten und Loyalitätspflichten. Die Schutzpflichten erfordern es, daß der Bewerber von sich aus Umstände offenbart, die andere Personen gefährden können[260]. Loyalitätspflichten erfordern, daß der Bewerber alle tatsächlichen oder rechtlichen Umstände mitteilt, die einer Erfüllung der arbeitsvertraglichen Pflichten entgegenstehen[261]. Dabei kann es sich um das Fehlen von

---

1985, 510; Erfurter Kommentar-Preis, § 611 BGB Rn. 353; Palandt-Weidenkaff, § 611 BGB Rn. 7; Staudinger-Schmidt, § 242 BGB Rn. 829, 847; Soergel-Wiedemann, Vor § 275 BGB Rn. 6; Erman-Hohloch, § 242 BGB Rn. 93; Nikisch, Arbeitsrecht, Band I, § 20 IV 2b.), S. 189 f.; Maus, Werbung und Anbahnung des Arbeitsverhältnisses, II A, Rn. 8, S. 7; Dütz, Arbeitsrecht, Rn. 82; Junker, Arbeitsrecht, Rn. 150; Zöllner/Loritz, Arbeitsrecht, § 11 I 5a.), S. 148 f.; Schwedes, Einstellung und Entlassung des Arbeitnehmers, Rn. 37 ff.; Köpcke, Typen der positiven Vertragsverletzung, S. 105-107; Ramm, Die Anfechtung des Arbeitsvertrages, S. 68 f.; Linnenkohl, Einführung in die Grundlagen des Arbeitsrechtes, S. 45; Bregenhorn, Die Rechtsproblematik in der Personalbeurteilung, S. 138; Boemke, AR-Blattei SD, Auskunftspflicht 320, Rn. 47; Hunold, in: Arbeitsrechtslexikon, Fragrecht des Arbeitgebers 187, S. 1; Stevens-Bartol, in: Handbuch des Arbeits- und Sozialrechts, § 7c, Rn. 44; Bengelsdorf, in: Arbeitsrechtslexikon, Anfechtung 16, S. 7; Künzl, HzA 5/1, Rn. 1070/7; Boemke, AR-Blattei SD, Auskunftspflicht 320, Rn. 47; Bürger/Knipp, AR-Blattei D, Einstellung I., I. Allgemeines, 7. Fortsetzungsblatt; Conze, Anm. zum Urteil des BAG vom 18.09.1987 – 7 AZR 507/86, AP § 123 BGB Nr. 32 Bl. 3; Kursawe, NZA 1997, 245 (247); Wohlgemuth, AuR 1992, 46 (47); Eich, NZA 1987, Beilage 2, 10 (11); Hofmann, ZfA 1975, 1 (49); Großmann, AuR 1969, 97 (103); Knevels, BB 1965, 336 (337); Haberkorn, RdA 1962, 416 f.; Neumann, DB 1961, 1291 (1292); Wägenbaur, BB 1958, 1061 f.; Prasse, AuR 1957, 76 (77).

259 BAG, Urteil vom 01.08.1985 – 2 AZR 101/83, JuS 1987, 155, LS. 1; Urteil vom 20.02.1986 – 2 AZR 244/85, JuS 1987, 155; Urteil vom 28.03.1974 – 2 AZR 92/73, DB 1974, 729, 1531; LAG Düsseldorf, Urteil vom 06.03.1991 – 4 Sa 1615/90, BB 1991, 1197; LAG Mainz, Urteil vom 06.07.1984 – 6 Sa 179/84, NJW 1985, 510; Schaub-Schaub, ArbR-Hdb., § 26 Rn. 10; MünchArbR-Richardi, § 45 Rn. 29 f.; MünchKomm-Roth, § 242 BGB Rn. 270; Staudinger-Richardi, § 611 BGB Rn. 86; Bellgardt, Recht und Taktik des Bewerbergesprächs, S. 82; Künzl, HzA 5/1, Rn. 1070/9; Knipp, AR-Blattei SD, Einstellung 640, Rn. 66; Hofmann, ZfA 1975, 1 (48).

260 BAG, Urteil vom 20.02.1986 – 2 AZR 244/85, JuS 1987, 155; MünchArbR-Buchner, § 41 Rn. 168; MünchArbR-Richardi, § 45 Rn. 29; Wiedemann, FS Herschel, S. 463 (468); Eich, NZA 1987, Beilage 2, 10 (11); Hofmann, ZfA 1975, 1 (48).

261 BAG, Urteil vom 21.02.1991 – 2 AZR 449/90, NJW 1991, 2723 (2724); Urteil vom 01.08.1985 – 2 AZR 101/83, AP § 123 BGB Nr. 30 Bl. 2; Urteil vom 25.03.1976 – 2 AZR 136/75, AP § 123 BGB Nr. 19 Bl. 2 f.; Urteil vom 20.02.1986 – 2 AZR 244/85, JuS 1987, 155; LAG Mainz, Urteil vom 06.07.1984 – 6 Sa 179/84, NJW 1985, 510; Erfurter Kommentar-Preis, § 611 BGB Rn. 325; Staudinger-Richardi, § 611 BGB Rn. 112; Palandt-Weidenkaff, § 611 BGB Rn. 7; MünchArbR-Buchner, § 41 Rn. 165; MünchArbR-Richardi, § 45 Rn. 30; Kasseler Handbuch zum ArbR I-Künzl, 2.1. Rn. 59; Dütz, Arbeitsrecht, Rn. 82; Zöllner/Loritz, Arbeitsrecht, § 11 I 5a.), S. 148 f.; Götz, Grundzüge des Arbeitsrechts, S. 16; Linnenkohl, Einführung in die Grundlagen des Arbeitsrechtes,

Qualifikationsanforderungen und zeitliche Hindernisse handeln[262]. Das kann wegen eines bevorstehenden Antritts einer Strafhaft der Fall sein[263], denn der Ausfall des Arbeitnehmers stellt eine hohe wirtschaftliche Belastung für den Arbeitgeber dar[264]. Auf der anderen Seite kommt aber eine Offenbarungspflicht des Bewerbers nicht in Betracht, wenn schon eine Frage seitens des Arbeitgebers unzulässig wäre[265].

§ 4: Ergebnis zum 2. Kapitel

Das Fragerecht des Arbeitgebers und die Mitteilungspflichten des Bewerbers finden ihre Grundlage nicht in einer gesetzlichen Regelung, sondern im vorvertraglichen Anbahnungsverhältnis. Das Fragerecht und die Mitteilungspflichten erfahren daher eine Beschränkung, die aus dem allgemeinen Persönlichkeitsrecht des Bewerbers gemäß Art. 2 Abs. 1 GG hergeleitet wird. Im Einzelfall muß eine Interessenabwägung vorgenommen werden. Eine Frage des Arbeitgebers ist immer zulässig, wenn ein Sachzusammenhang mit dem angestrebten Arbeitsverhältnis besteht, die Frage in diesem Zusammenhang zweckbezogen ist und sie nicht in das allgemeine Persönlichkeitsrecht aus Art. 2 Abs. 1 GG oder andere verfassungsrechtlich verbürgte Rechtspositionen des Bewerbers eingreift.

S. 45; Bellgardt, Recht und Taktik des Bewerbergesprächs, S. 82 f.; Bregenhorn, Die Rechtsproblematik in der Personalbeurteilung, S. 138; Gröninger/Thomas, § 15 SchwbG Rn. 15; Wiedemann, FS Herschel, S. 463 (468); Stevens-Bartol, in: Handbuch des Arbeits- und Sozialrechts, § 7c, Rn. 43; Künzl, HzA 5/1, Rn. 1070/8; Bürger/Knipp, AR-Blattei D, Einstellung I., I. Allgemeines, 8. Fortsetzungsblatt; Conze, Anm. zum Urteil des BAG vom 18.09.1987 – 7 AZR 507/86, AP § 123 BGB Nr. 32 Bl. 3; Wohlgemuth, AuR 1992, 46 (47); Hofmann, ZfA 1975, 1 (48, 49).

262 BAG, Urteil vom 20.02.1986 – 2 AZR 244/85, JuS 1987, 155, LAG Mainz, Urteil vom 06.07.1984 – 6 Sa 179/84, NJW 1985, 510; Staudinger-Richardi, § 611 BGB Rn. 112; MünchArbR-Buchner, § 41 Rn. 102; Kasseler Handbuch zum ArbR I-Künzl, 2.1. Rn. 59; Gröninger/Thomas, § 15 SchwbG Rn. 15.

263 BAG, Urteil vom 18.09.1987 – 7 AZR 507/86, AP § 123 BGB Nr. 32 Bl. 2; LAG Frankfurt am Main, Urteil vom 07.08.1986 – 12 Sa 361/86, LAGE § 123 BGB Nr. 8; Urteil vom 07.08.1986 – 12 Sa 361/86, NZA 1987, 352 = BB 1987, 968; Erfurter Kommentar-Preis, § 611 BGB Rn. 355; Palandt-Weidenkaff, § 611 BGB Rn. 7; MünchArbR-Buchner, § 41 Rn. 102, 170; Kasseler Handbuch zum ArbR I-Künzl, 2.1. Rn. 59; Junker, Arbeitsrecht, Rn. 150; Stevens-Bartol, in: Handbuch des Arbeits- und Sozialrechts, § 7c, Rn. 43; Künzl, HzA 5/1, Rn. 1070/8; Conze, Anm. zum Urteil des BAG vom 18.09.1987 – 7 AZR 507/86, AP § 123 BGB Nr. 32 Bl. 3 f.

264 Erfurter Kommentar-Preis, § 611 BGB Rn. 355.

265 Erfurter Kommentar-Preis, § 611 BGB Rn. 353.

3. Kapitel:
Das Strafregisterwesen

Das Fragerecht des Arbeitgebers nach den Vorstrafen des Bewerbers ist durch die Regelungen des BZRG in großem Ausmaß beeinflußt. Die zentrale Norm ist § 53 Abs. 1 BZRG, welche die Offenbarungspflicht bezüglich Verurteilungen regelt. Sie räumt dem Verurteilten ein Verschweigungsrecht hinsichtlich solcher Verurteilungen ein, die nicht in das Führungszeugnis für private Zwecke gemäß § 30 Abs. 1 S. 1 BZRG, nur in ein Behördenführungszeugnis nach §§ 30 Abs. 5, 32 Abs. 3, 4 BZRG aufzunehmen sind oder bei aus dem Bundeszentralregister zu tilgenden Verurteilungen. Aus diesem Grund ist das Fragerecht des Arbeitgebers nach Bewerbervorstrafen durch die bundeszentralregisterlichen Regelungen geprägt.

Dies gilt umso mehr, als daß die Rechtslage durch das Inkrafttreten des BZRG am 01.01.1972 weitreichende Änderungen erfahren hat. Die StrafRegVO und das StrafTilgG sind damit außer Kraft getreten. Dadurch hat das Strafregisterwesen nicht nur in seiner Organisation, sondern auch in der Art und Weise der Berücksichtigung der Rehabilitation – heute spricht man von Resozialisierung – eine Neuregelung erfahren. Das StrafTilgG vom 09.04.1920 hat die Rehabilitation in das deutsche Strafregisterwesen eingeführt. Sie erfuhr später im BZRG von 1971 weitergehende Beachtung. Die Beurteilung des Fragerechts des Arbeitgebers hat eine parallele Entwicklung durchlaufen. Ebenso wie die Resozialisierung des Verurteilten im Strafregisterwesen eine stärkere Bedeutung gewonnen hat, haben auch die Interessen des Bewerbers bei der Beurteilung des Arbeitgeberfragerechts eine weitergehende Berücksichtigung erfahren.

Ferner basiert die „Einschlägigkeits"-Rechtsprechung des Bundesarbeitsgerichts[266] auf der alten Rechtslage des StrafTilgG i. V. m. der StrafRegVO. Daher ist zum einen zu untersuchen, welche Änderungen sich durch das Inkrafttreten des BZRG ergeben haben. Zum anderen ist fraglich und in der Lehre umstritten, ob diese Rechtsprechung auch im Zusammenhang mit der neuen Gesetzeslage Anwendung findet. Aus diesen beiden Gründen empfiehlt sich ein Blick auf die Entwicklung und die Änderungen des Strafregisterwesens.

---

[266] Diese wird im nachfolgenden Kapitel auf S. 109 ff. dargestellt.

§ 1: Geschichtliche Entwicklung der Registrierung von Vorstrafen

Bereits im Altertum fanden sich die ersten Vorformen der Strafregistrierung. Es handelte sich nicht um schriftliche Aufzeichnungen, sondern um Brandmarkungen. Im griechischen Recht wurden entflohene Sklaven und desertierende Soldaten gebrandmarkt, „*stigmata*". Im römischen Recht wurden sog. „*inscriptiones frontis*" – Brandmale auf der Stirn – angebracht[267]. Im Mittelalter und zu Beginn der Neuzeit wurden neben der Todessstrafe fast ausschließlich Leibesstrafen verhängt, die den Verurteilten zeit seines Lebens kennzeichneten. Hauptintention der Leibesstrafen und der daneben angewendeten Brandmarkungen war, daß der Täter bis zu seinem Tod als Verbrecher gekennzeichnet sein sollte. Ein Rückgriff auf die Vorverurteilungen für die Festlegung der Höhe der Bestrafung bei erneuter Straffälligkeit war hingegen nicht vorgesehen[268].

Erst im Frankreich des 13. Jahrhunderts finden sich erstmals registrierte Vorstrafen. Dies geschah auf Pergamentrollen, den sog. „*rotails*" oder „*roles*". Der Schreiber des obersten französischen Gerichtshofs, des „*Parlament de Paris*" führte seit 1263 ein Register über die erlassenen Haftbefehle. Daneben wurden Brandmarkungen angewendet, um den Verurteilten zu kennzeichnen[269]. Ausgangspunkt der weiteren Entwicklung bildete im Jahr 1720 das Register „*des condamnations pénales ainsi que des plaintes et déclarations de vol emanées des particuliers*", gefolgt vom „*Journal de Paris*", das die polizeilichen Ermittlungen erleichtern sollte und von 1750 bis 1789 geführt wurde. Es wurde 1790 zu einem „*Bureau Spécial de Reseignements*" ausgebaut und schließlich erfolgte eine gesetzliche Regelung der Vorstrafenregistrierung im „*Code d'Instruction Criminelle*" von 1808[270], durch die ein gerichtliches Zentralregister in Paris eingerichtet wurde. Das Karteikartensystem des „*Bulletins Individuels Mobiles*" unter dem Namen „*Sommiers Judiciaires*" löste diese Sammlung von Urteilslisten 1833 ab[271]. Mit dieser neuen Methode wurde die zentrale Sammlung von Vorstrafen zugunsten einer Sammlung der Vorstrafen bei dem für den Geburts-

---

[267] Vgl.: Rebmann/Uhlig, Einleitung zum BZRG, Rn. 2; Frhr. von Hahn, Strafregister und Rehabilitation in Frankreich, S. 3; Hartung, JR 1952, 42.

[268] Rebmann/Uhlig, Einleitung zum BZRG, Rn. 1, 3, 4; Frhr. von Hahn, Strafregister und Rehabilitation in Frankreich, S. 3.

[269] Rebmann/Uhlig, Einleitung zum BZRG, Rn. 6. Die Bestrafung des Verurteilten durch Brandmarkungen wurde erst nachträglich durch die Deklaration vom 04.03.1724 gesetzlich geregelt. Ferner sah der *Code Pénal* von 1810 andere Zeichen der Brandmarkung vor. Die Brandmarkung erfolgte in Frankreich bis zum Jahr 1832.

[270] Götz/Tolzmann, Einleitung zum BZRG, Rn. 7; Rebmann/Uhlig, Einleitung zum BZRG, Rn. 7; Rebmann, NJW 1983, 1513; Doat, *Le casier judiciare*, S. 18 ff.

[271] Rebmann/Uhlig, Einleitung zum BZRG, Rn. 7; Appleton, *La réforme des casiers judiciaires*, S. 17; Rebmann, NJW 1983, 1513.

ort des Betroffenen zuständigen Landgericht wieder aufgegeben[272]. Am 06.11.1850 wurde die Führung von Strafregistern am Geburtsort des Verurteilten durch die *„casiers judiciaires“* jedoch wieder eingeführt[273].

In Deutschland erlangte die Führung von Strafregistern erst mit der Aufklärung Bedeutung, denn zu diesem Zeitpunkt trat die Schuld des Verurteilten erstmals als Beurteilungsmaßstab für die Strafe in den Vordergrund[274]. Wegen des Partikularrechts der verschiedenen Länder existierten in Deutschland bis zum Jahr 1882 keine einheitlichen Strafregister. Ab der Mitte des 19. Jahrhunderts führen die Staatsanwaltschaften in Bayern Aufzeichnungen über Verurteilungen. Auf der Grundlage des Justizministerialreskripts vom 12.09.1838 führte jedes preußische Gericht Vorstrafenaufzeichnungen[275]. Ferner legten die Polizeibehörden Sammlungen über die Verurteilungen von Personen, die in ihrem Bezirk wohnten, an. Da diese Sammlungen aber jeweils auf das Land beschränkt waren, stellte die preußische Regierung 1873 den Antrag, daß die polizeilichen Sammlungen auch auf die Bewohner der anderen Reichsgebiete ausgeweitet werden sollten. Dies war nach Art. 7 Nr. 2 der Reichsverfassung auf der Grundlage einer Bundesratsverordnung möglich[276].

§ 2: Strafregister und Rehabilitation

Nach der amtlichen Begründung des Entwurfs für das Straftilgungsgesetz vom 09.04.1920[277] heftet „die Bestrafung (...) dem Verurteilten nach der Auffassung

---

272 Götz/Tolzmann, Einleitung zum BZRG, Rn. 7. Diese Regelung wurde z. B. auch in Italien und Sachsen übernommen und in Elsaß-Lothringen auch nach der Trennung von Frankreich 1871 beibehalten.

273 Rebmann/Uhlig, Einleitung zum BZRG, Rn. 7. Vgl. zur Entwicklung des Strafregisterwesens in Frankreich insb: Frhr. von Hahn, Strafregister und Rehabilitation in Frankreich, S. 3-24.

274 Auch heute noch steht die Schuld des Täters im Vordergrund. Aus der Würde und Eigenverantwortlichkeit des Menschen nach Art. 1 Abs. 1 i. V. m. Art. 2 Abs. 1 GG folgt der Schuldgrundsatz: BVerfG, Urteil vom 21.06.1977 – 1 BvL 14/76, BVerfGE 45, 187 (259 f.); Benda, FS Faller, S. 307 (308).

275 Götz/Tolzmann, Einleitung zum BZRG, Rn. 7; Rebmann/Uhlig, Einleitung zum BZRG, Rn. 8; Schäfer/Hellwig, Straftilgungsgesetz und Strafregisterverordnung, Einleitung, S. 14 f., Müller, Vorstrafen und Strafregister, S. 5.

276 Dies stellte die Bundesratsverordnung vom 16.06.1882 dar, die am 01.10.1882 in Kraft trat; Zentralblatt für das Deutsche Reich, 1882, S. 309 ff. Vgl. ferner S. 88 f.

277 Amtliche Begründung des Entwurfs für das StrafTilgG vom 09.04.1920, Aktenstück Nr. 1486 der Verfassungsgebenden Deutschen Nationalversammlung vom 21.11.1919; Auch zitiert nach Schäfer/Hellwig, Straftilgungsgesetz und Strafregisterverordnung, S. 67. Vgl. dazu auch: Rebmann/Uhlig, Einleitung zum BZRG, Rn. 16. Nach v. Liszt/-Schmidt, Lehrbuch des Deutschen Strafrechts, Band I, § 78 I, S. 457 und § 78a II,

des Volkes einen Makel an, der ihn unter Umständen weit schlimmer und nachhaltiger trifft als das Strafübel selbst". Auch in §§ 97-101 JGG geht das geltende Recht davon aus, daß der Verurteilte mit einem Strafmakel behaftet ist.

Jedoch intendiert das Gesetz mit der Registrierung von Vorstrafen keinesfalls, dem Verurteilten eine weitere Strafsanktion aufzubürden, sondern die Eintragung in das Strafregister soll nur eine Folge der strafgerichtlichen Verurteilung darstellen[278]. Da aber der mit der Registrierung der Vorstrafe einhergehende Strafmakel die Wiedereingliederung des Vorbestraften in die Gesellschaft faktisch dennoch erschwert, ist es Aufgabe der Rechtsgemeinschaft, die Resozialisierung des Betroffenen zu fördern. Ziel der Rehabilitation ist es, die rechtliche und soziale Stellung des Verurteilten wiederherzustellen[279]. Die Rehabilitation

---

S. 464 f. ist in der Verurteilung stets ein soziales Unwerturteil mitenthalten. Ebenso: Rebmann/Uhlig, Einleitung zum BZRG, Rn. 16; Schäfer/Hellwig, Straftilgungsgesetz und Strafregisterverordnung, Einleitung, S. 19; Hartung, Das Strafregister, Einleitung, S. 10; Weiß, Rehabilitation und Straftilgungsgesetz, S. 2; Frhr. von Hahn, Strafregister und Rehabilitation in Frankreich, S. 1; Gesser, Die „gnadenweise" Straftilgung nach § 8 des Straftilgungsgesetzes, S. 1; Sawade/Schomburg, NJW 1982, 551 (552); Haffke, GA 1975, 65 (66); Römer, JVBl. 1972, 169; Windolph, DB 1966, 579; Hartung, JR 1952, 42; Wachinger, DJ 1940, 863.

278 BayOLG, Beschluß vom 24.07.1969 – 1 a Ws (B) 16/69, NJW 1969, 2296; Rebmann/Uhlig, Einleitung zum BZRG, Rn. 16; Hartung, Das Strafregister, Einleitung, S. 10; Gesser, Die „gnadenweise" Straftilgung nach § 8 des Straftilgungsgesetzes, S. 1. Nach Schoreit, GA 1975, 362 (364) aber habe es „mit der Existenz des Zentralregisters überhaupt nichts zu tun, daß Vorbestrafte im allgemeinen mit Diffamierung und Mißtrauen zu rechnen habe. (...) Ob und inwieweit Vorbestraften in der Öffentlichkeit mit unbegründeten Vorurteilen begegnet wird, ist eine Frage der gesellschaftlichen Realität."

279 Frhr. von Hahn, Strafregister und Rehabilitation in Frankreich, S. 1, 24, 30; Götz/Tolzmann, Einleitung zum BZRG, Rn. 1 f.; Rebmann/Uhlig, Einleitung zum BZRG, Rn. 16, 20; Schäfer/Hellwig, Straftilgungsgesetz und Strafregisterverordnung, Einleitung, S. 23 f.; Hartung, Das Strafregister, Einleitung, S. 10 f.; Weiß, Rehabilitation und Straftilgungsgesetz, S. 4; Benda, FS Faller, S. 307; Rebmann, NJW 1983, 1513 (1514); Sawade/-Schomburg, NJW 1982, 551 (552); Haffke, GA 1975, 65 (66); Römer, JVBl. 1972, 25; Römer, JVBl. 1972, 169; Dünnebier, JZ 1958, 713; Wachinger, DJ 1940, 863; Delaquis, Monatsschrift für Kriminalpsychologie und Strafrechtsreform 3 (1907), S. 357 (359); Delaquis, Schweizerische Zeitschrift für Strafrecht 18 (1905), S. 315. Weiß, Rehabilitation und Straftilgungsgesetz, S. 2: „Eine weit größere und schlimmere Gefahr (als die rechtlichen Konsequenzen der Vorstrafen) liegt für den Bestraften in der Behandlung, mit der ihm seine Mitmenschen infolge seiner Vorstrafe begegnen. Er wird von diesen gesellschaftlich geächtet, man bringt ihm Mißtrauen und Mißachtung entgegen. Bei der Suche nach einer Arbeitsstelle hat er große Schwierigkeiten, da er (...) in den meisten Fällen verschlossene Türen finden wird. (...) Diese Bewertung der Vorstrafe im gesellschaftlichen Leben, kraft welcher die einmal erlittene Bestrafung, wenn diese auch weit zurückliegt, fast zum alleinigen Gradmesser für die Beurteilung des Bestraften gemacht wird, ist entschieden überspannt und schießt weit über das Ziel hinaus." Nach dem soziologischen

im weiteren Sinne stellt die Bereinigung des Strafregisters sowie die Beseitigung aller an diese geknüpften Rechtsfolgen dar[280]. Die Rehabilitation im engeren Sinne ist die Wiederverleihung der Rechte und Fähigkeiten, die der Verurteilte durch das Strafurteil verloren hat[281]. Unter Resozialisierung sind daher alle Maßnahmen zu verstehen, die die Nachteile des Verurteilten im gesellschaftlichen und beruflichen Leben vermeiden sollen[282].

Vor Inkrafttreten der Bundesratsverordnung vom 16.06.1882 kannte das Reichsgesetzbuch keine Form der Rehabilitation, sondern eine Löschung der Vorstrafeneintragungen war zuerst nur im Gnadenwege und nur in den polizeilichen Listen, nicht aber in den Strafregistern möglich[283]. Nach § 16 der Bundesratsverordnung vom 16.06.1882 kam eine Entfernung der Vorstrafen aus dem Strafregister nur beim glaubhaften Nachweis des Todes des Bestraften oder nach Schluß des Jahres, in dem er das 70. Lebensjahr vollendet hatte, in Betracht. Durch Art. 3 der Abänderungsverordnung vom 09.07.1896[284] erfuhr § 16 der Bundesratsverordnung eine Änderung dahingehend, daß eine Löschung der Registereintragung erst ab Vollendung des 80. Lebensjahrs möglich war. In dieser Regelung fand die Rehabilitation keine Berücksichtigung, da diese Löschung nur dazu diente, das Strafregister übersichtlich zu halten[285]. Die Verordnung

---

Sprachgebrauch bedeutet der Begriff der Sozialisierung einen Vorgang, durch den der Mensch zum Mitglied einer Gesellschaft oder einer Kultur wird, vgl. dazu: Benda, FS Faller, S. 307.

280 Dünnebier, JZ 1958, 713.

281 Götz/Tolzmann, Einleitung zum BZRG, Rn. 2; Rebmann/Uhlig, Einleitung zum BZRG, Rn. 28; Weiß, Rehabilitation und Straftilgungsgesetz, S. 4; Frhr. von Hahn, Strafregister und Rehabilitation in Frankreich, S. 30; Dünnebier, JZ 1958, 713; Wachinger, DJ 1940, 863. Nach v. Liszt/Schmidt, Lehrbuch des Deutschen Strafrechts, Band I, § 78 I, S. 457 f. stellt die Rehabilitation die Wiedereinsetzung in verlorene Ehrenrechte und die Löschung von Strafvermerken in den staatlichen Strafregistern dar. So auch: Delaquis, Die Rehabilitation im Strafrecht, S. 13, 101; Delaquis, Monatsschrift für Kriminalpsychologie und Strafrechtsreform 3 (1907), S. 357 (360 f.); Delaquis, Zeitschrift für die gesamte Strafrechtswissenschaft 27 (1907), S. 376 (379). Vgl. ferner: Delaquis, Schweizerische Zeitschrift für Strafrecht 1912, 99 (117); Delaquis, Österreichische Zeitschrift für Strafrecht 2 (1911), S. 282 (286 ff.).

282 Götz/Tolzmann, Einleitung zum BZRG, Rn. 3; Wachinger, DJ 1940, 863. Dreher, JZ 1972, 618 (619) und Götz, JZ 1973, 496 (498) hingegen erachten den Begriff der Resozialisierung als unpassend, denn der weit überwiegende Teil der Bevölkerung sei nicht asozial und bedürfe daher keiner „Resozialisierung" im eigentlichen Sinn.

283 Rebmann/Uhlig, Einleitung zum BZRG, Rn. 26; Delaquis, Schweizerische Zeitschrift für Strafrecht 1912, S. 99 (105).

284 Bestimmungen zur Abänderung der Verordnung vom 16.06.1882 betreffend die Einrichtung von Strafregistern und die wechselseitige Mitwirkung, Zentralblatt für das Deutsche Reich, 1896, S. 426.

285 Rebmann, NJW 1983, 1513 (1514).

vom 17.04.1913[286] brachte mit der Möglichkeit der gnadenweisen Löschung von Strafregistereintragungen den ersten Ansatz der Rehabilitation in Deutschland. Folge der Löschung war aber nur eine Beschränkung der Auskunft aus dem Register[287]. Erst das StrafTilgG i. V. m. der StrafRegVO und das BZRG berücksichtigten die Resozialisierung des Verurteilten in weitergehendem Maße.

§ 3: Rechtslage vor Inkrafttreten des BZRG

Vor Inkrafttreten des BZRG am 01.01.1972 prägten die Bundesratsverordnung vom 16.06.1882 und später vor allem das StrafTilgG i. V. m. StrafRegVO die Rechtslage hinsichtlich der Registrierung von Vorstrafen. Die Resozialisierung hat hier in unterschiedlichem Maß Berücksichtigung erfahren.

I. Bundesratsverordnung vom 16.06.1882

Die Bundesratsverordnung vom 16.06.1882[288] trat am 01.10.1882 in Kraft und stellte die erste einheitliche Regelung der Registrierung von Vorstrafen in Deutschland dar. Der deutsche Gesetzgeber orientierte sich am französischen Vorbild der seit 1851 bestehenden *casiers judiciaires*[289]. Die für den Geburtsort des Betroffenen zuständigen Staatsanwaltschaften führten die Strafregister[290]. Alle „öffentlichen deutschen Behörden" erhielten auf Anfrage zeitlich unbeschränkte Auskunft aus dem Strafregister, ohne daß dabei Unterscheidungen bezüglich der Art und Schwere der Vorstrafe angestellt wurden[291], nicht aber Privatpersonen[292]. Jedoch konnten die Polizeibehörden polizeiliche Führungszeugnisse und Leumundszeugnisse auf der Grundlage der polizeilichen Listen ausstellen. Diese umfaßten alle Verurteilungen des Betroffenen, die den Polizeibe-

---

286 Verordnung vom 17.04.1913 über die Bestimmungen zur Änderung der Vorschriften über die Strafregister, Zentralblatt für das Deutsche Reich, 1913, S. 495 f. Dazu auch: Weiß, Rehabilitation und Straftilgungsgesetz, S. 16.

287 Rebmann/Uhlig, Einleitung zum BZRG, Rn. 29; Rebmann, NJW 1983, 1513 (1514); Römer, JVBl. 1972, 5.

288 Zentralblatt für das Deutsche Reich, 1882, S. 309 ff. Vgl. dazu auch: Begründung zum Entwurf des BZRG, BT-Drucks. VI/477, S. 14; Weiß, Rehabilitation und Straftilgungsgesetz, S. 21; Römer, JVBl. 1972, 5; Wachinger, DJ 1940, 863.

289 Hartung, Das Strafregister, Einleitung, S. 3; Dünnebier, JZ 1958, 713.

290 Götz/Tolzmann, Einleitung zum BZRG, Rn. 9; Römer, JVBl. 1972, 5.

291 Begründung zum Entwurf des BZRG, BT-Drucks. VI/477, S. 14; Götz/Tolzmann, Einleitung zum BZRG, Rn. 9; Güllemann/Spellenberg, NJW 1972, 1969.

292 Müller, Vorstrafen und Strafregister, S. 24 ff.; Götz/Tolzmann, Einleitung zum BZRG, Rn. 9; Rebmann, NJW 1983, 1513 (1514). Diese Regelung begrüßt Delaquis, Schweizerische Zeitschrift für Strafrecht 1912, 99 (107).

hörden zuvor zur Kenntnis gelangt waren[293]. Hier bestand lediglich die Möglichkeit, daß die Eintragungen im Gnadenwege gelöscht wurden[294]. Diese gnadenweise Löschung aber hatte nicht die Rechtsfolge, daß die Eintragungen im Strafregister tatsächlich entfernt wurden, sondern über diese durfte nur noch Auskunft an Gerichte, Staatsanwaltschaften und Zentralbehörden erteilt werden[295]. Nach der Verfügung vom 24.06.1859[296] mußten die Polizeibehörden eine Verurteilung aber nicht mehr zwingend in das Führungszeugnis aufnehmen, wenn diese zehn Jahre zurücklag. Von diesem Ermessen haben die Polizeibehörden aber nur selten Gebrauch gemacht[297], so daß eine Rehabilitation des Verurteilten praktisch nicht erfolgte.

II. StrafTilgG vom 09.04.1920 und StrafRegVO vom 12.06.1920

Erstmals fand die Rehabilitation im „Gesetz über die beschränkte Auskunft aus dem Strafregister und die Tilgung von Strafvermerken" – kurz im StrafTilgG – vom 09.04.1920[298] Berücksichtigung. Es handelte sich um die gesetzliche Rehabilitation kraft Zeitablaufs, die durch drei verschiedene Stufen verwirklicht wurde: Die beschränkte und die unbeschränkte Auskunft sowie die Tilgung. Die beschränkte Auskunft nach § 2 StrafTilgG als erste Stufe der Registervergünstigung grenzte den Kreis der aus dem Strafregister Auskunftsberechtigten ein. Nach dem Ablauf einer weiteren gesetzlich festgelegten Frist wurde der Strafvermerk nach § 5 StrafTilgG getilgt, welches eine Entfernung und Vernichtung

---

293 Verfügung vom 11.06.1842, Ministerialblatt für die gesamte innere Verwaltung in den königlichen preußischen Staaten, 1842, S. 203, Nr. 269; Verfügung vom 24.06.1859, Ministerialblatt für die gesamte innere Verwaltung in den königlichen preußischen Staaten, 1859, S. 179, Nr. 175; Delaquis, Die Rehabilitation Verurteilter, S. 52; Delaquis, Die Rehabilitation im Strafrecht, S. 193 ff.; Delaquis, Schweizerische Zeitschrift für Strafrecht 1912, 99 (108).

294 Begründung zum Entwurf des BZRG, BT-Drucks. VI/477, S. 14; Müller, Die preußische Justizverwaltung, Band II, S. 1045; Hartung, JR 1952, 42; Delaquis, Schweizerische Zeitschrift für Strafrecht 1912, 99 (108); Meyer, DJZ 1906, Sp. 1255 (1256). Eine Löschung der Eintragungen im Strafregister war nicht einmal im Gnadenwege möglich.

295 Hartung, JR 1952, 42.

296 Verfügung vom 24.06.1859, Ministerialblatt für die gesamte innere Verwaltung in den königlichen preußischen Staaten, 1859, S. 179, Nr. 175. Vgl. ferner: Delaquis, Schweizerische Zeitschrift für Strafrecht 1912, 99 (108).

297 Delaquis, Schweizerische Zeitschrift für Strafrecht 1912, 99 (108).

298 Zentralblatt für das Deutsche Reich, 1920, S. 909 ff.; Begründung zum Entwurf des BZRG, BT-Drucks. VI/477, S. 14; Götz/Tolzmann, Einleitung zum BZRG, Rn. 12; Hartung, Das Strafregister, Einleitung, S. 6; Weiß, Rehabilitation und Straftilgungsgesetz, S. 15, 21; Rebmann, NJW 1983, 1513 (1514); Dünnebier, JZ 1958, 713 f; Hartung, JR 1952, 42.

des Strafvermerks aus dem Register zur Folge hatte. Beide Vergünstigungen traten nach dem Ablauf der gesetzlichen Fristen ein[299].

Ferner wurde die Bundesratsverordnung vom 16.06.1882 durch die StrafRegVO vom 12.06.1920[300] auf der Rechtsgrundlage des Art. 77 WRV ersetzt. Jedoch hielt die neue Verordnung im wesentlichen an der alten Art und Weise der Registerführung fest, so daß Privatpersonen auch weiterhin keine Auskunft aus dem Strafregister erhalten konnten, sondern diese lediglich den Gerichten, Strafverfolgungsbehörden, höheren Verwaltungsbehörden und Polizeibehörden vorbehalten blieb[301]. Erst die Verordnung vom 17.02.1934[302] sah die Möglichkeit für Privatpersonen vor, daß sie hinsichtlich der sie selbst betreffenden Vermerke im Strafregister aufgrund einer besonderen Bewilligung eine beschränkte Auskunft erhalten konnten. Eintragungen im Strafregister, die der beschränkten Auskunft unterlagen oder getilgt waren, wurden nicht mehr in die polizeilichen Führungszeugnisse aufgenommen.

Neben den Strafregistern bei den Staatsanwaltschaften führten die Polizeibehörden die polizeilichen Listen auf der Grundlage der Mitteilungen der Justizbehörden und landesrechtlichen Vorschriften fort. Diese stellten die Grundlage für die Ausstellung der Führungszeugnisse und Leumundszeugnisse dar[303]. Mit den Runderlassen vom 27.05.1940[304] und vom 03.06.1940[305] regelte der Reichsmi-

299 Rebmann/Uhlig, Einleitung zum BZRG, Rn. 30.

300 Zentralblatt für das Deutsche Reich, 1920, S. 909 ff. Rechtsnatur der StrafRegVO blieb die einer bloßen Verordnung.

301 Rebmann/Uhlig, Einleitung zum BZRG, Rn. 31.

302 Verordnung zur Änderung der Strafregisterverordnung vom 17.02.1934, RGBl. 1934, Teil I, S. 137 (147), § 36: „Privatpersonen wird Auskunft aus dem Strafregister nicht erteilt. Der Leiter der Strafregisterbehörde kann genehmigen, daß einer Privatperson auf ihr Verlangen über den sie betreffenden Inhalt des Strafregisters Auskunft erteilt wird. Die Genehmigung soll nur erteilt werden, wenn ein polizeiliches Führungszeugnis nicht erlangt werden kann oder sonst ein berechtigtes Interesse an der Erlangung der Auskunft dargelegt ist." Dazu ferner: Rebmann/Uhlig, Einleitung zum BZRG, Rn. 31 f.; Burchardi/Klempahn, Strafregister, Führungszeugnis und Karteien, § 36 StrafRegVO Anm. II, S. 46 f.

303 Die Grundlage für die polizeilichen Listen waren die Runderlasse vom 27.05.1940 und vom 03.06.1940 des Reichsministers des Inneren, RMBliV 1940, Sp. 1039, 1046 in der Fassung vom 27.07.1942, RMBliV 1942, Sp. 1593. Vgl. ferner: Hartung, Das Strafregister, § 4 Abs. 2 StrafTilgG, Anm. 8 und Anhang VI, S. 412, 415; Burchardi/Klempahn, Strafregister, Führungszeugnis und Karteien, Erläuterungen, Anm. A I 1, S. 165; Güllemann/Spellenberg, NJW 1972, 1969.

304 RMBliV1940, Sp. 1039.

305 RMBliV1940, Sp. 1046.

nister des Inneren diese Materie schließlich reichseinheitlich[306]. Um die Aktualität der polizeilichen Listen zu gewährleisten, mußten diese stets an den Inhalt der Strafregister angeglichen werden[307]. Jedoch war die Frist für die Aufnahme der Vorstrafen in die polizeilichen Listen wesentlich kürzer als die Fristen der Registerauskunft[308], so daß es keine Übereinstimmung gab. Dem polizeilichen Führungszeugnis kam bis 1972 eine herausragende Bedeutung im Rechtsleben zu, denn Privatpersonen oder privaten Stellen war es weitestgehend verwehrt, eine Auskunft aus dem Strafregister zu erlangen. Im polizeilichen Führungszeugnis fanden nicht alle Vorstrafen Erwähnung. Besonders geringfügige Strafen enthielt es nicht und andere Eintragungen erwähnte es nach dem Ablauf bestimmter Fristen nicht mehr[309].

Die Arbeitgeber verlangten damals schon oft die Angabe von Vorstrafen in einem schriftlichen Fragebogen. § 4 Abs. 5 S. 1 StrafTilgG schränkte die Pflicht des Betroffenen zur Offenbarung seiner Vorstrafen ein, sofern diese getilgt waren oder der beschränkten Auskunft unterlagen. Dennoch war es in der arbeitsrechtlichen Rechtsprechung und Literatur umstritten, ob die Auskunftsbegrenzung tatsächlich nur auf die getilgten und beschränkt auskunftspflichtigen Eintragungen reduziert war oder ob einige Eintragungen entgegen der Regelung des § 4 Abs. 5 S. 1 StrafTilgG zu offenbaren waren[310]. Diese Frage stellt den Streit dar, ob nur „einschlägige“ Vorstrafen offenbart werden müssen. Diese Thematik findet im nachfolgenden 4. Kapitel[311] Erörterung.

§ 4 Abs. 5 S. 1 StrafTilgG gab dem Betroffenen das Recht, sich gegenüber privaten Stellen als unbestraft zu bezeichnen und die Auskunft über seine Vorstrafen zu verweigern, sofern die Auskunftsbeschränkung eingetreten war. Daher durfte der Stellenbewerber auf Nachfrage des Arbeitgebers seine Vorstrafen nach Eintritt der beschränkten Auskunft verschweigen und war nicht mehr ge-

---

306 Götz/Tolzmann, Einleitung zum BZRG, Rn. 16.

307 Rebmann/Uhlig, Einleitung zum BZRG, Rn. 13; Burchardi/Klempahn, Strafregister, Führungszeugnis und Karteien, Erläuterungen, Anm. II 1, S. 167.

308 Burchardi/Klempahn, Strafregister, Führungszeugnis und Karteien, S. 165-180; Götz/Tolzmann, Einleitung zum BZRG, Rn. 17; Güllemann/Spellenberg, NJW 1972, 1969; Dünnebier, JZ 1958, 713 (715).

309 Burchardi/Klempahn, Strafregister, Führungszeugnis und Karteien, Erläuterungen, Anm. D I, S. 169, § 4 StrafTilgG Anm. IV 2a.), S. 93.

310 Burchardi/Klempahn, Strafregister, Führungszeugnis und Karteien, § 4 StrafTilgG Anm. V 2a.), S. 95; Degener, Das Fragerecht des Arbeitgebers gegenüber Bewerbern, S. 109.

311 Vgl. S. 109 ff.

halten, diese zu offenbaren[312]. Dieses Recht kam dem Betroffenen jedoch nicht gegenüber Behörden zu.

Die Regelungen des StrafTilgG und der StrafRegVO blieben nach 1945 in Kraft[313]. Ab 1954 begannen jedoch die Bestrebungen bezüglich einer Neuregelung des Registerrechts[314]. Die Konferenz der Justizminister setzte einen Unterausschuß ein, der bis 1956 den ersten Entwurf eines Gesetzes über das Strafregister und das Erziehungsregister erarbeitete. Dieser wurde aber nicht vorgelegt. Auch der darauf folgende Entwurf aus dem Jahr 1962 erfuhr keine Vorlage, da zu große Uneinigkeit bestand[315]. Die gesetzliche Rehabilitation durch Zeitablauf sollte eingeführt werden. Da zwischenzeitlich aber die Arbeiten an der Großen Strafrechtsreform in den Vordergrund rückten, legte die Bundesregierung erst am 12.12.1969 den Entwurf eines BZRG[316] vor.

III. Zwischenergebnis

Durch das Inkrafttreten des StrafTilgG und der StrafRegVO im Jahr 1920 hat die Rechtslage hinsichtlich der Vorstrafenregistrierung eine große Änderung erfahren. Durch die Einführung der beschränkten Auskunft und der Tilgung nach Zeitablauf fand zum ersten Mal die Rehabilitation des Verurteilten Berücksichtigung.

§ 4: Rechtslage nach Inkrafttreten des BZRG

Am 01.10.1972 trat das „Gesetz über das Zentralregister und Erziehungsregister" (Bundeszentralregistergesetz – BZRG) vom 18.03.1971[317] in Kraft. Dieses

312 Vgl.: Götz/Tolzmann, Einleitung zum BZRG, Rn. 18; Burchardi/Klempahn, Strafregister, Führungszeugnis und Karteien, § 4 StrafTilgG Anm. I 1f.), S. 90.

313 Rebmann/Uhlig, Einleitung zum BZRG, Rn. 13.

314 18.03.1971, BGBl. 1971, Teil I, S. 243 ff.; Güllemann/Spellenberg, NJW 1972, 1969; Lucke, JVBl. 1959, 99 f.; Wagner, JVBl. 1957, 163 f.

315 Götz/Tolzmann, Einleitung zum BZRG, Rn. 21.

316 BT-Drucks. VI/477. Vgl. auch: Rebmann/Uhlig, Einleitung zum BZRG, Rn. 35.

317 BGBl. 1971, Teil I, S. 243 ff. Erste Entscheidungen zu den Problemen des BZRG: BayOLG, Beschluß vom 19.05.1972 – RReg. 1 St 548/72 OWi, NJW 1972, 2008 ff.: Auswirkungen des BZRG bei fehlender Tilgungsreife nach den Vorschriften über das Verkehrszentralregister; BayOLG, Beschluß vom 29.06.1972 – RReg. 2 St 2/72, NJW 1972, 2010: Geltung des Verwertungsverbots für Löschungen aus dem Erziehungsregister; BayOLG, Urteil vom 20.06.1972 – RReg. 6 St 76/72, NJW 1972, 2010 f.: Maßgeblichkeit der Gesamtstrafenbildung für Übernahme in das Bundeszentralregister; BayOLG, Beschluß vom 27.06.1972 – RReg. 6 St 86/72, NJW 1972, 2011: Auswirkungen der Eintragung in der Erziehungskartei; OLG Stuttgart, Beschluß vom 06.07.1972 – 1 Sa 386/72, NJW 1972, 2011 f.: Übernahme von Freiheitsstrafen in das Bundeszentralregister. Literatur zum In-

stellt die erste einheitliche Gesamtregelung des Registerrechts dar und setzte das zuvor geltende StrafTilgG und die StrafRegVO außer Kraft[318]. Anstelle der bisherigen 93 Strafregister der Staatsanwaltschaften bei den Landgerichten wird das Zentralregister vom Generalbundesanwalt beim Bundesgerichtshof geführt, § 1 BZRG. Sinn und Zweck der Schaffung des Zentralregisters und der Reform des Registerwesens war die verstärkte Berücksichtigung der Resozialisierung des Vorbestraften[319], die vor allem durch die verschiedenen Arten der Auskunft aus dem Zentralregister und den Rechtswirkungen der Tilgung der Vermerke aus dem Register verwirklicht worden sind. Neben dem Bundeszentralregister werden das Gewerbezentralregister gemäß § 149 GewO seit dem 01.01.1976 und das Verkehrszentralregister nach §§ 28 ff. StVG i. V. m. der Verordnung über die Zulassung von Personen zum Straßenverkehr[320] beim Kraftfahrtbundesamt als bereichsspezifische Register geführt.

I. Inhalt des Bundeszentralregisters

Da es sich mit dem Bundeszentralregister in erster Linie um ein Informationssystem für Staatsanwaltschaften und Gerichte im Hinblick auf die Schuldmaß-

krafttreten des BZRG: Terhorst, ZRP 1973, 5 ff.; Römer, JVBl. 1972, 25 ff. und 49 ff.; Stadie, DRiZ 1972, 347 ff.

318 Götz/Tolzmann, Einleitung zum BZRG, Rn. 29; Rebmann/Uhlig, Einleitung zum BZRG, Rn. 36; Pryzwanski, Auswirkungen des Vorhalte- und Verwertungsverbots des Bundeszentralregistergesetzes im Strafrecht, S. 1; Güllemann/Spellenberg, NJW 1972, 1969. Vgl. auch: Rebmann, NJW 1983, 1513 (1514); Terhorst, ZRP 1973, 5; Stadie, DRiZ 1972, 347; Lucke, JVBl. 1959, 99 ff.; Römer, JVBl. 1958, 5 f.; Wagner, JVBl. 1957, 163 ff.

319 Begründung zum Regierungsentwurf des BZRG, BT-Drucks. VI/477, S. 14; Schriftlicher Bericht des Sonderausschusses für die Strafrechtsreform über den von der Bundesregierung eingebrachten Entwurf eines Gesetzes über das Zentralregister und das Erziehungsregister, (Bundeszentralregistergesetz – BZRG), BT-Drucks. VI/1550, S. 1; BVerfG, Beschluß vom 27.11.1973 – 2 BvL 12/72 und 3/73, BVerfGE 36, 174 (188 f.) = NJW 1974, 179 (181); Rebmann/Uhlig, Einleitung zum BZRG, Rn. 37; Pryzwanski, Auswirkungen des Vorhalte- und Verwertungsverbots des Bundeszentralregistergesetzes im Strafrecht, S. 1; Reinfeld, AR-Blattei SD, Vorstrafen 1780, Rn. 37; Bresser, NJW 1973, 537; Händel, JR 1973, 265; Händel, NJW 1971, 1549 f.; Güllemann/Spellenberg, NJW 1972, 1969; Römer, JVBl. 1972, 49; Stadie, DRiZ 1972, 347; Kaiser, NJW 1970, 271. Haffke, GA 1975, 65 (68 f.) ist demgegenüber der Ansicht, daß das BZRG nicht die Resozialisierung des Vorbestraften vorantreiben wolle, sondern vielmehr vom gesellschaftlichen Vorurteil gegenüber Vorbestraften geprägt sei. Dies ergebe sich aus der Schematisierung und Generalisierung der Auskunftserteilung aus dem Bundeszentralregister. Aus diesem Grund sei das BZRG „resozialisierungsunfreundlich". Vgl. dazu die Ausführungen auf S. 95.

320 Fahrerlaubnis-Verordnung vom 18.08.1998, BGBl. 1998, Teil I, S. 2214. Zuvor war diese Regelung in §§ 13 ff. StVZO enthalten, die jedoch durch Art. 2 der Fahrerlaubnis-Verordnung aufgehoben wurde.

frage handelt, werden in das Register vorwiegend Daten eingetragen, die durch den Abschluß eines Strafverfahrens anfallen[321]. Nach § 3 Nr. 1 i. V. m. §§ 4-8 BZRG werden vor allem strafgerichtliche Verurteilungen in das Zentralregister eingetragen. Nach der Legaldefinition des § 2 StrafRegVO i. F. d. Bekanntmachung vom 17.02.1934[322] war vorbestraft, „wer wegen einer mit Strafe bedrohten Handlung (Übertretung, Vergehen, Verbrechen) durch Urteil oder Strafbefehl eines deutschen Gerichts oder durch Strafverfügung und Strafbescheid oder auch im Unterwerfungsverfahren (Reichsabgabenordnung, Wirtschaftsstrafgesetz) einer deutschen Verwaltungsbehörde verurteilt worden ist". Nach § 4 BZRG ist eine Vorstrafe „jede Verurteilung durch ein deutsches Gericht wegen einer rechtswidrigen Tat (...), wenn entweder auf Strafe erkannt wurde, eine Maßregel der Besserung und Sicherung angeordnet wurde, jemand nach § 59 StGB mit Strafvorbehalt verwarnt wurde oder nach § 27 JGG die Schuld des Jugendlichen oder Heranwachsenden festgestellt wurde". Darüber hinaus werden Vermerke über die Schuldfähigkeit nach § 12 Abs. 1 BZRG, bestimmte, nach § 10 BZRG näher bezeichnete Entscheidungen von Verwaltungsbehörden und Gerichten sowie Suchvermerke gemäß §§ 27-29 BZRG in das Bundeszentralregister aufgenommen.

II. Auskunft aus dem Bundeszentralregister

Es bestehen zwei verschiedene Arten der Auskunft aus dem Bundeszentralregister. Zum einen handelt es sich um das registerliche Führungszeugnis nach §§ 30-40 BZRG und zum anderen besteht in einigen Fällen die Möglichkeit der unbeschränkten Auskunft nach §§ 41-43 BZRG. Mit diesen beiden verschiedenen Arten der Auskunft sowie dem materiellen Verwertungsverbot für getilgte, tilgungsreife und nicht übernommene Registereintragungen gemäß § 51 Abs. 1 BZRG und dem Verschweigungsrecht des Betroffenen nach § 53 Abs. 1 BZRG[323] hat der Gesetzgeber der Resozialisierung des Straffälligen vermehrt Rechnung getragen[324]. Nach dem Bundesverfassungsgericht[325] ist es „Aufgabe

---

321 Rebmann/Uhlig, Einleitung zum BZRG, Rn. 44.

322 Strafregisterverordnung in der Fassung vom 17.02.1934, RGBl. 1934, Teil I, S. 140. Vgl. auch: Prasse, AuR 1957, 76.

323 Vgl. die Ausführungen auf S. 101 ff.

324 BVerfG, Beschluß vom 27.11.1973 – 2 BvL 12/72, 3/73, BVerfGE 36, 174 (188); Begründung des Entwurfs zum BZRG, BT-Drucks. VI/477, S. 14, unter „Befreiung vom Strafmakel"; Regierungsentwurf eines Gesetzes über das Zentralregister und das Erziehungsregister, BR-Drucks. 676/69, S. 14 f.; Schriftlicher Bericht des Sonderausschusses für die Strafrechtsreform, BT-Drucks. VI/1550, S. 1, 21; Götz/Tolzmann, § 30 BZRG Rn. 6; Rebmann/Uhlig, Einleitung zum BZRG, Rn. 60; Hase, § 30 BZRG Rn. 3; Haffke, GA 1975, 65.

des Staates, im Rahmen des Zumutbaren alle gesetzlichen Maßnahmen zu treffen, die geeignet und nötig sind, beim Gefangenen dieses Vollzugsziel (die Wiedereingliederung in die Gesellschaft) zu erreichen"[326]. Dies folgt für den Verurteilten aus seinen Grundrechtspositionen aus Art. 2 Abs. 1 i. V. m. Art. 1 Abs. 1 GG – der Anerkennung der Würde und Eigenverantwortlichkeit des Menschen – und für die Gemeinschaft aus dem Sozialstaatsprinzip, das die staatliche Fürsorge für besondere Gruppen der Gesellschaft, wie die Verurteilten, gebietet[327]. Aus Art. 2 Abs. 1 i. V. m. Art. 1 Abs. 1 GG folgt der Verfassungsauftrag zur Resozialisierung. Die Resozialisierung nach dem BZRG knüpft an Art. 10 Abs. 1 des Internationalen Paktes über bürgerliche und politische Rechte vom 19.12.1996[328] an, der bestimmt, daß der Gefangene menschlich und mit Achtung vor der dem Menschen innewohnenden Würde behandelt werden muß.

Durch die beschränkten Möglichkeiten der Auskunftserlangung aus dem Bundeszentralregister und die verkürzten Tilgungsfristen soll nach Ansicht des Gesetzgebers die Wiedereingliederung in die Gesellschaft erleichtert werden[329].

---

325 BVerfG, Urteil vom 21.06.1977 – 1 BvL 14/76, BVerfGE 45, 187 (239); Beschluß vom 27.11.1973 – 2 BvL 12/72, 3/73, BVerfGE 36, 174 (188); Urteil vom 05.06.1973 – 1 BvR 536/72, BVerfGE 35, 202 (236).

326 BVerfG, Urteil vom 21.06.1977 – 1 BvL 14/76, BVerfGE 45, 187 (239). Dazu auch: Haffke, GA 1975, 65 (66).

327 BVerfG, Urteil vom 21.06.1977 – 1 BvL 14/76, BVerfGE 45, 187 (239); Urteil vom 05.06.1973 – 1 BvR 536/72, BVerfGE 35, 202 (236). Ferner: Callies/Müller-Dietz, Strafvollzugsgesetz, Einleitung, Rn. 31; Rebmann/Uhlig, Einleitung zum BZRG, Rn. 59; Benda, FS Faller, S. 307 (309, 313, 317). Nach Ansicht von Haffke, GA 1975, 65 stellt die Registrierung von Vorstrafen im Bundeszentralregister eine „Vorschreibung des Vorurteils" dar. Dieser Ansicht ist nicht zu folgen, da die Registrierung von Vorstrafen dem Interesse der Strafrechtspflege dient und der Gesetzgeber des BZRG gerade nicht intendiert hat, dem Verurteilten mit der Registrierung einen weiteren Strafmakel aufzubürden. Er hat im Gegenteil weitgehende Maßnahmen geschaffen, um die Resozialisierung des Vorbestraften zu fördern. Z. B. die Regelung des § 32 Abs. 2 BZRG, nach der bestimmte Registereintragungen von vornherein nicht im Führungszeugnis aufzunehmen sind, § 33 Abs. 1 i. V. m. § 34 BZRG, wonach die Eintragungen nach dem Ablauf bestimmter Fristen nicht mehr aufzunehmen sind, die Tilgung der Eintragungen aus dem Register nach §§ 45-50 BZRG, sowie das materielle Verwertungsverbot des § 51 Abs. 1 BZRG und das Verschweigungsrecht des § 53 Abs. 1 BZRG.

328 BGBl. 1973, Teil II, S. 1534 (1539); Benda, FS Faller, S. 307 (309).

329 BVerfG, Beschluß vom 27.11.1973 – 2 BvL 12/72, 3/73, BVerfGE 36, 174 (188); Regierungsentwurf eines Gesetzes über das Zentralregister und das Erziehungsregister, BR-Drucks. 676/69, S. 14 f.; Schriftlicher Bericht des Sonderausschusses für die Strafrechtsreform über den von der Bundesregierung eingebrachten Entwurf eines Gesetzes über das Zentralregister und das Erziehungsregister (Bundeszentralregister – BZRG), BT-Drucks. VI/1550, S. 1, 21. Ferner: Rebmann/Uhlig, § 32 BZRG Rn. 2; Haffke, GA 1975, 65; Römer, JVBl. 1972, 25 (28).

Nach Auffassung des Bundesverfassungsgerichts[330] soll diese nicht dadurch vereitelt oder gefährdet werden, daß dem Verurteilten eine länger zurückliegende Verfehlung erneut vorgehalten wird und zur Kenntnis der Umwelt gelangt. Der Staat kann zwar die Bürger nicht dazu zwingen, daß sie den Vorbestraften wieder in ihre Gemeinschaft integrieren, aber er kann dies durch gesetzliche Regelungen erleichtern[331]. Nicht die Eintragung der Vorstrafe in das Bundeszentralregister, sondern der Umfang der Auskunftserteilung aus dem Register kann eine Hürde für die Wiedereingliederung des Vorbestraften in die Gesellschaft bedeuten. Im Sinne der Resozialisierung Vorbestrafter ist es daher günstig, den Kreis der Auskunftsberechtigten möglichst gering zu halten[332]. Nach dem BZRG erteilt die Registerbehörde nur Auskunft über die Registereintragungen im Wege des registerlichen Führungszeugnisses, der unbeschränkten Auskunft und in seltenen Fällen von Amts wegen.

1. Das registerliche Führungszeugnis gemäß §§ 30-40 BZRG

Mit dem Inkrafttreten des BZRG wurde der Registerbehörde durch die Ausstellung der Führungszeugnisse eine weitere, wichtige Aufgabe übertragen[333]. Neben der seltenen unbeschränkten Auskunft aus dem Bundeszentralregister nach §§ 41-43 BZRG stellt die Erteilung eines registerlichen Führungszeugnisses nach §§ 30-40 BZRG, das an die Stelle des polizeilichen Führungszeugnisses getreten ist[334], die übliche Art der Auskunftserteilung dar. Die Ablösung der polizeilichen Führungszeugnisse beseitigte die Überschneidungen zwischen ihnen und der alten beschränkten Auskunft aus dem Strafregister nach dem StrafTilgG[335]. Hier besteht eine Unterscheidung zwischen dem Führungszeugnis für private Zwecke nach § 30 Abs. 1 S. 1 BZRG und dem Behördenführungszeugnis nach Maßgabe der §§ 30 Abs. 5, 31, 32 Abs. 3, 4 BZRG. Beide Arten des Führungszeugnisses weisen unterschiedliche Inhalte auf.

---

330 BVerfG, Beschluß vom 27.11.1973 – 2 BvL 12/72, 3/73, BVerfGE 36, 174 (188).

331 Rebmann/Uhlig, Vor § 51 BZRG, Rn. 2; Benda, FS Faller, S. 307 (318 f.); Haffke, GA 1975, 65 (66, 80 f.); Dünnebier, JZ 1958, 713 (718); Gürtner, DJ 1939, 816.

332 Dazu auch: Rebmann/Uhlig, Vor § 30 BZRG Rn. 5.

333 Begründung zum Entwurf des BZRG, BT-Drucks. VI/477, S. 14.

334 Begründung zum Entwurf des BZRG, BT-Drucks. VI/477, S. 14 (15); Güllemann/Spellenberg, NJW 1972, 1969 (1970). Die Ausstellung der Führungszeugnisse durch die Registerbehörde selbst erspart dem Staat die doppelte Verwaltungsarbeit der früheren Rechtslage, Begründung zum Entwurf des BZRG, BT-Drucks. VI/477, S. 14 (15); Römer, JVBl. 1972, 25 (26 f.); Römer, JVBl. 1972, 5.

335 Götz/Tolzmann, Einleitung zum BZRG, Rn. 28; Creifelds, GA 1974, 129 (130).

a.) Das Privatführungszeugnis gemäß § 30 Abs. 1 S. 1 BZRG

Jede natürliche Person, die das 14. Lebensjahr vollendet hat und danach gemäß § 1 Abs. 2 JGG strafmündig ist, hat nach § 30 Abs. 1 S. 1 BZRG einen Anspruch auf Erteilung eines Führungszeugnisses für private Zwecke. Dies war nach der alten Regelung des § 36 Abs. 1 StrafRegVO nicht der Fall[336]. Dem Privatführungszeugnis kommt eine herausragende Bedeutung für die Resozialisierung Vorbestrafter zu, da viele Arbeitgeber die Vorlage eines eintragungsfreien Führungszeugnisses zur Einstellungsvoraussetzung erheben[337]. Daran ist zu erkennen, daß dem Vorbestraften insbesondere im Arbeitsleben noch immer mit Mißtrauen, Unverständnis und Ablehnung begegnet wird[338].

Nach § 32 Abs. 1 S. 1 BZRG werden in das Privatführungszeugnis grundsätzlich alle Eintragungen des Bundeszentralregisters i. S. d. §§ 4-16 BZRG aufgenommen. Wegen der Beschränkungen des § 32 Abs. 2 BZRG sowie der §§ 33-40 BZRG handelt es sich aber tatsächlich nur um einen begrenzten Teil der Bundeszentralregistereintragungen, die im Privatführungszeugnis erscheinen. Die Ausnahmeregelungen des § 32 Abs. 2 BZRG und § 33 Abs. 1 BZRG sind Ausdruck des Resozialisierungsgedankens[339]. Bestimmte Registereintragungen werden nach § 32 Abs. 2 BZRG von vornherein nicht in das Privatführungszeugnis aufgenommen. Dies entscheidet sich unabhängig von der Deliktsart lediglich nach der Art und der Höhe der Sanktion[340]. Eine Ausnahme hiervon bilden die Sexualdelikte nach § 32 Abs. 1 S. 2 BZRG. Andere Eintragungen werden hingegen gemäß § 33 Abs. 1 i. V. m. § 34 Abs. 1 BZRG nur für eine gewisse Zeitspanne in das Führungszeugnis aufgenommen, so daß der Betroffene nach dem Ablauf einer bestimmten Frist die Möglichkeit hat, ein eintragungsfreies Führungszeugnis zu erhalten, sofern er sich im übrigen straffrei gehalten hat. Die

---

336 Begründung zum Entwurf des BZRG, BT-Drucks. VI/477, S. 14 (15).

337 Götz/Tolzmann, Einleitung zum BZRG, Rn. 6, § 30 BZRG Rn. 6; Rebmann/Uhlig, Vor § 30 BZRG Rn. 10; Hase, § 30 BZRG Rn. 3; Benda, FS Faller, S. 307 (320); Rebmann, NJW 1983, 1513 (1515); Terhorst, ZRP 1973, 5 (6 f.). Seib, DRiZ 1973, 17 (18) aber ist der Ansicht, daß „ein Führungszeugnis, das so viel verschweigt, (...) seinen Zweck nicht (erfüllt). Denn es beweist nicht eine gute, sondern verschleiert eine schlechte Führung. (...) Damit ist dem Resozialisierungsgedanken nicht geholfen, weil man pflichtgemäß andere Erkenntnismöglichkeiten ausschöpfen wird, die Zuverlässigkeit eines Bewerbers zu überprüfen."

338 BVerfG, Beschluß vom 27.11.1973 – 2 BvL 12/72 und 3/73, BVerfGE 36, 174 (188 f.) = NJW 1974, 179 (181); Benda, FS Faller, S. 307 (320); Terhorst, ZRP 1973, 5 (6 f.).

339 Hase, § 32 BZRG Rn. 1, § 33 BZRG Rn. 1; Römer, JVBl. 1972, 25 (28, 32); Römer, JVBl. 1972, 49.

340 Vgl. den Katalog des § 32 Abs. 2 BZRG und ferner Götz/Tolzmann, § 30 BZRG Rn. 6; Hase, § 32 BZRG Rn. 2.

Fristen für die Nichtaufnahme der Registereintragungen im Führungszeugnis betragen dabei entweder drei, fünf oder zehn Jahre grundsätzlich ab dem Tag des ersten Urteils, § 34 Abs. 1 Nr. 1-3 BZRG. Auch diese Fristen sind – wiederum mit Ausnahme der Sexualdelikte nach § 34 Abs. 1 Nr. 2 BZR[341] – aber ausschließlich an die Strafhöhe gekoppelt und nicht an die Art des Delikts. Der Einschränkung der Auskunftserteilung liegt die Abwägung des Gesetzgebers zwischen dem Interesse des Verurteilten an seiner Wiedereingliederung in die Gesellschaft und vor allem der Erlangung einer neuen Arbeitsstelle, sowie dem Interesse betroffener Dritter wie dem Arbeitgeber und dem öffentlichen Interesse an einer brauchbaren Grundlage für Verwaltungsentscheidungen zugrunde[342]. Der Nichtaufnahme einer Registereintragung in das Führungszeugnis liegt der Bewährungsgedanke zugrunde. Mit ihr setzt der Gesetzgeber dem Vorbestraften einen pädagogischen Anreiz[343].

Die Ausnahmen des § 32 Abs. 2 BZRG vom Grundsatz des § 32 Abs. 1 S. 1 BZRG, die zur Folge haben, daß bestimmte Tatsachen von vornherein keine Aufnahme in das Privatführungszeugnis finden, betreffen die Verwarnung mit Strafvorbehalt nach § 59 StGB, den Schuldspruch nach § 27 JGG, die Jugendstrafe auf Bewährung, sogenannte Bagatelldelikte und bestimmten Delikten der Beschaffungskriminalität. Von besonderer Bedeutung ist die Vorschrift des § 32 Abs. 2 Nr. 5 BZRG, wonach Verurteilungen, durch die auf eine Geldstrafe von nicht mehr als 90 Tagessätzen bzw. Freiheitsstrafe oder Strafarrest von nicht mehr als drei Monaten erkannt wurde, nicht in das Führungszeugnis aufgenommen werden. Nach § 33 Abs. 1 BZRG werden die Verurteilungen nach dem Ablauf bestimmter Fristen in das Privatführungszeugnis nicht mehr aufgenommen, sondern können nur noch zur Kenntnis der unbeschränkt auskunftsberechtigten Behörden und Gerichte gelangen. Die Länge der Fristen ergibt sich aus dem Katalog des § 33 BZRG.

b.) Das Behördenführungszeugnis gemäß §§ 30 Abs. 5, 31, 32 Abs. 3, 4 BZRG

Eine mittlere Position zwischen dem Privatführungszeugnis nach § 30 Abs. 1 S. 1 BZRG und der unbeschränkten Auskunft nach §§ 41-43 BZRG nimmt das

---

341 Gesetz vom 26.01.1998, BGBl. 1998, Teil I, S. 160 (162 f.). Die Sexualstraftaten sollen im Gegensatz zu den anderen Straftaten von den Privilegierungen der §§ 32 Abs. 2, 34 BZRG ausgenommen werden und daher stets Aufnahme im Führungszeugnis finden. Hintergrund dieser Regelung stellt die Tatsache dar, daß gerade Sexualmorde an Kindern häufig von Wiederholungstätern begangen werden.

342 Götz/Tolzmann, § 30 BZRG Rn. 7, § 32 BZRG Rn. 5; Hase, § 32 BZRG Rn. 1.

343 Haffke, GA 1975, 65 (67).

Behördenführungszeugnis ein, das die Registerbehörde nach Maßgabe der §§ 30 Abs. 5, 31, 32 Abs. 3, 4 BZRG erteilt. Dieses kann entweder der Betroffene zur Vorlage bei der Behörde nach § 30 Abs. 5 S. 1 BZRG beantragen oder jene Behörde selbst anfordern. Nach § 30 Abs. 5 S. 1 BZRG ist es der Behörde direkt zu übersenden. Diese Vorschrift dient dem Schutz des Betroffenen, da dadurch verhindert werden soll, daß z. B. der Arbeitgeber den Bewerber unter Druck setzt und sich ein Behördenführungszeugnis mit dem erweiterten Inhalt vorlegen läßt[344]. Es besteht ein eigenständiger Anspruch der Behörde auf Erteilung eines Führungszeugnisses, um die Interessen der Öffentlichkeit zu wahren und den Behörden die ordnungsgemäße Erfüllung ihrer Aufgaben zu ermöglichen[345]. Wenn es um die Erteilung einer Genehmigung oder Fragen der charakterlichen Eignung geht, soll die Behörde nicht auf das Mitwirken des Betroffenen angewiesen sein. Aus diesem Grund steht ihr ein eigener Anspruch auf Ausstellung eines Führungszeugnisses nach § 30 Abs. 5 S. 1 BZRG zu.

Es muß sich dabei um eine Behörde i. S. d. § 1 Abs. 4 VwVfG, und daher um eine Stelle handeln, die Aufgaben der öffentlichen Verwaltung wahrnimmt. Voraussetzung für die Erteilung ist ferner, daß die Behörde das Zeugnis für die Erfüllung hoheitlicher Aufgaben benötigt. Das ist der Fall, wenn sie als Trägerin der Staatsgewalt in Erfüllung öffentlicher Aufgaben tätig wird, z. B. bei der Erteilung, Versagung und Entziehung einer Fahr- oder Gewerbeerlaubnis oder eines Waffenscheins oder der Ernennung in das Beamtenverhältnis sowie in den Richterstand. Dabei kommt es auf die Art der jeweils wahrgenommenen Tätigkeit an. Ferner ist es Voraussetzung, daß die Aufforderung an den Betroffenen, ein Führungszeugnis vorzulegen, erfolglos oder unsachgemäß war. Nicht sachgemäß ist die Aufforderung, wenn die Behörde einen den Betroffenen belastenden Verwaltungsakt erlassen will, denn in diesem Fall kann eine Mitwirkung des Bürgers nicht erwartet werden[346].

Im Behördenführungszeugnis erscheinen dieselben Registereintragungen wie im Führungszeugnis für private Zwecke. Im Gegensatz zum Privatführungszeugnis werden in das Behördenführungszeugnis darüber hinaus freiheitsentziehende Maßregeln zur Sicherung und Besserung, Entscheidungen von Verwaltungsbe-

---

344 Schriftlicher Bericht des Sonderausschusses für die Strafrechtsreform und den von der Bundesregierung eingebrachten Entwurf eines Gesetzes über das Zentralregister und das Erziehungsregister (BZRG), BT-Drucks. VI/1550, S. 12; Begründung zum Entwurf des BZRG, BT-Drucks. VI/477, S. 14 (19); Hase, § 30 BZRG Rn. 7; Römer, JVBl. 1972, 25 (29).

345 Götz/Tolzmann, § 31 BZRG, Rn. 1, 4; Hase, § 31 BZRG Rn. 1 f.

346 Götz/Tolzmann, § 31 BZRG Rn. 6, 8; Hase, § 31 BZRG Rn. 2, 7; Römer, JVBl. 1972, 25 (28).

hörden und Gerichten sowie Vermerke über die Schuldfähigkeit nach § 32 Abs. 3 BZRG aufgenommen und nach § 32 Abs. 4 BZRG ferner Verurteilungen, die wegen einer Straftat, im Zusammenhang mit oder bei der Ausübung eines Gewerbes oder dem Betrieb einer sonstigen wirtschaftlichen Unternehmung begangen worden sind, § 149 Abs. 2 Nr. 1 GewO. Der Gesetzgeber vermutet dabei, daß ohne Kenntnis von diesen Umständen die Gefahr von behördlichen Fehlentscheidungen bestünde[347]. Aus diesem Grund hat das Resozialisierungsinteresse des Betroffenen hinter den Interessen der Allgemeinheit zurückzustehen[348]. Durch die Aufnahme von Eintragungen in das Behördenführungszeugnis, die im Privatführungszeugnis nicht erscheinen, kommt es zu einer Bevorzugung der öffentlichen Arbeitgeber[349].

c.) Zwischenergebnis

Hinsichtlich des Zwecks der Ausstellung ist zwischen dem Privatführungszeugnis und dem Behördenführungszeugnis zu unterscheiden. Beide weisen einen unterschiedlichen Inhalt auf. Für das Fragerecht des Arbeitgebers nach den Vorstrafen des Bewerbers ist das Führungszeugnis für private Zwecke nach § 30 Abs. 1 S. 1 BZRG von Interesse, denn es stellt die einzige Möglichkeit des privaten Arbeitgebers dar, eine Auskunft über den Stellenbewerber aus dem Bundeszentralregister zu erhalten.

2. Die unbeschränkte Auskunft gemäß §§ 41-43 BZRG

Bestimmte Stellen können durch die unbeschränkte Auskunft aus dem Bundeszentralregister nach §§ 41-43 BZRG Kenntnis über Registereintragungen erhalten, die nicht im Führungszeugnis aufgenommen werden dürfen[350]. Die unbeschränkte Auskunft aus dem Bundeszentralregister können nur die in § 41 Abs. 1 Nr. 1-11 BZRG abschließend genannten Behörden oder Gerichte für die dort bezeichneten Zwecke erhalten. Auch bei der unbeschränkten Auskunft besteht ein Unterschied je nach Empfängerkreis. Nach § 41 Abs. 3 BZRG haben die Staatsanwaltschaften und Strafgerichte die Möglichkeit, eine weitergehende Auskunft zu erhalten als die anderen in § 41 Abs. 1 BZRG genannten Stellen.

---

[347] Götz/Tolzmann, § 32 BZRG Rn. 52.

[348] Römer, JVBl. 1972, 25 (30).

[349] Nach Ansicht von Rebmann/Uhlig, Einleitung zum BZRG, Rn. 66, § 32 BZRG Rn. 68; Rebmann, NJW 1983, 1513 (1518) ist die auskunftmäßige Besserstellung des öffentlichen Arbeitgebers gegenüber den privaten Arbeitgebern nur dann sachlich gerechtfertigt, soweit es um die Erfüllung hoheitlicher Aufgaben geht. Vgl. zu diesem Problem ferner S. 241.

[350] Schnupp, ZBR 1972, 242 (246).

Eine weitere Besonderheit stellt der Umstand dar, daß die Eintragungen im Zentralregister, die nach § 32 Abs. 2, 3 BZRG nicht in das Behördenführungszeugnis aufgenommen werden, auch nicht dem Verwertungsverbot des § 51 Abs. 1 BZRG unterliegen[351].

III. Die Tilgung nach §§ 45-50 BZRG und ihre Rechtswirkungen gemäß §§ 51-53 BZRG

§ 45 Abs. 1 BZRG bestimmt, daß die Registereintragungen nach Ablauf bestimmter Fristen getilgt werden. Diese Fristen betragen entweder fünf, zehn oder fünfzehn Jahre, jedoch wird in bestimmten Fällen die Dauer der Freiheitsstrafe hinzugerechnet. Die Tilgungsfrist beginnt gemäß §§ 47 Abs. 1, 36 Abs. 1 S. 1, 5 Abs. 1 Nr. 4 BZRG mit dem Tag des ersten Urteils. Nach der Vorgängerregelung des § 1 Abs. 3 S. 1 StrafTilgG betrug die längste Tilgungsfrist zehn Jahre, jedoch wurden Zuchthausstrafen gar nicht aus dem Strafregister gelöscht[352]. Die Tilgung führt zur Entfernung der Eintragung aus dem Zentralregister[353]. Die Fristen ergeben sich aus dem Katalog des § 45 BZRG. Gemäß § 45 Abs. 2 S. 1 BZRG erfolgt die Löschung der Registereintragung erst ein Jahr nach dem Eintritt der Tilgungsreife. Wegen der Regelung des § 45 Abs. 2 S. 2 BZRG wird während des Zeitraums zwischen Eintritt der Tilgungsreife und der tatsächlichen Löschung aus dem Zentralregister keine Auskunft mehr über die betreffende Eintragung erteilt. Rechtswirkungen der Tilgung sind das materielle Verwertungsverbot des § 51 Abs. 1 BZRG und das Verschweigungsrecht des Betroffenen nach § 53 Abs. 1 BZRG. Relevant für das Fragerecht des Arbeitgebers nach den Vorstrafen des Bewerbers ist das Verschweigungsrecht des § 53 Abs. 1 BZRG.

1. Vorhalte- und Verwertungsverbot gemäß § 51 Abs. 1 BZRG

Nach § 51 Abs. 1 BZRG dürfen die Tat und die Verurteilung dem Betroffenen nach Eintritt der Tilgungsreife im Rechtsverkehr nicht mehr vorgehalten werden und nicht mehr zu seinem Nachteil verwertet werden. Das Vorhalte- und Verwertungsverbot des § 51 Abs. 1 BZRG betrifft nur die im Register eingetragenen Verurteilungen i. S. d. § 4 BZRG, da nur diese der Tilgung nach § 45 Abs. 1 BZRG unterliegen. Das Verwertungsverbot findet bereits mit dem Eintritt der Tilgungsreife i. S. d. § 45 Abs. 1 BZRG und nicht erst nach dem Ablauf der Überliegefrist nach § 45 Abs. 2 S. 1 BZRG Anwendung, denn nach § 45 Abs. 2 S. 2 BZRG darf die Registerbehörde bereits über zu tilgende Eintragungen keine

351 Götz/Tolzmann, § 32 BZRG Rn. 59.
352 Güllemann/Spellenberg, NJW 1972, 1969 (1970).
353 Rebmann/Uhlig, Einleitung zum BZRG, Rn. 68.

Auskunft mehr erteilen. § 51 Abs. 1 BZRG dient der Wiedereingliederung des Vorbestraften in die Gesellschaft, indem er vom Strafmakel befreit wird[354]. Ausnahmen vom Grundsatz des § 51 Abs. 1 BZRG bestimmt der Katalog des § 52 Abs. 1 BZRG.

Sowohl die Tat als auch die Verurteilung fallen unter das Verwertungsverbot des § 51 Abs. 1 BZRG. Unter dem Begriff der Tat ist die Tat im strafprozessualen Sinn gemäß § 264 StPO zu verstehen. Die strafrechtliche Rechtsprechung[355] und Lehre[356] verstehen hierunter den gesamten geschichtlichen Vorgang, der Gegenstand der Urteilsfindung war. Der Begriff der Verurteilung ergibt sich aus § 4 BZRG. Ob das Verwertungsverbot des § 53 Abs. 1 BZRG auch auf Freisprüche und Verfahrenseinstellungen angewendet werden soll, ist umstritten[357].

---

354 Götz/Tolzmann, § 51 BZRG Rn. 5; Hase, § 51 BZRG Rn. 1; Römer, JVBl. 1972, 217 (222); Götz, GA 1973, 193 (198 f.). Zum Vorhalte- und Verwertungsverbot des § 51 Abs. 1 BZRG: Segger, NJW 1976, 1189 f.

355 BGH, Beschluß vom 24.04.1985 – 2 StR 164/85, StV 1985, 322 f.

356 Meyer-Goßner, § 264 StPO Rn. 1 f.; Tremml, Die Rechtswirkungen der Straftilgung, S. 8; Götz/Tolzmann, § 51 BZRG Rn. 5; Hase, § 51 BZRG Rn. 4; Rebmann/Uhlig, § 51 BZRG Rn. 5; Schwarz, NJW 1974, 209.

357 Vgl. hierzu ausführlich S. 187 ff. Die überwiegende Ansicht in der Rechtsprechung und Lehre ist der Ansicht, daß § 53 Abs. 1 BZRG auf Freisprüche und Verfahrenseinstellungen keine Anwendung findet. Vgl. dazu: BVerwG, Beschluß vom 03.12.1973 – I D 62/73, NJW 1974, 286; BGH, Urteil vom 06.12.1972 – 2 StR 499/72, NJW 1973, 289 (290); Urteil vom 17.10.1972 – 1 StR 423/72, NJW 1973, 65 (66); Urteil vom 19.07.1972 – 3 StR 661/72, BGHSt 24, 378 (381); OLG Karlsruhe, Beschluß vom 05.01.1973 – 2 Ss (B) 166/72, NJW 1973, 291 f. A. A.: OLG Köln, Urteil vom 21.11.1972 – Ss 213/72, NJW 1973, 378 und Götz/Tolzmann, § 51 BZRG Rn. 49, denn der Betroffene würde nach der herrschenden Ansicht mit einem Freispruch mangels Beweisen bzw. einer Verfahrenseinstellung schlechter gestellt als wenn eine strafbare Handlung zu seinen Ungunsten eindeutig festgestellt würde. Dies erscheine unbillig und daher habe das Verwertungsverbot des § 51 Abs. 1 BZRG erst recht für eingestellte Strafverfahren gelten. Dem hält aber das BVerwG, Beschluß vom 03.12.1973 – I D 62/73, NJW 1974, 286 entgegen, daß die Rechtsfolgen der Tilgung einer Registereintragung schon begriffsnotwendig nur dort eintreten könnten, wo eine Verurteilung im Bundeszentralregister eingetreten ist und auch getilgt wird. Diese Möglichkeiten bestehen nach dem Wortlaut der Vorschrift nur bei Verurteilungen i. S. d. § 4 BZRG. Ferner führt das BVerwG, Beschluß vom 03.12.1973 – I D 62/73, NJW 1974, 286 aus, daß eine weitergehende Resozialisierungsabsicht besonderen Ausdruck im BZRG gefunden haben müßte. Vgl. hierzu: Schönke/Schröder-Stree, § 46 StGB Rn. 31; Schweckendieck, NStZ 1994, 418 (419 f.); Ganderath, ZRP 1985, 319 (320). Auch Dreher, JZ 1972, 618 (619) erkennt an, daß Verfahrenseinstellungen, Taten, die ein Jugendlicher vor dem Eintritt seiner Strafmündigkeit nach § 1 Abs. 2 JGG begangen hat, Taten, die in der Vorbereitung stecken geblieben sind, Taten, die wegen Verfolgungshindernissen wie Amnestie oder infolge von Verfahrenshindernissen nicht verfolgt werden können, auch nicht dem Verwertungsverbot des § 51 Abs. 1 BZRG unterfallen, sondern vom Betroffenen offenbart werden müssen. Jedoch sei diese Besserstellung des

Vorhalten bedeutet die Erörterung im Rechtsverkehr. Demgegenüber liegt bereits dann eine Verwertung zum Nachteil des Betroffenen vor, wenn aus der Tat oder der Verurteilung ungünstige Folgerungen gezogen werden können[358]. Das Tatbestandsmerkmal „im Rechtsverkehr" bezieht sich auf alle Rechtsbereiche, so auch auf das Arbeitsrecht[359]. Aus diesem Grund darf eine zu tilgende oder bereits getilgte Vorstrafe dem Betroffenen auch im Arbeitsverhältnis oder während der Anbahnung eines Arbeitsverhältnisses nicht vorgehalten werden.

Die Rechtsfolge des § 51 Abs. 1 BZRG besteht in einem umfassenden Verwertungsverbot[360]. Die Regelung des § 51 Abs. 1 BZRG stellt gegenüber dem alten Recht des § 5 Abs. 1 StrafTilgG einen Fortschritt dar, denn nach der damaligen herrschenden Ansicht in der Rechtsprechung[361] und Lehre[362] gewährte diese Vorschrift dem Verurteilten kein umfassendes Verwertungsverbot. Es handelte sich vielmehr um ein bloßes Verschweigungsrecht, so daß die staatlichen Stellen

---

Bestraften vor dem Unbestraften bedenklich: Götz, JZ 1973, 496 (499); Dreher, JZ 1972, 618 (620).

358 Götz/Tolzmann, § 51 BZRG Rn. 15; Hase, § 51 BZRG Rn. 5; Bresser, NJW 1973, 537 (539).

359 BVerfG, Beschluß vom 27.11.1973 – 2 BvL 12/72 und 3/73, BVerfGE 36, 174 (188); Götz/Tolzmann, § 51 BZRG Rn. 21; Hase, § 51 BZRG Rn. 5; Creifelds, GA 1974, 129; Schwarz, NJW 1974, 209.

360 Terhorst, ZRP 1973, 5.

361 BVerfG, Beschluß vom 27.11.1973 – 2 BvL 12/72 und 3/73, NJW 1974, 179 (180); BVerwG, Urteil vom 08.02.1961 – BVerwG VI C 81/58, NJW 1961, 1985 (1986); BGH, Urteil vom 23.11.1954 – 2 StR 4/54, BGHSt 7, 58 (60); Urteil vom 22.06.1954 – 1 StR 451/53, BGHSt 6, 243 (245 f.); Urteil vom 23.11.1962 – 4 StR 351/62, MDR 1963, 331; RG, Urteil vom 16.04.1940 – S 1 D 194/40, RGSt 74, 177 f.; Urteil vom 12.11.1934 – J 3 D 1011/34, RGSt 69, 11 f.; Urteil vom 18.06.1926 – M und G I 328/36, RGSt 60, 285 (287 f.); Urteil vom 03.06.1921 – K IV 731/21, RGSt 56, 68 f.

362 Burchardi/Klempahn, § 4 StrafTilgG Anm. I 2e.); Bruns, Strafzumessungsrecht, S. 582 f.; Creifelds, Anm. zum Urteil des VG Berlin (West) vom 03.10.1952 – VG I A 263/52, NJW 1953, 718 (719); Gottwald, JR 1950, 109 (110). A. A.: Hartung, Das Strafregister, § 4 StrafTilgG Rn. 9a.) cc.); Hartung, FS Mezger, S. 503 (507 ff.); Humborg, DAR 1969, 206; Hartung, Anm. zum Urteil des BGH vom 22.06.1954 – 2 StR 451/53, NJW 1955, 393 f.; Hartung, JR 1952, 42 (43 f.); Kohlhaas, NJW 1953, 851 f. und Wachinger, DJ 1940, 863 (864 f.). Sie wollten dem Betroffenen bereits nach der alten Rechtslage des § 4 StrafTilgG ein umfassendes Verwertungsverbot zubilligen und leiteten ihre Ansicht aus der Entstehungsgeschichte ab. Denn auch die damalige österreichische Vorschrift, der die deutsche Regelung des StrafTilgG entlehnt ist, billige dem Betroffenen ein Verwertungsverbot zu. Ferner ergebe sich dies aus einem Umkehrschluß aus der Ausnahmevorschrift des § 4 Abs. 3 StrafTilgG, die vorsieht, daß das Gericht oder die Staatsanwaltschaft aus besonderen Gründen anordnen können, daß der Verurteilte auch über bereits getilgte Strafen Auskunft zu geben hat. Des weiteren zieht Hartung, JR 1952, 42 (44) den Sinn des § 4 Abs. 4 StrafTilgG zur Begründung heran.

den Vorbestraften auch als solchen behandeln konnten. Ferner bestand für die Gerichte und Staatsanwaltschaften die Möglichkeit, aus besonderen Gründen anzuordnen, daß der Betroffene seine Vorstrafen dennoch anzugeben hatte[363].

Fraglich und umstritten ist, ob das materielle Verwertungsverbot des § 51 Abs. 1 BZRG dem Betroffenen auch einen Anspruch auf Entfernung einer getilgten oder tilgungsreifen Vorstrafe aus einer Personalakte gewährt. Sofern es sich um amtliche Akten, wie z. B. kriminalpolizeiliche Personenakten handelt, ist dies nach Ansicht des Bundesverwaltungsgerichts[364] nicht der Fall. Handelt es sich aber um Personalakten eines Arbeitgebers des öffentlichen Dienstes, ist nach Ansicht des Landesarbeitsgerichts Nürnberg[365] eine Interessenabwägung zwischen den widerstreitenden Interessen des öffentlichen Arbeitgebers und denen des Vorbestraften anzustellen, bei der die Wertungen, die dem BZRG zugrunde liegen, zu berücksichtigen sind. Sofern die Verurteilung gemäß § 32 Abs. 2 Nr. 5 BZRG nicht in ein Führungszeugnis aufzunehmen ist, könne sich der Betroffene nach § 53 Abs. 1 BZRG als unbestraft bezeichnen. In diesem Fall sei ein Entfernungsanspruch zu bejahen. Aus dieser Argumentation folgert das Bundesarbeitgericht[366], daß der Vorbestrafte einen Anspruch auf Entfernung seiner Vorstrafe aus der Personalakte gegen den privaten Arbeitgeber hat, wenn die Tilgungsreife der Registereintragungen nach § 45 Abs. 1 BZRG eingetreten ist[367].

2. Verschweigungsrecht gemäß § 53 Abs. 1 BZRG

Das Verschweigungsrecht des § 53 Abs. 1 BZRG stellt die bedeutendste registerrechtliche Maßnahme zur Verwirklichung der Resozialisierung Vorbestrafter dar. Nach § 53 Abs. 1 BZRG darf sich der Vorbestrafte als unbestraft bezeichnen und braucht den der Verurteilung zugrunde liegenden Sachverhalt nicht zu offenbaren, wenn die Verurteilung nicht in das Führungszeugnis oder nur in ein

---

363 Götz/Tolzmann, § 51 BZRG Rn. 4.

364 BVerwG, Urteil vom 30.06.1978 – BVerwG 6 C 43.76, BVerwGE 56, 102 ff. Dies ist nach Götz/Tolzmann, § 51BZRG Rn. 52 der Fall, da eine solche Regelung außerhalb des Regelungsgegenstands des BZRG liegen würde. Ein solcher Anspruch müßte sich vielmehr aus einem Spezialgesetz ergeben.

365 LAG Nürnberg, Urteil vom 30.06.1986 – 4 Sa 103/84, ARSt. 1989, 153; Götz/Tolzmann, § 51 BZRG Rn. 52.

366 BAG, Urteil vom 09.02.1977 – 5 AZR 2/76, NJW 1978, 124 f. In der Literatur: Götz/-Tolzmann, § 51 BZRG Rn. 52; Schnupp, ZBR 1972, 242 (247).

367 Dagegen jedoch: Crisolli, Anm. zum Urteil des BAG vom 09.02.1977 – 5 AZR 2/76, AP § 611 BGB Fürsorgepflicht Nr. 83 Bl. 4. Vgl. die verschiedenen Auffassungen zu dieser Frage bei Schnupp, ZBR 1972, 242 (243 f.).

Führungszeugnis nach § 32 Abs. 3, 4 aufzunehmen oder zu tilgen ist[368]. Von diesem Grundsatz macht § 53 Abs. 2 BZRG eine Ausnahme für die unbeschränkt auskunftsberechtigten Stellen, sofern der Betroffene belehrt worden ist.

Im Gegensatz zur Vorgängernorm des § 4 Abs. 4, 5 StrafTilgG handelt es sich mit der Regelung des § 53 Abs. 1 BZRG nicht lediglich um ein bloßes Aussageverweigerungsrecht, sondern um ein echtes und umfassendes Verschweigungsrecht des Betroffenen[369]. Mit diesem hat der Gesetzgeber das Auskunftsrecht und die Erklärungspflicht des Verurteilten in Übereinstimmung gebracht, um die Beschränkungen des Auskunftsrechts aus dem Zentralregister nicht leer laufen zu lassen[370]. Die Rechtsposition des Verurteilten erfährt mit dieser Regelung eine weitgehende Verbesserung im Gegensatz zur bisherigen Rechtslage des § 4 Abs. 4, 5 StrafTilgG, der nur ein bloßes Auskunftsverweigerungsrecht lediglich gegenüber privaten Personen und Stellen gewährte[371].

a.) Voraussetzungen des Verschweigungsrechts nach § 53 Abs. 1 BZRG

Voraussetzung des § 53 Abs. 1 BZRG ist nach herrschender Ansicht[372] zunächst das Vorliegen einer Verurteilung i. S. d. § 4 BZRG. Eine andere Meinung[373] wendet die Vorschrift analog auf Freisprüche, Verfahrenseinstellungen, Bußgeld- und ähnliche Entscheidungen an[374]. Ferner ist es erforderlich, daß die Verurteilung nach § 53 Abs. 1 Nr. 1 BZRG wegen der Beschränkungen der §§ 23 Abs. 2, 33 Abs. 1 BZRG nicht mehr in ein Privatführungszeugnis nach § 30 Abs. 1 S. 1 BZRG aufgenommen wird oder diese nur noch in einem Behördenführungszeugnis nach §§ 30 Abs. 5, 31, 32 Abs. 3, 4 BZRG Aufnahme findet oder die Verurteilung nach Maßgabe des § 45 BZRG getilgt oder zumindest tilgungsreif ist, § 53 Abs. 1 Nr. 2 BZRG. Ebenfalls greift das Verschweigungs-

---

368 Dazu auch: Bericht, BT-Drucks. VI/1550, S. 21-23, unter § 49 BZRG und ferner Hase, § 53 BZRG Rn. 2; Creifelds, GA 1974, 129 (140); Stadie, DRiZ 1972, 347.

369 Dazu auch: Götz/Tolzmann, § 53 BZRG Rn. 4; Römer, JVBl. 1972, 169 (170); Stadie, DRiZ 1972, 347.

370 Götz/Tolzmann, § 53 BZRG Rn. 4.

371 Römer, JVBl. 1972, 169 (170); Stadie, DRiZ 1972, 347; Fleischmann, JZ 1954, 147 (148). Da dem Betroffenen nach der alten Rechtslage kein absolutes Verschweigungsrecht zukam, forderte Gürtner, DJ 1939, 816 (819 f.) bereits damals eine Änderung des Gesetzes in dieser Hinsicht.

372 Meyer-Goßner, § 261 StPO Rn. 14; Götz/Tolzmann, § 53 BZRG Rn. 5; Hase, § 53 BZRG Rn. 2; Schweckendieck, NStZ 1994, 418 (419 f.); Creifelds, GA 1974, 129 (134).

373 Rebmann/Uhlig, § 53 BZRG Rn. 3; Römer, JVBl. 1972, 169 (170). Vgl. dazu bereits S. 91.

374 Dazu ausführlich auf S. 187 ff.

recht des § 53 Abs. 1 BZRG, wenn eine Ablaufhemmung nach § 37 BZRG gegeben ist[375].

b.) Rechtsfolgen des Verschweigungsrechts nach § 53 Abs. 1 BZRG

Rechtsfolge des § 53 Abs. 1 BZRG ist das Recht des Vorbestraften, sich als unbestraft zu bezeichnen. Er braucht den der Verurteilung zugrunde liegenden Sachverhalt nicht zu offenbaren, wenn die Verurteilung nicht in das Führungszeugnis oder nur in ein Führungszeugnis nach § 32 Abs. 3, 4 aufzunehmen oder zu tilgen ist[376]. Der Verurteilte kann das Verschweigungsrecht des § 53 Abs. 1 BZRG gegenüber allen natürlichen und juristischen Personen des Privatrechts und des öffentlichen Rechts sowie gegenüber allen Behörden und anderen öffentlichen Einrichtungen geltend machen[377]. Darüber hinaus erachtet es die Literatur[378] für unerheblich, ob der Betroffene nach seinen Vorverurteilungen mündlich oder schriftlich gefragt wird. In beiden Fällen kann er sich auf § 53 Abs. 1 BZRG berufen. Sofern die Voraussetzungen des § 53 Abs. 1 BZRG vorliegen, entfaltet die Vorstrafe in keinem Rechtsgebiet mehr ihre Wirkungen[379]. Im Sinne der Resozialisierung soll dem Betroffenen durch das Verschweigungsrecht des § 53 Abs. 1 BZRG die Möglichkeit eingeräumt werden, wieder im Berufsleben Fuß zu fassen[380].

Darüber hinaus stellt sich die Frage, ob – bzw. in welchem Umfang – der Verurteilte bei einer Bewerbung um einen Arbeitsplatz Fragen des Arbeitgebers nach seinen Vorstrafen wahrheitsgemäß beantworten muß oder ob er sich nicht vielmehr auf das Verschweigungsrecht des § 53 Abs. 1 BZRG berufen kann. Die Beurteilung der Anwendbarkeit des § 53 Abs. 1 BZRG im arbeitsrechtlichen Anbahnungsverhältnis hängt maßgebend von der Zulässigkeit und dem Umfang des Fragerechts des Arbeitgebers nach den Vorstrafen des Bewerbers ab[381]. Zu

---

[375] Vgl.: Götz/Tolzmann, § 53 BZRG Rn. 6 f.; Römer, JVBl. 1972, 169 (170 f.).

[376] Dazu auch: Bericht, BT-Drucks. VI/1550, S. 21-23, unter § 49 BZRG und ferner Hase, § 53 BZRG Rn. 2; Creifelds, GA 1974, 129 (140); Stadie, DRiZ 1972, 347.

[377] Rebmann/Uhlig, § 53 BZRG Rn. 4; Römer, JVBl. 1972, 169 (171).

[378] Götz/Tolzmann, § 53 BZRG Rn. 8; Römer, JVBl. 1972, 169 (171).

[379] Creifelds, GA 1974, 129 (140).

[380] Nach Dreher, JZ 1972, 618 (620) soll es für die Resozialisierung des Vorbestraften ausreichen, daß die Registereintragungen in das Privatführungszeugnis nur in beschränktem Maße aufgenommen werden und daß die Eintragungen im Bundeszentralregister der Tilgung unterliegen. Das darüber hinaus gehende Verschweigungsrecht des § 53 Abs. 1 BZRG hält er hingegen für überflüssig und übertrieben.

[381] Götz/Tolzmann, § 53 BZRG Rn. 13 f.; Rebmann/Uhlig, § 53 BZRG Rn. 6-10; Haffke, GA 1975, 65 (75). A. A.: Delaquis, Die Rehabilitation im Strafrecht, S. 208 ff. und Schweizerische Zeitschrift für Strafrecht 1912, 99 (100), nach dessen Meinung das Frage-

diesem Komplex existiert sowohl eine umfangreiche Rechtsprechung als auch eine tiefgreifende Auseinandersetzung in der Literatur. Diese werden im nachfolgenden Kapitel eingehend und ausführlich erörtert[382].

§ 5: Ergebnis zum 3. Kapitel

Sowohl das materielle Verwertungsverbot des § 51 Abs. 1 BZRG als auch das Verschweigungsrecht nach § 53 Abs. 1 BZRG dienen der Wiedereingliederung des Vorbestraften in das Erwerbsleben. Beide gesetzlichen Regelungen finden auch im Arbeitsrecht Anwendung. Sie sind jedoch auf die arbeitsrechtlichen Besonderheiten abzustimmen und mit der arbeitsgerichtlichen Rechtsprechung und Lehre in Einklang zu bringen. Auch die Beschränkung der Aufnahme von Verurteilungen in das Führungszeugnis stärkt die Rechte des vorbestraften Bewerbers um einen Arbeitsplatz. Im Lauf der Jahre hat das Strafregisterwesen eine grundlegende Änderung nicht nur hinsichtlich der Organisation, sondern auch bezüglich der Berücksichtigung der Rechte des Verurteilten erfahren. Der Resozialisierung hat vor allem das BZRG in großem Umfang Rechnung getragen.

---

recht und die Löschung von Strafregistereintragungen unabhängig voneinander geregelt werden können.

382 Siehe S. 109 ff.

4. Kapitel:
Die Frage des Arbeitgebers nach Vorstrafen und das Verhältnis zum BZRG

Eine Folge der fortschreitenden Entwicklung des Strafregisterwesens ist die verstärkte Berücksichtigung der Resozialisierung Verurteilter. Parallel zu dieser Entwicklung läßt sich eine verstärkte Berücksichtigung der Grundrechtspositionen des Arbeitnehmers im Bewerbungsgespräch beobachten. Gegenstand der folgenden Untersuchung ist, ob das Fragerecht des Arbeitgebers nach den Vorstrafen des Bewerbers im BDSG und § 53 Abs. 1 BZRG Berücksichtigung erfahren hat. Insbesondere stellt sich die Frage, ob die Einführung des § 53 Abs. 1 BZRG eine abschließende gesetzliche Regelung des Fragerechts des Arbeitgebers nach den Vorstrafen des Bewerbers darstellt. Dies ist in der Rechtsprechung und Lehre umstritten.

§ 1: Gesetzliche Regelung der Vorstrafenfrage durch das BDSG

Im 2. Kapitel[383] ist festgestellt worden, daß keine bereichsspezifische gesetzliche Regelung des Fragerechts des Arbeitgebers und der Mitteilungspflichten des Bewerbers besteht. Jedoch stellt sich die Frage, ob diese Problematik durch das BDSG[384] nach dessen Änderung von 2002 geklärt worden ist, denn nunmehr muß auch die Erhebung personenbezogener Daten den Vorschriften des BDSG genügen. Durch die Verwaltung personenbezogener Arbeitnehmerdaten mittels elektronischer Datenverarbeitungssysteme besteht die Gefahr, daß die Arbeitnehmer in ihrem Recht auf informationelle Selbstbestimmung verletzt wer-

---

383 Siehe S. 51 ff. Vgl. zu der Feststellung, daß eine bereichsspezifische Regelung zum Schutz der Arbeitnehmerdaten im privatrechtlichen Arbeitsverhältnis fehlt: Erfurter Kommentar-Wank, Einleitung zum BDSG, Rn. 1, 11; Fitting/Engels/Schmidt/Trebinger/-Linsenmaier, § 83 BetrVG Rn. 17; Schaub-Linck, ArbR-Hdb., § 148 Rn. 30; Däubler, Gläserne Belegschaften, Rn. 50, 67, 123; Gola/Hümmerich, Personaldatenrecht im Arbeitsverhältnis, S. 17; Wohlgemuth, Datenschutz für Arbeitnehmer, Rn. 108; Zöllner, Daten- und Informationsschutz im Arbeitsverhältnis, S. 32; Däubler, NZA 2001, 874 (876); Mückenberger, BetrR 1987, 249 (260). Zwar fehlt eine umfassende Kodifikation des Arbeitnehmerdatenschutzes, jedoch bestehen einzelne Regelungen, z. B.: § 73 HGB und § 113 GewO über die Zeugniserteilung und § 83 BetrVG über das Einsichtsrecht in die Personalakte. Dazu: Fitting/Engels/Schmidt/Trebinger/Linsenmaier, § 83 BetrVG Rn. 17.

384 BGBl. 1990 I, S. 2954 ff., zuletzt geändert durch das 3. Gesetz zur Änderung verwaltungsverfahrensrechtlicher Vorschriften, BGBl. 2002 I, S. 3322 ff. Vgl.: Trümner, Fachanwalt Arbeitsrecht 2003, 34 (37).

den[385]. Als Rechtsgrundlage für den Schutz der Arbeitnehmerdaten ist daher das BDSG heranzuziehen[386]. Da keine bereichsspezifische Regelung des Fragerechts des Arbeitgebers besteht[387], treten die Vorschriften des BDSG nicht nach § 4 Abs. 1 BDSG als subsidiär zurück.

Der Anwendungsbereich des BDSG ist eröffnet, wenn es sich um personenbezogene Daten handelt und diese erhoben, verarbeitet oder genutzt werden. Nach der Legaldefinition des § 3 Abs. 1 BDSG sind personenbezogene Daten Einzelangaben über persönliche oder sachliche Verhältnisse einer bestimmten oder bestimmbaren natürlichen Person (Betroffener). Beim Fragerecht des Arbeitgebers im vorvertraglichen Bereich handelt es sich um die Erhebung personenbezogener Daten. § 3 Abs. 3 BDSG definiert das Erheben als Beschaffen von Daten über den Betroffenen. Für die Datenerhebung im privatwirtschaftlichen Bereich sind die Vorschriften der §§ 27 ff. BDSG und vor allem die Regelung des § 28 Abs. 1 S. 1 Nr. 1 BDSG einschlägig. Danach wird die Erhebung von Daten von denselben Voraussetzungen abhängig gemacht wie deren Verarbeitung und Nutzung. Im Gegensatz dazu sah die Vorgängervorschrift des § 28 Abs. 1 S. 2 BDSG 1990 vor, daß die Datenerhebung nur nach Treu und Glauben und auf rechtmäßige Weise erfolgen durfte. Nach § 28 Abs. 1 S. 1 Nr. 1 BDSG n. F. ist die Erhebung personenbezogener Daten nunmehr zulässig, wenn es der Zweckbestimmung eines Vertragsverhältnisses oder vertragsähnlichen Vertrauensverhältnisses mit dem Betroffenen dient. Damit ist nur der Grundsatz der Zulässigkeit der Datenerhebung umschrieben. Die konkreten Ausprägungen des Fragerechts sind hingegen nicht festgelegt. Auch der Neufassung des BDSG läßt sich daher keine Konkretisierung des arbeitgeberseitigen Fragerechts entnehmen. Weder normiert es eine Erweiterung des Fragerechts, noch eine Einschränkung desselben[388].

---

385 Erfurter Kommentar-Wank, Einleitung zum BDSG, Rn. 1.

386 Schaub-Linck, ArbR-Hdb., § 148 Rn. 30; Erfurter Kommentar-Wank, Einleitung zum BDSG, Rn. 1, 11; Däubler, RDV 1999, 243 (244). Allgemein zum Arbeitnehmerdatenschutz: Bellgardt, Datenschutz im Personalbereich; Gola/Hümmerich, Personaldatenrecht im Arbeitsverhältnis; Gola/Wronka, Handbuch zum Arbeitnehmer-Datenschutz; Küpferle/Wohlgemuth, Personaldatenverarbeitende Systeme; Kroll, Datenschutz im Arbeitsverhältnis; Kuhla, Datenschutz im Beamten- und Arbeitsverhältnis; Simitis, Schutz von Arbeitnehmerdaten; Wohlgemuth, Datenschutz für Arbeitnehmer; Däubler, Gläserne Belegschaften; Sproll, Individualrechtliche Probleme des Arbeitnehmerdatenschutzes; Zöllner, Daten- und Informationsschutz im Arbeitsverhältnis; Ehmann, NZA 1993, 241 ff.; Walz, AuR 1985, 233 ff.; Wohlgemuth, AuR 1985, 239 ff.; Sproll, ZIP 1984, 23 ff.

387 Vgl. dazu bereits S. 51 ff.

388 Vgl. auch: Trümner, Fachanwalt Arbeitsrecht 2003, 34 (37).

Sowohl das BGB als auch das BDSG regeln nicht, welche Angaben der Arbeitgeber zur Begründung eines vorvertraglichen Vertrauensverhältnisses vom Bewerber erheben darf[389]. Daher ist nach allgemeiner Auffassung[390] ein Rückgriff auf die richterrechtlichen Grundsätze zum Fragerecht des Arbeitgebers vorzunehmen[391]. Die Grenze der Zulässigkeit der Datenerhebung ist anhand einer

---

389 Däubler, Gläserne Belegschaften, Rn. 183; Trümner, Fachanwalt Arbeitsrecht 2003, 34 (37).

390 BAG, Beschluß vom 11.03.1986 – 1 ABR 12/84, AP § 87 BetrVG 1972 Überwachung Nr. 14 Bl. 6 = DB 1986, 1469 (1471); Erfurter Kommentar-Wank, § 28 BDSG Rn. 3; Däubler, Gläserne Belegschaften, Rn. 51, 59, 183; Däubler, Das Arbeitsrecht, Band 2, Rn. 50 ff.; Rose, in: HwB-AR, Datenschutz 740, Rn. 27 f.; Däubler, NZA 2001, 874 (876, 881). Dieselbe Auffassung vertrat MünchArbR-Blomeyer, § 99 Rn. 26 f. bereits in Bezug auf die alte Rechtslage des § 28 Abs. 1 S. 2 BDSG. Da der Generalklausel der Datenerhebung „nach Treu und Glauben und auf rechtmäßige Weise" keine spezifischen Zulässigkeitsmerkmale entnommen werden können, seien hier die allgemeinen arbeitsrechtlichen Grundsätze zur näheren Konkretisierung der Zulässigkeit der Erhebung personenbezogener Daten heranzuziehen. Als Begründung führt Blomeyer an, daß das BDSG die außerhalb seines Anwendungsbereichs entwickelten Schutzmaßnahmen für die Arbeitnehmer unberührt läßt und diese daher neben dem BDSG weiterhin Anwendung fänden. Vgl.: BAG, Urteil vom 22.10.1986 – 5 AZR 660/85, AP § 23 BDSG Nr. 2 Bl. 2, 3 f.; Urteil vom 06.06.1984 – 5 AZR 286/81, EzA Art. 2 GG Nr. 4, S. 25 ff.; Fitting/Engels/Schmidt/Trebinger/Linsenmaier, § 83 BetrVG Rn. 17; Wohlgemuth, Datenschutz für Arbeitnehmer, Rn. 108 f., 111 ff.; Gola/Hümmerich, Personaldatenrecht im Arbeitsverhältnis, S. 17; Gola/Wronka, Handbuch zum Arbeitnehmer-Datenschutz, S. 99-102; Kuhla, Datenschutz im Beamten- und Arbeitsverhältnis, S. 81 ff., 107 f.; Küpferle/Wohlgemuth, Personaldatenverarbeitende Systeme, Rn. 18; Zöllner, Daten- und Informationsschutz, S. 32 f.; Buchner, ZfA 1988, 449 (461); Sproll, ZIP 1984, 23 (23, 25 f.). Erhebt der Arbeitgeber die personenbezogenen Daten der Arbeitnehmer bzw. Bewerber unter Verletzung der Grenzen seines Fragerechts, unterliegen die derart gewonnenen Daten einem Verwertungsverbot, BAG, Beschluß vom 11.03.1986 – 1 ABR 12/84, AP § 87 BetrVG 1972 Überwachung Nr. 14 Bl. 6; Rose, in: HwB-AR, Datenschutz 740, Rn. 28.

391 Erfurter Kommentar-Wank, § 28 BDSG Rn. 3. Darüber hinaus wird in der Literatur teilweise die Schaffung eines bereichsspezifischen Arbeitnehmerdatenschutzgesetzes gefordert. Bis dahin seien die Regeln über das Arbeitgeberfragerecht für die Begrenzung der Zulässigkeit der Datenerhebung nur provisorisch anwendbar: Wohlgemuth, Datenschutz für Arbeitnehmer, Rn. 108; Küpferle/Wohlgemuth, Personaldatenverarbeitende Systeme, Rn. 33 f.; Däubler, Gläserne Belegschaften, Rn. 127; Simitis, Schutz von Arbeitnehmerdaten, S. 2, 23, 43 ff.; Walz, AuR 1985, 233 (234, 237); Wohlgemuth, AuR 1984, 257 (262). Wohlgemuth, AuR 1985, 239 (240) ist ebenfalls der Auffassung, daß eine gesetzliche Grundlage für die Datenerhebung im Arbeitsverhältnis erforderlich ist. Er erachtet aber die richterrechtlichen Grundsätze über das Arbeitgeberfragerecht nicht als Übergangsregelung, denn hier fehle es an der erforderlichen Normklarheit. Nach Däubler, Gläserne Belegschaften, Rn. 127 stelle sich hierbei das Problem, daß die Informationsbedürfnisse bei der Begründung eines Arbeitsverhältnisses nicht von vornherein detailliert festgelegt werden könnten.

allgemeinen Verhältnismäßigkeitsprüfung durch eine Interessenabwägung zwischen dem Informationsinteresse des Arbeitgebers und dem Persönlichkeitsschutz des Bewerbers zu ermitteln[392]. Nach zutreffender Ansicht von Däubler[393] kann es dahinstehen, ob das auf Richterrecht basierende Arbeitgeberfragerecht eine quasi-gewohnheitsrechtliche Norm darstellt oder ob es sich um eine „andere Rechtsvorschrift" handelt, die dem BDSG nach § 1 Abs. 3 S. 1 BDSG vorgeht; inhaltlich entstehen dadurch keine Unterschiede. Im Ergebnis ist also keine gesetzliche Regelung des Fragerechts des Arbeitgebers im arbeitsrechtlichen Anbahnungsverhältnis durch das BDSG erfolgt.

§ 2: Gesetzliche Regelung der Vorstrafenfrage durch § 53 Abs. 1 BZRG

Nach § 53 Abs. 1 BZRG darf sich der Vorbestrafte als unbestraft bezeichnen und braucht den der Verurteilung zugrunde liegenden Sachverhalt nicht zu offenbaren, wenn die Verurteilung nicht in das Führungszeugnis oder nur in ein Führungszeugnis für Behörden nach § 32 Abs. 3, 4 BZRG aufzunehmen ist oder der Tilgung unterfällt. Dabei kommt es nicht darauf an, ob der Betroffene schriftlich in einem Fragebogen oder mündlich nach seinen Vorstrafen gefragt worden ist oder ob es sich um eine private oder eine öffentliche Stelle handelt. Das Verschweigungsrecht des § 53 Abs. 1 BZRG gilt in allen Fällen[394]. Jedoch trifft das BZRG keine Regelung darüber, ob der Arbeitnehmer im Bewerbungsgespräch stets alle anderen als die oben erwähnten Registereintragungen offenbaren muß oder ob er nur dazu gehalten ist, für die beworbene Stelle relevante Vorstrafen zu offenbaren. Das Verschweigungsrecht des § 53 Abs. 1 BZRG enthält somit keine eindeutige gesetzliche Regelung des Fragerechts des Arbeitgebers nach den Vorstrafen des Bewerbers. Diese Norm wird vielmehr durch die Kriterien der Rechtsprechung und der Literatur modifiziert.

---

392 BAG, Urteil vom 05.10.1995 – 2 AZR 923/94, AP § 123 BGB Nr. 40 Bl. 2 f.; MünchArbR-Blomeyer, § 99 Rn. 27; Ehmann, NZA 1993, 241 (244). Vgl. bereits S. 57 ff.

393 Däubler, Gläserne Belegschaften, Rn. 183; Däubler, NZA 2001, 874 (876); Däubler, RDV 1999, 243 (244). A. A.: Fitting/Engels/Schmidt/Trebinger/Linsenmaier, § 83 BetrVG Rn. 17; GK-Wiese, § 83 BetrVG Rn. 6 ff.; Wohlgemuth, Datenschutz für Arbeitnehmer, Rn. 109; Kort, RdA 1992, 378 (384) hingegen vertreten die Ansicht, daß die richterrechtlichen Grundsätze über das Arbeitgeberfragerecht die Vorschriften des BDSG nicht verdrängen, sondern nur Geltung entfalten, sofern das BDSG selbst keine dekkungsgleiche Regelung enthalte.

394 Vgl. dazu die Ausführungen auf S. 104 ff.

§ 3: Zulässigkeit der Frage des Arbeitgebers nach Vorstrafen des Bewerbers

Ausgangspunkt bildet insofern die „Einschlägigkeits"-Rechtsprechung des Bundesarbeitsgerichts, nach der der Arbeitgeber den Bewerber zulässigerweise nur nach „einschlägigen" Vorstrafen fragen darf. Bereits vor Inkrafttreten des BZRG am 01.01.1972 bestand über diese Rechtsprechung Uneinigkeit. Das Meinungsspektrum umfaßte sowohl die Ansicht, daß dem Arbeitgeber ein umfassendes Fragerecht zukomme als auch die Meinung, daß der Arbeitgeber nur nach „einschlägigen" Vorstrafen fragen dürfe. Darüber hinaus bestanden vermittelnde Ansichten, die eigene Lösungsansätze zu finden suchten. Nach Inkrafttreten des BZRG – und vor allem durch die Einführung des Verschweigungsrechts nach § 53 Abs. 1 BZRG – beschränken sich die Ansichten in der Rechtsprechung und Lehre vor allem auf die Frage, ob das BZRG eine erschöpfende Geltung beansprucht oder ob daneben die „Einschlägigkeits"-Rechtsprechung fortgelten könne.

I. Die „Einschlägigkeits"-Rechtsprechung des Bundesarbeitsgerichts

Den Ausgangspunkt des Meinungsstreits stellt das Urteil des Bundesarbeitsgerichts vom 05.12.1957 dar, in dem es erstmalig die „Einschlägigkeit" der Vorstrafe als Kriterium für die Zulässigkeit der Frage nach den Vorstrafen aufstellt. Diese Meinung bestätigte das Bundesarbeitsgericht in späteren Entscheidungen.

1. Urteil des Bundesarbeitsgerichts vom 05.12.1957

In seinem Urteil vom 05.12.1957[395] hatte das Bundesarbeitsgericht darüber zu entscheiden, ob der Arbeitgeber das Arbeitsverhältnis wegen arglistiger Täuschung nach § 123 Abs. 1 BGB wirksam anfechten konnte, weil die Arbeitnehmerin bei ihrer Bewerbung die schriftliche Frage nach ihren Vorstrafen wahrheitswidrig verneint hatte. Die als Stenotypistin Beschäftigte war vor Beginn des Arbeitsverhältnisses wegen Zugehörigkeit zu einer verbotenen Vereinigung (FDJ) nach § 129a StGB zu einer Gefängnisstrafe von zwei Monaten verurteilt worden. In ihrem Bewerbungsschreiben hatte sie zur Erklärung der Lücke in ihrem Lebenslauf angegeben, sie sei in der Zeit von 1947 bis 1949 krank gewesen, obwohl sie tatsächlich in der sowjetisch besetzten Zone gewesen ist und an der Arbeiter- und Bauernfakultät der Universität Halle studiert hatte. Als der Arbeitgeber nachträglich von der Vorstrafe der Arbeitnehmerin erfuhr, erklärte er die Anfechtung des Arbeitsvertrags wegen Irrtums und arglistiger Täuschung.

---

[395] BAG, Urteil vom 05.12.1957 – 1 AZR 594/56, AP § 123 BGB Nr. 2.

Nachdem das Bundesarbeitsgericht zunächst die Anwendbarkeit der Anfechtung neben der Kündigung bejaht[396], prüft es die Zulässigkeit der Anfechtung wegen arglistiger Täuschung nach § 123 Abs. 1 BGB. Ohne daß das Bundesarbeitsgericht im folgenden den Begriff der „Einschlägigkeit" ausdrücklich verwendet, stellt es dennoch dieses Kriterium für die Zulässigkeit der Vorstrafenfrage auf. Das Gericht billigte dem Arbeitgeber ein Fragerecht zu, sofern es sich um ein Strafrechtsgebiet handelt, das für den zu besetzenden Arbeitsplatz wichtig ist. Eine wahrheitswidrige Antwort auf eine unzulässige Frage stellt keine Arglist i. S. d. § 123 Abs. 1 BGB dar[397]. Nach Ansicht des Bundesarbeitsgerichts war der Arbeitgeber nicht zur Anfechtung nach § 123 Abs. 1 BGB berechtigt, denn für den Posten einer Stenotypistin in einer Bausparkasse mit einem Monatsgehalt von 330 DM war die Erforschung des gesamten Vorlebens der Bewerberin in strafrechtlicher Hinsicht nicht erforderlich. Der Arbeitgeber hatte nicht vorgetragen, daß die Arbeitnehmerin eine über die normale Tätigkeit hinausgehende Beschäftigung, etwa eigene Entscheidungsbefugnis, gehabt hätte[398].

Auch eine Anfechtung wegen Irrtums nach § 119 Abs. 2 BGB kommt nicht in Betracht, denn allein der Umstand, daß die Arbeitnehmerin in eine Strafsache verwickelt gewesen ist, stellt für den in Rede stehenden Arbeitsplatz noch keine verkehrswesentliche Eigenschaft dar.

2. Urteil des Bundesarbeitsgerichts vom 15.01.1970

In seinem Urteil vom 15.01.1970[399] hatte das Bundesarbeitsgericht zu entscheiden, ob der Arbeitgeber zur Kündigung des Arbeitsverhältnisses mit dem Arbeitnehmer berechtigt war, der während der Einstellungsverhandlungen seine Vorstrafen bzw. laufende Ermittlungsverfahren wegen unbefugter Ingebrauchnahme eines Kraftfahrzeugs nach § 248b StGB, Führens eines Kraftfahrzeugs, ohne die dazu erforderliche Erlaubnis zu haben nach §§ 2, 24 StVG und tätlichen Angriffs gegen einen Vorgesetzten nach § 25 WehrStrafG auch auf eine Befragung seitens des Arbeitgebers nicht angegeben hatte. Bei seiner Einstellung als Aushilfsangestellter beim Arbeitsamt unterschrieb der Arbeitnehmer eine vorgedruckte Erklärung über Vorstrafen, in der es hieß: „Ich erkläre aus-

---

396 BAG, Urteil vom 05.12.1957 – 1 AZR 594/56, AP § 123 BGB Nr. 2 Bl. 1.

397 BAG, Urteil vom 05.12.1957 – 1 AZR 594/56, AP § 123 BGB Nr. 2 Bl. 2 f. Damit knüpft das Bundesarbeitsgericht an die vorangegangene Rechtsprechung des Reichsarbeitsgerichts an: RAG, Urteil vom 10.05.1939 – RAG 249/38, ARS 36, RAG Nr. 28, S. 147 (148 f.). Vgl. bereits: LAG Leipzig, Urteil vom 18.02.1938 – 24 Sa 127/37, ARS 33, LAG Nr. 23, S. 98 (102 f.); Urteil vom 02.02.1937 – 24 Sa 131/36, ARS 29, LAG Nr. 51, S. 190 (192 f.).

398 BAG, Urteil vom 05.12.1957 – 1 AZR 594/56, AP § 123 BGB Nr. 2 Bl. 3.

399 BAG, Urteil vom 15.01.1970 – 2 AZR 64/69, AR-Blattei D, Vorstrafen, Entscheidung 3.

drücklich, daß ich nicht gerichtlich vorbestraft bin und daß z. Z. kein staatsanwaltliches Ermittlungsverfahren gegen mich schwebt. Ich bin ausdrücklich darauf hingewiesen, daß über mich ein Strafregisterauszug eingeholt wird und daß wahrheitswidrige Angaben über nicht getilgte gerichtliche Bestrafungen, über die Zahl der gegen mich verhängten gerichtlichen Strafen oder über gegen mich schwebende Strafverfahren zur fristlosen Entlassung berechtigen."

Das Bundesarbeitsgericht hielt die Kündigung des Arbeitnehmers nicht für sozial gerechtfertigt i. S. d. § 1 Abs. 2 KSchG, sondern der Arbeitgeber darf nicht einschränkungslos nach den Vorstrafen des Bewerbers fragen, sondern es kommt „vielmehr objektiv darauf an, ob die Vorstrafe einschlägig"[400] ist. Nur in diesem Fall ist die Kündigung des Arbeitsverhältnisses möglich. Das Bundesarbeitsgericht führt in seinen Urteilsgründen aus, daß der Bewerber weder wiederholt fremde Kraftfahrzeuge unbefugt geführt hat, noch daß er mehrmals ohne Fahrerlaubnis gefahren ist. Darüber hinaus ist nicht zu erkennen, inwieweit der Bewerber bei seiner beruflichen Tätigkeit etwas mit Kraftfahrzeugen zu tun hatte. Im Hinblick auf seinen Tätigkeitsbereich fehle insbesondere jeder Anhaltspunkt, inwiefern er mit Behördenfahrzeugen oder auch mit Publikumsfahrzeugen in Berührung kommen sollte. Damit sei der Arbeitgeber nicht zur Kündigung des Arbeitsverhältnisses berechtigt gewesen, denn es fehle an der Einschlägigkeit der Vorstrafen des Arbeitnehmers.

3. Urteil des Bundesarbeitsgerichts vom 20.05.1999

Am 20.05.1999 entschied das Bundesarbeitsgericht[401] über den Fall eines Angestellten im Polizeivollzugsdienst. Bei seiner Übernahme in das Beamtenverhältnis im Jahr 1996 gab er in dem ihm vorgelegten Einstellungsfragebogen lediglich seine Vorstrafen wegen vorsätzlicher Trunkenheit im Straßenverkehr und seine Verstöße gegen das Pflichtversicherungsgesetz an. Seine weiteren Vorstrafen wegen Sachbeschädigung und eines weiteren Vergehens nach dem Pflichtversicherungsgesetz gab er jedoch nicht an. Nachdem das Land hiervon Kenntnis erlangt hatte, erklärte es die Anfechtung des Arbeitsvertrags wegen arglistiger Täuschung nach § 123 Abs. 1 BGB.

Das Bundesarbeitsgericht nimmt in Übereinstimmung mit der Vorinstanz an, daß der Arbeitgeber das Arbeitsverhältnis wirksam wegen arglistiger Täuschung nach § 123 Abs. 1 BGB anfechten konnte. Das Bundesarbeitsgericht führt damit seine bisherige Rechtsprechung fort. Es ist der Ansicht, daß nur die wahrheits-

---

[400] BAG, Urteil vom 15.01.1970 – 2 AZR 64/69, AR-Blattei D, Vorstrafen, Entscheidung 3, 1. Fortsetzungsblatt.

[401] BAG, Urteil vom 20.05.1999 – 2 AZR 320/98, AP § 123 BGB Nr. 50.

widrige Beantwortung einer in zulässiger Weise gestellten Frage die Anfechtung nach § 123 Abs. 1 BGB rechtfertigt. Eine solche setzt ein berechtigtes, billigenswertes und schutzwürdiges Interesse an der Beantwortung voraus. Nach Ansicht des Gerichts besteht nur ein Fragerecht des Arbeitgebers, wenn die Vorstrafe für die in Aussicht genommene Stellung anhand eines objektiven Maßstabs als einschlägig zu bewerten ist[402].

Das Bundesarbeitsgericht führt weiter aus, daß dasselbe für die Einstellung in den öffentlichen Dienst gilt, denn nach Art. 33 Abs. 2 GG ist nur derjenige geeignet, der dem angestrebten Amt in körperlicher, psychischer und charakterlicher Hinsicht gewachsen ist. Zur Eignung gehört darüber hinaus die Fähigkeit und die innere Bereitschaft, die dienstlichen Aufgaben nach den Grundsätzen der Verfassung wahrzunehmen, insbesondere die Freiheitsrechte der Bürger zu wahren und rechtsstaatliche Regeln einzuhalten[403]. Ein berechtigtes Interesse hat der Arbeitgeber an anhängigen Ermittlungsverfahren gegen den Bewerber, wenn das Strafverfahren Zweifel an der persönlichen Eignung des Arbeitnehmers begründen kann. Z. B. hat ein Kindergärtner, gegen den ein Ermittlungsverfahren wegen sexuellen Mißbrauchs von Kindergartenkindern in dem vorhergehenden Arbeitsverhältnis läuft, regelmäßig kein schutzwürdiges Interesse daran, eine erneute Einstellung als Kindergärtner dadurch zu erreichen, daß er wahrheitswidrig bei der Bewerbung angibt, es laufe gegen ihn kein Ermittlungsverfahren.

Nach Ansicht des Bundesarbeitsgerichts war der Arbeitnehmer verpflichtet, seinen Arbeitgeber vor der Vertragsunterzeichnung über die anderen Vorstrafen zu unterrichten. Der Arbeitgeber hat in diesem Fall erhebliche Anforderungen an die persönliche und charakterliche Eignung stellen dürfen. Denn der Arbeitnehmer sollte in den mittleren Polizeivollzugsdienst eingestellt werden. Deshalb hat er dieselben Vergehen aufzuklären, wegen derer er vorbestraft war bzw. ein Ermittlungsverfahren lief. Die Tauglichkeit für den Polizeivollzugsdienst ist fraglich, da der Arbeitnehmer selbst kurze Zeit vor der Einstellung mit dem Gesetz in nicht unerheblicher Weise in Kontakt gekommen war. Darüber hinaus hat der Arbeitnehmer im Polizeivollzugsdienst auch ein Kraftfahrzeug zu führen. Eine Vorstrafe wegen einer Trunkenheitsfahrt und zwei laufende Ermittlungsverfahren wegen Verstoßes gegen das Pflichtversicherungsgesetz und Sachbeschädigung mittels eines Pkw begründen Zweifel an der Eignung des Arbeitnehmers zum Führen eines Kraftfahrzeugs.

---

402 BAG, Urteil vom 20.05.1999 – 2 AZR 320/98, AP § 123 BGB Nr. 50 Bl. 2. In der Literatur: MünchKomm-Kramer, § 123 BGB Rn. 19; KR-Fischermeier, § 626 BGB Rn. 435; MünchArbR-Buchner, § 41 Rn. 150 f.

403 BAG, Urteil vom 20.05.1999 – 2 AZR 320/98, AP § 123 BGB Nr. 50 Bl. 2.

4. Begriffsbestimmung der „Einschlägigkeit" der Vorstrafe

Nach der Rechtsprechung des Bundesarbeitsgerichts, der sich sowohl die Landesarbeitsgerichte[404] als auch die Arbeitsgerichte[405] angeschlossen haben, kommt es für die Bestimmung der „Einschlägigkeit" der Vorstrafe nicht auf den subjektiven Willen des Arbeitgebers an, sondern es ist ein objektiver Maßstab anzulegen. Daher beschränkt sich das Fragerecht des Arbeitgebers auf Vorstrafen, die für den zu besetzenden Arbeitsplatz relevant sind. Die beiden Kriterien für das Fragerecht sind zum einen die Arbeitsplatzbezogenheit der Vorstrafe und zum anderen der objektive Maßstab bei der Beurteilung derselben.

II. Ansichten in der Literatur vor dem Inkrafttreten des BZRG 1972

Die Ansichten in der Literatur zur „Einschlägigkeits"-Rechtsprechung des Bundesarbeitsgerichts sind zeitlich danach zu trennen, ob sie vor oder nach dem Inkrafttreten des BZRG 1972 veröffentlich wurden. Denn das umfassende Verschweigungsrecht des § 53 Abs. 1 BZRG wirkt sich in weitem Umfang auch auf das Fragerecht des Arbeitgebers aus. Bereits vor Inkrafttreten des BZRG am 01.01.1972 war es in der arbeitsrechtlichen Literatur umstritten, ob der „Einschlägigkeits"-Rechtsprechung des Bundesarbeitsgerichts zuzustimmen ist. Das Spektrum der vertretenen Meinungen reichte von der Zubilligung eines uneingeschränkten Fragerechts des Arbeitgebers bis zum umfassenden Verschweigungsrecht des Bewerbers. Vermittelnde Ansichten waren die These von der Unterscheidung zwischen der entpersönlichten und der persönlichkeitsgebundenen Arbeit und die These von der Unterscheidung nach der Art der Befragung. Ferner findet die Rechtsprechung teilweise volle Zustimmung in der Lehre, teilweise findet nur das Ergebnis unter Heranziehung einer anderen Begründung Zustimmung.

1. Unbegrenztes Fragerecht nach Bewerbervorstrafen

Nach einer älteren Ansicht in der Lehre soll dem Arbeitgeber uneingeschränkt das Recht zukommen, den Bewerber nach seinen Vorstrafen zu befragen[406]. Da-

---

[404] LAG Berlin, Urteil vom 22.03.1996 – 6 Sa 15/96, AuR 1996, 456 = BB 1996, 2692; LAG Düsseldorf, Urteil vom 24.06.1988 – 2 Sa 431/88, AuR 1989, 185.

[405] ArbG Wiesbaden, Urteil vom 09.05.1990 – 6 Ca 706/90, ARSt. 1990, 147 f.; ArbG Münster, Urteil vom 28.07.1988 – 2 Ca 142/88, DB 1988, 2209 f.; ArbG Wilhelmshaven, Urteil vom 09.11.1972 – Ca 936/72, ARSt. 1974, Nr. 28, S. 21.

[406] Götz, BB 1971, 1325 (1326); Neumann-Duesberg, UFITA 36 (1962), S. 101 (109); Schwenk, MDR 1960, 353 (355); Korn, RdA 1957, 291; Prasse, AuR 1957, 76 (77); Endemann, BB 1955, 509 f.; Endemann, BB 1953, 266 (267); Endemann, AR-Blattei D, Vorstrafen I., I. Bedeutung im Arbeitsverhältnis, 1. Fortsetzungsblatt; Wächter, DB 1950,

nach sei der Bewerber verpflichtet, auf die Vorstrafenfrage des Arbeitgebers eine wahrheitsgemäße Antwort zu geben. Der Arbeitgeber sei ansonsten zur Anfechtung oder Kündigung des Arbeitsverhältnisses berechtigt.

Waechter[407] erachtete sogar ein Fragerecht des Arbeitgebers nach den Vorstrafen des Bewerbers für zulässig, die nur noch der beschränkten Auskunft aus dem Strafregister unterlagen. Diese Meinung ergab sich aus der früheren historischen Situation und entsprang der Befürchtung Waechters, daß ein Arbeitgeber ansonsten einen überzeugten Kommunisten einstellen könne. Seine Auffassung vermag nicht zu überzeugen, da die Regelungen über die beschränkte Auskunft und die Tilgung dem ausdrücklich entgegenstehen. Der Sinn und Zweck des StrafTilgG – die Resozialisierung des Betroffenen – würde mit der Ansicht Waechters übergangen. Daher ist diese Ansicht abzulehnen.

a.) Argumente für das unbegrenzte Fragerecht

Mit den Vorzügen des unbeschränkten Fragerechts des Arbeitgebers nach den Vorstrafen des Bewerbers haben sich vor allem Schwenk, Neumann-Duesberg, Wägenbaur und Prasse auseinandergesetzt.

aa.) Argumente Schwenks für das unbegrenzte Fragerecht

Nachdem Schwenk[408] zunächst moralische Bedenken am „Recht zur Lüge" des Bewerbers bei unzulässigen Arbeitgeberfragen äußert, widmet er sich anschließend zwei rechtlichen Bedenken gegen die „Einschlägigkeits"-Rechtsprechung des Bundesarbeitsgerichts. Zum einen stelle die bewußt falsche Beantwortung der Vorstrafenfrage eine arglistige Täuschung nach § 123 Abs. 1 BGB dar, da deren Voraussetzungen erfüllt seien. Es fehle eine ausführliche Begründung, warum das Bundesarbeitsgericht dennoch keine Anfechtung wegen arglistiger Täuschung zulasse. Auch müsse es der Entscheidung des Arbeitgebers überlassen bleiben, ob er beispielsweise überzeugte Kommunisten einstellen möchte

---

83; Bobrowski, Das Arbeitsrecht, 2. Aufl., B III 2g.), S. 17 (A. A. in der 8. Aufl.: Bobrowski/Gaul, Das Arbeitsrecht im Betrieb, Band I, B II, Rn. 20). In der älteren unterinstanzlichen Rechtsprechung: LAG Hannover, Urteil vom 30.10.1951 – Sa 540/51, ARS 7, Nr. 608; LAG Leipzig, Urteil vom 02.02.1937 – 24 Sa 131/36, ARS 29, LAG Nr. 51, S. 190 (195 ff.). Nur teilweise einschränkend hingegen: Wägenbaur, BB 1958, 1061 (1062): „Auch, wenn nach Vorstrafen nicht gefragt wird, wird doch der Bewerber verpflichtet sein, über Vorstrafen wegen wesentlicher Vermögensdelikte und wegen Verkehrsdelikten Auskunft zu geben."

407 Waechter, DB 1950, 83. Diese Ansicht vertrat bereits zuvor das LAG Leipzig, Urteil vom 02.02.1937 – 24 Sa 131/36, ARS 29, LAG Nr. 51, S. 190 (195 ff.).

408 Schwenk, MDR 1960, 353 (354). So auch: Linnenkohl, DVR 1981, 317 (331).

oder nicht. Ferner sei eine Befragung seitens des Arbeitgebers lediglich von zweifelhaftem Wert, wenn der Arbeitgeber zur Auskunft aus dem Strafregister nach § 32 oder § 37 StrafRegVO berechtigt sei. Darüber hinaus bestünden praktische Schwierigkeiten der Ausführbarkeit bei der Bestimmung der Strafrechtsgebiete, die für den zu besetzenden Arbeitsplatz von Bedeutung sind, denn es fehle hierfür an eindeutigen Abgrenzungskriterien[409]. Auch setze sich das Bundesarbeitsgericht mit seiner „Einschlägigkeits"-Rechtsprechung in Gegensatz zu einer Entscheidung des Bundesgerichtshofs[410]. Aus diesen Gründen erachtete es Schwenk für zulässig, wenn der Arbeitgeber den Bewerber nach jeglichen Vorstrafen befragt.

Linnenkohl[411] hingegen ist zutreffenderweise der Ansicht, daß das Bundesarbeitsgericht ausführlich begründet hat, warum bei einer wahrheitswidrigen Beantwortung einer unzulässigen Arbeitgeberfrage dennoch keine Anfechtung der Willenserklärung zum Abschluß des Arbeitsvertrags nach § 123 Abs. 1 BGB in Betracht kommt. Auch erscheint die Annahme eines unbeschränkten Fragerechts unbillig, denn dies birgt Gefahren einer willkürlichen Handhabung der Vertragsfreiheit durch den Arbeitgeber und läßt zudem die Resozialisierung des Vorbestraften außer acht. Ferner setzt sich das Bundesarbeitsgericht auch nicht in Widerspruch zur Entscheidung des Bundesgerichtshofs[412], in der die Ehrbarkeit eines Girokassendirektors i. S. d. Kreditwesengesetzes fraglich war, weil er in seiner Jugend wegen Mordes verurteilt worden war. Das Tatbestandsmerkmal der Ehrbarkeit ist vielmehr – ebenso wie die „Einschlägigkeit" der Vorstrafe – funktions-, d. h. berufs- und arbeitsplatzbezogen. Die Rechtsprechung des Bundesarbeitsgerichts und die des Bundesgerichtshofs stimmen somit überein[413]. Die von Schwenk vorgetragenen Bedenken gegen die „Einschlägigkeits"-Rechtsprechung des Bundesarbeitsgerichts sind daher entkräftet.

bb.) Argumente Neumann-Duesbergs für das unbegrenzte Fragerecht

Soweit dem Arbeitgeber das Recht versagt wird, den Bewerber nach Vorstrafen zu fragen, die der beschränkten Auskunft unterliegen oder im Strafregister bereits getilgt sind, findet die Rechtsprechung des Bundesarbeitsgerichts die Zustimmung Neumann-Duesbergs[414]. Auf der anderen Seite gesteht er dem Arbeit-

---

409 Linnenkohl, DVR 1981, 317 (331).
410 BGH, Urteil vom 22.06.1954 – 1 StR 451/53, BGHSt 6, 243 f.; Schwenk, MDR 1960, 353 (355).
411 Linnenkohl, DVR 1981, 317 (329-331).
412 BGH, Urteil vom 22.06.1954 – 1 StR 451/53, BGHSt 6, 243 f.
413 Linnenkohl, DVR 1981, 317 (331).
414 Neumann-Duesberg, UFITA 36 (1962), S. 101 (106).

geber jedoch das Fragerecht nach allen vollregisterlichen Vorstrafen zu, denn diese könnten für den Arbeitgeber auch wichtig sein, wenn sie in keiner Beziehung zur Art des zu besetzenden Arbeitsplatzes stünden[415].

Für das unbeschränkte Fragerecht nach den Vorstrafen des Bewerbers führt Neumann-Duesberg vier verschiedene Argumente an. Zum einen stehe die Begrenzung des Fragerechts auf „einschlägige“ Vorstrafen der Persönlichkeitsbeurteilung des Bewerbers im Weg. Auch im Interesse der anderen Mitarbeiter müsse der Arbeitgeber von allen Vorstrafen Kenntnis erlangen dürfen[416]. Darüber hinaus treffe den Arbeitgeber keine Pflicht zur Resozialisierung[417]. Bei seiner Einstellungsentscheidung müsse er daher in Bezug auf die Vorstrafen des Bewerbers frei sein. Die Interessen des Bewerbers würden dadurch nicht beeinträchtigt. Wenn sich die verschwiegene Vorstrafe im nachhinein herausstelle, sei der Arbeitgeber über die Lüge entzürnter als über die Vorstrafe selbst. Schließlich leitet Neumann-Duesberg das unbeschränkte Fragerecht aus der personenrechtlichen Natur des Arbeitsverhältnisses und der Notwendigkeit gegenseitigen Vertrauens ab.

Ferner verweist Neumann-Duesberg auf den Umstand, daß die strafgerichtliche Verurteilung i. d. R. in einer öffentlichen Sitzung erfolgt. Da die Verurteilung nicht geheim sei, dürfe der Arbeitgeber den Bewerber einschränkungslos nach seinen Vorstrafen befragen, soweit der Strafvermerk nicht unter die beschränkte Auskunft fällt oder aus dem Strafregister bereits getilgt ist. Dies vermag bereits aus dem Grund nicht zu überzeugen, da bei Strafbefehlen keine öffentliche Verhandlung erfolgt.

Gegen die Ansicht Neumann-Duesbergs ist mit Linnenkohl[418] einzuwenden, daß die völlige Auswahlfreiheit des Arbeitgebers nicht mit dem Arbeitnehmerschutzgedanken des Arbeitsrechts sowie dem Erfordernis einer sachgerechten Entscheidung über die Bewerbung zu vereinbaren ist. Darüber hinaus ist es bedenklich, wenn man dem Arbeitgeber keine Verpflichtung zur Resozialisierung Vorbestrafter auferlegen würde. Ferner ist die Annahme einer personenrechtlichen Natur des Arbeitsverhältnisses umstritten[419]. Vor allem aber bei einem Massenarbeitsverhältnis in einem Großbetrieb sind derartige personenrechtliche

---

415 Neumann-Duesberg, UFITA 36 (1962), S. 101 (108): „Manche Verkehrsdelikte (vermögen) einen gewissenlosen Menschen zu enthüllen, etwa wenn der Täter angetrunken mit seinem Auto rast, jemanden anfährt und dann noch Fahrerflucht begeht.“

416 Neumann-Duesberg, UFITA 36 (1962), S. 101 (108).

417 Neumann-Duesberg, UFITA 36 (1962), S. 101 (108 f.).

418 Linnenkohl, DVR 1981, 317 (329).

419 Vgl. dazu bereits S. 59 ff.

Bindungen jedenfalls nicht gegeben[420]. Selbst wenn man eine solche aber mit der Mindermeinung[421] anerkennt, darf die personenrechtliche Natur des Arbeitsverhältnisses nicht zu der Annahme führen, daß der Arbeitnehmer „mit allen Fasern seines Ichs dem Betrieb zugeordnet"[422] ist, sondern ihm ist dennoch eine Individualsphäre zuzuerkennen, in die der Arbeitgeber nicht eindringen darf[423]. Aus dieser ist eine „gewisse Informationsimmunität" im Gegensatz zu einem „allgemeinen Beichtzwang" abzuleiten[424].

Zwar ist anzuerkennen, daß das strafgerichtliche Urteil regelmäßig in einer öffentlichen Sitzung erfolgt. Dadurch allein wird die Verurteilung aber noch nicht allgemein bekannt. Dieser Umstand birgt gerade eine Chance für den vorbestraften Bewerber. Aus dem Argument, daß die Verurteilung nicht geheim sei, ließe sich aber im Umkehrschluß auch ableiten, daß gar kein Fragerecht des Arbeitgebers nach den Vorstrafen des Bewerbers besteht. Es besteht kein Bedürfnis, die Vorstrafe zu erfragen, wenn sie ohnehin allgemein bekannt ist. Daher vermag der Hinweis auf die öffentliche Verurteilung im Hinblick auf die Annahme eines unbeschränkten Fragerechts nicht zu überzeugen. Da ein umfassendes Fragerecht des Arbeitgebers nach den Vorstrafen des Bewerbers mit den Argumenten Neumann-Duesbergs zu einer unwillkürlichen Bevorzugung der Arbeitgeberinteressen führt und ferner die Resozialisierung vollkommen unberücksichtigt läßt[425], kann den Argumenten Neumann-Duesbergs nicht gefolgt werden.

cc.) Argumente Wägenbaurs für das unbegrenzte Fragerecht

Wägenbaur[426] unterscheidet im Ansatzpunkt zwischen der Offenbarungspflicht des Bewerbers und dem Fragerecht des Arbeitgebers hinsichtlich der Vorstrafen. Eine Offenbarungspflicht des Bewerbers über seine Vorstrafen ohne vorhergehende Frage des Arbeitgebers sei regelmäßig nicht anzunehmen. Sie komme nur ausnahmsweise in Betracht, wenn dem Arbeitgeber erkennbar daran gelegen sei, für eine bestimmte, besonders qualifizierte Tätigkeit einen in besonderer Weise vertrauenswürdigen Arbeitnehmer zu finden. In einem solchen Fall sei der Ar-

---

420 Linnenkohl, DVR 1981, 317 (329).
421 Vgl. dazu die Nachweise auf S. 59 ff.
422 Großmann, AuR 1969, 97 (101).
423 Großmann, AuR 1969, 97 (101). Ferner: BAG; Urteil vom 05.12.1957 – 1 AZR 594/56, AP § 123 BGB Nr. 2 Bl. 2 f.; Henkel, Recht und Individualität, S. 49 ff.; Ramm, Die Anfechtung des Arbeitsvertrages, S. 67; Schwenk, NJW 1968, 822 (823); Windolph, DB 1966, 581.
424 Großmann, AuR 1969, 97 (101). Dazu ferner: Popitz, Über die Präventivwirkung des Nichtwissens, S. 8.
425 Linnenkohl, DVR 1981, 317 (329).
426 Wägenbaur, BB 1958, 1061 f.

beitnehmer zur Mitteilung von „einschlägigen“ Vorstrafen verpflichtet. Demgegenüber müsse der Bewerber aber ungefragt alle Vorstrafen beispielsweise hinsichtlich seiner Vermögens- und Verkehrsdelikte angeben.

Wägenbaur stimmt insoweit mit dem Bundesarbeitsgericht überein, daß er der Ansicht ist, daß die Resozialisierung des Vorbestraften nicht durch das Arbeitgeberfragerecht erschwert werden dürfe. Jedoch stelle die Rechtsprechung eine nicht unerhebliche Belastung für die Arbeitgeber dar, die mehrere hundert Arbeitnehmer beschäftigen. Denn eine Differenzierung des Fragerechts anhand der Art des zu besetzenden Arbeitsplatzes wird nur schwer durchführbar sein. Ferner ergebe sich die Zuverlässigkeit des Arbeitnehmers nicht allein aus dem Umstand, daß er auf dem primär einschlägigen Strafrechtsgebiet nicht vorbestraft sei, sondern auch die nicht einschlägigen Vorstrafen bergen Risiken im Hinblick auf die Zuverlässigkeit und die charakterliche Eignung des Bewerbers. Daher könne der Arbeitgeber den Bewerber nach Ansicht Wägenbaurs[427] nach einer Vielzahl verschiedener Vorstrafen befragen, die für die Beurteilung der Vertrauenswürdigkeit des Arbeitnehmers erforderlich seien.

dd.) Weitere Argumente für das unbegrenzte Fragerecht

Zum einen ermögliche die Kenntnis der Vorstrafen des Arbeitnehmers Sicherheitsvorkehrungen gegenüber zukünftigen Tätern. Es ergebe keinen Sinn, daß der Bewerber nicht alle Vorstrafen mitteilen müsse, denn der Arbeitgeber sei durchaus in der Lage, diese auf anderem Wege herauszufinden. Der Bewerber könne für die Strafzeit weder Zeugnisse noch Vermerke in der Rentenversicherung und der Lohnsteuerkarte belegen. Ferner ermögliche nur diese Ansicht eine gezielte Resozialisierung und vermeide unliebsame Überraschungen, da Klarheit über die Vorstrafen des Bewerbers herrsche[428]. Teilweise weisen die Autoren[429] lediglich darauf hin, daß die unbegrenzte Fragemöglichkeit des Arbeitgebers nach den Vorstrafen des Bewerbers nicht gegen die guten Sitten verstoße.

Darüber hinaus sei die praktische Umsetzung der „Einschlägigkeits“-Rechtsprechung in der Praxis problematisch, denn für die Festlegung, welche Vorstrafen für welches Arbeitsverhältnis „einschlägig“ sind, ließe sich keine allgemein gültige Regelung aufstellen[430]. Daher sieht Götz[431] die einzige Möglichkeit der Umsetzung der „Einschlägigkeits“-Rechtsprechung in der Aufstellung von Kata-

---

427 Wägenbaur, BB 1958, 1061 (1062).
428 Sieverts, „Kriminalpolitik“, in: Handwörterbuch der Kriminologie, Band 2, S. 12.
429 Bobrowski, Das Arbeitsrecht, 2. Aufl., B III 2g.), S. 17; Waechter, DB 1950, 83.
430 Götz, BB 1971, 1325 (1326); Schwenk, MDR 1960, 353 (354).
431 Götz, BB 1971, 1325 (1326).

logen, welche Vorstrafen für welchen Arbeitsplatz „einschlägig“ seien. Im Streitfall sei hierüber eine gerichtliche Entscheidung zu erwirken. Jedoch scheitere auch diese Idee an ihrer praktischen Durchführbarkeit. Gerade in großen Betrieben mit „hunderten oder tausenden Arbeitnehmern oder sogar zu besetzenden Stellengruppen“ stelle dies eine unbillige Belastung des Arbeitgebers dar. Aus diesem Grund sei die „Einschlägigkeits“-Rechtsprechung des Bundesarbeitsgerichts abzulehnen und stattdessen vielmehr ein unbeschränktes Fragerecht des Arbeitgebers anzuerkennen.

Ferner erkennt Waechter[432] zwar an, daß vor allem der Arbeitgeber eine herausragende Rolle bei der Wiedereingliederung Vorbestrafter in das Arbeitsleben spiele, jedoch dürften die Interessen des vorbestraften Bewerbers nicht vorrangig vor denen des Arbeitgebers betrachtet werden. Vielmehr müßte das Interesse des Vorbestraften an seiner Resozialisierung in Ausgleich mit dem Anliegen des Arbeitgebers, die Belegschaft zum Zweck der Wahrung des Betriebsfriedens von kriminell belasteten Arbeitnehmern fernzuhalten, gebracht werden. Korn[433] argumentiert mit dem Vertrauensverhältnis, welches zwischen Arbeitgeber und Arbeitnehmer bestehe. Den Bewerber treffe die Pflicht, dem Arbeitgeber auf eine entsprechende Frage hin seine Vorstrafen mitzuteilen, denn der Arbeitgeber müsse wissen, welches Vertrauen er dem neuen Mitarbeiter entgegenbringen kann. Das Verschweigen einer Vorstrafe stelle daher ein Vertrauensmißbrauch durch den Bewerber dar[434].

b.) Argumente gegen das unbegrenzte Fragerecht

Zwar überzeugt die These vom unbeschränkten Fragerecht des Arbeitgebers nach den Vorstrafen des Bewerbers durch ihre klare Regelung und ihre Einfachheit bei der praktischen Umsetzung. Nach Ansicht ihrer Gegner bevorzugt sie jedoch einseitig die Arbeitgeberinteressen, ohne den Interessen des vorbestraften Bewerbers ausreichend Rechnung zu tragen[435].

Die der „Einschlägigkeits“-Rechtsprechung des Bundesarbeitsgerichts folgenden Autoren[436] erkennen dennoch, daß die praktische Umsetzung erhebliche

---

432 Waechter, DB 1950, 83.
433 Korn, RdA 1957, 291.
434 Vgl. auch: RAG, Urteil vom 07.03.1936 – RAG 228/35, ARS 26, RAG Nr. 56, S. 272 (275 f.); Urteil vom 17.01.1934 – RAG 221/33, ARS 20, RAG Nr. 9, S. 61 (62 f.); Endemann, AR-Blattei D, Vorstrafen I., I. Bedeutung im Arbeitsverhältnis, 3. Fortsetzungsblatt.
435 Linnenkohl, DVR 1981, 317 (329); Hofmann, ZfA 1975, 1 (13).
436 Linnenkohl, DVR 1981, 317 (331).

Schwierigkeiten mit sich bringt. Denn es fehlt an eindeutigen Abgrenzungskriterien dafür, welche Vorstrafen für welchen Arbeitsplatz „einschlägig" sind. Linnenkohl schlägt vor, daß sich die Ermessensentscheidung des Arbeitgebers an den vorhandenen Stellenbeschreibungen oder Berufsbildern orientieren könne, um das arbeitsplatzbezogene Strafrechtsgebiet zu bestimmen.

Des weiteren handele es sich mit den strafbaren Handlungen um einen zu komplexen Katalog, als daß diese den verschiedenen Arbeitsverhältnissen zugeordnet werden könnten[437]. Daher erscheine das unbegrenzte Fragerecht als zu weit. In einer freien Marktwirtschaft stelle diese Ansicht eine Überspannung der Arbeitnehmerpflichten dar, denn die charakterliche und politische Zuverlässigkeit gehöre in der Regel nicht zum Pflichtenkreis des Arbeitnehmers[438]. Darüber hinaus sei der Arbeitsprozeß in vielen Fällen kollektiviert, so daß eine Kenntnis des Arbeitgebers über die Individualsphäre des Bewerbers überflüssig erscheine[439]. Auch sei wegen der Komplexität der menschlichen Handlungen eine Beurteilung der Gesamtpersönlichkeit des Bewerbers allein anhand seiner Vorstrafen nicht möglich[440].

Das gewichtigste Argument gegen ein generelles Fragerecht des Arbeitgebers ist die Resozialisierung des Vorbestraften. Der Bewerber kann grundsätzlich davon ausgehen, daß seine bereits verbüßten Strafen der Erbringung seiner arbeitsvertraglich geschuldeten Leistung nicht entgegenstehen[441]. Ferner verhindert die Offenlegung der Vorstrafen die Einstellung des Bewerbers. Damit ist die Wiedereingliederung in die Gesellschaft in erheblicher Weise gefährdet[442]. Auch birgt die unbeschränkte Aufklärungspflicht das Risiko, daß die Vorstrafe allgemein im Betrieb bekannt und der vorbestrafte Arbeitnehmer von seinen Kollegen gemieden wird. Dies bedeutet eine Erschwerung der Resozialisierung[443]. Es handelt sich hierbei um die betriebliche oder sogar gesellschaftliche Ächtung, welche mit dem gedanklichen Nachvollzug von Tat und Strafverfahren in der

---

437 Großmann, AuR 1969, 97 (101).
438 Großmann, AuR 1969, 97 (101 f.).
439 Popitz, Über die Präventivwirkung des Nichtwissens, S. 13; Großmann, AuR 1969, 97 (100).
440 Hartung, Das Strafregister, Einleitung, S. 10; Popitz, Über die Präventivwirkung des Nichtwissens, S. 6; Hellmer, Jugendkriminalität, S. 66 ff., 118 f.; Großmann, AuR 1969, 97 (99); Trinkhaus, RdA 1961, 221 (225 f.).
441 Großmann, AuR 1969, 97 (103).
442 Großmann, AuR 1969, 97 (99). So auch: Hartung, Das Strafregister, Einleitung, S. 11; Endemann, BB 1953, 266.
443 Hentig, Die unbekannte Straftat, S. 55 ff.; Großmann, AuR 1969, 97 (100).

Laiensphäre und dem Verbot der Doppelbestrafung nicht vereinbar ist[444]. Aber auch, wenn man die Ansicht vertritt, die Resozialisierung sei in erster Linie Sache des Verurteilten selbst und nicht des Betriebs, so kann man dem Arbeitgeber auch aus diesem Grund kein schutzwürdiges Interesse an der Kenntniserlangung über die Vorstrafen des Bewerbers zuerkennen[445]. Auf der anderen Seite wird argumentiert, die Resozialisierung sei vor allem Sache des Verurteilten selbst, so daß der Arbeitgeber an der Offenbarung der Vorstrafe i. d. R. kein schutzwürdiges Interesse vortragen könne, weil der Betrieb nicht an der Resozialisierung beteiligt sei.

Ferner ist mit Großmann[446] anzuführen, daß die Tat mit ihrer Verbüßung als gesühnt anzusehen ist, so daß die Rechtsordnung dadurch gewahrt bleibt. Damit ist es im folgenden nicht vereinbar, wenn die Tat nach ihrer Verbüßung bekannt wird, denn die Vorstrafe wird dem Arbeitnehmer im Alltag oft verschiedentlich vorgehalten und stellt faktisch eine zusätzliche Schuld dar. In diesem Fall leidet der vorbestrafte Arbeitnehmer mehr unter dem nachfolgenden Skandal als unter dem Normbruch selbst[447]. Schließlich ist das unbeschränkte Fragerecht des Arbeitgebers nach den Vorstrafen des Bewerbers nicht mit dem Arbeitnehmerschutzgedanken des Arbeitsrechts und dem Erfordernis einer sachgerechten Entscheidung über die Bewerbung zu vereinbaren[448].

Des weiteren führt Popitz[449] an, daß ein generelles Fragerecht des Arbeitgebers einer totalen Verhaltensinformation nahe kommt. Eine solche kann aber stets nur Theorie bleiben, denn eine praktische Umsetzbarkeit ist nicht möglich. Eine Gesellschaft, in der keine Geheimnisse bestehen, gibt es nicht. Darüber hinaus ist das unbeschränkte Fragerecht nach Popitz abzulehnen, weil eine vollkommene Verhaltensinformation zwangsläufig die Informationen über jedes normrelevante Verhalten und damit auch über jede Abweichung von den geltenden Normen einschließen. Dies ist weder mit den grundrechtlich geschützten Positionen des Betroffenen aus Art. 2 Abs. 1, 1 Abs. 1 GG vereinbar, noch ist dies praktisch

[444] Hartung, Das Strafregister, Einleitung, S. 9 f.; Nass, Die Kriminellen, S. 157; Popitz, Über die Präventivwirkung des Nichtwissens, S. 14; Großmann, AuR 1969, 97 (100).

[445] Großmann, AuR 1969, 97 (99).

[446] Großmann, AuR 1969, 97 (99). So auch: BT-Drucks. IV/650, S. 96; Endemann, BB 1953, 266.

[447] Popitz, Über die Präventivwirkung des Nichtwissens, S. 14; Großmann, AuR 1969, 97 (100).

[448] Linnenkohl, DVR 1981, 317 (329).

[449] Popitz, Über die Präventivwirkung des Nichtwissens, S. 6.

ausführbar[450]. Eine totale Verhaltenstransparenz[451] ist aus diesem Grund abzulehnen.

c.) Zwischenergebnis

Es sprechen gewichtige Gründe gegen ein unbeschränktes Fragerecht des Arbeitgebers nach den Bewerbervorstrafen. Eine einseitige Bevorzugung der Arbeitgeberinteressen unter Vernachlässigung der Interessen des Bewerbers und der Resozialisierung ist daher nicht vertretbar. Die These vom unbegrenzten Fragerecht des Arbeitgebers nach den Vorstrafen des Bewerbers ist abzulehnen.

2. Umfassendes Verschweigungsrecht hinsichtlich der Vorstrafen

Auf der anderen Seite vertrat die ältere arbeitsrechtliche Literatur teilweise die Ansicht, der Bewerber sei nicht dazu verpflichtet, dem Arbeitgeber seine Vorstrafen mitzuteilen[452]. Das Verschweigungsrecht des Bewerbers hinsichtlich seiner Vorstrafen bestehe sowohl auf eine vorhergehende Arbeitgeberfrage als auch ohne eine solche. Für das umfassende Verschweigungsrecht des vorbestraften Bewerbers spreche, daß dem Arbeitgeber im Fall einer Fehleinstellung das Recht zur Kündigung verbleibe. Eine Beurteilung der Fähigkeit und Geeignetheit des Bewerbers vor seiner Einstellung sei daher unnötig.

Gegen diese Auffassung hingegen sprechen schwerwiegende Gesichtspunkte. Wegen des ausgeprägten Kündigungsschutzes des deutschen Arbeitsrechts[453] kann sich der Arbeitgeber vom ungeeigneten Arbeitnehmer lediglich während der Probezeit problemlos lösen. Danach ist die arbeitgeberseitige Kündigung von einer Vielzahl von Voraussetzungen abhängig und daher nicht ohne weiteres durchführbar. Dem Arbeitgeber ist es daher in den meisten Fällen nicht möglich, seine Einstellungsentscheidung rückgängig zu machen, womit eine unzulässige Beeinträchtigung seiner Auswahl- und Einstellungsfreiheit aus Art. 12 Abs. 1 GG verbunden ist. Denn nach dieser Ansicht wäre er gehalten, jeden beliebigen Bewerber einzustellen. Eine tatsächliche Auswahl kann hier nicht mehr

---

[450] Popitz, Über die Präventivwirkung des Nichtwissens, S. 9 ist der Ansicht, daß kein soziales Normensystem eine lückenlose Information über jedes abweichende Verhalten seiner Mitglieder aushalten könnte. Denn „eine Gesellschaft, die jede Verhaltensabweichung aufdecke, würde zugleich die Geltung ihrer Normen ruinieren." Weiter auf S. 17: Wenn die Sanktion auf das normabweichende Verhalten zu oft angewendet würde, „verliert die Strafe ihr moralisches Gewicht"; sie ist dann nicht mehr sanktionierend.

[451] Popitz, Über die Präventivwirkung des Nichtwissens, S. 18.

[452] Butz, DB 1955, 581 (582); Frey, AuR 1953, 167 (168). Zur These vom umfassenden Verschweigungsrecht des Bewerbers über seine Vorstrafen vgl. bereits S. 64 ff.

[453] Siehe dazu bereits S. 25 ff.

zustande kommen, denn der Arbeitgeber verfügt nur über geringe Informationen über die Bewerber, anhand derer er ihre Qualifikation feststellen kann. Die Vertragsfreiheit erfährt ohne eine vorangehende Informationsfreiheit keinen ausreichenden Schutz[454].

Neben der Vertragsfreiheit des Arbeitgebers würde auch dessen Freiheit der wirtschaftlichen Betätigung beschränkt. Denn mit unqualifizierten und ungeeigneten Arbeitnehmern kann der Arbeitgeber seine unternehmerischen Ziele nicht ungehindert verfolgen. Die personellen Probleme würden den eigentlichen Arbeitsablauf blockieren. Daher findet auch die These von der generellen Ablehnung des Fragerechts des Arbeitgebers und der Offenbarungspflicht des Bewerbers hinsichtlich seiner Vorstrafen keine Zustimmung.

3. Unabhängige Vorschläge

Neben der Befürwortung eines Fragerechts des Arbeitgebers nach Vorstrafen des Bewerbers, deren unbedingten Ablehnung und der „Einschlägigkeits"-Rechtsprechung des Bundesarbeitsgerichts haben Ramm, Johann, Wallmeyer und Steindorff jeweils eigene Lösungswege zum Fragerecht des Arbeitgebers nach den Vorstrafen entwickelt.

a.) Entpersönlichte und persönlichkeitsgebundene Arbeit

Ramm[455], Johann[456] und Wallmeyer[457] sind der Auffassung, daß eine Unterscheidung der Arbeitsverhältnisse in persönlichkeitsgebundene und entpersönlichte Arbeitsleistungen eine Lösung des Problems darstellt. Unter entpersönlichter Arbeit sei jede typisierte, mechanisierte Arbeitsleistung zu verstehen, die von jeder Bindung an den Arbeitnehmer als den besonderen Einzelnen gelöst ist[458]. Hier werden die Leistungspflicht und die sonstigen vertraglichen Nebenpflichten nicht durch die individuellen Eigenschaften und Fähigkeiten des Arbeitnehmers bestimmt. Bei der entpersönlichten Arbeit dürfe der Arbeitgeber in keinem Fall nach den Vorstrafen des Bewerbers fragen[459]. Die einzige Ausnah-

---

454 Degener, Das Fragerecht des Arbeitgebers gegenüber Bewerbern, S. 41.

455 Ramm, Die Anfechtung des Arbeitsvertrages, S. 33, 48, 62, 71.

456 Johann, Umfang des Rechts des Arbeitgebers auf Auskunft bei der Neueinstellung von Arbeitnehmern, S. 76 f., 81, 84, 85, 105.

457 Wallmeyer, Die Kündigung des Arbeitsvertrags aus wichtigem Grund, S. 18.

458 Wallmeyer, Die Kündigung des Arbeitsvertrags aus wichtigem Grund, S. 18; Johann, Umfang des Rechts des Arbeitgebers auf Auskunft bei der Neueinstellung von Arbeitnehmern, S. 81.

459 Ramm, Die Anfechtung des Arbeitsvertrages, S. 62; Johann, Umfang des Rechts des Arbeitgebers auf Auskunft bei der Neueinstellung von Arbeitnehmern, S. 84.

me stelle der Fall dar, in dem der vorangegangene Arbeitgeber das Opfer der Straftat des Arbeitnehmers war. Hier sei der Bewerber ausnahmsweise auch bei einer entpersönlichten Arbeitsleistung zur Mitteilung seiner Vorstrafe verpflichtet, da in einem solchen Fall die Herstellung einer Interessengemeinschaft zwischen Arbeitgeber und Arbeitnehmer nicht erwartet werden kann.

Ramm[460] begründet die Unzulässigkeit des Fragerechts bei entpersönlichten Arbeitsleistungen mit dem Interesse an der Resozialisierung. Gerade in einem Arbeitsverhältnis, in dem der Arbeitnehmer austauschbar sei, weil es auf seine Persönlichkeit und Charaktereigenschaften nicht ankommt, sei es unerheblich, ob er vorbestraft sei oder nicht. Bei einer persönlichkeitsneutralen Tätigkeit könne weder die Arbeitsleistung noch das Ansehen des Betriebs durch die Vorstrafe negativ beeinflußt werden[461]. Der Gegenargumentation mit einer möglichen Gefährdung des Betriebs und der anderen Belegschaftsmitglieder hält Ramm[462] entgegen, daß der Arbeitgeber dieses Risiko mit einer entsprechenden Organisation des Betriebs auszugleichen habe. Auch bestehe durch die bloße Beschäftigung des Arbeitnehmers keine akute Rückfallgefahr[463].

Der persönlichkeitsgebundenen Arbeit verleihe gerade umgekehrt die Persönlichkeit des Arbeitnehmers ihre charakterliche Prägung, da die Arbeitsleistung durch die personalbezogenen Elemente beeinflußt werde oder die Persönlichkeit des Arbeitnehmers für die zwischenmenschlichen Beziehungen nicht unberücksichtigt bleiben dürfe[464]. Bei der persönlichkeitsgebundenen Arbeit sei das Fragerecht des Arbeitgebers allerdings auf „einschlägige“ Vorstrafen beschränkt, die nicht der beschränkten Auskunft aus dem Strafregister unterliegen und nicht getilgt seien[465]. Für die Beschränkung des Fragerechts des Arbeitgebers auf „einschlägige“ Vorstrafen in einem persönlichkeitsgebundenen Arbeitsverhältnis spreche, daß es hier auf die charakterliche Zuverlässigkeit des Arbeitnehmers ankomme und dies bei der Einstellung Berücksichtigung finden müsse.

Im Ergebnis stellt diese Ansicht nur eine Abwandlung der „Einschlägigkeits“-Rechtsprechung dar. Dieser Lösungsweg leidet an zweifachen praktischen Abgrenzungsschwierigkeiten. In einem ersten Schritt muß festgestellt werden, ob

---

460 Ramm, Die Anfechtung des Arbeitsvertrages, S. 62.

461 Johann, Umfang des Rechts des Arbeitgebers auf Auskunft bei der Neueinstellung von Arbeitnehmern, S. 84.

462 Ramm, Die Anfechtung des Arbeitsvertrages, S. 62.

463 Johann, Umfang des Rechts des Arbeitgebers auf Auskunft bei der Neueinstellung von Arbeitnehmern, S. 84.

464 Wallmeyer, Die Kündigung des Arbeitsvertrags aus wichtigem Grund, S. 18.

465 Ramm, Die Anfechtung des Arbeitsvertrages, S. 62; Johann, Umfang des Rechts des Arbeitgebers auf Auskunft bei der Neueinstellung von Arbeitnehmern, S. 84.

es sich um eine persönlichkeitsgebundene oder eine entpersönlichte Arbeit handelt. Zweitens stellt sich bei der persönlichkeitsgebundenen Arbeit die Frage, welche Vorstrafen „einschlägig" sind. Daher stellt diese Ansicht keinen Fortschritt gegenüber der „Einschlägigkeits"-Rechtsprechung dar, sondern verkompliziert diese noch. Denn auch die Feststellung, ob es sich um eine persönlichkeitsgebundene oder entpersönlichte Arbeitsleistung handelt, ist problematisch. Ferner bestehen bereits Zweifel, ob die Einteilung in verschiedene Arbeitsleistungen überhaupt sachlich gerechtfertigt ist[466]. Daher vermag auch die Beurteilung des Arbeitgeberfragerechts nach den Vorstrafen des Bewerbers anhand der Unterscheidung zwischen der entpersönlichten und der persönlichkeitsgebundenen Arbeit nicht zu überzeugen.

b.) Unterscheidung nach der Art der Befragung

Steindorff[467] nimmt eine Unterscheidung anhand der Art der Befragung vor. Formularmäßige Fragen des Arbeitgebers in einem Einstellungsfragebogen dürften sich lediglich auf „einschlägige" Vorstrafen beziehen, wohingegen der Arbeitgeber im Rahmen einer individuellen Befragung nach sämtlichen Vorstrafen des Bewerbers fragen dürfe. Es bleibe hier dem Arbeitgeber überlassen, welche Vorstrafen er als Einstellungshindernis ansehe. Es sei zweckmäßig, die Bedeutung der formularmäßigen Frage unabhängig vom konkreten Fall festzustellen. Auch die Beurteilung von formularmäßigen Geschäftsbedingungen erfolge losgelöst vom konkreten Einzelfall, so daß sich diese Parallele anbiete. Ferner sei das individuelle Fragerecht nach jeglicher Art von Vorstrafen gerade für Kleinbetriebe bedeutsam, da hier die persönlichen Eigenschaften der Mitarbeiter wichtiger seien als in Großbetrieben.

Jedoch werden durch diese Unterscheidung die Probleme bei der näheren Bestimmung der „Einschlägigkeit" der Vorstrafe nicht gelöst, sondern treten bereits im Vorfeld bei der Formulierung der Vorstrafenfrage in einem Einstellungsfragebogen auf[468]. Des weiteren überzeugt die unterschiedliche Behandlung von formularmäßig und individuell gestellten Fragen nicht. Es gibt keinen sachlichen Grund für die unterschiedliche Behandlung der inhaltlichen Zulässigkeit, nur weil die äußere Form der Frage unterschiedlich ist. Die Auswirkung der äußeren Form der Frage auf deren inhaltliche Zulässigkeit ist kein taugliches Kriterium. Ferner besteht für den Arbeitgeber die Versuchung, den Stellenbewerber stets mündlich zu befragen, um nach allen Vorstrafen des Bewerbers

---

[466] Hofmann, ZfA 1975, 1 (13).
[467] Steindorff, Anm. zum Urteil des BAG vom 05.12.1957 – 1 AZR 594/56, JZ 1958, 513 (514).
[468] Hofmann, ZfA 1975, 1 (14).

fragen zu können; auf Einstellungsfragebögen würde demgegenüber vollkommen verzichtet. Auf diese Weise würden die Arbeitgeberinteressen stark bevorzugt und das Interesse des Bewerbers an seiner Resozialisierung vernachlässigt. Eine derartige Besserstellung des Arbeitgebers ist durch die bloße unterschiedliche Form der Frage nicht gerechtfertigt.

4. Teilweise Zustimmung zur „Einschlägigkeits"-Rechtsprechung

Leipold und Herschel[469] schließen sich den Ergebnissen der „Einschlägigkeits"-Rechtsprechung des Bundesarbeitsgerichts an, jedoch vertreten sie eine eigene Begründung.

a.) These vom „Recht auf Arbeit"

Leipold[470] gesteht dem Arbeitgeber das Recht zu, den Bewerber nach seinen Vorstrafen zu befragen, wenn diese für den konkreten Arbeitsplatz Bedeutung haben. Damit schließt er sich im Ergebnis der „Einschlägigkeits"-Rechtsprechung an, die ebenfalls auf die Arbeitsplatzbezogenheit der Vorstrafe abstellt. Jedoch lehnt er die Ansicht des Bundesarbeitsgerichts ab, wonach der Bewerber bei einer wahrheitswidrigen Beantwortung einer unzulässigen Arbeitgeberfrage nicht arglistig i. S. d. § 123 Abs. 1 BGB handelt, so daß der Arbeitgeber aus diesem Grund nicht das Arbeitsverhältnis anzufechten berechtigt ist. Denn das Tatbestandsmerkmal der Arglist umfasse gerade keine moralische Vorwerfbarkeit, sondern hierfür sei lediglich ein bedingter Vorsatz des Täuschenden erforderlich[471].

Leipold zieht für die Herleitung der Beschränkung des Fragerechts des Arbeitgebers auf „einschlägige" Vorstrafen das „Recht auf Arbeit" des Bewerbers heran[472]. Durch dieses besondere Persönlichkeitsrecht des Bewerbers werde seine Offenbarungspflicht näher konkretisiert. Auch wenn das „Recht auf Arbeit" regelmäßig keinen Einstellungsanspruch gegen einen bestimmten Arbeitgeber gewähre, müsse für jeden Fall gesondert eine rechtswidrige Verletzung des Rechts auf Arbeit festgestellt werden. Dazu sei eine Interessenabwägung erforderlich[473]. Aus dieser ergebe sich, daß der Arbeitgeber nur nach arbeitsplatzbe-

---

469 Leipold, AuR 1971, 161 (163 ff.). Vgl. zu Leipolds These vom „Recht auf Arbeit" bereits die allgemeinen Ausführungen auf S. 67 ff.

470 Leipold, AuR 1971, 161 (166).

471 Vgl. dazu S. 262 ff. Leipold, AuR 1971, 161 (162).

472 Leipold, AuR 1971, 161 (163 ff.). Zum „Recht auf Arbeit" ferner: Wank, Das Recht auf Arbeit im Verfassungsrecht und im Arbeitsrecht, S. 96.

473 Leipold, AuR 1971, 161 (166); Hofmann, ZfA 1971, 1 (8).

zogenen, also „einschlägigen“ Vorstrafen des Bewerbers fragen dürfe. Denn für die Einstellungsentscheidung dürften nur sachbezogene Gesichtspunkte maßgebend sein, weil dem Recht des Arbeitgebers am Unternehmen das Recht des Bewerbers auf Arbeit gegenübertrete[474].

Auch wenn einige Autoren[475] die Existenz eines solchen „Rechts auf Arbeit“ für die Beschränkung des Fragerechts des Arbeitgebers anerkennen, zweifeln hingegen andere Teile in der Literatur[476] zu Recht daran, ob das „Recht auf Arbeit“ auch im Privatrecht Geltung beanspruchen kann. Das „Recht auf Arbeit“ ist kein subjektives Recht, sondern stellt nur einen gesellschaftsordnenden Auftrag dar. Grund ist u. a., daß die Herleitung aus dem öffentlichen Recht in das Privatrecht erhebliche, nicht überwindbare Probleme mit sich bringen würde[477]. Die Tatsache, daß es sich mit dem „Recht auf Arbeit“ lediglich um einen gesellschaftsordnenden Auftrag handelt, ist auch aus anderen Vorschriften zu entnehmen. So nimmt die Bundesanstalt für Arbeit nur arbeitsvermittelnde, aber keine arbeitsplatzzuweisende Tätigkeiten vor[478]. Ferner sieht auch das SGB IX keine Zwangseinstellung von Schwerbehinderten vor[479].

Weiterhin spricht gegen ein „Recht auf Arbeit“, daß im deutschen Arbeitsrecht kein privatrechtlicher Anspruch auf Einstellung existiert, denn dafür fehlt jegliche rechtliche Grundlage[480]. Der Herleitung der Beschränkung des arbeitgeberseitigen Fragerechts auf die „einschlägigen“ Vorstrafen des Bewerbers über ein „Recht auf Arbeit“ kann daher nicht gefolgt werden.

---

474 Leipold, AuR 1971, 161 (163).

475 Richardi (5. Aufl., 1973), § 94 BetrVG Rn. 2, 13; Hanau/Adomeit, Arbeitsrecht (1. Aufl., 1972), S. 139 f., 155 ff.; Schnorr von Carolsfeld, Arbeitsrecht, § 1 C I 2a.)-c.), S. 20 f.; Wank, Das Recht auf Arbeit im Verfassungsrecht und im Arbeitsrecht, S. 144 f.; Migsch, Die absolut geschützte Rechtsstellung des Arbeitnehmers, S. 114 ff.; Gamillscheg, FS Weber, S. 793 (802 f., 815); Hofmann, ZfA 1975, 1 (8); Gamillscheg, AcP 164 (1964), S. 385 (417 ff.).

476 Hofmann, ZfA 1975, 1 (8).

477 Hueck/Nipperdey, Lehrbuch des Arbeitsrechts, Band I, § 46 I, S. 380 f.; Nikisch, Arbeitsrecht, Band I, § 5 IV 1, 2, S. 43-45; Hedemann, FS Boehmer, S. 51 (56 f.); Hofmann, ZfA 1975, 1 (8); Großmann, AuR 1969, 97 (99).

478 SGB III; Hofmann, ZfA 1975, 1 (8); Hofmann, Deutschland Archiv 4 (1971), 1072 f.

479 Hofmann, ZfA 1975, 1 (8).

480 Borgaes, Der Informationsschutz des Arbeitsplatzbewerbers, S. 1; Wiedemann, FS Herschel, S. 463 (465).

b.) These vom sozialadäquaten Verschweigen der Vorstrafe

Auch Herschel[481] geht im Ergebnis davon aus, daß der Arbeitgeber den Bewerber nach Vorstrafen fragen darf, die einen Arbeitsplatzbezug aufweisen. Dabei komme es auf die in Aussicht genommene Funktion des Arbeitnehmers im Betrieb an. Jedoch billigt Herschel dem Arbeitgeber im Ausgangspunkt ein allgemeines Fragerecht zu. Die Frage sei lediglich, ob sich das Verschweigen der Vorstrafe durch den Bewerber als sozialadäquat und damit als gerechtfertigt darstelle. Daher gehe es bei der generellen Frageberechtigung des Arbeitgebers lediglich darum, ob der Bewerber für seine wahrheitswidrige Antwort nachteilige Rechtsfolgen zu befürchten habe.

Jedoch ist auch dieser Lösungsansatz abzulehnen, denn der Begriff der Sozialadäquanz ist unscharf und unbestimmt, so daß die praktische Verwendbarkeit zweifelhaft ist[482]. Ferner findet die Figur der Sozialadäquanz vielfältige und widersprüchliche Verwendung, so daß bei einer Anwendung im Zusammenhang mit dem Fragerecht des Arbeitgebers nach den Vorstrafen des Bewerbers unnötige Probleme zu befürchten sind[483]. Eine Übertragung der Grundsätze der Sozialadäquanz aus dem Deliktsrecht in das Vertragsrecht ist darüber hinaus systemfremd und daher abzulehnen[484]. Des weiteren erscheint dieser Ansatz verfehlt,

---

481 Siehe zum Begriff der Sozialadäquanz im Zusammenhang mit der Rechtswidrigkeit von Arbeitskampfmaßnahmen: Hueck/Nipperdey, Lehrbuch des Arbeitsrechts, Band II/2, § 47 VI 4, S. 953.

482 So auch: Larenz, Lehrbuch des Schuldrechts, Band II, § 72 I c.), S. 608; Fikentscher, Schuldrecht, Rn. 1053; Esser/Schmidt, Schuldrecht, Band I/2, § 25 IV 1b.), S. 66; Enneccerus/Lehmann, Lehrbuch des Bürgerlichen Rechts, Band II, § 231 III 6, S. 933 f.; Wiethölter, Der Rechtfertigungsgrund des verkehrsrichtigen Verhaltens, S. 56 f.; Geiger, Die Grundrechte in der Privatrechtsordnung, S. 49 f.; Hofmann, Anm. zum Urteil des BAG vom 15.01.1970 – 2 AZR 64/69, SAE 1971, 134 (137); Bernert, AcP 169 (1969), S. 421 (422 f.).

483 Esser/Schmidt, Schuldrecht, Band I/2, § 25 IV 1b.), S. 66. Zum einen werden in der Literatur teilweise die Einschränkungen von Persönlichkeit, Freiheit und Eigentum als sozialadäquat angesehen, die i. R. d. anerkannten Einrichtungen des Soziallebens allgemein hingenommen werden müssen. Ferner wird mit dem Begriff der Sozialadäquanz das Einbringen von Risiken beschrieben, die heute auch ungeachtet ihrer fehlenden Beherrschbarkeit in Kauf genommen werden, weil die Gefahr wegen der Nützlichkeit und Bedeutung für die Gesamtwirtschaft vom Gesetzgeber zugelassen worden ist. Drittens dient die Sozialadäquanz der Beschreibung, daß die im Verkehr erforderliche Sorgfalt eingehalten worden ist. Vgl. hierzu: Esser/Schmidt, Schuldrecht, Band I/2, § 25 IV 1b.), S. 66; Wiethölter, Der Rechtfertigungsgrund des verkehrsrichtigen Verhaltens, S. 56 f. Im Strafrecht hierzu: Niese, Streik und Strafrecht, insb. S. 27-34; Niese, JZ 1956, 457 (460).

484 Hofmann, Anm. zum Urteil des BAG vom 15.01.1970 – 2 AZR 64/69, SAE 1971, 134 (137).

denn der Bewerber ist hiernach zur Rechtfertigung seines Verhaltens verpflichtet[485]. Schließlich wird bei der Frage der „Einschlägigkeit“ der Vorstrafe ein unbestimmter Rechtsbegriff mit dem Merkmal der Sozialadäquanz durch einen anderen ersetzt. Dies ist wenig praktikabel. Dieser Ansicht kann daher nicht gefolgt werden.

5. Zustimmung zur „Einschlägigkeits“-Rechtsprechung

Der Großteil der Autoren in der arbeitsrechtlichen Literatur hat sich der „Einschlägigkeits“-Rechtsprechung des Bundesarbeitsgerichts angeschlossen[486]. Das Arbeitgeberfragerecht nach den Vorstrafen des Bewerbers ist durch zwei verschiedene Schranken begrenzt. Der Arbeitgeber darf den Bewerber nur nach seinen Vorstrafen befragen, sofern diese für das in Aussicht genommene Arbeitsverhältnis „einschlägig“ sind. Das ist der Fall, wenn sie für die auszuübende Tätigkeit von erheblicher Bedeutung sind[487] und ein innerer Zusammenhang zwischen der vorgesehenen Tätigkeit und der Art der Straftat besteht[488]. Eine weitere Beschränkung des Arbeitgeberfragerechts ergebe sich aus den gesetzlichen Regelungen des StrafTilgG. Nach § 4 Abs. 4, 5 StrafTilgG darf der Verurteilte über die Verurteilung und den ihr zugrunde liegenden Sachverhalt die Auskunft verweigern, sofern der Vermerk über die Verurteilung im Strafregister getilgt ist oder nur noch der beschränkten Auskunft unterliegt.

a.) Bedenken hinsichtlich der praktischen Umsetzbarkeit

Zunächst sind in der Literatur Bedenken gegen die „Einschlägigkeits“-Rechtsprechung des Bundesarbeitsgerichts vorgetragen worden, da die Grenzen des Fragerechts des Arbeitgebers durch den Begriff der „Einschlägigkeit“ nicht ein-

---

485 Linnenkohl, DVR 1981, 317 (348).

486 Hofmann, Anm. zum Urteil des BAG vom 15.01.1970 – 2 AZR 64/69, SAE 1971, 134 (135); Hoppe, BlStSozArbR 1971, 173 (174); Etzel, Anm. zum Urteil des BAG vom 15.01.1970 – 2 AZR 64/69, BlStSozArbR 1970, 238 (239); Falkenberg, BB 1970, 1013 (1014); Großmann, AuR 1969, 97 (101); Brill, AuR 1968, 136 (140 f.); Windolph, DB 1966, 579 (580 f.); Haberkorn, RdA 1962, 416 (417); Trinkhaus, RdA 1961, 221 (225 f.); Osswald, Anm. zum Urteil des BAG vom 05.12.1957 – 1 AZR 594/56, SAE 1958, 149; Anonym, Die Quelle 1953, 171 (172); Seibertz, DR 1942, 145 f.

487 Vgl. dazu: Großmann, AuR 1969, 96 (101).

488 ArbG Wesel, Urteil vom 10.04.1968 – 1 Ca 183/68, BB 1968, 914 (915); Bobrowski/-Gaul, Das Arbeitsrecht im Betrieb, Band I, B II Rn. 16, 20; Hueck/Nipperdey, Lehrbuch des Arbeitsrechts, Band I, § 32 IV 2, S. 194 Fn. 49; Auffarth/Müller, § 1 KSchG Anm. 181; Hofmann, Anm. zum Urteil des BAG vom 15.01.1970 – 2 AZR 64/69, SAE 1971, 134 (135); Großmann, AuR 1969, 97 (101); Windolph, DB 1966, 579 (580 f.); Neumann, DB 1961, 1291 (1293).

deutig bestimmbar sei[489]. Die „Einschlägigkeit" sei kein taugliches Abgrenzungskriterium[490]. Einige der Autoren, die sich im Ergebnis der Rechtsprechung angeschlossen haben, erkennen dieses Problem[491].

Nach zutreffender Ansicht Hofmanns[492] stellt der Begriff der „Einschlägigkeit" einen unbestimmten Rechtsbegriff dar, welcher der Ausfüllung bedarf. Die „Einschlägigkeit" hängt von der vom Arbeitnehmer zu erbringenden Tätigkeit ab. Ein Fragerecht besteht nur bei einem inneren Zusammenhang zwischen der Vorstrafe und der Tätigkeit des Arbeitnehmers[493]. Bei der Ausfüllung des unbestimmten Rechtsbegriffs sind die widerstreitenden Interessen der Vertragsparteien zu berücksichtigen. Die Bewerberinteressen erschöpfen sich nicht nur im Interesse am Erhalt des Arbeitsplatzes, sondern darüber hinaus ist die Resozialisierung des Vorbestraften erheblich[494].

Der Begriff der „Einschlägigkeit" der Vorstrafe weise die Schwierigkeit auf, daß er wegen seiner Ausrichtung am vorgesehenen Arbeitsplatz sehr unbestimmt sei[495]. So sei die Frage nach der „Einschlägigkeit" vor allem bei Straftaten wie Beleidigung, Nötigung, Erpressung, Begünstigung und Hehlerei nicht in jedem Fall eindeutig feststellbar. Die Problematik der „Einschlägigkeit" liege vor allem in dem Umstand begründet, daß sich generell gültige Entscheidungsmuster nicht

---

489 Kuhla, Datenschutz im Beamten- und Arbeitsverhältnis, S. 123; Lassen, Die Rechtsstellung des Vorbestraften nach dem BZRG, S. 168; Conze, ZTR 1991, 99 (103); Götz, BB 1971, 1325 (1326); Schwenk, MDR 1960, 353 (354); Wägenbaur, BB 1958, 1061 (1062).

490 Kuhla, Datenschutz im Beamten- und Arbeitsverhältnis, S. 123; Hofmann, Anm. zum Urteil des BAG vom 15.01.1970 – 2 AZR 64/69, SAE 1971, 134 (135 f.); Götz, BB 1971, 1325 (1326); Schwenk, MDR 1960, 353 (354); Wägenbaur, BB 1958, 1061 (1062).

491 Lassen, Die Rechtsstellung des Vorbestraften nach dem BZRG, S. 168; Linnenkohl, DVR 1981, 317 (331); Hofmann, Anm. zum Urteil des BAG vom 15.01.1970 – 2 AZR 64/69, SAE 1971, 134 (135 f.).

492 Hofmann, Anm. zum Urteil des BAG vom 15.01.1970 – 2 AZR 64/69, SAE 1971, 134 f.

493 ArbG Wesel, Urteil vom 10.04.1968 – 1 Ca 183/68, BB 1968, 914 (915); Hueck/Nipperdey, Lehrbuch des Arbeitsrechts, Band I, § 32 IV 2, S. 194 Fn. 49; Bobrowski/Gaul, Das Arbeitsrecht im Betrieb, Band I, B II Rn. 16, 20; Auffarth/Müller, § 1 KSchG Anm. 181; Hofmann, Anm. zum Urteil des BAG vom 15.01.1970 – 2 AZR 64/69, SAE 1971, 134 (135); Großmann, AuR 1969, 97 (101, 105, 106); Windolph, DB 1966, 579 (580 f.); Neumann, DB 1961, 1291 (1293).

494 Ramm, Die Anfechtung des Arbeitsvertrages, S. 61; Hofmann, Anm. zum Urteil des BAG vom 15.01.1970 – 2 AZR 64/69, SAE 1971, 134 (135); Großmann, AuR 1969, 97 (98).

495 Conze, ZTR 1991, 99 (103); Hofmann, Anm. zum Urteil des BAG vom 15.01.1970 – 2 AZR 64/69, SAE 1971, 134 (136).

aufstellen lassen. Dadurch werde die Rechtssicherheit beeinträchtigt und die Voraussehbarkeit des rechtlichen Ergebnisses erschwert[496].

Es sei jedoch zu berücksichtigen, daß für die Ausfüllung des „Einschlägigkeits"-Begriffs ein Rückgriff auf die vorhandenen Präjudizien möglich ist, welche wertvolle Hinweise geben[497]. Die Beispiele der Bundesarbeitsgerichts-Rechtsprechung liefern verwertbare Anhaltspunkte für die Festsetzung der Begrenzung des Fragerechts[498]. Darüber hinaus ist anzumerken, daß die Rechtssicherheit bei der juristischen Kasuistik stets leidet. Dies ist ein Preis für die Vernünftigkeit und gesellschaftliche Adäquanz[499]. Ferner stellt die Schwierigkeit der praktischen Umsetzung eine allgemeine Erscheinung beim Arbeiten mit wertausfüllungsbedürftigen Begriffen dar[500] und ist daher hinzunehmen. Auf der anderen Seite hat die Unbestimmtheit der „Einschlägigkeit" einen entscheidenden Vorteil. Dadurch, daß sich für die „Einschlägigkeit" der Vorstrafe gerade keine allgemeingültige Definition aufstellen läßt, wird die Fallgerechtigkeit gewährleistet[501]. Diese kann durch keine gesetzliche Vorschrift oder allgemeingültiges, richterrechtliches Präjudiz erreicht werden, da beide lediglich einen ab-

---

496 Conze, ZTR 1991, 99 (103); Hofmann, Anm. zum Urteil des BAG vom 15.01.1970 – 2 AZR 64/69, SAE 1971, 134 (136).

497 Esser, Vorverständnis und Methodenwahl in der Rechtsfindung, S. 184 ff.; Esser, Grundsatz und Norm in der richterlichen Fortbildung des Privatrechts, S. 151; Hofmann, Anm. zum Urteil des BAG vom 15.01.1970 – 2 AZR 64/69, SAE 1971, 134 (136). Hofmann, ZfA 1970, 63 (72): „Gewisse Hinweise für die Ausfüllung von Generalklauseln und unbestimmte Rechtsbegriffe sind zudem noch aus den etwa vorhandenen Präjudizien zu gewinnen. Erst die Kasuistik teilt uns mit, was rechtens ist." Vgl. ferner: Esser, Grundsatz und Norm in der richterlichen Fortbildung des Privatrechts, S. 151; Larenz, Methodenlehre der Rechtswissenschaft, S. 205, 342 f., 412 ff.; Kriele, Theorie der Rechtsgewinnung, S. 243 ff.; Zeiss, NJW 1967, 703 (708 Fn. 60). Nach Hofmann, ZfA 1970, 63 (72) aber „lassen sich Richtlinien gewinnen, welche den Richter die von ihm zu vollziehende Wertung gesetzeskonform vornehmen lassen. Daß dies mit erheblichen Schwierigkeiten verbunden sein kann, wird allenthalben nicht verkannt. Jene Schwierigkeiten müssen aber in Kauf genommen werden. Das ist die im Interesse der Rechtssicherheit gebotene Folge der im unbestimmten Rechtsbegriff liegenden Hinwendung zur Fallgerechtigkeit." Vgl. auch: Enneccerus/Nipperdey, Lehrbuch des Bürgerlichen Rechts, Band I, § 51 II 4b.), S. 318, § 58 I 1, S. 337; Esser, in: Ermessensfreiheit und Billigkeitsspielraum des Zivilrichters, v. Caemmerer (Hrsg.), S. 5 (14); Rittner, in: Ermessensfreiheit und Billigkeitsspielraum des Zivilrichters, v. Caemmerer (Hrsg.), S. 21 ff.; Reinhard, in: Reinhard/König (Hrsg.), Richter und Rechtsfindung, S. 7 (28).

498 Hofmann, Anm. zum Urteil des BAG vom 15.01.1970 – 2 AZR 64/69, SAE 1971, 134 (136).

499 Linnenkohl, AuR 1983, 129 (136).

500 Lassen, Die Rechtsstellung des Vorbestraften nach dem BZRG, S. 168.

501 Hofmann, Anm. zum Urteil des BAG vom 15.01.1970 – 2 AZR 64/69, SAE 1971, 134 (136).

strakt-generellen Fall regeln, keinesfalls aber den Feinheiten des Einzelfalls gerecht werden können.

Aus diesem Grund erscheint es sogar begrüßenswert, daß die Rechtsprechung des Bundesarbeitsgerichts den unbestimmten Rechtsbegriff für die Beurteilung der Zulässigkeit der Arbeitgeberfrage verwendet. Bei der Anwendung des abstrakten Kriteriums der „Einschlägigkeit“ der Vorstrafe auf den konkret-individuellen Einzelfall ist daher gewährleistet, daß die Umstände des Falls und die besonderen Interessen der Vertragspartner eine eingehende Berücksichtigung erfahren. Die Grenzen des arbeitgeberseitigen Fragerechts können so einzelfallgerecht bestimmt werden. Auch Maurer[502] vertritt diese Ansicht. Denn gerade im Verhältnis zwischen Arbeitgeber und Arbeitnehmer bedarf es im Hinblick auf den zu besetzenden Arbeitsplatz für die Beurteilung eines erweiterten Spielraums. Aus diesem Grund ist es begrüßenswert, daß das Bundesarbeitsgericht keine enumerative Aufzählung von Straftaten und Strafmaßen zugrundelegt, sondern unter Berücksichtigung der jeweiligen Straftat und ihrer Bedeutung für das Arbeitsverhältnis von der Abwägung der beiderseitigen Interessen ausgeht. Gerade weil es auf den Einzelfall ankommt, ist eine isolierte Beurteilung der im BZRG festgelegten Fälle für eine sinnvolle Resozialisierung des Betroffenen ungeeignet.

Auch kann es durchaus Aufgabe und Anliegen der Rechtsprechung sein, in einem Fall wie dem Arbeitgeberfragerecht nach den Vorstrafen eine einzelfallgerechte Lösung zu finden. Die Zulässigkeit der Frage des Arbeitgebers nach den Bewerbervorstrafen ist gesetzlich nicht geregelt. Daher hat die Rechtsprechung diese Gesetzeslücke gefüllt und mit der Einführung des Kriteriums der „Einschlägigkeit“ ein allgemeines Abgrenzungskriterium für die Zulässigkeit der arbeitgeberseitigen Frage geschaffen. Die Rechtsprechung ist in diesem Fall als Ersatz einer fehlenden gesetzlichen Regelung ergangen. Aus diesem Grund muß die Rechtsprechung auch dem Erfordernis eines Gesetzes gerecht werden. Dieses erschöpft sich darin, eine allgemeingültige, abstrakt-generelle Regelung für eine Vielzahl an möglichen Fällen zu bilden[503]. Dies ist mit der „Einschlägigkeit“ der Vorstrafe als Kriterium für die Zulässigkeit der Frage des Arbeitgebers geschehen. Sofern die Rechtsprechung in der Folgezeit mit einem solchen Fall beschäftigt sein wird, wird das Gericht in einem ersten Schritt klären müssen, ob

---

502 Maurer, AuR 1972, 9 (10).

503 Popitz, Über die Präventivwirkung des Nichtwissens, S. 12: „Normen haben zwangsläufig etwas Starres, Unverbindliches, Fixiertes, etwas Stures, - und damit stets auch etwas Überforderndes, Illusionäres. Diese Starrheit entspricht dem Anspruch jeder Normsetzung, Regelmäßigkeiten durchzusetzen, Verhalten zu binden, zu fixieren, voraussehbar zu machen.“

es an der „Einschlägigkeits"-Rechtsprechung des Bundesarbeitsgerichts festhalten möchte. In einem zweiten Schritt ist eine Konkretisierung des „Einschlägigkeits"-Begriffs auf die Besonderheiten des Einzelfalls erforderlich, indem das abstrakt-generelle Kriterium der „Einschlägigkeit" in eine individuell-konkrete Regelung umgewandelt wird.

Die Rechtsprechung verfolgt in der Praxis ein Präjudiz, um Zeit und Arbeit zu sparen. In erster Linie jedoch geht es darum, zu gewährleisten, daß stets der gleiche Maßstab angelegt wird, damit die Rechtssicherheit und –gleichheit gewahrt bleibt[504]. Die richterrechtlichen Maßstäbe können nur im Fortgang ihrer Anwendung mit der Zeit einen Grad inhaltlicher Bestimmtheit erlangen, der ihre gleichmäßige Anwendung auf gleichartige Fälle möglich macht[505], denn die Anwendung von Normen kann nie restlos programmierbar sein. Daher ist es erforderlich, daß eine Entscheidung durch die nachfolgenden Urteile für den Einzelfall weiter konkretisiert, präzisiert und abgewandelt wird. Es ist festzuhalten, daß das abstrakte Kriterium der „Einschlägigkeit" der Vorstrafe der Rechtssicherheit und der Einheitlichkeit und Kontinuität der Rechtsprechung dient, indem es einen Grundsatz für eine Vielzahl an verschieden gelagerten Fällen aufstellt. Die Einzelfallgerechtigkeit wird durch die Anwendung und Umsetzung dieses abstrakten Maßstabs auf die Besonderheiten des Einzelfalls gewahrt.

Im Ergebnis ist nicht zu bestreiten, daß der Begriff der „Einschlägigkeit" unpräzise ist und erhebliche Abgrenzungsschwierigkeiten mit sich bringt. Um jedoch eine Einzelfallgerechtigkeit zu gewährleisten, ist die Weite des Begriffs der „Einschlägigkeit" erforderlich und daher wünschenswert.

b.) Argumente für die „Einschlägigkeit" der Vorstrafe

Die Beschränkung des Fragerechts des Arbeitgebers auf „einschlägige" Vorstrafen dient der Erleichterung der Resozialisierung des Verurteilten[506], welche auch im staatspolitischen Interesse steht[507]. Ferner bringt diese Vorgehensweise den Betroffenen nicht in Gewissenskonflikte[508]. Da die Unternehmer und Mitarbeiter einem vorbestraften Kollegen i. d. R. mit Mißtrauen begegnen, eine Einstellung

---

504 Larenz, Methodenlehre der Rechtswissenschaft, S. 205. Präjudizien sind „ Entscheidungen, in denen dieselbe Rechtsfrage, über die neuerlich zu entscheiden ist, von einem Gericht in einem anderen Fall bereits einmal entschieden worden ist". Vgl.: Larenz, Methodenlehre der Rechtswissenschaft, S. 413.

505 Larenz, Methodenlehre der Rechtswissenschaft, S. 205.

506 Großmann, AuR 1969, 97 (101); Haberkorn, RdA 1962, 416 (417); Trinkhaus, RdA 1961, 221 (225 f.).

507 Trinkhaus, RdA 1961, 221 (225 f.).

508 Großmann, AuR 1969, 97 (101).

ablehnen oder sich gegen eine Zusammenarbeit mit ihm wehren, bedarf der Vorbestrafte des Schutzes der Allgemeinheit[509]. Ferner hat der Betroffene einen Anspruch darauf, vor nachteiligen Spätfolgen seiner Verurteilung geschützt zu werden, sofern er sich eine längere Zeit seit der Strafverbüßung bewährt hat.

Auch Hoppe[510] begrüßt die Lösung des Bundesarbeitsgerichts, da mit der „Einschlägigkeits"-Rechtsprechung der einzig richtige Weg verfolgt wird, durch den die Kenntniserlangung der Bewerbervorstrafen durch den Arbeitgeber blockiert werden kann. Darüber hinaus muß es dem Vorbestraften ermöglicht werden, sich wieder ins Arbeits- und Erwerbsleben einzuordnen. Eine andere Lösung gibt es nicht, denn die Möglichkeit Zwangsarbeitsverhältnisse abzuschließen, besteht in unserer liberalen Wirtschaftsordnung nicht.

Zum einen stellen zwar die Vorstrafen des Bewerbers einen wichtigen Gradmesser für die Beurteilung seiner Persönlichkeit dar. Auf der anderen Seite darf aber die Vorstrafe allein nicht für die Persönlichkeitsbeurteilung herangezogen werden[511], denn die menschlichen Handlungen sind viel zu komplex, als daß aufgrund der Straftat allein eine Aussage über die Gesamtpersönlichkeit des Täters gemacht werden kann[512]. Auch stellt die Beschränkung des Fragerechts auf „einschlägige" Vorstrafen ein Ergebnis dar, welches mit einer Interessenabwägung zwischen dem Interesse des Arbeitgebers auf Auskunftserlangung und dem Interesse des Arbeitnehmers am Erhalt des Arbeitsplatzes und seiner Resozialisierung vereinbar ist. Denn durch diese Begrenzung verbleibt dem Bewerber ein Persönlichkeitsbereich, der dem betrieblichen Leben entzogen ist[513]. Die Würde des Menschen und sein allgemeines Persönlichkeitsrecht werden auf diese Weise geachtet[514].

---

509 Seibertz, DR 1942, 145.

510 Hoppe, BlStSozArbR 1971, 173 (174).

511 Burchardi/Klempahn, Strafregister, Führungszeugnis und Karteien, § 2 RegVO Anm. VI, S. 9; Schäfer/Hellwig, Straftilgungsgesetz und Strafregisterverordnung, Einleitung, S. 12 f.; Trinkhaus, RdA 1961, 221 (225).

512 Hartung, Das Strafregister, Einleitung, S. 10; Hellmer, Jugendkriminalität in unserer Zeit, S. 66 ff., 118 f.; Großmann, AuR 1969, 97 (99 f.); Trinkhaus, RdA 1961, 221 (225). Allgemein über die Komplexität menschlicher Handlungen: Popitz, Über die Präventivwirkung des Nichtwissens, S. 6.

513 Großmann, AuR 1969, 97 (101); Hoppe, BlStSozArbR 1971, 173 (174).

514 Windolph, DB 1966, 579 (581); Osswald, Anm. zum Urteil des BAG vom 05.12.1957 – 1 AZR 594/56, SAE 1958, 149.

6. Zwischenergebnis

Vor dem Inkrafttreten des BZRG am 01.01.1972 stellt die „Einschlägigkeits"-Rechtsprechung des Bundesarbeitsgerichts die überzeugendste Regelung der Begrenzung des Fragerechts des Arbeitgebers nach den Vorstrafen des Bewerbers dar. Die gegenteiligen Lösungswege der Literatur vermögen wegen der abzulehnenden Argumente nicht zu überzeugen. Auf der anderen Seite spricht eine Vielzahl an Argumenten für die Rechtsprechung. Daher durfte der Arbeitgeber den Bewerber nur nach Vorstrafen fragen, sofern diese für das in Aussicht genommene Arbeitsverhältnis „einschlägig" waren; diese also für die auszuübende Tätigkeit von erheblicher Bedeutung waren und ein innerer Zusammenhang zwischen der vorgesehenen Tätigkeit und der Straftat bestand. Ferner durfte der Verurteilte nach § 4 Abs. 4, 5 StrafTilgG über die Verurteilung und den ihr zugrunde liegenden Sachverhalt die Auskunft verweigern, sofern der Vermerk über die Verurteilung im Strafregister getilgt war oder nur noch der beschränkten Auskunft unterlag.

III. Ansichten in der Literatur nach dem Inkrafttreten des BZRG 1972

Durch das Inkrafttreten des BZRG am 01.01.1972 hat sich zum einen das Strafregisterwesen in großem Umfang verändert[515] und zum anderen hat sich die Rechtslage des Verurteilten durch die Einführung des umfassenden Verschweigungsrechts des § 53 Abs. 1 BZRG verbessert[516]. Nach § 53 Abs. 1 BZRG darf sich der Verurteilte gegenüber jedermann als unbestraft bezeichnen und braucht auch den der Verurteilung zugrunde liegenden Sachverhalt nicht zu offenbaren, wenn die Verurteilung nicht mehr in das Führungszeugnis aufzunehmen ist oder aus dem Bundeszentralregister zu tilgen ist. Aufgrund dieser gesetzlichen Regelung stellt sich die Frage, ob die „Einschlägigkeits"-Rechtsprechung des Bundesarbeitsgerichts fortgilt oder vielmehr überholt ist, da der Gesetzgeber das Fragerecht nach den Vorstrafen mit der Einführung des § 53 Abs. 1 BZRG regeln wollte. Es stehen sich vor allem zwei Ansichten gegenüber. Zum einen handelt es sich um die These von der erschöpfenden Regelung des § 53 Abs. 1 BZRG und zum anderen um die These von der Weitergeltung der „Einschlägigkeits"-Rechtsprechung des Bundesarbeitsgerichts.

---

515 Vgl. dazu bereits S. 92 ff.

516 Vgl. dazu bereits S. 104 ff.

1. These von der erschöpfenden Regelung des § 53 Abs. 1 BZRG

Ein Teil der arbeitsrechtlichen Lehre[517] vertritt die These von der erschöpfenden Regelung des § 53 Abs. 1 BZRG. Das Verschweigungsrecht des § 53 Abs. 1 BZRG habe die „Einschlägigkeits"-Rechtsprechung des Bundesarbeitsgerichts abgelöst. Die Grenzen des Fragerechts des Arbeitgebers ergäben sich seit dem Inkrafttreten des BZRG am 01.01.1972 ausschließlich aus § 53 Abs. 1 BZRG. Daher dürfe der Arbeitgeber den Bewerber im Einstellungsgespräch nunmehr zulässigerweise nach allen Vorstrafen fragen, welche im Führungszeugnis für private Zwecke erscheinen. Nach allen anderen Vorstrafen hingegen dürfe er den Bewerber nicht befragen. Das Fragerecht bestehe unabhängig davon, ob es sich um „einschlägige" oder nicht „einschlägige" Vorstrafen handele.

2. These von der Weitergeltung der „Einschlägigkeits"-Rechtsprechung

Die Rechtsprechung[518] und die herrschende Meinung[519] in der arbeitsrechtlichen Lehre vertreten zutreffenderweise die These von der Weitergeltung der „Einschlägigkeits"-Rechtsprechung des Bundesarbeitsgerichts. Eine Vielzahl an

---

517 Götz, Das Bundeszentralregister, 1. Aufl., 1972, § 51 BZRG Rn. 5 (A. A. aber in der 4. Aufl., 2000: Götz/Tolzmann, § 53 BZRG Rn. 13); Böhm/Spiertz, § 4 BAT S. 20.18.1; Degener, Das Fragerecht des Arbeitgebers gegenüber Bewerbern, S. 110-114, insb. S. 114; Hanau/Adomeit, Arbeitsrecht, Rn. 630; Meisel, Die Mitwirkung und Mitbestimmung des Betriebsrats in personellen Angelegenheiten, Rn. 178; Kuhla, Datenschutz im Beamten- und Arbeitsverhältnis, S. 121-123; Hümmerich, Erfassungsschutz im arbeitsvertraglichen Anbahnungsverhältnis, S. 130; Birk, Auskünfte über Arbeitnehmer, S. 94-96; Conze, ZTR 1991, 99 (103); Hümmerich, BB 1979, 428 (431); Hofmann, ZfA 1975, 1 (11, 32 f.); Händel, JR 1973, 265 (268); Götz, BB 1971, 1325 (1326).

518 BAG, Urteil vom 20.05.1999 – 2 AZR 320/98, AP § 123 BGB Nr. 50; LAG Berlin, Urteil vom 22.03.1996 – 6 Sa 15/96, AuR 1996, 456; ArbG Wiesbaden, Urteil vom 09.05.1990 – 6 Ca 706/90, ARSt. 1990, 147 (148); ArbG Münster, Urteil vom 28.07.1988 – 2 Ca 142/88, DB 1988, 2209 f.; ArbG Wilhelmshaven, Urteil vom 09.11.1972 – Ca 936/72, ARSt. 1974, Nr. 28, S. 21.

519 Götz/Tolzmann, § 53 BZRG Rn. 13; Richardi-Thüsing, § 94 BetrVG Rn. 21; Hess/-Schlochauer/Glaubitz-Glock, § 94 BetrVG Rn. 12; Löwisch/Kaiser, § 94 BetrVG Rn. 9; Zöllner/Loritz, Arbeitsrecht, § 11 I 5a.), S. 149; Gamillscheg, Arbeitsrecht, Band I, S. 121; Lassen, Die Rechtsstellung des Vorbestraften nach dem BZRG, S. 166, 168; Birk, Auskünfte über Arbeitnehmer, S. 96-98; Höfle, AR-Blattei D, Vorstrafen I., I. Bedeutung im Arbeitsverhältnis, 1. Fortsetzungsblatt; Reinfeld, AR-Blattei SD, Vorstrafen 1780, Rn. 53-58; Moritz, NZA 1987, 329 (334); Wohlgemuth, DB 1985, Beilage 21, S. 1 (7); Linnenkohl, AuR 1983, 129 (134 f.); Linnenkohl, DVR 1981, 317 (334, 336 f.); Maurer, AuR 1972, 9 (10 f.).

Autoren[520] schließt sich dieser Ansicht an, ohne jedoch eine Begründung vorzutragen.

Das Verschweigungsrecht des § 53 Abs. 1 BZRG stellt lediglich die Festschreibung eines Mindestschutzes[521] dar. Nach dieser Ansicht findet das Fragerecht des Arbeitgebers nach den Bewerbervorstrafen zum einen seine Grenzen in der gesetzlichen Regelung des § 53 Abs. 1 BZRG und zum anderen in der „Einschlägigkeits"-Rechtsprechung des Bundesarbeitsgerichts. Der Arbeitgeber darf den Bewerber nur nach seinen Vorstrafen befragen, wenn diese im Führungszeugnis für private Zwecke aufgenommen sind, nicht der Tilgung unterliegen und kumulativ dazu im Hinblick auf das in Aussicht genommene Arbeitsverhältnis „einschlägig" sind.

3. Zwischenergebnis und Streitentscheid

Sowohl für die These von der erschöpfenden Regelung des § 53 Abs. 1 BZRG als auch für die These von der Weitergeltung der „Einschlägigkeits"-Rechtsprechung des Bundesarbeitsgerichts tragen deren Vertreter gewichtige Argumente vor.

---

520 Däubler/Kittner/Klebe-Klebe, § 94 BetrVG Rn. 16; Stege/Weinspach, § 94 BetrVG Rn. 18 f.; Fitting/Engels/Schmidt/Trebinger/Linsenmaier, § 94 BetrVG Rn. 19; Siebert/-Becker, § 94 BetrVG Rn. 3; Etzel, Betriebsverfassungsrecht, Rn. 721; Bleistein, § 94 BetrVG Rn. 421; Crisolli/Tiedtke, § 4 BAT Rn. 3b.); MünchArbR-Richardi, § 46 Rn. 44; Gamillscheg, Arbeitsrecht, Band I, S. 121; Halbach/Paland/Schwedes/Wlotzke, Übersicht über das Arbeitsrecht, 2. Arbeitsvertragsrecht, Rn. 28, S. 52; Brox/Rüthers, Arbeitsrecht, Rn. 63; Dütz, Arbeitsrecht, Rn. 86; Gitter/Michalski, Arbeitsrecht, S. 59; Bauer, Arbeitsrechtliche Aufhebungsverträge, Rn. II 310; Böhm/Justen, Bewerberauswahl und Einstellungsgespräch, S. 38; Dörner, AR-Blattei SD, Anfechtung 60, Rn. 75 f.; Knipp, AR-Blattei SD, Einstellung 640, Rn. 94 f.; Künzl, HzA, 5/1, Rn. 1070/58; Stevens-Bartol, in: Handbuch des Arbeits- und Sozialrechts, § 7c, Rn. 53; Hunold, Fragerecht des Arbeitgebers, in: Arbeitsrechtslexikon 187, S. 3; Hunold, AuA 2001, 260 (264); Roos, Anm. zum Urteil des BAG vom 20.05.1999 – 2 AZR 320/98, AiB 2000, 220 (221); Ehrich, DB 2000, 421 (422); Wohlgemuth, AuR 1992, 46 (48); Janker, AuA 1991, 264 (265 f.); Bellgardt, AiB 1984, 61 (63).

521 ArbG Münster, Urteil vom 28.07.1988 – 2 Ca 142/88, DB 1988, 2209 (2210); Gamillscheg, Arbeitsrecht, Band I, S. 121; Linnenkohl, DVR 1981, 317 (334); Reinfeld, AR-Blattei SD, Vorstrafen 1780, Rn. 58; Höfle, AR-Blattei D, Vorstrafen I., I. Bedeutung im Arbeitsverhältnis.

a.) Argumente für die These von der erschöpfenden Regelung des § 53 Abs. 1 BZRG

Die Vertreter der These von der erschöpfenden Regelung des § 53 Abs. 1 BZRG führen eine Vielzahl an Argumenten für ihre Ansicht an.

aa.) Gesetzliche Grenzen des Ermessensspielraums

Degener[522] untersucht, ob die These von der erschöpfenden Regelung des § 53 Abs. 1 BZRG den Ermessensraum des Gesetzgebers überschreitet. Zunächst stellt er fest, daß der Ermessensspielraum des Gesetzgebers weiter sei als der des Richters im gesetzesleeren Raum[523]. Dennoch fände er seine Grenzen wegen des Sozialstaatsgrundsatzes in dem Umstand, daß er einmal erreichte soziale Sicherungen nicht mehr später ersatzlos abbauen dürfe[524]. Obwohl die genauen Grenzen dieses Rückschrittsverbots nicht feststünden, müsse man dennoch für eine Abweichung einen vernünftigen Grund fordern. Es könne dem Gesetzgeber im Hinblick auf eine elastische Gesetzgebung nicht untersagt sein, die Stellung des Arbeitnehmers in Einzelbereichen gegenüber der bisherigen Rechtslage zu verschlechtern. Aus diesem Grund sei der Ermessensspielraum des Gesetzgebers mit der Annahme einer erschöpfenden Regelung des § 53 Abs. 1 BZRG nicht überschritten. Denn obwohl das Fragerecht des Arbeitgebers nicht mehr lediglich auf „einschlägige" Vorstrafen beschränkt sei, trete durch die Einführung des BZRG eine umfassende Aufwertung des Rechts zur Lüge des Betroffenen durch das Verschweigungsrecht des § 53 Abs. 1 BZRG ein[525].

bb.) Gesetzlich intendierte Regelung des Fragerechts

Für die These von der erschöpfenden Regelung des § 53 Abs. 1 BZRG tragen deren Vertreter vor allem vor, daß die „Einschlägigkeits"-Rechtsprechung nunmehr überholt sei, da der Gesetzgeber in den §§ 30 ff., 53 Abs. 1 BZRG ausdrücklich entschieden habe, welche Vorstrafen der Arbeitgeber erfahren dürfe und welche nicht[526]. Es sei ihm gerade auf eine Neuregelung des Arbeitgeber-

---

522 Degener, Das Fragerecht des Arbeitgebers gegenüber Bewerbern, S. 110 f.

523 So auch: Gamillscheg, AcP 164 (1964), S. 385 (397).

524 BVerfG, Beschluß vom 30.11.1965 – 2 BvR 54/62, BVerfGE 19, 303 (319); Urteil vom 18.11.1954 – 1 BvR 629/52, BVerfGE 4, 96 (102); Däubler, AuR 1973, 233 (241).

525 Degener, Das Fragerecht des Arbeitgebers gegenüber Bewerbern, S. 111; Gamillscheg, AcP 164 (1964), S. 385 (397).

526 Götz, Das Bundeszentralregister, 1. Aufl., 1972, § 51 BZRG Rn. 5 (A. A. hingegen in der 4. Aufl., 2000: Götz/Tolzmann, § 53 BZRG Rn. 13); Böhm/Spiertz, § 4 BAT, S. 20.18.1; Birk, Auskünfte über Arbeitnehmer, S. 95; Hümmerich, Erfassungsschutz im arbeitsver-

fragerechts nach den Bewerbervorstrafen angekommen. Ferner trägt Götz[527] vor, daß der Gesetzgeber eingehend festgelegt habe, welche Vorstrafen im Hinblick auf die Resozialisierung des Verurteilten bekannt werden sollten und welche nicht. Er habe die „Einschlägigkeits"-Rechtsprechung gerade nicht übernehmen wollen[528]. Aufgrund einer sorgfältigen Abwägung der gegenseitigen Interessen habe sich der Gesetzgeber schließlich für die Regelungen der §§ 30 Abs. 2, 3, 32, 36 BZRG entschieden[529]. Auch aus rechtspolitischer Sicht müßten die neuen Normen akzeptiert und befolgt werden; umso mehr, je jünger sie seien[530].

cc.) Keine Erwähnung in den Motiven

Zwar habe der Gesetzgeber das Problem des Fragerechts des Arbeitgebers nach den Vorstrafen des Bewerbers erkannt und während der Gesetzesberatungen auch teilweise angesprochen[531], denn die Intention des § 53 Abs. 1 BZRG sei ein Kompromiß zwischen dem Informationsbedürfnis des Arbeitgebers und der Berücksichtigung der Resozialisierung des Vorbestraften[532]. Dagegen spricht jedoch, daß die „Einschlägigkeits"-Rechtsprechung des Bundesarbeitsgerichts weder im BZRG noch in den Motiven[533] Erwähnung gefunden hat[534]. Degener und Götz wenden hiergegen ein, daß aus dem schriftlichen Bericht des Sonderausschusses für die Strafrechtsreform über den von der Bundesregierung eingebrachten Entwurf des BZRG[535] hervorgehe, daß die an der Gesetzgebung Beteiligten an der Erreichung eines gerechten Ausgleichs zwischen den Arbeitgeber- und Bewerberinteressen bemüht gewesen seien. Dort habe man erörtert, welche Vorstrafen der Arbeitgeber durch eine Befragung des Bewerbers erfahren dürfe[536]. Als Ergebnis habe sich schließlich die ausgewogene Regelung der §§ 4,

---

traglichen Anbahnungsverhältnis, S. 130; Hümmerich, BB 1979, 428 (431); Götz, BB 1971, 1325 (1326).

527 Götz, BB 1971, 1325 (1326). Vgl. dazu auch: Birk, Auskünfte über Arbeitnehmer, S. 95.

528 Birk, Auskünfte über Arbeitnehmer, S. 95.

529 Götz, BB 1971, 1325 (1326).

530 Degener, Das Fragerecht des Arbeitgebers gegenüber Bewerbern, S. 111.

531 BT-Drucks. VI/477, S. 9; BT-Drucks. VI/1550, S. 11 ff. Vgl. ferner: ArbG Münster, Urteil vom 28.07.1988 – 2 Ca 142/88, DB 1988, 2209 (2210); Reinfeld, AR-Blattei SD, Vorstrafen 1780, Rn. 54; Wohlgemuth, DB 1985, Beilage 21, S. 1 (6).

532 Reinfeld, AR-Blattei SD, Vorstrafen 1780, Rn. 54.

533 BT-Drucks. VI/477; BT-Drucks. VI/1550; BT-Sitzungsberichte VI, 87. Sitzung, S. 4847 ff.

534 Degener, Das Fragerecht des Arbeitgebers gegenüber Bewerbern, S. 111; Reinfeld, AR-Blattei SD, Vorstrafen 1780, Rn. 54. Vgl. den Hinweis des ArbG Münster, Urteil vom 28.07.1988 – 2 Ca 142/88, DB 1988, 2209 (2210).

535 BT-Drucks. VI/1550, S. 1, 13 f.

536 BT-Drucks. VI/1550, S. 1, 4, 12 ff., 16, 23; Degener, Das Fragerecht des Arbeitgebers gegenüber Bewerbern, S. 111; Götz, BB 1971, 1325 (1326).

30, 32, 36, 44, 51 BZRG durchgesetzt. Aus diesem Grund geht Degener[537] davon aus, daß der Gesetzgeber sich nach einer langen Beratung dazu entschlossen habe, daß das Fragerecht des Arbeitgebers nach Inkrafttreten des BZRG nicht mehr durch das Kriterium der „Einschlägigkeit" beschränkt werden solle. Dieser Wille komme auch im Wortlaut des § 53 Abs. 1 BZRG zum Ausdruck, denn diese Norm erwähne den Begriff der „Einschlägigkeit" gerade nicht.

Darüber hinaus begründet Degener[538] die These von der erschöpfenden Regelung des § 53 Abs. 1 BZRG damit, daß eine Vermutung für die Ausschließlichkeit einer neuen gesetzlichen Regelung spreche, wenn eine verbesserungswürdige Materie eine neue Grundlage erfahre. Denn der Gesetzgeber habe die Möglichkeit genutzt, eine einheitliche, widerspruchslose Regelung zu treffen, die gerade die Nachteile der alten Rechtslage ausräume.

dd.) Inhaltliche Übereinstimmung von Führungszeugnis und Fragerecht

Des weiteren sei die Rechtsprechung des Bundesarbeitsgerichts nunmehr obsolet, da die Diskrepanz der alten Rechtslage durch das BZRG beseitigt wurde. Mit der Regelung des § 53 Abs. 1 BZRG habe der Gesetzgeber den Mangel der alten Rechtslage des StrafTilgG behoben, nach der der Verurteilte auf Befragen mehr Vorstrafen offenbaren mußte, als der Arbeitgeber aus dem polizeilichen Führungszeugnis entnehmen konnte[539]. Diese fehlende Harmonisierung zwischen dem Inhalt des Führungszeugnisses und der Offenbarungspflicht des Bewerbers brachte den Bewerber in einen Gewissenskonflikt, in dem sich der Betroffene regelmäßig dafür entschied, nur eine seinem Führungszeugnis entsprechende Auskunft über seine Vorstrafen zu erteilen, um angestellt zu werden[540]. Dabei setzte sich der vorbestrafte Bewerber aber der Gefahr aus, fristlos gekündigt zu werden oder eine Anfechtung wegen arglistiger Täuschung nach § 123 Abs. 1 BGB hinnehmen zu müssen. Vor diesem Hintergrund wurde die Begrenzung des Fragerechts des Arbeitgebers auf „einschlägige" Vorstrafen nicht wieder durch einen weitergehenden Inhalt des Führungszeugnisses überspielt[541]. Diese einander widersprechenden Regelungen des StrafTilgG paßte das Bundes-

---

[537] Degener, Das Fragerecht des Arbeitgebers gegenüber Bewerbern, S. 111 f. Ferner: Wohlgemuth, DB 1985, Beilage 21, S. 1 (6).

[538] Degener, Das Fragerecht des Arbeitgebers gegenüber Bewerbern, S. 112.

[539] Götz, Das Bundeszentralregister, 1. Aufl., 1972, § 51 BZRG Rn. 5 (A. A. hingegen in der 4. Aufl., 2000: Götz/Tolzmann, § 53 BZRG Rn. 13); Meisel, Die Mitwirkung und Mitbestimmung des Betriebsrats in personellen Angelegenheiten, Rn. 178; Kuhla, Datenschutz im Beamten- und Arbeitsverhältnis, S. 121; Birk, Auskünfte über Arbeitnehmer, S. 94; Hofmann, ZfA 1975, 1 (27 f.); Götz, BB 1971, 1325 (1326).

[540] Birk, Auskünfte über Arbeitnehmer, S. 94; Wohlgemuth, DB 1985, Beilage 21, S. 1 (6).

[541] Degener, Das Fragerecht des Arbeitgebers gegenüber Bewerbern, S. 112.

arbeitsgericht durch eine teleologische Reduktion des § 4 Abs. 5 StrafTilgG aneinander an, so daß der Bewerber nun auch die Vorstrafen, die nicht mehr im Führungszeugnis erschienen, zumindest dann verschweigen durfte, wenn sie im Hinblick auf den zu besetzenden Arbeitsplatz nicht einschlägig waren[542]. Indem diese Abweichungen nun aneinander angepaßt worden sind, sei der Anlaß für die Anwendung der „Einschlägigkeits"-Rechtsprechung weggefallen[543].

Durch die Einführung der registerlichen Führungszeugnisse und die damit verbundene Ablösung der polizeilichen Führungszeugnisse und der beschränkten Auskunft aus dem Strafregister stimmten der Inhalt des Führungszeugnisses und die Offenbarungspflicht des Betroffenen über seine Vorstrafen in folgender Hinsicht überein[544]. Getilgte Vorstrafen darf der Betroffene nach der neuen Rechtslage in jedem Fall verschweigen. Vorstrafen, die im Führungszeugnis nicht aufgenommen werden, muß er allenfalls den unbeschränkt auskunftsberechtigten Partnern mitteilen. Gegenüber allen anderen amtlichen Stellen und privaten Partnern kann er hingegen von seinem umfassenden Verschweigungsrecht aus § 53 Abs. 1 BZRG Gebrauch machen. Der Grund, die Offenbarungspflicht des Verurteilten darüber hinaus auf „einschlägige" Vorstrafen zu beschränken, falle daher weg[545]. Weiter sei durch die Neuregelung des Registerrechts die Legitimation für die in einem Rechtsnotstand begründete gesetzeskorrigierte Rechtsprechung entzogen worden[546].

ee.) Recht des Arbeitgebers auf Vorlage eines Führungszeugnisses

Des weiteren sei das Führungszeugnis für private Zwecke nach § 30 Abs. 1 S. 1 BZRG gerade dazu gedacht, daß der Arbeitgeber oder andere private Stellen die Möglichkeit erhalten, sich über die Vorverurteilungen ihres Vertragspartners informieren zu können[547]. Es sei daher kein Grund ersichtlich, warum der Ar-

---

542 Kuhla, Datenschutz im Beamten- und Arbeitsverhältnis, S. 121; Birk, Auskünfte über Arbeitnehmer, S. 94.

543 Meisel, Die Mitwirkung und Mitbestimmung des Betriebsrats in personellen Angelegenheiten, Rn. 178; Wohlgemuth, DB 1985, Beilage 21, S. 1 (6).

544 Meisel, Die Mitwirkung und Mitbestimmung des Betriebsrats in personellen Angelegenheiten, Rn. 178; Kuhla, Datenschutz im Beamten- und Arbeitsverhältnis, S. 121; Götz, BB 1971, 1325 (1326).

545 Kuhla, Datenschutz im Beamten- und Arbeitsverhältnis, S. 121.

546 Birk, Auskünfte über Arbeitnehmer, S. 94; Wohlgemuth, DB 1985, Beilage 21, S. 1 (6).

547 So die ganz herrschende Meinung: Götz, Das Bundeszentralregister, 1. Aufl., 1972, § 51 BZRG Rn. 5; Degener, Das Fragerecht des Arbeitgebers gegenüber Bewerbern, S. 112; Birk, Auskünfte über Arbeitnehmer, S. 96; Hofmann, ZfA 1975, 1 (32); Götz, BB 1971, 1325 (1326). Ferner: BT-Drucks. VI/477, S. 19; BT-Drucks. VI/1550, S. 11, 12, 17. Anders hingegen: Ramm, Die Anfechtung des Arbeitsvertrages, S. 67 Fn. 127.

beitgeber die – ohnehin aus dem Führungszeugnis hervorgehenden – nicht „einschlägigen“ Vorstrafen nicht bereits vorher durch Befragung in Erfahrung bringen dürfe. Wollte man dem Arbeitgeber das Fragerecht verweigern, so müsse man ihm konsequenterweise auch das Recht verbieten, ein Führungszeugnis anzufordern. Dies komme hingegen nicht in Betracht, da ansonsten der Sinn und Zweck des Privatführungszeugnisses verkannt werde[548]. Auch zeigten die Motive zum BZRG[549], daß der Gesetzgeber beim Arbeitgeber gerade nicht von einer Beschränkung seines Anforderungsrechts eines Führungszeugnisses ausgegangen sei. Daher sei es zulässig, daß der Arbeitgeber stets alle Vorstrafen ohne Rücksicht auf ihre „Einschlägigkeit“ durch die Vorlage des Führungszeugnisses erfahre[550].

Darüber hinaus fand die „Einschlägigkeits“-Rechtsprechung des Bundesarbeitsgerichts bereits vor dem Inkrafttreten des BZRG am 01.01.1972 keine uneingeschränkte Zustimmung in der Literatur, sondern war äußerst umstritten[551]. Auch dieser Umstand spreche dafür, daß der Gesetzgeber mit der Einführung des § 53 Abs. 1 BZRG die strittige Rechtslage habe aufheben wollen[552].

ff.) Keine rechtlichen Nachteile für den Arbeitnehmer

Ferner habe die Ablösung der „Einschlägigkeits“-Rechtsprechung durch das Verschweigungsrecht des § 53 Abs. 1 BZRG keine Nachteile für den vorbestraften Bewerber zur Folge. Zwar könne der Arbeitgeber nach der These von der erschöpfenden Regelung des § 53 Abs. 1 BZRG nach allen im Führungszeugnis erscheinenden Vorstrafen ohne Rücksicht auf ihre „Einschlägigkeit“ fragen. Jedoch sei dem Betroffenen dafür im Gegenzug ein umfassendes Verschweigungsrecht eingeräumt worden. Nach § 53 Abs. 1 BZRG könne der Verurteilte seine Vorstrafen nunmehr gegenüber jedermann verschweigen, sofern diese nicht mehr in das Führungszeugnis nach § 30 Abs. 1 S. 1 BZRG aufzunehmen sind[553].

---

548 Degener, Das Fragerecht des Arbeitgebers gegenüber Bewerbern, S. 112; Birk, Auskünfte über Arbeitnehmer, S. 96; Götz, BB 1971, 1325 (1326).

549 BT-Sitzungsberichte VI/87. Sitzung, S. 4851. Vgl. ferner: Degener, Das Fragerecht des Arbeitgebers gegenüber Bewerbern, S. 112.

550 Degener, Das Fragerecht des Arbeitgebers gegenüber Bewerbern, S. 112; Birk, Auskünfte über Arbeitnehmer, S. 96.

551 Vgl. dazu die vorangegangenen Ausführungen auf S. 117 ff.

552 Degener, Das Fragerecht des Arbeitgebers gegenüber Bewerbern, S. 112.

553 Degener, Das Fragerecht des Arbeitgebers gegenüber Bewerbern, S. 113.

gg.) Unvermeidbarkeit der Schlechterstellung des Arbeitnehmers

Daß durch die These von der erschöpfenden Regelung des § 53 Abs. 1 BZRG eine Schlechterstellung des vorbestraften Bewerbers in der Hinsicht entsteht, daß er nun alle Vorstrafen ohne Rücksicht auf ihre „Einschlägigkeit“ in Bezug zum in Aussicht genommenen Arbeitsverhältnis auf eine entsprechende Frage des Arbeitgebers hin offenbaren muß, verkennen auch deren Vertreter nicht[554]. Sie wird aber als unvermeidbar angesehen, da der gesetzgeberische Wille maßgeblich und der Gesetzesanwender diesem unterworfen sei.

ii.) Rechtssicherheit und Gesetzesbindung

Des weiteren diene die These von der erschöpfenden Regelung des § 53 Abs. 1 BZRG der Rechtssicherheit[555]. Denn die Probleme bei der praktischen Bestimmung, welche Vorstrafen für ein bestimmtes Arbeitsverhältnis „einschlägig“ sind, fielen weg[556]. Eine Abwägung der gegenseitigen Interessen von Arbeitgeber und Bewerber sei für die Bestimmung der „Einschlägigkeit“ nicht mehr erforderlich[557]. Selbst wenn man davon ausgehe, daß die Ablösung der „Einschlägigkeits“-Rechtsprechung des Bundesarbeitsgerichts eine Schlechterstellung des vorbestraften Arbeitnehmers zur Folge habe, sei dies unvermeidbar. Denn der Gesetzesanwender sei dem Gesetzgeber gegenüber zum Gehorsam verpflichtet[558].

ii.) Zwischenergebnis

Die Vertreter der These von der erschöpfenden Regelung des § 53 Abs. 1 BZRG führen eine Reihe an gewichtigen Argumenten an. Vor allem stellen sie auf den historischen Willen des Gesetzgebers ab, der nach ihrer Auffassung die Rechtslage des Fragerechts des Arbeitgebers vollkommen neu regeln wollte und dabei nicht auf die bereits vorher vorhandene Rechtsprechung zurückgreifen wollte.

---

554 Degener, Das Fragerecht des Arbeitgebers gegenüber Bewerbern, S. 111 f.; Hofmann, ZfA 1975, 1 (32 f.).

555 Kuhla, Datenschutz im Beamten- und Arbeitsverhältnis, S. 123.

556 Kuhla, Datenschutz im Beamten- und Arbeitsverhältnis, S. 123. Vgl. zu den Problemen der praktischen Umsetzbarkeit der „Einschlägigkeits“-Rechtsprechung bereits die Ausführungen auf S. 133 ff.

557 Kuhla, Datenschutz im Beamten- und Arbeitsverhältnis, S. 123.

558 Götz, Das Bundeszentralregister, 1. Aufl., 1972, § 51 BZRG Rn. 5; Degener, Das Fragerecht des Arbeitgebers gegenüber Bewerbern, S. 111 f.; Birk, Auskünfte über Arbeitnehmer, S. 96; Hofmann, ZfA 1975, 1 (32 f.); Götz, BB 1971, 1325 (1326).

b.) Argumente für die These von der Weitergeltung der „Einschlägigkeits“-Rechtsprechung

Die Vertreter der These von der Weitergeltung der „Einschlägigkeits“-Rechtsprechung des Bundesarbeitsgerichts hingegen berufen sich vor allem auf die herkömmlichen Auslegungsmethoden von Gesetzen. Sie stellen zutreffenderweise vor allem auf den Sinn und Zweck der Norm ab, nicht auf ihr historisches Zustandekommen.

aa.) Grammatikalische Auslegung des § 53 Abs. 1 BZRG

Ausgangspunkt für die Auslegung einer Norm ist zunächst der im Gesetzeswortlaut ausgedrückte Wille des Gesetzgebers, der nicht mit dem subjektiven Willen des historischen Gesetzgebers identisch sein muß[559]. Die Auslegung des Wortlauts des § 53 Abs. 1 BZRG ergibt, daß es sich um keine abschließende Regelung des Fragerechts bzw. der Offenbarungspflicht des Bewerbers über seine Vorstrafen handelt. Denn § 53 Abs. 1 BZRG besagt gerade nicht, daß sich der Verurteilte ausschließlich in den dort genannten Fällen als unbestraft bezeichnen darf. In Kenntnis der Rechtsprechung des Bundesarbeitsgerichts hätte es vielmehr einer Klarstellung dahingehend erfordert, daß sich der Verurteilte nur in den dort aufgeführten Fällen als unbestraft bezeichnen darf. § 53 Abs. 1 BZRG nimmt eine solche Einschränkung indes nicht vor[560], weil auch eine stark differenzierende Regelung der Vielzahl der Umstände des Einzelfalls nicht Rechnung tragen kann[561]. Daher handelt es sich mit § 53 Abs. 1 BZRG nicht um eine

---

559 Wohlgemuth, DB 1985, Beilage 21, S. 1 (7).

560 ArbG Münster, Urteil vom 28.07.1988 – 2 Ca 142/88, DB 1988, 2209 (2210); Birk, Auskünfte über Arbeitnehmer, S. 97 f.; Reinfeld, AR-Blattei SD, Vorstrafen 1780, Rn. 56; Höfle, AR-Blattei D, Vorstrafen I., I. Bedeutung im Arbeitsverhältnis; Wohlgemuth, DB 1985, Beilage 21, S. 1 (7); Linnenkohl, DVR 1981, 317 (334); Maurer, AuR 1972, 9 (10).

561 Maurer, AuR 1972, 9 (10). Vgl. ferner die Ausführungen auf S. 133 ff.

abschließende Regelung des Fragerechts nach den Vorstrafen[562], sondern diese Norm gewährt lediglich einen Mindestschutz für den Betroffenen[563].

bb.) Systematische Auslegung des § 53 Abs. 1 BZRG

Ferner ist eine systematische Auslegung des § 53 Abs. 1 BZRG vorzunehmen. Die systematische Auslegung stellt den einzelnen Rechtssatz in den Zusammenhang mit dem Gesetz und der gesamten Rechtsordnung[564]. Auch aus den anderen Bestimmungen des BZRG läßt sich nur entnehmen, daß eine Offenbarungspflicht des Betroffenen über den Inhalt seines Führungszeugnisses nicht besteht. Daher kann der Verurteilte stets alle Vorstrafen verschweigen, die nicht in seinem Führungszeugnis erscheinen[565]. Damit ist aber noch nicht festgestellt, daß der Verurteilte in allen Lebensbereichen ausschließlich unter den Voraussetzungen des § 53 Abs. 1 BZRG seine Vorstrafen verschweigen darf[566]. Wohlgemuth[567] führt hierzu überzeugend aus, der Gesetzgeber werde mit der Einführung des § 53 Abs. 1 BZRG mit Sicherheit nicht bezweckt haben wollen, daß der Käufer dem Verkäufer auf dessen Frage hin alle seine, nicht dem Verschweigungsrecht des § 53 Abs. 1 BZRG unterliegenden Vorstrafen mitteilen muß. Eine erschöpfende Regelung des § 53 Abs. 1 BZRG ist daher auch anhand einer systematischen Auslegung nicht anzunehmen.

---

562 Birk, Auskünfte über Arbeitnehmer, S. 98; Höfle, AR-Blattei D, Vorstrafen I., I. Bedeutung im Arbeitsverhältnis; Linnenkohl, DVR 1981, 317 (337); Maurer, AuR 1972, 9 (10). Wohlgemuth, DB 1985, Beilage 21, S. 1 (7) ist der Ansicht, daß sich aus der Auslegung des § 53 Abs. 1 BZRG anhand seines Wortlauts kein eindeutiges Ergebnis und kein Hinweis für eine der beiden Ansichten entnehmen läßt. Sollte § 53 Abs. 1 BZRG eine erschöpfende Regelung darstellen, müsse im Wortlaut der Hinweis enthalten sein, daß der Arbeitgeber „nur“ nach bestimmten Vorstrafen fragen darf. Dies ist nicht der Fall. Für eine Weitergeltung der „Einschlägigkeits“-Rechtsprechung des Bundesarbeitsgerichts hätte es einer Formulierung bedurft, daß diese „Regelung unbeschadet anderweitiger Bestimmungen“ gilt. Auch dies ist nicht erfolgt. Daher könne man dem Wortlaut des § 53 Abs. 1 BZRG keinen Anhaltspunkt entnehmen.

563 ArbG Münster, Urteil vom 28.07.1988 – 2 Ca 142/88, DB 1988, 2209 (2210); Reinfeld, AR-Blattei SD, Vorstrafen 1780, Rn. 58; Linnenkohl, DVR 1981, 317 (337).

564 Palandt-Heinrichs, Einleitung, Rn. 42; Larenz, Methodenlehre der Rechtswissenschaft, S. 310 ff.; Wohlgemuth, DB 1985, Beilage 21, S. 1 (7).

565 Wohlgemuth, DB 1985, Beilage 21, S. 1 (7).

566 ArbG Münster, Urteil vom 28.07.1988 – 2 Ca 142/88, DB 1988, 2209 (2210); Wohlgemuth, DB 1985, Beilage 21, S. 1 (7).

567 Wohlgemuth, DB 1985, Beilage 21, S. 1 (7).

cc.) Sinn und Zweck des § 53 Abs. 1 BZRG

Auch aus dem Sinn und Zweck des § 53 Abs. 1 BZRG läßt sich die Annahme einer erschöpfenden Regelung des § 53 Abs. 1 BZRG nicht ableiten. Der Sinn des Gesetzes wird u. a. auch durch allgemeine Zweckmäßigkeits- und Gerechtigkeitserwägungen bestimmt[568]. Diese wiederum sprechen für eine Weitergeltung der „Einschlägigkeits“-Rechtsprechung. Denn durch die These von der erschöpfenden Regelung des § 53 Abs. 1 BZRG würde der durch die „Einschlägigkeits“-Rechtsprechung erzielte Fortschritt des Arbeitnehmerschutzes wieder zunichte gemacht; somit entstünden Nachteile für die vorbestraften Bewerber[569]. Dies ist der Fall, wenn der Bewerber in nicht „einschlägiger“ Weise vorstraft ist und die Vorstrafe nicht unter das Verschweigungsrecht des § 53 Abs. 1 BZRG fällt[570]. Nach Ansicht der Rechtsprechung und der herrschenden Meinung in der Lehre ist der Betroffene nicht dazu gehalten, diese auf eine Befragung mitzuteilen. Nach der These von der erschöpfenden Regelung des § 53 Abs. 1 BZRG hingegen wäre er zur Mitteilung verpflichtet. Dies würde aber eine Schlechterstellung und eine Benachteilung des sozialen Schutzes im Vergleich mit der alten Rechtslage darstellen, die nicht zu akzeptieren ist[571]. Hierfür spricht weder ein tatsächliches noch ein rechtliches Bedürfnis[572].

In tatsächlicher Hinsicht ist kein erweitertes Schutzbedürfnis des Arbeitgebers hinzugetreten, das eine derartige Besserstellung der Arbeitgeberinteressen beim Bewerbungsgespräch rechtfertigt. Vielmehr ist das Arbeitnehmerschutzbedürfnis gestiegen, da eine vermehrte Arbeitslosigkeit die Konkurrenzsituation auf dem Arbeitsmarkt verschärft hat. Ferner steht auch die Resozialisierung des vorbestraften Bewerbers einem derartig umfassenden Informationsrecht des Arbeitgebers entgegen. Daher besteht aus tatsächlicher Hinsicht kein Schutzbedürfnis des Arbeitgebers. Auch in rechtlicher Hinsicht ist gegen eine Weitergeltung der „Einschlägigkeits“-Rechtsprechung des Bundesarbeitsgerichts nichts einzuwen-

---

568 ArbG Münster, Urteil vom 28.07.1988 – 2 Ca 142/88, DB 1988, 2209 (2210).

569 ArbG Münster, Urteil vom 28.07.1988 – 2 Ca 142/88, DB 1988, 2209 (2210); Wohlgemuth, DB 1985, Beilage 21, S. 1 (7); Linnenkohl, AuR 1983, 129 (134); Linnenkohl, DVR 1981, 317 (335); Höfle, AR-Blattei D, Vorstrafen I., I. Bedeutung im Arbeitsverhältnis; Maurer, AuR 1972, 9 (10).

570 Birk, Auskünfte über Arbeitnehmer, S. 96; Linnenkohl, AuR 1983, 129 (134); Linnenkohl, DVR 1981, 317 (335).

571 ArbG Münster, Urteil vom 28.07.1988 – 2 Ca 142/88, DB 1988, 2209 (2210); Birk, Auskünfte über Arbeitnehmer, S. 96; Wohlgemuth, DB 1985, Beilage 21, S. 1 (7); Linnenkohl, DVR 1981, 317 (335); Höfle, AR-Blattei D, Vorstrafen I., I. Bedeutung im Arbeitsverhältnis; Maurer, AuR 1972, 9 (10).

572 Birk, Auskünfte über Arbeitnehmer, S. 97.

den. Denn sowohl der Wortlaut des § 53 Abs. 1 BZRG als auch dessen Regelungszusammenhang stehen dem nicht entgegen[573].

dd.) Keine Erwähnung der „Einschlägigkeits“-Rechtsprechung in den Motiven

Die Vertreter der These von der Weitergeltung der „Einschlägigkeits“-Rechtsprechung des Bundesarbeitsgerichts halten dem Argument der Gegenmeinung, die Bestimmungen des BZRG seien in voller Kenntnis der „Einschlägigkeits“-Rechtsprechung ergangen[574], entgegen, daß auf diese im Gesetzgebungsverfahren ersichtlich nicht eingegangen wurde[575]. Unter Umständen ist die Rechtsprechung dem Gesetzgeber gar nicht bekannt gewesen[576]. Daher ergibt sich auch aus den Gesetzesmaterialien kein Anhaltspunkt für die These von der erschöpfenden Regelung des § 53 Abs. 1 BZRG[577]. Schon aus diesem Grund kann nicht unterstellt werden, daß der Gesetzgeber des BZRG die „Einschlägigkeits“-Rechtsprechung des Bundesarbeitsgerichts in Kenntnis der arbeitsrechtlichen Diskussion ablösen wollte[578]. Da die Weitergeltung der Rechtsprechung für den betroffenen Bewerber lediglich einen Vorteil und keinesfalls einen Nachteil darstellt, ist ein weiteres Eingehen auf die verfassungsrechtlichen Überlegungen mit Degener[579] im Hinblick auf ein Rückschrittsverbot überflüssig[580].

ee.) Regelungszusammenhang

Aus dem Regelungszusammenhang erkennt man, daß der Gesetzgeber mit der Neufassung des Registerrechts in erster Linie den Bedürfnissen der Rechtspflege Rechnung tragen wollte[581]. Seine Intention bestand darin, den Behörden und

---

573 Vgl. bereits S. 148 ff. Ferner: Birk, Auskünfte über Arbeitnehmer, S. 97.

574 Vgl. dazu bereits S. 142 ff.

575 ArbG Münster, Urteil vom 28.07.1988 – 2 Ca 142/88, DB 1988, 2209 (2210); Reinfeld, AR-Blattei SD, Vorstrafen 1780, Rn. 54; Wohlgemuth, DB 1985, Beilage 21, S. 1 (6).

576 Wohlgemuth, DB 1985, Beilage 21, S. 1 (6).

577 Götz/Tolzmann, § 53 BZRG Rn. 13; Wohlgemuth, DB 1985, Beilage 21, S. 1 (6). Der Bundestagsauschuß habe den „Einschlägigkeits“-Begriff nur ganz allgemein und nicht etwa unter Betonung eines Zusammenhangs mit dem Arbeitsverhältnis und dem Hinweis auf seine EDV-technische Undurchführbarkeit abgelehnt. Die „Einschlägigkeits“-Rechtsprechung des Bundesarbeitsgerichts hingegen fand zu keinem Zeitpunkt Erwähnung. Vgl. dazu: Wohlgemuth, DB 1985, Beilage 21, S. 1 (7).

578 Wohlgemuth, DB 1985, Beilage 21, S. 1 (6 f.).

579 Degener, Das Fragerecht des Arbeitgebers gegenüber Bewerbern, S. 114 f.

580 Linnenkohl, AuR 1983, 129 (134); Linnenkohl, DVR 1981, 317 (335, 337); Maurer, AuR 1972, 9 (10).

581 BT-Drucks. VI/ 1550, S. 1; Birk, Auskünfte über Arbeitnehmer, S. 98.

Gerichten eine Auskunftsmöglichkeit über die Vorstrafen der Bürger einzuräumen. Das Arbeitsrecht und damit das Fragerecht des Arbeitgebers nach den Vorstrafen des Bewerbers stellen demgegenüber einen lediglich mittelbar betroffenen Bereich dar. Es ist aber nicht ersichtlich, daß der Gesetzgeber in diesem nur mittelbar tangierten Rechtsbereich eine Verschlechterung des sozialen Schutzes herbeiführen wollte[582]. Daher ist von der Weitergeltung der „Einschlägigkeits"-Rechtsprechung des Bundesarbeitsgerichts auszugehen.

ff.) Berücksichtigung der Resozialisierung und Intimsphäre des Bewerbers

Die These von der erschöpfenden Regelung des § 53 Abs. 1 BZRG tendiert ferner zu einem zwar eingeschränkten Fragerecht des Arbeitgebers, das jedoch im Hinblick auf die Einschlägigkeit der Vorstrafen keiner Begrenzung unterliegt. Selbst, wenn dies der Wille des historischen Gesetzgebers sei, vermag diese Ansicht nicht zu überzeugen, denn sie vernachlässigt den Resozialisierungsgedanken und den Schutz der Intimsphäre des Bewerbers[583].

gg.) Grundsätze der Sozialstaatlichkeit

Ferner ist zur Begründung der These von der Weitergeltung der Rechtsprechung das Sozialstaatsprinzip gemäß Art. 20, 28 GG heranzuziehen. Dieses verbietet es selbst dem Gesetzgeber, eine einmal erreichte soziale Sicherung ersatzlos abzubauen[584]. Das Sozialstaatsprinzip spricht eindeutig für die Beibehaltung des sozialen Schutzes der „Einschlägigkeits"-Rechtsprechung auch nach dem Inkrafttreten des BZRG am 01.01.1972[585]. Sofern man das Verschweigungsrecht des § 53 Abs. 1 BZRG als Festschreibung eines Mindestschutzes ansieht, der im

---

582 Gamillscheg, Arbeitsrecht, Band I, S. 121; Birk, Auskünfte über Arbeitnehmer, S. 98.

583 Fitting/Engels/Schmidt/Trebinger/Linsenmaier, § 94 BetrVG Rn. 16, 19; Lassen, Die Rechtsstellung des Vorbestraften nach dem BZRG, S. 166; Benda, FS Faller, S. 307 (317 ff.); Höfle, AR-Blattei D, Vorstrafen I., I. Bedeutung im Arbeitsverhältnis; Hunold, in: Arbeitsrechtslexikon, 187, S. 3; Ehrich, DB 2000, 421 (422); Moritz, NZA 1987, 329 (334); Wohlgemuth, DB 1985, Beilage 21, S. 1 (7); Linnenkohl, AuR 1983, 129 (135); Linnenkohl, DVR 1981, 317 (336 f.); Maurer, AuR 1972, 9 (10). Dem Resozialisierungsgedanken hat das Bundesverfassungsgericht Verfassungswert zuerkannt: BVerfG, Beschluß vom 27.11.1973 – 2 BvL 12/72 und 3/73, BVerfGE 36, 174 (188); Urteil vom 05.06.1973 – 1 BvR 536/72, BVerfGE 35, 202 (235). Vgl. dazu in der Literatur: Moritz, NZA 1987, 329 (334). Ferner zum Schutz der Intimsphäre des Bewerbers: ArbG Wilhelmshaven, Urteil vom 09.11.1972 – Ca 936/72, ARSt. 1974, Nr. 28, S. 21.

584 BVerfG, Beschluß vom 30.11.1965 – 2 BvR 54/62, BVerfGE 19, 303 (319); Urteil vom 18.11.1954 – 1 BvR 629/52, BVerfGE 4, 96 (102); Gamillscheg, Arbeitsrecht, Band I, S. 121; Birk, Auskünfte über Arbeitnehmer, S. 98; Degener, Das Fragerecht des Arbeitgebers gegenüber Bewerbern, S. 110; Däubler, AuR 1973, 233 (241 f.).

585 Birk, Auskünfte über Arbeitnehmer, S. 98.

Bereich des arbeitsrechtlichen Fragerechts ferner durch spezielle Regelungen wie die „Einschlägigkeits"-Rechtsprechung ergänzt wird, läßt sich dieses Ergebnis auch mit § 53 Abs. 1 BZRG vereinbaren[586].

hh.) Anforderungen des Volkszählungsurteils

Das Arbeitsgericht Münster[587] vertritt die Ansicht, daß nur die These von der Weitergeltung der „Einschlägigkeits"-Rechtsprechung den Anforderungen an eine die Datenerhebung erlaubende Vorschrift des Volkszählungsurteils des Bundesverfassungsgerichts[588] gerecht zu werden vermag[589]. Wenn man mit der These von der erschöpfenden Regelung des § 53 Abs. 1 BZRG ein Fragerecht des Arbeitgebers nach allen Vorstrafen des Bewerbers, die eine Aufnahme im Führungszeugnis finden, zulassen würde, würde dies eine unverhältnismäßige und damit verfassungswidrige Regelung bedeuten. Denn die Erhebung aller Vorstrafen ohne Rücksicht auf ihre Einschlägigkeit ist nicht erforderlich und damit auch nicht legitimiert, weil § 53 Abs. 1 BZRG keine präzise Bestimmung des Verwendungszwecks der Datenerhebung enthält[590]. Nach dem Volkszählungsurteil des Bundesverfassungsgerichts muß vielmehr eine Abwägung zwischen den beiderseitigen Interessen angestellt werden, um die Grenzen des Erhebungsrechts so genau wie möglich zu bestimmen. Ansonsten ist das Recht auf freie Entfaltung der Persönlichkeit und das Recht auf informationelle Selbstbestimmung des Bewerbers nicht gewahrt[591]. Daher bedarf es einer Konkretisierung der zu weiten und zu wenig bestimmten Vorschrift des § 53 Abs. 1 BZRG durch die „Einschlägigkeits"-Rechtsprechung des Bundesarbeitsgerichts. Ansonsten wäre § 53 Abs. 1 BZRG im Hinblick auf das Recht auf informationelle Selbstbestimmung nicht haltbar[592].

---

586 ArbG Münster, Urteil vom 28.07.1988 – 2 Ca 142/88, DB 1988, 2209 (2210); Gamillscheg, Arbeitsrecht, Band I, S. 121; Birk, Auskünfte über Arbeitnehmer, S. 98; Reinfeld, AR-Blattei SD, Vorstrafen 1780, Rn. 58; Höfle, AR-Blattei D, Vorstrafen I., I. Bedeutung im Arbeitsverhältnis.

587 ArbG Münster, Urteil vom 28.07.1988 – 2 Ca 142/88, DB 1988, 2209 (2210).

588 BVerfG, Urteil vom 15.12.1983 – 1 BvR 209, 269, 362, 420, 440, 484/83, BVerfGE 65, 1 ff. = NJW 1974, 419 ff.

589 Vgl. zum Volkszählungsurteil des Bundesverfassungsgerichts bereits S. 36 ff.

590 ArbG Münster, Urteil vom 28.07.1988 – 2 Ca 142/88, DB 1988, 2209 (2210).

591 BVerfG, Urteil vom 15.12.1983 – 1 BvR 209, 269, 362, 420, 440, 484/83, BVerfGE 65, 1 ff. = NJW 1974, 419 ff.; ArbG Münster, Urteil vom 28.07.1988 – 2 Ca 142/88, DB 1988, 2209 (2210).

592 ArbG Münster, Urteil vom 28.07.1988 – 2 Ca 142/88, DB 1988, 2209 (2210).

ii.) Keine Beseitigung der Diskrepanz der alten Rechtslage

Ferner hält Lassen[593] der These von der erschöpfenden Regelung des § 53 Abs. 1 BZRG zutreffenderweise entgegen, daß bereits die Grundannahme falsch ist, die „Einschlägigkeits"-Rechtsprechung habe auf der Diskrepanz zwischen dem Inhalt des polizeilichen Führungszeugnisses und dem Verschweigungsrecht aus § 4 Abs. 4, 5 StrafTilgG beruht. Denn die Beschränkung des Fragerechts des Arbeitgebers auf „einschlägige" Vorstrafen hat diesen Konflikt eher noch verschärft als beseitigt, da der Bewerber dadurch nicht nur die Vorstrafen, die nicht in seinem Führungszeugnis erschienen, verschweigen durfte, sondern darüber hinaus alle nicht „einschlägigen" Vorstrafen. Die Rechtsprechung des Bundesarbeitsgerichts verliert daher auch nach dem Inkrafttreten des BZRG nicht ihre Geltung[594].

jj.) Teleologische Reduktion

Anhand der vorangegangenen Auslegungsmethoden und Argumente läßt sich feststellen, daß der These von der Weitergeltung der Rechtsprechung des Bundesarbeitsgerichts der Vorzug einzuräumen ist. Die teleologische Auslegung orientiert sich am Zweck des Gesetzes, der ratio legis, und ist nur dann der wörtlichen und systematischen Auslegung vorzuziehen, wenn der Gesetzeszweck dies zwingend erfordert[595] oder die Auslegung anhand des Wortlauts der Norm zu keinem eindeutigen Ergebnis kommen würde[596]. Eine Auslegung anhand des Willens des Gesetzgebers kann sich zum einen am historischen Gesetzgeber und zum anderen am sachlichen Gesetzesgehalt selbst orientieren. Der historische Wille des Gesetzgebers kommt in den Motiven zum Ausdruck[597]. Dazu ist auch die Entstehungsgeschichte heranzuziehen[598]. Der sachliche Gehalt des Gesetzes hingegen ergibt sich anhand einer Sinn- und Zweckinterpretation aus seinem Wortlaut und seinem objektiven Sinn[599].

---

593 Lassen, Die Rechtsstellung des Vorbestraften nach dem BZRG, S. 166.

594 Lassen, Die Rechtsstellung des Vorbestraften nach dem BZRG, S. 168.

595 Wohlgemuth, DB 1985, Beilage 21, S. 1 (7).

596 Linnenkohl, AuR 1983, 129 (134); Linnenkohl, DVR 1981, 317 (335). So auch: Larenz, Methodenlehre der Rechtswissenschaft, S. 315 ff.

597 Linnenkohl, DVR 1981, 317 (335).

598 BGH, Beschluß vom 21.05.1974 – GSZ 2/72, BGHZ 62, 340 (350); Urteil vom 30.06.1966 – KZR 5/65, BGHZ 46, 74 (80); Palandt-Heinrichs, Einleitung, Rn. 45; Wohlgemuth, DB 1985, Beilage 21, S. 1 (7).

599 Engisch, Einführung in das juristische Denken, S. 74 ff., 79 ff.; Linnenkohl, DVR 1981, 317 (335).

Insoweit könnte man auf den ersten Blick durchaus der These von der erschöpfenden Regelung des § 53 Abs. 1 BZRG zustimmen. Denn diese geht in erster Linie vom historischen Willen des Gesetzgebers aus. Auf der anderen Seite jedoch ist anzumerken, daß sich der Gesetzeszweck nicht lediglich dem Willen des historischen Gesetzgebers entnehmen läßt, sondern zu dessen Bestimmung vor allem allgemeine Zweckmäßigkeits- und Gerechtigkeitserwägungen herangezogen werden müssen[600]. Besteht dann ein Zweifel zwischen den beiden Auslegungsalternativen, ist das Ergebnis anhand einer praktischen Konkordanz zu erreichen. Aufgrund einer sorgfältigen Interessenabwägung geht schließlich diejenige Auslegungsalternative vor, die am zweckmäßigsten und gerechtesten ist und sich ferner am besten in den Gesamtzusammenhang mit der Rechtsordnung einfügt[601]. Linnenkohl[602] und Gadamer[603] sind der Ansicht, daß es Anliegen des Rechtsanwenders sein müsse, „dem Rechtsgedanken des Gesetzes zu entsprechen, indem er es mit der Gegenwart vermittelt“[604], als daß er sich ausschließlich an der historischen Bedeutung des Gesetzes orientiert. Aus diesem Grund erscheint es verfehlt, daß die Vertreter von der These der erschöpfenden Regelung des § 53 Abs. 1 BZRG in erster Linie auf die historischen Hintergründe des § 53 Abs. 1 BZRG abstellen, ohne den gegenwärtigen Sinn und Zweck der Regelung im Auge zu behalten.

Ferner spricht gegen die These von der erschöpfenden Regelung des § 53 Abs. 1 BZRG, daß sie sich auf die Entstehungsgeschichte beruft, ohne die sozialen Auswirkungen einer solchen Interpretation zu berücksichtigen[605]. Daher ist der These von der Weitergeltung der „Einschlägigkeits“-Rechtsprechung des Bundesarbeitsgerichts der Vorzug einzuräumen, denn diese hat keine Verschlechterung der Rechtslage des vorbestraften Bewerbers zur Folge. Das Persönlichkeitsrecht und die Resozialisierung des Betroffenen werden in gerechter und zweckmäßiger Weise gewahrt. Ein Rückgriff auf den Willen des historischen Gesetzgebers scheidet im Wege der praktischen Konkordanz aus.

---

600 Wohlgemuth, DB 1985, Beilage 21, S. 1 (7).

601 BGH, Urteil vom 12.11.1981 – III ZR 2/80, BGHZ 82, 182 (185); Urteil vom 19.11.1971 – V ZR 100/96, BGHZ 57, 245 (248); Urteil vom 23.03.1971 – VI ZR 177/69, BGHZ 56, 26 (33); Wohlgemuth, DB 1985, Beilage 21, S. 1 (7).

602 Linnenkohl, AuR 1983, 129 (134); Linnenkohl, DVR 1981, 317 (336).

603 Gadamer, Wahrheit und Methode, S. 311.

604 Gadamer, Wahrheit und Methode, S. 311. Vgl. ferner: Linnenkohl, AuR 1983, 129 (134).

605 Esser, Vorverständnis und Methodenwahl in der Rechtsfindung, S. 139: „Die Entscheidung muß generell sachgerecht sein und auch im Einklang mit dem gesamten Ordnungssystem stehen“. Vgl. ferner: Linnenkohl, AuR 1983, 129 (134); Linnenkohl, DVR 1981, 317 (336).

kk.) Recht des Arbeitgebers auf Vorlage eines Führungszeugnisses

Teilweise vertreten einige Autoren die Ansicht[606], daß dem BZRG kein zwingender Hinweis zu entnehmen sei, daß eine Vorlagepflicht für Führungszeugnisse bestehe. Dies sei gerade nicht der Fall, da die Anerkennung einer solchen Rechtsposition des Arbeitgebers den Fortschritt der „Einschlägigkeits"-Rechtsprechung wieder zunichte machen würde. Daher könne der Arbeitgeber nicht generell die Vorlage eines Führungszeugnisses durch den Bewerber verlangen[607]. Dadurch, daß bei dieser Ansicht kein Anspruch des Arbeitgebers auf Vorlage eines Führungszeugnisses bestehe, sei davon auszugehen, daß der Gesetzgeber hierdurch einen Mindestschutz für die Arbeitnehmer festschreiben wollte[608]. Auch wenn bei der Gegenansicht ein Recht des Arbeitgebers zur Vorlage eines Führungszeugnisses bestehe, müsse dies nicht notwendigerweise der Resozialisierung des vorbestraften Bewerbers entgegenstehen, weil in der Praxis die Vorlage eines Führungszeugnisses oft nicht verlangt werde[609].

ll.) Zwischenergebnis

Sowohl die Auslegung anhand des Wortlauts, der Systematik und des Sinn und Zwecks sowie die historischen Hintergründe und die Beachtung der grundrechtlich geschützten Positionen des bestraften Bewerbers sprechen für die These von der Weitergeltung der „Einschlägigkeits"-Rechtsprechung. Vor allem der Umstand, daß durch die These von der Weitergeltung der „Einschlägigkeits"-Rechtsprechung die Voraussetzungen des Volkszählungsurteils des Bundesverfassungsgerichts am wirkungsvollsten gewahrt werden, überzeugt.

§ 4: Ergebnis zum 4. Kapitel

Das Fragerecht des Arbeitgebers nach den Vorstrafen des Bewerbers hat weder im BDSG noch durch das Verschweigungsrecht des Betroffenen nach § 53 Abs. 1 BZRG eine ausdrückliche gesetzliche Regelung erfahren. Vielmehr sind die Kriterien der Rechtsprechung dazu erforderlich, das arbeitgeberseitige Fragerecht einzugrenzen. Der Arbeitgeber darf den Bewerber nach dessen Vorstra-

---

606 Schaub-Schaub, ArbR-Hdb., § 26 Rn. 29; Götz/Tolzmann, § 53 BZRG Rn. 13; Maurer, AuR 1972, 9 (10).

607 Götz/Tolzmann, § 53 BZRG Rn. 13.

608 ArbG Münster, Urteil vom 28.07.1988 – 2 Ca 142/88, DB 1988, 2209 (2210); Götz/Tolzmann, § 53 BZRG Rn. 13; Reinfeld, AR-Blattei SD, Vorstrafen 1780, Rn. 58.

609 Lassen, Die Rechtsstellung des Vorbestraften nach dem BZRG, S. 166 f. Die Problematik, ob der Arbeitgeber das Recht hat, sich vom Bewerber ein Führungszeugnis vorlegen zu lassen, findet auf S. 159 ff. Darstellung.

fen fragen, sofern diese nicht dem Verschweigungsrecht des § 53 Abs. 1 BZRG unterfallen und ferner für das in Aussicht genommene Arbeitsverhältnis einschlägig sind. In diesem Umfang ist der Bewerber zur Offenbarung verpflichtet.

5. Kapitel:
Zulässigkeit der Frage des Arbeitgebers nach vorstrafenähnlichen Umständen des Bewerbers

Fraglich ist, ob der Arbeitgeber den Stellenbewerber darüber hinaus nach anderen, vorstrafenähnlichen Umständen fragen darf. Als solche kommen anhängige und bereits abgeschlossene Ermittlungsverfahren sowie Haftstrafen in Betracht. Ferner ist das Fragerecht nach Eintragungen im Erziehungs- und Verkehrszentralregister, polizeilichen Maßnahmen, Disziplinarstrafen, Bußgeldentscheidungen, Amnestien und Begnadigungen denkbar. Schließlich ist zu erörtern, ob der Arbeitgeber den Bewerber über sein Verschweigungsrecht aus § 53 Abs. 1 BZRG belehren muß.

§ 1: Anhängiges Ermittlungsverfahren, §§ 151-177 StPO

Teilweise fragen Arbeitgeber nach laufenden Ermittlungsverfahren gemäß §§ 151-177 StPO, die der Betroffene bei Vorliegen eines Anfangsverdachts gegen sich dulden muß. Nach §§ 3 Nr. 1, 4 Nr. 1 BZRG werden im Bundeszentralregister lediglich rechtskräftige Verurteilungen eingetragen, nicht hingegen laufende Strafverfahren. Diese finden daher keine Erwähnung im Führungszeugnis. Die Regelungen der §§ 51 Abs. 1, 53 Abs. 1 BZRG sind nicht anwendbar. Aus diesem Grund könnte man annehmen, dem Arbeitgeber komme ein unbeschränktes Fragerecht nach anhängigen Ermittlungsverfahren zu[610]. Auf den ersten Blick entsteht durch diese Betrachtungsweise jedoch ein Ungleichgewicht zu Lasten des Bewerbers. Daher ist die Zulässigkeit der Frage in der Rechtsprechung und der arbeitsrechtlichen Literatur umstritten.

I. Generelles Fragerecht

Rebmann/Uhlig[611] sind der Auffassung, daß anhängige Ermittlungsverfahren nicht unter die Regelung des § 53 Abs. 1 BZRG fallen. Dem Bewerber stehe kein Verschweigungsrecht zu, sondern der Arbeitgeber darf nach anhängigen Ermittlungsverfahren fragen. Dieser Ansicht kann aber schon deshalb nicht gefolgt werden, weil sie eine einseitige Verlagerung zugunsten des Arbeitgebers und zu Lasten des Bewerbers zur Folge hat. Es ist vielmehr eine Differenzierung erforderlich, die beide Interessen berücksichtigt.

---

[610] Vgl. auch: Böhm/Justen, Bewerberauswahl und Einstellungsgespräch, S. 39.
[611] Rebmann/Uhlig, § 53 BZRG Rn. 3.

II. Kein Fragerecht wegen Art. 6 Abs. 2 EMRK

Nach Ansicht des Arbeitsgerichts Münster[612] und Teilen der Lehre[613] darf der Arbeitgeber den Bewerber in keinem Fall nach den gegen ihn laufenden Ermittlungsverfahren fragen. Dem Bewerber komme vielmehr ein umfassendes Verschweigungsrecht zu. Als Begründung[614] ziehen sie die in Art. 6 Abs. 2 EMRK verankerte Unschuldsvermutung heran, nach der jeder Mensch bis zu seiner rechtskräftigen Verurteilung als unschuldig gilt. Darüber hinaus bestünden gegen ein Fragerecht Bedenken, da viele der anhängigen Strafverfahren bereits im Stadium des Ermittlungsverfahrens eingestellt werden[615].

III. Fragerecht nach Ermittlungsverfahren wegen einschlägiger Vorstrafen

Andererseits nehmen Teile der unterinstanzlichen Rechtsprechung[616] und Lehre[617] ein Fragerecht an, wenn es sich um ein anhängiges Ermittlungsverfahren wegen einer für das in Aussicht genommene Arbeitsverhältnis einschlägigen

---

612 ArbG Münster, Urteil vom 20.11.1992 – 3 Ca 1459/92, NZA 1993, 461 = RDV 1994, 32; Urteil vom 28.07.1988 – 2 Ca 142/88, DB 1988, 2209 = BB 1988, 2178.

613 Schaub-Schaub, ArbR-Hdb., § 26 Rn. 29; Weber/Ehrich/Hörchens/Oberthür, Handbuch zum Betriebsverfassungsrecht, I Rn. 45; Föhr/Bobke, Arbeitsrecht für Arbeitnehmer, S. 167; Däubler, Das Arbeitsrecht, Band 2, S. 88; Stevens-Bartol, in: Handbuch des Arbeits- und Sozialrechts, § 7c, Rn. 53; Ehrich, HwB-AR, Fragerecht des Arbeitgebers 865, Rn. 21; Wohlgemuth, FS Hanau, S. 329 (335); Hunold, AuA 2001, 260 (264); Janker, AuA 1991, 264 (266); Moritz, NZA 1987, 329 (334); Linnenkohl, DVR 1981, 317 (324); Marxen, GA 1980, 365 (372); Kaiser, NJW 1970, 271 (272); Osswald, Anm. zum Urteil des BAG vom 05.12.1957 – 1 AZR 594/56, SAE 1958, 149.

614 ArbG Münster, Urteil vom 20.11.1992 – 3 Ca 1459/92, NZA 1993, 461 = RDV 1994, 32; Weber/Ehrich/Hörchens, Handbuch zum Betriebsverfassungsrecht, I Rn. 45; Däubler, Das Arbeitsrecht, Band 2, S. 88; Wohlgemuth, FS Hanau, S. 329 (335); Ehrich, HwB-AR, Fragerecht des Arbeitgebers 865, Rn. 21; Janker, AuA 1991, 264 (266); Moritz, NZA 1987, 329 (334); Linnenkohl, DVR 1981, 317 (324); Marxen, GA 1980, 365 (372-374).

615 Degener, Das Fragerecht des Arbeitgebers gegenüber Bewerbern, S. 116.

616 ArbG Hamburg, Urteil vom 07.11.1979 – 18 Ca 263/79, BB 1980, 316 f.; ArbG Wilhelmshaven, Urteil vom 09.11.1972 – Ca 936/72, ARSt. 1974, Nr. 28, S. 21.

617 Erfurter Kommentar-Preis, § 611 BGB Rn. 342; Götz, Das Bundeszentralregister, 1. Aufl., 1972, § 51 BZRG Rn. 18; Däubler/Kittner/Klebe-Klebe, § 94 BetrVG Rn. 16; Hess/Schlochauer/Glaubitz-Glock, § 94 BetrVG Rn. 12; Stege/Weinspach, § 94 BetrVG Rn. 20; GK-Kraft, § 94 BetrVG Rn. 23; Kuhla, Datenschutz im Beamten- und Arbeitsverhältnis, S. 126; Böhm/Justen, Bewerberauswahl und Einstellungsgespräch, S. 39 f.; Tremml, Die Rechtswirkungen der Straftilgung, S. 144; Meisel, Die Mitwirkung und Mitbestimmung des Betriebsrats in personellen Angelegenheiten, Rn. 179; Hunold, in: Arbeitsrechtslexikon, Fragerecht des Arbeitgebers 187, S. 3 f.; Zeller, BB 1987, 1522 (1525); Götz, BB 1971, 1325 (1326).

Straftat handelt. Das Fragerecht nach laufenden Ermittlungsverfahren sei ebenso zu beurteilen wie das Fragerecht nach den Vorstrafen[618].

Eine weitere Gruppe Autoren[619] nimmt ein Fragerecht an, wenn das anhängige Ermittlungsverfahren einschlägige Delikte betrifft und darüber hinaus eine erhebliche Inanspruchnahme des Bewerbers durch das laufende Ermittlungsverfahren zu befürchten sei. Das berechtigte Arbeitgeberinteresse ergebe sich aus dem Umstand, daß die persönliche Eignung des Bewerbers fraglich sei und Gefahren hinsichtlich der Verfügbarkeit des Arbeitnehmers bestünden, so daß die Durchführbarkeit des Dauerrechtsverhältnisses fraglich erscheine[620].

Das Bundesarbeitsgericht[621] spricht dem Arbeitgeber ein Fragerecht nach anhängigen Ermittlungsverfahren zu, wenn schon allein dieses Zweifel an der persönlichen Eignung des Bewerbers für die in Aussicht genommene Arbeitsstelle begründet. Wann dies der Fall ist, führt das Bundesarbeitsgericht nicht aus, sondern verweist lediglich auf das Beispiel eines Kindergärtners, gegen den ein Ermittlungsverfahren wegen sexuellen Mißbrauchs von Kindergartenkindern anhängig ist. Dieser habe kein schutzwürdiges Interesse daran, eine erneute Anstellung als Kindergärtner durch Verschweigung des gegen ihn laufenden Ermittlungsverfahrens zu erwirken[622]. Damit nimmt das Bundesarbeitsgericht – ohne ausdrücklich auf den Begriff einzugehen – auf das Kriterium der Einschlägigkeit als maßgeblichen Beurteilungspunkt der Zulässigkeit der Frage Bezug. Darüber hinaus sei es auch zulässig, den Bewerber während eines länger andauernden Bewerbungsverfahrens dazu zu verpflichten, in dieser Zeit anhängig werdende Ermittlungsverfahren ungefragt mitzuteilen.

Das Landesarbeitsgericht Bremen[623] und Teile der Lehre[624] räumen dem Arbeitgeber nur ein Fragerecht ein, wenn eine besondere Vertrauensstellung oder eine Anstellung als leitender Angestellter in Aussicht stehen. In diesen Fällen sei die

---

618 Vgl. dazu bereits S. 109 ff.

619 Richardi-Thüsing, § 94 BetrVG Rn. 21; GK-Kraft, § 94 BetrVG Rn. 23; Fitting/Engels/-Schmidt/Trebinger/Linsenmaier, § 94 BetrVG Rn. 19; Dörner/Luczak/Wildschütz-Dörner, Handbuch Arbeitsrecht, B Rn. 265, 268; Ehrich, DB 2000, 421 (422); Raab, RdA 1995, 36 (48).

620 Raab, RdA 1995, 26 (48).

621 BAG, Urteil vom 20.05.1999 – 2 AZR 320/98, AP § 123 BGB Nr. 50 Bl. 1-3 = BB 1999, 2249 (2250).

622 Vgl. hierzu bereits S. 115 ff.

623 LAG Bremen, Urteil vom 08.12.1954 – Sa 86/54, DB 1955, 170 (171).

624 Böhm/Spiertz, § 4 BAT, S. 20.18.1; Degener, Das Fragerecht des Arbeitgebers gegenüber Bewerbern, S. 116 f.; Knipp, AR-Blattei SD, Einstellung 640, Rn. 99; Conze, ZTR 1991, 99 (104).

Arbeit in besonderem Maß persönlichkeitsgebunden[625]. Buchner[626] billigt dem Arbeitgeber ein Fragerecht zu, wenn eine besondere Zuverlässigkeit bzw. eine gesteigerte charakterliche Eignung des Arbeitnehmers erforderlich seien oder der Bewerber sich für eine Stellung als Führungskraft vorstelle. Bereits der Verdacht der Straftat begründe ernsthafte Zweifel an der Eignung des Bewerbers für den Arbeitsplatz[627].

Becker[628] spricht dem Arbeitgeber ein Fragerecht zu, wenn für die anderen Arbeitnehmer und die in Kontakt mit der Arbeitsleistung stehenden Dritten das Risiko der Begehung weiterer Straftaten besteht. Das konkrete Arbeitsverhältnis bleibe derart als Bezugspunkt des Fragerechts erhalten. Im Ergebnis handelt es sich jeweils um die Einschlägigkeit der Straftat als Beurteilungsmaßstab für die Zulässigkeit der Frage.

IV. Fragerecht bei Ermittlungsverfahren nach Straftaten, die mit Freiheitsstrafe sanktioniert werden können

Einige Autoren[629] in der arbeitsrechtlichen Lehre erachten die Frage für zulässig, wenn es sich um ein Ermittlungsverfahren handelt, das eine mit Freiheitsstrafe bedrohte Handlung zum Inhalt hat. Der Arbeitgeber habe ein gesteigertes Interesse, da die berechtigte Befürchtung bestehe, daß der Arbeitnehmer seinen arbeitsvertraglichen Pflichten für längere Zeit nicht nachkommen kann. Dieses Risiko für die Funktionserfüllung sei dem Arbeitgeber nicht zumutbar[630].

V. Streitentscheid und Zwischenergebnis

Fraglich ist, ob das Fragerecht des Arbeitgebers von vornherein wegen der Unschuldsvermutung des Art. 6 Abs. 2 EMRK als unzulässig einzustufen ist. Darüber hinaus ist zu erörtern, welche der genannten Kriterien für die Begrenzung des Fragerechts nach den anhängigen Ermittlungsverfahren in Betracht zu ziehen sind.

---

[625] Degener, Das Fragerecht des Arbeitgebers gegenüber Bewerbern, S. 117; Knipp, AR-Blattei SD, Einstellung 640, Rn. 99.

[626] MünchArbR-Buchner, § 41 Rn. 152 f.

[627] MünchArbR-Buchner, § 41 Rn. 152.

[628] Kittner/Zwanziger-Becker, Arbeitsrecht, § 29 Rn. 42.

[629] Fitting/Engels/Schmidt/Trebinger/Linsenmaier, § 94 BetrVG Rn. 19; Bellgardt, Recht und Taktik des Bewerbergesprächs, S. 72; Reinfeld, AR-Blattei SD, Vorstrafen 1780, Rn. 98; Bellgardt, AiB 1984, 61 (63); Linnenkohl, AuR 1983, 129 (140); Linnenkohl, DVR 1981, 317 (358); Hofmann, ZfA 1975, 1 (35-38).

[630] Hofmann, ZfA 1975, 1 (38).

1. Anwendbarkeit der Unschuldsvermutung des Art. 6 Abs. 2 EMRK

Fraglich ist, ob die Unschuldsvermutung des Art. 6 Abs. 2 EMRK auf die privatrechtliche Rechtsbeziehung zwischen dem Arbeitgeber und seinen Stellenbewerbern Anwendung findet oder ob es sich um ein auf das Strafrecht beschränktes Prinzip handelt.

a.) Argumente für die Anwendbarkeit des Art. 6 Abs. 2 EMRK

Die Vertreter der ablehnenden These des Fragerechts berufen sich auf Art. 6 Abs. 2 EMRK[631], wonach jeder bis zur rechtskräftigen Verurteilung als unschuldig gilt. Aus dem bloßen Vorliegen eines Ermittlungsverfahrens dürften keine negativen Schlüsse hinsichtlich der Eignung des Bewerbers für die in Aussicht genommene Stellung gezogen werden[632]. Die Konventionsrechte gälten auch zwischen Privaten.

Marxen[633] nimmt an, die EMRK habe durch die Ratifizierung durch den Bundesgesetzgeber den Status von unmittelbar geltendem innerstaatlichem Recht erlangt. Sie konkretisiere das Verhältnis der Verfassung zu den Menschenrechten und nehme aus diesem Grund einen höheren Rang ein als einfache Bundesgesetze[634]. Ferner sei Art. 6 Abs. 2 EMRK zum Verfassungsrecht zuzuordnen, weil die Unschuldsvermutung Bestandteil der Unantastbarkeit der Menschenwürde und der Rechtsstaatlichkeit sei[635]. Darüber hinaus ergebe sich die Auswirkung

---

631 ArbG Münster, Urteil vom 20.11.1992 – 3 Ca 1459/92, NZA 1993, 461 = RDV 1994, 32; MünchArbR-Buchner, § 41 Rn. 152; Weber/Ehrich/Hörchens, Handbuch zum Betriebsverfassungsrecht, I Rn. 45; Däubler, Das Arbeitsrecht, Band 2, S. 88; Wohlgemuth, FS Hanau, S. 329 (335); Ehrich, HwB-AR, Fragerecht des Arbeitgebers 865, Rn. 21; Janker, AuA 1991, 264 (266); Moritz, NZA 1987, 329 (334); Linnenkohl, DVR 1981, 317 (324); Marxen, GA 1980, 365 (372-374).

632 ArbG Münster, Urteil vom 20.11.1992 – 3 Ca 1459/92, NZA 1993, 461 = RDV 1993, 32; Janker, AuA 1991, 264 (266); Linnenkohl, DVR 1981, 317 (324); Marxen, GA 1980, 365 (372).

633 Marxen, GA 1980, 365 (373).

634 Vgl. auch: Guradze, Der Stand der Menschenrechte im Völkerrecht, S. 172 ff.; Conze, ZTR 1991, 99 (104); Schorn, DRiZ 1963, 339 (340); Guradze, DÖV 1961, 12 f.; Guradze, DÖV 1960, 287 f.; Guradze, Anm. zum Beschluß des BVerfG v. 14.01.1960 – 2 BvR 243/60, NJW 1960, 1243; v. Stackelberg, Anm. zum Beschluß des OLG Bremen vom 17.02.1960 – Ws 15/60, NJW 1960, 1265 f.; Echterhölter, JZ 1956, 142; Echterhölter, JZ 1955, 689 (691 f.).

635 Marxen, GA 1980, 365 (373). Vgl. ferner: BVerfG, Beschluß vom 19.07.1967 – 2 BvR 489/66, BVerfGE 22, 254 (265); Beschluß vom 15.12.1965 – 1 BvR 513/65, BVerfGE 19, 342 (347); Sax, in: Bettermann/Nipperdey/Scheuner, Die Grundrechte, Band III/2, S. 909 (987); Meyer-Goßner, Art. 6 EMRK Rn. 12; Stürner, JZ 1980, 1 (3).

der Unschuldsvermutung auf die Privatrechtsverhältnisse aus dem Umstand, daß eine Wirkung allein im Bereich des Strafrechts und im Verhältnis des Staats gegenüber dem Bürger die Vorwegnahme des Schuldspruchs nicht auszuschließen vermöge. Es sei eine Ausdehnung des Art. 6 Abs. 2 EMRK auf die Privatrechtsverhältnisse geboten, damit dessen Wirkung nicht leerlaufe. Jedes weitergehende Fragerecht des Arbeitgebers nähme den Ausgang des Strafverfahrens vorweg, so daß er im Endeffekt wegen eines bloßen, nicht bestätigten Verdachts bei der Einstellungsentscheidung des Arbeitgebers nicht berücksichtigt würde[636]. Besonders im Arbeitsverhältnis zwischen Arbeitgeber und Arbeitnehmer ergäben sich für die Anwendung des Art. 6 Abs. 2 EMRK keine Schwierigkeiten, da es an einer Gleichrangigkeit der Beteiligten fehle[637].

Des weiteren spreche für die Unzulässigkeit der Frage, daß dem Arbeitgeber im bestehenden Arbeitsverhältnis stets die Möglichkeit der Kündigung des Arbeitsverhältnisses verbleibe. So erfahre der Arbeitgeber dahingehend Gerechtigkeit, daß er bei einem späteren möglichen Strafantritt des Bewerbers immer noch von seinem Kündigungsrecht Gebrauch machen könne[638].

b.) Argumente gegen die Anwendbarkeit des Art. 6 Abs. 2 EMRK

Nach der überwiegenden Ansicht[639] besteht zutreffenderweise keine Auswirkung der Unschuldsvermutung auf das Fragerecht des Arbeitgebers, denn diese bindet unmittelbar nur den Richter, der über die Begründetheit des Strafvorwurfs zu entscheiden hat[640]. Art. 6 Abs. 2 EMRK ist nicht die Wertung zu ent-

---

636 Schwerdtner, Arbeitsrecht, Band I, S. 33; Conze, ZTR 1991, 99 (104); Moritz, NZA 1987, 329 (334).

637 Marxen, GA 1980, 365 (374). Vgl. ferner: Nipperdey, in: Bettermann/Nipperdey, Die Grundrechte, Band IV/2, S. 741 (747 ff.); Leisner, Grundrechte und Privatrecht, insb. S. 332 ff.; Bleckmann, Allgemeine Grundrechtslehren, S. 137 ff. Zur Gleichrangigkeit der Beteiligten als kennzeichnendes Merkmal für ein privatrechtliches Verhältnis: BGH, Urteil vom 10.07.1954 – VI ZR 120/53, BGHZ 14, 222, (226 ff.); Wolf, Gerichtliches Verfahrensrecht, S. 56. Vgl. zur fehlenden Gleichrangigkeit von Arbeitgeber und Bewerber bereits S. 25 ff., 32 f., 34 f.

638 Schwerdtner, Arbeitsrecht, Band I, S. 32 f.

639 BAG, Urteil vom 20.05.1999 – 2 AZR 320/98, AP § 123 BGB Nr. 50 Bl. 3 = BB 1999, 2249 (2250); Bellgardt, Recht und Taktik des Bewerbergesprächs, S. 72; Frowein, FS Huber, S. 553 (556); Meyer, FS Tröndle, S. 61 (62); Ehrich, DB 2000, 421 (422); Raab, RdA 1995, 36 (45).

640 BAG, Urteil vom 20.05.1999 – 2 AZR 320/98, AP § 123 BGB Nr. 50 Bl. 3 = BB 1999, 2249 (2250); Urteil vom 14.09.1994 – 2 AZR 164/94, BAGE 78, 18 (26) = AP § 626 BGB Verdacht strafbarer Handlung Nr. 24 Bl. 3; Kuhla, Datenschutz im Beamten- und Arbeitsverhältnis, S. 124; Frowein, FS Huber, S. 553 (556); Ehrich, DB 2000, 421 (422). So auch: BAG, Urteil vom 10.09.1994 – 2 AZR 164/94, AP § 626 BGB Verdacht strafba-

nehmen, daß dem Betroffenen aus der Tatsache, daß gegen ihn ein Strafverfahren anhängig ist, keine Nachteile entstehen dürfen[641]. Es widerspricht nicht Art. 6 Abs. 2 EMRK, daß man im Privatrechtsverkehr vom anhängigen Strafverfahren Kenntnis nehmen könne, um die gegebenenfalls entstehenden Konsequenzen in die Entscheidungsfindung einzuplanen[642]. Die EMRK ist einfaches Bundesrecht ohne Verfassungsrang[643].

Die Unschuldsvermutung ist ein auf den Strafprozeß beschränktes Prinzip, denn sie hat nicht einmal eine Beschränkung der übrigen Staatsgewalt zur Folge[644]. Es ist unproblematisch zulässig, daß eine andere öffentliche Stelle an die Tatbegehung Rechtsfolgen anknüpft, sofern sie diese nach dem maßgebenden Verfahren überprüft und für gegeben erachtet[645]. Ein Zivilgericht vermag dem Strafopfer vor Rechtskraft des Strafurteils einen Schadensersatzanspruch gegen den Täter zuzusprechen. Die Ausländerbehörde ist dazu befugt, den Betroffenen nach §§ 54 Nr. 3, 4, 5, 55 Abs. 2 Nr. 2, 4 AufenthG wegen einer Straftat – aber ohne

---

rer Handlung Nr. 24 Bl. 3 und Belling, FS Kissel, S. 11 (25) im Zusammenhang mit der Verdachtskündigung.

641 BAG, Urteil vom 20.05.1999 – 2 AZR 320/98, AP § 123 BGB Nr. 50 Bl. 3 = BB 1999, 2249 (2250); Reinfeld, AR-Blattei SD, Vorstrafen 1780, Rn. 113; Ehrich, DB 2000, 421 (422); Raab, RdA 1995, 36 (45); Hofmann, ZfA 1975, 1 (35). Nach dem BVerfG, Beschluß vom 26.03.1987 – 2 BvR 589/79, 740/81 und 284/85, BVerfGE 74, 358 (371); Beschluß vom 29.05.1990 – 2 BvR 254 und 1343/88, NStZ 1990, 598 (599) ist für eine Vorhaltung der Schuld im allgemeinen Rechtsverkehr auch der rechtskräftige Nachweis derselben erforderlich. Da in den beiden zitierten Entscheidungen jedoch ein Hinweis auf Schuldfeststellungen in Einstellungsbeschlüssen enthalten ist, wird deutlich, daß nur diese gegen die Unschuldsvermutung verstoßen. Anders hingegen verhält es sich mit sonstigen Rechtsfolgen, die mit dem Strafverfahren in keinem unmittelbaren Zusammenhang stehen. Vgl. dazu auch: Frowein, FS Huber, S. 553 (559 ff.); Raab, RdA 1995, 36 (44 f.).

642 Reinfeld, AR-Blattei SD, Vorstrafen 1780, Rn. 113; Hofmann, ZfA 1975, 1 (35).

643 BVerfG, Beschluß vom 29.05.1990 – 2 BvR 254, 1343/88, NJW 1990, 2741 f.; Beschluß vom 26.03.1987 – 2 BvR 589/79, 740/81 und 284/85, BVerfGE 74, 358 (370); Beschluß vom 15.12.1965 – 1 BvR 513/65, BVerfGE 19, 342 (347); Löwe/Rosenberg-Rieß, Einleitung zur StPO, Abschnitt I Rn. 75 ff.; Reinfeld, AR-Blattei SD, Vorstrafen 1780, Rn. 105, 110; Raab, RdA 1995, 36 (44). Die EMRK ist ein multilateraler völkerrechtlicher Vertrag, der durch die Bundesrepublik Deutschland mit dem Gesetz vom 07.08.1952, BGBl. II, S. 685 ratifiziert worden ist.

644 BVerfG, Beschluß vom 26.03.1987 – 2 BvR 589/79, 740/81 und 284/85, BVerfGE 74, 358 (371); Löwe/Rosenberg-Gollwitzer, Art. 6 EMRK Rn. 113; Meyer, FS Tröndle, S. 61 (62 f.); Frowein, FS Huber, S. 553 (556); Vogler, FS Kleinknecht, S. 429 (436 f.); Reinfeld, AR-Blattei SD, Vorstrafen 1780, Rn. 116; Raab, RdA 1995, 36 (44); Paulus, Anm. zum Beschluß des BVerfG vom 29.05.1990 – 2 BvR 254 und 1343/88, NStZ 1990, 600 f.

645 Raab, RdA 1995, 36 (44).

strafgerichtliche Verurteilung – auszuweisen[646]. Raab[647] führt den Wortlaut des Art. 6 Abs. 2 EMRK an, der von „dem wegen einer Straftat Angeklagten" spricht. Des weiteren verweist er auf den systematischen Zusammenhang des Art. 6 Abs. 2 EMRK mit Art. 3 EMRK, der die Rechte des Beschuldigten im Strafverfahren regelt.

Darüber hinaus entfaltet die Unschuldsvermutung auch keine mittelbare Drittwirkung zwischen Privaten[648]. Art. 6 Abs. 2 EMRK ist daher keine Wertentscheidung im Hinblick auf das arbeitgeberseitige Fragerecht zuzuerkennen. Vielmehr sind die allgemeinen zivilrechtlichen Grundsätze heranzuziehen[649]. Daher bezieht sich die Unschuldsvermutung nur auf den strafrechtlichen Schuldvorwurf als solchen[650]. Eine weitere Ausdehnung dergestalt, daß dem Betroffenen keine Nachteile zuzumuten sind, ist nicht geboten. Das ergibt sich bereits aus der Tatsache, daß der Verdacht allein bereits Grundlage für viele strafprozessuale Zwangsmaßnahmen und die Untersuchungshaft ist[651]. Dies verstößt auch nicht gegen die Unschuldsvermutung, sondern ist vielmehr für die Durchführung eines rechtsstaatlichen Strafverfahrens geboten[652]. Nur die Strafe als solche ist abhängig von der rechtskräftigen Verurteilung[653]. Daher ist festzuhalten, daß Art. 6 Abs. 2 EMRK den Beschuldigten nur vor solchen Nachteilen zu schützen sucht, die mit einer Strafe gleichzusetzen sind[654].

Fraglich ist daher lediglich, ob den Konventionsrechten eine positive staatliche Gewährleistungspflicht entnommen werden kann. Solche würde eine Auswirkung auf die privaten Rechtsverhältnisse zur Folge haben[655]. Dies ist aber im

---

646 Löwe/Rosenberg-Gollwitzer, Art. 6 EMRK Rn. 128 ff.; Frowein, FS Huber, S. 553 (554 f.); Meyer, FS Tröndle, S. 61 (63); Raab, RdA 1995, 36 (44).

647 Raab, RdA 1995, 36 (44).

648 OLG Frankfurt, Urteil vom 06.09.1979 – 16 U 75/79, NJW 1980, 597 (598 f.); Löwe/Rosenberg-Gollwitzer, Art. 6 EMRK Rn. 108; Kühl, FS Hubmann, S. 241 (248); Meyer, FS Tröndle, S. 61 (63); Frowein, FS Huber, S. 553 (556); Raab, RdA 1995, 36 (45); Marxen, GA 1980, 365 (373 ff.).

649 Raab, RdA 1995, 36 (46).

650 Raab, RdA 1995, 36 (45).

651 BVerfG, Beschluß vom 29.05.1990 – 2 BvR 254, 1343/88, NJW 1990, 2741 f.; Löwe/Rosenberg-Gollwitzer, Art. 6 EMRK Rn. 134; Meyer, FS Tröndle, S. 61 (64 f.); Reinfeld, AR-Blattei SD, Vorstrafen 1780, Rn. 112; Raab, RdA 1995, 35 (45).

652 Reinfeld, AR-Blattei SD, Vorstrafen 1780, Rn. 112.

653 BVerfG, Beschluß vom 26.03.1987 – 2 BvR 589/79, 740/81 und 284/85, BVerfGE 74, 358 (370); Beschluß vom 15.12.1965 – 1 BvR 513/65, BVerfGE 19, 342 (347) = AP Art. 2 GG Nr. 13 Bl. 2; Raab, RdA 1995, 36 (45).

654 BVerfG, Beschluß vom 26.03.1987 – 2 BvR 589/79, 740/81 und 284/85, BVerfGE 74, 358 (371); Reinfeld, AR-Blattei SD, Vorstrafen 1780, Rn. 111.

655 Frowein, FS Huber, S. 553 (556).

allgemeinen nur im Hinblick auf Presseveröffentlichungen über Strafverfahren anerkannt[656]. Das ist in dem Sinne der Fall, als aus Art. 6 Abs. 2 EMRK die Pflicht des Staates abgeleitet wird, dafür zu sorgen, daß sich die Berichterstattung über laufende Strafverfahren im Rahmen der gebotenen Sachlichkeit bewegt[657]. Wenn es sich jedoch um eine allgemeine Diskriminierung handelt, ist vielmehr das allgemeine Persönlichkeitsrecht nach Art. 2 Abs. 1 i. V. m. Art. 1 Abs. 1 GG i. V. m. der Unschuldsvermutung einschlägig[658]. Daher kann dem Ermittlungsverfahren nicht von vornherein jede Bedeutung für die Privatrechtsverhältnisse abgesprochen werden[659]. Auf der anderen Seite ist aber festzuhalten, daß auch eine Gewährleistungspflicht der Konventionsrechte nicht so weit reichend ist, daß Art. 6 Abs. 2 EMRK bereits vor jedem Verdacht zu schützen sucht[660].

Ebenso verhält es sich mit dem allgemeinen Strafrechtsgrundsatz „in dubio pro reo“[661]. Dieser regelt nur den Strafanspruch des Staates. Der Umstand, daß der Staat diesen Strafanspruch zurückstellt, sofern die Rechtsgüter des betroffenen Bürgers überwiegen, darf aber keinesfalls auf die Privatrechtsbeziehungen übertragen werden, da dem Strafrecht und dem Zivilrecht unterschiedliche Wertungen zugrunde liegen[662].

Die Unschuldsvermutung erweist sich im Zusammenhang mit dem Fragerecht des Arbeitgebers als untaugliches Argument, weil bei einem schwebenden Strafverfahren ebenso gut die Wahrscheinlichkeit einer Verurteilung besteht, wie die eines Freispruchs[663]. Nach dem Bundesarbeitsgericht[664] ist eine Anwendung der

---

656 BVerfG, Beschluß vom 19.07.1967 – 2 BvR 489/66, BVerfGE 22, 254 (265); Frowein, FS Huber, S. 553 (556); Meyer, FS Tröndle, S. 61 (63).

657 Meyer, FS Tröndle, S. 61 (63); Ulsamer, FS Zeidler, Band II, S. 1799 (1802).

658 KG, Urteil vom 14.05.1968 – 9 U 74/68, NJW 1968, 1969 (1970); OLG Köln, Urteil vom 02.06.1987 – 15 U 39/87, NJW 1987, 2682 (2684); OLG Frankfurt, Urteil vom 06.09.1979 – 16 U 75/79, NJW 1980, 597 (598 f.); OLG Braunschweig, Urteil vom 24.10.1974 – 1 U 55/73, NJW 1975, 651 f.; Löwe/Rosenberg-Gollwitzer, Art. 6 EMRK Rn. 115; Bornkamm, Pressefreiheit und Fairneß des Strafverfahrens, S. 258 ff.; Meyer, FS Tröndle, S. 61 (63); Frowein, FS Huber, S. 553 (556); Kühl, FS Hubmann, S. 241 (248); Raab, RdA 1995, 36 (45); Bornkamm, NStZ 1983, 102 (104); Lampe, NJW 1973, 217.

659 Kuhla, Datenschutz im Beamten- und Arbeitsverhältnis, S. 124.

660 BVerfG, Beschluß vom 19.07.1967 – 2 BvR 489/66, BVerfGE 22, 254 (265); Frowein, FS Huber, S. 553 (556).

661 Böhm/Justen, Bewerberauswahl und Einstellungsgespräch, S. 39.

662 Böhm/Justen, Bewerberauswahl und Einstellungsgespräch, S. 39 f.; Appel/Gerken, AuR 1995, 201 (205); Raab, RdA 1995, 36 (44).

663 Raab, RdA 1995, 36 (46).

Unschuldsvermutung im Privatrecht deshalb zutreffenderweise abzulehnen, weil dem Arbeitgeber anderenfalls nicht die Möglichkeit der Kündigung des Arbeitsverhältnisses aufgrund des Verdachts zur Seite stehen würde. Der Arbeitgeber könnte den Arbeitnehmer lediglich bezahlt freistellen. Dies erscheint unbillig, besonders wenn es sich um erdrückende Verdachtsmomente zu Lasten des Arbeitnehmers handelt.

c.) Zwischenergebnis

Festzuhalten ist, daß gewichtige Argumente gegen die Anwendung der Unschuldsvermutung des Art. 6 Abs. 2 EMRK im arbeitsrechtlichen Anbahnungsverhältnis sprechen. Vielmehr ist anzunehmen, daß es sich mit der Unschuldsvermutung um ein auf das Strafrecht beschränktes Prinzip handelt. Die Wertungen im Verhältnis Staat – Bürger sind nicht auf die Privatrechtsverhältnisse übertragbar. Folglich ist das Fragerecht des Arbeitgebers nach den laufenden Ermittlungsverfahren nicht wegen Art. 6 Abs. 2 EMRK unzulässig.

2. Parallele zur Verdachtskündigung

Darüber hinaus ist zu untersuchen, ob im Wege eines „Erst-Recht-Schlusses" im Hinblick auf eine Verdachtskündigung ein Fragerecht des Arbeitgebers anzunehmen ist. Nach der Rechtsprechung[665] und Teilen der Literatur[666] kann der Arbeitgeber das Arbeitsverhältnis bereits bei Vorliegen des Verdachts einer Straftat außerordentlich gemäß § 626 Abs. 1 BGB kündigen. Wenn der Verdacht der Begehung einer Straftat bereits als Beendigungsgrund für ein bestehendes Arbeitsverhältnis in Frage kommt, dann müsse dieser erst recht dazu geeignet sein, den Stellenbewerber bereits bei der Einstellungsentscheidung abzulehnen[667].

Diese Argumentation überzeugt indes aus zwei rechtlichen Gesichtspunkten nicht. Zum einen stellt die Figur der Verdachtskündigung eine bedenkliche Art der Beendigung des Arbeitsverhältnisses dar. Ihre Zulässigkeit ist in der Recht-

---

664 BAG, Urteil vom 14.09.1994 – 2 AZR 94, AP § 626 BGB Verdacht strafbarer Handlung Nr. 24 Bl. 3.

665 BAG, Urteil vom 26.03.1992 – 2 AZR 519/91, AP § 626 BGB Verdacht strafbarer Handlung Nr. 23 Bl. 3; Urteil vom 30.04.1987 – 2 AZR 283/86, AP § 626 BGB Verdacht strafbarer Handlung Nr. 19 Bl. 3; Urteil vom 03.04.1986 – 2 AZR 324/85, AP § 626 BGB Verdacht strafbarer Handlung Nr. 18 Bl. 3; Urteil vom 04.06.1964 – 2 AZR 310/63, AP § 626 BGB Verdacht strafbarer Handlung Nr. 13 Bl. 2.

666 Löwisch, § 1 KSchG Rn. 223 ff.; v. Hoyningen-Huene/Linck, § 1 KSchG Rn. 260 ff.; KR-Fischermeier, § 626 BGB Rn. 227 ff.

667 MünchArbR-Buchner, § 38 Rn. 153; Böhm/Spiertz, § 4 BAT S. 20.20; Reinfeld, AR-Blattei SD, Vorstrafen 1780, Rn. 114 f.; Hofmann, ZfA 1975, 1 (35).

sprechung[668] und der Lehre[669] umstritten. Eine Übertragung der Verdachtskündigung auf die Beschränkung des Fragerechts kommt schon deshalb nicht in Betracht, weil keine vergleichbare Interessenlage besteht. Die Verdachtskündigung ist nur zulässig, wenn der begründete Verdacht besteht, daß der Arbeitnehmer eine Straftat i. R. d. bestehenden Arbeitsverhältnisses begangen hat. Hier ist dem Arbeitgeber die Fortsetzung des Arbeitsverhältnisses nicht mehr zuzumuten, da die Vertrauensgrundlage nachhaltig erschüttert ist. Diese Situation ist jedoch mit der Interessenlage vor Vertragsabschluß nicht vergleichbar, da es sich um außerdienstliche Verfehlungen handelt, die mit dem Arbeitsverhältnis in keinem unmittelbaren Zusammenhang stehen[670].

Des weiteren kommt der Verdachtskündigung lediglich ein vorläufiger Charakter zu. Sofern sich im Laufe des Verfahrens die Unschuld des Betroffenen herausstellt, wird ihm ein Wiedereinstellungsanspruch gegen den Arbeitgeber zugesprochen[671]. Sofern der Arbeitgeber den Bewerber wegen des Verdachts der Straftat abgelehnt hat, wird er sich später nicht mehr mit diesem Fall auseinandersetzen, auch dann nicht, wenn sich im Nachhinein die Unschuld des Betroffenen erwiesen hat. Außerdem wird der Arbeitgeber in der Zwischenzeit einen anderen Mitbewerber eingestellt haben, so daß der angestrebte Arbeitsplatz bereits vergeben sein wird[672]. Daher kann die Rechtsfigur der Verdachtskündigung nicht für die generelle Zulässigkeit der Frage nach den laufenden Ermittlungsverfahren herangezogen werden.

Zwar würde die Unzulässigkeit der Frage nach laufenden Ermittlungsverfahren der Rechtssicherheit dienen, da auf diese Weise Abgrenzungsprobleme vermieden würden. Jedoch wäre dadurch zu befürchten, daß die Arbeitgeberinteressen schutzlos gestellt würden[673]. Bei der Beurteilung der Zulässigkeit der Arbeitgeberfrage ist vielmehr auf die allgemeinen arbeitsrechtlichen Grundsätze abzustellen, die das Bundesarbeitsgericht abstrakt aufgestellt hat[674]. Der Arbeitgeber darf dem Bewerber danach nur Fragen stellen, an deren Beantwortung er im

---

[668] BAG, Urteil vom 26.03.1992 – 2 AZR 519/91, AP § 626 BGB Verdacht strafbarer Handlung Nr. 23 Bl. 3.

[669] Dörner, NZA 1993, 873 (877); Dörner, NZA 1992, 865 (873); Schütte, NZA 1991, Beilage 2, S. 17 (21 f.) und Joachim, AuR 1964, 33 (39) lehnen die Zulässigkeit der Verdachtskündigung ab. Vgl. ferner die Darstellung bei KR-Fischermeier, § 626 GB Rn. 219 ff.

[670] Raab, RdA 1995, 36 (46).

[671] Kuhla, Datenschutz im Beamten- und Arbeitsverhältnis, S. 124; Conze, ZTR 1991, 99 (104).

[672] Conze, ZTR 1991, 99 (104).

[673] Vgl. auch: Kuhla, Datenschutz im Beamten- und Arbeitsverhältnis, S. 125.

[674] Vgl. bereits die Ausführungen auf S. 74 ff.

Hinblick auf das in Aussicht genommene Arbeitsverhältnis ein berechtigtes, billigenswertes und schutzwürdiges Interesse hat und die Beantwortung der Frage für den angestrebten Arbeitsplatz und die zu verrichtende Tätigkeit selbst von Bedeutung ist. Daraus ist zu schließen, daß der Arbeitgeber i. d. R. nicht nach dem kriminellen Privatleben des Bewerbers fragen darf, sondern nur in besonderen Ausnahmefällen[675], wenn die Interessen des Arbeitgebers als Vertragspartner des Beschuldigten beeinträchtigt sind. Folglich kommt es für die Zulässigkeit der Arbeitgeberfrage auf den Bezug zum konkreten Arbeitsverhältnis an. Daher finden die Aspekte der Verfügbarkeit des Arbeitnehmers und die Einschlägigkeit der angeklagten Straftat als Abgrenzungskriterien Erörterung.

3. Verfügbarkeit und psychische Belastungen

Ferner ziehen einige Autoren den Aspekt der Verfügbarkeit des Arbeitnehmers zur Begründung der Zulässigkeit des Fragerechts nach den anhängigen Ermittlungsverfahren heran. Denn das schwebende Strafverfahren birgt viele Risiken im Hinblick auf die künftige Erfüllung der arbeitsvertraglichen Pflichten des Arbeitnehmers. Zum einen kann der Arbeitnehmer durch die ihm durch das Strafverfahren auferlegten Pflichten von vornherein daran gehindert sein, an seinem Arbeitsplatz zu erscheinen[676]. In diesem Fall muß der Arbeitgeber die Ausfallzeiten des Arbeitnehmers kompensieren. Sofern infolge von Krankheit des Arbeitnehmers Ausfallzeiten entstehen, ist ein Fragerecht des Arbeitgebers anerkannt[677]. Es kann keinen Unterschied machen, aus welchem Grund der Arbeitnehmer an der Erbringung seiner Arbeitsleistung gehindert ist.

Zum anderen ist der Umstand zu berücksichtigen, daß ein laufendes Strafverfahren eine große psychische Belastung für den Betroffenen darstellt, so daß er unter Umständen daran gehindert sein kann, seine Arbeitsleistung zufriedenstellend zu erfüllen[678]. Demnach stellen das Ermittlungs- und Hauptverfahren eine Risikoerhöhung im Gegensatz zum normalen Zustand für den Arbeitgeber

---

675 Hess/Schlochauer/Glaubitz-Glock, § 94 BetrVG Rn. 12; Böhm/Justen, Bewerberauswahl und Einstellungsgespräch, S. 40; Reinfeld, AR-Blattei SD, Vorstrafen 1780, Rn. 122, 133.

676 Erfurter Kommentar-Preis, § 611 BGB Rn. 342; Fitting/Engels/Schmidt/Trebinger/Linsenmaier, § 94 BetrVG Rn. 19; GK-Kraft, § 94 BetrVG Rn. 23; Bellgardt, Recht und Taktik des Bewerbergesprächs, S. 72; Reinfeld, AR-Blattei SD, Vorstrafen 1780, Rn. 98, 127; Raab, RdA 1995, 36 (42); Hofmann, ZfA 1975, 1 (37).

677 BAG, Urteil vom 07.06.1984 – 2 AZR 270/83, AP § 123 BGB Nr. 26 Bl. 3; Raab, RdA 1995, 36 (42); Hofmann, ZfA 1975, 1 (43 f.).

678 Reinfeld, AR-Blattei SD, Vorstrafen 1780, Rn. 127, 129; Raab, RdA 1995, 36 (42).

dar[679], sog. Einstellungs- und Beschäftigungsrisiko[680]. Aus dieser Risikoerhöhung folgt die Zulässigkeit der Frage.

Die Ausfallzeiten können sich während des laufenden Strafverfahrens daraus ergeben, daß der Beschuldigte nach § 163a Abs. 1 S. 1 StPO von der Staatsanwaltschaft vernommen wird und dazu persönlich anwesend sein muß. Ferner besteht nach §§ 230 Abs. 1, 231 StPO die Pflicht des Angeklagten, in der Hauptverhandlung anwesend zu sein. Der Tatvorwurf kann derart schwerwiegend sein, daß eine längere Hauptverhandlung anberaumt ist. Auch besteht die Gefahr, daß Untersuchungshaft angeordnet wird[681]. Im äußersten Fall besteht die Möglichkeit, daß der Betroffene zu einer Freiheitsstrafe verurteilt wird und aus diesem Grund an der Erbringung der Arbeitsleistung gehindert ist. In diesem Fall wäre er daran gehindert, seine Arbeitsleistung vertragsgemäß zu erbringen. Es kommt nicht auf die Schuld oder Unschuld des Bewerbers an, sondern in erster Linie auf die Möglichkeit zu arbeiten.

Diesem Ansatz hingegen widersprechen Moritz[682] und Schwerdtner[683]. Sofern sich im Nachhinein herausstelle, daß durch einen etwaigen Haftantritt erhebliche Ausfallzeiten entstehen, wird der Arbeitgeber auf sein Kündigungsrecht verwiesen. Darüber hinaus sprechen sie ihm einen Schadensersatzanspruch zu, sofern der Arbeitnehmer schon vor Dienstantritt mit diesen Ausfallzeiten rechnen mußte. Dies ist allerdings schon deshalb abzulehnen, weil durch diese Ansicht die Interessen des Arbeitgebers keine ausreichende Berücksichtigung finden. Ferner gewährt § 611 Abs. 1 BGB in erster Linie den Primäranspruch. Eine Verweisung des Arbeitgebers auf Sekundäransprüche und sein Kündigungsrecht hingegen stellen keine ausreichende Kompensation des gesteigerten Beschäftigungsrisikos dar[684]. Somit ist die Verfügbarkeit des Arbeitnehmers ein Umstand, der zu den berechtigten Interessen des Arbeitgebers bei Vertragsabschluß zählt.

4. Einschlägigkeit

Darüber hinaus kommt wie bei der Frage nach den Vorstrafen der Begriff der Einschlägigkeit der Straftat als Kriterium für die Zulässigkeit der Frage in Be-

679 Reinfeld, AR-Blattei SD, Vorstrafen 1780, Rn. 127; Linnenkohl, AuR 1983, 129 (140); Linnenkohl, DVR 1981, 317 (358); Hofmann, ZfA 1975, 1 (37).
680 Erfurter Kommentar-Preis, § 611 BGB Rn. 342; Linnenkohl, AuR 1983, 129 (140); Linnenkohl, DVR 1981, 317 (358).
681 Raab, RdA 1995, 36 (42).
682 Moritz, NZA 1987, 1987, 329 (334).
683 Schwerdtner, Arbeitsrecht, Band I, S. 32 f.
684 Raab, RdA 1995, 36 (43).

tracht[685]. So wird erwogen, ein Fragerecht immer dann anzunehmen, wenn es sich um eine für das in Aussicht genommene Arbeitsverhältnis einschlägige Straftat handelt, denn in diesem Fall entfalle die persönliche Eignung des Bewerbers für die Tätigkeit. Einige Autoren[686] lehnen hingegen die Einschlägigkeit als Abgrenzungskriterium für das Fragerecht nach den anhängigen Ermittlungsverfahren ab. Vor Vertragsschluß sei es für den Arbeitgeber lediglich von Bedeutung zu erfahren, ob der Bewerber zur Erbringung der Arbeitsleistung imstande sein wird. Sein Interesse beschränke sich auf die Verfügbarkeit des Arbeitnehmers.

Ebenso wie bei der Frage des Arbeitgebers nach den Vorstrafen des Bewerbers jedoch hat der Arbeitgeber ein Interesse zu erfahren, ob der Bewerber für die zu besetzende Stelle charakterlich geeignet ist. Der Arbeitgeber prüft die Eignung und Befähigung des Bewerbers für die Stelle. Beide Eigenschaften können entfallen, wenn eine für das Arbeitsverhältnis einschlägige Straftat nicht nur bereits rechtskräftig festgestellt worden ist, sondern auch, wenn aufgrund des anhängigen Ermittlungsverfahrens zumindest die Möglichkeit besteht, daß sich der Bewerber einer einschlägigen Straftat schuldig gemacht hat. Daher besteht für den Arbeitgeber die Gefahr eine Person einzustellen, die sich im Nachhinein als ungeeignet herausstellt[687]. Dieses Risiko geht der Arbeitgeber sowohl dann ein, wenn es sich um rechtskräftige Vorstrafen handelt, als auch im Fall eines anhängigen Ermittlungsverfahrens wegen einer einschlägigen Straftat. Neben das berechtigte Interesse des Arbeitgebers an der Verfügbarkeit des Arbeitnehmers tritt daher auch das Interesse an der Eignung. Insofern besteht neben dem Fragerecht nach Vorstrafen parallel das Fragerecht nach den laufenden Ermittlungsverfahren.

Ferner spricht für die Zulässigkeit der Frage nach den anhängigen Ermittlungsverfahren über einschlägige Straftaten, daß dadurch keine Verletzung des allge-

---

685 BAG, Urteil vom 20.05.1999 – 2 AZR 320/98, AP § 123 BGB Nr. 50 Bl. 2 = BB 1999, 2249 (2250); ArbG Hamburg, Urteil vom 07.11.1979 – 18 Ca 263/79, BB 1980, 316 f.; ArbG Wilhelmshaven, Urteil vom 09.11.1972 – Ca 936/72, ARSt. 1974, Nr. 28, S. 21; Däubler/Kittner/Klebe-Klebe, § 94 BetrVG Rn. 16; Götz, Das Bundeszentralregister, 1. Aufl., 1972, § 51 BZRG Rn. 18; GK-Kraft, § 94 BetrVG Rn. 23; Stege/Weinspach, § 94 BetrVG Rn. 20; Hess/Schlochauer/Glaubitz-Glock, § 94 BetrVG Rn. 12; Erfurter Kommentar-Preis, § 611 BGB Rn. 341; Tremml, Die Rechtswirkungen der Straftilgung, S. 144; Hunold, in: Arbeitsrechtslexikon, Fragerecht des Arbeitgebers 187, S. 3 f.; Reinfeld, AR-Blattei SD, Vorstrafen 1780, Rn. 125; Raab, RdA 1995, 36 (42); Götz, BB 1971, 1325 (1326). Wohl auch: Meisel, Die Mitwirkung und Mitbestimmung des Betriebsrats in personellen Angelegenheiten, Rn. 179.

686 Hofmann, ZfA 1975, 1 (36).

687 MünchArbR-Buchner, § 41 Rn. 152; Raab, RdA 1995, 36 (42, 48).

meinen Persönlichkeitsrechts des Bewerbers erfolgt. Bei der Bewerbung um Einstellung in den öffentlichen Dienst ist die Feststellung der persönlichen und charakterlichen Eignung durch Art. 33 Abs. 2 GG legitimiert[688]. Auch bei der Einstellung in ein privates Arbeitsverhältnis muß es dem Arbeitgeber gestattet sein, vorab die Eignung und Befähigung des Bewerbers für die Stelle zu erforschen. Ansonsten würde seine Vertragsfreiheit einseitig eingeschränkt.

Die Ansicht Kuhlas[689], damit würde den Interessen des Bewerbers keine Rechnung getragen, überzeugt hingegen nicht. Das Interesse des Arbeitgebers, einen geeigneten Mitarbeiter zu finden, ist höher zu bewerten als das Bewerberinteresse an der Verheimlichung der gegen ihn anhängigen einschlägigen Strafverfahren. Denn es handelt sich nicht um die bloße Ausforschung der Persönlichkeit des Bewerbers, sondern es besteht ein konkreter Bezug zum Arbeitsverhältnis. Würde man das Fragerecht des Arbeitgebers in dieser Reichweite für unzulässig erklären, würde ein Ungleichgewicht zu Lasten des Arbeitgebers erzeugt. Daher ist die Frage des Arbeitgebers nach anhängigen Strafverfahren in Bezug auf einschlägige Straftaten zulässig.

5. Risikoerhöhung hinsichtlich der Begehung weiterer Straftaten

Es überzeugt indes nicht, ein Fragerecht des Arbeitgebers nach den laufenden Ermittlungsverfahren nur bei einer Risikoerhöhung hinsichtlich der Begehung weiterer Straftaten anzunehmen. Richtig ist, daß bei der Beurteilung der Zulässigkeit der Arbeitgeberfrage das in Aussicht genommene Arbeitsverhältnis ausschlaggebend sein muß[690]. Jedoch erweist sich das Kriterium der Begehung weiterer Straftaten als ungeeignet. Es lassen sich keine vom Einzelfall losgelösten Regeln für die Berechnung der Rückfallgefahr des Täters aufstellen. Vielmehr handelt es sich um ein unkalkulierbares Risiko. Dieses Kriterium eignet sich nicht zur Begrenzung der Zulässigkeit der Arbeitgeberfrage.

6. Beschränkung auf herausgehobene Vertrauensstellungen

Schließlich kommt eine Beschränkung des Fragerechts auf besondere Vertrauensstellungen in Betracht[691]. Dies begründen die Vertreter dieser Meinung mit dem Umstand, daß es sich um eine in besonderem Maß persönlichkeits-

---

[688] Vgl. dazu: LAG Brandenburg, Urteil vom 27.01.1998 – 2 Sa 664/97, ZTR 1998, 521.
[689] Kuhla, Datenschutz im Beamten- und Arbeitsverhältnis, S. 123 f.
[690] Kittner/Zwanziger-Becker, Arbeitsrecht, § 29 Rn. 42.
[691] LAG Bremen, Urteil vom 08.12.1954 – Sa 86/54, DB 1955, 170 (171).

gebundene Arbeitsleistung handelt[692]. Bei der Übertragung von unternehmerischen Teilfunktionen auf den Arbeitnehmer habe der Arbeitgeber ein gesteigertes Interesse daran, auch von den anhängigen Ermittlungsverfahren Kenntnis zu nehmen. In diesem Fall könne vom Arbeitgeber nicht mehr verlangt werden, seine Entscheidungskompetenzen auf den Bewerber zu übertragen, da es an der Eignung und Befähigung fehle[693].

Daß bei herausgehobenen Führungspositionen ein deutlich überwiegendes Arbeitgeberinteresse an der Kenntnisnahme von laufenden Ermittlungsverfahren des Bewerbers besteht, erscheint nachvollziehbar. Jedoch überzeugt es nicht, in diesem Zusammenhang zugleich ein gesteigertes Arbeitgeberinteresse bei anderen Positionen auszuschließen, sofern es sich um eine einschlägige Straftat handelt und Zweifel an der Verfügbarkeit des Bewerbers bestehen. Denn in diesem Fall ist die unternehmerische Entscheidungsfreiheit des Arbeitgebers in besonderem Maß betroffen. Das Beschäftigungsrisiko erhöht sich durch diese Umstände. Es muß dem Arbeitgeber zugebilligt werden, dieses bei seiner Entscheidungsfindung einplanen zu können.

VI. Zwischenergebnis

Die Unschuldsvermutung des Art. 6 Abs. 2 EMRK entfaltet keine Auswirkungen auf das Fragerecht des Arbeitgebers nach laufenden Ermittlungsverfahren. Vielmehr sind die Grenzen des Fragerechts anhand einer Interessenabwägung festzustellen. Die Frage des Arbeitgebers nach anhängigen Ermittlungsverfahren gegen den Bewerber ist zulässig, sofern es sich um eine für das in Aussicht genommene Arbeitsverhältnis einschlägige Straftat handelt, da in diesem Fall Zweifel an der persönlichen Eignung des Bewerbers bestehen. Des weiteren darf der Arbeitgeber nach laufenden Strafverfahren dann fragen, wenn ein besonders gesteigertes Beschäftigungsrisiko besteht. Dieses ist gegeben, wenn die Gefahr besteht, daß der Bewerber in Untersuchungshaft genommen wird oder eine Freiheitsstrafe droht, sowie bei anderen herausgehobenen Belastungen psychischer und physischer Art, die dem Bewerber durch das Ermittlungsverfahren auferlegt werden.

---

[692] Knipp, AR-Blattei SD, Einstellung 640, Rn. 99. Vgl. zum Begriff der persönlichkeitsgebundenen Arbeitsleistung auch die vorangegangenen Ausführungen im 4. Kapitel auf S. 127 ff.

[693] MünchArbR-Buchner, § 41 Rn. 153.

§ 2: Abgeschlossenes Ermittlungsverfahren, §§ 151-177 StPO

Teilweise fragen Arbeitgeber die Stellenbewerber nach den gegen sie durchgeführten Ermittlungsverfahren, die nicht über die Eröffnung der Hauptverhandlung zu einer Verurteilung geführt haben oder bereits während des Vorverfahrens eingestellt worden sind. Soweit sich die Literatur überhaupt zu diesem Fragenkomplex äußert, ist die überwiegende Auffassung[694] dafür, dem Arbeitgeber ein Fragerecht zu versagen. Lediglich Tremml[695] vertritt die Ansicht, daß dem Arbeitgeber ein Fragerecht nach den abgeschlossenen Ermittlungsverfahren zukomme, denn der Bewerber sei durch ein eingestelltes Ermittlungsverfahren nicht sozial diskriminiert. Ferner überwiege das Arbeitgeberinteresse daran, sich ein möglichst umfassendes Bild von der Persönlichkeit des Bewerbers zu machen.

Linnenkohl[696] und Götz[697] führen den Grundgedanken der Unschuldsvermutung des Art. 6 Abs. 2 EMRK für die Unzulässigkeit an. Degener[698] und Römer[699] sind zutreffenderweise der Ansicht, daß derjenige, gegen den ein Strafverfahren eingestellt worden ist, nicht schlechter gestellt werden darf als derjenige, der eine Bestrafung erlitten hat. Dies gebietet ein „Erst-Recht-Schluß". Linnenkohl[700] wendet gegen ein Fragerecht des Arbeitgebers ein, daß es sich mit den abgeschlossenen Ermittlungsverfahren nicht um eine Verurteilung i. S. d. § 4 BZRG handele und daher das BZRG keine Anwendung fände. Das Verschweigungsrecht des Bewerbers ergebe sich vielmehr aus allgemeinen Rechtsgrundsätzen außerhalb des BZRG[701]. Welche diese sind, erklärt Linnenkohl allerdings nicht.

Dieser Ansicht ist zuzustimmen, jedoch vermag die Heranziehung der Unschuldsvermutung des Art. 6 Abs. 2 EMRK nicht zu überzeugen. Dies hat bereits die Darstellung hinsichtlich der anhängigen Ermittlungsverfahren gezeigt[702]. Derjenige, gegen den ein Ermittlungsverfahren eingestellt worden ist,

---

694 Götz, Das Bundeszentralregister, 1. Aufl., 1972, § 51 BZRG Rn. 18; Degener, Das Fragerecht des Arbeitgebers gegenüber Bewerbern, S. 116; Linnenkohl, AuR 1983, 129 (139 f.); Linnenkohl, DVR 1981, 317 (358); Hofmann, ZfA 1975, 1 (36, Fn. 170); Römer, JVBl. 1972, 169 (170); Götz, BB 1971, 1325 (1326).

695 Tremml, Die Rechtswirkungen der Straftilgung, S. 144 f.

696 Linnenkohl, AuR 1983, 129 (140); Linnenkohl, DVR 1981, 317 (358).

697 Götz, Das Bundeszentralregister, 1. Aufl., 1972, § 51 BZRG Rn. 18.

698 Degener, Das Fragerecht des Arbeitgebers gegenüber Bewerbern, S. 116: „a maiore ad minus".

699 Römer, JVBl. 1972, 169 (170).

700 Linnenkohl, AuR 1983, 129 (139 f.); Linnenkohl, DVR 1981, 317 (358).

701 Linnenkohl, AuR 1983, 129 (140); Linnenkohl, DVR 1981, 317 (358).

702 Vgl. dazu bereits S. 163 ff.

gilt als rechtstreu. Er ist weder verurteilt worden noch besteht für die Zukunft die Gefahr einer Verurteilung. Die Verfahrenseinstellung als solche beinhaltet keinen Unrechtsgehalt. Im Gegensatz dazu besteht beim laufenden Strafverfahren noch die Möglichkeit der Verurteilung. Daher darf derjenige, gegen den ein Ermittlungsverfahren eingestellt worden ist im Wege eines „Erst-Recht-Schlusses" nicht schlechter gestellt werden als derjenige, bei dem die Möglichkeit der Verurteilung noch besteht. Der Arbeitgeber darf den Bewerber folglich nicht nach abgeschlossenen Ermittlungsverfahren fragen.

§ 3: Haftstrafe des Bewerbers

Fraglich ist auch, wie das Fragerecht zu beurteilen ist, wenn der Bewerber demnächst eine Haftstrafe zu verbüßen hat. Probleme ergeben sich daraus, daß der Arbeitnehmer durch die Verbüßung seiner Freiheitsstrafe an der Erbringung seiner arbeitsvertraglich geschuldeten Hauptleistungspflichten gehindert ist. In der Rechtsprechung und Lehre besteht keine einheitliche Auffassung.

I. Weder Fragerecht noch Offenbarungspflicht

Moritz[703], Däubler[704] und Klebe[705] sind der Auffassung, daß weder ein Fragerecht des Arbeitgebers noch eine Offenbarungspflicht des Bewerbers hinsichtlich der bevorstehenden Haftstrafe des Bewerbers besteht. Das soll auch der Fall sein, wenn der Bewerber bereits bei Vertragsabschluß weiß, daß er seine vertraglich geschuldete Arbeitsleistung wegen der Verbüßung der Freiheitsstrafe nicht wird erbringen können. Anstelle der Mitteilungspflicht des Bewerbers trete vielmehr eine Schadensersatzpflicht des Arbeitnehmers aus vorvertraglichem Schuldverhältnis, da der Bewerber einen Vertrauenstatbestand geschaffen habe[706].

II. Generelles Fragerecht des Arbeitgebers

Andere Autoren[707] hingegen sind der Ansicht, daß dem Arbeitgeber ein generelles Fragerecht nach den demnächst zu verbüßenden Haftstrafen des Bewerbers

703 Moritz, NZA 1987, 329 (335).

704 Däubler, Das Arbeitsrecht, Band 2, S. 89.

705 Däubler/Kittner/Klebe-Klebe, § 95 BetrVG Rn. 17.

706 Moritz, NZA 1987, 329 (335).

707 Palandt-Weidenkaff, § 611 BGB Rn. 7; Böhm/Justen, Bewerberauswahl und Einstellungsgespräch, S. 41; Künzl, HzA 5/1, Rn. 1070/8, 1070/56; Stevens-Bartol, in: Handbuch des Arbeits- und Sozialrechts, § 7c, Rn. 43; Ehrich, DB 2000, 421 (423). Ebenso: § 13 des Entwurfs des Arbeitskreis Deutsche Rechtseinheit im Arbeitsrecht zum Arbeitsvertragsrecht: (1) Der Bewerber ist auch ohne Befragen durch den Arbeitgeber verpflich-

zustehe. Danach müsse der Bewerber auch ungefragt offenbaren, wenn zeitliche Hindernisse in seiner Person der Arbeit unmittelbar entgegenstehen. Dies ergebe sich aus den Grundsätzen über das vorvertragliche Vertrauensverhältnis. Andernfalls könne der Arbeitgeber Schadensersatzansprüche geltend machen[708].

III. Aufklärungspflicht bei mehrmonatiger Haftstrafe

Die weit überwiegende Ansicht in der Rechtsprechung[709] und Lehre[710] nimmt ein Fragerecht des Arbeitgebers und sogar eine Aufklärungspflicht des Bewerbers an, wenn es sich um eine mehrmonatige Strafhaft des Arbeitnehmers handelt. Es komme nicht darauf an, ob die zur Verbüßung anstehenden Straftaten für das Arbeitsverhältnis einschlägig sind. Entscheidend sei allein das aus der sicher zu erwartenden, mehrmonatigen Nichterfüllung des Vertrags für den einstellenden Arbeitgeber resultierende außergewöhnliche Vertragsrisiko. Dies ergebe sich aus den gegenseitigen Rücksichtnahmepflichten bei der Vertragsanbahnung[711]. Es komme insoweit auf die Verfügbarkeit des Arbeitnehmers an und nicht auf die Erkundung der der Strafhaft zugrunde liegenden Straftat[712]. Ein weiterer Teil der Literatur[713] bejaht ein Fragerecht des Arbeitgebers nach den bevorstehenden Haftstrafen des Bewerbers, ohne jedoch eine Präzisierung hinsichtlich der Dauer der zu verbüßenden Haft zu liefern.

---

tet, Krankheiten oder andere Umstände mitzuteilen, von denen eine Gefährdung für andere Personen ausgehen kann. (2) Kann oder darf der Bewerber die Arbeit zu dem vorgesehenen Zeitpunkt nicht annehmen, so hat er dies dem Arbeitgeber mitzuteilen.

708 Stevens-Bartol, in: Handbuch des Arbeits- und Sozialrechts, § 7c, Rn. 43.

709 BAG, Urteil vom 15.11.1984 – 2 AZR 613/83, NJW 1986, 342 f.; LAG Frankfurt am Main, Urteil vom 07.08.1986 – 12 Sa 361/86, LAGE § 123 BGB Nr. 8 = NZA 1987, 352 f.

710 Stege/Weinspach, § 94 BetrVG Rn. 20a; Hess/Schlochauer/Glaubitz-Glock, § 94 BetrVG Rn. 12; Dörner/Luczak/Wildschütz-Dörner, Handbuch Arbeitsrecht, B Rn. 267; Dörner, AR-Blattei SD, Anfechtung 60, Rn. 79; Hunold, in: Arbeitsrechtslexikon, Fragerecht des Arbeitgebers 187, S. 3; Hunold, AuA 2001, 260 (264); Hunold, DB 2000, 573; Conze, Anm. zum Urteil des BAG vom 18.09.1987 – 7 AZR 507/86, AP § 123 BGB Nr. 32 Bl. 3.

711 LAG Frankfurt am Main, Urteil vom 07.08.1986 – 12 Sa 361/86, LAGE § 123 BGB Nr. 8 = NZA 1987, 352.

712 MünchArbR-Buchner, § 41 Rn. 154; Striegan, HzA, 23/1, Rn. 162; Ehrich, HwB-AR, Fragerecht des Arbeitgebers 865, Rn. 23; Reinfeld, AR-Blattei SD, Vorstrafen 1780, Rn. 97.

713 Staudinger-Richardi, § 611 BGB Rn. 109; MünchArbR-Buchner, § 41 Rn. 103, 154; Kittner/Zwanziger-Becker, Arbeitsrecht, § 29 Rn. 43; Schwerdtner, Arbeitsrecht, Band I, S. 33; Striegan, in: HzA, 23/1, Rn. 162; Ehrich, HwB-AR, Fragerecht des Arbeitgebers 865, Rn. 23; Knipp, AR-Blattei SD, Einstellung 640, Rn. 102; Hoppe, BlStSozArbR 1971, 173 (175).

Reinfeld[714] schließt sich der überwiegenden Ansicht in der Lehre und des Landesarbeitsgericht Frankfurt am Main an. Er ist jedoch darüber hinaus der Meinung, daß die Offenbarungspflicht des Bewerbers erst im persönlichen Vorstellungsgespräch zum Tragen komme und ferner mit der Bewilligung des Freigängerstatus wieder entfalle.

IV. Pflicht des Arbeitgebers, den Freigängerstatus herbeizuführen

Das Bundesarbeitsgericht hat sich in einer neueren Entscheidung vom 09.03.1995[715] grundsätzlich der Ansicht des Landesarbeitsgerichts Frankfurt am Main[716] angeschlossen und bejaht ein Fragerecht, wenn sich die Arbeitsverhinderung infolge der Strafhaft des Arbeitnehmers konkret nachteilig auf das Arbeitsverhältnis auswirkt und zumutbare Überbrückungsmaßnahmen für den Arbeitgeber nicht bestehen. Darüber hinaus konstatiert das Bundesarbeitsgericht die Pflicht des Arbeitgebers, dabei mitzuwirken, daß der Bewerber den Freigängerstatus erlangt.

V. Streitentscheid

Für und gegen die einzelnen Ansichten werden jeweils gewichtige Argumente vorgetragen.

1. Ablehnung eines Fragerechts

Die Vertreter der ablehnenden Ansicht verweisen den Arbeitgeber auf seine jederzeitige Möglichkeit der Kündigung des Arbeitsverhältnisses[717]. Die Interessen des Arbeitgebers würden durch die Vorleistungspflicht des Arbeitnehmers gemäß § 614 S. 1 BGB ausreichend geschützt. Ferner bedeute die Bejahung einer Offenbarungspflicht einen Verstoß gegen das Diskriminierungsverbot[718]. Däubler[719] hält die Haftstrafe für einen persönlichen Grund aus der Sphäre des Arbeitnehmers, der ebenso wie andere persönliche Belastungen den Arbeitgeber nicht zu interessieren haben. Das sei zumindest so lange der Fall, wie es sich um eine nicht einschlägige Vorstrafe handele.

---

714 Reinfeld, AR-Blattei SD, Vorstrafen 1780, Rn. 84-91, 97.
715 BAG, Urteil vom 09.03.1995 – 2 AZR 497/94, NZA 1995, 777 f.
716 LAG Frankfurt am Main, Urteil vom 07.08.1986 – 12 Sa 361/86, LAGE § 123 BGB Nr. 8 = NZA 1987, 352.
717 Schwerdtner, Arbeitsrecht, Band I, S. 33; Moritz, NZA 1987, 329 (334).
718 Moritz, NZA 1987, 329 (334).
719 Däubler, Das Arbeitsrecht, Band 2, S. 89.

Dem steht aber entgegen, daß dem Arbeitgeber der bloße Verweis auf sein Kündigungsrecht nicht zuzumuten ist. Denn das arbeitgeberseitige Kündigungsrecht ist zahlreichen Beschränkungen unterworfen und vermag gerade nicht das Risiko einer derartigen Fehleinstellung nachträglich zu beseitigen. Vielmehr muß es dem Arbeitgeber möglich sein, das Risiko von vornherein auszuschalten, eine Arbeitskraft einzustellen, die gar nicht verfügbar ist. Auch hilft in diesem Zusammenhang die Vorleistungspflicht des Arbeitnehmers aus § 614 S. 1 BGB nicht weiter. Daher überzeugt die ablehnende Ansicht nicht.

2. Generelles Fragerecht

Für ein generelles Fragerecht des Arbeitgebers hingegen spreche, daß die Grundsätze über das vorvertragliche Vertrauensverhältnis es gebieten, daß der Arbeitnehmer mitteilt, wenn Umstände der Erbringung der geschuldeten Arbeitsleistung entgegenstehen[720]. Es stelle für den Arbeitgeber einen wesentlichen Umstand dar, wenn der Arbeitnehmer infolge der Strafhaft seine Arbeitspflichten für einen längeren Zeitraum nicht erfüllen könne, denn es kämen Kosten sowie produktions- und betriebstechnische Belastungen auf ihn zu[721].

Dagegen spricht indes, daß ein generelles Fragerecht nach Haftstrafen den Ausgang des Strafverfahrens vorausnähme[722]. Ferner wird ein generelles arbeitgeberseitiges Fragerecht einer Interessenabwägung nicht gerecht. Eine derartige einseitige Verlagerung der vorvertraglichen Pflichten ist unbillig, da sie die widerstreitenden Interessen nicht gegeneinander abwägt und daher nicht sachgerecht berücksichtigt. Des weiteren ist das Argument, daß das vorvertragliche Vertrauensverhältnis es gebiete, daß der Arbeitnehmer der Arbeitsleistung entgegenstehende Umstände mitteile, in sich widersprüchlich. Ein generelles Fragerecht des Arbeitgebers geht zu weit. Nach dieser Ansicht müßte es ausreichen, wenn der Bewerber nur die der Erbringung der Arbeitsleistung entgegenstehenden Umstände mitteilt. Daher kann auch dieser Ansicht nicht gefolgt werden.

---

720 Stevens-Bartol, in: Handbuch des Arbeits- und Sozialrechts, § 7c, Rn. 43.
721 Ehrich, DB 2000, 421 (423).
722 Schwerdtner, Arbeitsrecht, Band I, S. 33.

3. Offenbarungspflicht bei einer mehrmonatigen Haftstrafe

Das Landesarbeitsgericht Frankfurt am Main[723] führt für die Annahme einer Offenbarungspflicht des Bewerbers hinsichtlich mehrmonatiger Haftstrafen zutreffend aus, daß diese erhebliche kosten- und produktionstechnische Risiken darstellen. Der Arbeitgeber muß unter Umständen eine Aushilfskraft anlernen. Für diese Zeit ist die Einarbeitung des Bestraften nutzlos aufgewandt. Ferner besteht das Risiko, daß die Einarbeitung einer Vertretungskraft unwirtschaftlich ist oder die Arbeitsleistung des Betroffenen nicht von den anderen Mitarbeitern übernommen werden kann. Diese Aspekte haben ein erhebliches wirtschaftliches Gewicht auf die Einstellungsentscheidung des Arbeitgebers[724]. Das ergibt sich auch aus den Grundsätzen der vorvertraglichen Vertrauenshaftung, denn ein mehrmonatiger Arbeitsausfall ist ein außergewöhnliches Vertragsrisiko, welches in der Person des Arbeitnehmers liegt[725].

Der Arbeitnehmer wird gerade deshalb eingestellt, damit er die anliegende Arbeit erledigt[726]. Ferner geht der Arbeitgeber bei der Einstellung eines Arbeitnehmers davon aus, daß der Arbeitnehmer tatsächlich zu Leistung der geschuldeten Arbeit zur Verfügung steht[727]. An einem Arbeitnehmer, der für einen längeren Zeitraum nicht bei der Arbeit erscheint, ist er hingegen aus berechtigten Gründen nicht interessiert[728]. Die Verfügbarkeit des Arbeitnehmers ist deshalb für den Arbeitgeber so wichtig, da davon zum einen die Einplanbarkeit zur Arbeitsleistung und zum anderen die Versetzungsbereitschaft abhängen[729].

---

723 LAG Frankfurt am Main, Urteil vom 07.08.1986 – 12 Sa 361/86, LAGE § 123 BGB Nr. 8 = NZA 1987, 352. Vgl. auch: BAG, Urteil vom 09.03.1995 – 2 AZR 497/94, NZA 1995, 777 (778); MünchArbR-Buchner, § 41 Rn. 154; Kittner/Zwanziger-Becker, Arbeitsrecht, § 29 Rn. 43; Ehrich, HwB-AR, Fragerecht des Arbeitgebers 865, Rn. 23; Reinfeld, AR-Blattei SD, Vorstrafen 1780, Rn. 86; Hunold, DB 2000, 573.

724 LAG Frankfurt am Main, Urteil vom 07.08.1986 – 12 Sa 361/86, LAGE § 123 BGB Nr. 8 = NZA 1987, 352. Vgl. dazu auch: Kittner/Zwanziger-Becker, Arbeitsrecht, § 29 Rn. 43; Reinfeld, AR-Blattei SD, Vorstrafen 1780, Rn. 86; Ehrich, HwB-AR, Fragerecht des Arbeitgebers 865, Rn. 23; Hunold, DB 2000, 573.

725 LAG Frankfurt am Main, Urteil vom 07.08.1986 – 12 Sa 361/86, LAGE § 123 BGB Nr. 8 = NZA 1987, 352 (353); Reinfeld, AR-Blattei SD, Vorstrafen 1780, Rn. 87.

726 Hunold, DB 2000, 573.

727 Kittner/Zwanziger-Becker, Arbeitsrecht, § 29 Rn. 43; Hunold, AuA 2001, 260 (264); Hunold, DB 2000, 573.

728 MünchArbR-Buchner, § 41 Rn. 154; Hunold, AuA 2001, 260 (264); Hunold, DB 2000, 573.

729 MünchArbR-Buchner, § 41 Rn. 154; Striegan, HzA, 23/1, Rn. 162; Hunold, DB 2000, 573.

Nach Ansicht des Landesarbeitsgerichts Frankfurt am Main komme es bei der Frage des Arbeitgebers nach den bevorstehenden Haftstrafen des weiteren jedoch nicht auf die Art der abgeurteilten Straftat an. Die Einschlägigkeit der Straftat spiele hierbei keine Rolle, denn es sei nur die zu erwartende Nichterfüllung der Vertragspflichten entscheidend[730].

4. Pflicht des Arbeitgebers, den Freigängerstatus herbeizuführen

Das Bundesarbeitsgericht[731] ist im Gegensatz zur Vorinstanz der Ansicht, der Arbeitgeber sei müsse bei der Erlangung des Freigängerstatus mitwirken. Denn nicht allein die Haft des Bewerbers stelle die Unmöglichkeit dar, sondern erst die konkret negativen Auswirkungen derselben auf das Arbeitsverhältnis. Sofern der Arbeitgeber zur Beseitigung der Unmöglichkeit in der Lage sei, habe er daran im Rahmen des Zumutbaren mitzuwirken. Dazu gehöre auch, daß er nach seinen Möglichkeiten dabei helfe, daß der Bewerber den Freigängerstatus bewilligt bekomme. Diese Pflicht ergebe sich aus der allgemeinen, vorvertraglichen Fürsorgepflicht des Arbeitgebers aus Treu und Glauben nach § 242 BGB, nach welcher der Arbeitgeber dem Arbeitnehmer nicht grundlos Nachteile zufügen darf oder ihn der Gefahr eines Schadens aussetzen darf[732].

Eine Abwägung der beiderseitigen Interessen ergebe ferner, daß die Erlangung des gewählten Arbeitsplatzes als Teil der Berufsfreiheit des Arbeitnehmers nach Art. 12 Abs. 1 GG[733] die Arbeitgeberinteressen überwiege, wenn der Arbeitgeber dem vorbestraften Bewerber bei der Erlangung des Freigängerstatus helfen könne. Diese Hilfe an der Mitwirkung bedeute nicht den Verzicht des Arbeitgebers auf sein Kündigungsrecht. Denn dieses könne er immer noch ausüben, wenn weitergehende Störungen des Arbeitsverhältnisses entstünden. Anders verhalte es sich lediglich dann, wenn die Verurteilung des Arbeitnehmers zur Strafhaft bei den anderen Mitarbeitern oder den Geschäftspartnern zu nachteiligen Reaktionen führten. In diesem Fall sei es dem Arbeitgeber nicht zuzumuten, an

---

730 LAG Frankfurt am Main, Urteil vom 07.08.1986 – 12 Sa 361/86, LAGE § 123 BGB Nr. 8 = NZA 1987, 352 (353). Diese Meinung vertreten ebenfalls: Stege/Weinspach, § 94 BetrVG Rn. 20a; Hess/Schlochauer/Glaubitz-Glock, § 94 BetrVG Rn. 12; Knipp, AR-Blattei SD, Einstellung 640, Rn. 102; Reinfeld, AR-Blattei SD, Vorstrafen 1780, Rn. 88; Hunold, Arbeitsrechtslexikon, Fragerecht des Arbeitgebers 187, S. 3; Hunold, AuA 2001, 260.

731 BAG, Urteil vom 09.03.1995 – 2 AZR 497/94, NZA 1995, 777.

732 BAG, Urteil vom 09.03.1995 – 2 AZR 497/94, NZA 1995, 777 (778).

733 BVerfG, Urteil vom 24.04.1991 – 1 BvR 1341/90, BVerfGE 84, 133 (139, 142) = NJW 1991, 1667 (1668, 1670); BAG, Urteil vom 09.03.1995 – 2 AZR 497/94, NZA 1995, 777 (778).

der Erlangung des Freigängerstatus mitzuwirken, denn dies bedeute ein besonderes Risiko für den Arbeitgeber.

5. Kein Fragerecht bei der Bewilligung des Freigängerstatus

Sofern jedoch der Freigängerstatus des Bewerbers bewilligt worden sei, entfalle die Offenbarungspflicht des Bewerbers, da es nicht um die Ausforschung der der Strafhaft zugrunde liegenden Straftat gehe, sondern allein um die Verfügbarkeit des Arbeitnehmers. Bei Bestehen des Freigängerstatus sei der Arbeitnehmer nicht mehr an der Erbringung seiner Arbeitsleistung gehindert[734].

6. Stellungnahme

Der Ansicht des Bundesarbeitsgerichts hinsichtlich der Pflicht des Arbeitgebers, bei der Erlangung des Freigängerstatus mitzuwirken, ist jedoch nicht zuzustimmen. Die vorvertragliche Fürsorgepflicht des Arbeitgebers kann nicht soweit gehen, daß er sich um die persönlichen Belange des Bewerbers kümmern muß. Zwar ist der Ansicht des Bundesarbeitsgerichts zuzuerkennen, daß auch der Arbeitgeber Vorteile aus dem Freigängerstatus des Arbeitnehmers zieht, denn in diesem Fall ist er zur Erbringung seiner arbeitsvertraglichen Leistungen in der Lage. Dies kommt auch dem Arbeitgeber zugute. Jedoch fällt die Verurteilung allein in die Sphäre des Arbeitnehmers; er ist hierfür verantwortlich. Eine Übernahme dieser Verantwortlichkeit durch den Arbeitgeber würde dessen Pflichten aus der vorvertraglichen Beziehung überdehnen. Auch ist keine gesetzliche Grundlage für eine solche Arbeitgeberpflicht erkennbar.

Es ist angemessen, eine Mitteilungspflicht des Arbeitnehmers entfallen zu lassen, wenn der Freigängerstatus bewilligt ist, denn in diesem Fall besteht das arbeitgeberseitige gesteigerte Vertragsrisiko nicht mehr. Der Arbeitnehmer ist nicht mehr wegen der Haft an der Erbringung seiner Arbeitsleistung gehindert, sondern kann diese vertragsgemäß erbringen. Nach Treu und Glauben gemäß § 242 BGB ist es dem Arbeitnehmer nicht mehr zuzumuten, dem Arbeitgeber von der bevorstehenden Haft Mitteilung zu machen. Anders verhält es sich nur, wenn die der Haft zugrunde liegende Straftat für das Arbeitsverhältnis einschlägig ist.

Die Auffassung, es komme beim Fragerecht des Arbeitgebers nach den Haftstrafen des Bewerbers nicht auf die Einschlägigkeit der zugrunde liegenden Straftat an, vermag nicht zu überzeugen. Es macht keinen Unterschied, ob der Arbeitgeber den Bewerber nur nach seinen – bereits abgebüßten – Vorstrafen befragt

---

[734] Reinfeld, AR-Blattei SD, Vorstrafen 1780, Rn. 97.

oder nach bevorstehenden Haftstrafen. In beiden Fällen besteht im Ausgangspunkt dasselbe Interesse des Arbeitgebers, sich über die Eignung des Bewerbers für die vorgesehene Arbeitsstelle zu informieren. Diese kann entfallen, wenn der Arbeitnehmer einschlägig vorbestraft ist, weil er dann nicht mehr die erforderliche charakterliche Befähigung für die in Aussicht genommene Stellung hat. Beim arbeitgeberseitigen Fragerecht nach den bevorstehenden Haftstrafen tritt hier kumulativ hinzu, daß der Arbeitnehmer seine arbeitsvertraglich geschuldeten Pflichten nicht wahrnehmen kann. Dies stellt ein weiteres außergewöhnliches Risiko für den Arbeitgeber da, über das er sich berechtigterweise informieren möchte. Daher erscheint es angemessen, dem Arbeitgeber ein Fragerecht insoweit zuzubilligen, als daß er den Bewerber nach bevorstehenden Haftstrafen bei einem mehrmonatigen Arbeitsausfall fragen darf. Ferner, wenn die der Strafhaft zugrunde liegenden Straftat für das Arbeitsverhältnis einschlägig ist.

VI. Zwischenergebnis

Ein Fragerecht des Arbeitgebers nach den bevorstehenden Haftstrafen des Bewerbers besteht, wenn es sich um eine mehrmonatige Haft handelt. Den Arbeitgeber trifft keine Pflicht, dem Arbeitnehmer bei der Erlangung des Freigängerstatus zu helfen. Das Fragerecht entfällt mit der Bewilligung des Freigängerstatus, da dann die Strafe nicht mehr der Erbringung der arbeitsvertraglich geschuldeten Leistung entgegensteht. Ferner ist die Frage zulässig, wenn es sich um eine für das Arbeitsverhältnis einschlägige Straftat handelt, die der Haftstrafe zugrunde liegt.

§ 4: Eintragungen im Verkehrszentralregister

Neben dem Bundeszentralregister führt das Kraftfahrtbundesamt das Verkehrszentralregister nach Maßgabe der §§ 28-30c StVG. Es ist zu klären, inwiefern hinsichtlich Eintragungen in diesem Register Mitteilungspflichten des Stellenbewerbers bestehen. Ausdrückliche gesetzliche Regelungen für die Anwendbarkeit der Tilgungsvoraussetzungen und Verwertungsverbote des BZRG auf die Eintragungen im Verkehrszentralregister bestehen nicht[735].

---

[735] Vgl. auch: BayOLG, Beschluß vom 19.05.1972 – RReg. 1 St 548/72 OWi, NJW 1972, 2008 (2009); OLG Celle, Beschluß vom 11.09.1972 – 2 Ss (B) 226/72, NJW 1973, 68; Bresser, NJW 1973, 537 (539).

Die ältere unterinstanzliche Rechtsprechung[736] und ein Teil der Literatur[737] versagen dem Arbeitgeber ein Fragerecht nach Eintragungen im Verkehrszentralregister mit dem Argument, daß diese keine Vorstrafen i. S. d. BZRG seien[738]. Eine Ausnahme bestehe für den Fall, daß dem Bewerber der Verlust der Fahrerlaubnis drohe und er daher seine in Aussicht genommene Arbeitsleistung als Kraftfahrer nicht erbringen könne. In diesem Fall bestehe eine Offenbarungs- und sogar Auskunftspflicht des Bewerbers[739]. Andere unterinstanzliche Gerichte[740] und Teile der Lehre[741] hingegen erachten die Frage als zulässig. In diesem Fall bestehe ein risikorelevanter Bezug zum in Aussicht genommenen Arbeitsverhältnis, da die Erfüllung der arbeitsvertraglichen Pflichten gefährdet sei[742].

Gegen die Annahme des Fragerechts spreche, daß das Verkehrszentralregister lediglich behördlichen Zwecken diene und daher dem Arbeitgeber als Privatperson nicht zugänglich sein dürfe[743]. Darüber hinaus wird angeführt, daß auch die besonderen Belange des Straßenverkehrs nicht dazu führen könnten, daß eine Eintragung im Verkehrszentralregister schlechter zu werten sei als eine Verurteilung, die im Bundeszentralregister wegen des größeren Schuldgehalts eingetragen sei[744]. In diesem Fall würde ein Sachverhalt mit einem geringeren Unrechtsgehalt strenger bewertet als einer mit einem höheren Unrechtsgehalt. Daher sei eine entsprechende Anwendung des § 53 Abs. 1 BZRG geboten.

---

[736] BayOLG, Beschluß vom 06.02.1973 – RReg. 1 St 511/73 OWi, NJW 1973, 1091 (1093); Beschluß vom 19.05.1972 – RReg. 1 St 548/72 OWi, NJW 1972, 2008; OLG Karlsruhe, Beschluß vom 05.01.1973 – 2 Ss (B) 166/72, NJW 1973, 291; OLG Celle, Beschluß vom 11.09.1972 – 2 Ss (B) 226/72, NJW 1973, 68.

[737] Rebmann/Uhlig, § 66 BZRG Rn. 5; Däubler/Kittner/Klebe-Klebe, § 94 BetrVG Rn. 17; Wohlgemuth, Datenschutz für Arbeitnehmer, S. 33; Hunold, AuA 2001, 260 (264); Linnenkohl, AuR 1983, 129 (141); Linnenkohl, DVR 1981, 317 (361); Schwarz, NJW 1974, 209 (210); Bresser, NJW 1973, 537 (539).

[738] Däubler/Kittner/Klebe-Klebe, § 94 BetrVG Rn. 17; Wohlgemuth, Datenschutz für Arbeitnehmer, S. 33; Hunold, AuA 2001, 260 (264); Linnenkohl, AuR 1983, 129 (141); Linnenkohl, DVR 1981, 317 (361); Schwarz, NJW 1974, 209 f.

[739] Linnenkohl, AuR 1983, 129 (141); Linnenkohl, DVR 1981, 317 (361).

[740] OVG Lüneburg, Beschluß vom 12.12.1972 – VI OVG B 90/72, NJW 1973, 532; BayOLG, Beschluß vom 19.05.1972 – RReg. 1 St 548/72 OWi, NJW 1972, 2008 (2009).

[741] Böhm/Justen, Bewerberauswahl und Einstellungsgespräch, S. 41; Hofmann, ZfA 1975, 1 (34); Händel, NJW 1971, 1549 f.

[742] Hofmann, ZfA 1975, 1 (34).

[743] Vgl. dazu die Regelung des § 28 Abs. 2-6 StVG. In der Literatur: Däubler/Kittner/Klebe-Klebe, § 94 BetrVG Rn. 17; Wohlgemuth, Datenschutz für Arbeitnehmer, S. 33; Linnenkohl, AuR 1983, 129 (141); Linnenkohl, DVR 1981, 317 (361); Schwarz, NJW 1974, 209 (210).

[744] OLG Celle, Beschluß vom 11.09.1972 – 2 Ss (B) 226/72, NJW 1973, 68.

Das Argument, es handele sich mit den Eintragungen im Verkehrszentralregister nicht um Vorstrafen i. S. d. BZRG, vermag indes nicht zu überzeugen. Denn das privatrechtliche Fragerecht steht in keinem Zusammenhang mit dem Strafanspruch des Staates, sondern es dient nur dazu, daß die Durchführbarkeit der Vertragsbeziehung gewährleistet werden kann[745]. Diese beiden Bereiche sind getrennt voneinander zu beurteilen.

Für ein Fragerecht des Arbeitgebers spricht, daß eine entsprechende Anwendung des Verschweigungsrechts des § 53 Abs. 1 BZRG auf die Eintragungen im Verkehrszentralregister nicht geboten ist. Das Verkehrszentralregister ist im Interesse der Verkehrssicherheit unter sicherheitsrechtlichen Erwägungen errichtet worden[746]. Als Teil des Ordnungsrechts dient das Verkehrsrecht nicht der Wiedereingliederung der Straffälligen in die Gesellschaft, sondern gewährleistet einen unmittelbaren und vorausschauenden Schutz der Verkehrsteilnehmer vor den spezifischen Gefahren im Straßenverkehr. Dazu gehört auch, die Erkenntnisquellen hinsichtlich der Gefährdungsmomente nicht unter Verschluß zu halten, sondern im Interesse einer möglichst effektiven Gefahrenabwehr präsent zu halten[747]. Das BZRG hingegen ist bestrebt, kriminalpolitische Ziele wie die Resozialisierung Vorbestrafter zu verwirklichen[748]. Daher verfolgen das Bundeszentralregister und das Verkehrszentralregister unterschiedliche Zwecke und schützen verschiedene Rechtsgüter[749]. Diesem Unterschied trägt die Ausnahmeregelung des § 52 Abs. 1 Nr. 1, 4 BZRG Rechnung, die das Verwertungsverbot des § 51 Abs. 1 BZRG i. S. d. Gefahrenabwehr durchbricht.

Teilweise wird zwar angenommen, die Ausnahmeregelung des § 52 BZRG werde den sicherheitsrechtlichen Aspekten in ausreichendem Maß gerecht, so daß man der Auffassung sein könne, auch das BZRG lasse sicherheitspolitische Aspekte nicht unberücksichtigt. Dies vermag nicht zu überzeugen, da § 52 BZRG nur auf die Fälle anwendbar ist, in denen die Kenntnis aus anderen Quellen als dem Bundeszentralregister erlangt wird[750]. Daher werden die sicherheitsrechtlichen Aspekte durch die Regelungen des BZRG nur in unzureichendem Maß geschützt[751]. Aus diesem Grund kommt eine entsprechende Anwendung des

745 Böhm/Justen, Bewerberauswahl und Einstellungsgespräch, S. 41.

746 Rechtsausschuß des Deutschen Bundestags zu BT-Drucks. V/2600/01, S. 24. Vgl. dazu auch: OVG Lüneburg, Beschluß vom 12.12.1972 – VI OVG B 90/72, NJW 1973, 532; Schwarz, NJW 1974, 209 (210).

747 OVG Lüneburg, Beschluß vom 12.12.1972 – VI OVG B 90/72, NJW 1973, 532.

748 OVG Lüneburg, Beschluß vom 12.12.1972 – VI OVG B 90/72, NJW 1973, 532; Schwarz, NJW 1974, 209 (210).

749 OVG Lüneburg, Beschluß vom 12.12.1972 – VI OVG B 90/72, NJW 1973, 532.

750 Schwarz, NJW 1974, 209 (210).

751 Schwarz, NJW 1974, 209 (210).

§ 53 Abs. 1 BZRG auf die Eintragungen im Verkehrszentralregister nicht in Betracht, so daß dem Arbeitgeber ein Fragerecht nach diesen Eintragungen zuzubilligen ist. Ferner besteht mit der Regelung des Verwertungsverbots in § 29 Abs. 8 S. 1 StVG eine dem § 51 Abs. 1 BZRG vergleichbare Vorschrift. Dies stellt zusammen mit den selbständigen Tilgungsnormen des § 29 Abs. 1-7 StVG eine vom BZRG unabhängige Regelung dar, so daß eine entsprechende Anwendung des Verschweigungsrechts nach § 53 Abs. 1 BZRG abzulehnen ist.

§ 68 BZRG ordnet an, daß die Regelungen des BZRG an die Stelle der in anderen Vorschriften enthaltenen Verweisungen auf das StrafTilgG treten. Jedoch hat der Gesetzgeber dies nicht zum Anlaß genommen, darüber hinaus auch eine Anwendung des § 68 BZRG auf die Vorschriften hinsichtlich des Verkehrszentralregisters anzuordnen[752]. Daher ist festzustellen, daß die Argumente für ein Fragerecht des Arbeitgebers nach den Eintragungen im Verkehrszentralregister schwerer wiegen als diejenigen für die generelle Ablehnung des arbeitgeberseitigen Fragerechts. Der Arbeitgeber darf den Bewerber nach den Eintragungen im Verkehrszentralregister fragen, sofern sich dieser um eine Stelle als Kraftfahrer bewirbt.

§ 5: Eintragungen im Erziehungsregister

Nach § 59 S. 1 BZRG führt die Bundeszentralregisterbehörde das Erziehungsregister nach Maßgabe der §§ 59-64 BZRG. In der Lehre besteht die einheitliche Auffassung[753], daß weder ein arbeitgeberseitiges Fragerecht nach den Eintragungen im Erziehungsregister existiert noch der Bewerber diese ungefragt mitteilen muß. Dies ist der Fall, da es sich mit den Eintragungen im Erziehungsregister nicht um Verurteilungen i. S. d. §§ 3 Abs. 1, 4 BZRG handelt[754]. Daher besteht nach § 64 Abs. 1 BZRG ein umfassendes Verschweigungsrecht des Betroffenen. Dies ergibt sich auch aus dem Erziehungsgedanken, der das Erziehungsregister durchzieht.

§ 6: Disziplinarstrafen

Zu prüfen ist ferner, ob der künftige Dienstherr nach Disziplinarstrafen fragen darf. Dabei handelt es sich um Disziplinarmaßnahmen, durch die ein Dienstvergehen geahndet wird. Das Disziplinarrecht ist Bestandteil des Beamten-, Rich-

---

[752] Vgl. auch: BayOLG, Beschluß vom 19.05.1972 – RReg. 1 St 548/72 OWi, NJW 1972, 2008 (2009).

[753] Rebmann/Uhlig, § 63 BZRG Rn. 1; Hofmann, ZfA 1975, 1 (33); Götz, BB 1971, 1325 (1326).

[754] Rebmann/Uhlig, § 63 BZRG Rn. 1; Hofmann, ZfA 1975, 1 (33).

ter- und Soldatenrechts und kein Strafrecht. Daher fallen sie nicht unter den Verurteilungsbegriff des BZRG. Aus diesem Grund sind die Regelungen des BZRG nicht anwendbar, sondern die allgemeinen Grundsätze des Fragerechts[755]. Da das Vertrauen des Bürgers in die ordnungsgemäße Aufgabenerfüllung der öffentlichen Verwaltung besonderen Schutz genießt, erscheint es angemessen, dem Arbeitgeber ein Fragerecht nach den Disziplinarstrafen zuzubilligen, damit er die arbeitsplatzbezogene Eignung des Bewerbers feststellen kann. Dies wird nur bei herausgehobenen Dienstposten mit Außenwirkung der Fall sein. Bei allen anderen Stellen ist ein Fragerecht des Arbeitgebers nach den Disziplinarstrafen des Bewerbers abzulehnen[756]. Des weiteren ist fraglich, ob auch der private Arbeitgeber nach Disziplinarstrafen fragen darf. Dies kommt beispielsweise bei einem Bewerber in Betracht, der zuvor seinen Wehr- bzw. Ersatzdienst abgeleistet hat. Ebenso wie beim Fragerecht nach den Vorstrafen ist dem Arbeitgeber nur ein schutzwürdiges Interesse zuzubilligen, soweit es sich für das in Aussicht genommene Arbeitsverhältnis einschlägige Disziplinarstrafen handelt.

§ 7: Freisprüche und Bußgeldentscheidungen

Des weiteren mögen Arbeitgeber die Stellenbewerber nach Freisprüchen im strafgerichtlichen Hauptverfahren sowie Bußgeld- und ähnlichen Entscheidungen fragen. Eine Mindermeinung[757] ist der Ansicht, das Verschweigungsrecht des § 53 Abs. 1 BZRG sei auch auf derartige Umstände entsprechend anzuwenden. Die überwiegende Ansicht in der Rechtsprechung[758] und Lehre[759] ist der Auffassung, daß dem Bewerber kein Verschweigungsrecht zukomme, sondern vielmehr ein Fragerecht des Arbeitgebers bestehe.

Für die analoge Anwendung des § 53 Abs. 1 BZRG auf Freisprüche und Bußgeldentscheidungen führt das Oberlandesgericht Köln[760] zutreffend den Willen des Gesetzgebers an. Es ist Sinn und Zweck des Verschweigungsrechts, den Verurteilten nach der Tilgung oder dem Eintritt der Tilgungsreife der Registereintragung vom Makel der Vorstrafe zu befreien, um seine Resozialisierung vor-

---

755 Linnenkohl, DRV 1981, 317 (360); Linnenkohl, AuR 1983, 129 (140).

756 Reinfeld, AR-Blattei SD, Vorstrafen 1780, Rn. 50.

757 OLG Köln, Urteil vom 21.11.1972 – Sa 213/72, NJW 1973, 378; Rebmann/Uhlig, § 53 BZRG Rn. 3; Reinfeld, AR-Blattei SD, Vorstrafen 1780, Rn. 50.

758 BVerwG, Beschluß vom 03.12.1973 – I D 62/73, NJW 1974, 286; BGH, Urteil vom 06.12.1972 – 2 StR 499/72, NJW 1973, 289; OLG Karlsruhe, Beschluß vom 05.01.1973 – 2 Ss (B) 166/72, NJW 1973, 291 f.

759 Schwarz, NJW 1974, 209 (211).

760 OLG Köln, Urteil vom 21.11.1972 – Sa 213/72, NJW 1973, 378.

anzutreiben[761]. Dieser gesetzgeberische Wille kann nur dadurch umgesetzt werden, daß das Verschweigungsrecht auch auf Verfahren mit geringerer Verwarnungskraft analog angewendet wird. Dies gebietet ein „Erst-Recht-Schluß", denn aus dem Blickwinkel der Resozialisierung ist es nicht vertretbar, wenn der geringere Makel dem Betroffenen schwerer nachhängt als die gravierendere strafrechtliche Verfehlung[762]. Die Annahme eines Fragerechts hat weiterhin die Konsequenz, daß sich der Betroffene wünschen muß, bestraft zu werden, weil er in diesem Fall auf lange Sicht besser steht, als mit einem Freispruch oder einer Einstellung des Strafverfahrens. Denn im Fall einer Bestrafung steht ihm nach Ablauf der Tilgungsfrist das Verwertungsverbot und das Verschweigungsrecht zur Seite. Daher bezweifelt Schwarz[763], daß dieser Umstand ein soziales Verhalten des Betroffenen fördert.

Dem setzen die Vertreter der herrschenden Ansicht entgegen, daß der Betroffene durch die Zubilligung des arbeitgeberseitigen Fragerechts nicht in seiner Rechtsstellung beeinträchtigt werde, da – zumindest bei einem Freispruch – kein Vorwurf einer kriminellen Tat gegeben sei[764]. Auch erkennen sie an, daß der Sinn und Zweck der §§ 51 Abs. 1, 53 Abs. 1 BZRG die Erleichterung der Resozialisierung des Betroffenen sei. Jedoch stelle das Verwertungsverbot darüber hinaus den Ausdruck der entsühnenden Wirkung der Strafe dar. Diese entfalle aber bei einem Freigesprochenen, so daß eine analoge Anwendung in diesem Fall nicht in Betracht komme[765]. Ferner könnten das Verschweigungsrecht und das Verwertungsverbot als Folgen der Tilgung der Registereintragung konsequenterweise nur eintreten, wenn eine Registereintragung vorliege. In allen anderen Fällen sei daher eine entsprechende Anwendung der Tilgungsfolgen schon deshalb nicht möglich, weil dadurch der gesetzgeberische Wille nicht genügend Beachtung fände. Wenn der Gesetzgeber die Ausdehnung der Resozialisierung auch auf Urteile, die keine Eintragung im Register zur Folge haben, habe erstrecken wollen, hätte er dies zum Ausdruck bringen müssen. Des weiteren gehe eine derartige Absicht über den Sinn und Zweck des BZRG als einem Gesetz, daß die Eintragung und Tilgung von Vorstrafen regelt, deutlich hinaus[766].

Eine derart formale Betrachtung wird jedoch der Sache nicht gerecht. Die Person, die freigesprochen worden ist, ist von jeglichem strafrechtlichen Vorwurf

---

761 BGH, Urteil vom 19.07.1972 – 3 StR 66/72, BGHSt 24, 378 (381); OLG Köln, Urteil vom 21.11.1972 – Sa 213/72, NJW 1973, 378.

762 OLG Köln, Urteil vom 21.11.1972 – Sa 213/72, NJW 1973, 378.

763 Schwarz, NJW 1974, 209 (211).

764 Rebmann/Uhlig, § 51 BZRG Rn. 8.

765 OLG Karlsruhe, Beschluß vom 05.01.1973 – 2 Ss (B) 166/72, NJW 1973, 291 (292).

766 BVerwG, Beschluß vom 03.12.1973 – I D 62/73, NJW 1974, 286.

frei. Es besteht kein Unrechtsgehalt. Daher ist es nicht einzusehen, warum beim Fehlen eines strafrechtlichen Vorwurfs strengere Maßstäbe an die Mitteilungspflichten geknüpft werden als bei jemandem, der rechtskräftig verurteilt worden ist. Ebenso verhält es sich mit Bußgeldentscheidungen. Diese weisen im Gegensatz zu einer Verurteilung einen geringeren Unrechtsgehalt auf. Daher sind sowohl das Verwertungsverbot des § 51 Abs. 1 BZRG als auch das Verschweigungsrecht des § 53 Abs. 1 BZRG auf Freisprüche, Verfahrenseinstellungen, Bußgeld- und ähnliche Entscheidungen entsprechend anzuwenden.

§ 8: Amnestie und Begnadigungen

Falkenberg[767] lehnt eine entsprechende Anwendung der Folgen der Registertilgung auf Strafen, die unter eine Amnestie gefallen sind oder bei denen eine Begnadigung erfolgt ist, ab. Er führt jedoch keine Argumente für seine Meinung an. Reinfeld[768], Großmann[769] und Ramm[770] hingegen sind richtigerweise der Ansicht, daß eine entsprechende Anwendung der §§ 51 Abs. 1, 53 Abs. 1 BZRG in Betracht kommt. Es kann keinen Unterschied ergeben, ob die Strafe verbüßt oder erlassen worden ist, denn es liegt in beiden Fällen eine Verurteilung vor. Der Gnadenakt bezieht sich nur auf die Verbüßung der Strafe, nicht auf die Verurteilung als solche. Ferner fehlt bei einer Amnestie oder Begnadigung das durch das Urteil der Tat ausgedrückte Unwerturteil der Gesellschaft. Daher ist der Sachverhalt bei einer Amnestie oder Begnadigung durchaus mit einer regulären Registereintragung vergleichbar. Sowohl § 51 Abs. 1 BZRG als auch § 53 Abs. 1 BZRG sind analog auf Amnestien und Begnadigungen anwendbar.

§ 9: Belehrung des Bewerbers durch den Arbeitgeber über sein Verschweigungsrecht

Nach § 53 Abs. 1 BZRG hat der Bewerber ein Verschweigungsrecht hinsichtlich im Zentralregister zu löschender oder bereits gelöschter Vorstrafen. Ferner muß er für den in Aussicht genommenen Arbeitsplatz nur die einschlägigen Vorstrafen mitteilen. Jedoch wird nicht jeder Bewerber über seine Verschweigungsrechte informiert sein und daher in Unkenntnis seiner Rechte dazu geneigt sein, im Vorstellungsgespräch Vorstrafen und Umstände mitzuteilen, die eigentlich seinem Verschweigungsrecht unterlägen. Daher wird in der arbeitsrechtlichen Lehre teilweise erwogen, dem Arbeitgeber die Pflicht aufzuerlegen, den Bewerber bei der Befragung über seine Verschweigungsrechte zu belehren.

---

[767] Falkenberg, BB 1970, 1013 (1015).
[768] Reinfeld, AR-Blattei SD, Vorstrafen 1780, Rn. 50.
[769] Großmann, AuR 1969, 97 (105).
[770] Ramm, Die Anfechtung des Arbeitsvertrages, S. 66.

I. Rechtspflicht des Arbeitgebers

Ein Großteil der Literatur[771] spricht sich für eine Rechtspflicht des Arbeitgebers hinsichtlich der Belehrung des Bewerbers aus. Diese ergebe sich aus den Pflichten des vorvertraglichen Schuldverhältnisses nach § 241 Abs. 2 i. V. m. § 311 Abs. 2 Nr. 1, 2 BGB, welches gegenseitige Rücksichtnahmepflichten zugunsten des anderen Vertragspartners entfalte. Komme der Arbeitgeber dieser Rechtspflicht nicht nach, so stehe dem Bewerber seinerseits das Recht zu, auf alle Fragen des Arbeitgebers mit der Unwahrheit zu antworten[772]. Aus diesem Grund habe auch der Arbeitgeber ein Interesse an der Belehrung des Arbeitgebers.

II. Bloße Ehrenpflicht des Arbeitgebers

Götz[773] hingegen vertritt die Ansicht, es bestehe lediglich eine bloße Ehrenpflicht des Arbeitgebers, den Bewerber über seine Verschweigungsrechte aufzuklären, nicht aber eine Rechtspflicht. Es handle sich daher um eine sog. „nobile officium". Dem hat sich Tremml[774] angeschlossen.

III. Eigene Informationspflicht des Bewerbers

Großmann[775] hingegen erachtet den Bewerber für verpflichtet, sich selbst über sein Verschweigungsrecht zu informieren: „*jura scripta vigilantibus*" („Das Recht ist für die Wachsamen"). Er ist der Ansicht, daß eine allgemeine Frage nicht schon deshalb unzulässig sein könne, weil der Bewerber sie möglicherweise – trotz entgegenstehenden Verschweigungsrechts – beantworten wolle. Diese Möglichkeit müsse ihm zugestanden werden.

IV. Stellungnahme und Zwischenergebnis

Gegen die Ansicht, die eine Belehrungspflicht ablehnt und diejenige, der lediglich eine Ehrenpflicht des Arbeitgebers annimmt, spricht, daß der Arbeitnehmer daran gehindert wird, von seinem gesetzlich zugestandenen Verschweigungsrecht Gebrauch zu machen. Bei der Belehrung des Bewerbers geht es darum,

---

771 Degener, Das Fragerecht des Arbeitgebers gegenüber Bewerbern, S. 92; Däubler, Das Arbeitsrecht, Band 2, S. 88; Johann, Umfang des Rechts des Arbeitgebers auf Auskunft bei der Neueinstellung, S. 106 f.; Höfle, AR-Blattei D, Vorstrafen I., I. Bedeutung im Arbeitsverhältnis, 1. Fortsetzungsblatt; Zeller, BB 1987, 1522 (1525); Linnenkohl, AuR 1983, 129 (138); Linnenkohl, DVR 1981, 317 (354); Falkenberg, BB 1970, 1013 (1014).

772 Linnenkohl, AuR 1983, 129 (138); Linnenkohl, DVR 1981, 317 (355).

773 Götz, BB 1971, 1325 (1326).

774 Tremml, Die Rechtswirkungen der Straftilgung, S. 141, 144.

775 Großmann, AuR 1969, 97 (102).

den Bewerber in die Lage zu versetzen, sein Verschweigungsrecht zu nutzen[776]. Der Bewerber muß unterstützt werden, so daß seinem Recht aus § 53 Abs. 1 BZRG zur Effektivität verholfen wird[777], denn nur auf diesem Wege ist es möglich, die Resozialisierung Vorbestrafter zu fördern[778]. Das kann wiederum nur der Fall sein, wenn der Bewerber informiert ist[779]. In der Regel ist es der Arbeitgeber, der über die besseren Informationsmöglichkeiten verfügt. Ihm kommt ein Informationsvorsprung zu, der durch die Belehrungspflicht ausgeglichen wird[780]. Der Bewerber ist nur in der Lage, seine Rechte bei einer unzulässigen Arbeitgeberfrage zu wahren, wenn er davon Kenntnis hat. Im Umkehrschluß würde die Ansicht Großmanns darauf hinauslaufen, daß das Unrecht immer dann erlaubt ist, wenn es keiner mitbekommt. Dies ist aber mit der geltenden Rechtsordnung nicht vereinbar.

Gegen eine Belehrungspflicht im Arbeitsrecht könnte sprechen, daß es im allgemeinen Zivilrecht auch keine Belehrungspflichten der Vertragspartner untereinander gebe. Dieses Argument kann jedoch nicht auf das Arbeitsrecht übertragen werden, da sich die Interessenlage anders darstellt. Die Einrede der Verjährung nach § 194 Abs. 1 BGB stelle ein Gegenrecht dar, das der Geltendmachung bedarf. Im allgemeinen Zivilrecht bestehe keine Belehrungspflicht des Gläubigers hinsichtlich seines Leistungsverweigerungsrechts nach § 214 Abs. 1 BGB. Im Fall der Verjährung bestehe keine Belehrungspflicht, weil es sich um eine allgemein bekannte und allgemein gültige zivilrechtliche Regelung handle[781]. Das Verschweigungsrecht des § 53 Abs. 1 BZRG hingegen ist eine sehr spezielle Regelung und daher nur einem eng begrenzten Personenkreis bekannt. Darüber hinaus hat diese Vorschrift keine große Publizität erlangt[782]. Vom Fehlen der Belehrungsrechte im allgemeinen Zivilrecht kann nicht auf eine Unanwendbarkeit derselben im Arbeitsrecht geschlossen werden.

Für eine Belehrungspflicht des Arbeitgebers führt Johann[783] an, daß eine unzulässige Arbeitgeberfrage einen rechtswidrigen Eingriff in die grundrechtlich geschützte Intimsphäre des Bewerbers darstellt. Ein solcher kann von der Rechtsordnung nicht geduldet werden. Durch eine Belehrungspflicht über das

776 Linnenkohl, AuR 1983, 129 (138); Linnenkohl, DVR 1981, 317 (354).
777 Linnenkohl, DVR 1981, 317 (354, 355).
778 Linnenkohl, DVR 1981, 317 (355).
779 Degener, Das Fragerecht des Arbeitgebers gegenüber Bewerbern, S. 92; Linnenkohl, AuR 1983, 129 (138); Linnenkohl, DVR 1981, 317 (354).
780 Linnenkohl, AuR 1983, 129 (138); Linnenkohl, DVR 1981, 317 (354, 355).
781 Linnenkohl, DVR 1981, 317 (354 f.).
782 Linnenkohl, DVR 1981, 317 (355).
783 Johann, Umfang des Rechts des Arbeitgebers auf Auskunft bei der Neueinstellung, S. 106 f.

Verschweigungsrecht können die Interessen des Bewerbers effektiveren Schutz erfahren. Ferner ist eine Belehrung des Arbeitnehmers durch den Arbeitgeber dem Wesen des Arbeitsrechts nicht fremd. Auch im Arbeitsschutzrecht bestehen ähnliche Vorschriften[784]. Die Resozialisierung des Vorbestraften wird durch die Belehrungspflicht gefördert[785]. Der Arbeitnehmerschutzgedanke und der Grundsatz der Fürsorge- und Mitwirkungspflicht sprechen für die Belehrungspflicht[786]. Ferner erfolgt eine Ausweitung des Schutzes der Menschenwürde und der Persönlichkeitsrechte des Bewerbers[787]. Des weiteren bestehen zum Schutz des schwächeren Vertragspartners auch in anderen Rechtsgebieten Aufklärungspflichten des stärkeren Teils. Dies ist beispielsweise bei Versicherungen bei Prämienerhöhungen oder bei Schadensersatzansprüchen des Mandanten gegenüber dem Rechtsanwalt der Fall. Kommt der Aufklärungspflichtige seinen Pflichten nicht nach, so beginnt die Verjährung nicht zu laufen. Im Arbeitsverhältnis besteht ebenfalls ein Mächteungleichgewicht[788]; der Arbeitnehmer ist der unterlegene Vertragsteil, der Schutz durch die Rechtsordnung bedarf. Daher besteht eine Belehrungspflicht des Arbeitgebers über die Verschweigungsrechte des Bewerbers bei der Fragestellung nach dessen Vorstrafen.

§ 10: Ergebnis zum 5. Kapitel

Der Arbeitgeber darf den Bewerber nach den gegen ihn anhängigen Ermittlungsverfahren fragen, sofern es sich um eine für die in Aussicht genommene Stellung einschlägige Straftat handelt und wenn ein erhöhtes Beschäftigungsrisiko wegen der Belastungen des Strafverfahrens besteht. Nach bereits abgeschlossenen Ermittlungsverfahren darf der Arbeitgeber den Bewerber indes nicht fragen. Die Frage nach den ausstehenden Haftstrafen ist nur zulässig, wenn es sich um eine mehrmonatige Haftstrafe handelt. Sofern der Freigängerstatus bewilligt wird, entfällt die Offenbarungspflicht des Bewerbers. Darüber hinaus besteht ein Fragerecht, wenn es sich um eine Haftstrafe handelt, die wegen einer einschlägigen Straftat verhängt worden ist.

Nach Eintragungen im Verkehrszentralregister darf der Arbeitgeber fragen, wenn es sich um eine Bewerbung als Kraftfahrer handelt. Anders verhält es sich mit Eintragungen im Erziehungsregister. § 64 Abs. 1 BZRG gewährt dem Be-

---

784 Degener, Das Fragerecht des Arbeitgebers gegenüber Bewerbern, S. 92.

785 Johann, Umfang des Rechts des Arbeitgebers auf Auskunft bei der Neueinstellung, S. 107; Linnenkohl, AuR 1983, 129 (138); Linnenkohl, DVR 1981, 317 (354, 355).

786 Linnenkohl, DVR 1981, 317 (355).

787 Johann, Umfang des Rechts des Arbeitgebers auf Auskunft bei der Neueinstellung, S. 107.

788 Vgl. dazu S. 32 ff.

troffenen insoweit ein umfassendes Verschweigungsrecht. In der Regel kommt dem Arbeitgeber kein Fragerecht nach den Disziplinarstrafen des Bewerbers zu. Dies ist nur ausnahmsweise der Fall, wenn es sich um einen Bewerber für einen herausgehobenen Dienstposten handelt. Ein generelles Fragerecht besteht hinsichtlich Freisprüchen, Verfahrenseinstellungen, Bußgeld- und ähnlichen Entscheidungen. Im Zusammenhang mit Amnestien und Begnadigungen besteht analog §§ 51 Abs. 1, 53 Abs. 1 BZRG ein umfassendes Verschweigungsrecht des Betroffenen. Den Arbeitgeber trifft die Pflicht, den Bewerber über seine Verschweigungsrechte bei der Befragung zu belehren.

6. Kapitel: Die Frage des Arbeitgebers nach den Vorstrafen des Bewerbers und das Führungszeugnis nach § 30 Abs. 1 S. 1 i. V. m. § 32 BZRG

Mit der Zulässigkeit der Frage des Arbeitgebers nach den Bewerbervorstrafen steht das Verlangen des Arbeitgebers, sich ein Führungszeugnis des Bewerbers vorlegen zulassen, in engem Zusammenhang. Ausgangspunkt der Problematik ist die Möglichkeit des Betroffenen, gemäß § 30 Abs. 1 S. 1 BZRG für seine privaten Zwecke ein Führungszeugnis zu beantragen. Das Führungszeugnis hat eine besondere Bedeutung für die Wiedereingliederung des Vorbestraften in das Arbeitsleben, denn viele Arbeitgeber machen die Einstellung des Bewerbers von der Vorlage eines eintragungsfreien Führungszeugnisses abhängig. Es besteht keine Rechtspflicht des Bewerbers, ein Führungszeugnis vorzulegen; er darf dies verweigern, ohne Rechtsnachteile befürchten zu müssen. Fast immer aber drohen ihm in diesem Fall nachteilige Konsequenzen im Auswahlverfahren. Die Bitte des Arbeitgebers nach einem Führungszeugnis versetzt den Bewerber in die Zwangslage, dieses vorzulegen. Enthält es Eintragungen, läuft er Gefahr, bei der Einstellungsentscheidung nicht berücksichtigt zu werden. Verweigert er die Vorlage, vermutet der Arbeitgeber, er habe etwas zu verbergen.

Die vorangegangene Untersuchung hat ergeben, daß die Frage des Arbeitgebers nach den Vorstrafen des Bewerbers nur insoweit zulässig ist, als es sich um einschlägige Vorstrafen und zugleich im Bundeszentralregister nicht getilgte Eintragungen handelt[789]. Die Einschränkungen kann der Arbeitgeber dadurch unterlaufen, indem er die Vorlage eines Führungszeugnisses gemäß § 30 Abs. 1 S. 1 BZRG verlangt. Kommt der Bewerber diesem Verlangen nach, ist es dem Arbeitgeber möglich, auch von den nicht einschlägigen Vorstrafen Kenntnis zu nehmen, von denen er durch eine bloße Befragung nicht erfahren hätte. Es ist daher fraglich, ob das Verlangen des Arbeitgebers nach einem Führungszeugnis zulässig ist. Einige Autoren haben die Diskrepanz zwischen der Begrenzung der Zulässigkeit der Arbeitgeberfrage und dem Inhalt des Führungszeugnisses erkannt und als Folge daraus dem Arbeitgeber die Möglichkeit versagt, sich durch den Bewerber ein Führungszeugnis vorlegen zu lassen[790]. Ob dies tatsächlich eine angemessene Lösung darstellt, ist Gegenstand der folgenden Untersuchung.

---

[789] Vgl. dazu bereits S. 109 ff.

[790] Vgl. S. 196 ff.

§ 1: Recht des Arbeitgebers auf Vorlage eines Führungszeugnisses

Wegen des der Beschränkung des arbeitgeberseitigen Fragerechts zuwiderlaufenden Inhalts des Führungszeugnisses stellt sich die Frage, ob der Arbeitgeber verlangen darf, daß der Bewerber ihm bei den Einstellungsverhandlungen ein Führungszeugnis für private Zwecke nach § 30 Abs. 1 S. 1 i. V. m. § 32 BZRG vorlegt. Dieser Umstand ist weder in arbeitsrechtlicher noch in registerrechtlicher Hinsicht gesetzlich geregelt; die Rechtsprechung hat sich zu diesem Themenkomplex bisher nicht geäußert[791]. Auch die Literatur bietet keine einheitliche Lösung für dieses Problem.

I. Meinungsstand

Einige Autoren[792] vertreten zutreffend die Ansicht, der Arbeitgeber dürfe sich vom Bewerber bei den Einstellungsverhandlungen ein Privatführungszeugnis vorlegen lassen. Eine weitere Gruppe Autoren[793] erachtet dieses Ansinnen für unzulässig. Der Arbeitgeber sei nicht dazu berechtigt, sich vom Stellenbewerber ein Führungszeugnis vorlegen zu lassen. Teile der Lehre[794] halten die arbeitgeberseitige Möglichkeit, ein Führungszeugnis zu verlangen, zumindest für be-

---

791 Vgl. dazu auch: Reinfeld, AR-Blattei SD, Vorstrafen 1780, Rn. 136; Wohlgemuth, DB 1985, Beilage 21, S. 1 (3).

792 Rebmann/Uhlig, Einleitung zum BZRG, Rn. 51; Gamillscheg, Arbeitsrecht, Band I, S. 120; Hartung, Das Strafregister, Anhang VI, S. 425 f.; Meisel, Die Mitwirkung und Mitbestimmung des Betriebsrats in personellen Angelegenheiten, S. 91; Degener, Das Fragerecht des Arbeitgebers gegenüber Bewerbern, S. 112; Lassen, Die Rechtsstellung des Vorbestraften nach dem BZRG, S. 167; Birk, Auskünfte über Arbeitnehmer, S. 99 f.; Conze, ZTR 1991, 99 (103); Wohlgemuth, DB 1985, Beilage 21, S. 1 (3); Hofmann, ZfA 1975, 1 (32); Maurer, AuR 1972, 9 (11); Götz, BB 1971, 1325 (1326); Kaiser, NJW 1970, 271 (272); Großmann, AuR 1969, 97 (102, 107); Brill, AuR 1968, 136 (142); Windolph, DB 1966, 579 (580); Korn, RdA 1957, 291 f.; Prasse, AuR 1957, 76 (77).

793 Däubler/Kittner/Klebe-Klebe, § 94 BetrVG Rn. 17; Böhm/Justen, Bewerberauswahl und Einstellungsgespräch, S. 40; Däubler, Das Arbeitsrecht, Band 2, S. 88; Däubler, Gläserne Belegschaften, Rn. 217; Kuhla, Datenschutz im Beamten- und Arbeitsverhältnis, S. 123; Föhr/Bobke, Arbeitsrecht für Arbeitnehmer, S. 167; Schwerdtner, Arbeitsrecht, Band I, S. 32; Wohlgemuth, FS Hanau, S. 329 (337); Stevens-Bartol, in: Handbuch des Arbeits- und Sozialrechts, § 7c, Rn. 53; Reinfeld, AR-Blattei SD, Vorstrafen 1780, Rn. 134, 136 f.; Wedde, CR 1992, 679 (681); Wohlgemuth, AuR 1992, 46 (49); Wohlgemuth, DB 1985, Beilage 21, S. 1 (9 f.); Linnenkohl, AuR 1983, 129 (134 f.); Linnenkohl, DVR 1981, 317 (337, 362).

794 Schaub-Schaub, ArbR-Hdb., § 26 Rn. 29; Dörner/Luczak/Wildschütz-Dörner, Handbuch Arbeitsrecht, B Rn. 265; Bellgardt, Recht und Taktik des Bewerbergesprächs, S. 71; Dörner, AR-Blattei SD, Anfechtung 60, Rn. 78; Künzl, HzA 5/1, Rn. 1070/59; Hunold, AuA 2001, 260 (264); Moritz, NZA 1987, 329 (335); Zeller, BB 1987, 1522 (1525).

denklich, ohne jedoch eindeutig Stellung zu dieser Streitfrage zu beziehen. Knipp[795] spricht dem Stellenbewerber die Befugnis zu, selbst darüber zu entscheiden, ob er dem Verlangen des Arbeitgebers nachkommen möchte oder nicht.

Wohlgemuth[796] schließt sich der Regelung in § 12 Abs. 3 des Professorenentwurfs eines ArbVG 1992[797] an. Danach sollen sowohl das Arbeitgeberfragerecht nach Vorstrafen des Bewerbers als auch sein Recht auf Vorlage eines Führungszeugnisses gleichgeschaltet sein. Beides sei nur zulässig, wenn dies für den angestrebten Arbeitsplatz von Bedeutung sei und sich der Bewerber nicht nach § 53 Abs. 1 BZRG als unbestraft bezeichnen dürfe. Andernfalls handele es sich um eine unzulässige und demnach von der Rechtsordnung mißbilligte Datenerhebung[798].

II. Streitentscheid

Für die Unzulässigkeit des Verlangens spreche, daß andernfalls der relative Fortschritt, der durch die „Einschlägigkeits"-Rechtsprechung des Bundesarbeitsgerichts erzielt worden ist, wieder zunichte gemacht würde[799]. Zwar könne der Arbeitgeber wegen der Regelung des § 32 Abs. 2 BZRG eine Reihe von leichteren Straftaten nicht erfahren, jedoch finde keine Begrenzung auf die einschlägigen Vorstrafen statt. Aus dem Führungszeugnis ergäben sich mehr Verurteilungen als der Bewerber nach der Beschränkung des Fragerechts anzugeben verpflichtet sei[800]. Durch die gegenteilige Auffassung würde die Beschränkung

---

795 Knipp, AR-Blattei SD, Einstellung 640, Rn. 100 f.

796 Wohlgemuth, AuR 1985, 239 (242).

797 § 12 Abs. 3 des Diskussionsentwurfs eines Arbeitsgesetzes des Arbeitskreises Deutsche Rechtseinheit im Arbeitsrecht vom März 1992. Abgedruckt in: Staudinger-Richardi, § 611 BGB Rn. 91: „Nach Vorstrafen darf nur gefragt und die Vorlage eines Führungszeugnisses darf nur verlangt werden, wenn dies für den Arbeitsplatz von Bedeutung ist und der Bewerber sich nicht nach § 53 Abs. 1 des Bundeszentralregistergesetzes als straffrei bezeichnen darf." Vgl. dazu bereits im 2. Kapitel S. 54 f.

798 Wohlgemuth, DB 1985, Beilage 21, S. 1 (9 f.).

799 Schwerdtner, Arbeitsrecht, Band I, S. 32; Wohlgemuth, Datenschutz für Arbeitnehmer, S. 33; Reinfeld, AR-Blattei SD, Vorstrafen 1780, Rn. 136; Künzl, HzA 5/1, Rn. 1070/59; Linnenkohl, AuR 1983, 129 (134 f.); Linnenkohl, DVR 1981, 317 (337).

800 Schaub-Schaub, ArbR-Hbd., § 26 Rn. 29; Böhm/Justen, Bewerberauswahl und Einstellungsgespräch, S. 40; Bellgardt, Recht und Taktik des Bewerbergesprächs, S. 71; Däubler, Das Arbeitsrecht, Band 2, S. 88; Wohlgemuth, Datenschutz für Arbeitnehmer, S. 33; Reinfeld, AR-Blattei SD, Vorstrafen 1780, Rn. 136; Hunold, AuA 2001, 260 (264); Moritz, NZA 1987, 329 (335); Linnenkohl, AuR 1983, 129 (135); Linnenkohl, DVR 1981, 317 (337, 362).

des Fragerechts auf einschlägige Vorstrafen umgangen[801]. Für die Unzulässigkeit spreche ferner, daß das BZRG die Resozialisierung des Vorbestraften verbessern wolle. Vorher erreichte Möglichkeiten und Besserungen hingegen wolle es nicht wieder beseitigen[802].

Wohlgemuth[803] begründet diese Ansicht ferner mit dem Umstand, daß es sich mit dem Fragerecht um ein allgemeines Informationsbeschaffungsrecht des Arbeitgebers handele, das unabhängig von der Methode und dem Ort der Ermittlung zu beurteilen sei. Daher gälten für die Beschaffung des Führungszeugnisses dieselben Beschränkungen wie für das allgemeine arbeitgeberseitige Fragerecht. Da das Führungszeugnis nicht auf einschlägige Vorstrafen beschränkt sei, gehe es über den legitimen Informationsbedarf des Arbeitgebers in jedem Fall hinaus, so daß das Verlangen des Arbeitgebers nach Vorlage des Führungszeugnisses rechtswidrig sei.

Dem BZRG sei kein zwingender Hinweis dafür zu entnehmen, daß eine Vorlagepflicht des Führungszeugnisses bestehe[804]. Aus dem Gesetzeswortlaut lasse sich keine abschließende und erschöpfende Regelung herleiten; eine solche hätte vielmehr eindeutig im Gesetz zum Ausdruck kommen müssen[805]. Das Ansinnen des Arbeitgebers sei schon deshalb abzulehnen, weil der Arbeitgeber selbst nicht objektiv entscheiden könne, ob die Vorlage des Führungszeugnisses für den Arbeitsplatz von Bedeutung sei. Beim Fragerecht erfahre der Stellenbewerber durch das „Recht zur Lüge“ umfassenden Schutz gegen unzulässige Arbeitgeberfragen. Dies sei bei der Vorlage des Führungszeugnisses nicht gegeben, denn durch die Einsichtnahme desselben erhalte der Arbeitgeber automatisch von allen Eintragungen Kenntnis[806]. Der Arbeitnehmer könne dem Arbeitgeber nicht dadurch entgegentreten, daß er eine unzutreffende Antwort gebe[807].

---

801 Däubler/Kittner/Klebe-Klebe, § 94 BetrVG Rn. 17; Däubler, Das Arbeitsrecht, Band 2, S. 88; Reinfeld, AR-Blattei SD, Vorstrafen 1780, Rn. 136; Hunold, AuA 2001, 260 (264); Wohlgemuth, AuR 1992, 46 (49); Wedde, CR 1992, 679 (681).

802 Däubler, Das Arbeitsrecht, Band 2, S. 88. Vgl. dazu: BAG, Beschluß vom 18.06.1991 – 1 ABR 53/90, DB 1991, 1933 (1934); Fitting/Engels/Schmidt/Trebinger/Linsenmaier, § 94 BetrVG Rn. 19; Linnenkohl, AuR 1983, 129 (135); Maurer, AuR 1972, 9 (10); Leipold, AuR 1971, 161 (166, Fn. 40).

803 Wohlgemuth, FS Hanau, S. 329 (337). Dazu ferner: Däubler, Gläserne Belegschaften, Rn. 162; Wohlgemuth, BB 1980, 1532.

804 Schwerdtner, Arbeitsrecht, Band I, S. 32; Linnenkohl, AuR 1983, 129 (134).

805 Linnenkohl, AuR 1983, 129 (134); Maurer, AuR 1972, 9 f.

806 Reinfeld, AR-Blattei SD, Vorstrafen 1780, Rn. 136.

807 Wohlgemuth, AuR 1985, 239 (242).

Bei der Annahme eines entsprechenden Rechts des Arbeitgebers würde dies bedeuten, daß der Bewerber zur Aufrechterhaltung seiner Einstellungschancen dem Arbeitgeber auf dessen Verlangen in jedem Fall ein Führungszeugnis vorzulegen hätte[808]. Dabei geriete der Bewerber in einen Konflikt: Bringe er kein Führungszeugnis bei, würde er von vornherein nicht eingestellt – auch wenn er nicht einschlägig vorbestraft ist. Auf der anderen Seite würde eine nach Vertragsschluß bekannt gewordene Vorstrafe das Vertragsverhältnis stark belasten, da der Arbeitgeber dem Arbeitnehmer, der die Unwahrheit gesagt hat, in aller Regel mißtrauisch begegnen werde[809].

Die Befürworter der Zulässigkeit führen demgegenüber richtigerweise an, daß eine Ablehnung des Rechts auf Vorlage eines Führungszeugnisses die gesetzgeberischen Wertungen des BZRG übergehen würde. Denn das Führungszeugnis für private Zwecke ist gerade für die Vorlage beim Arbeitgeber konzipiert worden. Der Rechtsanwender hat den gesetzgeberischen Willen zu beachten. Dies ergibt sich aus dem Rechtsstaatsprinzip[810]. Der Wille des Gesetzgebers ist auch von der Judikative zu befolgen, wenn diese der Ansicht ist, der Gesetzgeber habe rechtspolitische Gesichtspunkte nicht hinreichend gewürdigt[811]. Conze[812] erkennt die Diskrepanz zwischen dem Fragerecht des Arbeitgebers und dem Inhalt des Führungszeugnisses, ist aber gleichzeitig der zutreffenden Ansicht, daß dieser Widerspruch hingenommen werden muß. Er erklärt dies mit dem Umstand, daß das BZRG kein milderes Mittel anzubieten hat, welches das Persönlichkeitsrecht des Bewerbers weniger beeinträchtigt. Das Führungszeugnis ist das vom Gesetzgeber bereitgestellte Instrument zur Kenntnisnahme von Vorstrafen. Ferner ist der Inhalt des Führungszeugnisses das Ergebnis der vom Gesetzgeber vorgenommenen Abwägung zwischen dem Interesse des vorbestraften Bewerbers an einer Einstellung und dem Arbeitgeberinteresse an der Kenntnis der Vorstrafen seiner Mitarbeiter. Der Rechtsanwender hat dieses gesetzgeberische Resultat zu respektieren[813]. Daher kommt dem Arbeitgeber nach der Rechtslage des BZRG das Recht zu, alle im Führungszeugnis aufzunehmenden

---

808 Gamillscheg, Arbeitsrecht, Band I, S. 100; Reinfeld, AR-Blattei SD, Vorstrafen 1780, Rn. 136; Wohlgemuth, AuR 1985, 239 (242).

809 Gamillscheg, Arbeitsrecht, Band I, S. 100; Birk, Auskünfte über Arbeitnehmer, S. 99; Wohlgemuth, AuR 1985, 239 (242); Haffke, GA 1975, 65 (75 f.).

810 Hofmann, ZfA 1975, 1 (32). Vgl. zur Bindung des Richters an die gesetzlichen Wertungen: BVerfG, Beschluß vom 14.02.1973 – 1 BvR 112/65, NJW 1973, 1221 (1225); Hofmann, ZfA 1970, 63 (67, Fn. 12).

811 Hofmann, ZfA 1975, 1 (32). Vgl. ferner: BGH, Urteil vom 13.07.1972 – II ZR 111/70, BGHZ 59, 179 (182 f.); Urteil vom 30.06.1966 – KZR 5/65, BGHZ 46, 74 (85); Hofmann, ZfA 1970, 63 (70 f.).

812 Conze, ZTR 1991, 99 (103 f.).

813 Vgl. auch: Birk, Auskünfte über Arbeitnehmer, S. 100.

Verurteilungen zu erfahren, sofern der Bewerber auf sein Ansinnen eingeht und ihm das Führungszeugnis vorlegt[814]. Der Widerspruch zwischen der gesetzlichen Rechtslage und der Rechtsprechung ist daher nach der geltenden Rechtslage hinzunehmen. Eine Beseitigung der Diskrepanz kann nur durch eine abweichende formal-gesetzliche Regelung erreicht werden[815].

Auch kann das Verlangen des Arbeitgebers nach Vorlage eines Führungszeugnisses nicht mit dem Argument abgelehnt werden, dies stelle einen unzulässigen Eingriff in das Recht des Bewerbers auf informationelle Selbstbestimmung aus Art. 2 Abs. 1 i. V. m. Art. 1 Abs. 1 GG dar. Denn aus den Motiven des Gesetzgebers ergibt sich eindeutig, daß das Führungszeugnis für private Zwecke gerade auch zur Vorlage beim Arbeitgeber zwecks Stellenbewerbung konzipiert wurde[816]. So hat bereits Degener[817] festgestellt, daß bei den Beratungen zum BZRG diskutiert wurde, ob der Arbeitgeber routinemäßig Registerauszüge anfordern darf[818]. Weiterhin ist während des Gesetzgebungsverfahrens erwogen worden, ob die Registerbehörde künftig nur noch Führungszeugnisse mit „einschlägigem" Inhalt ausstellen soll[819]. Dies spricht dafür, daß der Gesetzgeber gerade nicht von einem Verbot ausgegangen ist.

Des weiteren ergibt sich die Zulässigkeit des Verlangens des Arbeitgebers nach Vorlage eines Führungszeugnisses aus der Tatsache, daß das Führungszeugnis meistens das einzig zuverlässige Zeugnis im Hinblick auf die Vorstrafen einer Person ist. Daneben besteht lediglich die Möglichkeit des Arbeitgebers, sich beispielsweise beim vorangegangenen Arbeitgeber nach den Vorstrafen des Bewerbers zu erkundigen. Jedoch bietet diese Art der Informationsbeschaffung nicht dieselbe Sicherheit wie das registerliche Führungszeugnis[820]. Aus diesem Grund kommt dem Führungszeugnis eine große wirtschaftliche Wirkung zu[821]. Schließlich fällt das registerliche Führungszeugnis kein Werturteil über die cha-

---

814 Lassen, Die Rechtsstellung des Vorbestraften nach dem BZRG, S. 167, der der Ansicht ist, daß der Arbeitgeber die Verurteilungen des Bewerbers nur aus dem Führungszeugnis erfahren soll, nicht aber durch eine Bewerberbefragung.

815 Lassen, Die Rechtsstellung des Vorbestraften nach dem BZRG, S. 167.

816 BT-Drucks. VI/477, S. 20. Vgl. auch: Gamillscheg, Arbeitsrecht, Band I, S. 120; Birk, Auskünfte über Arbeitnehmer, S. 100; Degener, Das Fragerecht des Arbeitgebers gegenüber Bewerbern, S. 112; Hofmann, ZfA 1975, 1 (32); Götz, BB 1971, 1325 f.

817 Degener, Das Fragerecht des Arbeitgebers gegenüber Bewerbern, S. 112.

818 BT-Sitzungsbericht, VI/87. Sitzung, S. 4851.

819 Insb. beim 4. BZRGÄndG, BT-Drucks., XIV/6814, S. 5 ff., insb. S. 10. Vgl. ferner: Gamillscheg, Arbeitsrecht, Band I, S. 100; Hofmann, ZfA 1975, 1 (32).

820 So auch: Korn, RdA 1957, 291 (292).

821 Rebmann/Uhlig, Einleitung zum BZRG, Rn. 51.

rakterlichen Eigenschaften[822], sondern gibt lediglich Auskunft über die Vorstrafen einer Person[823]. Dabei dient das Führungszeugnis auch dem Zweck, den Arbeitgeber davor zu schützen, einem Arbeitnehmer Vertrauensposten in Unkenntnis seiner Vorstrafen zu übertragen[824].

Zwar ist der ablehnenden Ansicht zuzuerkennen, daß dem BZRG tatsächlich kein zwingender Hinweis für die Berechtigung des Arbeitgebers, ein Führungszeugnis zu verlangen, entnommen werden kann. Denn §§ 30 Abs. 5 S. 1, 31 S. 1 BZRG gewähren nur den Behörden das Recht, direkt von der Registerbehörde ein Führungszeugnis anzufordern. In allen anderen Fällen bleibt es dem Bewerber selbst überlassen, ein Führungszeugnis für private Zwecke anzufordern[825].

Ein weiteres Argument für das Recht des Arbeitgebers, ein Führungszeugnis zu verlangen, ist, daß ein mit Eintragungen versehenes Führungszeugnis nicht zwingend zur Ablehnung führt[826]. Dies vermag in der Praxis allerdings nicht zu überzeugen, da der Arbeitgeber dem vorbestraften Bewerber im Regelfall mit Mißtrauen begegnen wird[827]. Des weiteren ist der Arbeitgeber bereits nach der alten Rechtslage des StrafTilgG und der StrafRegVO der allgemeinen Ansicht nach dazu berechtigt gewesen, sich vom Bewerber ein Führungszeugnis vorlegen zu lassen[828].

III. Zwischenergebnis

Es besteht ein Widerspruch zwischen den Grenzen des Fragerechts und dem Inhalt des Führungszeugnisses. Da aber das Führungszeugnis auch zur Vorlage bei einer Stellenbewerbung konzipiert ist und sich zum anderen dem BZRG

---

822 Hartung, Das Strafregister, Anhang VI, S. 425; Großmann, AuR 1969, 97 (103); Windolph, DB 1966, 579 (580); Prasse, AuR 1957, 76 (77).

823 Windolph, DB 1966, 579 (580); Prasse, AuR 1957, 76 (77).

824 Rebmann/Uhlig, Einleitung zum BZRG, Rn. 51; Hartung, Das Strafregister, Anhang VI, S. 425 f.; Großmann, AuR 1969, 97 (103); Windolph, DB 1966, 579 (580). Dieses Argument erscheint fragwürdig. Das Führungszeugnis soll kein Werturteil über die charakterlichen Eigenschaften des Bewerbers fällen, den Arbeitgeber aber gleichzeitig davor schützen, dem Vorbestraften Vertrauenspositionen zu übertragen. Dies stellt insofern einen Widerspruch dar, als daß der Arbeitgeber in die Lage versetzt wird, sich ein Werturteil über den Bewerber zu bilden.

825 Birk, Auskünfte über Arbeitnehmer, S. 99.

826 Conze, ZTR 1991, 99 (103).

827 Vgl. ferner: Meisel, Die Mitwirkung und Mitbestimmung des Betriebsrats in personellen Angelegenheiten, S. 91.

828 Degener, Das Fragerecht des Arbeitgebers gegenüber Bewerbern, S. 112; Lassen, Die Rechtsstellung des Vorbestraften nach dem BZRG, S. 167.

keine entgegenstehende Regelung entnehmen läßt, muß dieser Widerspruch gegenwärtig hingenommen werden. Der Arbeitgeber darf sich vom Stellenbewerber ein Führungszeugnis für private Zwecke vorlegen lassen.

§ 2: Lösungsvorschläge und rechtsvergleichende Ansätze

Durch die Beschränkung des Fragerechts auf der einen Seite und der Möglichkeit des Arbeitgebers, sich ein Führungszeugnis vorlegen zu lassen auf der anderen Seite besteht die Gefahr, daß der Arbeitgeber die Grenzen seines Fragerechts überschreitet. Dieser Widerspruch hat in der Praxis zur Folge, daß die Zulässigkeitsbeschränkungen der Vorstrafenfrage im Endeffekt wirkungslos sind. Es handelt sich um eine Rechtsfrage, die der Gesetzgeber nicht geregelt hat. Seine Aufgabe ist es, diesen Mißstand zu beseitigen, indem er die widerstreitenden Interessen erneut gegeneinander abwägt und eine andere Regelung trifft. Notwendig ist deshalb eine Diskussion von verschiedenen Möglichkeiten, den Widerspruch zu beheben. Die Lösungsmodelle haben unterschiedliche Ansatzpunkte und orientieren sich größtenteils an der Rechtslage in anderen europäischen Ländern. Nachdem eine Abschaffung der Führungszeugnisse in Betracht gezogen wird, stellt sich die Frage, ob der Inhalt des Führungszeugnisses nach dem französischen Modell beschränkt werden sollte. Weiterhin wird eine Eingrenzung der Vorlagepflicht bei Vertrauensverhältnissen nach dem englischen Beispiel in Erwägung gezogen und schließlich finden die Einführung eines gesplitteten Führungszeugnisses und die niederländische Regelung des Arbeitgeberführungszeugnisses eine eingehende Darstellung.

I. Abschaffung der Führungszeugnisse

Eine weitreichende Lösung würde die Abschaffung des Instituts des Führungszeugnisses als solches darstellen. Wenn die Bundeszentralregisterbehörde keine Führungszeugnisse für private Zwecke mehr ausstellen würde, könnte der Arbeitgeber die Vorlage eines solchen durch den Bewerber nicht mehr verlangen, um damit die Beschränkungen seines Fragerechts zu umgehen. Es ist aber fraglich, ob dies eine angemessene Lösung darstellt.

Götz/Tolzmann[829] haben sich mit dieser Frage bereits auseinandergesetzt. Gegen die bloße Existenz des Instituts des Führungszeugnisses für private Zwecke führen sie an, daß dieses zum Teil seinen Zweck verfehle. Die Intention des Führungszeugnisses sei die Förderung der Resozialisierung des Betroffenen[830]. Dadurch, daß das Führungszeugnis aber zu viele Vorstrafen offenbare, könne es

---

[829] Götz/Tolzmann, Einleitung zum BZRG, Rn. 35-37.
[830] Götz/Tolzmann, Einleitung zum BZRG, Rn. 1, 5, § 30 BZRG Rn. 6

passieren, daß der Verurteilte rückfällig werde, da er keine Arbeitsstelle erhalte. Aus diesem Grund könne man §§ 30 ff. BZRG als „Festschreibung des Vorurteils“ verstehen. Sozial Benachteiligte würden diskriminiert.

Ferner zweifeln Götz/Tolzmann von vornherein an der Aussagekraft des Führungszeugnisses. Dadurch, daß aus Resozialisierungsgründen ohnehin nur ein Teil der tatsächlich ergangenen Verurteilungen in das Führungszeugnis nach § 30 Abs. 1 S. 1 BZRG aufgenommen werden, sei es nur ein unvollständiger Auszug aus dem Bundeszentralregister. Die für die Personaleinstellung zuständigen Mitarbeiter könnten sich daher auch bei der Vorlage eines eintragungsfreien Führungszeugnisses in keinem Fall sicher sein, es nicht doch mit einem Vorbestraften zu tun zu haben[831]. Der faktische Aussagewert des Führungszeugnisses sei im Hinblick auf die Wiedereingliederung des Vorbestraften deshalb fraglich, weil allein anhand der Eintragungen keine Beurteilung der Rückfallwahrscheinlichkeit erstellt werden könne. Die im Führungszeugnis enthaltenen Informationen seien dafür zu oberflächlich. Des weiteren wirke die Existenz des Führungszeugnisses dem unvoreingenommenen Einstellungsverhalten des Arbeitgebers entgegen. Sofern eine Eintragung im Führungszeugnis vorliege, würde die Mehrzahl der Arbeitgeber allein aus diesem Grund von der Einstellung absehen. Dies sei auch der Fall, wenn der Bewerber in allen übrigen Punkten der geeignete Mitarbeiter sei[832].

Die Argumentation Götz/Tolzmanns weist Widersprüche auf. Auf der einen Seite werde der Verurteilte unter Umständen zum Rückfall in die Kriminalität gezwungen, zum anderen kritisieren sie, daß der Inhalt des Führungszeugnisses nicht erschöpfend sei. Richtig ist indes, daß die sowohl inhaltlich als auch zeitlich beschränkte Aufnahme von Verurteilungen in das Privatführungszeugnis dem Interesse der Allgemeinheit an der Wiedereingliederung des Vorbestraften in das Arbeitsleben Rechnung trägt. Würden alle Verurteilungen aufgenommen, käme dem Führungszeugnis zwar ein erhöhter Aussagewert zu, der Resozialisierung wäre damit aber in keiner Weise gedient. Daher bleibt festzustellen, daß eine beschränkte Aufnahme der Verurteilungen in das Führungszeugnis bereits das Ergebnis der Abwägung zwischen dem Interesse an der Kenntnisnahme der Verurteilungen und dem Wiedereingliederungsinteresse darstellt[833].

Fraglich ist, ob das privatwirtschaftliche Interesse des Arbeitgebers, nur zuverlässige Personen als Mitarbeiter einzustellen, nicht bereits durch das Fragerecht im Bewerbungsgespräch umfangreichen und ausreichenden Schutz erhält und

---

[831] Götz/Tolzmann, Einleitung zum BZRG, Rn. 36.
[832] Götz/Tolzmann, Einleitung zum BZRG, Rn. 36.
[833] So auch: Weichert, CR 1991, 361.

der Arbeitgeber daher nicht mehr auf die Vorlage eines Führungszeugnisses angewiesen ist. Dies könnte man deshalb vertreten, weil dem Arbeitgeber das Anfechtungsrecht nach §§ 142 Abs. 1, 123 Abs. 1, 119 Abs. 2 BGB und das Kündigungsrecht nach § 626 Abs. 1 BGB bzw. § 1 Abs. 1 KSchG zusteht, wenn der Bewerber auf eine zulässige Arbeitgeberfrage nicht wahrheitsgemäß antwortet. Die Interessen des Arbeitgebers wären dann ausreichend geschützt, wenn das Anfechtungs- und Kündigungsrecht ausreichende Sanktionen darstellten. Der Arbeitgeber kann von seinen Gestaltungsrechten allerdings nur Gebrauch machen, wenn er zuvor von dem Vorliegen des Anfechtungs- bzw. Kündigungsgrundes Kenntnis erlangt hat. Das bloß theoretische Vorhandensein der Gestaltungsrechte ohne Möglichkeit der Ausübung derselben bietet hingegen keinen ausreichenden Schutz. Daher bedarf der Arbeitgeber zur Wahrung seiner Interessen der Vorlage des Privatführungszeugnisses, um zu überprüfen, ob der Bewerber wahrheitsgemäß auf seine zulässige Frage geantwortet hat. Der Arbeitgeber hat keine Alternative, die Bewerbervorstrafen gesichert zur Kenntnis zu nehmen[834]. Das Privatführungszeugnis stellt die einzige Möglichkeit der Auskunftserteilung aus dem Bundeszentralregister für den privaten Arbeitgeber dar. Wäre dies nicht der Fall, wäre der Arbeitgeber auf eine Zufallskenntnis angewiesen. Um dies zu verhindern, wurde gerade das Privatführungszeugnis geschaffen. Ferner ist es auch für den Betroffenen selbst vorteilhafter, wenn der Arbeitgeber Kenntnis seiner Vorstrafen mittels des Führungszeugnisses für private Zwecke nehmen kann und nicht auf eine private Auskunftserteilung angewiesen ist. Denn diese Art der Auskunftserteilung ist gesetzlich geregelt und nimmt bereits Rücksicht auf die Resozialisierungsinteressen. Wäre der Arbeitgeber auf die Informationen durch z. B. andere Arbeitgeber oder andere private Stellen angewiesen, könnte sich der Verurteilte nicht sicher sein, daß seine Interessen im gebotenen Umfang gewahrt werden. Sowohl die für ihn günstigen Regelungen der Nichtaufnahme nach § 32 Abs. 2 BZRG und §§ 33, 34 BZRG als auch die der Tilgung nach §§ 45 ff. BZRG kämen nicht zur Anwendung. Ein Mißbrauch dieser Informationen wäre nicht auszuschließen. Wenn man von der weitergehenden Offenbarung von nicht einschlägigen Vorstrafen durch das Führungszeugnis absieht, wird dem Resozialisierungsinteresse des Bewerbers durch den beschränkten Inhalt des Führungszeugnisses Rechnung getragen.

Es gilt daher, ausschließlich den o. g. Widerspruch zu beseitigen, nicht aber, die Arbeitgeberinteressen in unzulässiger Weise zu beschränken. Die Abschaffung des Privatführungszeugnisses würde zwar den Widerspruch zwischen den Fragerechtsbeschränkungen und dem Inhalt des Führungszeugnisses beseitigen. Denn solange sich der Arbeitgeber kein Führungszeugnis vorlegen lassen kann, kann er auch nicht die Beschränkungen seines Fragerechts umgehen. Auf diese Weise

[834] Vgl. zum Informationsanspruch des Arbeitgebers bereits S. 28.

würde zwar das Resozialisierungsinteresse geschützt, jedoch kämen die Arbeitgeberinteressen und die der betroffenen Dritten zu kurz. Die Abschaffung des Führungszeugnisses für private Zwecke nach § 30 Abs. 1 S. 1 BZRG ist daher nicht in Erwägung zu ziehen.

II. Begrenzung des Inhalts des Führungszeugnisses nach französischem Vorbild

Des weiteren ist zu erwägen, ob eine weitergehende Beschränkung des Inhalts des Führungszeugnisses angestrebt werden sollte. In Betracht kommt ein Vorschlag an den Gesetzgeber, daß er eine neue Regelung hinsichtlich der Aufnahme von Verurteilungen in das Privatführungszeugnis erlassen möge. Fraglich ist, ob der Resozialisierung des Vorbestraften dadurch erhöhte Rechnung getragen werden kann, daß der Ausnahmekatalog des § 32 Abs. 2 BZRG ausgeweitet wird. Dabei ist zu erwägen, ob eine – vielleicht auch nur teilweise durchgeführte – Übernahme der Regelungen der *Art. 768-781* des französischen *Code de Procédure Pénale* über die *casier judiciaire* in Betracht kommt.

1. *Casier judiciaire* gemäß *Art. 768-781 Code de Procédure Pénale*

In Frankreich werden die *casier judiciaire* (Vorstrafenregister) nach Maßgabe der *Art. 768-781 Code de Procédure Pénale* unter der Leitung des Justizministers geführt, vgl. *Art. 768 Abs. 1 S. 1 Code de Procédure Pénale*. Auskunft aus dem Register wird nur in Form eines *bulletin* (Führungszeugnis) erteilt. Es existieren drei verschiedene Arten von *bulletins*.

Bulletin Nr. 1 enthält nach *Art. 774 S. 1 Code de Procédure Pénale* alle Registereintragungen und wird nach *S. 2* nur an Justizbehörden herausgegeben. *Bulletin Nr. 2* führt gemäß *Art. 775 Code de Procédure Pénale* ebenfalls grundsätzlich alle Registereintragungen auf. Jedoch bestehen nach dem Katalog des *Art. 775 Code de Procédure Pénale*[835] und den Spezialvorschriften der

---

[835] Bei den Ausnahmen des *Art. 775 Code de Procédure Pénale* handelt es sich um Entscheidungen, die anhand von Art. 2, 8, 15, 16, 18, 28 der gesetzgebenden Anordnung Nr. 45-174 vom 02.02.1945 als geändert für jugendliche Täter ergangen sind, Verurteilungen, deren Eintrag aus dem *bulletin Nr. 2* nach *Art. 775-1 Code de Procédure Pénale* ausgeschlossen sind, Verurteilungen, die geringfügige Vergehen betreffen, ausgesetzte Verurteilungen mit oder ohne Bewährung, nachdem sie für nicht existierend betrachtet wurden; ferner Verurteilungen, für die die Vorschriften des *Art. 343 des Code de Justice Militaire* anwendbar sind, Vorschriften, die den Verlust der elterlichen Rechte anordnen, Ausweisungsverfügungen, gegen die Rechtsmittel eingelegt worden oder zurückgenommen worden sind, Verurteilungen, die ohne Aussetzung anhand von *Art. 131-5 bis Art. 131-11 des Code Pénale* ergangen sind und zwar nach Ablauf einer Frist von fünf Jahren ab Rechts-

Art. 775-1 und *Art. 775-2 Code de Procédure Pénale*[836] umfangreiche Ausnahmen. Ein *bulletin Nr. 2* wird nach Maßgabe des *Art. 776 Code de Procédure Pénale* nur an öffentliche Stellen herausgegeben. Neben den *préfets* (Oberste Verwaltungsbeamte eines Departments), Militär- und Justizbehörden und vorsitzenden Richtern des Handelsgerichts können ferner die Verwaltungsbehörden, die mit der Einstellung von Personen in den öffentlichen Dienst betraut sind, Auskunft aus den *casier judiciaire* mittels des *bulletin Nr. 2* erhalten. Das *bulletin Nr. 2* ist lediglich für den öffentlichen Arbeitgeber bestimmt.

Für die Vorlage beim privaten Arbeitgeber zwecks Bewerbung um eine Arbeitsstelle kommt lediglich ein *bulletin Nr. 3* in Betracht. In dieses wird nur ein begrenzter Teil der Registereintragungen aufgenommen. Gemäß *Art. 777 Code de Procédure Pénale* erscheinen im *bulletin Nr. 3* nur Haftstrafen von mehr als zwei Jahren, sofern deren Vollziehung nicht zur Bewährung ausgesetzt worden ist bzw. die Aussetzung zurückgenommen worden ist. Andernfalls werden Haftstrafen unter zwei Jahren nur dann aufgenommen, wenn das Gericht die Aufnahme im *bulletin* angeordnet hat; ferner Urteile, die die Nichteignung bzw. Unfähigkeit nach Maßgabe der *Art. 131-6 bis 131-11 Code Pénale* anordnen und Entscheidungen, die eine soziale Überwachung des Verurteilten nach *Art. 131-36-1 Code Pénale* bestimmen oder ein Verbot für die Arbeit mit Minderjährigen verhängen. Antragsteller für die Aushändigung des *bulletin Nr. 3* kann nur die betreffende Person selbst sein, *Art. 777 S. 2 Code de Procédure Pénale.*

Die Regelung der Auskunft aus den französischen *casier judiciaire* ist dem deutschen Recht sehr ähnlich. Die Justizbehörden erhalten mittels des *bulletin Nr. 1* bzw. der unbeschränkten Auskunft umfangreiche Kenntnis von den Registereintragungen über eine bestimmte Person. Öffentliche Arbeitgeber etc. können über das *bulletin Nr. 2* bzw. das Behördenführungszeugnis weniger Registereintragungen zur Kenntnis nehmen als die vorgenannten Stellen. Als dritte Stufe erhalten die privaten Vertragspartner durch das *bulletin Nr. 3* bzw. das Privatführungszeugnis die geringste Auskunft aus dem Vorstrafenregister. Das deutsche und das französische Registerrecht haben gemein, daß die Auskunftserteilung je nach Antragsteller variiert.

Grundsätzlich ist das französische *bulletin Nr. 3* vergleichbar mit dem Führungszeugnis für private Zwecke nach § 30 Abs. 1 S. 1 BZRG. Antragsteller und

---

kraft, sowie Schulderklärungen, die von einer Ausnahme der Bestrafung begleitet werden oder von einem Urteilsaufschub und Verurteilungen, die von einem fremden Gericht verhängt worden sind.

[836] Nach *Art. 775-1* und *Art. 775-2 Code de Procédure Pénale* darf das Gericht die Aufnahme einer Verurteilung im *bulletin Nr. 2* auf Antrag des Betroffenen ausschließen.

Empfänger ist jeweils der Betroffene selbst. Die Anzahl der Verurteilungen, die aufgenommen werden, ist von vornherein beschränkt. Unterschiede ergeben sich im Hinblick auf die Art der Registereintragungen, die eine Aufnahme im Führungszeugnis finden. Während nach *Art. 777 Nr. 1, 2 Code de Procédure Pénale* in das *bulletin Nr. 3* Haftstrafen, die zur Bewährung ausgesetzt wurden, nicht aufgenommen werden, finden diese grundsätzlich nach § 7 Abs. 1, 2 i. V. m. § 32 Abs. 1 S. 1 BZRG Erwähnung im Privatführungszeugnis. Nur ausnahmsweise werden die zur Bewährung ausgesetzten Haftstrafen gemäß § 32 Abs. 2 Nr. 6 BZRG nicht erwähnt, wenn die Bewährung wegen §§ 35 f. BtMG oder §§ 55, 57 StGB erteilt wurde und der Täter die Tat zusätzlich aufgrund einer Betäubungsmittelabhängigkeit begangen hat. Des weiteren werden Verurteilungen zur Freiheitsstrafe ab einem Zeitraum von drei Monaten nach § 32 Abs. 2 Nr. 5b.) BZRG stets aufgenommen, wohingegen nach *Art. 777 Nr. 1 Code de Procédure Pénale* eine Erwähnung von Freiheitsstrafen im *bulletin Nr. 3* erst ab einem Zeitraum von zwei Jahren erfolgt. Ein weiterer Unterschied ergibt sich aus *Art. 777 Nr. 2 Code de Procédure Pénale*. Nicht zur Bewährung ausgesetzte Freiheitsstrafen von weniger als zwei Jahren können aufgrund einer richterlichen Anordnung in das *bulletin Nr. 3* aufgenommen werden. Ferner kann das Gericht nach Maßgabe des *Art. 777-1 i. V. m. Art. 775-1 S. 1 Code de Procédure Pénale* die Aufnahme einer Verurteilung im *bulletin Nr. 3* ausschließen. Eine vergleichbare Regelung im deutschen Recht besteht nicht. Sowohl nach *Art. 777 Nr. 3, 4 Code de Procédure Pénale* als auch nach § 32 Abs. 2 Nr. 8 BZRG finden Maßregeln zur Besserung und Sicherung, Nebenstrafen und Nebenfolgen Aufnahme im Führungszeugnis.

2. Übertragung in das deutsche Recht

Inhaltlich überzeugt die Vorschrift des *Art. 777 Nr. 2 Code de Procédure Pénale*, nach der der erkennende Richter die Aufnahme einer Verurteilung zu einer Freiheitsstrafe von bis zu zwei Jahren ohne Aussetzung zur Bewährung in das *bulletin Nr. 3* anordnen kann. Ebenso verhält es sich mit *Art. 777-1 i. V. m. Art. 775-1 S. 1 Code de Procédure Pénale*. Der Richter, der ohnehin mit der Beurteilung des Sachverhalts betraut ist und von den näheren Tatumständen und einer Großzahl an Vorverurteilungen über das *bulletin Nr. 1* bzw. die unbeschränkte Auskunft nach §§ 41 f. BZRG Kenntnis hat, ist auch dazu in der Lage zu beurteilen, ob der Resozialisierung Vorrang einzuräumen ist oder ob vielmehr die öffentlichen und privaten Interessen an der Kenntnisnahme der Vorstrafe überwiegen. Daher ist die richterliche Anordnung der Aufnahme einer Vorstrafe in das Privatführungszeugnis positiv zu beurteilen.

Die Übertragung der französischen Regelungen in das deutsche Recht hätte den Vorteil, daß deren Umsetzung ohne großen Aufwand zu verwirklichen wäre.

Durch die Ähnlichkeit der beiden Registersysteme wäre eine Angleichung des deutschen Rechtssystems einfach umsetzbar. Denn der Gesetzgeber müßte nur den Katalog des § 32 Abs. 2 BZRG ändern, um die Aufnahme anderer Registereintragungen in das Privatführungszeugnis als der oben bezeichneten zu verhindern.

Des weiteren würde durch eine Änderung des Katalogs des § 32 Abs. 2 BZRG die Einheitlichkeit der Regelung für alle Beteiligten gewahrt. Dies ist bereits im geltenden Recht der Fall und ein Vorteil der bestehenden Rechtslage. Die Registerbehörde geht bei der Ausstellung der Führungszeugnisse immer nach demselben Maßstab vor. In jedem Fall werden – sofern vorhanden – dieselben Vorstrafen eingetragen bzw. nach dem Ablauf derselben Frist nicht mehr aufgenommen. Daher ist es der Registerbehörde unmöglich, die Antragsteller unterschiedlich zu behandeln. Ein großes Maß an Gleichbehandlung der Betroffenen i. S. d. Art. 3 Abs. 1 GG ist die Folge. Ferner verbleibt es bei der Zuständigkeit einer Zentralbehörde für die Verwaltung der Vorstrafenregister und der Ausstellung der Führungszeugnisse. Auch dies ist wünschenswert, denn dadurch entsteht weder eine Zerfaserung der Registrierung der Vorstrafen, noch kommt es zu Zuständigkeitsproblemen. Eine einheitliche Behandlung der Anträge ist auf diese Weise gewährleistet.

Jedoch vermögen allein die praktischen Vorteile bei der Umsetzung nicht zu überzeugen, wenn diese Lösung inhaltlich keine Verbesserung gegenüber der geltenden Rechtslage bietet. Fraglich ist daher, ob eine Anpassung der §§ 30 ff. BZRG an das französische Vorbild über die Regelungen des *bulletin Nr. 3* zur Erreichung eines effektiveren Schutzes der Bewerberinteressen geboten ist. Die im Gegensatz zum deutschen Recht beschränkte Aufnahme von Registereintragungen im *bulletin Nr. 3* stellt eine weitergehende Berücksichtigung der Resozialisierung des Verurteilten dar. Je weniger Verurteilungen im *bulletin Nr. 3* aufgenommen werden, desto weniger werden frühere Verfehlungen im Rechtsverkehr und vor allem bei der Stellensuche bekannt. Dies kommt dem verurteilten Bewerber zugute, denn sein Interesse an der Geheimhaltung seiner Vorstrafen wird umfassender gewahrt als dies im deutschen Recht der Fall ist. Mit der stärkeren Berücksichtigung des Resozialisierungsinteresses geht auf der anderen Seite jedoch eine weitgehende Einschränkung des Informationsinteresses des Arbeitgebers einher. Ob dies gerechtfertigt ist, erscheint fraglich.

Dem System der §§ 30 ff. BZRG liegt bereits eine gesetzgeberische Abwägung zwischen dem Resozialisierungsinteresse und dem Informationsinteresse des Arbeitgebers zugrunde. Gegenüber der alten Rechtslage des StrafTilgG und der StrafRegVO vor dem 01.01.1972 hat das Informationsinteresse des Arbeitgebers bereits weitreichende Einschränkungen zugunsten der Resozialisierung erfahren.

Die Regelfrist, nach der eine Verurteilung nicht mehr im Führungszeugnis aufgenommen wird, beträgt lediglich drei Jahre, § 34 Abs. 1 Nr. 1 BZRG. Ferner erfolgt nach § 34 Abs. 1 BZRG eine Differenzierung zwischen der Art und der Höhe der Sanktion. Auch dieser Umstand wird bereits sowohl der Resozialisierung der Verurteilten als auch dem Informationsinteresse des Arbeitgebers in besonderem Maße gerecht.

Folge der Übertragung der französischen Regelungen wäre, daß im Privatführungszeugnis lediglich Verurteilungen zur Freiheitsstrafe von einer Dauer ab zwei Jahren sowie die Anordnung von Maßnahmen zur Besserung und Sicherung, Nebenstrafen und Nebenfolgen aufgenommen würden. Keine Erwähnung fänden zur Bewährung ausgesetzte Freiheitsstrafen, Freiheitsstrafen unter zwei Jahren und Geldstrafen. Würde man die ohnehin begrenzte Aufnahme von Registereintragungen in das Privatführungszeugnis dergestalt erweitern, hätte dies zur Folge, daß die Informationsfreiheit des Arbeitgebers in großem Umfang eingeschränkt würde. Dadurch würden weitere, für die Stelle einschlägige Vorstrafen keine Erwähnung im Führungszeugnis finden. Diese zu erfahren, hat der Arbeitgeber aber ein berechtigtes und schutzwürdiges Interesse, denn bei einer einschlägigen Vorbestrafung kann u. U. die charakterliche Eignung des Bewerbers fehlen. Damit würde seine unternehmerische Entscheidungsfreiheit aus Art. 12 Abs. 1 GG in unbilliger Weise beschränkt. Auch das Resozialisierungsinteresse, welches neben seiner Eigenschaft als Individualinteresse des Verurteilten selbst auch ein Allgemeininteresse darstellt, vermag keine derartige Verlagerung zugunsten des einen Vertragsteils zu rechtfertigen. Des weiteren ist es auch fraglich, ob dies unter kriminologischen Gesichtspunkten geboten ist. Der *Code de Procédure Pénale* ist demnach zu stark auf die Resozialisierung des Vorbestraften ausgerichtet.

Ein weiterer negativer Aspekt der Beschränkung des Inhalts des Führungszeugnisses wäre eine erhebliche Einschränkung der Aussagekraft des Führungszeugnisses. Denn je weniger Verurteilungen aufgenommen werden, desto weniger umfassend ist das Führungszeugnis. Dies ist grundsätzlich im Hinblick auf die Resozialisierung des Vorbestraften akzeptabel. Jedoch darf dies nicht dazu führen, als daß nur der geringste Teil an Verurteilungen tatsächlich im Führungszeugnis aufgenommen wird. In diesem Fall wäre die Ausstellung des Führungszeugnisses als Auszug aus dem Bundeszentralregister weitgehend wertlos.

Eine weitere Begrenzung des Inhalts des Führungszeugnisses über die o. g. Änderung des Katalogs des § 32 Abs. 2 BZRG kann zudem keine Berücksichtigung der „Einschlägigkeit“ der Vorstrafe erzielen. Zwar gäbe der Bewerber durch den beschränkten Inhalt des Führungszeugnisses weniger Verurteilungen im Gegensatz zur geltenden Rechtslage preis, jedoch vermag diese Lösung keinen Schutz des Bewerbers davor herbeizuführen, daß der Arbeitgeber über die Einsichtnahme des Führungszeugnisses auch Kenntnis von den eingetragenen, nicht einschlägigen Vorstrafen nimmt und somit seine Fragerechtsbeschränkungen umgeht. Der Widerspruch zwischen der Beschränkung des Fragerechts durch die Rechtsprechung des Bundesarbeitsgerichts und dem Inhalt des Führungszeugnisses kann daher durch diese Änderung nicht erreicht werden.

Es stellt sich die Frage, ob den Bewerberinteressen nichtsdestotrotz durch eine Begrenzung des Inhalts des Führungszeugnisses entgegengekommen werden kann und es auf der anderen Seite wegen dieses Fortschritts als irrelevant betrachtet werden kann, daß der Arbeitgeber weiterhin auch nicht einschlägige Vorstrafen erfährt. Denn wenn der Arbeitgeber durch ein ausgedünntes Führungszeugnis ohnehin weniger Verurteilungen zur Kenntnis nimmt, erfährt der Bewerber hierdurch auch einen gewissen Schutz. Dem Arbeitgeber verbleibt dabei auf der anderen Seite der Vorteil, daß er auch weiterhin nicht einschlägige Vorstrafen zur Kenntnis nehmen kann. Diese Lösung ist jedoch nicht sachgerecht. Ferner bildet gerade die Diskrepanz zwischen den Schranken des Fragerechts und dem Inhalt des Führungszeugnisses den Ausgangspunkt des Problems. Dieses wird in keiner Weise gelöst, sondern wiederum nur umgangen. Weder dem Bewerber noch dem Arbeitgeber würde hierdurch geholfen. Das Geheimhaltungsinteresse des Bewerbers im Hinblick auf die nicht einschlägigen Vorstrafen wird nicht geschützt. Das Informationsinteresse des Arbeitgebers wird zum einen im Hinblick auf die einschlägigen Vorstrafen zu sehr eingeschränkt und zum anderen hinsichtlich der nicht einschlägigen Vorstrafen zu weit gehalten. Eine sachgerechte Berücksichtigung der Grundrechtspositionen erfolgt durch diese Lösung nicht.

3. Zwischenergebnis

Eine Beschränkung des Inhalts des Führungszeugnisses nach dem französischen Beispiel der *casier judiciaire* und des *bulletin Nr. 3* gemäß *Art. 768-781 Code de Procédure Pénale* dient nicht der Beseitigung des Widerspruchs zwischen dem Fragerecht und dem Führungszeugnis. Das französische Vorbild ist daher nicht zur Problembeseitigung geeignet.

III. Vorlage des Führungszeugnisses nur bei Vertrauensverhältnissen nach englischem Vorbild

Eine andere Möglichkeit böte eine Beschränkung des Rechts des Arbeitgebers auf Vorlage eines Führungszeugnisses auf die Fälle, in denen der Bewerber für eine Vertrauensstellung vorspricht. Bereits Ramm[837] hat erkannt, daß viele Arbeitgeber die Einstellung von der Vorlage eines eintragungsfreien Führungszeugnisses abhängig machen. Dies entsprach nach der alten Rechtslage nur zum Teil dem Sinn und Zweck des Führungszeugnisses, den Arbeitgeber davor zu bewahren, daß er vorbestraften Personen in Unkenntnis ihrer Vorstrafen Vertrauensposten überträgt[838]. Denn in den anderen Fällen könne der Arbeitgeber über dieses Schutzinteresse hinaus alle Vorstrafen auch von Personen, die sich nicht für Vertrauensstellungen bewerben, erfahren. Daher schlug Ramm vor, das Recht des Arbeitgebers, sich ein Führungszeugnis vorlegen zu lassen, auf Bewerbungen um Vertrauensstellungen zu begrenzen.

Eine ähnliche Regelung besteht in Großbritannien. Der *Rehabilitation of Offenders Act 1974 (ROA 1974)* regelt die Rehabilitationsfristen für die verschiedenen Verurteilungen und stellt einen Ausnahmekatalog von Berufen auf, für die eine Anwendung der Rehabilitationsvorschriften nicht in Betracht kommt. *S. 112 ff.* des *Police Act 1997 (PA 1997)* bestimmen die Ausstellung eines *criminal conviction certificates* (Führungszeugnis). Fraglich ist, ob eine Übertragung des englischen Systems in das deutsche Recht eine Verbesserung der Rechtslage des vorbestraften Stellenbewerbers darstellen würde.

1. *Rehabilitation of Offenders Act 1974*

Nach *ROA 1974, s. 4 (1)* ist eine Person, deren Verurteilungen den Rehabilitationsvorschriften unterliegen, im Rechtsverkehr wie eine nicht vorbestrafte Person zu behandeln. Danach kann der Bewerber im Vorstellungsgespräch seine Vorstrafe grundsätzlich verschweigen und lügen. Der Arbeitgeber darf ihm aus Anlaß der Vorbestrafung nicht die Einstellung versagen bzw. das Arbeitsverhältnis nachträglich kündigen. Sinn und Zweck dieser Regelung ist, daß der vorbestrafte, aber rehabilitierte Bewerber durch den Arbeitgeber nicht wegen der bloßen Tatsache der Vorbestrafung diskriminiert werden soll. Diese Regelung stellt eine Parallele zum Verschweigungsrecht des § 53 Abs. 1 BZRG dar. Auch im deutschen Recht kann sich der Vorbestrafte, dessen Registereintragungen nicht in ein Führungszeugnis aufgenommen werden oder die der Tilgung unterfallen, als unbestraft bezeichnen[839]. Die Rehabilitation des Betroffenen ist abhängig von der Verurteilung und seinem Alter zum Zeitpunkt des Urteilsausspruchs. Jedes Urteil hat daher seine individuelle Rehabilitationsperiode. *ROA 1974* unterscheidet zwischen Verurteilungen, die nach dem Ablauf einer festen

---

[837] Ramm, Die Anfechtung des Arbeitsverhältnisses, S. 67 f. in Fn. 127.
[838] RdErl. d. RMdI vom 27.05.1940 I, Ziffer 1.
[839] Vgl. dazu bereits S. 104 ff.

Frist der Rehabilitation unterfallen und solchen, bei denen die Rehabilitationsfristen variieren.

Nach *ROA 1974, s. 5 (1)* unterfallen Verurteilungen zu einer Freiheitsstrafe auf Lebenszeit oder von einem Zeitraum von mehr als 30 Monaten sowie die Anordnung der Sicherheitsverwahrung nicht der Rehabilitation. Hinsichtlich dieser Verurteilungen kommt der Betroffene nicht in den Genuß des Verschweigungsrechts des *ROA 1974, s. 4 (1)*. Diese Verurteilungen erscheinen stets im *criminal conviction certificate*. Darüber hinaus schließt *ROA 1974, s. 4 (2), (4)* eine Reihe von Berufen aus, bei denen eine Rehabilitation nicht in Frage kommt. Übt der Betroffene einen dieser Berufe aus oder strebt er die Ausübung eines solchen Berufs an, gelten für ihn die Rehabilitationsvergünstigungen nicht. Es handelt sich um Berufe, bei denen der Arbeitnehmer Verantwortung für andere Menschen, hohe Vermögenswerte oder andere übergeordnete Rechtsgüter trägt[840].

Eine von der *Association of Chief Police Officers* erlassene Richtlinie sieht grundsätzlich eine Löschung der Registereintragungen nach dem Ablauf einer Frist von zehn Jahren vor. Davon gibt es Ausnahmen[841]. Neben dem Verschwei-

---

840 Der Katalog der von der Rehabilitation ausgenommenen Berufe umfaßt Buchhalter, Steuerberater, Chiropraktiker, Sicherheitsbeauftragte, Zahnärzte, Zahnarzthelfer, Direktoren, Kontrolleure von Versicherungen oder Baugesellschaften, Waffenhändler, verschiedene gerichtliche Berufe, Anstellungen als gerichtliche Oberbeamte, Gerichtssekretäre und deren Assistenten, Krankenschwestern und Hebammen, Optiker, Osteopathen, pharmazeutische Chemiker, Polizeivollzugsbeamte, Beamte der Gefängnisbehörde, Gefängniswärter, Bewährungshelfer, Lehrer, Verkehrsbeamte, Rechtsanwälte, Tierärzte, Bevollmächtigte und Treuhänder der Vereinigung medizinischer Praktizierender. Weitere ausgeschlossene Berufe sind jedes Amt oder jede Anstellung, bei der die Frage nach Vorstrafen im Sinne der nationalen Sicherheit gestellt wird, z. B. beim Gesuch um Anstellung in der Atomenergiebehörde, der zivilen Luftfahrtbehörde oder als Beamter der Krone. Eine andere Gruppe stellen Berufe im Gesundheits- oder im sozialen Bereich dar, die sich mit der Pflege von Menschen über 65 Jahren, Menschen, die an ernsthaften Krankheiten oder geistigen Behinderungen leiden, Alkohol- oder Drogenabhängigen, Blinden, Tauben oder zurückgebliebenen Menschen, Personen, die im wesentlichen und dauerhaft durch Krankheit, Unfall oder angeborene Mißbildung behindert sind oder wenn sich die Arbeitsstelle mit der Pflege, Erholungs- oder Freizeiteinrichtungen, Schulen, Sozialstellen, Aufsicht oder Ausbildung von Personen unter 18 Jahren umfaßt, beschäftigt. Schließlich erfordern Bewerbungen für besondere Zeugnisse oder Genehmigungen – z. B. für Feuerwaffen, Sprengstoffe und Glücksspiele –, daß die abgebüßten Vorstrafen offengelegt werden und die ausstellende Behörde diese zur Kenntnis nehmen darf.

841 Die Verurteilungen werden nicht nach zehn Jahren gelöscht, wenn der Täter drei oder mehr Vorstrafen wegen aufzunehmender Verurteilungen hat (in diesem Fall werden die Verurteilungen 20 Jahre aufgehoben), der Täter zu einer Freiheitsstrafe verurteilt worden ist, auch wenn diese zur Bewährung ausgesetzt worden ist und diese sechs Monate oder länger andauert. Dann verbleibt der Registereintrag auf Lebenszeit im Strafregister; ferner

gungsrecht des *ROA 1974, s. 4 (1)* hat die Rehabilitation die Folge, daß diese Verurteilungen nur noch beschränkt in die *criminal conviction certificates* aufgenommen werden.

2. *Police Act 1997*

Der *Police Act 1997* regelt in Teil V die Registrierung von Vorstrafen und die Ausstellung der *criminal conviction certificates*. Zuständig ist das *Criminal Records Bureau* als Zentralbehörde. Sie bezieht ihre Informationen aus den Registrierungen der Polizei, des Gesundheitsministeriums (*Department of Health*), des Ministeriums für Erziehung und Arbeit (*Department of Education and Employment*) und den Listen der beiden Ministerien, die diese hinsichtlich solcher Personen führen, die für die Arbeit mit Kindern als ungeeignet betrachtet werden.

Das *Criminal Records Bureau* erteilt je nach Art der angestrebten Beschäftigung Auskünfte über Vorstrafen in Form von drei verschiedenen Arten von *criminal conviction certificates*. Als erste Stufe gibt das *basic disclosure* nach *PA 1997, s. 112 (2) (a), (3)* über alle Verurteilungen Auskunft, die nicht der Rehabilitation unterfallen. Antragsteller ist gemäß *PA 1997, s. 112 (1) (a)* der Betroffene selbst, der sich für jede beliebige Art von Arbeitsverhältnis oder von freiwilliger Tätigkeit bewirbt. Das *basic disclosure* hat keinen Bezug zum in Aussicht genommenen Arbeitsverhältnis, sondern gibt alle nicht rehabilitierten Verurteilungen der betroffenen Person wieder.

In das *standart disclosure* hingegen werden sowohl der Rehabilitation nicht unterfallende als auch der Rehabilitation unterfallende Verurteilungen aufgenommen, *PA 1997, s. 113 (5) (i)*. Des weiteren finden nach *PA 1997, s. 113 (5) (ii)* auch polizeiliche Verwarnungen und Verweise Erwähnung. Das *standart disclosure* ist für jede Person konzipiert, die sich für einen Beruf bewirbt, der den regulären Kontakt mit Minderjährigen oder anderen schutzbedürftigen Personen umfaßt oder der von den Rehabilitationsregelungen des *ROA 1974* ausgenommen ist. Als Antragsteller müssen die betreffende Person und der potentielle

---

wenn der Täter wegen Unzucht, Sexualstraftaten, Besitz von Klasse-A-Drogen, wegen Handels mit, Einführung oder Bereitstellung von jeglicher Art von Drogen verurteilt worden ist. In diesen Fällen verbleibt der Registereintrag auf Lebenszeit im Strafregister. Auch erfolgt keine Löschung, wenn der Täter wegen Geisteskrankheit für schuldunfähig gehalten wurde oder wenn er nach den Bestimmung des *Mental Health Acts* verurteilt worden ist. In diesen Fällen verbleibt der Strafregistereintrag auf Lebenszeit im Register. Schließlich wird der Registereintrag nicht gelöscht, wenn der Täter wegen einer Straftat verurteilt worden ist, in die ein Kind oder ein verletzlicher Erwachsener verwickelt ist, und die Tat ergibt, daß der Täter vorsätzlich diese Personen als Ziel ausgesucht hat.

Arbeitgeber zusammen auftreten. Gemäß *PA 1997, s. 113 (2)* muß der Arbeitgeber in seinem Antrag ausführen, daß die Aushändigung eines *standart disclosure* für eine durch *ROA 1974* ausgenommene Beschäftigung erfragt wird.

Das *enhanced disclosure* gemäß *PA 1997, s. 115 f.* gewährt die weitestgehenden Informationen über Registereintragungen. In ihm werden alle Eintragungen aufgenommen, die auch im *standart disclosure* erscheinen. Es handelt sich um rehabilitierte und nicht rehabilitierte Verurteilungen, polizeiliche Verwarnungen und Verweise sowie Eintragungen in den Listen des Ministeriums für Erziehung und Ausbildungsfragen *(Department of Education and Skills)* und des Gesundheitsministeriums *(Department of Health)*. Über den Inhalt des *standart disclosure* hinaus teilt das *enhanced disclosure* gemäß *PA 1997, s. 115 (7) (a), (b), (8) (a)-(c)* Informationen der Polizeibehörden über den Betroffenen mit, die für die Aufnahme einer Arbeitstätigkeit als relevant erachtet werden. Als solche kommen Informationen des Kriminalnachrichtendienstes und Registrierungen über Freisprüche, noch nicht abgeschlossene Polizeirecherchen sowie unbestätigte Informandenbehauptungen in Betracht. Das *enhanced disclosure* gewährt einen umfassenden Einblick in das kriminelle Vorleben des Bewerbers. Es ist für Personen gedacht, die sich für eine Anstellung bewerben, die sich in der Versorgung, Ausbildung, Aufsicht oder der alleinigen Verantwortung für Minderjährige oder andere verletzliche Personengruppen erschöpft, *PA 1997, s. 115 (2) (a) i. V. m. (3), (4)*[842]. Den Antrag für die Aushändigung eines *enhanced disclosure* müssen der Betroffene und der spätere Arbeitgeber zusammenstellen. Nach *PA 1997, s. 115 (1) (a) i. V. m. s. 120 (1), (4)* können nur Arbeitgeber und Organisationen, die beim *Criminal Records Bureau* für die Aushändigung eines *enhanced disclosure* registriert sind, diese umfassende Art der Auskunftserteilung erhalten.

3. *Code of Practice* nach *PA 1997, s. 122*

Nach Maßgabe des *PA 1997, s. 122 (1)* hat der parlamentarische Staatssekretär (*Secretary of State*) mit dem *Code of Practice* eine Liste von Verhaltensregeln für die Arbeitgeber, die ein *enhanced disclosure* erhalten können, aufgestellt.

---

[842] Ferner kann jede Person ein *enhanced disclosure* beantragen, die eine Registrierung als Kinderpfleger oder Tagesaufsicht (*PA 1997, s. 115 (2) (b) i. V. m. (5) (e) i. V. m. Children Act 1989, s. 71* oder *Children Order Northern Ireland 1995, Art. 118*), eine Genehmigung als Pate oder Adoptiveltern (*PA 1997, s. 115 (2) (b) i. V. m. (5) (f) i. V. m. Children Act 1989, s. 67* oder *Children Order Northern Ireland 1995, Art. 108*), eine Spielgenehmigung (*PA 1997, s. 115 (2) (b) i. V. m. (5) (a), (b) i. V. m. Gaming Act 1968, s. 19* oder *s. 27 (1) oder (5)*), eine Lotteriegenehmigung (*PA 1997, s. 115 (2) (b) i. V. m. (5) (c), (d) i. V. m. Lotteries and Amusement Act 1976, Schedule 1 A, 2 oder 2 A* und *National Lotterie Act 1993, s. 5, 6*) oder eine gerichtliche Anstellung beantragt.

Hintergrund der Regelung ist, die umfassende Informationsmöglichkeit des Arbeitgebers über die Vorbestrafungen des Bewerbers zu entschärfen und dafür zu sorgen, daß der Arbeitgeber diese Informationen nicht als einziges Kriterium bei seiner Einstellungsentscheidung heranzieht. Neben datenschutzrechtlichen Bestimmungen stellt der *Code of Practice* die Verpflichtung des Arbeitgebers auf, in seine Bewerbungsformulare einen Hinweis aufzunehmen, daß das Vorliegen einer Vorstrafe nicht notwendigerweise einen Hinderungsgrund für die Einstellung darstellt. Des weiteren soll der Arbeitgeber seine Bewerber zur frühstmöglichen Mitteilung der Vorstrafen auffordern und mit ihm darüber sprechen. Der Arbeitgeber ist dazu verpflichtet, seine mit der Einstellungsentscheidung betrauten Mitarbeiter über die Vergünstigungen des *ROA 1974* zu belehren.

Bei der Einstellungsentscheidung ist der Arbeitgeber dazu angehalten, sich bei der Berücksichtigung einer Vorbestrafung nicht von seinen Vorurteilen leiten zu lassen, sondern anhand der Fähigkeiten, Erfahrungen und Kenntnisse die Eignung des Bewerbers zu ermitteln. Dabei muß er eine Abwägung zwischen den Fähigkeiten und dem Rückfallrisiko treffen. Der Arbeitgeber muß entscheiden, ob die Vorstrafe für das Arbeitsverhältnis relevant ist. Das ist der Fall, wenn der Arbeitnehmer engen Kontakt mit schutzbedürftigen Personen oder Kunden hat, andere Personen beaufsichtigen muß, Verantwortung für Finanzen oder andere Vermögenswerte übernimmt, in Kontakt mit der Öffentlichkeit steht oder sonst eine herausgehobene Möglichkeit hat, Straftaten während der Arbeitszeit zu begehen, so daß ein erhöhtes Schadensrisiko besteht. Daraus ergibt sich die Relevanz einer Vorstrafe, wenn sie für das Arbeitsverhältnis einschlägig ist. Kommt der beim *Criminal Records Bureau* registrierte Arbeitgeber seinen Pflichten aus dem *Code of Practice* nicht nach, so kann der parlamentarische Staatssekretär die Ausstellung eines *standart disclosure* oder eines *enhanced disclosure* gemäß *PA 1997, s. 122 (3) (a), (b)* verweigern.

4. Unterschiede zwischen dem deutschen und englischen Recht

Dem *Criminal Records Bureau* stehen drei verschiedene Arten von *criminal record certificates* zwecks Bewerbung für eine privatrechtliche Anstellung zur Verfügung, wohingegen die Bundeszentralregisterbehörde nur das Privatführungszeugnis nach § 30 Abs. 1 S. 1 BZRG ausstellt. Daher kann im deutschen Recht keine Unterscheidung im Hinblick auf die in Aussicht genommene Stellung erfolgen. Auch ist nach dem BZRG der Betroffene alleiniger Antragsteller. Ferner fehlt dem deutschen Recht das Erfordernis, daß der Arbeitgeber dem Antrag auf Ausstellung eines *criminal record certificate* eine Beschreibung der in Aussicht genommenen Stellung beifügt. Hinsichtlich der Ausstellung der

Führungszeugnisse liegt dem englischen System eine feinere Differenzierung zugrunde als dem BZRG.

Ein weiterer Unterschied besteht hinsichtlich der Beschränkung der Rehabilitationsmöglichkeiten des Verurteilten nach *ROA 1974*, sofern er sich für einen Beruf bewirbt, der die Verantwortung für andere Menschen, große Vermögenswerte oder andere übergeordnete Rechtsgüter umfaßt. Aufgrund einer Güterabwägung hat sich der Gesetzgeber in diesen Fällen dafür entschieden, die Interessen des Vorbestraften hinter dem Schutzinteresse der Öffentlichkeit und dem Interesse des Arbeitgebers, gefährliche Personen aus seinem Betrieb fernzuhalten, zurücktreten zu lassen. Dies geht soweit, daß sogar bereits der Rehabilitation unterfallende Verurteilungen im *standart disclosure* bzw. *enhanced disclosure* aufgenommen werden. Im deutschen Recht hingegen erfährt der private Arbeitgeber keine Besserstellung bei der Besetzung sensibler Berufe durch ein erweitertes Führungszeugnis. Zum Schutz der übergeordneten Interessen und seines Betriebsklimas kann er keine gesicherten Informationen mittels der Strafregisterauskunft erlangen.

Ferner ist es dem BZRG fremd, daß in ein Führungszeugnis – welcher Art auch immer – Informationen der Polizeibehörden, Registrierungen der Freisprüche, laufende Polizeirecherchen und sogar unbestätigte Informandeninformationen aufgenommen werden. Eine derart weitgehende Informationsmöglichkeit verstößt gegen die Unschuldsvermutung des Art. 6 Abs. 2 EMRK und ist nicht durch das Informationsinteresse des Arbeitgebers oder die Schutzinteressen Dritter gerechtfertigt. Diese Praxis ist daher zu verwerfen.

Im Gegensatz zum englischen Recht hat sich der Gesetzgeber des BZRG für eine Bevorzugung der Resozialisierung des Betroffenen entschieden. Sofern die Fristen für die Aufnahme einer Verurteilung ins Führungszeugnis abgelaufen sind bzw. die Tilgungsfristen Anwendung finden, liegt eine endgültige Regelung vor. In keinem Fall werden diese Verurteilungen wieder im Führungszeugnis aufgenommen. Damit entscheidet sich das englische Recht vorrangig für die Arbeitgeberinteressen bzw. die der schutzwürdigen Personen, die mit der Arbeitsleistung in Kontakt stehen. Das deutsche Recht räumt demgegenüber der Resozialisierung des Vorbestraften Vorrang ein. Noch stärker ist der Gegensatz zwischen der englischen und französischen Rechtslage. Die Regelungen über die *casier judiciaire* des *Code de Procédure Pénale* sind in weitestgehendem Maße auf Resozialisierung ausgerichtet.

5. Übertragung in das deutsche Recht

Fraglich ist, ob zur Beseitigung des Interessenkonflikts zwischen dem Inhalt des Privatführungszeugnisses und der Beschränkung des Fragerechts des Arbeitgebers nach den Vorstrafen des Bewerbers eine Anpassung der §§ 30 ff. BZRG an die englische Lösung der *PA 1997, s. 112 ff., s. 122* und *ROA 1974* sachdienlich wäre.

Das englische und das deutsche Recht haben beide den Vorteil, daß eine Zentralbehörde für die Ausstellung der Führungszeugnisse zuständig ist. Auf diese Weise kann eine einheitliche Ausstellungspraxis am ehesten gewährleistet werden. Auch ist das Erfordernis des Zusammenwirkens des Betroffenen mit dem Arbeitgeber bei der Antragstellung auf Erteilung eines Führungszeugnisses positiv zu beurteilen; zum einen, weil der Arbeitgeber seine Anforderungen an die zu besetzende Stelle offen legen muß und zum anderen, weil dem Bewerber die letztendliche Entscheidungsbefugnis hinsichtlich der Offenlegung seiner Vorstrafen im Führungszeugnis verbleibt. Bleibt der Verurteilte untätig, kann die Zentralbehörde kein Führungszeugnis ausstellen. Damit hat er es in der Hand, ob er dem Arbeitgeber seine Vorstrafen offenlegt oder nicht.

Weiterhin erscheint eine Verbesserung des Schutzes der besonderen öffentlichen Interessen bei den sensiblen Berufsfeldern vorteilhaft. Zwar stellt auch die Wiedereingliederung des Vorbestraften in das Arbeitsleben ein öffentliches Interesse dar, dem Ausdruck verliehen werden muß. Jedoch dürfen auf der anderen Seite die schutzbedürftigen Personen und die anderen herausgehobenen Rechtsgüter nicht unterbewertet werden. Aus diesem Grund stellt es einen annehmbaren Kompromiß dar, wenn bei der Besetzung von sensiblen Stellen die Resozialisierung teilweise zurückgestellt wird. Jedoch gehen die Regelungen des *PA 1997* hinsichtlich der Ausstellung des *standart disclosure* und des *enhanced disclosure* zu weit. Wenn auch die der Rehabilitation unterfallenden Vorstrafen ausnahmslos in das Führungszeugnis aufgenommen werden, sind die Rehabilitationsfristen überflüssig. Sinnvoller an dieser Stelle wäre es, wenn die Rehabilitationsfristen hinsichtlich der sensiblen Berufsfelder verlängert würden, für den Betroffenen aber dennoch die Möglichkeit besteht, nach dem Ablauf einer festgelegten Frist ein eintragungsfreies Führungszeugnis zu erhalten.

Ein Vorteil dieser Regelung ist lediglich, daß der Inhalt der verschiedenen Führungszeugnisse relativ deutlich umrissen ist, so daß bei der Gesetzesanwendung wenig Unklarheiten entstehen. Der Beamte der Registerbehörde prüft, ob das Merkmal eines sensiblen Berufs gegeben ist. Wenn das der Fall ist und ein gemeinsamer Antrag von Arbeitgeber und Bewerber vorliegt, erteilt er ein Führungszeugnis mit erweitertem Inhalt. Dabei dürften Unklarheiten weitgehend vermieden werden und es ist eine relative Gleichbehandlung der Antragsteller gewährleistet, denn dem Registerbeamten verbleibt nur ein geringer Ermessensspielraum bei der Ausstellung des Führungszeugnisses. Durch die gesetzliche Fixierung der Berufsfelder kann eine gute Einzelfallgerechtigkeit erzielt werden. Denn die Gefahr, daß der Arbeitgeber mehr Informationen erhält, als er zu erhalten berechtigt ist, ist durch die klare gesetzliche Abgrenzung gering.

Bei der Beurteilung der Zweckmäßigkeit der Übernahme der englischen Regelung ist es ein weiterer Vorteil, daß dies durch eine Änderung des BZRG erreicht werden könnte. Die §§ 30 ff. BZRG müßten dahingehend geändert werden, daß die Bundeszentralregisterbehörde nunmehr drei verschiedene Arten von Führungszeugnissen ausstellt, die sich je nach dem in Aussicht genommenen Beruf und dem Inhalt unterscheiden. Fraglich ist, ob die Anwendung dieser Regelungen praktikabel ist oder ob auf diese Weise ein zu hoher Verwaltungsaufwand erzeugt würde. Tatsache ist, daß die Ausstellung von drei verschiedenen Arten von Privatführungszeugnissen zu einem gesteigerten Aufwand führt. Sofern jedoch die einzelnen Voraussetzungen für jedes Führungszeugnis wie im englischen Recht gesetzlich klar umrissen sind und dem Beamten wenig Ermessensspielräume überlassen sind, hielte sich der entstehende Verwaltungsaufwand in Grenzen.

Der wichtigste Aspekt der Untersuchung ist die Berücksichtigung der Einschlägigkeit der Vorstrafe für die in Aussicht genommene Arbeitsstelle. Nach der Rechtslage in England erhält der Arbeitgeber über alle drei Arten von *criminal conviction certificates* auch Kenntnis von den nicht einschlägigen Vorstrafen des Bewerbers. Der *Code of Practice* und *PA 1997, s. 122 (1)* untersagen es ihm u. a. jedoch, dem Bewerber die Einstellung nur wegen Vorliegens einer nicht einschlägigen Vorstrafe zu verweigern bzw. das Arbeitsverhältnis deshalb zu kündigen. Kommt der Arbeitgeber dieser Pflicht nicht nach, kann die Registerbehörde die Ausstellung des *criminal conviction certificates* nach *PA 1997, s. 122 (3)* verweigern. Dies wird dem berechtigten Interesse des Bewerbers, eine Diskriminierung durch den Arbeitgeber wegen einer nicht einschlägigen Vorstrafe zu verhindern, teilweise gerecht. Diese Lösung schützt das Resozialisierungsinteresse in weitergehendem Maße als die deutsche Regelung der §§ 30 ff. BZRG, die keine Rücksicht auf die Einschlägigkeit der Vorstrafe nimmt. Vor diesem Hintergrund ist die englische Lösung vorteilhaft. Jedoch besteht auch nach *PA 1997* kein Schutz des Bewerbers davor, daß der Arbeitgeber auch von den nicht einschlägigen Vorstrafen Kenntnis erlangt.

Die englische Rechtslage entscheidet sich dafür, dem Arbeitgeber zwar die Kenntnisnahme auch der nicht einschlägigen Vorstrafen des Bewerbers zuzubilligen, verbietet ihm aber in einem zweiten Schritt, diese bei seiner Einstellungsentscheidung zu berücksichtigen. Das erscheint inkonsequent und kaum praktikabel. Ein Vorteil dieser Regelung ist hingegen, daß diese Lösung aus Verwaltungssicht leicht durchführbar ist. Die Ausstellung der Führungszeugnisse ist zwar einerseits bis zu einem gewissen Maß auf den individuellen Fall angepaßt. Gleichzeitig ist durch den Umstand, daß die Führungszeugnisse nicht exakt auf den individuellen Fall maßgeschneidert sind, sondern für sie vielmehr allgemeingültige Regelungen bestehen, ein großes Maß an Rechtssicherheit und Gleichbehandlung der Antragsteller gewährleistet. Ferner hat diese Lösung den Vorteil, daß es sich um eine ehrliche und offene Regelung handelt. Das spätere Arbeitsverhältnis wird nicht durch eine Lüge belastet, die vielleicht später ans Licht kommt, sondern der Arbeitgeber ist von vornherein über alle Umstände in der Person des Bewerbers informiert. Jedoch setzt diese Lösung ein großes Maß an gegenseitigem Vertrauen und die Toleranz des Arbeitgebers voraus. Vertrauen und Toleranz sind zwar wünschenswerte Aspekte beim Zustandekommen des Arbeitsvertrags, jedoch kann auch von der Rechtsordnung nicht unbegrenzt verlangt und nachgeprüft werden, daß dem nachgekommen wird. Lediglich eine Diskriminierung des einen Vertragspartners kann und muß der Gesetzgeber verhindern. Dem kommt *PA 1997, s. 122 (1) i. V. m. (3)* nach, der der Behörde die Befugnis einräumt, die Ausstellung eines *criminal conviction certificates* zu verweigern, wenn der Arbeitgeber seinen Pflichten aus dem *Code of Practice* nicht nachkommt und den Bewerber wegen einer nicht einschlägigen Vorstrafe ablehnt.

Fraglich ist jedoch, inwieweit die Ausstellungsverweigerung tatsächlich geeignet ist, eine Diskriminierung des nicht einschlägig vorbestraften Bewerbers zu unterbinden. Zum einen ist dies zweifelhaft, da eine Diskriminierung erst stattfinden kann, wenn der Arbeitgeber bereits Kenntnis von der Vorstrafe erlangt hat, d. h. regelmäßig erst nach Erhalt des Führungszeugnisses. Damit kommt die Ausstellungsverweigerung für die Verhinderung der Diskriminierung zu spät. Die Behörde vermag lediglich im Vorfeld zu untersuchen, ob der Arbeitgeber den Bewerber über dessen Offenbarungspflichten und Verschweigungsrechte in den Bewerbungsformularen aufklärt oder nicht. Jedoch kann auch diese Kontrolle nicht sicherstellen, daß eine Diskriminierung vermieden wird. Ferner erzeugt diese Regelung einen gesteigerten Verwaltungsaufwand, da der Behörde Ermessen eingeräumt wird. Dies ist auch im Hinblick auf eine einheitliche Behandlung der Anträge fraglich.

Darüber hinaus ist zu untersuchen, ob eine nachträgliche Klagemöglichkeit des abgewiesenen und diskriminierten Bewerbers seinen Interessen ausreichend Nachdruck verleihen kann. Das ist indes schon aus dem Grund zweifelhaft, da die Stelle inzwischen anderweitig besetzt sein kann und nur noch Schadensersatzansprüche des abgewiesenen Bewerbers in Betracht kommen können. Das führt den Bewerber, der an sich den Arbeitsplatz erhalten hätte, nicht weiter. Sofern der Arbeitgeber von den nicht einschlägigen Vorstrafen erst einmal Kenntnis genommen hat, ist es schwierig ihm nachzuweisen, daß er den Bewerber aus diesem Grund abgewiesen hat. Aufgrund seiner notwendigerweise weitreichenden unternehmerischen Freiheit aus Art. 12 Abs. 1 GG wird es ihm leicht fallen, andere Gründe für die Ablehnung des Bewerbers anzugeben und so einen Nachweis der Diskriminierung zu verhindern. Des weiteren hat bereits die oben durchgeführte Untersuchung[843] ergeben, daß der Arbeitgeber kein schützenswertes Interesse an der bloßen Kenntnisnahme von den nicht einschlägigen Vorstrafen des Bewerbers hat. Hier überwiegt das Geheimhaltungsinteresse des Bewerbers.

Folglich bietet die Rechtslage des *PA 1997, s. 112 ff.* und des *ROA 1974* zwar eine Besserstellung des Resozialisierungsinteresses des Betroffenen und eine stärkere Berücksichtigung des Schutzes des Bewerbers davor, daß er durch den Arbeitgeber wegen Vorliegens einer nicht einschlägigen Vorstrafe bei der Einstellungsentscheidung diskriminiert wird. Jedoch vermag auch das englische Registersystem nicht auszuschließen, daß Widersprüche zwischen dem Inhalt des Führungszeugnisses und der Begrenzung des Fragerechts bestehen bleiben.

6. Zwischenergebnis

Der englischen Methode der Ausstellung von Führungszeugnissen sind Vorteile abzugewinnen. Jedoch vermag das System für die Übertragung in das deutsche Bundeszentralregisterrecht nicht zu überzeugen, weil die Diskrepanz zwischen den Fragerechtsbeschränkungen und dem Inhalt des Führungszeugnisses nicht beseitigt werden kann.

IV. Einführung eines Arbeitgeberführungszeugnisses

Eine vierte Möglichkeit stellt die Einführung eines Arbeitgeberführungszeugnisses dar. Haffke[844] hat diese Idee bereits in Erwägung gezogen und Götz/Tolzmann[845] haben sie später im Zusammenhang mit dem niederländischen Recht aufgeworfen. Bei der Ausstellung des Arbeitgeberführungszeugnisses wird geprüft, ob die Vorstrafen einen arbeitsplatzrechtlichen Bezug haben. Diese Regelung der Ausstellung der Führungszeugnisse kommt sowohl dem Resozialisierungsinteresse als auch dem Informationsinteresse des Arbeitgebers entgegen. Fraglich ist jedoch, welche Art und Weise der Ausstellung der Arbeit-

---

843 Vgl. die Ausführungen im 4. Kapitel, S. 109 ff.
844 Haffke, GA 1975, 65 (76, Fn. 71).
845 Götz/Tolzmann, Einleitung zum BZRG, Rn. 38.

geberführungszeugnisse am zweckmäßigsten ist. In Betracht kommt die Einführung eines gesplitteten Führungszeugnisses oder eine Übernahme der niederländischen Regelungen hinsichtlich der Ausstellung der Führungszeugnisse.

1. Gesplittetes Führungszeugnis

Relativ geringen Verwaltungsaufwand würde die Ausstellung eines gesplitteten Führungszeugnisses verursachen. Bei dieser Lösung wird das Führungszeugnis in verschiedene Einzelzeugnisse aufgespalten. Ein Blatt enthielte Registereintragungen hinsichtlich der Straßenverkehrsdelikte, ein anderes Eintragungen hinsichtlich der Vermögensdelikte, in ein drittes werden nur Sittlichkeitsdelikte aufgenommen etc. Dabei böte sich eine Orientierung an den Gruppierungen der Delikte, wie sie im StGB getroffen worden ist, an. Sind beispielsweise im Bereich der Straßenverkehrsdelikte keine Eintragungen vorhanden, findet sich im betreffenden Einzelzeugnis der Vermerk, daß keine Eintragungen vorhanden sind. Bei seiner Stellenbewerbung muß der Bewerber lediglich das Führungszeugnis hinsichtlich der einschlägigen Vorstrafen offenbaren. Die anderen Einzelzeugnisse kann er bei sich behalten; der Arbeitgeber kann nicht verlangen, diese vorgelegt zu bekommen.

Vorteil des gesplitteten Führungszeugnisses ist, daß der ausstellenden Zentralregisterbehörde kein Ermessensspielraum hinsichtlich des Inhalts des Führungszeugnisses eingeräumt wird und auf diese Weise die unternehmerische Entscheidungsfreiheit des Arbeitgebers aus Art. 12 Abs. 1 GG gewahrt bliebe. Hinsichtlich des Verwaltungsaufwands bei der Ausstellung der Führungszeugnisse bestehen bei dieser Lösung keine Unterschiede zur geltenden Rechtslage, denn es sind dieselben Verurteilungen und Registereintragungen aufzunehmen, nur auf verschiedenen Urkunden. Weiterhin könnte auf diese Weise eine Annäherung des Inhalts des Führungszeugnisses an die Fragerechtsbeschränkungen erreicht werden. Ob diese auf den ersten Blick angenommene Annäherung jedoch ausreicht und tatsächlich erstrebenswert ist, muß geprüft werden.

Probleme bei der Ausstellung eines gesplitteten Führungszeugnisses können sich aus dem Umstand ergeben, daß der Betroffene in einer Vielzahl der Fälle nicht weiß, welches der verschiedenen Einzelzeugnisse er dem Arbeitgeber vorzulegen hat und welche er zurückbehalten kann. Beim Beispiel des sich um eine Anstellung als Kraftfahrer oder Bankangestellten Bewerbenden entstehen keinerlei Schwierigkeiten. Erster hat das Zeugnis mit den Straßenverkehrsdelikten und zweiter das Zeugnis mit den Vermögensdelikten vorzulegen. In der Vielzahl der Berufe ist es hingegen nicht eindeutig, welche Gruppe von Straftaten für welche Art von Arbeitsverhältnis einschlägig ist. Dieses Problem stellte sich bereits bei der Bestimmung, welche Vorstrafe für welches Arbeitsverhältnis einschlägig ist und erfährt hier eine Wiederholung. Bei der Bestimmung der Einschlägigkeit konnte hier auf eine Einzelfallabwägung zurückgegriffen werden, die im Zweifelsfall das angerufene Gericht vorzunehmen hat[846]. Jedoch ist dies für den betroffenen Bewerber nicht praktikabel, denn bis zu diesem Zeitpunkt wird die Stelle bereits anderweitig besetzt sein.

Um dem Zweifel des Bewerbers darüber, welche der Einzelzeugnisse er bei seiner Bewerbung vorzulegen hat, entgegenzuwirken, ist eine Belehrungspflicht seitens der Zentralregisterbehörde oder des Arbeitgebers in Erwägung zu ziehen. Jedoch sind hinsichtlich des gesplitteten Führungszeugnisses Unstimmigkeiten zwischen dem Bewerber und dem Arbeitgeber vorprogrammiert. Der Bewerber wird die Einzelzeugnisse nur in begrenztem Maß herausgeben wollen, wohingegen der Arbeitgeber die Vorlage möglichst vieler Teile fordern wird. Fraglich ist, wer eine Schlichtung erwirken kann. Als neutrale Stelle käme insoweit die Bundeszentralregisterbehörde in Betracht, da diese mit der Materie vertraut ist. Dies wiederum ist nicht zweckmäßig, denn dadurch würde die Behörde mit der Festlegung der Einschlägigkeit betraut. Sinnvoller erscheint es demgegenüber, wenn die Registerbehörde von vornherein ein individuelles Führungszeugnis ausstellt und dadurch mit demselben Fall nur einmal belastet ist.

Auch besteht hier die Gefahr, daß sich der Bewerber bei einer fehlenden Belehrung durch den Arbeitgeber dazu verpflichtet fühlen kann, mehr Einzelzeugnisse zu offenbaren als erforderlich. Damit würde der relative Fortschritt der „Einschlägigkeits"-Rechtsprechung wieder zunichte gemacht. Hinsichtlich der nicht benötigten Einzelzeugnisse besteht eine Mißbrauchsgefahr, wenn der Bewerber diese nicht ordnungsgemäß aufbewahrt. Des weiteren ist diese Lösung auch aus dem Grund abzulehnen, daß es sich mit der Ausstellung verschiedener Einzelzeugnisse um eine zu starre Regelung handelt, die zudem realitätsfremd ist. Die einzelnen Vorstrafen lassen sich nicht derart präzise in Gruppen zusammenfassen, daß der Arbeitgeber tatsächlich nur von den einschlägigen Vorstrafen Kenntnis erlangt. Denn für jeden einzelnen Beruf ist die Einschlägigkeit der Vorbestrafung individuell zu bestimmen. Folglich kann die Einführung eines gesplitteten Führungszeugnisses nicht erwogen werden.

2. Arbeitgeberführungszeugnis nach niederländischem Vorbild

Schließlich kommt eine Angleichung der §§ 30 ff. BZRG an die Rechtslage in den Niederlanden in Betracht. Damit würde ein Arbeitgeberführungszeugnis geschaffen, das auf den in Aussicht genommenen Arbeitsplatz zugeschnitten ist.

---

[846] Vgl. dazu die Ergebnisse im 4. Kapitel, S. 109 ff.

a.) *Wet op de justitiële documentatie en op de verklaringen omtrent het gedrag*

Die Verwaltung der Strafregister und die Ausstellung der Führungszeugnisse in den Niederlanden regelt das *wet op de justitiële documentatie en op de verklaringen omtrent het gedrag*[847]. Nach *Art. 1, 1.-3. Teil* dieses Gesetzes obliegt die Leitung der Strafregister dem justitiellen Dokumentationsdienst (*justitiële documentatiedienst*), der seinerseits wiederum nach *Art. 1, 4. Teil S. 1 wet op de justitiële documentatie* der Leitung durch den Justizminister unterliegt. Gemäß *Art. 1, 4. Teil S. 2 wet op de justitiële documentatie* wird eine Abteilung dieses Dienstes bei der Gerichtskanzlei eines jeden Landgerichts geführt.

§ 2 des *1. Titels* des Gesetzes regelt den Inhalt der Vorstrafenregister und welche Art der Eintragungen entfernt werden. Gemäß *Art. 4 wet op de justitiële documentatie* befinden sich in den Vorstrafenregistern folgende Eintragungen: rechtskräftige Verurteilungen wegen Verbrechen und Verurteilungen zu einer Freiheitsstrafe, die durch ein niederländisches Gericht erfolgt sind (*Art. 4, 1. Teil lit. a*), rechtskräftige Verurteilungen durch ein anderes als ein niederländisches Gericht (*Art. 4, 1. Teil lit. b*), Maßregeln nach *Art. 37*[848] oder *Art. 77h, 4. Teil, lit. a*[849] *Wetboek van Strafrecht* (Strafgesetzbuch), *Art. 4, 2. Teil*. Nach *Art. 4, 3. Teil wet op de justitiële documentatie* wird eine Verurteilung eines Minderjährigen nur im Strafregister aufgenommen, wenn der Betroffene zum Zeitpunkt der Tatbegehung das Alter von 16 Jahren erreicht hat und er wegen eines Verbrechens verurteilt worden ist, sofern sich die Verurteilung auf eine Jugendhaft, eine Geldbuße von mehr als 250 Gulden, eine Alternativsanktion von mehr als 40 Stunden oder die Unterbringung in einer Einrichtung für Jugendliche erstreckt. Nach dem *4. Teil* wird eine solche Verurteilung hingegen nicht im Register eingetragen, wenn die Strafe oder Maßregel nach *Art. 77x, 1. Teil Wetboek van Strafrecht*[850] ganz oder teilweise ausgesetzt wird. Nach *Art. 5, 1.* und *2. Teil wet op de justitiële documentatie* werden im Strafregister darüber hinaus die

---

[847] Im folgenden wird das *wet op de justitiële documentatie en op de verklaringen omtrent het gedrag* verkürzt als *wet op de justitiële documentatie* zitiert.

[848] Nach *Art. 37, 1. Teil Wetboek van Strafrecht* kann der Richter die Einweisung in ein psychiatrisches Krankenhaus für die Dauer von einem Jahr anordnen, wenn dem Betroffenen die Tat wegen einer Krankheit oder einer Geisteskrankheit nicht zugerechnet werden kann und er für sich selbst oder andere eine Gefahr darstellt. Die Teile 2 und 3 dieses Artikels machen die Unterbringung von weiteren Voraussetzungen abhängig.

[849] Eine Maßregel nach *Art. 77h, 4. Teil, lit. a Wetboek van Strafrecht* umfaßt die Unterbringung in einer Einrichtung für Jugendliche.

[850] Nach *Art. 77x, 1. Teil Wetboek van Strafrecht* kann der Richter im Fall der Verurteilung zu Jugendhaft (es sei denn, es handelt sich um subsidiäre Jugendhaft), Zahlung einer Geldbuße oder Unterbringung in einer Einrichtung für Jugendliche bestimmen, daß diese ganz oder zum Teil nicht verbüßt zu werden brauchen.

Personalien des Verurteilten, der Name des erkennenden Richters, das Datum der Verurteilung, die Bezeichnung der Strafbestimmungen, die auferlegten Strafen und Maßregeln, das Datum der Rechtskraft und gegebenenfalls die Begnadigungen erwähnt.

Art. 6 bis 7a wet op de justitiële documentatie bestimmen, in welchen Fällen eine Entfernung der Registereintragungen erfolgt. Das ist zum einen bei Kassationen (*Art. 6*) der Fall. In der Regel wird eine Registereintragung nach dem Ablauf einer Frist von vier Jahren (*Art. 7, 1. Teil*) entfernt. Ausnahmsweise beträgt die Löschungsfrist nach *Art. 7, 2. Teil wet op de justitiële documentatie* acht Jahre, wenn durch die Verurteilung eine Freiheitsstrafe oder eine Einweisung in das Gefängnisarbeitslager des Staates (*rijkswerkinrichting*) verhängt worden ist. Soweit der Richter nach Maßgabe der *Art. 77g* bis einschließlich *Art. 77gg Wetboek van Strafrecht* Jugendhaft oder die Unterbringung in einer Einrichtung für Jugendliche angeordnet hat, beträgt die Löschungsfrist nach *Art. 7a, Nr. 1 wet op de justitiële documentatie* vier Jahre. In den anderen Fällen der *Art. 77g-77gg Wetboek van Strafrecht* verkürzt sich die Löschungsfrist nach *Art. 7a Nr. 2 wet op de justitiële documentatie* auf zwei Jahre. Fristbeginn ist der Tag, an dem das Urteil rechtskräftig wird, *Art. 8 wet op de justitiële documentatie*. Jedoch verbleiben gemäß *Art. 10, 1. Teil wet op de justitiële documentatie* die Eintragungen auch nach dem Ablauf der Löschungsfrist solange im Register, wie noch andere Verurteilungen im Register aufgenommen sind.

1. Titel, § 3 wet op de justitiële documentatie regelt die Auskunftserteilung aus dem Strafregister. Der justitielle Dokumentationsdienst gibt nach diesen Regelungen Informationen aus den Strafregistern an öffentliche Stellen heraus. Nach *Art. 14 wet op de justitiële documentatie* werden an die Bürgermeister der Gemeinden Auskünfte aus den Strafregistern zwecks Ausstellung der Führungszeugnisse erteilt. Der *2. Titel des wet op de justitiële documentatie* regelt die Ausstellung der Führungszeugnisse (*verklaringen omtrent het gedrag*). Gemäß *Art. 20, 1. Teil i. V. m. Art. 19, 1. Teil wet op de justitiële documentatie* ist der Bürgermeister für die Ausstellung der Führungszeugnisse zuständig, sofern der Antragsteller im örtlichen Melderegister eingetragen ist. In allen anderen Fällen stellt der Bürgermeister von Den Haag nach *Art. 20, 2. Teil wet op de justitiële documentatie* das Führungszeugnis aus. Sofern der Betroffene das Führungszeugnis zur Bewerbung um eine Arbeitsstelle beantragt, ist dem schriftlichen Gesuch (*Art. 21, 1. Teil wet op de justitiële documentatie*) ein Erklärung des potentiellen Arbeitgebers beizufügen, in der dieser die Art der Arbeitstätigkeit beschreibt, *Art. 21, 2. Teil S. 2 wet op de justitiële documentatie*. Des weiteren muß sich der Betroffene mit der Aushändigung des Führungszeugnisses an den Arbeitgeber einverstanden erklären, *Art. 22 S. 3, 2. HS wet op de justitiële documentatie*.

§ 2 des *2. Titels* regelt die Beurteilung des Antrags auf Ausstellung eines Führungszeugnisses durch den Bürgermeister. *Art. 23, 24 wet op de justitiële documentatie* geben dem Bürgermeister die Befugnis, den Antrag des Betroffenen zurückzuweisen. Dies kommt in Betracht, wenn die Antragserfordernisse nicht gewahrt sind (*Art. 24, 1. Teil lit. a i. V. m. Art. 21, 22 wet op de justitiële documentatie*) oder der Zweck, für den das Führungszeugnis verlangt wird, durch den Innenminister als nicht zulässig beurteilt wird (*Art. 24, 1. Teil lit. b i. V. m. Art. 23 wet op de justitiële documentatie*). Hiergegen ist gemäß *Art. 25, 1. Teil S. 1 wet op de justitiële documentatie* die Berufung beim Provinzkommissar im Bezirk der Gemeinde statthaft.

Der *2. Titel, § 3* bestimmt den Inhalt der Führungszeugnisse. Nach niederländischem Recht kommt es für die Ausstellung des Führungszeugnisses stets auf den Zweck an, für den die Ausstellung erfragt wurde, *Art. 19, 3. Teil und Art. 26, 1. Teil S. 1 wet op de justitiële documentatie*. Daher wird auf dem Führungszeugnis der Zweck vermerkt, für den die Ausstellung erfolgt, *Art. 26, 2. Teil wet op de justitiële documentatie*. Der zuständige Bürgermeister nimmt in die Strafregister Einsicht und prüft danach im Hinblick auf den angegebenen Verwendungszweck, ob hierfür einschlägige Strafregistereintragungen gegeben sind. *Art. 19, 3. Teil wet op de justitiële documentatie* stellt klar, daß bei der Ausstellung eines Führungszeugnisses geprüft werden muß, ob die Registereintragungen im Hinblick auf den Verwendungszweck relevant sind. Andere als einschlägige Registereintragungen berücksichtigt der Bürgermeister für die Ausstellung des Führungszeugnisses von vornherein nicht. Jedoch dürfen keine Umstände, die den Betroffenen belasten, Aufnahme im Führungszeugnis finden. Liegen keine einschlägigen Vorstrafen vor, so erteilt der Bürgermeister ein eintragungsfreies Führungszeugnis. Ist der Antragsteller jedoch einschlägig vorbestraft, so bestehen Bedenken gegen die Ausstellung eines eintragungsfreien Führungszeugnisses, *Art. 26, 1. Teil S. 1 wet op de justitiële documentatie*. In diesem Fall muß der Bürgermeister die Aushändigung nach *Art. 26, 1. Teil S. 2 wet op de justitiële documentatie* verweigern. Der Betroffene erhält kein Führungszeugnis, welches er bei seinem potentiellen Arbeitgeber vorlegen kann.

Bei seiner Recherche greift der Bürgermeister auf die Auszüge aus dem Strafregister, Informationen aus den Polizeiregistern und andere schriftliche Dokumente, die für die Ausstellung der Führungszeugnisse konzipiert sind, zurück, *Art. 27, 1. Teil wet op de justitiële documentatie*. Bei der Entscheidung über die Ausstellung eines Führungszeugnisses kann der zuständige Bürgermeister das Urteil einer eigens dafür eingerichteten Beratungskommission (*commissie van advies*) nach *Art. 28, 1. Teil wet op de justitiële documentatie* einholen. Des weiteren stellen der Innenminister und der Justizminister nach Maßgabe des *Art. 28, 3. Teil S. 1 wet op de justitiële documentatie* eine zweite, übergeordnete Beratungskommission auf, die dem Bürgermeister Hilfestellung bei der Ausstellung der Führungszeugnisse leistet. Nach *Art. 28, 3. Teil S. 2 wet op de justitiële documentatie* kann der Bürgermeister diese Kommission befragen, sofern er nicht bereits die erste Kommission zur Klärung seiner Fragen herangezogen hat. Gegen die nach Anhörung der Beratungskommission ergangene Entscheidung des Bürgermeisters über die Ausstellung des Führungszeugnisses kann der Betroffene nach den Vorschriften des *§ 4* des *2. Teils* Berufung binnen zwei Wochen nach Empfang der Mitteilung bei der Gerichtskanzlei des Landgerichts einlegen.

b.) Unterschiede zwischen dem deutschen und niederländischen Recht

Zunächst besteht in der Organisation der Vorstrafenregistrierung in den Niederlanden und Deutschland ein erheblicher Unterschied. Wohingegen der Generalbundesanwalt beim Bundesgerichtshof gemäß § 1 BZRG dem Bundeszentralregister ein zentrales Register führt, hat sich der niederländische Gesetzgeber für eine Dezentralisierung entschieden. Nach *Art. 1, 4. Teil S. 2 wet op de justitiële documentatie* führt jede Gerichtskanzlei beim Landgericht eine Abteilung des justitiellen Dokumentationsdiensts. Diese Dezentralisierung entspricht im wesentlichen der alten Rechtslage nach dem StrafTilgG und der StrafRegVO. Nach § 1 und § 30 Abs. 1 S. 1 BZRG ist die Bundeszentralregisterbehörde sowohl für die Führung des Bundeszentralregisters als auch für die Ausstellung der Führungszeugnisse zuständig. In den Niederlanden hingegen führen der justitielle Dokumentationsdienst bzw. die verschiedenen Abteilungen bei den Gerichtskanzleien der Landgerichte die Strafregister und der Bürgermeister ist für die Ausstellung der Führungszeugnisse zuständig. Damit fallen beide Aufgaben in unterschiedliche Zuständigkeitsbereiche.

Auch unterscheidet sich der Inhalt der Strafregister. Nach *Art. 4 wet op de justitiële documentatie* werden in die holländischen Vorstrafenregister die Personaldaten des Betroffenen und die Daten der Verurteilung, rechtskräftige Verurteilungen wegen Verbrechen und Verurteilungen zu Freiheitsstrafen durch niederländische Gerichte, rechtskräftige Verurteilungen durch andere als niederländische Gerichte, Maßregeln nach *Art. 37* oder *Art. 77h, 4. Teil, lit. a Wetboek van Strafrecht* und bestimmte Verurteilungen von Minderjährigen ab einem Alter von 16 Jahren aufgenommen. Letztere finden jedoch keine Aufnahme im Strafregister, wenn deren Vollstreckung ganz oder teilweise ausgesetzt ist. Darüber hinaus erscheinen im Bundeszentralregister nach §§ 7-14 BZRG auch die Aussetzung zur Bewährung, die Sperre zur Erteilung der Fahrerlaubnis, besondere Entscheidungen der Gerichte und Verwaltungsbehörden, die Feststellung der Schuldfähigkeit, nachträgliche Entscheidungen nach dem allgemeinen Strafrecht und Jugendstrafrecht sowie Gnadenerweise und Amnestien. Nach *Art. 6 wet op de justitiële documentatie* wird die Verurteilung aus dem Strafregister entfernt, wenn eine Kassation oder anderweitige Aufhebung des Urteils erfolgt ist. Das deutsche Bundeszentralregister enthält folglich mehr Eintragungen als die niederländischen Strafregister.

Die Tilgungsfristen für die Registereintragungen sind im niederländischen Recht geringfügig kürzer als nach der deutschen Regelung des BZRG. Die Regelfrist für die Tilgung aus dem Strafregister beträgt nach *Art. 7, 1. Teil wet op de justitiële documentatie* vier Jahre. Die deutsche Regelfrist beläuft sich nach § 46 Abs. 1 Nr. 1 BZRG auf fünf Jahre. Wohingegen die niederländische Löschungsfrist höchstens acht Jahre betragen kann und in einigen besonderen Fällen sogar nur zwei Jahre dauert, werden die Eintragungen im Bundeszentralregister erst nach dem Ablauf längerer Fristen entfernt. Nach § 46 Abs. 1 Nr. 2 BZRG kommt eine Tilgung erst nach Ablauf von zehn Jahren in Betracht, nach § 46 Abs. 1 Nr. 3 und 4 BZRG sogar erst nach 15 bzw. 20 Jahren. Damit hat sich der niederländische Gesetzgeber für eine umfassendere Rehabilitation kraft Zeitablaufs entschieden als der deutsche Gesetzgeber des BZRG.

Die bedeutendsten Unterschiede bestehen hinsichtlich der Ausstellung der Führungszeugnisse. Die Bundeszentralregisterbehörde kann nur Auskunft aus dem Register in den durch das BZRG bestimmten Fällen erteilen. Es handelt sich um die unbeschränkte Auskunft, das Behördenführungszeugnis sowie das Führungszeugnis für private Zwecke. Darüber hinaus ist eine Registerauskunft nicht möglich. Demgegenüber ist das Auskunftserteilungssystem aus dem niederländischen Strafregister komplizierter. Zum einen erteilt der justitielle Dokumentationsdienst gemäß *Art. 11-15 wet op de justitiële documentatie* Auskünfte an öffentliche Stellen. Davon unabhängig ist der Bürgermeister zur Ausstellung der Führungszeugnisse zuständig. Handelt es sich um die Ausstellung eines Führungszeugnisses zwecks Vorlage beim Arbeitgeber für die Bewerbung um eine Arbeitsstelle, so kann der Bürgermeister nur ein Führungszeugnis ausstellen, das sich an den strengen Regeln des *wet op de justitiële documentatie* orientiert. Begehrt hingegen die Gemeinde die Aushändigung eines Führungszeugnisses für die Einstellung in den öffentlichen Dienst, so ist der ausstellende Bürgermeister nicht an die vorgeschriebene Form gebunden, sondern er kann von den Regelungen des *wet op de justitiële documentatie* abweichen.

Nach § 30 Abs. 1 S. 1 BZRG ist der Betroffene alleiniger Antragsteller hinsichtlich der Ausstellung eines Führungszeugnisses. Der Arbeitgeber wirkt in keiner Weise mit. Die Bundeszentralregisterbehörde gibt das Privatführungszeugnis nur an den Betroffenen selbst heraus, § 30 Abs. 4 BZRG. Ob dieser das Führungszeugnis an den potentiellen Arbeitgeber weitergibt oder nicht, bleibt ihm überlassen. Anders hingegen im niederländischen Recht, nach dem der Arbeitgeber dem Antrag des Betroffenen nach *Art. 21, 2. Teil S. 2 wet op de justitiële documentatie* eine Beschreibung der in Aussicht genommenen Stellung beifügen muß. Da das Führungszeugnis in den Niederlanden direkt an den Arbeitgeber herausgegeben wird, ist bei der Antragstellung durch den Betroffenen dessen Einverständniserklärung für die Herausgabe an den Arbeitgeber erforderlich, *Art. 22 S. 3, 2. HS wet op de justitiële documentatie.*

Das niederländische Führungszeugnis, das zur Vorlage beim privaten Arbeitgeber beantragt wird, ist konkret auf die in Aussicht genommene Stelle zugeschnitten. Das geht auch äußerlich aus dem Führungszeugnis hervor, denn nach *Art. 26, 2. Teil wet op de justitiële documentatie* wird der jeweilige Verwendungszweck auf dem Führungszeugnis vermerkt. Das Führungszeugnis nach § 30 Abs. 1 S. 1 BZRG hingegen unterscheidet nicht nach dem Verwendungszweck und hat stets denselben Inhalt. Der Inhalt des Führungszeugnisses zur Bewerbung beim privaten Arbeitgeber weist nach dem *wet op de justitiële documentatie* sogar stärkeren Arbeitsplatzbezug auf als nach der englischen Rechtslage des *PA 1997*. Denn der Bürgermeister nimmt in den Niederlanden eine Einzelfallprüfung vor, die sich ausschließlich am Arbeitsplatz orientiert und für jeden Fall unabhängig zu beurteilen ist. Auch wenn sich der Betroffene für zwei verschiedene Arbeitsplätze bewirbt und er zu diesem Zweck zwei Führungszeugnisse beantragt, so haben beide Führungszeugnisse einen unterschiedlichen Inhalt. Für jede Stelle muß der Bürgermeister gesondert die Einschlägigkeit der Registereintragungen prüfen und feststellen. Daher handelt es sich mit der Ausstellung des Führungszeugnisses nach Maßgabe des *wet op de justitiële documentatie* um eine einzelfallgerechte und individuelle Art der Auskunftserteilung.

Ferner erfolgt im deutschen Recht für den Betroffenen keine Unterscheidung zwischen belastenden und ihn nicht belastenden Umständen. Im deutschen Privatführungszeugnis werden alle Registereintragungen aufgenommen, sofern der Katalog des § 32 BZRG dies vorsieht. Dabei wird keine Rücksicht darauf genommen, ob der Betroffene belastet wird oder nicht. Der niederländische Bürgermeister hingegen darf nach *Art. 26, 1. Teil S. 1, 2 wet op de justitiële documentatie* lediglich Führungszeugnisse ausstellen, die den Bewerber nicht belasten. Sind keine einschlägigen Eintragungen vorhanden, erteilt der Bürgermeister ein eintragungsfreies Führungszeugnis. Ist der Betroffene jedoch einschlägig vorbestraft, so muß der Bürgermeister die Ausstellung des Führungszeugnisses verweigern. Der Antragsteller erhält kein Führungszeugnis.

c.) Übertragbarkeit in das deutsche Recht

Weiterhin ist zu untersuchen, ob eine vollständige oder zumindest teilweise Übertragung der niederländischen Regelungen hinsichtlich der Führung der Vorstrafenregister und der Ausstellung der Führungszeugnisse des *wet op de justitiële documentatie* in das deutsche Recht zu einer Verbesserung gegenüber der jetzigen Rechtslage führen würde.

aa.) Dezentralisierung

Bereits bei der Auseinandersetzung mit der französischen und englischen Rechtslage hinsichtlich der Vorstrafenregistrierung und der Ausstellung der Führungszeugnisse wurde festgestellt, daß die zentrale Organisation der Vorstrafenregistrierung und Ausstellung der Führungszeugnisse einer dezentralen Verwaltung zu bevorzugen ist[851]. Dies hat bereits die alte Rechtslage des StrafTilgG und der StrafRegVO gezeigt, nach der die Strafregister bei den verschiedenen Staatsanwaltschaften der Landgerichte geführt wurden[852]. Ebenso verhält es sich mit der geteilten Zuständigkeit zum einen für die Verwaltung der Strafregister und zum anderen der Ausstellung der Führungszeugnisse. Nach der alten Rechtslage vor dem 01.01.1972 führten die Staatsanwaltschaften die Strafregister und die Polizeibehörden waren für die Ausstellung der Führungszeugnisse zuständig. Diese Aufspaltung sorgte damals für Mißstände[853]. Deshalb ist eine zentrale und einheitliche Behandlung der Registerfragen zu bevorzugen. Die Bestimmungen des BZRG verdienen den Vorzug.

Ebenso haben sich bereits Götz/Tolzmann[854] ausgesprochen. Sie sind der Ansicht, daß eine derartige Zuständigkeitsregelung nicht übernehmbar sei, denn dadurch würde die Verantwortung für die Rückfälligkeit lediglich von der Registerbehörde auf andere Personen verlagert. Dabei sei es nicht gewährleistet, daß ein einheitlicher Maßstab bei der Ausstellung der Führungszeugnisse gewahrt bliebe. Die Bürgermeister würden sich vielmehr je nach ihrer individuellen Lebensgeschichte und politischen Einstellung von unterschiedlichen Erwägungen leiten lassen. Dem ist zuzustimmen. Zwar kann diese Gefahr auch bei der Ausstellung der Führungszeugnisse durch eine Zentralbehörde nicht gänzlich ausgeschlossen werden, denn auch hier stellt nicht eine einzige Person allein alle Führungszeugnisse aus, sondern die Anträge werden von vielen verschiedenen Sachbearbeitern behandelt. Jedoch kann in diesem Fall das Risiko, daß unterschiedliche Maßstäbe angelegt werden, weitestgehend minimiert werden. Denn die Sachbearbeiter einer Behörde unterliegen den einheitlichen Weisungen ihres Dienstherrn. Für die Sachbearbeiter einer Zentralbehörde verbleibt bedeutend weniger Ermessensspielraum bei der Ausstellung der Führungszeugnisse. Die

---

[851] Vgl. dazu S. 208 und S. 217 f.
[852] Vgl. dazu S. 89 ff.
[853] Vgl. das 3. Kapitel, S. 83 ff.
[854] Götz/Tolzmann, Einleitung zum BZRG, Rn. 38.

Anlegung eines einheitlichen Maßstabs kann durch die Zuständigkeit einer Zentralbehörde in den meisten Fällen gewahrt werden.

bb.) Inhalt des Strafregisters

Ferner stellt sich die Frage, ob die Regelungen hinsichtlich des Inhalts des Strafregisters in das deutsche Recht übernommen werden sollten. Insoweit ist die Rechtslage nach dem BZRG nicht zu beanstanden, denn die Aufnahme der Strafaussetzung zur Bewährung, einer Sperre zur Erteilung der Fahrerlaubnis, besondere Entscheidungen der Gerichte und Verwaltungsbehörden, die Feststellung der Schuldfähigkeit, nachträgliche Entscheidungen nach dem allgemeinen Strafrecht und Jugendstrafrecht sowie Gnadenerweise und Amnestien sind wichtige Umstände, die einen Teilbereich der Verurteilung darstellen und aus diesem Grund nicht übergangen werden sollten. Die vom Gesetzgeber des BZRG getroffene Entscheidung ist nicht zu beanstanden. Eine Beschränkung des Strafregisterinhalts würde nicht den oben aufgezeigten Widerspruch lösen[855].

cc.) Tilgungsfristen

Fraglich ist jedoch, ob die wesentlich kürzeren Tilgungsfristen der *Art. 7, 7a wet op de justitiële documentatie* von zwei, vier und acht Jahren im Gegensatz zur deutschen Regelung von fünf, zehn, 15 und 20 Jahren Vorzug verdienen oder ob ein längeres Verbleiben der Eintragungen im Bundeszentralregister nicht sinnvoller wäre. Zu berücksichtigen ist, daß bei einer Änderung der Tilgungsfristen vor allem auch kriminalpolitische und kriminologische Aspekte berücksichtigt werden müssen[856]. Der Unterschied zwischen vier und fünf Jahren auf der einen Seite und acht und zehn auf der anderen Seite fällt nicht besonders ins Gewicht. Die verlängerte Tilgungsfrist des § 46 Abs. 1 Nr. 3 BZRG von 20 Jahren fällt demgegenüber aus dem Rahmen. Sie ist für Verurteilungen wegen einer Straftat gegen die sexuelle Selbstbestimmung nach §§ 174-180 oder § 182 StGB zu einer Freiheitsstrafe oder Jugendstrafe von mehr als einem Jahr eingeführt worden, um der besonderen Gefährlichkeit von Sexualstraftätern Rechnung zu tragen. Der Gesetzgeber hat sich dafür entschieden, daß das Resozialisierungsinteresse des Verurteilten zum Schutz der Allgemeinheit zurückstehen muß. Daher erscheint es nicht angezeigt, diese Schutzvorschrift wiederum zu ändern. Die Tilgungsfrist des § 46 Abs. 1 Nr. 4 BZRG mit einer Länge von 15 Jahren findet vor allem Anwendung auf Verurteilungen zu Freiheitsstrafe von über einem

---

855 Das haben bereits die Erläuterungen zum französischen Recht gezeigt, vgl. S. 205 ff.

856 Die kriminalpolitischen und kriminologischen Aspekte der Registrierung von Vorstrafen und der Auskunft aus dem Bundeszentralregister können in der vorliegenden Arbeit keine gesonderte Darstellung finden.

Jahr, Freiheitsstrafen zwischen drei Monaten und einem Jahr, sofern diese nicht gerichtlich oder im Gnadenwege zur Bewährung ausgesetzt sind und zur Geldstrafe von mehr als 90 Tagessätzen, sofern daneben andere Strafen im Register eingetragen sind. Im Gegensatz zur Rechtslage des StrafTilgG und der StrafRegVO hat der Gesetzgeber hier bereits der Resozialisierung verstärkt Rechnung getragen. Das Abwägungsergebnis des § 46 Abs. 1 BZRG ist nicht zu beanstanden. Eine Übernahme der verkürzten Tilgungsfristen der *Art. 7, 7a wet op de justitiële documentatie* kommt nicht in Betracht.

dd.) Arten der Auskunftserteilung

Des weiteren ist zu untersuchen, ob die niederländischen Bestimmungen hinsichtlich der Ausstellung der Führungszeugnisse in das deutsche Recht übernommen werden sollten. Zunächst ist fraglich, ob die Arten der Auskunftserteilung sinnvoll sind. Neben der Auskunftserteilung durch den justitiellen Dokumentationsdienst an öffentliche Stellen nach *Art. 11-15 wet op de justitiële documentatie* stellt der Bürgermeister zum einen Arbeitgeberführungszeugnisse aus, die den genauen Gesetzesbestimmungen entsprechen müssen. Zum anderen erteilt er eine darüber hinausgehende, durch das *wet op de justitiële documentatie* nicht näher bezeichnete Auskunft an die Gemeinden zwecks Einstellung von Personen in den öffentlichen Dienst. Im wesentlichen kommen diese Auskunftserteilungen der deutschen Regelung gleich, die neben der unbeschränkten Auskunft Behörden- und Privatführungszeugnisse vorsieht. Jedoch sind die deutschen Bestimmungen der §§ 30 ff., 41 ff. BZRG wesentlich präziser. Der auskunftserteilenden Behörde wird kein Spielraum bei der Entscheidung hinsichtlich der Form der Auskunftserteilung überlassen. Auch in dieser Hinsicht ist daher die deutsche Rechtslage vorzugswürdig.

ee.) Erweitertes Antragserfordernis

Hingegen überzeugt das Antragserfordernis des *Art. 21, 2. Teil S. 2 wet op de justitiële documentatie*, nach dem der Arbeitgeber eine Bezeichnung der in Aussicht genommenen Stelle beifügen muß. Auf diese Weise legt der Arbeitgeber seine Anforderungen an den Arbeitsplatz offen. Dieser Aspekt war schon bei der Auseinandersetzung mit der englischen Rechtslage positiv bewertet worden[857], denn dieses erweiterte Antragserfordernis ist als Vorstufe für die besondere Berücksichtigung der Einschlägigkeit der Vorstrafe bei der Ausstellung der Führungszeugnisse erforderlich. Der Arbeitgeber kann auf seine Stellenausschreibung in der Zeitung u. ä. zurückgreifen, an der sich auch der Stellenbewerber orientiert. Ebenso verhält es sich mit dem Vermerk des Verwendungszwecks im

---

[857] Vgl. dazu die Ausführungen auf S. 217.

Führungszeugnis nach *Art. 26, 2. Teil wet op de justitiële documentatie*. Auch dieser Umstand ist als vorteilhaft zu bewerten, denn auf diese Weise kann der Verwendungszweck sichergestellt werden. Ferner ist auf diese Weise eine Überprüfung der Einschlägigkeit der aufgenommenen Vorstrafen gewährleistet.

ff.) Ausgabe an den Arbeitgeber

Es ist fraglich, ob die Vorschrift des *Art. 22 S. 3, 2. HS wet op de justitiële documentatie*, nach der der Bürgermeister das Führungszeugnis direkt an den Arbeitgeber übersendet, sinnvoll ist. Die Gefahr, daß der Arbeitgeber gegen den Willen des Betroffenen mittels des Führungszeugnisses Auskunft aus dem Strafregister erhält, wird in den Niederlanden durch die Bestimmung des *Art. 22 S. 3, 1. HS i. V. m. Art. 24, 1. Teil lit. a wet op de justitiële documentatie* beseitigt. Der Bürgermeister stellt kein Führungszeugnis aus, sofern der Betroffene der Aushändigung an den Arbeitgeber nicht zugestimmt hat. Zu untersuchen bleibt jedoch, ob nicht an der Aushändigung des Führungszeugnisses an den Antragsteller selbst festgehalten werden sollte. Die direkte Ausgabe an den Arbeitgeber geht relativ weit, auch wenn durch das Zustimmungserfordernis die Bewerberinteressen gewahrt werden. Nach § 30 Abs. 5 S. 1 BZRG ist lediglich das Behördenführungszeugnis direkt an die antragstellende Behörde zu übersenden, da ein gesteigertes öffentliches Interesse besteht und einem möglichen Mißbrauch durch den Betroffenen schon im Vorfeld entgegengewirkt werden soll. Jedoch wird der Antragsteller auch im Fall der Ausstellung eines Behördenführungszeugnisses nicht schutzlos gestellt, denn nach § 30 Abs. 5 S. 2, 3 BZRG hat er ein Recht zur vorherigen Einsichtnahme. § 30 Abs. 5 S. 6, 2. HS BZRG räumt dem Betroffenen sogar die Befugnis ein, der Weiterleitung des Führungszeugnisses an die Behörde zu widersprechen, mit der Folge der Vernichtung des Führungszeugnisses. Somit hat sich der deutsche Gesetzgeber nicht einmal in den übergeordneten Fällen des öffentlichen Interesses dazu entschieden, das Führungszeugnis ohne Kontrollmöglichkeit des Betroffenen an den Dritten auszugeben. Das Schutzinteresse des Betroffenen an der Geheimhaltung seiner Vorstrafen überwiegt hier. Es soll seiner Entscheidung überlassen bleiben, ob er die Bekanntgabe der Vorverurteilungen bei der Bewerbung um einen Arbeitsplatz hinnehmen möchte oder nicht. Dazu ist es aber erforderlich, daß er zunächst selbst Einsicht in den Registerauszug nimmt. Folglich ist eine Übernahme des *Art. 22 S. 3, 2. HS wet op de justitiële documentatie* nicht geboten.

gg.) Arbeitsplatzbezug

Der ausgeprägte Arbeitsplatzbezug des Führungszeugnisses nach der niederländischen Rechtslage ist zu begrüßen. Dadurch, daß der Bürgermeister anhand der Arbeitsplatzbeschreibung des Arbeitgebers nach *Art. 21, 2. Teil S. 2 wet op de justitiële documentatie* die Vorstrafenregister nach einschlägigen Vorstrafen durchsucht und nur solche für die Ausstellung des Führungszeugnisses in Erwägung zieht, wird der Beseitigung des Widerspruchs der geltenden Rechtslage zwischen dem Inhalt des Privatführungszeugnisses und der Fragerechtsbeschränkung des Arbeitgebers entgegengewirkt. Diese Angleichung schützt sowohl das Resozialisierungsinteresse des Verurteilten als auch sein Recht auf informationelle Selbstbestimmung aus Art. 2 Abs. 1 i. V. m. Art. 1 Abs. 1 GG am vorteilhaftesten. Dem Arbeitgeber verbleibt nicht die Möglichkeit, mehr Verurteilungen aus dem Führungszeugnis zur Kenntnis zu nehmen, als er nach der richterrechtlichen Beschränkung seines Fragerechts erfahren dürfte[858]. Eine Harmonisierung von Fragerecht und Führungszeugnis kann auf diese Weise erzielt und ferner der Gefahr entgegengewirkt werden, daß der Arbeitgeber seine Einstellungsentscheidung von den nicht einschlägigen Vorstrafen abhängig macht. Hat er einmal Kenntnis von den nicht einschlägigen Vorstrafen des Bewerbers, ist es ihm i. d. R. nicht nachweisbar, wenn er seine Einstellungsentscheidung maßgeblich von diesem Umstand beeinflussen läßt. Eine Beschränkung des Inhalts des Führungszeugnisses auf die im Register noch nicht getilgten bzw. nicht der Tilgung unterliegenden Vorstrafen, die zudem für das Arbeitsverhältnis einschlägig sind, ist zu befürworten.

Fraglich jedoch ist, ob hinsichtlich der Ausstellung eines Führungszeugnisse mit nur einschlägigen Vorstrafen Bedenken geäußert werden müssen. Götz/Tolzmann[859] äußern sich hierzu ablehnend, denn durch die Entscheidung des Bürgermeisters oder einer anderen öffentlichen Stelle über die Einschlägigkeit der Vorstrafen für die in Aussicht genommene Stellung würde dieser Behörde die Entscheidung über die Festlegung der Stellenanforderungen übertragen. Die Vertragsfreiheit sowie die Unternehmerfreiheit des Arbeitgebers würden derart auf fragwürdige Weise eingeschränkt. Daher könne eine solche Regelung nicht in das deutsche Registerrecht übernommen werden. Auf den ersten Blick ist eine Gefahr für die unternehmerische Freiheit des Arbeitgebers aus Art. 12 Abs. 1 GG nicht auszuschließen. Jedoch bleibt festzuhalten, daß diese keinesfalls überschätzt werden sollte und es zudem auch dem Arbeitgeber obliegt, dem entgegenzuwirken. Dadurch, daß er nach *Art. 21, 2. Teil S. 2 wet op de justitiële documentatie* dem Antrag des Betroffenen auf Erteilung eines Führungszeugnisses eine genaue Bezeichnung des Arbeitsplatzes beifügen muß, hat er es in der Hand, die Stellenanforderungen möglichst präzise zu umreißen. Kommt er dem nach, so ist die Registerbehörde verpflichtet, sich bei der Bestimmung der Einschlägigkeit genau an die Stellenbeschreibung zu halten. Daher besteht die Mög-

[858] So auch: Götz/Tolzmann, Einleitung zum BZRG, Rn. 38.
[859] Götz/Tolzmann, Einleitung zum BZRG, Rn. 38.

lichkeit des Arbeitgebers, der Verletzung seiner unternehmerischen Freiheit entgegenzuwirken.

Ferner bleibt zu bemerken, daß nach der geltenden Rechtslage, in der dem Arbeitgeber faktisch die alleinige Entscheidung über die Bestimmung der Einschlägigkeit der Vorstrafe verbleibt – es sei denn, der aus diesem Grund abgewiesene oder später gekündigte Bewerber ruft das Arbeitsgericht an, damit dieses über die Einschlägigkeit entscheide – eine Wahrung der Bewerberinteressen gröblich vernachlässigt wird. Dem ist entgegenzuwirken. Weil die vage Gefahr der Einschränkung der Arbeitgeberinteressen besteht, kann nicht hingenommen werden, daß die Bewerberinteressen parallel schwerwiegende Verletzungen erfahren müssen. Denn es ist weniger wahrscheinlich, daß die Arbeitgeberinteressen durch die beschränkte Aufnahme der einschlägigen Vorstrafen in das Führungszeugnis beeinträchtigt werden, als daß die Bewerberinteressen durch eine Aufnahme aller Vorstrafen im Führungszeugnis verletzt werden. Die Gefahr, daß die unternehmerische Entscheidungsfreiheit des Arbeitgebers aus Art. 12 Abs. 1 GG durch die Zuständigkeit der Behörde für die Bestimmung der Einschlägigkeit verletzt wird, ist gering und kann zudem durch weitergehende Sicherungsmaßnahmen beschränkt werden. Zum einen handelt es sich um das Recht bzw. sogar die Pflicht des Arbeitgebers an der Mitwirkung dadurch, daß er dem Antrag eine Stellenbeschreibung beizufügen hat. Ferner ist sicherzustellen, daß die Registerbehörde auf der Grundlage von einheitlichen Entscheidungsmaßstäben handelt. Dazu kann eine Verwaltungsrichtlinie erlassen werden, die Fallgruppen für die Bestimmung der Einschlägigkeit aufstellt und für eine „Selbstbindung der Verwaltung" sorgt. Anhand derer haben sich die Sachbearbeiter zu orientieren. Diese Handhabung vermag zwar nicht jeden Einzelfall zu regeln, jedoch kann dadurch bereits eine grobe Ungleichbehandlung bzw. eine willkürliche Entscheidung ausgeschlossen werden.

Entscheidet der Arbeitgeber hingegen alleine über die Bestimmung der Einschlägigkeit einer Vorstrafe – denn in der meisten Zahl der Fälle läßt der Bewerber diese Arbeitgeberentscheidung nicht gerichtlich überprüfen, obwohl diese Möglichkeit theoretisch bestünde – ist kein einheitlicher Maßstab bei der Festlegung der Einschlägigkeit gewährleistet. Denn zum einen werden die Arbeitgeber stets möglichst viele Vorstrafen als einschlägig einstufen und zum anderen bewertet jeder Arbeitgeber die verschiedenen Vorstrafen völlig unterschiedlich. Es bleibt festzuhalten, daß die geltende Rechtslage keinen einheitlichen Maßstab aufweist und somit der Willkür des Arbeitgebers freien Lauf läßt. Durch die Zuständigkeit der Behörde ist daher die Anlegung eines objektiven Maßstabs am ehesten gewährleistet. Auch werden die unternehmerische Entscheidungsfreiheit des Arbeitgebers aus Art. 12 Abs. 1 GG sowie seine Vertragsfreiheit nicht eingeschränkt. Gegen die Ausstellung eines Arbeitgeberführungszeugnisses ist daher unter diesem Aspekt nichts einzuwenden, sofern eine Verwaltungsrichtlinie und die Zuständigkeit einer Zentralbehörde für eine einheitliche Behandlung der Anträge Sorge tragen.

hh.) Kein Führungszeugnis bei einschlägigen Vorstrafen

Bedenken ergeben sich jedoch aus *Art. 26, 1. Teil wet op de justitiële documentatie*, nach der der Bürgermeister nur eintragungsfreie Führungszeugnisse ausstellen darf. Begrüßenswert ist in diesem Zusammenhang jedenfalls, daß der Bürgermeister sowieso nur einschlägige Vorstrafen in Betracht zieht. Zu unterstützen ist die Regelung, daß der Bürgermeister beim Fehlen von einschlägigen Vorstrafen ein eintragungsfreies Führungszeugnis herausgibt und alle anderen Registereintragungen nicht erwähnt werden, *Art. 26, 1. Teil S. 1 wet op de justitiële documentatie*. Äußerst fragwürdig ist hingegen die Bestimmung des *Art. 26, 1. Teil S. 2 wet op de justitiële documentatie*, nach der der Bürgermeister beim Vorliegen einer einschlägigen Vorstrafe die Erteilung eines Führungszeugnisses verweigern muß und der Bewerber dem Arbeitgeber daher kein Führungszeugnis vorlegen kann. In diesem Fall kommt es für den Stellenbewerber auf dasselbe hinaus, als wenn er nach der geltenden Rechtslage in Deutschland die Vorlage eines Privatführungszeugnisses verweigert. Im Hinblick auf die derzeitige Rechtslage des BZRG kann der Arbeitgeber bei der Weigerung des Bewerbers zur Vorlage eines Führungszeugnisses nur vermuten, daß der Bewerber Vorbestrafungen verbergen möchte. Hätte er ein eintragungsfreies Führungszeugnis vorzuweisen, würde er dieses dem Arbeitgeber jederzeit aushändigen. Demgegenüber läßt die Verweigerung der Ausstellung eines Führungszeugnisses nach *Art. 26, 1. Teil S. 2 wet op de justitiële documentatie* weitergehende Rückschlüsse zu. Wird von vornherein kein Führungszeugnis durch die zuständige Behörde erteilt, so braucht der Arbeitgeber nicht lediglich den Verdacht zu hegen, daß der Bewerber vorbestraft ist. Es besteht vielmehr die positive Gewißheit, daß der Bewerber sogar einschlägig vorbestraft ist. Dieser Umstand stellt eine Verschlechterung im Gegensatz zur geltenden Rechtslage dar.

Aus den o. g. Gründen ist es sinnvoller, wenn die zuständige Behörde im Fall der einschlägigen Vorbestrafung diese in das Führungszeugnis aufnimmt. Dann kann der Arbeitgeber selbst entscheiden, ob er die Einstellung des Bewerbers aus diesem Grund versagen möchte oder ob er vielmehr darüber hinwegsehen will. Dies wird der unternehmerischen Entscheidungsfreiheit des Arbeitgebers aus Art. 12 Abs. 1 GG am ehesten gerecht, weil der Arbeitgeber durch diese Regelung alle Informationen bezüglich der Vorstrafen des Stellenbewerbers erhält, die er auch erfragen dürfte. Er kann auf diese Weise eine gesicherte Kenntnis aller einschlägigen Vorstrafen erhalten. Diese zu erfahren ist er nach der bereits im 4. Kapitel angestellten Interessenabwägung auch berechtigt. Somit würde diese Art des Führungszeugnisses die Arbeitgeberinteressen am sinnvollsten schützen.

Auch die Bewerberinteressen erfahren durch eine derartige Ausstellung der Führungszeugnisse einen weitreichenden Schutz. Ist der Bewerber einschlägig vorbestraft und erscheint diese einschlägige Vorbestrafung im Führungszeugnis, kann er selbst entscheiden, ob er das Führungszeugnis an den Arbeitgeber weitergeben möchte oder nicht. Auf eine entsprechende Frage seitens des Arbeitgebers trifft den Bewerber ohnehin eine Offenbarungspflicht[860]. Entscheidet er sich für die Weitergabe des Führungszeugnisses, kann er nur Vorteile erreichen. Stellt die Behörde kein Führungszeugnis aus, sind seine Chancen auf Einstellung weitestgehend reduziert. Legt er dem Arbeitgeber hingegen ein Führungszeugnis mit einschlägigen Vorstrafen vor, so kann die Entscheidung des Arbeitgebers nicht negativer ausfallen. Auch Götz/Tolzmann[861] vertreten die Meinung, daß der Verzicht der Angabe der Vorstrafen im Führungszeugnis sich im Einzelfall auch nachteilig für den Betroffenen auswirken kann. Denn es sei nicht auszuschließen, daß der Arbeitgeber über eine Vorstrafe des Bewerbers hinwegsieht, die jedoch der Bürgermeister für einschlägig erachtet und daher kein Führungszeugnis ausstellt. In diesem Fall wäre es für den Antragsteller besser, wenn er ein mit seinen einschlägigen Vorstrafen versehenes Führungszeugnis ausgestellt bekäme.

Dabei ist auch zu berücksichtigen, daß keine Vorstrafe der anderen gleicht. Auch für dasselbe Arbeitsverhältnis einschlägige Vorstrafen sind nicht stets gleichwertig. Zu denken ist an eine Person, die sich für die Anstellung als Kassierer in einer Bank oder einem Supermarkt bewirbt. Für diese Stellung sind Vorstrafen wegen Eigentums- und Vermögensdelikten einschlägig. Die Problematik zeigt das überzeichnete Beispiel auf. Der Bewerber kann hier zum einen wegen Wohnungseinbruchdiebstahls nach §§ 242 Abs. 1, 244 Abs. 1 Nr. 3 StGB verurteilt worden sein. Bei der Tatbegehung hat der Betroffene mehrere Sachbeschädigungen mit großem Sachschaden begangen, weil er Türen und Schlösser mit Gewalteinsatz aufgebrochen hat. In Tateinheit nach § 52 StGB besteht eine Strafbarkeit wegen Hausfriedensbuchs nach § 123 Abs. 1 StGB. Besonders gravierend wirkte sich eine darüber hinausgehende Strafbarkeit nach §§ 242 Abs. 1, 244 Abs. 1 Nr. 1, 2 StGB aus, wenn der Täter eine Waffe oder ein gefährliches Werkzeug bei sich führt oder ein anderes Werkzeug mitnimmt, um den Widerstand einer Person zu brechen oder wenn es sich sogar um eine bandenmäßige Begehung der Tat handelt. Im Gegensatz dazu stünde eine ebenfalls einschlägi-

---

[860] Vgl. dazu bereits die Ausführungen im 4. Kapitel, S. 109 ff.

[861] Bedenken gegen diese Vorschrift hegen auch Götz/Tolzmann, Einleitung zum BZRG, Rn. 38.

ge Verurteilung des Betroffenen, die wegen der Begehung eines einfachen Diebstahls nach § 242 Abs. 1 StGB oder nur wegen eines privilegierten Falls nach § 248a StGB wegen Diebstahls geringfügiger Sachen ergangen ist. Wohingegen seine Einstellungschancen im ersten Fall äußerst gering – wenn nicht sogar aussichtslos sind – so kann es durchaus möglich sein, daß der Arbeitgeber den im zweiten Fall vorbestraften Bewerber trotzdem bei seiner Einstellungsentscheidung berücksichtigt, weil seine Qualifikationen herausragend sind und die zwar einschlägige Vorstrafe in diesem Zusammenhang nur unbedeutend ist. Durch eine Aufnahme der einschlägigen Vorstrafen im Führungszeugnis können daher auch die berechtigten Bewerberinteressen geschützt werden. Eine Verletzung des Geheimhaltungsinteresses wie bei der jetzigen Rechtslage liegt hiernach auch nicht mehr vor.

Art. 26, 1. Teil S. 2 wet op de justitiële documentatie soll nicht in das deutsche Recht übernommen werden, sondern bei der Ausstellung des Führungszeugnisses sollten vielmehr die einschlägigen Vorstrafen – aber auch nur diese – Erwähnung finden.

ii.) Umsetzbarkeit der Übernahme der niederländischen Regelungen

Schließlich bleibt zu untersuchen, wie eine teilweise durchgeführte Übernahme der Regelungen des *wet op de justitiële documentatie* in das deutsche Recht ausgestaltet werden könnte. In Betracht kommt eine Gesetzesänderung der Bestimmungen des BZRG. Da die Untersuchung ergeben hat, daß sowohl die Zuständigkeitsregelung als auch die Inhaltsbestimmungen und Tilgungsfristen der geltenden Rechtslage beibehalten werden sollen, kommt eine Veränderung des BZRG in diesem Zusammenhang nicht in Betracht. Lediglich die Vorschriften der §§ 30 ff. BZRG müßten eine Änderung dergestalt erfahren, daß die vorteilhaften Regelungen des *wet op de justitiële documentatie* übernommen werden. Eine Auseinandersetzung mit der genauen Ausgestaltung der Umsetzung erfolgt anschließend an diese Darstellung[862].

jj.) Gesteigerter Verwaltungsaufwand

Weiterhin ist zu untersuchen, ob durch die Ausstellung von Arbeitgeberführungszeugnissen ein gegenüber der jetzigen Rechtslage gesteigerter Verwaltungsaufwand erzeugt würde, ob dieser hinnehmbar ist oder ob er vielmehr die Rechtsausübung in der Praxis unmöglich macht. Tatsache ist, daß eine Einzelfallbeurteilung der Einschlägigkeit der Vorstrafen bei der Ausstellung der Führungszeugnisse im Gegensatz zur bestehenden Rechtslage deutlich mehr Auf-

---

[862] Vgl. dazu unten die Ausführungen auf S. 239 ff.

wand erzeugt. Denn die Bundeszentralregisterbehörde stellt jetzt ein pauschales Führungszeugnis aus, das sich nicht nach der Art des Arbeitsverhältnisses unterscheidet. Der Registerbeamte muß keine Differenzierung anhand der Art des Arbeitsverhältnisses vornehmen, sondern nur anhand des Gesetzeskatalogs errechnen, ob eine Registereintragung aufzunehmen ist oder nicht. Dafür ist ein minimaler Verwaltungsaufwand erforderlich.

Muß der Sachbearbeiter hingegen zunächst die Arbeitsplatzbeschreibung des Arbeitgebers auswerten und danach anhand dieser die Einschlägigkeit der Vorstrafen in jedem Fall erneut beurteilen, stellt dies eine weitgehende Mehrbelastung der Behörde dar. Jedoch zeigt bereits das niederländische Vorbild des *wet op de justitiële documentatie*, daß eine solche Handhabung der Ausstellung der Führungszeugnisse auch in der Praxis durchführbar ist. Hier wird dem zuständigen Bürgermeister ein großer Entscheidungsspielraum überlassen und dennoch funktioniert das System bereits seit Mitte der 1950er Jahre[863]. Im Interesse der Funktionsfähigkeit der Verwaltung und der Gewährleistung eines einheitlichen Maßstabs bei der Übertragung in das deutsche Recht sind Sicherungsmechanismen bei der Übernahme des Arbeitgeberführungszeugnisses in das deutsche Recht einzubauen. Sinnvoll wäre die Schaffung einer Verwaltungsrichtlinie, die eine „Selbstbindung der Verwaltung" zur Folge hat, so daß der Ermessensspielraum der Sachbearbeiter beschränkt wird. In dieser sollten möglichst viele verschiedene Berufsgruppen mit Untergruppen aufgestellt werden. Dazu gehören Listen mit i. d. R. einschlägigen Vorstrafen. Auch wenn durch einen solchen Katalog von Berufen mit der Zuordnung von Vorstrafen nicht jeder Einzelfall abgedeckt werden kann, sondern bestenfalls nur eine Vielzahl an möglichen Fällen, wird auf diese Weise jedoch der entstehende Verwaltungsaufwand bei der Ausstellung der Führungszeugnisse so gering wie möglich gehalten und auch die Gleichförmigkeit der Entscheidungen bestmöglich gewahrt.

In Betracht kommen bei der Beurteilung der verschiedenen Anstellungen auch sog. Kombinationsberufe. Solcher stellt z. B. eine Anstellung als Schulbusfahrer dar. Für diesen Beruf sind zum einen die Vorbestrafungen wegen Verkehrsdelikten einschlägig und zum anderen sind solche Verurteilungen relevant, die wegen der Begehung von Straftaten gegen die körperliche Unversehrtheit oder die sexuelle Selbstbestimmung ergangen sind. Vor allem ist hier bei an den sexuellen Mißbrauch von Schutzbefohlenen gemäß § 174 StGB, die Mißhandlung von Schutzbefohlenen nach § 225 StGB u. ä. zu denken. Handelt es sich um einen solchen Kombinationsberuf, so hat der zuständige Sachbearbeiter beide Vorstrafengruppen bei der Ausstellung des Führungszeugnisses zu berücksichtigen und aufzunehmen.

---

[863] Das *wet op de justitiële documentatie* trat bereits 1955 in Kraft.

Hinsichtlich der Berufe, die nicht im Katalog erscheinen bzw. hinsichtlich der Vorstrafen, die im Einzelfall vielleicht trotz fehlender Aufnahme im Katalog einschlägig sind, müssen Sonderregelungen bestehen. Dabei muß im Interesse der Einzelfallbeurteilung hingenommen werden, daß durch ein Regelwerk wie eine Verwaltungsrichtlinie nie jede Art von Einzelfall erfaßt werden kann. Es entspricht vielmehr geradezu dem abstrakt-generellen Wesen der Richtlinie, daß auch Einzelfälle außerhalb der Beurteilung bleiben. Nur so kann gewährleistet werden, daß für die Vielzahl der Fälle eine einheitliche und damit gerechte Regelung erreicht werden kann. Hinsichtlich der Beurteilung der nicht geregelten Einzelfälle muß der Behörde Ermessen eingeräumt werden. Der zuständige Sachbearbeiter kann sich bei der Beurteilung jedoch zumindest an den Wertungen der anderen Fallgruppen orientieren.

3. Zwischenergebnis

Das Arbeitgeberführungszeugnis erzeugt zwar mehr Verwaltungsaufwand, dieser ist aber durch die Harmonisierung von Fragerecht und Führungszeugnis sowie den verbesserten Schutz der Bewerberinteressen inhaltlich gerechtfertigt. Durch eine Fallgruppenbildung in einer Richtlinie kann die Handlungsfähigkeit der Verwaltung aufrechterhalten werden.

V. Ein deutsches Arbeitgeberführungszeugnis

Nachfolgend wird ein eigener Lösungsvorschlag für die Beseitigung der Diskrepanz zwischen den Fragerechtsbeschränkungen und dem jetzigen Inhalt des Führungszeugnisses unterbreitet. Dieser orientiert sich inhaltlich im wesentlichen an den Regelungen des niederländischen Vorbilds. Jedoch finden zum Teil auch französische Regelungen Berücksichtigung. Zuständig ist der Bundesgesetzgeber im Rahmen der konkurrierenden Gesetzgebungskompetenzen nach Art. 72 Abs. 2, 74 Nr. 1 GG, da die Regelung des Strafregisterwesens zum Gebiet des Straf- und Strafverfahrensrechts gehört und die Wahrung der Rechtseinheit insoweit einheitliche Regelungen im gesamten Bundesgebiet erfordert[864].

1. Organisation des Registerwesens

Die Untersuchung und das historische Beispiel[865] haben gezeigt, daß eine zentrale Leitung der Vorstrafenregister zweckmäßig ist. Die Zentralisierung der Strafregistrierung hat sich im Gegensatz zur Rechtslage vor 1972 bewährt. England

---

[864] BT-Drucks. XIV/6814, S. 10; Götz/Tolzmann, § 1 BZRG, Rn. 4; Rebmann/Uhlig, § 1 BZRG Rn. 22.

[865] Vgl. bereits S. 89 ff.

und Frankreich verfahren ebenfalls auf diese Weise[866]. Nach *Art. 768 Abs. 1 S. 1 Code de Procédure Pénale* leitet der Justizminister die *casier judiciaire* und gemäß *PA 1997, s. 112 (1)* ist das *Criminal Records Bureau* als Zentralbehörde unter der Leitung des parlamentarischen Staatssekretärs (*Secretary of State*) zuständig. Es sollte bei der Zuständigkeit der Zentralregisterbehörde beim Generalbundesanwalt beim Bundesgerichtshof nach § 1 BZRG sowohl für die Verwaltung des Bundeszentralregisters als auch für die Ausstellung der Führungszeugnisse verbleiben.

2. Arten der Auskunftserteilung

Zweckmäßig erscheint, daß es im Sinne der Klarheit des Verwaltungshandelns und wegen des Vorrangs des Gesetzes nach Art. 20 Abs. 3 GG bei der deutlichen Beschränkung und Abgrenzung der Auskunftsarten aus dem Bundeszentralregister bleibt. Die Rechtslage nach dem *wet op de justitiële documentatie* ist insoweit wenig vorteilhaft. Zwar setzt der Gesetzgeber für einige Bereiche fest, wie die Auskunft aus dem Vorstrafenregister zu erfolgen hat. Für andere Bereiche hingegen läßt er der zuständigen Stelle freie Hand und räumt ihr weitestgehend Ermessen ein. So ist der Bürgermeister bei der Ausstellung der Arbeitgeberführungszeugnisse gezwungen, sich genau an die Gesetzesbestimmungen zu halten und hat demgegenüber bei der Auskunftserteilung an die Gemeinden zwecks Einstellung von Personen in den öffentlichen Dienst einen Ermessensspielraum. Dies erscheint im Hinblick auf die Übertragung in die deutsche Rechtslage nicht durchführbar. Klare Voraussetzungen der Auskunftserteilung haben sich auch in Frankreich und Großbritannien bewährt. Je nach Zweck werden hier auch drei verschiedene Arten von *bulletins* bzw. *criminal record certificates* ausgestellt. Die bestehenden Arten der Auskunftserteilung – die unbeschränkte Auskunft, das Behördenführungszeugnis und das Führungszeugnis für private Zwecke – aus dem Bundeszentralregister sollten daher bestehen bleiben.

3. Inhalt des Bundeszentralregisters und Tilgungsfristen

Des weiteren hat die Untersuchung ergeben, daß die vom Gesetzgeber getroffenen Entscheidungen hinsichtlich der Aufnahme von Verurteilungen im Bundeszentralregister und deren Tilgung aus dem Register nicht zu beanstanden sind. Sowohl das Resozialisierungsinteresse des Vorbestraften als auch die öffentlichen Interessen und solche Dritter werden hierbei ausreichend berücksichtigt. Auch die Rechtswirkungen der Tilgung nach der geltenden Rechtslage sind zu befürworten. Das Verwertungsverbot des § 51 Abs. 1 BZRG und das Ver-

---

[866] Vgl. S. 205 ff. und S. 213 ff.

schweigungsrecht des § 53 Abs. 1 BZRG sind in der bestehenden Fassung beizubehalten.

4. Privatführungszeugnis nach § 30 Abs. 1 S. 1 BZRG

Hingegen sollten die Bestimmungen über die Ausstellung eines Privatführungszeugnisses nach §§ 30 ff. BZRG geändert werden. Die jetzige Unterscheidung zwischen dem Behörden- und dem Privatführungszeugnis sollte beibehalten werden. Fraglich ist darüber hinaus, ob die auskunftsmäßige Besserstellung des öffentlichen Arbeitgebers gegenüber dem privaten Arbeitgeber hinsichtlich des Inhalts der beiden Führungszeugnisse gerechtfertigt ist. Eine Erörterung dieses Problems rechtfertigt eine gesonderte Bearbeitung[867]. Jedoch sollte eine weitergehende Differenzierung bei der Ausstellung des Führungszeugnisses für private Zwecke eingeführt werden. Neben dem Privatführungszeugnis bietet sich an, ein sog. Arbeitgeberführungszeugnis zu schaffen, so daß im Ergebnis zwei Arten von Privatführungszeugnissen bestehen. Das Arbeitgeberführungszeugnis wäre speziell für die Vorlage beim Arbeitgeber zur Stellenbewerbung konzipiert. Das herkömmliche Privatführungszeugnis nach § 30 Abs. 1 S. 1 BZRG ist für alle übrigen privaten Verwendungszwecke gedacht. Zu diesem Zweck sollten die bestehenden Regelungen der §§ 30-40 BZRG im wesentlichen beibehalten werden. Daneben wären Ergänzungen hinsichtlich des Arbeitgeberführungszeugnisses einzuführen.

5. Erweiterung des Katalogs des § 32 BZRG

Fraglich hinsichtlich der §§ 30 ff. BZRG ist, ob der Katalog der aufzunehmenden Registereintragungen in der geltenden Rechtslage bestehen bleiben sollte. Das Regel-Ausnahme-Verhältnis des § 32 Abs. 1 und 2 BZRG sollte beibehalten werden. Auch hat sich der Inhalt bewährt. Darüber hinaus ist zu untersuchen, ob eventuell andere Bestimmungen aus dem europäischen Vorbild Eingang in die deutsche Rechtslage finden sollten. In Erwägung zu ziehen ist eine entsprechende Übernahme der französischen Regelung des *Art. 777-1 i. V. m. Art. 775-1 S. 1 Code de Procédure Pénale*, die dem erkennenden Richter die Möglichkeit einräumt, die Aufnahme einer Verurteilung im *bulletin Nr. 3* auszuschließen. Vorteil dieser Regelung wäre es, die Resozialisierung des Vorbestraften weiterhin zu fördern. Ferner ist gerade der erkennende Richter mit den Einzelheiten des Falls vertraut und daher in der Regel besser dazu imstande zu beurteilen, ob die Aufnahme der betreffenden Verurteilung im Privatführungszeugnis erforderlich ist. Die Registerbehörde hingegen hat nur beschränkte Informationen über die Hintergründe der Tat, die Person des Täters und alle sonstigen Umstände, die

---

[867] Vgl. dazu bereits S. 100.

zur Verurteilung geführt haben. Daher erscheint diese nicht in gleichem Maße wie der Richter dazu in der Lage zu sein zu entscheiden, ob im Einzelfall der Resozialisierung der Vorrang vor der Aufnahme der Verurteilung im Privatführungszeugnis zu geben ist. Ferner hat der Richter die Möglichkeit, eine unbeschränkte Auskunft nach § 41 Abs. 1 Nr. 1 BZRG einzuholen, durch die er die größtmögliche Anzahl an Registereintragungen erfahren kann. Daher wird er auch in die Lage versetzt, die Rückfallwahrscheinlichkeit und die Gefährlichkeit des Betroffenen zu beurteilen.

Hingegen muß im Interesse der Allgemeinheit darauf geachtet werden, daß dem Richter kein unbeschränkter Spielraum überlassen wird. Sinnvoll ist es, dem Richter die Möglichkeit einzuräumen, die Aufnahme einer Verurteilung im Privatführungszeugnis nach § 30 Abs. 1 S. 1 BZRG auszuschließen, jedoch dieses richterliche Ermessen auf einen bestimmten Strafrahmen zu begrenzen. In Betracht dazu kommen Verurteilungen zu Geldstrafe von mehr als 90 Tagessätzen und zu Freiheitsstrafe von einem Zeitraum zwischen drei Monaten und zwei Jahren, die nicht zur Bewährung ausgesetzt werden. Geldstrafen unter 90 Tagessätzen, Freiheitsstrafen unter drei Monaten sowie Freiheitsstrafen bis zu zwei Jahren, die zur Bewährung ausgesetzt werden, werden nach § 32 Abs. 2 Nr. 3, 5a.), b.) BZRG ohnehin nicht in das Privatführungszeugnis aufgenommen. Diese Regelung bietet sich deshalb an, weil es sich um einen relativ geringen Unrechtsgehalt handelt. Sofern im Bundeszentralregister weitere Eintragungen vorhanden sind, ist eine derartige Vergünstigung nicht in Erwägung zu ziehen. Handelt es sich jedoch um eine erstmalige Verurteilung mit geringem Unrechtsgehalt, so ist die o. g. Ermessensvorschrift im Hinblick auf die Resozialisierung sinnvoll. Daher sollte in den Katalog des § 32 Abs. 2 BZRG eine Vorschrift eingefügt werden, die sich inhaltlich an *Art. 777-1 i. V. m. Art. 775-1 S. 1 Code de Procédure Pénale* anlehnt. Nicht in das Privatführungszeugnis nach § 30 Abs. 1 S. 1 BZRG wären danach Verurteilungen zu Geldstrafe von mehr als 90 Tagessätzen und zu Freiheitsstrafe von einem Zeitraum von drei Monaten bis zu zwei Jahren, die nicht zur Bewährung ausgesetzt werden, aufzunehmen, sofern der zuständige Richter dies bestimmt und im Strafregister keine weiteren Eintragungen gegeben sind.

6. Schaffung eines Arbeitgeberführungszeugnisses

Für das Arbeitgeberführungszeugnisses ist ein besonderes Antragserfordernis einzuführen. Als Ausgangspunkt sollte es bei der Regelung des § 30 Abs. 1 S. 1 BZRG verbleiben, wonach nur der Bewerber selbst ein Führungszeugnis über seine Person beantragen darf. Ein Antragserfordernis des Arbeitgebers als Dritten sollte nicht eingeführt werden, denn hier gegen bestehen schwerwiegende verfassungsrechtliche und rechtspraktische Bedenken. Nach dem niederländischen Vorbild des *Art. 21, 2. Teil S. 2 wet op de justitiële documentatie* und den englischen Regelungen der *PA 1997, s. 113 (2), s. 115 (2)* ist die Antragsform darüber hinaus zu erweitern. Der potentielle Arbeitgeber hat dem Antrag des Betroffenen auf Ausstellung eines Arbeitgeberführungszeugnisses eine Bezeichnung des in Aussicht genommenen Arbeitsplatzes beizufügen[868], damit die Bundeszentralregisterbehörde bei der Ausstellung des Führungszeugnisses die „Einschlägigkeit" der Vorstrafen feststellen kann.

Um die Begrenzung des Verwendungszwecks des Führungszeugnisses kenntlich zu machen empfiehlt es sich, dem niederländischen Vorbild des *Art. 26, 2. Teil wet op de justitiële documentatie* zu folgen und auf dem Führungszeugnis den genauen Zweck zu vermerken. Ferner wird dadurch auch nach außen deutlich, daß ein Arbeitgeberführungszeugnis immer nur einmal verwendet werden kann und zwar nur für den Zweck, für den es bei der Behörde beantragt worden ist. Drittens ist ein Vermerk des Verwendungszwecks auf dem Arbeitgeberführungszeugnis deshalb vorteilhaft, weil auf diese Weise eine Überprüfung der Behördenentscheidung besser möglich ist. Auf diese Weise stehen sich der Arbeitsplatz und die Vorstrafen, die die Registerbehörde für einschlägig ansieht, konkret auf dem Arbeitgeberführungszeugnis gegenüber. Dies sorgt für Klarheit.

Die Ausführungen zur niederländischen Regelung des *Art. 22 S. 3, 2. HS wet op de justitiële documentatie* haben ergeben, daß die Aushändigung des Arbeitgeberführungszeugnisses direkt an den potentiellen Arbeitgeber nicht sinnvoll ist. Auch wenn diese Ausgabe nach *Art. 22 S. 3, 1. HS i. V. m. Art. 24, 1. Teil lit. a wet op de justitiële documentatie* von der Zustimmung des Antragstellers abhängig gemacht wird, überzeugt diese Bestimmung zwecks Übertragung in das deutsche Recht nicht[869]. Es sollte bei der Regelung des § 30 Abs. 4 BZRG auch für die Aushändigung des Arbeitgeberführungszeugnisses verbleiben, die die Übersendung des Führungszeugnisses an eine andere Person als den Antragsteller für nicht zulässig erklärt.

Die weitestreichenden Änderungsvorschläge beziehen sich auf den Inhalt des Arbeitgeberführungszeugnisses und damit auf die Bestimmungen, die die Aufnahme von Registereintragungen im Führungszeugnis regeln. § 32 BZRG, der die Aufnahme von Verurteilungen im Privatführungszeugnis bestimmt, sollte bestehen bleiben. Im Anschluß daran sollte eine weitere Bestimmung eingefügt werden, die sich nur mit dem Inhalt des Arbeitgeberführungszeugnisses beschäftigt. Sie muß klarstellen, daß in das Arbeitgeberführungszeugnis nur solche Registereintragungen aufgenommen werden dürfen, die erstens auch nach § 32

[868] Vgl. bereits S. 213 ff. und S. 224 ff.
[869] Vgl. insoweit die Argumente auf S. 232 ff.

BZRG im Privatführungszeugnis aufgenommen werden und zweitens im Hinblick auf das in Aussicht genommene Arbeitsverhältnis einschlägig sind. Alle anderen Registereintragungen dürfen hingegen keine Erwähnung finden. Der durch die Rechtsprechung des Bundesarbeitsgerichts geprägte unbestimmte Rechtsbegriff der Einschlägigkeit findet auf diese Weise Eingang in das Gesetz[870]. Bereits getilgte oder tilgungsreife Registereintragungen sollen des weiteren nicht aufgenommen werden. Durch die Einführung dieses Arbeitgeberführungszeugnisses kann ein weitestgehender Arbeitsplatzbezug gewahrt werden. Auch §§ 33, 34 BZRG sollten auf das Arbeitgeberführungszeugnis Anwendung finden. Diese Vorschriften befassen sich mit der Nichtaufnahme einer Verurteilung im Führungszeugnis nach dem Ablauf einer bestimmten Frist. Im Sinne der Resozialisierung des Vorbestraften ist es angemessen, auch die einschlägigen Vorstrafen nach dem Fristablauf nach Maßgabe der §§ 33, 34 BZRG nicht mehr in das Arbeitgeberführungszeugnis aufzunehmen.

7. Ermächtigung zum Erlaß einer Durchführungsverordnung

Der Vorschlag an den Gesetzgeber erschöpft sich bewußt in der Aufnahme des unbestimmten Rechtsbegriffs der Einschlägigkeit in das Bundeszentralregister; eine gesetzliche Konkretisierung wird absichtlich abgelehnt. Erst in einem zweiten Schritt soll der formelle Gesetzgeber für Konkretisierung der Einschlägigkeit der Vorstrafe im BZRG eine Ermächtigung an den Bundeswirtschaftsminister zum Erlaß einer Durchführungsverordnung erteilen. Die Zuständigkeit zur Präzisierung des unbestimmten Rechtsbegriffs soll an die Exekutive abgetreten werden. In der geplanten Durchführungsverordnung soll das Ministerium in einem ersten Schritt verschiedene Berufsgruppen aufstellen. Als erste Obergruppierungen könnten beispielsweise alle Kraftfahrer, alle Personen, die mit der Erziehung oder Pflege anderer Menschen betraut sind, alle Kassierer etc. zusammengefaßt werden. Innerhalb dieser Gruppen muß sodann eine weitere Feingliederung erfolgen. Die Gruppe der Kraftfahrer setzt sich daher u. a. zusammen aus Taxifahrern, Busfahrern, Fahrern von Kranken- und Behindertentransporten, Lkw-Fahrern, Fahrern von Gefahrguttransporten. Die Berufe, die sich mit der Erziehung, Pflege etc. anderer Menschen beschäftigen können unterteilt werden in die Berufe von Lehrern, Kindergärtnern, Erziehern, Tagesmüttern, Angestellte in einem Alten- oder Pflegeheim, Krankenpflegepersonal, etc.

[870] Bereits auf S. 123 ff. und S. 133 ff. werden die Bedenken der Lehre hinsichtlich des unbestimmten Rechtsbegriffs der Einschlägigkeit der Vorstrafe geschildert. Das Problem ist, daß keine generellen Entscheidungsmuster aufgestellt werden und dadurch die Rechtssicherheit beeinträchtigt werden kann. Dem ist aber zu entgegnen, daß ein Rückgriff auf die Präjudizien möglich ist und zudem der unbestimmte Rechtsbegriff eine hohe Fallgerechtigkeit gewährleisten kann.

In einem zweiten Schritt muß sich die Exekutive für die Zuordnung der verschiedenen Straftaten zu den einzelnen Berufen entscheiden[871]. Anhand der Arbeitsplatzanforderungen der einzelnen Arbeitsstellen sind die dafür jeweils einschlägigen Vorstrafen festzustellen. So ist für die große Obergruppe der Kraftfahrer relevant, ob der Bewerber wegen Straßenverkehrsdelikten vorbestraft ist. Bei Taxi- und Busfahrern, die eine Kasse zu verwalten haben, sind darüber hinaus auch Delikte wie Diebstahl, Unterschlagung und Vermögensdelikte relevant. Demgegenüber sind für den Arbeitgeber eines Kranken- oder Behindertentransportfahrers Vorstrafen wegen Straftaten gegen die körperliche Unversehrtheit von Interesse. Fahrer von Gefahrguttransporten hingegen sollten neben Verkehrsstraftaten auf Vorstrafen für Sachbeschädigungen nach § 303 Abs. 1 StGB und gegebenenfalls für die gemeingefährlichen Straftaten der §§ 308 ff. StGB überprüft werden. Nach diesen Beispielen sollte das Ministerium für alle in Betracht kommenden Berufe verfahren und verschiedene Kataloge mit Berufen und den dazu einschlägigen Vorstrafen aufnehmen. Für die Zuordnung der verschiedenen Delikte zu den einzelnen Berufsfeldern sollte sich die Exekutive an der Kasuistik der Einschlägigkeits-Rechtsprechung des Bundesarbeitsgerichts[872] orientieren. Auch wenn die bisherige Rechtsprechung nicht abschließend ist, können den verschiedenen Entscheidungen wichtige Wertungen bezüglich der Feststellung der Einschlägigkeit entnommen werden[873]. Schließlich gilt es, die Fragerechtsbeschränkungen und den Inhalt des Führungszeugnisses aufeinander abzustimmen.

Durch eine derartige abgestufte Regelung kann der erwünschte Zweck am effektivsten erreicht werden. Absichtlich erstreckt sich der Gesetzesvorschlag darauf, im BZRG hinsichtlich der Bestimmung des Inhalts des Arbeitgeberführungszeugnisses nur auf den unbestimmten Rechtsbegriff der Einschlägigkeit der Vorstrafe zu verweisen. Das ist der Fall, weil eine derartige pauschale Bestimmung dem Sinn und Zweck eines Gesetzes am nächsten kommt. Ein Gesetz ist eine abstrakte, generelle Anordnung für das menschliche Verhalten, durch die eine allgemeingültige Regelung getroffen werden soll[874]. Eine Einzelfallbestimmung der Einschlägigkeit entspricht dem nicht. Eine allgemeingültige Regelung kann nur über die Aufnahme des unbestimmten Rechtsbegriffs erreicht werden. Angesichts der Vielzahl zu regelnder Fälle ist es unmöglich, diese alle formal-

---

871 Vgl. hingegen die Bedenken in der Literatur gegen die Aufstellung von Vorstrafenkatalogen auf S. 122 ff.

872 Vgl. zur Einschlägigkeits-Rechtsprechung des Bundesarbeitsgerichts die Darstellung im 4. Kapitel auf S. 113 ff.

873 Vgl. dazu vor allem die zahlreichen Nachweise auf S. 284 f.

874 Knack-Hennecke, § 35 VwVfG Rn. 23; Erichsen/Ehlers-Ossenbühl, Allgemeines Verwaltungsrecht, § 6 Rn. 4; Wolff/Bachof/Stober, Verwaltungsrecht, Band I, § 24 Rn. 7.

gesetzlich zu regeln. Die Gefahr auf der anderen Seite besteht in dem Umstand, daß beim Versuch einer einzelfallgenauen Regelung der Einschlägigkeit im Gesetz nachteilige Folgen drohen. Die unüberschaubare Vielzahl der zu regelnden Fälle macht es unmöglich, diese alle zu erfassen und einzugliedern. Daher wäre die gesetzliche Regelung der Einschlägigkeit in jedem Fall unvollständig und der Gesetzesanwender wäre dazu gezwungen, die Einschlägigkeit der nicht geregelten Fälle im Wege der Analogie zu bestimmen. Für eine Analogie ist eine planwidrige Regelungslücke und eine vergleichbare Interessenlage erforderlich[875]. Hinsichtlich der nicht aufgenommenen Berufe bzw. Vorstrafen läge jedenfalls eine Regelungslücke im Gesetz vor. Jedoch bestünden große Zweifel an der Planwidrigkeit dieser Regelungslücke, da das Gesetz bereits eine große Vielzahl an möglichen Fällen zu regeln versucht. Je größer die Regelungsdichte ist, desto weniger ist von einer Planwidrigkeit auszugehen, d. h. je mehr Einzelfälle der Gesetzgeber im Gesetz aufnimmt, desto eher ist davon auszugehen, daß diese Bestimmungen abschließender Natur sein sollen. Somit fehlte es an der Planwidrigkeit der Regelungslücke und für die Analogie verbliebe kein Raum.

Ferner ist den Fällen eine Rechtsverordnung zu bevorzugen, in denen ansonsten das Gesetz mit technischen Details, rein fachorientierten, sachbedingten Anordnungen überfrachtet würde[876]. Weitere Vorteile einer Regelung der Einschlägigkeit in einer Rechtsverordnung ergeben sich daraus, daß nur ein vereinfachtes Gesetzgebungsverfahren erforderlich ist, der Gesetzgeber entlastet wird, weil er nur den Rahmen der Regelung bestimmen muß, eine schnellere Anpassungsfähigkeit bei veränderten Bedürfnissen besteht und sich der Gesetzgeber auf diese Weise die Fachkenntnisse der Verwaltung nutzbar machen kann[877].

Nicht übersehen werden darf jedoch, daß auch die Durchführungsverordnung auf Schwierigkeiten bei der Bestimmung der Einschlägigkeit der Vorstrafen stoßen wird. Ebenfalls wie dem Gesetzgeber wird es auch der Exekutive nicht möglich sein, jeden Einzelfall zu erfassen. Jedoch stößt der Gesetzesanwender hier nicht auf die Grenzen der Analogie. Die Bestimmung der Einschlägigkeit der verschiedenen Vorstrafen ist in einer Durchführungsverordnung aber deshalb zu bevorzugen, weil es sich in diesem Fall um einen Bereich handelt, der auf einem unbestimmten Rechtsgebiet aufbaut[878]. Dies stellt einen klassischen

---

875 BAG, Urteil vom 13.02.2003 – 8 AZR 654/01, NJW 2003, 2473 (2474 f.); BGH, Urteil vom 13.03.2003, NJW 2003, 1932 (1933); Urteil vom 13.11.2001 – X ZR 134/00, BGHZ 149, 165 (174 f.); Palandt-Heinrichs, Einleitung, Rn. 55 f.; Wolff/Bachof/Stober, Verwaltungsrecht, Band I, § 22 Rn. 46.

876 Erichsen/Ehlers-Ossenbühl, Allgemeines Verwaltungsrecht, § 6 Rn. 13.

877 Wolff/Bachof/Stober, Verwaltungsrecht, Band I, § 25 Rn. 30.

878 Vgl. auch: Wolff/Bachof/Stober, Verwaltungsrecht, Band I, § 24 Rn. 15.

Fall für eine Regelung durch eine Verwaltungsrichtlinie oder eine Verordnung dar[879]. Diese materiellen Rechtsnormen sind geradezu für die nähere Bestimmung unbestimmter Rechtsbegriffe geschaffen und sollten daher auch zur Anwendung kommen. Hinsichtlich der nicht in der Verordnung geregelten Fälle wird der zuständigen Bundeszentralregisterbehörde Ermessen für die Bestimmung der Einschlägigkeit eingeräumt.

8. Alternativer Erlaß einer Verwaltungsrichtlinie

Fraglich ist weiterhin, ob die Bestimmung der Einschlägigkeit in einer Durchführungsverordnung – wie oben vorgeschlagen – oder eher in einer einfachen Verwaltungsrichtlinie erfolgen sollte. Beides sind materielle Rechtsnormen, d. h. solche, die durch die Exekutive erlassen worden sind und nicht im Wege eines formellen Gesetzgebungsverfahrens zustande gekommen sind.

Eine Verwaltungsrichtlinie ist eine Regelung, die innerhalb der Verwaltungsorganisation von übergeordneten Verwaltungsinstanzen an nachgeordnete Behörden oder Bedienstete ergeht und dazu dient, die Organisation und das Handeln der Verwaltung näher zu bestimmen[880]. Im vorliegenden Fall käme eine sog. norminterpretierende Verwaltungsrichtlinie (Auslegungserlaß) in Betracht. Diese dient der Klärung rechtlicher Zweifelsfragen, die bei jedem Gesetz in Erscheinung treten, und nehmen den rechtsanwendenden Beamten zeitraubende und oft nicht zu bewältigende Denkarbeit ab und tragen damit zur Rationalisierung der Verwaltungsarbeit und Vereinheitlichung der Rechtsanwendung bei[881]. Sofern sie das förmliche Gesetzesrecht vervollständigen, in dem sie bewußt offengelassene Gesetzeslücken schließen, handelt es sich um administratives Ergänzungsrecht. Verwaltungsvorschriften sind keine Gesetze, ihnen kommt in erster Linie nur eine sog. Innenwirkung zu[882]. Eine Außenwirkung kann bei Verwaltungsvorschriften lediglich über die Selbstbindung der Verwaltung und Art. 3 Abs. 1 GG in Betracht kommen. Demgegenüber stellt eine Rechtsverordnung eine abgeleitete Rechtsquelle und damit eine hoheitliche, abstrakt-generelle Regelung dar[883]. Genauso wie formelle Gesetze stellen sie allgemein verbindliches Recht dar[884] und entfalten daher Außenwirkung.

---

879 Wolff/Bachof/Stober, Verwaltungsrecht, Band I, § 24 Rn. 15.
880 Erichsen/Ehlers-Ossenbühl, Allgemeines Verwaltungsrecht, § 6 Rn. 31.
881 Erichsen/Ehlers-Ossenbühl, Allgemeines Verwaltungsrecht, § 6 Rn. 35.
882 Erichsen/Ehlers-Ossenbühl, Allgemeines Verwaltungsrecht, § 6 Rn. 42 f.
883 Wolff/Bachof/Stober, Verwaltungsrecht, Band I, § 25 Rn. 30; Erichsen/Ehlers-Ossenbühl, Allgemeines Verwaltungsrecht, § 6 Rn. 12.
884 Wolff/Bachof/Stober, Verwaltungsrecht, Band I, § 25 Rn. 30; Erichsen/Ehlers-Ossenbühl, Allgemeines Verwaltungsrecht, § 6 Rn. 12.

Es ist festzustellen, daß sowohl die Verwaltungsrichtlinie als auch die Rechtsverordnung zur Konkretisierung des formellen Rechts konzipiert sind. Daher stellen beide Arten von Rechtsquellen eine geeignete Form der Regelung dar. Indem jedoch die Auswirkungen der Rechtsverordnung wesentlich effektiver sind als die der Verwaltungsrichtlinie, ist durch diese ein weitergehender Schutz der betroffenen Bürger gewährleistet. Dadurch, daß eine Rechtsverordnung normative Wirkung entfaltet, sind ihre Bestimmungen auch gerichtlich einklagbar und in vollem Umfang überprüfbar. Dies ist gerade im Hinblick auf den Grundrechtsschutz des Betroffenen wünschenswert. Daher erscheint es sinnvoll, hinsichtlich der Bestimmung der Einschlägigkeit der Vorstrafen eine Regelung in einer Durchführungsverordnung zu wählen.

9. Voraussetzungen für die Durchführungsverordnung

Für eine wirksame Umsetzung ist es erforderlich, daß die Voraussetzungen für eine Durchführungsverordnung nach Art. 80 GG eingehalten werden. Nach Art. 80 Abs. 1 S. 1 GG kann ein Bundesminister als Verordnungsgeber bestimmt werden. Dies wäre mit der Ermächtigung an den Bundeswirtschaftsminister der Fall. Vor allem ist der Bestimmtheitsgrundsatz des Art. 80 Abs. 1 S. 2 GG zu beachten. Inhalt, Zweck und Ausmaß der erteilten Ermächtigung müssen im Gesetz bestimmt werden. Nach der Rechtsprechung des Bundesverfassungsgerichts[885] soll es genügen, wenn die erforderliche Bestimmtheit aus dem Sinnzusammenhang und der Zweck aus dem Programm des Gesetzgebers vom Verordnungsgeber entnommen werden kann. Dem kann Genüge getan werden, indem in das BZRG eine Bestimmung aufgenommen wird, daß der Bundeswirtschaftsminister eine Verordnung hinsichtlich der Bestimmung der Einschlägigkeit der verschiedenen Vorstrafen für die unterschiedlichen Berufsfelder erlassen soll.

10. Neugestaltung des Bundeszentralregisterwesens

Trotz der Festlegung der „Einschlägigkeit“ der verschiedenen Straftaten für bestimmte Berufsfelder in einer Durchführungsverordnung wird es dennoch viele Fälle geben, bei denen Zweifel an der „Einschlägigkeit“ bestehen und die Ausstellung eines Arbeitgeberführungszeugnisses nicht ohne weitere Prüfung möglich ist. Dieses Folgeproblem wird unvermeidbar sein, denn kein Katalog kann abschließend sein; es sind nicht alle möglichen Fallvarianten vorhersehbar. Auch unterliegen die verschiedenen Berufsfelder dem Wandel der Zeit. Daher

[885] BVerfG, Beschluß vom 25.11.1980 – 2 BvL 7, 8, 9/76, BVerfGE 55, 207 (226); Beschluß vom 13.10.1970 – 2 BvR 618/68, 29, 198 (210); Beschluß vom 14.05.1969 – 1 BvR 615/67 und 303/68, BVerfGE 26, 16 (27).

ist es erforderlich, daß bestimmte geschulte Beamte mit der Ausstellung des Arbeitgeberführungszeugnisses beim Bundeszentralregister betraut werden. Dieses ist allein schon aus datenschutzrechtlichen Gesichtspunkten notwendig und ferner von Bedeutung, weil eine falsche Beurteilung der „Einschlägigkeit" bei der Ausstellung des Arbeitgeberführungszeugnisses möglicherweise einen Staatshaftungsanspruch des Bewerbers nach sich ziehen könnte. Denn die Herausgabe geschützter Daten stellt eine Verletzung des Persönlichkeitsrecht des Betroffenen dar.

Zur Zeit erschöpft sich die Tätigkeit im Bundeszentralregister in der Überwachung der Computertätigkeit und dem Rückgriff auf EVD-mäßig gespeicherte Daten. Denn die Auskunftserteilung aus dem Bundeszentralregister erfolgt nach der geltenden Rechtslage lediglich in den drei Formen der unbeschränkten Auskunft, sowie dem Führungszeugnis für behördliche Zwecke und dem Führungszeugnis für private Zwecke. Dabei wird kein individueller Maßstab angelegt, sondern die im Bundeszentralregister gespeicherten Verurteilungen werden nach einem objektiven, schematisierten System danach ausgewählt, ob sie in die unbeschränkte Auskunft bzw. die Führungszeugnisse aufgenommen werden. Im Gegensatz dazu ist bei der Ausstellung eines Arbeitgeberführungszeugnisses ein individueller Maßstab anzulegen, der von der zu besetzenden Stelle abhängig ist. Notwendig ist, daß Volljuristen die „Einschlägigkeit" der Vorstrafe für den Arbeitsplatz beurteilen und nicht Beamte des mittleren oder gehobenen Dienstes, die mit den juristischen Hintergründen nicht ausreichend vertraut sind und daher die gegenseitige Interessenlage nicht ausreichend beurteilen können. Mit diesem Erfordernis ist daher ein gesteigerter Verwaltungsaufwand verbunden, denn die Einstellung mehrerer geeigneter Beamter wäre die logische Folge der Einführung des Arbeitgeberführungszeugnisses.

11. Gesteigerter zeitlicher Aufwand

Eine weitere praktische Folge der Einführung eines Arbeitgeberführungszeugnisses wäre, daß die Prüfung der „Einschlägigkeit" der Vorstrafe mehr Zeit in Anspruch nehmen wird als die bloße Ausstellung eines Privatführungszeugnisses. Denn angesichts der vielen Berufsfelder ist in jedem Fall eine einzelfallgerechte Prüfung vorzunehmen, welche der Vorstrafen im Arbeitgeberführungszeugnis Aufnahme finden soll und welche nicht. Im Gegensatz dazu ist die Ausstellung des herkömmlichen Führungszeugnisses sehr einfach zu verwirklichen; es reichen ein Computerausdruck der gespeicherten Daten und gegebenenfalls eine Überprüfung der Aufnahme- und Löschungsfristen. Zu bedenken ist hierbei, daß allein der Kosten- und Zeitaufwand in der Praxis dazu führen könnte, daß kaum ein Arbeitgeber die Vorlage eines Arbeitgeberführungszeugnisses verlangen wird und somit die gesetzliche Regelung möglicherweise leerlaufen könnte.

12. Kostenregelung

Des weiteren ist es bei der Einführung eines Arbeitgeberführungszeugnisses erforderlich, daß eine entsprechende Kostenregelung im BZRG aufgenommen wird. Nach § 19 Abs. 7 BDSG ist dem Betroffenen grundsätzlich unentgeltlich Auskunft über die zu ihrer Person gespeicherten Daten zu erteilen. Dem trägt die Auskunft an den Betroffenen nach § 42 BZRG Rechnung. Nach dieser Vorschrift erteilt das Bundeszentralregister einer Person, die das 14. Lebensjahr vollendet hat, auf Antrag vollständig mit, welche Eintragungen über sie im Register enthalten sind. Nach § 42 S. 3 BZRG übersendet die Bundeszentralregisterbehörde die Auskunft an ein beliebiges Amtsgericht, bei dem der Betroffene Einsicht nehmen kann.

Demgegenüber ist die Ausstellung eines Führungszeugnisses als staatliche Leistung gebührenpflichtig, § 9 Nr. 3 JVKostO i. V. m. Nr. 2d.) des Gebührenverzeichnisses zur JVKostO. Grund für die unterschiedliche Behandlung ist, daß die Auskunft nach § 42 BZRG der Information des Betroffenen über die eigenen gespeicherten Daten im Bundeszentralregister dient, während das Führungszeugnis eine Nachweismöglichkeit des Registerinhalts gegenüber Dritten darstellt[886]. Gemäß § 30 Abs. 2 S. 4 BZRG zieht die Meldebehörde die Gebühr für das Führungszeugnis ein bzw. nimmt den Antrag auf Gebührenbefreiung entgegen. Gebührenschuldner ist nach der geltenden Rechtslage der Antragssteller. Im Fall des Arbeitgeberführungszeugnisses ist dies der Bewerber, der sein Führungszeugnis zwecks Stellenbewerbung beim künftigen Arbeitgeber vorlegen soll.

Durch die Einführung eines Arbeitgeberführungszeugnisses und dem damit verbundenen Verwaltungsaufwand könnte sich die Verwaltungsgebühr vergrößern. Vor allem unter dem Aspekt, daß gerade der Arbeitgeber – und nicht der Bewerber selbst – an der Vorlage des Führungszeugnisses zwecks Stellenbewerbung interessiert ist, kann an der endgültigen Gebührentragungspflicht des Bewerbers nicht mehr festgehalten werden. Da der Bewerber Antragssteller des Arbeitgeberführungszeugnisses ist, sollte er nach allgemeinen verwaltungsrechtlichen Grundsätzen auch Gebührenschuldner gegenüber der Behörde bleiben. Jedoch muß dem Bewerber als Antragssteller ein Erstattungsanspruch gegen den Arbeitgeber eingeräumt werden, so daß er die Gebühr für die Erstellung eines Arbeitgeberführungszeugnisses ersetzt bekommen kann.

---

[886] Götz/Tolzmann, § 30 BZRG Rn. 27.

13. Verfassungsmäßigkeit

Schließlich ist zu untersuchen, ob die vorgeschlagene Lösung verfassungsgemäß ist. Die Festlegung der Einschlägigkeit der verschiedenen Vorstrafen für die verschiedenen Berufsgruppen in einer Verordnung könnte gegen den Gewaltenteilungsgrundsatz des Art. 20 Abs. 2 S. 2 GG verstoßen. Vom verfassungsrechtlichen Grundsatz der Gewaltenteilung läßt das GG selbst Ausnahmen zur gegenseitigen Kontrolle zu[887], sofern jeweils der Kernbereich der Kompetenzen geschützt bleibt. Beispiele für die Durchbrechung der Gewaltenteilung sind die Übertragungen von Rechtsetzungsbefugnissen auf die Exekutive und die Gesetzeslücken schließende Rechtsprechung[888]. Jedoch findet die Kompetenzübertragung der Legislative auf die Exekutive ihre Grenzen, wenn sich der Gesetzgeber durch eine pauschale Übertragung der ihm zustehenden Normsetzungsbefugnisse auf die Exekutive seiner Verantwortung entäußert[889].

Zunächst ist zu prüfen, ob der Parlamentsvorbehalt gewahrt bliebe. Der Parlamentsvorbehalt regelt, daß das Gesetz bestimmte Entscheidungen selbst beinhalten muß und daß es andere Entscheidungen wiederum durch eine gesetzliche Ermächtigung der Exekutive überlassen darf[890]. Nach Ansicht des Bundesverfassungsgerichts[891] ist darauf abzustellen, ob ein parlamentarisches oder ein exekutivisches Rechtsetzungsverfahren für die in Betracht kommende Regelung angemessener ist. Ansonsten lassen sich keine eindeutigen Abgrenzungskriterien ableiten[892]. Oben ist bereits festgestellt worden, daß eine gesetzliche Bestimmung der Einschlägigkeit der Vorstrafe praktisch nicht durchführbar ist. Auch wäre die formell-gesetzliche Regelung zu starr und ließe keinen Spielraum für nicht geregelte Fälle zu. Eine kontinuierliche Anpassungsmöglichkeit an die

---

887 Mangoldt/Klein/Starck-Sommermann, Art. 20 GG Rn. 200; Sachs-Sachs, Art. 20 GG Rn. 85; Dreier-Schultze-Fielitz, Art. 20 GG Rn. 70.

888 BVerfG, Beschluß vom 10.10.1972 – 2 BvL 51/69, BVerfGE 34, 52 (60); Urteil vom 18.12.1953 – 1 BvL 106/53, BVerfGE 3, 225 (242); Dreier-Schultze-Fielitz, Art. 20 GG Rn. 70.

889 BVerfG, Beschluß vom 14.06.1983 – 2 BvR 488/80, BVerfGE 64, 208 (214 f.); Beschluß vom 10.10.1972 – 2 BvL 51/69, BVerfGE 34, 52 (60); Beschluß vom 09.05.1972 – 1 BvR 518/62 und 308/64, BVerfGE 33, 125 (158); Dreier-Schultze-Fielitz, Art. 20 GG Rn. 70.

890 BVerfG, Beschluß vom 20.10.1981 – 1 BvR 640/80, BVerfGE 58, 257 (274); Urteil vom 16.06.1981 – 1 BvL 89/78, BVerfGE 57, 295 (321); Beschluß vom 26.10.1977 – 1 BvL 9/72, BVerfGE 46, 268 (296); Dreier-Schultze-Fielitz, Art. 20 GG Rn. 107.

891 BVerfG, Urteil vom 08.04.1997 – 1 BvR 48/94, BVerfGE 95, 267 (307 f.); Beschluß vom 25.03.1992 – 1 BvR 1430/88, BVerfGE 85, 386 (403 f.). A. A.: Schmidt-Bleibtreu/Klein-Hofmann, Art. 20 GG Rn. 55, der die Frage des Parlamentsvorbehalts nur als Problem der hinreichenden Bestimmtheit der parlamentsgesetzlichen Regelung betrachtet.

892 Dreier-Schultze-Fielitz, Art. 20 GG Rn. 109.

veränderten Gegebenheiten läßt sich durch ein formelles Gesetz nicht verwirklichen. Ein exekutivisches Rechtsetzungsverfahren erscheint daher angemessener. Der Parlamentsvorbehalt wäre gewahrt.

Ferner ist es fraglich, ob durch die Erwähnung des Begriffs der Einschlägigkeit im BZRG der rechtsstaatliche Grundsatz der ausreichenden Bestimmtheit von Gesetzen gewahrt bliebe. Dieser verlangt, daß die gesetzlichen Tatbestände so präzise wie möglich formuliert sein müssen, so daß der Normadressat sein Handeln kalkulieren kann, weil für ihn die Rechtsfolgen voraussehbar und berechenbar sind[893]. Dabei ist der Grad der Bestimmtheit von den jeweiligen sachlichen Eigenheiten des Regelungsgegenstands abhängig. Nach der Rechtsprechung des Bundesverfassungsgerichts[894] sind Rechtsvorschriften so genau zu fassen, wie es nach der Eigenart des zu ordnenden Lebenssachverhalts und mit Rücksicht auf den Normzweck möglich ist. In diesem Zusammenhang stellt sich im folgenden die Frage der Zulässigkeit von unbestimmten Rechtsbegriffen. Die Rechtsprechung[895] erachtet die Aufnahme von unbestimmten Rechtsbegriffen in das Gesetz regelmäßig für zulässig, weil sich die Vielfalt der Verwaltungsaufgaben nicht immer in klar umrissene Begriffe einfangen läßt. Daher ist die Verwendung unbestimmter Rechtsbegriffe durch den Gesetzgeber zulässig, wenn eine pauschale gesetzliche Regelung zulasten der Einzelfallgerechtigkeit ginge. Es ist vielmehr Aufgabe des Gesetzgebers, einen Ausgleich zwischen der Rechtssicherheit und der materiellen Gerechtigkeit herzustellen[896]. Ferner erkennt es das Bundesverfassungsgericht[897] als herkömmliche und anerkannte Aufgabe der Rechtsanwendungsorgane an, diese unbestimmten Rechtsbegriffe auszufüllen. Gerade im Bereich des Verwaltungsrechts wird sich der Gesetzgeber unbestimmter Rechtsbegriffe bedienen müssen, um die Verwaltungsbehör-

---

893 BVerfG, Urteil vom 17.11.1992 – 1 BvL 8/87, BVerfGE 87, 234 (263); Urteil vom 24.04.1991 – 1 BvR 1341/90, BVerfGE 84, 133 (149); Beschluß vom 27.11.1990 – 1 BvR 402/87, BVerfGE 83, 130 (145); Dreier-Schultze-Fielitz, Art. 20 GG Rn. 117.

894 BVerfG, Beschluß vom 24.06.1993 – 1 BvR 689/92, BVerfGE 89, 69 (84); Urteil vom 17.11.1992 – 1 BvL 8/87, BVerfGE 87, 234 (263); Beschluß vom 24.11.1981 – 2 BvL 4/80, BVerfGE 59, 104 (114); Beschluß vom 26.09.1978 – 1 BvR 525/77, BVerfGE 49, 168 (181). Vgl. dazu auch: Dreier-Schultze-Fielitz, Art. 20 GG Rn. 117.

895 BVerfG, Urteil vom 17.11.1992 – 1 BvL 8/87, BVerfGE 87, 234 (263 f.); Beschluß vom 09.05.1989 – 1 BvL 35/86, BVerfGE 80, 103 (108); Beschluß vom 18.05.1988 – 2 BvR 579/84, BVerfGE 78, 205 (212); Beschluß vom 26.09.1978 – 1 BvR 525/77, BVerfGE 49, 168 (181); Beschluß vom 12.11.1958 – 2 BvL 4, 26, 40/56, 1, 7/57, BVerfGE 8, 274 (326); Beschluß vom 30.11.1955 – 1 BvL 120/53, BVerfGE 4, 352 (357 f.); Beschluß vom 30.11.1955 – 1 BvL 120/53, BVerfGE 4, 352 (357 f.). Vgl. dazu auch: Dreier-Schultze-Fielitz, Art. 20 GG Rn. 121.

896 BVerfG, Beschluß vom 09.05.1989 – 1 BvL 35/86, BVerfGE 80, 103 (108).

897 BVerfG, Beschluß vom 09.05.1989 – 1 BvL 35/86, BVerfGE 80, 103 (108).

den in die Lage zu versetzen, ihren Aufgaben, den Umständen des Einzelfalls und den schnell wechselnden Situationen des wirtschaftlichen Lebens Rechnung zu tragen[898]. Des weiteren ist zu berücksichtigen, daß die Exekutive auch bei der Einräumung von Ermessen nicht vollkommen frei, sondern auch in diesem Fall an die Grundsätze des Rechtsstaats gebunden ist[899]. Wenn jedoch die Grundsätze der Normklarheit und der Justitiabilität überschritten sind, ist auch der unbestimmte Rechtsbegriff unzulässig[900]. Soweit dies praktisch umsetzbar ist, muß die Legislative die tatbestandliche Grenzziehung selbst leisten und darf diese Aufgabe nicht dem Rechtsanwender überlassen[901]. Im Hinblick auf die Aufnahme eines unbestimmten Rechtsbegriffs in den Gesetzestext und die Übertragung der Entscheidungsbefugnisse auf die Exekutive ist es erforderlich, daß der Gesetzgeber der Exekutive nicht beliebige Entscheidungen überläßt, sondern den Gesetzeszweck und die tatbestandlichen Bindungen selbst festlegt[902]. Dabei richtet sich das Ausmaß der Bestimmtheit u. a. nach dem Regelungszweck und der Regelungsfähigkeit des Gegenstands[903].

Oben ist bereits festgestellt worden, daß es sich mit der Festlegung der Einschlägigkeit um eine Regelungsmaterie handelt, die stark einzelfallbezogen ist und daher gesetzlich nicht sinnvoll regelbar ist[904]. Auch ist die Anweisung an die Exekutive zum Erlaß einer Durchführungsverordnung bestimmt genug, da

---

898 BVerfG, Beschluß vom 12.11.1958 – 2 BvL 4, 26, 40/56, 1, 7/57, BVerfGE 8, 274 (326); Beschluß vom 30.11.1955 – 1 BvL 120/53, BVerfGE 4, 352 (357 f.).

899 BVerfG, Beschluß vom 16.02.1965 – 1 BvL 15/62, BVerfGE 18, 353 (363).

900 BVerfG, Beschluß vom 08.03.1983 – 2 BvL 27/81, BVerfGE 63, 312 (324); Beschluß vom 23.04.1974 – 1 BvR 6/74 und 2270/73, BVerfGE 37, 132 (142); Beschluß vom 12.01.1967 – 1 BvR 169/63, BVerfGE 21, 73 (79).

901 BVerfG, Beschluß vom 06.06.1989 – 1 BvR 921/85, BVerfGE 80, 137 (161); Beschluß vom 25.03.1981 – 2 BvR 1258/79, BVerfGE 57, 9 (22); Beschluß vom 12.01.1967 – 1 BvR 169/63, BVerfGE 21, 73 (80); Urteil vom 05.08.1966 – 1 BvF 1/61, BVerfGE 20, 150 (158); Urteil vom 16.01.1957 – 1 BvR 253/56, BVerfGE 6, 32 (42). So auch: Dreier-Schultze-Fielitz, Art. 20 GG Rn. 121.

902 BVerfG, Beschluß vom 08.08.1978 – 2 BvL 8/77, BVerfGE 49, 89 (147); Beschluß vom 19.04.1978 – 2 BvL 2/75, BVerfGE 48, 210 (222); Beschluß vom 12.01.1967 – 1 BvR 169/63, BVerfGE 21, 73 (79 f.); Beschluß vom 16.02.1965 – 1 BvL 15/62, BVerfGE 18, 353 (363); Beschluß vom 12.11.1958 – 2 BvL 4, 26, 40/56, 1, 7/57, BVerfGE 8, 274 (326). Vgl. ferner: Dreier-Schultze-Fielitz, Art. 20 GG Rn. 122.

903 BVerfG, Urteil vom 17.11.1992 – 1 BvL 8/87, BVerfGE 87, 234 (263); Urteil vom 24.04.1991 – 1 BvR 1341/90, BVerfGE 84, 133 (149); Beschluß vom 18.05.1988 – 2 BvR 579/84, BVerfGE 78, 205 (212); Beschluß vom 24.11.1981 – 2 BvL 4/80, BVerfGE 59, 104 (114); Beschluß vom 08.01.1981 – 2 BvL 3, 9/77, BVerfGE 56, 1 (12 f.); Beschluß vom 19.04.1978 – 2 BvL 2/75, BVerfGE 48, 210 (221 f., 226 f.); Dreier-Schultze-Fielitz, Art. 20 GG Rn. 123.

904 Vgl. dazu bereits die Ausführungen auf S. 244 ff.

sie den Gesetzeszweck und die tatbestandlichen Bindungen regelt und nicht überträgt. Denn die maßgebende Entscheidung des Gesetzgebers erschöpft sich hier in der Entscheidung, daß in das Arbeitgeberführungszeugnis nur die für die in Aussicht genommene Stelle einschlägigen Vorstrafen aufgenommen werden sollen. Damit trifft die Legislative die maßgebliche Entscheidung, daß bei der Aufnahme der Registereintragungen im Arbeitgeberführungszeugnis der konkrete Arbeitsplatzbezug das ausschlaggebende Kriterium ist. Der Gesetzgeber legt damit die tatbestandlichen Bindungen selbst fest und überläßt der Exekutive nur deren Ausfüllung.

Des weiteren ist die Aufnahme des unbestimmten Rechtsbegriffs in den Gesetzestext auch aus dem Grund nicht zu beanstanden, weil der Gesetzgeber auch eine Konkretisierung durch die Rechtsprechung erwarten kann[905]. Gerade im vorliegenden Fall hat das Bundesarbeitsgericht in Ermangelung einer gesetzlichen Regelung das arbeitgeberseitige Fragerecht auf einschlägige Vorstrafen beschränkt und damit zum einen den Begriff der Einschlägigkeit als Beurteilungsmaßstab eingeführt und zum anderen diesen unbestimmten Rechtsbegriff anhand der Eigenheiten des zu beurteilenden Falls jeweils konkretisiert. Es ist in diesem Zusammenhang nicht zu beanstanden, wenn sich der Gesetzgeber dazu entscheidet, die Vorgaben der Rechtsprechung zu übernehmen und diese gesetzlich zu kodifizieren. Da das Bundesarbeitsgericht ohnehin schon mit der Ausfüllung des Begriffs der Einschlägigkeit der Vorstrafen beschäftigt ist, kann ihm diese Aufgabe auch weiterhin übertragen werden. Dies kommt im folgenden jedoch ohnehin nur noch in den wenigen Fällen vor, in denen es die Exekutive im Rahmen der Durchführungsverordnung versäumt hat, einen Beruf mit den einschlägigen Vorstrafen in die Liste aufzunehmen. Folglich ist die Aufnahme des unbestimmten Rechtsbegriff der Einschlägigkeit im Gesetz verfassungsrechtlich nicht bedenklich.

14. Rechtsbehelfe

Des weiteren sind die Rechtsbehelfsmöglichkeiten des Bürgers gegen die Entscheidungen der Registerbehörde zu erörtern[906]. Das BZRG sieht gegen bestimmte Registerentscheidungen die Beschwerde beim Generalbundesanwalt vor. Für die Ausstellung eines Führungszeugnisses hingegen kommt ein Antrag

---

[905] BVerfG, Beschluß vom 09.03.1994 – 2 BvL 43, 51, 63, 64, 70, 80/92, 2 BvR 2031/92, BVerfGE 90, 145 (191); Beschluß vom 12.05.1987 – 2 BvR 1226/83, 101, 313/84, BVerfGE 76, 1 (74); Beschluß vom 08.08.1978 – 2 BvL 8/77, BVerfGE 49, 89 (134); Dreier-Schultze-Fielitz, Art. 20 GG Rn. 121.

[906] Vgl. dazu: Rebmann/Uhlig, § 1 BZRG Rn. 24-32; Götz/Tolzmann, § 1 BZRG Rn. 25-28; Hase, § 1 BZRG Rn. 6.

auf gerichtliche Entscheidung nach Maßgabe der §§ 23 ff. EGGVG beim Oberlandesgericht Karlsruhe in Betracht. Mit dieser kann der Betroffene die Rechtmäßigkeit des Justizverwaltungsakts Führungszeugnis überprüfen lassen. Es besteht daher eine Rechtsschutzmöglichkeit des Antragstellers, wenn er der Ansicht ist, daß der Inhalt seines Führungszeugnisses nicht rechtmäßig ist.

15. Zwischenergebnis

Die Schaffung eines Arbeitgeberführungszeugnisses ist möglich und vorteilhaft. An diese Darstellung schließt sich ein Vorschlag zur Änderung der §§ 30 ff. BZRG an.

VII. Abschließender Vorschlag

Es folgt eine zusammenfassende Darstellung der Vorschläge zur Einführung und Umsetzung eines Arbeitgeberführungszeugnisses sowie der sonstigen Änderungen des BZRG:

1. Die Zentralisierung des Registerwesens nach § 1 BZRG soll beibehalten werden.

2. Die drei herkömmlichen Arten der Auskunftserteilung aus dem Bundeszentralregister – die unbeschränkte Auskunft nach §§ 41 f. BZRG sowie die Führungszeugnisse für behördliche und private Zwecke nach §§ 30 ff. BZRG – sollen ebenfalls beibehalten werden.

3. Der Katalog des Inhalts des Führungszeugnisses nach § 32 Abs. 2 BZRG sollte um eine weitere Bestimmung ergänzt werden. Dem erkennenden Richter in der strafgerichtlichen Hauptverhandlung soll die Möglichkeit eingeräumt werden, die Aufnahme einer Verurteilung im Privatführungszeugnis sowie im Arbeitgeberführungszeugnis auszuschließen, sofern er auf eine Geldstrafe von mehr als 90 Tagessätzen oder eine Freiheitsstrafe zwischen drei Monaten und zwei Jahren, deren Vollstreckung nicht zur Bewährung ausgesetzt wird, erkannt hat und im Bundeszentralregister keine weiteren Eintragungen vorhanden sind.

4. Es soll neben den drei herkömmlichen Arten der Auskunftserteilung ein Arbeitgeberführungszeugnis als zusätzliche Möglichkeit eingeführt werden.

5. Es soll bei der Regelung des § 30 Abs. 1 S. 1 BZRG bleiben, wonach der Bewerber selbst den Antrag auf Ausstellung des Arbeitgeberführungs-

zeugnisses bei der Registerbehörde stellen muß. Der Arbeitgeber soll nicht antragsberechtigt sein.

6. Der potentielle Arbeitgeber muß dem Antrag des Bewerbers auf Ausstellung eines Arbeitgeberführungszeugnisses eine hinreichend bestimmte Bezeichnung des in Aussicht genommenen Arbeitsplatzes beizufügen, damit die Bundeszentralregisterbehörde bei der Ausstellung des Führungszeugnisses die „Einschlägigkeit“ der Vorstrafen feststellen kann. Die Beschreibung muß genaue Angaben hinsichtlich der Art und des Umfangs der zu verrichtenden Tätigkeit, der Aufgaben und der Intensität des Kontakts mit anderen Personen, Vermögens- und Sachwerten sowie anderen Rechtsgütern enthalten.

7. Die Registerbehörde soll bei der Ausstellung des Arbeitgeberführungszeugnisses den genauen Zweck auf dem Zeugnis vermerken, für den des ausgestellt wird. Ferner ist die Kenntlichmachung erforderlich, daß das Arbeitgeberführungszeugnis nur einmalig für den beantragten Zweck verwendet werden kann.

8. Die Registerbehörde darf auch das Arbeitgeberführungszeugnis nur an den Bewerber selbst aushändigen, nicht aber an eine dritte Person wie z. B. den Arbeitgeber. Damit soll an der Regelung des § 30 Abs. 4 BZRG festgehalten werden.

9. Im Anschluß an § 32 BZRG, der den Inhalt des Führungszeugnisses bestimmt, ist eine weitere Bestimmung einzuführen, die sich mit dem Inhalt des Arbeitgeberführungszeugnisses beschäftigt. In das Arbeitgeberführungszeugnis dürfen nur Registereintragungen aufgenommen werden, die erstens nach § 32 BZRG auch im Privatführungszeugnis Erwähnung finden und zweitens im Hinblick auf das in Aussicht genommene Arbeitsverhältnis einschlägig sind. Alle anderen Registereintragungen dürfen hingegen nicht erscheinen. §§ 33, 34 BZRG sollen auch auf das Arbeitgeberführungszeugnis Anwendung finden.

10. Gebührenschuldner für die Ausstellung des Arbeitgeberführungszeugnisses bleibt der Bewerber als Antragssteller gemäß § 30 Abs. 2 S. 4 BZRG. Dem Bewerber ist daneben aber ein Erstattungsanspruch gegen den Arbeitgeber einzuräumen, nachdem er die Gebühr für die Erstellung eines Arbeitgeberführungszeugnisses ersetzt bekommen kann.

11.Der formelle Gesetzgeber soll für die Konkretisierung der Einschlägigkeit der Vorstrafe im BZRG eine Ermächtigung an den Bundeswirtschaftsminister zum Erlaß einer Durchführungsverordnung erteilen.

§ 3: Ergebnis zum 6. Kapitel

Der Widerspruch der bestehenden Rechtslage zwischen dem Inhalt des Privatführungszeugnisses und den Begrenzungen des Fragerechts des Arbeitgebers nach den Vorstrafen des Bewerbers, die das Bundesarbeitsgericht in seiner „Einschlägigkeits"-Rechtsprechung aufgestellt hat, kann nicht dadurch behoben werden, daß dem Arbeitgeber das Recht versagt wird, vom Bewerber die Vorlage eines Führungszeugnisses zu verlangen. Denn das Privatführungszeugnis nach § 30 Abs. 1 S. 1 BZRG ist vom Gesetzgeber gerade zur Vorlage bei einer Stellenbewerbung konzipiert worden und dem BZRG läßt sich keine entgegenstehende Regelung entnehmen. Eine Begrenzung des Inhalts des Privatführungszeugnisses nach dem Beispiel der *Art. 768-781 Code de Procédure Pénale* kommt nicht in Betracht, denn dadurch wird nicht verhindert, daß der Arbeitgeber weiterhin von den nicht einschlägigen Vorstrafen des Bewerbers Kenntnis erlangen kann. Auch ist eine derartige Regelung zu verwerfen, weil die Aussagekraft des Führungszeugnisses litte und die Arbeitgeberinteressen hinsichtlich der einschlägigen Vorstrafen in erheblicher Weise eingeschränkt würden. Eine Beschränkung der Vorlagepflicht des Führungszeugnisses bei Vertrauensverhältnissen nach dem Vorbild des englischen *PA 1997, s. 112 ff.* und des *ROA 1974* hat zwar den Vorteil, daß dem Resozialisierungsinteresse des Vorbestraften Rechnung getragen würde, da er seine Vorstrafen im Wege des Führungszeugnisses nicht in jedem Fall offenlegen muß. Jedoch kann auch auf diese Weise nicht verhindert werden, daß der Arbeitgeber von den nicht einschlägigen Vorstrafen Kenntnis erlangt.

Die niederländische Regelung des *wet op de justitiële documentatie en op de verklaringen omtrent het gedrag* hingegen ist dazu geeignet, diesen Widerspruch zu beseitigen. Jedoch erscheinen nicht alle Regelungen sinnvoll. Vielmehr wäre es vorteilhaft, neben dem Führungszeugnis für private Zwecke nach § 30 Abs. 1 S. 1 BZRG die Einführung eines speziellen Arbeitgeberführungszeugnisses vorzusehen, in welches nur Vorstrafen Aufnahme finden, die auch in ein Privatführungszeugnis nach § 32 Abs. 1, 2 BZRG aufgenommen werden und die für die in Aussicht genommene Stellung einschlägig sind. Damit kann verhindert werden, daß der Arbeitgeber entgegen seiner Fragerechtsbeschränkung auch von den nicht einschlägigen Vorstrafen Kenntnis erlangt.

7. Kapitel:
Rechtsfolgen bei unzulässigen Arbeitgeberfragen und Verstößen des Bewerbers gegen seine Mitteilungspflichten

Wenn der Arbeitgeber sich im Rahmen seines Fragerechts bewegt, ergeben sich keine Folgeprobleme. Ebenso verhält es sich, wenn der Bewerber seinen Mitteilungspflichten nachkommt. Jedoch ist zu klären, welche Möglichkeiten für den Arbeitgeber offen stehen, wenn der Bewerber auf eine zulässige Frage eine unwahre Antwort gibt. Ferner sind die Rechtsfolgen zu erörtern, wenn der Bewerber seiner Offenbarungspflicht nicht nachkommt.

§ 1: Unzulässige Arbeitgeberfragen

Bei einer unzulässigen Frage des Arbeitgebers besteht – ebenso wenig wie bei einer zulässigen Frage – eine Verpflichtung des Bewerbers zur Antwort. Fraglich ist, ob der Bewerber auf eine unzulässige Arbeitgeberfrage eine unwahre Antwort geben darf.

I. „Recht zur Lüge“

Das Recht zur Lüge versetzt den Bewerber in die Lage, auf eine unzulässige Frage des Arbeitgebers eine unwahre Antwort zu geben[907]. Ob ein solches anzunehmen ist, ist strittig.

1. Bestehen eines „Rechts zur Lüge“ des Bewerbers

Eine Ansicht[908] bejaht ein sog. „Recht zur Lüge“, denn Schweigen oder eine Antwortverweigerung seien dazu geeignet, beim Arbeitgeber den Verdacht zu

---

907 Erfurter Kommentar-Preis, § 611 BGB Rn. 334.

908 Erfurter Kommentar-Preis, § 611 BGB Rn. 334; Erfurter Kommentar-Dieterich, Art. 2 GG Rn. 98; MünchKomm-Kramer, § 123 BGB Rn. 10; Schaub-Schaub, ArbR-Hdb., § 26 Rn. 12; Junker, Arbeitsrecht, Rn. 154; Gitter/Michalski, Arbeitsrecht, S. 58 f.; Kuhla, Datenschutz im Beamten- und Arbeitsverhältnis, S. 82 ff.; Wohlgemuth, Datenschutz für Arbeitnehmer, Rn. 118; Bauer, Arbeitsrechtliche Aufhebungsverträge, Rn. II 306; Bellgardt, Recht und Taktik des Bewerbergesprächs, S. 96 f.; Otto, Personale Freiheit und soziale Bindung, S. 15; Ehrich, HwB-AR, Fragerecht des Arbeitgebers 865, Rn. 5; Joussen, NJW 2003, 2857 (2858); Reimers/Wiesinger, AuA 2003, 25 (27); Däubler, CR 1994, 101 (104); Wohlgemuth, AuR 1992, 46 (49); Klein, AuR 1978, 266 (268 f.); Kehrmann, Das Mitbestimmungsgespräch 1973, 47; Falkenberg, BB 1970, 1012 (1014); Gumpert, Anm. zum Urteil des BAG vom 15.01.1970 – 2 AZR 64/69, BB 1970, 804.

erregen, der Bewerber habe etwas zu verbergen. Das würde die Chancen des Bewerbers auf den Vertragsabschluß gefährden[909]. Wäre der Bewerber verpflichtet, auch auf eine unzulässige Frage des Arbeitgebers die Wahrheit zu sagen, wäre die Unterscheidung in zulässige und unzulässige Arbeitgeberfragen sinnlos. Denn obwohl eine Frage in das Persönlichkeitsrecht des Bewerbers eingreife, könne sich der Bewerber nicht dagegen schützen. Die unzulässige Frage des Arbeitgebers hätte ihren Zweck erfüllt. Ferner spricht dafür, daß in § 53 Abs. 1 BZRG bereits ein „Recht zur Lüge" gesetzlich verankert sei. Des weiteren finde das „Recht zur Lüge" seine dogmatische Begründung in einer teleologischen Reduktion des Wortlauts des § 123 Abs. 1 BGB. Der zu weit gefaßte Wortlaut des § 123 Abs. 1 BGB würde hinsichtlich seines Zwecks entsprechend beschränkt[910].

Gegen ein „Recht zur Lüge" wird die Definition des Begriffs der Lüge angeführt. Eine Lüge stellt die wissentlich und absichtlich geäußerte Unwahrheit, also eine bewußt falsche und auf Täuschung ausgelegte Aussage dar. Das unsere Rechtsordnung einen Rechtsanspruch auf eine „Lüge" gewährt, erscheint unvorstellbar und mit der Rechtsordnung unvereinbar[911].

2. Rechtsprechung des Bundesarbeitsgerichts

Die Rechtsprechung des Bundesarbeitsgerichts[912] und einige Teile in der Literatur[913] lösen das Problem auf der Rechtsfolgenseite der Falschbeantwortung von

---

909 Erfurter Kommentar-Preis, § 611 BGB Rn. 334; Junker, Arbeitsrecht, Rn. 154; Bellgardt, Recht und Taktik des Bewerbergesprächs, S. 96 f.; Joussen, NJW 2003, 2857 (2858); Wohlgemuth, AuR 1992, 46.

910 MünchKomm-Kramer, § 123 BGB Rn. 10; v. Lübtow, FS Bartholomeyczik, S. 249 (275); Hofmann, ZfA 1975, 1 (62).

911 Linnenkohl, DVR 1981, 317 (348).

912 Std. Rspr. des BAG: Urteil vom 20.05.1999 – 2 AZR 320/98, DB 1999, 1859 f.; Urteil vom 05.10.1995 – 2 AZR 923/94, BAGE 81, 120 (123) = AP § 123 BGB Nr. 40 Bl. 2 = NZA 1996, 371 f.; Urteil vom 11.11.1993 – 2 AZR 467/93, NJW 1994, 1363 (1364) = DB 1994, 939 f.; Urteil vom 21.02.1991 – 2 AZR 449/90, AP § 123 BGB Nr. 35 Bl. 3 = NZA 1991, 719 f. = NJW 1991, 2723 (2727); Urteil vom 22.10.1986 – 5 AZR 660/85, BB 1987, 1461 (1462); Urteil vom 07.06.1984 – 2 AZR 270/83, AP § 123 BGB Nr. 26 Bl. 2; Urteil vom 19.05.1983 – 2 AZR 171/81, AP § 123 BGB Nr. 25 Bl. 2; Urteil vom 25.05.1970 – 3 AZR 384/69, BAGE 22, 344 (354) = AP § 60 HGB Nr. 4 Bl. 5 = SAE 1971, 238 (242); Urteil vom 22.09.1961 – 1 AZR 241/60, AP § 123 BGB Nr. 15 Bl. 1; Urteil vom 05.12.1957 – 1 AZR 594/56, BAGE 5, 159 (163) = AP § 123 BGB Nr. 2 Bl. 2. Vgl. auch: LAG Düsseldorf, Urteil vom 07.05.1958 – 6 Sa 173/58, SAE 1959, 161 (162).

913 Däubler/Kittner/Klebe-Klebe, § 94 BetrVG Rn. 21; Palandt-Heinrichs, § 123 BGB Rn. 10; Zöllner, Daten und Informationsschutz im Arbeitsverhältnis, S. 33 ff.; Linnen-

Fragen. Liegt eine unzulässige Frage vor, handelt der Bewerber bei der Falschbeantwortung ohne Arglist, so daß die Tatbestandsvoraussetzungen der Anfechtung gemäß § 123 Abs. 1 BGB nicht erfüllt sind[914].

Gegen die Lösung der Rechtsprechung wird angeführt, daß der Grundsatz, daß dem Bewerber kein Anspruch auf Abschluß eines Arbeitsvertrags zustehe, um-

---

kohl, Einführung in die Grundlagen des Arbeitsrechts, S. 48; Boemke, AR-Blattei SD, Auskunftspflicht 320, Rn. 49; Knipp, HwB-AR, Einstellung 795, Rn. 44; Scheuring, ZTR 2002, 314 (317); Ehrich, DB 2000, 421 (427); Sander, AuA 1995, 9 (11); Zeller, BB 1987, 1522 (1525); Moritz, NZA 1987, 329 (336); Neumann, DB 1961, 1291 (1293). Einige Autoren in der Literatur interpretieren die Rechtsprechung des Bundesarbeitsgerichts i. S. e. „Rechts zur Lüge" und erkennen keinerlei Unterschiede zwischen der These vom „Recht zur Lüge" und der Ansicht der Rechtsprechung an, Schaub-Schaub, ArbR-Hdb., § 26 Rn. 12; Däubler, Gläserne Belegschaften, Rn. 222; Bellgardt, Recht und Taktik des Bewerbergesprächs, S. 96 f.; Sander, AuA 1995, 9 (11); Wohlgemuth, AuR 1992, 46 (49); Weichert, CR 1991, 361 (363); Kehrmann, Das Mitbestimmungsgespräch 1973, 47; Larenz, Anm. zum Urteil des BAG vom 22.09.1961 – 1 AZR 241/60, AP § 123 BGB Nr. 15 Bl. 3 f. Denn durch eine Verneinung der Arglist würde ein „Recht zur Lüge" des Bewerbers statuiert, Bellgardt, Recht und Taktik des Bewerbergesprächs, S. 96 f.; Wohlgemuth, AuR 1992, 46 (49); Larenz, Anm. zum Urteil des BAG vom 22.09.1961 – 1 AZR 241/60, AP § 123 BGB Nr. 15 Bl. 3 f. Beide Ansichten liefen so auf dasselbe Ergebnis hinaus. Gegen eine solche Betrachtungsweise spreche, daß es dem Bundesarbeitsgericht nur darauf ankomme, daß eine unwahre Antwort auf eine unzulässige Frage nicht gemäß § 123 Abs. 1 BGB anfechtbar ist und somit das Arbeitsverhältnis bestehen bleibt, BAG, Urteil vom 22.09.1961 – 1 AZR 241/60, AP § 123 BGB Nr. 15 Bl. 2 f.; MünchArbR-Buchner, § 41 Rn. 176; Neumann, DB 1961, 1291 (1293).

914 Std. Rspr. des BAG: Erstmals und grundlegend im Urteil vom 05.12.1957 – 1 AZR 594/56, BAGE 5, 159 (163) = AP § 123 BGB Nr. 2 Bl. 2. Vgl. dazu die späteren Urteile des BAG: Urteil vom 05.10.1995 – 2 AZR 923/94, BAGE 81, 120 (123) = AP § 123 BGB Nr. 40 Bl. 2 = NZA 1996, 371 f.; Urteil vom 21.02.1991 – 2 AZR 449/90, AP § 123 BGB Nr. 35 Bl. 2 f.; Urteil vom 07.06.1984 – 2 AZR 270/83, AP § 123 BGB Nr. 26 Bl. 2; Urteil vom 19.05.1983 – 2 AZR 171/81, AP § 123 BGB Nr. 25 Bl. 2; Urteil vom 25.05.1970 – 3 AZR 384/69, BAGE 22, 344 (354) = AP § 60 HGB Nr. 4 Bl. 5 = SAE 1971, 238 (242); Urteil vom 22.09.1961 – 1 AZR 241/60, BAGE 11, 270 (273) = AP § 123 BGB Nr. 15 Bl. 1 f. = SAE 1962, 119 (120). Siehe auch: LAG Düsseldorf, Urteil vom 30.09.1971 – 3 Sa 305/71, DB 1971, 2071; Urteil vom 07.05.1958 – 6 Sa 173/58, SAE 1959, 161 (162); Nikisch, Arbeitsrecht, Band I, § 52 II 3b.), S. 815; Falkenberg, BB 1970, 1012 (1014); Larenz, Anm. zum Urteil des BAG vom 22.09.1961 – 1 AZR 241/60, AP § 123 BGB Nr. 15 Bl. 3 f.; Schröder, Juristen-Jahrbuch 6 (1965), S. 159 (181); Kemter, RdA 1962, 307 (309); Haberkorn, RdA 1962, 416 f.; Neumann, DB 1961, 1291 (1293); Hueck, Anm. zum Urteil des BAG vom 05.12.1957 – 1 AZR 594/56, AP § 123 BGB Nr. 2 Bl. 3 f.; Osswald, Anm. zum Urteil des BAG vom 05.12.1957 – 1 AZR 594/56, SAE 1958, 147; Gangloff, Anm. zum Urteil des LAG Düsseldorf vom 07.05.1958 – 6 Sa 173/58, SAE 1959, 161 (162).

gangen werde[915]. Dagegen ist aber einzuwenden, daß es nicht um die Begründung eines Kontrahierungszwangs geht. Denn die Tatsache, daß der Bewerber nicht gehalten ist, unzulässige Fragen des Arbeitgebers wahrheitsgemäß zu beantworten, zwingt den Arbeitgeber noch nicht zum Abschluß eines Arbeitsvertrags mit dem Bewerber. Die autonome Entscheidung des Arbeitgebers wird dadurch nicht aufgehoben.

Teile in der Lehre[916] erachten die Rechtsprechung des Bundesarbeitsgerichts in Bezug auf das Merkmal der Arglist als falsch. Denn nach der überwiegenden Meinung in Rechtsprechung und Lehre[917] sei Arglist i. S. d. § 123 Abs. 1 BGB nur Vorsatz und nicht gleichbedeutend mit böser Absicht oder moralischer Vorwerfbarkeit[918]. Daher könne es sich mit einer unwahren Antwort nicht um Arglist handeln. Vielmehr sei auf die Ebene der Widerrechtlichkeit abzustellen. Daher fehle es bei einer unwahren Antwort auf eine unzulässige Frage nicht an der

915 Wiese, ZfA 1971, 273 (300 f.); Leipold, AuR 1971, 161 (163 f.).

916 MünchKomm-Kramer, § 123 BGB Rn. 10; Brox/Rüthers, Arbeitsrecht, Rn. 63; Löwisch, Arbeitsrecht, Rn. 1221; v. Lübtow, FS Bartholomeyczik, S. 249 (275); Strick, NZA 2000, 695 (696); Sowka, NZA 1994, 967; Brox, Anm. zum Urteil des BAG vom 16.09.1982 – 2 AZR 228/80, AP § 123 BGB Nr. 24 Bl. 6 f.; Hofmann, ZfA 1975, 1 (61); Wiese, ZfA 1971, 273 (300, Fn. 126); Gumpert, Anm. zum Urteil des BAG vom 15.01.1970 – 2 AZR 64/69, BB 1970, 804; Neumann-Duesberg, JR 1967, 1 (2 ff.); Leipold, AuR 1971, 161 (192); Ramm, AuR 1963, 161 (169); Larenz, Anm. zum Urteil des BAG vom 22.09.1961 – 1 AZR 241/60, AP § 123 BGB Nr. 15 Bl. 3 f.; Neumann-Duesberg, UFITA 36 (1962), S. 101 (113). Beachte auch den Hinweis auf die Notwehr im Urteil des LAG Bremen vom 24.02.1960 – I Sa 160/59, BB 1960, 743. Zustimmend: BAG, Urteil vom 20.05.1999 – 2 AZR 320/98, AP § 123 BGB Nr. 50 Bl. 2; Urteil vom 21.02.1991 – 2 ZR 449/90, AP § 123 BGB Nr. 35 Bl. 3 = NZA 1991, 719 (720).

917 BGH, Urteil vom 08.12.1989 – V ZR 246/87, JZ 1990, 548 (550); Urteil vom 12.11.1986 – IVa ZR 186/85, VersR 1987, 91; Urteil vom 21.06.1974 – V ZR 15/73, NJW 1974, 1505 (1506); Urteil vom 28.04.1971 – VIII ZR 258/69, NJW 1971, 1795 (1800); Urteil vom 13.05.1957 – II ZR 56/56, NJW 1957, 988; RG, Urteil vom 29.10.1931 – VI 231/31, RGZ 134, 43 (53); OLG Hamm, Urteil vom 26.11.1993 – 20 U 214/93, NJW-RR 1995, 286 (287); OLG Koblenz, Urteil vom 21.09.1990 – 10 U 940/89, VersR 1992, 229 f.; MünchKomm-Kramer, § 123 BGB Rn. 9; Soergel-Hefermehl, § 123 BGB Rn. 25, 27; Palandt-Heinrichs, § 123 BGB Rn. 11; Endemann, Lehrbuch des Bürgerlichen Rechts, Band I/1, S. 355, Fn. 4; Flume, Allgemeiner Teil des Bürgerlichen Rechts, Band II, § 29/2, S. 543 f.; v. Lübtow, FS Bartholomeyczik, S. 249 (269 ff., 272 f.); Strick, NZA 2000, 695 (697); Hofmann, ZfA 1975, 1 (60); Leipold, AuR 1971, 161 (162); Ramm, AuR 1963, 161 (169); Larenz, Anm. zum Urteil des BAG vom 22.09.1961 – 1 AZR 241/60, AP § 123 BGB Nr. 15 Bl. 3 f.

918 Strick, NZA 2000, 695 (697); Larenz, Anm. zum Urteil des BAG vom 22.09.1961 – 1 AZR 241/60, AP § 123 BGB Nr. 15 Bl. 3; Hofmann, ZfA 1975, 1 (60); Leipold, AuR 1971, 161 (162); Neumann-Duesberg, JR 1967, 1 (2). A. A.: Löwisch/Krauß, Anm. zum Urteil des BAG vom 12.02.1970 – 2 AZR 184/69, SAE 1971, 176 (177).

Arglist, sondern an der Rechtswidrigkeit[919]. Denn unzulässige Fragen des Arbeitgebers seien Angriffe auf geschützte Rechtsgüter des Bewerbers, die durch Notwehr in Form einer Lüge abgewehrt werden dürften[920].

Dieser Ansicht ist aber entgegenzuhalten, daß sich das Merkmal der Widerrechtlichkeit im Tatbestand des § 123 Abs. 1 BGB nach der herrschenden Meinung[921] lediglich auf die Drohung, nicht aber die arglistige Täuschung bezieht, da die Widerrechtlichkeit der arglistigen Täuschung im Merkmal der Arglist mitenthalten sei[922]. Daher ist eine Trennung in rechtswidrige und nicht rechtswidrige arglistige Täuschungen nicht mit dem Gesetzeswortlaut vereinbar[923]. Ferner ist es eigentlich die Pflicht des Arbeitgebers, den Bewerber nicht in Gewissenskonflikte zu bringen, indem er sein Fragerecht nicht überschreitet. Daher kann dem Bewerber eine unwahre Antwort auf eine unzulässige Frage nicht negativ angelastet werden[924]. Eine Unterscheidung in zulässige und unzulässige Fragen des Arbeitgebers wäre überflüssig, wenn keine unterschiedlichen Rechtsfolgen daran geknüpft wären. Eine solche Betrachtungsweise würde dem Persönlichkeitsrecht des Bewerbers aus Art. 2 Abs. 1 GG nicht gerecht.

3. Lehre von der Sozialadäquanz

Eine weitere Ansicht in der Literatur[925] geht von der Lehre von der Sozialadäquanz aus. Eine Frage sei zulässig, sofern sie sozialadäquat sei. Der Arbeitgeber könne die Anfechtung erklären, wenn der Bewerber auf eine sozialadäquate Frage nicht wahrheitsgemäß antwortet.

---

919 MünchKomm-Kramer, § 123 BGB Rn. 10; Brox/Rüthers, Arbeitsrecht, Rn. 63; Löwisch, Arbeitsrecht, Rn. 1221; v. Lübtow, FS Bartholomeyczik, S. 249 (275); Hofmann, ZfA 1975, 1 (61); Wiese, ZfA 1971, 273 (300, Fn. 126); Gumpert, Anm. zum Urteil des BAG vom 15.01.1970 – 2 AZR 64/69, BB 1970, 804; Neumann-Duesberg, JR 1967, 1 (2); Neumann-Duesberg, UFITA 36 (1962), S. 101 (113). Nach LAG Berlin, Urteil vom 22.06.1992 – 9 Sa 29/92, NZA 1992, 1131 (1132) handelt es sich um eine sog. „Notwehrlüge". Beachte auch den Hinweis auf die Notwehr im Urteil des LAG Bremen vom 24.02.1960 – I Sa 160/59, BB 1960, 743.

920 MünchKomm-Kramer, § 123 BGB Rn. 10.

921 Mugdan, Die gesamten Materialien zum BGB, Band I, S. 722; v. Lübtow, FS Bartholomeyczik, S. 249 (273); Sander, AuA 1995, 9 (11).

922 Davon ist bereits der Gesetzgeber ausgegangen: Bericht der XII. Kommission über den Allgemeinen Teil des BGB vom 12.06.1896, S. 39, abgedruckt bei: Mugdan, Die gesamten Materialien zum BGB, Band I, S. 965.

923 Sander, AuA 1995, 9 (11).

924 Neumann, DB 1961, 1291 (1293).

925 Zum Begriff der Sozialadäquanz im Zusammenhang mit der Rechtswidrigkeit von Arbeitskampfmaßnahmen: Hueck/Nipperdey, Lehrbuch des Arbeitsrechts, Band II/2, § 47 VI 4, S. 953.

Gegen die Sozialadäquanz ist einzuwenden, daß schon eine Begriffsbestimmung derselben unbestimmt ist, so daß die praktische Verwendbarkeit zweifelhaft erscheint[926]. Des weiteren wird der Begriff der Sozialadäquanz in widersprüchlicher Weise verwendet, so daß eine Übertragung auf das Fragerecht vermieden werden sollte[927]. Eine Übertragung der Grundsätze der Sozialadäquanz aus dem Deliktsrecht in das Vertragrecht ist systemfremd und daher abzulehnen[928]. Darüber hinaus wird bei der Frage der „Einschlägigkeit" der Vorstrafe ein unbestimmter Rechtsbegriff mit dem Merkmal der Sozialadäquanz durch einen anderen ersetzt. Dieser Ansicht kann nicht gefolgt werden.

4. Wahrheitsgemäße Antwort auch bei unzulässigen Fragen

Meilicke[929] vertritt die Ansicht, daß der Arbeitgeber bei einer unrichtigen Beantwortung stets zur Anfechtung des Arbeitsvertrags nach § 123 Abs. 1 BGB berechtigt sei. Dem Argument, daß diese Ansicht gegen den Gleichberechtigungsgrundsatz aus Art. 3 Abs. 2 S. 1 GG und § 611a BGB verstoße[930], hält der Autor[931] entgegen, daß nicht von einer Verletzung des Gleichheitsgrundsatzes gesprochen werden kann, solange nur Frauen in der Lage seien, Kinder zu bekommen und nur Männer zum Wehrdienst verpflichtet seien. Denn es handele

---

926 Larenz, Lehrbuch des Schuldrechts, Band II, § 72 I c.), S. 608; Fikentscher, Schuldrecht, Rn. 1053; Esser/Schmidt, Schuldrecht, Band I/2, § 25 IV 1b.), S. 66; Enneccerus/Lehmann, Lehrbuch des Bürgerlichen Rechts, Band II, § 231 III 6, S. 933 f.; Wiethölter, Der Rechtfertigungsgrund des verkehrsrichtigen Verhaltens, S. 56 f.; Geiger, Die Grundrechte in der Privatrechtsordnung, S. 49 f.; Hofmann, Anm. zum Urteil des BAG vom 15.01.1970 – 2 AZR 64/69, SAE 1971, 134 (137); Bernert, AcP 169 (1969), S. 421 (422 f.).

927 Esser/Schmidt, Schuldrecht, Band I/2, § 25 IV 1b.), S. 66. Zum einen werden teilweise in der Literatur die Einschränkungen von Persönlichkeit, Freiheit und Eigentum als sozialadäquat gesehen, die im Rahmen der anerkannten Einrichtungen des Soziallebens allgemein hingenommen werden müssen. Ferner wird mit dem Begriff der Sozialadäquanz das Einbringen von Risiken beschrieben, die heute auch ungeachtet ihrer fehlenden Beherrschbarkeit in Kauf genommen werden, weil die Gefahr wegen der Nützlichkeit und Bedeutung für die Gesamtwirtschaft vom Gesetzgeber zugelassen worden ist. Drittens dient die Sozialadäquanz der Beschreibung, daß die im Verkehr erforderliche Sorgfalt eingehalten worden ist. Vgl. hierzu: Esser/Schmidt, Schuldrecht, Band I/2, § 25 IV 1b.), S. 66; Wiethölter, Der Rechtfertigungsgrund des verkehrsrichtigen Verhaltens, S. 56 f. Im Strafrecht vgl. hierzu: Niese, Streik und Strafrecht, insb. S. 27-34; Niese, JZ 1956, 457 (460).

928 Hofmann, Anm. zum Urteil des BAG vom 15.01.1970 – 2 AZR 64/69, SAE 1971, 134 (137).

929 Meilicke, BB 1986, 1288 f.

930 BAG, Urteil vom 15.10.1992 – 2 AZR 227/92, NZA 1993, 257 (258) = BB 1993, 431 f.; Sowka, NZA 1994, 967 (968).

931 Meilicke, BB 1986, 1288 (1289).

sich mit den Sozialleistungen des Arbeitgebers im Zusammenhang mit der Mutterschaft oder dem Wehrdienst um geschlechtsspezifische Leistungen, die nur von dem jeweiligen Geschlecht in Anspruch genommen werden können. Daher sei eine Beurteilung nach dem Gleichheitssatz nicht möglich.

Jedoch ist § 611a BGB im Zusammenhang mit der Rechtsprechung des Europäischen Gerichtshofs zur EG-Richtlinie 76/207/EWG zu sehen. Danach verstößt der Arbeitgeber gegen die EG-Richtlinie 76/207, wenn er von der Einstellung einer Frau absieht, weil er den Verdacht einer Schwangerschaft hegt. Dies stellt eine unmittelbare Diskriminierung wegen des Geschlechts dar[932]. Ferner ist dieser Ansicht entgegenzuhalten, daß sie dem Persönlichkeitsrecht des Bewerbers nicht gerecht wird, denn der Bewerber wäre mit dieser Ansicht verpflichtet, auf alle Fragen des Arbeitgebers wahrheitsgemäß zu antworten. Dies ist mit Art. 2 Abs. 1 GG nicht vereinbar.

5. Zwischenergebnis

Der Arbeitgeber ist nur bei einer unwahren Antwort auf eine zulässige Frage zur Anfechtung gemäß § 123 Abs. 1 BGB berechtigt.

II. Schadensersatz wegen Persönlichkeitsrechtsverletzung

Des weiteren stellt sich die Frage, ob der Bewerber gegen unzulässige Fragen des Arbeitgebers einen Abwehranspruch hat und ob er ferner Schadensersatz wegen Verletzung seines Persönlichkeitsrechts verlangen kann.

---

[932] EuGH, Urteil vom 08.11.1990 – Rs C 177/88, NZA 1991, 171-173. Siehe auch: BAG, Urteil vom 15.10.1992 – 2 AZR 227/92, NZA 1993, 257 (258) = BB 1993, 431 f.; Sowka, NZA 1994, 967 (968); Schulte Westenberg, NJW 1994, 1573 (1574).

1. Kein Abwehranspruch und Schadensersatzanspruch des Bewerbers

Die Rechtsprechung des Bundesarbeitsgerichts[933] hat bis jetzt lediglich die Anfechtungsmöglichkeiten des Arbeitgebers gemäß §§ 142 Abs. 1, 119 Abs. 2, 123 Abs. 1 BGB diskutiert. Die Möglichkeit eines Abwehr- oder Schadensersatzanspruchs ist nicht geprüft worden. Die überwiegende Meinung in der Literatur[934] vertritt die Ansicht, daß der Bewerber grundsätzlich nicht gegen eine unzulässige Arbeitgeberfrage vorgehen kann. Der Bewerber sei allein durch eine unzulässige Frage nicht in seinen verfassungsrechtlich verbürgten Rechten verletzt. Daher könnten keine Abwehrrechte und noch weniger Schadensersatzansprüche bestehen. Dies verdeutliche ferner die Terminologie: Es werde schließlich stets von einer „unzulässigen" und nicht von einer „rechtswidrigen" Frage gesprochen.

2. Abwehranspruch und Schadensersatzansprüche

Die Gegenansicht[935] erkennt bei der Überschreitung der Fürsorgepflichten durch den Arbeitgeber gegenüber bereits Beschäftigten einen Schadensersatzanspruch

---

[933] BAG, Urteil vom 03.12.1998 – 2 AZR 754/97, NZA 1999, 584 (585); Urteil vom 05.10.1995 –2 AZR 923/94, BAGE 81, 120 (123) = AP § 123 BGB Nr. 40 Bl. 2 = NJW 1996, 2323 (2324); Urteil vom 11.11.1993 – 2 AZR 467/93, BAGE 75, 77 (80) = AP § 123 BGB Nr. 38 Bl. 1 f.; Urteil vom 21.02.1991 – 2 AZR 449/90, AP § 123 BGB Nr. 35 Bl. 2 f. = NZA 1991, 719; Urteil vom 01.08.1985 – 2 AZR 101/83, AP § 123 BGB Nr. 30 Bl. 2; Urteil vom 07.06.1984 – 2 AZR 270/83, AP § 123 BGB Nr. 26 Bl. 2; Urteil vom 19.05.1983 – 2 AZR 171/81, AP § 123 BGB Nr. 25 Bl. 2 = DB 1984, 298 (299 f.); Urteil vom 19.05.1983 – 2 AZR 171/81, AP § 123 BGB Nr. 24 Bl. 3; Urteil vom 25.03.1976 – 2 AZR 136/75, AP § 123 BGB Nr. 19 Bl. 2; Urteil vom 28.03.1974 – 2 AZR 92/83, AP § 119 BGB Nr. 3 Bl. 3 f.; Urteil vom 06.10.1962 – 2 AZR 360/61, AP § 9 MuSchG Nr. 24 Bl. 2 f.; Urteil vom 22.09.1961 – 1 AZR 241/60, BAGE 11, 270 (273) = AP § 123 BGB Nr. 15 Bl. 1; Urteil vom 05.12.1957 – 1 AZR 594/56, BAGE 5, 159 (161 ff.) = AP § 123 BGB Nr. 2 Bl. 1 f. = AP § 9 MuSchG Nr. 11 = NJW 1958, 516 f.; Urteil vom 08.12.1955 – 2 AZR 13/54, AP § 9 MuSchG Nr. 4 Bl. 1 f.; Urteil vom 08.06.1955 – 3 AZR 14/54, AP § 9 MuSchG Nr. 2 Bl. 3. Vgl. in der Rechtsprechung ferner: LAG Mainz, Urteil vom 06.07.1984 – 6 Sa 179/84, NJW 1985, 510; LAG Frankfurt am Main, Urteil vom 25.01.1949 – II LA 219/48, RdA 1949, 469; ArbG Bremen, Urteil vom 20.02.1953 – II Ca 2051/53, AP § 9 MuSchG Nr. 1 LS. 1 = AP § 119 BGB Nr. 1 Bl. 1 f.

[934] MünchArbR-Buchner, § 41 Rn. 194 f.; Wiese, FS Niederländer, S. 475 (485 f.); Ehrich, HwB-AR, Fragerecht des Arbeitgebers 865, Rn. 71; Wiese, ZfA 1971, 273 (300 f.); Gumpert, Anm. zum Urteil des BAG vom 15.01.1970 – 2 AZR 64/69, BB 1970, 804.

[935] Fitting/Engels/Schmidt/Trebinger/Linsenmaier, § 94 BetrVG Rn. 2; Palandt-Weidenkaff, § 611 BGB Rn. 14 ff.; Bellgardt, Recht und Taktik des Bewerbergesprächs, S. 97 f.; Wohlgemuth, BB 1980, 1530 (1534); Neumann-Duesberg, UFITA 36 (1962), S. 101 ff. Ähnlich: ArbG Kaiserslautern, Urteil vom 30.07.1969 – 4 Ca 177/69, ARSt. 1971, 71;

aus positiver Forderungsverletzung, § 280 Abs. 1 BGB, an[936]. Im vorvertraglichen Anbahnungsverhältnis habe der Arbeitgeber nach den Grundsätzen der culpa in contrahendo[937], § 280 Abs. 1 i. V. m. §§ 311 Abs. 2, 241 Abs. 2 BGB, den Ersatz des Vertrauensschadens[938] zu leisten.

Bellgardt[939] wirft darüber hinaus die Frage auf, ob dem Bewerber ein Einstellungsanspruch gegen den Arbeitgeber zuzubilligen sei, wenn ein Arbeitgebermonopol existiert oder der Arbeitnehmer zu einem besonders schutzbedürftigen Bewerberkreis zählt. Hier bestehe nicht die Möglichkeit, auf einen anderen Arbeitgeber auszuweichen. Jedoch steht dem auch Bellgardt[940] selbst skeptisch gegenüber, da beim Abschluß eines Arbeitsvertrags grundsätzlich Abschlußfreiheit besteht. Anders hingegen verhalte es sich mit einem Arbeitgeber des öffentlichen Dienstes. Hier sei der Dienstherr in seiner Einstellungsentscheidung nicht autonom, sondern die Auswahl habe gemäß Art. 33 Abs. 2 GG ausschließlich nach dem Leistungsprinzip zu erfolgen. Ist die Einstellungsentscheidung durch frühere Präzedenzfälle derart eingegrenzt, daß die Entscheidung nur zugunsten eines bestimmten Bewerbers zulässig ist, habe dieser einen Einstellungsanspruch gegen den Dienstherrn[941].

Daneben wird eine echte Anspruchskonkurrenz[942] zu den Schadensersatzansprüchen aus dem Deliktsrecht angenommen. Es komme zum einen § 823 Abs. 1

Stellungnahme des Bundesministers für Arbeit und Sozialordnung, AuR 1967, 240. Kritisch dazu: Wiese, ZfA 1971, 273 (281, 300 f.).

936 Fitting/Engels/Schmidt/Trebinger/Linsenmaier, § 94 BetrVG Rn. 2; Wohlgemuth, BB 1980, 1530 (1534).

937 Palandt-Weidenkaff, § 611 BGB Rn. 14 ff.; Bellgardt, Recht und Taktik des Bewerbergesprächs, S. 97 f.; Wohlgemuth, BB 1980, 1530 (1534).

938 Bellgardt, Recht und Taktik des Bewerbergesprächs, S. 98. Das negative Interesse umfaßt nur den Auslagenersatz für Telefon-, Porto-, Beglaubigungs-, Schreib- und Lichtbildkosten. Ferner kommt ein Ersatz der Vorstellungskosten oder des Verdienstausfalls in Betracht.

939 Bellgardt, Rechtsprobleme des Bewerbergesprächs, S. 49.

940 Bellgardt, Recht und Taktik des Bewerbergesprächs, S. 99.

941 Bellgardt, Recht und Taktik des Bewerbergesprächs, S. 100; Bellgardt, Die Konkurrentenklage des Beamtenrechts, S. 95 ff.

942 Unter Aufgabe der früheren Rechtsprechung des BFH, Urteil vom 29.10.1963 – VI 290/62 U, AP § 847 BGB Nr. 3 Bl. 1 und des BAG, Urteil vom 31.10.1972 – 1 AZR 11/72, AP § 611 BGB Fürsorgepflicht Nr. 80 Bl. 5; Urteil vom 25.04.1972 – 1 AZR 322/71, BAGE 24, 247 (259), erkennt das BAG in seinem Urteil vom 21.02.1979 – 5 AZR 568/77, AuR 1980, 92 (93) grundsätzlich an, daß ein Schmerzensgeldanspruch wegen Persönlichkeitsrechtsverletzung mit einer vertraglichen Fürsorgepflichtverletzung konkurrieren kann, denn beide haben unterschiedliche Voraussetzungen und Rechtsfolgen.

BGB in Betracht, denn das allgemeine Persönlichkeitsrecht des Art. 2 Abs. 1 GG stelle ein sonstiges Recht i. S. d. § 823 Abs. 1 BGB dar[943]. Ferner sei § 823 Abs. 2 BGB i. V. m. § 75 Abs. 2 BetrVG einschlägig[944]. Ferner bestünden Schmerzengeldansprüche, die auf Ersatz des immateriellen Schadens gerichtet sind[945].

Für diese Ansicht wird angeführt, daß durchaus eine praktische Relevanz der Abwehr- und Schadensersatzansprüche bestünde, z. B. in dem Fall, in dem das berufliche Fortkommen des Arbeitnehmers nachweislich erschwert wurde. Das soll u. a. der Fall sein, wenn die rechtswidrig[946] erlangte Kenntnis zur Nichteinstellung des Bewerbers oder einer anderen nachteiligen personellen Maßnahme führe[947]. Des weiteren wird angenommen, daß die unzulässige Frage des Arbeit-

---

943 Fitting/Engels/Schmidt/Trebinger/Linsenmaier, § 94 BetrVG Rn. 2; Bellgardt, Recht und Taktik des Bewerbergesprächs, S. 98 f.; Wohlgemuth, BB 1980, 1530 (1534); Schmid, NJW 1971, 1863 (1867).

944 Fitting/Engels/Schmidt/Trebinger/Linsenmaier, § 75 BetrVG Rn. 98; Galperin/Löwisch, § 75 BetrVG Rn. 38; Stege/Weinspach, § 75 BetrVG Rn. 2; Brecht, § 75 BetrVG Rn. 7; Schröder, Altersbedingte Kündigungen und Altersgrenzen im Individualarbeitsrecht, S. 202 f.; Hallenberger, Die Pflicht des Arbeitgebers zur Förderung der freien Persönlichkeitsentfaltung, S. 256 f.; Wohlgemuth, BB 1980, 1530 (1534); Hanau, RdA 1976, 24 (28); Löwisch, AuR 1972, 359 (361). Denn die in § 75 BetrVG niedergelegten Pflichten des Betriebsrats und des Arbeitgebers dienen gerade dem Schutz und den Interessen der einzelnen Arbeitnehmer. Eine gegenteilige Auffassung hierzu vertreten: GK-Kreutz, § 75 BetrVG Rn. 138; Hess/Schlochauer/Glaubitz-Worzalla, § 75 BetrVG Rn. 18; Richardi-Richardi, § 75 BetrVG Rn. 42; MünchArbR-v. Hoyningen-Huene, § 301 Rn. 87; Fritsch, BB 1992, 701 (707); Isele, RdA 1962, 373 (374); Herschel, Anm. zum Urteil des BAG vom 05.04.1984 – 2 AZR 513/82, AP § 17 BBiG Nr. 2 Bl. 5. Gegen eine Anerkennung des § 75 Abs. 2 BetrVG als Schutzgesetz i. S. v. § 823 Abs. 2 BGB wird angeführt, daß § 75 BetrVG nur auf die Festlegung von kollektivrechtlichen Amtspflichten abziele und daher keinen Individualschutz gewähre. Zwar wirkten sich die Grundsätze aus § 75 BetrVG mittelbar auch auf die rechtlichen Beziehungen zwischen dem Arbeitgeber und der Arbeitnehmerschaft aus, jedoch stelle die Verletzung keine unmittelbare unerlaubte Handlung gegenüber dem betroffenen Arbeitnehmer dar. Rechtsgrundlage für die Sanktionen in diesem Zusammenhang ergeben sich stets aus dem Einzelarbeitsverhältnis.

945 Fitting/Engels/Schmidt/Trebinger/Linsenmaier, § 94 BetrVG Rn. 2; Bellgardt, Recht und Taktik des Bewerbergesprächs, S. 98. Vgl. dazu den Fall des BAG im Urteil vom 14.09.1967 – 5 AZR 101/66, AP § 252 BGB Nr. 1 Bl. 3.

946 Beachte die Terminologie. Entsprechend seiner Ansicht verwendet Wohlgemuth, BB 1980, 1530 (1534) zutreffend den Begriff der Rechtswidrigkeit, während die herrschende Meinung, die jegliche Abwehr- sowie Schadensersatzansprüche ablehnt, von unzulässigen – nicht rechtswidrigen – Fragen des Arbeitgebers ausgeht.

947 Wohlgemuth, BB 1980, 1530 (1534).

gebers in rechtswidriger und schuldhafter Weise in das Persönlichkeitsrecht des Bewerbers eingreife[948].

3. Streitentscheid und Zwischenergebnis

Für die Gewährung von Schadensersatzansprüchen führt Bellgardt[949] die spezielle Situation des Arbeitsverhältnisses mit seinen engen personellen Bindungen an. Auch wenn der Arbeitgeber weder zur Kündigung noch zur Anfechtung des Arbeitsverhältnisses berechtigt sei, stünden ihm viele Möglichkeiten zur Verfügung, den Mitarbeiter von sich aus zur Kündigung zu veranlassen. Daher sei es für die meisten Arbeitnehmer vorteilhafter, auf die Einstellung zu verzichten und anstelle dessen einen Schadensersatzanspruch gegen den Arbeitgeber geltend zu machen.

Dem ist entgegenzuhalten, daß es sich die meisten Arbeitnehmer in Zeiten großer Arbeitslosigkeit nicht leisten können, eine Einstellungschance abzulehnen. Daher wird es der Arbeitnehmer i. d. R. vorziehen zu lügen. Ferner vermag die Argumentation, ein Schadensersatzanspruch sei für den Bewerber günstiger als ein „Recht zur Lüge," nicht zu überzeugen. Die Günstigkeit kann nicht alleiniger Grund für die Anwendung einer Rechtsfolge sein.

Für die erste Ansicht hingegen spricht, daß den Bewerber keine Rechtspflichten zur Beantwortung irgendeiner Frage des Arbeitgebers trifft. Denn hinsichtlich der Vertragsverhandlungen und des Vertragsschlusses sind beide Verhandlungspartner in ihren Entschlüssen frei. Es bestehen lediglich Schutzpflichten, die die Pflicht jedes Verhandlungspartners beinhalten, auf die Interessen und Rechtsgüter des anderen Teils achtzugeben. Jedoch statuieren diese keine Pflicht, auf alle Fragen uneingeschränkt antworten zu müssen.

Ferner ist die Arbeitgeberfrage noch kein rechtlich relevanter Eingriff in das Persönlichkeitsrecht des Bewerbers. Es kann höchstens von einer rechtlich nicht erheblichen Beeinträchtigung gesprochen werden, der von ihrer Intensität her noch keine Eingriffsqualität zukommt. Im normalen mitmenschlichen Umgang kann eine Frage nicht als Angriff bewertet werden, denn die Frage als solche bringt dem Arbeitgeber noch keine Information. Mit der bloßen Frage handelt es sich lediglich um die Bitte an den Bewerber, sich freiwillig mitzuteilen[950]. Ob der Bewerber daraufhin Umstände aus seinem Privatleben offenbart, entspringt seiner freien Entscheidung.

---

948 Bellgardt, Recht und Taktik des Bewerbergesprächs, S. 98 f.

949 Bellgardt, Recht und Taktik des Bewerbergesprächs, S. 97 f.

950 Klein, AuR 1978, 266 (268); Wiese, ZfA 1971, 273 (300 f.).

Aus diesem Grund kann bei einer Frage des Arbeitgebers nur dann ein Eingriff in das Persönlichkeitsrecht des Bewerbers gegeben sein, wenn seine Entscheidung nicht frei war. Das ist der Fall, wenn seine Antwort durch Zwang, arglistige Täuschung oder Ausnutzung einer Notlage erwirkt worden ist[951]. Daher können dem Bewerber im Hinblick auf eine Arbeitgeberfrage beim Einstellungsgespräch ausnahmsweise nur dann Schadensersatzansprüche zustehen, wenn die Frage derart unangemessen formuliert worden ist, daß bereits die Art und Weise der Fragestellung eine Beleidigung und damit einen Eingriff in das Persönlichkeitsrecht des Bewerbers darstellt[952]. Daher ist davon auszugehen, daß dem Bewerber im Normalfall bei unzulässigen Arbeitgeberfragen weder Abwehr- noch Schadensersatzansprüche zustehen. Er kann vielmehr einfach eine Beantwortung der gestellten Frage verweigern ohne Rechtsnachteile zu erleiden.

III. Anspruch des Arbeitnehmers auf Entfernung aus der Personalakte

Wenn der Arbeitgeber die unzulässigerweise erlangte Information in die Personalakte aufnimmt, stellt sich die Frage, ob der Bewerber deren Entfernung verlangen kann. In der sog. Personalfragebogenentscheidung hat das Bundesarbeitsgericht[953] dem erfolglos gebliebenen Bewerber einen Anspruch auf Vernichtung oder Herausgabe des von ihm ausgefüllten Personalfragebogens zugesprochen. Sofern der Fragebogen Informationen aus der Privat- oder Intimsphäre des Bewerbers enthält, stellt diese Speicherung eine Verletzung des Persönlichkeitsrechts des Bewerbers dar. In diesem Fall besteht ein Anspruch auf Vernichtung des Personalfragebogens[954].

IV. Zwischenergebnis

Bei einer unzulässigen Frage des Arbeitgebers steht dem Bewerber zwar kein „Recht zur Lüge“ zu, aber bei einer unwahren Beantwortung ist der Arbeitgeber nicht zur Anfechtung nach § 123 Abs. 1 BGB berechtigt. Ferner stehen dem Bewerber bei einer unzulässigen Arbeitgeberfrage keine Abwehr- bzw. Schadensersatzansprüche zu, sondern der Bewerber kann die Beantwortung lediglich ablehnen. Sofern der Bewerbungsfragebogen aber Umstände aus der Privat- oder Intimsphäre des Arbeitnehmers enthält, hat dieser einen Anspruch gegen

---

951 Wiese, ZfA 1971, 273 (301).

952 Ehrich, HwB-AR, Fragerecht des Arbeitgebers 865, Rn. 72.

953 BAG, Beschluß vom 17.03.1983 – 6 ABR 33/80, DB 1983, 1607 f. Vgl. dazu auch: Gola/Hümmerich, Personaldatenrecht im Arbeitsverhältnis, S. 19; Bregenhorn, Die Rechtsproblematik in der Personalbeurteilung, S. 262 ff.

954 Gola/Hümmerich, Personaldatenrecht im Arbeitsverhältnis, S. 19; Bregenhorn, Die Rechtsproblematik in der Personalbeurteilung, S. 262 ff.

den Arbeitnehmer auf Korrektur der Personalakte oder auf Vernichtung des Fragebogens.

§ 2: Verstoß des Bewerbers gegen seine Mitteilungspflichten

Hinsichtlich der Rechtsfolgen des Verstoßes des Bewerbers gegen eine Aufklärungs- oder Offenbarungspflicht bestehen keine Unterschiede. In Betracht kommt die Anfechtung oder Kündigung durch den Arbeitgeber. Ferner spielen Schadensersatzansprüche des Arbeitgebers eine Rolle. Weniger praktisch relevant sind die Möglichkeit des Abschlusses eines Aufhebungsvertrags und die Tatsache, daß der Arbeitgeber dem Bewerber nahe legt selbst zu kündigen. Ferner sind die Auswirkungen eines solchen Verstoßes auf das Arbeitszeugnis des Bewerbers und eine mögliche Strafbarkeit wegen Anstellungsbetrugs gemäß § 263 Abs. 1 StGB bedeutsam.

I. Anfechtungsrecht durch den Arbeitgeber

Verletzt der Bewerber seine Aufklärungs- oder Offenbarungspflichten, kann der Arbeitgeber den Arbeitsvertrag anfechten. Der Anfechtung des Arbeitsvertrags kommt die größte praktische Bedeutung zu. Im Gegensatz zur Kündigung des Arbeitsverhältnisses stellt die Anfechtung das vorteilhaftere Gestaltungsrecht dar[955]. Es besteht wegen der ex-nunc-Wirkung der Anfechtung im Arbeitsrecht im Gegensatz zur gesetzlichen Regelung des § 142 Abs. 1 BGB zwar kein Entgeltrückzahlungsanspruch, jedoch hat die Anfechtung gegenüber der Kündigung den Vorteil, daß sowie die Anhörung des Betriebsrats nach § 102 BetrVG als auch der besondere Kündigungsschutz entfällt.

1. Anwendbarkeit der Anfechtungsregeln im Arbeitsverhältnis

Ob die Willenserklärungen zum Abschluß eines Arbeitsvertrags überhaupt angefochten werden können, ist umstritten. Nach einer älteren Meinung in der Rechtsprechung und Lehre[956] könne das Arbeitsverhältnis nicht angefochten werden,

---

[955] Bellgardt, Recht und Taktik des Bewerbergesprächs, S. 101.

[956] Zur faktischen Gesellschaft: BGH, Urteil vom 24.10.1951 – II ZR 18/51, BGHZ 3, 285 (290). Das LAG Frankfurt am Main hat im Urteil vom 09.08.1953 – II LA 123/52, DB 1953, 847 f. eine Anfechtung wegen Irrtums oder Drohung gemäß § 123 Abs. 1 BGB generell für unanwendbar erklärt. Das LAG Baden-Württemberg, Urteil vom 10.10.1956 – V Sa 52/56, DB 1956, 1236 hat für den Fall der Invollzugsetzung eine Anfechtung gemäß §§ 119, 123 BGB abgelehnt. Vgl. in der Literatur: MünchKomm-Ulmer, § 705 BGB Rn. 323 ff.; Hueck, 1. Aufl., § 1 KSchG Rn. 25; Schwerdtner, Arbeitsrecht, Band I, S. 22; Hönn, ZfA 1987, 61 (84); Gamillscheg, AcP 176 (1976), S. 197 (216 ff.); Frey, AuR 1953, 167 ff.

denn das Anfechtungsrecht aus dem allgemeinen Teil des Bürgerlichen Gesetzbuchs werde durch die Kündigungsmöglichkeit der arbeitsrechtlichen Regelungen ersetzt[957]. Die ganz herrschende Ansicht in der heutigen Rechtsprechung[958] und Lehre[959] hingegen erkennt eine Anfechtungsmöglichkeit des Arbeitsvertrags uneingeschränkt an. Der Arbeitgeber ist bei einer Verletzung der Aufklärungs- und Offenbarungspflichten des Bewerbers nicht auf sein Kündigungsrecht beschränkt.

---

957 Vgl. dazu § 17c Abs. 1 des Entwurfs der Arbeitsgesetzbuchkommission von 1977; Hueck, 1. Aufl., § 1 KSchG Rn. 25; Schwerdtner, Arbeitsrecht, Band I, S. 22; Hönn, ZfA 1987, 61 ff. (84); Gamillscheg, AcP 176 (1976), S. 197 (216 ff.); Frey, AuR 1953, 167.

958 Std. Rspr. des BAG: Urteil vom 03.12.1998 – 2 AZR 754/97, NZA 1999, 584 (585); Urteil vom 05.10.1995 –2 AZR 923/94, BAGE 81, 120 (123) = AP § 123 BGB Nr. 40 Bl. 2 = NJW 1996, 2323 (2324); Urteil vom 11.11.1993 – 2 AZR 467/93, BAGE 75, 77 (80) = AP § 123 BGB Nr. 38 Bl. 1 f.; Urteil vom 21.02.1991 – 2 AZR 449/90, AP § 123 BGB Nr. 35 Bl. 2 f.; Urteil vom 07.06.1984 – 2 AZR 270/83, AP § 123 BGB Nr. 26 Bl. 2; Urteil vom 19.05.1983 – 2 AZR 171/81, AP § 123 BGB Nr. 25 Bl. 2; Urteil vom 19.05.1983 – 2 AZR 171/81, AP § 123 BGB Nr. 24 Bl. 3; Urteil vom 25.03.1976 – 2 AZR 136/75, AP § 123 BGB Nr. 19 Bl. 2; Urteil vom 28.03.1974 – 2 AZR 92/83, AP § 119 BGB Nr. 3 Bl. 3 f.; Urteil vom 06.10.1962 – 2 AZR 360/61, AP § 9 MuSchG Nr. 24 Bl. 2 f.; Urteil vom 22.09.1961 – 1 AZR 241/60, AP § 123 BGB Nr. 15 Bl. 1; Urteil vom 05.12.1957 – 1 AZR 594/56, BAGE 5, 159 (161 ff.) = AP § 123 BGB Nr. 2 Bl. 1 f. = AP § 9 MuSchG Nr. 11 = NJW 1958, 516 f.; Urteil vom 08.12.1955 – 2 AZR 13/54, AP § 9 MuSchG Nr. 4 Bl. 1 f.; Urteil vom 08.06.1955 – 3 AZR 14/54, AP § 9 MuSchG Nr. 2 Bl. 3; LAG Mainz, Urteil vom 06.07.1984 – 6 Sa 179/84, NJW 1985, 510; LAG Frankfurt am Main, Urteil vom 25.01.1949 – II LA 219/48, RdA 1949, 469; ArbG Bremen, Urteil vom 20.02.1953 – II Ca 2051/53, AP § 9 MuSchG Nr. 1 LS. 1 = AP § 119 BGB Nr. 1 Bl. 1 f.

959 Staudinger-Richardi, § 611 BGB Rn. 152 f.; MünchArbR-Buchner, § 41 Rn. 178; MünchArbR-Richardi, § 46 Rn. 28; Erfurter Kommentar-Preis, § 611 BGB Rn. 467; Schaub-Schaub, ArbR-Hdb., § 35 Rn. 14; Kasseler Handbuch zum ArbR I-Künzl, 2.1. Rn. 118 f.; Staudinger-Richardi, § 611 BGB Rn. 153-155; Palandt-Weidenkaff, § 611 BGB Rn. 9; GK-Preis, Grundlagen K, Rn. 22; Herschel/Steinmann, 1. Aufl., § 1 KSchG Rn. 17; Ebenso Löwisch in der 8. Aufl., Vor § 1 KSchG Rn. 123; Hueck/Nipperdey, Lehrbuch des Arbeitsrechts, Band I, § 32 I 1, S. 183, § 32 IV, S. 196 ff.; Nikisch, Arbeitsrecht, Band I, § 23 IV 1, S. 222; Brox, Die Einschränkung der Irrtumsanfechtung, S. 214 ff.; Gröninger/Thomas, § 15 SchwbG Rn. 14; Bellgardt, Recht und Taktik des Bewerbergesprächs, S. 101; Borgaes, Der Informationsschutz des Arbeitsplatzbewerbers, S. 87; Bobrowski/-Gaul, Arbeitsrecht im Betrieb Band I, B III, Rn. 15; Ehrich, HwB-AR, Fragerecht des Arbeitgebers 865, Rn. 63 ff.; Schulte, HwB-AR, Anfechtung 100, Rn. 4; Bengelsdorf, in: Arbeitsrechtslexikon, Anfechtung 16, S. 2; Klein, AuR 1978, 266; Haberkorn, RdA 1962, 416; Küchenhoff, Anm. zum Urteil des BAG vom 28.03.1974 – 2 AZR 92/73, AP § 119 BGB Nr. 3 Bl. 4 f.; Knevels, BB 1965, 336 (338); Farthmann, RdA 1958, 338 ff.; Herschel, BB 1953, 1069 f.; Kauffmann, DB 1953, 21 (22).

Für eine Ablehnung des Anfechtungsrechts spreche, daß das Gestaltungsrecht der Anfechtung für das Arbeitsrecht wesensfremd sei. Nach Arbeitsaufnahme trete das Kündigungsrecht an die Stelle der Anfechtung[960]. Durch den Eintritt der Nichtigkeit erst mit dem Zeitpunkt des Zugangs der Anfechtungserklärung[961] sei der Anfechtung ein wesentliches Merkmal genommen. Im Ergebnis handele es sich um eine Kündigung[962], denn nach dem juristischen Sprachgebrauch stellt eine für die Zukunft wirkende Lossagung eine Kündigung dar[963]. Es bestehe eine Gesetzeskonkurrenz zwischen der Anfechtung und der personenbedingten Kündigung, denn die verkehrswesentlichen Eigenschaften einer Person gemäß § 119 Abs. 2 BGB seien mit den Gründen, die in der Person des Arbeitnehmers nach § 1 Abs. 2 KSchG liegen, identisch. Daher solle das KSchG als spätere Sonderregelung die Regeln des BGB als ältere und allgemeinere Bestimmung aufheben[964].

Die Frage, ob die Anfechtung des Arbeitsverhältnisses durch die Kündigung ausgeschlossen ist, hängt jedoch davon ab, ob § 626 Abs. 1 BGB als lex specialis gegenüber der Anfechtung im Arbeitsvertragsrecht zu sehen ist[965]. Das ist der Fall, wenn eine spezielle Regelung Fälle, die an sich unter eine allgemeine Regel fielen, in einer besonderen Weise ordnen würde[966]. Das ist hier nicht der

---

960 LAG Frankfurt am Main, Urteil vom 09.98.1953 – II LA 123/52, DB 1953, 847; RAG, Urteil vom 13.03.1942 – RAG 143/41, ARS 44, 209 (214). § 17c Abs. 1 des Entwurfs der Arbeitsgesetzbuchkommission von 1977 bejaht dies zumindest für den Anfechtungsgrund aus § 119 Abs. 2 BGB. Vgl. ferner: Hueck, 1. Aufl., § 1 KSchG Rn. 25; Schwerdtner, Arbeitsrecht, Band I, S. 22; Hönn, ZfA 1987, 61 (84); Gamillscheg, AcP 176 (1976), S. 197 (216 ff.); Frey, AuR 1953, 167.

961 Vgl. dazu unten die Ausführungen auf S. 278 ff.

962 LAG Frankfurt am Main, Urteil vom 09.08.1953 – II LA 123/52, DB 1953, 847; LAG Baden-Württemberg, Urteil vom 10.10.1956 – V Sa 52/56, DB 1956, 1236. Hingegen will Hueck, 1. Aufl., § 1 KSchG Rn. 25; Hueck, BB 1952, 263 f. die Anfechtung als Kündigung betrachten, sofern man auf die Rechtsfolgen abstellt, jedoch nicht hinsichtlich der Voraussetzungen.

963 Nach Molitor, Die Kündigung, S. 1, stellt die Kündigung „das einseitige, empfangsbedürftige Rechtsgeschäft (dar), das ein zwei- oder mehrseitiges auf unbestimmte, aber nicht oder wenigstens nicht unter allen Umständen auf unbeschränkte Dauer laufendes Rechtsverhältnis für die Zukunft beendet". Vgl. ferner: Hug, Das Kündigungsrecht, Band II, S. 41; Thiele, AcP 89 (1899), S. 85 (89); Gschnitzer, JhJb. 76 (1926), S. 317 (331, 344); Hueck, BB 1952, 263.

964 Frey, AuR 1953, 167.

965 Küchenhoff, Anm. zum Urteil des BAG vom 28.03.1974 – 2 AZR 92/73, AP § 119 BGB Nr. 3 Bl. 4 f.

966 Enneccerus/Nipperdey, Allgemeiner Teil des Bürgerlichen Rechts, § 60 I 3, S. 351; Küchenhoff, Anm. zum Urteil des BAG vom 28.03.1974 – 2 AZR 92/73, AP § 119 BGB Nr. 3 Bl. 4 f.

Fall, denn die Unterschiede zwischen der Anfechtung und der Kündigung sind vielfältig und offenkundig, so daß es sich im Gegensatz zur Kündigung bei der Anfechtung um ein aliud handelt[967].

Anfechtung und Kündigung stellen zwei unterschiedliche Rechtsinstitute dar, die gegeneinander nicht austauschbar sind[968]. Die Anfechtung bezieht sich auf die Willenserklärung nur eines Vertragspartners, während die Kündigung das gesamte Rechtsverhältnis ergreift[969]. Die Anfechtung dient der Beseitigung der Folgen der Willenserklärung, die auf einem Willensmangel beruhen, wohingegen die Kündigung ein nachträglich sinnlos gewordenes Rechtsverhältnis beseitigen soll. Die Anfechtung wird auf einen Grund gestützt, der bereits vor Vertragsabschluß vorhanden war. Die Kündigung hingegen bezieht sich auf einen im Laufe des Arbeitsverhältnisses entstandenen Grund[970]. Des weiteren ist festzustellen, daß die Anfechtung die Nichtigkeit der Willenserklärung zur Folge hat. Die Kündigung hingegen soll ein ursprünglich fehlerfrei zustande gekommenes Rechtsverhältnis für die Zukunft beseitigen. Sowohl die Voraussetzungen als auch die Rechtsfolgen von Anfechtung und Kündigung sind unterschiedlich. Beide Rechtsinstitute erfüllen eine andere Ordnungsfunktion, so daß das eine Rechtsinstitut nicht durch das andere ersetzt werden kann[971].

Die besondere Funktion der Anfechtung besteht in der Sicherung der Freiheit der Willensentschließung und der Korrektur von Rechtsgeschäften bei der Beeinträchtigung der freien Willensbildung[972]. Diese Funktionen kann die Kündi-

---

[967] Staudinger-Richardi, § 611 BGB Rn. 153; Küchenhoff, Anm. zum Urteil des BAG vom 28.03.1974 – 2 AZR 92/73, AP § 119 BGB Nr. 3 Bl. 4 f.; Herschel, BB 1953, 1069.

[968] Staudinger-Richardi, § 611 BGB Rn. 153 f.; MünchArbR-Richardi, § 46 Rn. 25; Kauffmann, DB 1953, 21 (22). Laut Picker, ZfA 1981, 1 (35) sind Kündigung und Anfechtung „wesensverschiedene Instrumente privatautonomer Gestaltung". Nach Herschel, BB 1953, 1069 (1070) sind „Anfechtung und Kündigung des Arbeitsverhältnisses (...) nicht einmal kongruent, geschweige denn wesensgleich".

[969] BAG, Urteil vom 05.12.1957 – 1 AZR 594/56, AP § 123 BGB Nr. 2 Bl. 1.

[970] BAG, Urteil vom 05.12.1957 – 1 AZR 594/56, AP § 123 BGB Nr. 2 Bl. 1; Staudinger-Richardi, § 611 BGB Rn. 153; Herschel, BB 1953, 1069.

[971] Staudinger-Richardi, § 611 BGB Rn. 153 f.; MünchArbR-Richardi, § 46 Rn. 25, 28; Picker, ZfA 1981, 1 (insb. 20 ff.).

[972] BGH, Urteil vom 24.10.1968 – II ZR 214/66, BGHZ 51, 141 (147); RG, Urteil vom 29.10.1931 – VI 231/31, RGZ 134, 43 (55); Motive zum BGB, Band I, zu § 103, S. 204; MünchArbR-Buchner, § 41 Rn. 178; MünchKomm-Kramer, § 123 BGB Rn. 1; Palandt-Heinrichs, § 123 BGB Rn. 1; Staudinger-Richardi, § 611 BGB Rn. 152 f.; Wolf, Rechtsgeschäftliche Entscheidungsfreiheit und vertraglicher Interessenausgleich, S. 119 f.; Brox, Anm. zum Urteil des BAG vom 16.09.1982 – 2 AZR 228/80, AP § 123 BGB Nr. 24 Bl. 6; Picker, ZfA 1981, 1 ff (21); Herschel, BB 1953, 1069.

gung nicht übernehmen[973]. Der Arbeitgeber hat daher grundsätzlich die Möglichkeit, das Arbeitsverhältnis anzufechten.

2. Irrtum über verkehrswesentliche Eigenschaften, § 119 Abs. 2 BGB

Als Anfechtungsgrund kommt der Irrtum über verkehrswesentliche Eigenschaften einer Person gemäß § 119 Abs. 2 BGB in Betracht. Verkehrswesentliche Eigenschaften sind alle tatsächlichen oder rechtlichen Merkmale, die einer Person oder Sache unmittelbar und dauerhaft anhaften und für die Wertbildung von Bedeutung sind[974]. Das ist der Fall, wenn der Arbeitnehmer nicht zur Erfüllung seiner arbeitsvertraglichen Pflichten fähig ist. Für das Vorliegen des Anfechtungsgrunds des § 119 Abs. 2 BGB genügt aber nicht schon jeder Irrtum über die Leistungsfähigkeit des Bewerbers. Die Eigenschaften müssen für die fragliche Stelle erheblich sein[975].

Grundsätzlich sind Vorstrafen des Bewerbers keine verkehrswesentlichen Eigenschaften[976], denn diese haften der Person nicht unmittelbar und dauerhaft an. Jedoch kann die Kenntnis von Vorstrafen im Einzelfall einen Rückschluß auf die persönlichen Eigenschaften eines Bewerbers zulassen, so daß deren Unkenntnis des Arbeitgeber zur Anfechtung nach § 119 Abs. 2 BGB berechtigt[977]. Als solche kommen die Vertrauenswürdigkeit, Zuverlässigkeit und Charakterfestigkeit in Betracht[978]. Dabei ist der Aufgabenbereich des Arbeitnehmers und

---

973 MünchArbR-Buchner, § 41 Rn. 178; Herschel, BB 1953, 1069.

974 BGH, Urteil vom 30.03.1990 – V ZR 13/89, NJW 1990, 1658 (1659); Urteil vom 22.09.1983 – VII ZR 43/83, BGHZ 88, 240 (245); Urteil vom 19.12.1980 – V ZR 185/79, BGHZ 79, 183 (185) = NJW 1981, 864 f.; Urteil vom 18.11.1977 – V ZR 172/76, BGHZ 70, 47 (49); Urteil vom 14.12.1960 – V ZR 40/60, BGHZ 34, 32 (41) = NJW 1961, 772 (773); Urteil vom 18.12.1954 – II ZR 296/53, BGHZ 16, 54 (57); RG, Urteil vom 22.11.1935 – V 77/35, RGZ 149 235, (238); Urteil vom 15.06.1920 – VII 35/20, RGZ 99, 214 (215); Urteil vom 09.11.1906 – II 173/06, RGZ 64, 266 (269); OLG Hamm, Beschluß vom 27.11.1965 – 15 W 121/65, MDR 1966, 501; GK-Preis, Grundlagen K, Rn. 31; Palandt-Heinrichs, § 119 BGB Rn. 24; MünchKomm-Kramer, § 119 BGB Rn. 102, 128; Gitter/Michalski, Arbeitsrecht, S. 57.

975 Staudinger-Richardi, § 611 BGB Rn. 156; Schulte, HwB-AR, Anfechtung 100, Rn. 13.

976 Staudinger-Richardi, § 611 BGB Rn. 158; Schulte, HwB-AR, Anfechtung 100, Rn. 29; Bengelsdorf, in: Arbeitsrechtslexikon, Anfechtung 16, S. 3.

977 GK-Preis, Grundlagen K, Rn. 40; Staudinger-Richardi, § 611 BGB Rn. 158; Schulte, HwB-AR, Anfechtung 100, Rn. 29; Bengelsdorf, in: Arbeitsrechtslexikon, Anfechtung 16, S. 3.

978 BAG, Urteil vom 05.12.1957 – 1 AZR 594/56, BAGE 5, 159 (165) = AP § 123 BGB Nr. 2 Bl. 3; BGH, Urteil vom 19.12.1968 – II ZR 138/67, WM 1969, 291 (292); RG, Urteil vom 20.06.1917 – Rep V 87/17, RGZ 90, 342 (344 f.); GK-Preis, Grundlagen K, Rn. 40; Staudinger-Richardi, § 611 BGB Rn. 158; Palandt-Heinrichs, § 119 BGB Rn. 26;

die Art der Vorstrafe wesentlich[979]. Folglich kann eine Vorstrafe nur dann zur Anfechtung des Arbeitsvertrags nach § 119 Abs. 2 BGB berechtigen, wenn sie erstens nicht unter § 53 Abs. 1 BZRG fällt, zweitens einen Rückschluß auf die Zuverlässigkeit des Arbeitnehmers erlaubt und drittens eine vertrauensvolle Zusammenarbeit der Vertragsparteien für eine ordnungsgemäße Durchführung des Arbeitsverhältnisses erforderlich ist. Ob dies der Fall ist, ist je nach dem konkreten Einzelfall zu beurteilen. Dabei ist nicht auf den Wertmaßstab abzustellen, den der Arbeitgeber nachträglich anlegen würde, sondern es ist zu untersuchen, ob der Arbeitgeber den Bewerber zum Zeitpunkt der Vertragsverhandlungen als zu stark belastet abgewiesen hätte[980].

3. Arglistige Täuschung, § 123 Abs. 1 BGB

Ferner ist eine Anfechtung wegen arglistiger Täuschung gemäß § 123 Abs. 1 BGB möglich. Eine Täuschung ist jedes Verhalten, durch das bewußt eine unrichtige Vorstellung erregt, bestärkt oder aufrechterhalten wird[981]. Jedoch ist nur eine falsche Antwort auf eine zulässigerweise gestellte Frage eine arglistige Täuschung[982]. Beantwortet der Bewerber eine zulässige Arbeitgeberfrage nicht wahrheitsgemäß, so handelt es sich um eine Täuschung durch positives Tun[983]. Besteht hingegen eine Offenbarungspflicht, der der Bewerber nicht nachkommt, handelt es sich um eine Täuschung durch Verschweigen[984]. Des weiteren ist

---

Linnenkohl, Einführung in die Grundlagen des Arbeitsrechts, S. 40 f.; Schulte, HwB-AR, Anfechtung 100, Rn. 29; Bengelsdorf, in: Arbeitsrechtslexikon, Anfechtung 16, S. 3.

979 Staudinger-Richardi, § 611 BGB Rn. 158; Linnenkohl, Einführung in die Grundlagen des Arbeitsrechts, S. 40; Bengelsdorf, in: Arbeitsrechtslexikon, Anfechtung 16, S. 3; Hofmann, ZfA 1975, 1 (60).

980 Endemann, AR-Blattei D, Vorstrafen I., I. Bedeutung im Arbeitsverhältnis, 3. Fortsetzungsblatt.

981 GK-Preis, Grundlagen K, Rn. 48; Staudinger-Richardi, § 611 BGB Rn. 161; Palandt-Heinrichs, § 123 BGB Rn. 2.

982 BAG, Urteil vom 05.10.1995 –2 AZR 923/94, AP § 123 BGB Nr. 40 Bl. 2 = NJW 1996, 2323 (2324); Urteil vom 11.11.1993 – 2 AZR 467/93, AP § 123 BGB Nr. 38 Bl. 2; Urteil vom 21.02.1991 – 2 AZR 449/90, NZA 1991, 719; Urteil vom 07.06.1984 – 2 AZR 270/83, AP § 123 BGB Nr. 26 Bl. 2, 3; Urteil vom 19.05.1983 – 2 AZR 171/81, AP § 123 BGB Nr. 25 Bl. 3 = DB 1984, 298 (299 f.); Urteil vom 22.09.1961 – 1 AZR 241/60, BAGE 11, 270 (273) = AP § 123 BGB Nr. 15 Bl. 1 f.; Urteil vom 05.12.1957 – 1 AZR 594/56, AP § 123 BGB Nr. 2 Bl. 2.

983 GK-Preis, Grundlagen K, Rn. 49; MünchKomm-Kramer, § 123 BGB Rn. 15; Palandt-Heinrichs, § 123 BGB Rn. 3; Bengelsdorf, in: Arbeitsrechtslexikon, Anfechtung 16, S. 4.

984 BAG, Urteil vom 05.10.1995 –2 AZR 923/94, NJW 1996, 2323 (2324); GK-Preis, Grundlagen K, Rn. 50; MünchKomm-Kramer, § 123 BGB Rn. 16 f., 19; Palandt-Heinrichs, § 123 BGB Rn. 5-6; Gitter/Michalski, Arbeitsrecht, S. 58; Schulte, HwB-AR, Anfechtung 100, Rn. 32; Bengelsdorf, in: Arbeitsrechtslexikon, Anfechtung 16, S. 4.

Arglist des Bewerbers und damit Vorsatz[985] erforderlich. Hierfür reicht bereits bedingter Vorsatz aus[986]. Im Arbeitsrecht ist das der Fall, wenn der Bewerber vorsätzlich seine Aufklärungs- oder Offenbarungspflicht verletzt[987].

4. Wegfall der Beeinträchtigung, § 242 BGB

Es kann im Einzelfall sein, daß die Anfechtung gegen Treu und Glauben gemäß § 242 BGB verstößt. Hier ist der Anfechtung der Einwand der unzulässigen

---

985 BAG, Urteil vom 20.05.1999 – 2 AZR 320/98, NJW 1999, 3653 (3654); Urteil vom 05.10.1995 –2 AZR 923/94, AP § 123 BGB Nr. 40 Bl. 2 = NJW 1996, 2323 (2324); Urteil vom 11.11.1993 – 2 AZR 467/93, AP § 123 BGB Nr. 38 Bl. 2; Urteil vom 01.08.1985 – 2 AZR 101/83, AP § 123 BGB Nr. 30 Bl. 3; Urteil vom 07.06.1984 – 2 AZR 270/83, AP § 123 BGB Nr. 26; Urteil vom 25.03.1976 – 2 AZR 136/75, AP § 123 BGB Nr. 19 Bl. 3; BGH, Urteil vom 21.06.1974 – V ZR 15/73, NJW 1974, 1505 (1506); Urteil vom 13.05.1957 – II ZR 56/56, NJW 1957, 988; GK-Preis, Grundlagen K, Rn. 52; Staudinger-Richardi, § 611 BGB Rn. 161; Palandt-Heinrichs, § 123 BGB Rn. 11; MünchKomm-Kramer, § 123 BGB Rn. 9; MünchArbR-Buchner, § 41 Rn. 178; Gröninger/Thomas, § 15 SchwbG Rn. 15; Borgaes, Der Informationsschutz des Arbeitsplatzbewerbers, S. 87; Bengelsdorf, in: Arbeitsrechtslexikon, Anfechtung 16, S. 8; Neumann-Duesberg, JR 1967, 1.

986 BAG, Urteil vom 20.05.1999 – 2 AZR 320/98, NJW 1999, 3653 (3654); Urteil vom 11.11.1993 – 2 AZR 467/93, BAGE 75, 77 (84) = AP § 123 BGB Nr. 38 Bl. 3; Urteil vom 22.09.1961 – 1 AZR 241/60, AP § 123 BGB Nr. 15 Bl. 2; BGH, Urteil vom 21.01.1975 – VIII ZR 101/73, BGHZ 63, 382 (386); Urteil vom 26.09.1997 – V ZR 29/96, NJW 1998, 302 (303); Urteil vom 19.12.1980 – V ZR 185/79, NJW 1981, 864 f.; Urteil vom 18.03.1981 – VIII ZR 44/80, NJW 1981, 1441 f.; Urteil vom 16.03.1977 – VIII ZR 283/75, NJW 1977, 1055; Urteil vom 21.06.1974 – V ZR 15/73, NJW 1974, 1505 (1506); Urteil vom 28.04.1971 – VIII ZR 258/69, NJW 1971, 1795 (1800); Urteil vom 13.05.1957 – II ZR 56/56, NJW 1957, 988; RG, Urteil vom 29.10.1931 – VI 231/31, RGZ 134, 43 (53); GK-Preis, Grundlagen K, Rn. 52; Palandt-Heinrichs, § 123 BGB Rn. 11; MünchKomm-Kramer, § 123 BGB Rn. 9, MünchArbR-Buchner, § 41 Rn. 178; MünchArbR-Richardi, § 46 Rn. 38; Bengelsdorf, in: Arbeitsrechtslexikon, Anfechtung 16, S. 8; Klein, AuR 1978, 266; Hofmann, ZfA 1975, 1 (59); Neumann-Duesberg, JR 1967, 1 (2).

987 MünchArbR-Buchner, § 41 Rn. 178. Hinsichtlich der Verletzung der Aufklärungspflichten verlangt das BAG eine vorsätzliche Falschbeantwortung von Arbeitgeberfragen: BAG, Urteil vom 05.10.1995 – 2 AZR 923/94, AP § 123 BGB Nr. 40 Bl. 2; Urteil vom 11.11.1993 – 2 AZR 467/93, AP § 123 BGB Nr. 38 Bl. 3; Urteil vom 01.08.1985 – 2 AZR 101/83, AP § 123 BGB Nr. 30 Bl. 2; Urteil vom 07.06.1984 – 2 AZR 270/83, AP § 123 BGB Nr. 26 Bl. 2 f.; Urteil vom 16.09.1982 – 2 AZR 228/80, AP § 123 BGB Nr. 24 Bl. 3 f.; Urteil vom 25.03.1976 – 2 AZR 136/75, AP § 123 BGB Nr. 19 Bl. 2 f.; Urteil vom 22.09.1961 – 1 AZR 241/60, BAGE 11, 270 (273 f.) = AP § 123 BGB Nr. 15 Bl. 1 f. Vgl. in der Literatur: Schaub-Schaub, ArbR-Hdb., § 35 Rn. 23 f.; Hueck/Nipperdey, Lehrbuch des Arbeitsrechts, Band I, § 22 IV 2, S. 194 f.; Weber, § 1 SchwbG Rn. 8; Gröninger/Thomas, § 15 SchwbG Rn. 15; Bengelsdorf, in: Arbeitsrechtslexikon, Anfechtung 16, S. 8; Falkenberg, BB 1970, 1013; Haberkorn, RdA 1962, 416 f.

Rechtsausübung entgegenzuhalten. Das ist der Fall, wenn der Anfechtungsgrund für die Durchführung des Arbeitsverhältnisses keine Bedeutung mehr hat[988]. Eine Anfechtung scheidet aus, wenn der Qualifikationsmangel zum Zeitpunkt der Anfechtung nicht mehr zu erkennen ist und sich auf das unter Umständen schon jahrelang ausgeübte Arbeitsverhältnis nicht mehr auswirkt[989]. Daher ist es wegen der besonderen Wesensart des Arbeitsverhältnisses erforderlich, daß der Anfechtungsgrund im Zeitpunkt der Anfechtungserklärung derart schwerwiegend ist, daß die Fortsetzung des Arbeitsverhältnisses unzumutbar ist[990].

5. Wirkungen der Anfechtung

Grundsätzlich wirkt die Anfechtung gemäß § 142 Abs. 1 BGB ex tunc. Jedoch kommt nach der ständigen Rechtsprechung[991] und der herrschenden Lehre[992] der

---

988 BAG, Urteil vom 20.05.1999 – 2 AZR 320/98, DB 1999, 1859 (1860) = NJW 1999, 3653 (3655); Urteil vom 28.05.1998 – 2 AZR 549/97, AP § 123 BGB Nr. 46 Bl. 5; Urteil vom 05.10.1995 – 2 AZR 923/94, NZA 1996, 371 (374); Urteil vom 11.11.1993 – 2 AZR 467/93, BAGE 75, 77 (86) = AP § 123 BGB Nr. 38 Bl. 4; Urteil vom 18.09.1987 – 7 AZR 507/86, AP § 123 BGB Nr. 32, Bl. 2; Urteil vom 12.02.1970 – 2 AZR 184/69, BAGE 22, 278 (281) = AP § 123 BGB Nr. 17 Bl. 2; BGH, Urteil vom 01.07.1983 – V ZR 93/82, WM 1983, 1055 f.; Urteil vom 15.12.1976 – VIII ZR 97/75, WM 1977, 343 f.; Soergel-Hefermehl, § 123 BGB Rn. 24; Schulte, HwB-AR, Anfechtung 100, Rn. 38; Bengelsdorf, in: Arbeitsrechtslexikon, Anfechtung 16, S. 8.

989 BAG, BAG, Urteil vom 20.05.1999 – 2 AZR 320/98, DB 1999, 1859 (1860) = NJW 1999, 3653 (3655); Urteil vom 28.05.1998 – 2 AZR/549/97, AP § 123 BGB Nr. 46 Bl. 5; Urteil vom 05.10.1995 – 2 AZR 923/94, AP § 123 BGB Nr. 40 Bl. 5; Urteil vom 11.11.1993 – 2 AZR 467/93, BAGE 75, 77 (86) = AP § 123 BGB Nr. 38 Bl. 4; Urteil vom 18.09.1987 – 7 AZR 507/86, AP § 123 BGB Nr. 32, Bl. 2 = EzA § 123 BGB Nr. 28 Bl. 3 f.; Urteil vom 12.02.1970 – 2 AZR 184/69, AP § 123 BGB Nr. 17 Bl. 2; BGH, Urteil vom 01.07.1983 – V ZR 93/82, WM 1983, 1055 (1056); Urteil vom 15.12.1976 – VIII ZR 97/75, WM 1977, 343 (344); RG, Urteil vom 28.03.1930 – VII 436/29, RGZ 128, 116 (121); ArbG Münster, Urteil vom 20.11.1992 – 3 Ca 1459/92, NZA 1993, 461; RG, Urteil vom 28.03.1930 – VII 436/29, RGZ 128, 116 (121); MünchArbR-Buchner, § 41 Rn. 179; Soergel-Hefermehl, § 123 BGB Rn. 24; Bengelsdorf, in: Arbeitsrechtslexikon, Anfechtung 16, S. 8; Raab, RdA 1995, 36 (47 f.).

990 LAG Frankfurt am Main, Urteil vom 09.08.1953 – II LA 123/52, DB 1953, 857; LAG Stuttgart, Urteil vom 24.10.1947 – Sa 60/47, ARSt. 1, Nr. 600; Nikisch, Arbeitsrecht, Band I, § 23 IV 4, S. 225; Endemann, BB 1953, 266 (268). Ähnlich: Hueck, BB 1952, 263 (264); Kauffmann, DB 1953, 21 f.

991 BAG, Urteil vom 03.12.1998 – 2 AZR 754/97, NZA 1999, 584 (585); Urteil vom 20.02.1986 – 2 AZR 244/85, BAGE 51, 167 (176) = AP § 123 BGB Nr. 31 Bl. 4 = NZA 1986, 739 (740); Urteil vom 25.05.1970 – 3 AZR 384/69, BAGE 22, 344 (353) = AP § 60 HGB Nr. 4 Bl. 4; Urteil vom 16.09.1982 – 2 AZR 228/80, AP § 123 BGB Nr. 24 Bl. 4 = EzA § 123 BGB Nr. 22, S. 87 f.; Urteil vom 18.04.1968 – 2 AZR 145/67, AP § 63 HGB Nr. 32 Bl. 1 f.; Urteil vom 22.09.1961 – 1 AZR 241/60, BAGE 11, 270 (273) = AP § 123

Anfechtung bei einem bereits vollzogenen Arbeitsverhältnis entgegen der Regelung des § 142 Abs. 1 BGB nur eine ex-nunc-Wirkung zu, denn bei einem durchgeführten Arbeitsverhältnis entstehen Rückabwicklungsprobleme[993]. Die erbrachte Arbeitsleistung ist dem Vermögen des Arbeitgebers zugute gekommen und nicht mehr zurückgewährbar[994]. Des weiteren sprechen Arbeitnehmer-

---

BGB Nr. 15 Bl. 2 f.; Urteil vom 05.12.1957 – 1 AZR 594/56, BAGE 5, 159 (161) = AP § 123 BGB Nr. 2 Bl. 2 f.; LAG Mainz, Urteil vom 06.07.1984 – 6 Sa 179/84, NJW 1985, 510; LAG Frankfurt am Main, Urteil vom 25.01.1949 – II LA 219/48, RdA 1949, 469; RAG, Urteil vom 13.03.1942 – RAG 143/41, ARS 44, 209 (212).

992 MünchArbR-Buchner, § 41 Rn. 184; Erfurter Kommentar-Preis, § 611 BGB Rn. 511; Staudinger-Richardi, § 611 BGB Rn. 181 ff.; Soergel-Kraft, § 611 BGB Rn. 39 ff.; MünchKomm-Mayer-Maly/Busche, § 142 BGB Rn. 15 f.; Palandt-Weidenkaff, § 611 BGB Rn. 9; Schaub-Schaub, ArbR-Hdb., § 35 Rn. 34; Dörner, § 15 SchwbG Rn. 76; Nikisch, Arbeitsrecht, Band I, § 19 IV 2, S. 173 f.; Zöllner/Loritz, Arbeitsrecht, § 11 II 1, S. 150 f.; Söllner/Waltermann, Grundriß des Arbeitsrechts, Rn. 734; Brox, Die Einschränkung der Irrtumsanfechtung, S. 233 f.; Wiedemann, Das Arbeitsverhältnis als Austausch- und Gemeinschaftsverhältnis, S. 75 ff.; Hahn, Die fehlerhafte Normanwendung im Arbeitsverhältnis, S. 38; Picker, ZfA 1981, 1 (53); Ramm, AuR 1963, 97 (106 f.); Farthmann, RdA 1958, 338 (339 f.). Bei der arglistigen Täuschung hingegen werden in der Lehre teilweise Abstriche gemacht: LAG Düsseldorf, Urteil vom 01.04.1958 – 3 Sa 259/57, BB 1958, 841; LAG Hamm, Urteil vom 23.12.1954 – 3 Sa 508/54, DB 1955, 268; Staudinger-Richardi, § 611 BGB Rn. 182 f.; MünchKomm-Mayer-Maly/Busche, § 142 BGB Rn. 16; Hueck/Nipperdey, Lehrbuch des Arbeitsrechts, Band I, § 32 III 1a.), S. 186; Ramm, Die Anfechtung des Arbeitsvertrages, S. 38 f.; Wiedemann, Das Arbeitsverhältnis als Austausch- und Gemeinschaftsverhältnis, S. 79; Käßer, Der fehlerhafte Arbeitsvertrag, S. 95 ff.; Ehrich, HwB-AR, Fragerecht des Arbeitgebers 865, Rn. 65; Bengelsdorf, in: Arbeitsrechtslexikon, Anfechtung 16, S. 9; Brox, Anm. zum Urteil des BAG vom 16.09.1982 – 2 AZR 228/80, AP § 123 BGB Nr. 24 Bl. 7; Beuthien, RdA 1969, 161 ff.; Hönn, ZfA 1987, 61 (84 ff.); Picker, ZfA 1981, 1 (51 ff., 61); Knevels, BB 1965, 336 (338); Schmidt, AuR 1960, 43 (49).

993 BAG, Urteil vom 03.12.1998 – 2 AZR 754/97, NZA 1999, 584 (585); Urteil vom 20.02.1986 – 2 AZR 244/85, AP § 123 BGB Nr. 31 Bl. 3 f.; Urteil vom 20.02.1986 – 2 AZR 244/85, BAGE 51, 167 (176) = NZA 1986, 739 (740); Urteil vom 25.05.1970 – 3 AZR 384/69, BAGE 22, 344 (353 f.) = AP § 60 HGB Nr. 4 Bl. 4 f.; Urteil vom 05.12.1957 – 1 AZR 594/56, BAGE 5, 159 (161) = AP § 123 BGB Nr. 2 Bl. 2 f.; MünchArbR-Buchner, § 41 Rn. 184; MünchArbR-Richardi, § 46 Rn. 58; Dörner, § 15 SchwbG Rn. 76; Söllner/Waltermann, Grundriß des Arbeitsrechts, Rn. 734; Brox, Die Einschränkung der Irrtumsanfechtung, S. 214 ff., 233 ff., 271; Bengelsdorf, in: Arbeitsrechtslexikon, Anfechtung 16, S. 9; Söllner, AR-Blattei D, Ungerechtfertigte Bereicherung I., I. Übersicht, 3. Fortsetzungsblatt; Ehrich, HwB-AR, Fragerecht des Arbeitgebers 865, Rn. 65; Brox, Anm. zum Urteil des BAG vom 16.09.1982 – 2 AZR 228/80, AP § 123 BGB Nr. 24 Bl. 7 f.

994 BAG, Urteil vom 03.12.1998 – 2 AZR 754/97, NZA 1999, 584 (585); Urteil vom 16.09.1982 – 2 AZR 228/80, AP § 123 BGB Nr. 24 Bl. 4; MünchArbR-Richardi, § 46 Rn. 58; Staudinger-Richardi, § 611 BGB Rn. 189 ff.; Soergel-Kraft, § 611 BGB Rn. 41; Zöllner/Loritz, Arbeitsrecht, § 11 II 1b.), S. 151 ff.; Söllner/Waltermann, Grundriß des

schutzgesichtspunkte gegen eine Rückabwicklung[995]. Eine Rückabwicklung würde der besonderen Schutzbedürftigkeit des Arbeitnehmers nicht gerecht, da das Arbeitsverhältnis für ihn die wirtschaftliche Lebensgrundlage bildet. Zumindest für die Vergangenheit muß er sich darauf verlassen können, daß ihm diese nicht rückwirkend entzogen wird[996]. Daher entsteht für die Zeit ab Vertragsabschluß und Invollzugsetzung ein sog. faktisches Arbeitsverhältnis. Jedoch soll eine solche Durchbrechung des § 142 Abs. 1 BGB nur dann angenommen werden, wenn dafür sachliche Gründe bestehen. Diese entfallen, wenn das Arbeitsverhältnis nicht in Vollzug gesetzt ist oder zu einem späteren Zeitpunkt außer Funktion gesetzt ist[997].

6. Zwischenergebnis

Eine Anfechtung gemäß wegen Irrtums über eine verkehrswesentliche Eigenschaft des Bewerbers gemäß § 119 Abs. 2 BGB ist eher selten der Fall. Eine Anfechtung wegen arglistiger Täuschung nach § 123 Abs. 1 BGB hingegen ist in diesen Fallkonstellationen öfter vertreten.

II. Kündigung durch den Arbeitgeber

Neben der Anfechtung besteht für den Arbeitgeber auch die Möglichkeit der Kündigung, wenn es sich um Qualifikationsmängel des Bewerbers handelt, die dieser bei den Vertragsverhandlungen nicht aufgedeckt hat, obwohl er dazu verpflichtet gewesen ist. Im Hinblick auf das unberechtigte Verschweigen bei Vertragsschluß kann der Arbeitgeber das Arbeitsverhältnis nachträglich kündigen,

---

Arbeitsrechts, Rn. 734; Ehrich, HwB-AR, Fragerecht des Arbeitgebers 865, Rn. 65; Pikker, ZfA 1981, 1 (53).

995 BAG, Urteil vom 03.12.1998 – 2 AZR 754/97, NZA 1999, 584 (585); Urteil vom 20.02.1986 – 2 AZR 244/85, AP § 123 BGB Nr. 31 Bl. 3 f.; Urteil vom 20.02.1986 – 2 AZR 244/85, BAGE 51, 167 (176) = NZA 1986, 739 f.; Urteil vom 16.09.1982 – 2 AZR 228/80, AP § 123 BGB Nr. 24 Bl. 4; Urteil vom 05.12.1957 – 1 AZR 594/56, AP § 123 BGB Nr. 2 Bl. 2 f.; MünchArbR-Buchner, § 41 Rn. 184; MünchArbR-Richardi, § 46 Rn. 58; Soergel-Kraft, § 611 BGB Rn. 41; Brox, Anm. zum Urteil des BAG vom 16.09.1982 – 2 AZR 228/80, AP § 123 BGB Nr. 24 Bl. 8.

996 Wiedemann, Das Arbeitsverhältnis als Austausch- und Gemeinschaftsverhältnis, S. 78 f.; Brox, Anm. zum Urteil des BAG vom 16.09.1982 – 2 AZR 228/80, AP § 123 BGB Nr. 24 Bl. 8.

997 BAG, Urteil vom 03.12.1998 – 2 AZR 754/97, NZA 1999, 584 (585); Urteil vom 20.02.1986 – 2 AZR 244/85, AP § 123 BGB Nr. 31 Bl. 3 f.; Urteil vom 29.08.1984 – 7 AZR 34/83, AP § 123 BGB Nr. 27 Bl. 4; Urteil vom 16.09.1982 – 2 AZR 228/80, BAGE 41, 54 (64 f.) = AP § 123 BGB Nr. 24 Bl. 4; AP § 63 HGB Nr. 32 Bl. 1 f.; MünchArbR-Buchner, § 41 Rn. 184; Dörner, § 15 SchwbG Rn. 76; Söllner/Waltermann, Grundriß des Arbeitsrechts, Rn. 734.

obwohl die Verurteilung des vorbestraften Bewerbers in die Zeit vor dem Vertragsabschluß fällt. Die Kündigung stützt sich nicht auf die falschen oder unterlassenen Angaben während der Vertragsverhandlungen, sondern auf das Fehlen von Qualifikationsmerkmalen, sofern diese die weitere Fortsetzung des Arbeitsverhältnisses unzumutbar machen[998].

Endemann[999] vertrat die Ansicht, daß allein die „Gefahr der kriminellen Infiltration" der übrigen Belegschaft einen sachlichen Kündigungsgrund darstelle. Bereits aus diesem Grund sollte es dem Arbeitgeber erlaubt sein, den vorbestraften Arbeitnehmer zu kündigen, damit er nicht mit seinen Kollegen in Kontakt kommen könnte. Diese Ansicht ist aber unter dem Gesichtspunkt der Resozialisierung und der Beachtung des allgemeinen Persönlichkeitsrechts des Arbeitnehmers aus Art. 2 Abs. 1 GG heute nicht mehr tragbar[1000].

Hinsichtlich der Vorstrafen ist eine Unterscheidung in vier verschiedene Gruppen vorzunehmen. Zum einen kommen Straftaten in Betracht, die der Arbeitnehmer zu Lasten des Arbeitgebers begeht, des weiteren kann es sich um Straftaten im Betrieb handeln, drittens kommen Straftaten in Betracht, die der Arbeitnehmer zwar außerhalb des Betriebs, jedoch mit einer betrieblichen Relevanz verübt und schließlich sind die Straftaten des Arbeitnehmers ohne jeglichen betrieblichen Bezug zu untersuchen[1001]. Kündigungsrechtlich relevant sind dabei nur

---

998 BAG, Urteil vom 21.02.1991 – 2 AZR 449/90, AP § 123 BGB Nr. 35 Bl. 7 f.; Urteil vom 28.03.1974 – 2 AZR 91/73, AP § 119 BGB Nr. 3 Bl. 1 f.; Urteil vom 22.09.1961 – 1 AZR 241/60, AP § 123 BGB Nr. 15 Bl. 2; Urteil vom 05.12.1957 – 1 AZR 594/56, AP § 123 BGB Nr. 2 B. 1 f.; GK-Preis, Grundlagen K, Rn. 23.

999 Endemann, AR-Blattei D, Vorstrafen I., I. Bedeutung im Arbeitsverhältnis, 2. Fortsetzungsblatt.

1000 Würde man die Ansicht Endemanns tatsächlich ernsthaft vertreten wollen, so zöge dies die Konsequenz nach sich, daß der Arbeitgeber den Bewerber i. R. d. Einstellungsverhandlungen auch uneingeschränkt nach seinen Vorstrafen befragen kann und daß der Bewerber stets dazu verpflichtet ist, wahrheitsgemäß auf diese Frage zu antworten. Dies wäre ebenfalls mit dem Argument begründbar, daß der Arbeitgeber im Interesse seiner anderen Arbeitnehmer keinen Vorbestraften zu beschäftigen verpflichtet sein kann. Eine Abwägung der beteiligten Interessen hingegen vermag dies nicht zu rechtfertigen, denn diese Ansicht läßt die Interessen des vorbestraften Bewerbers vollkommen außer Acht und wird auch dem allgemeinen Interesse der Resozialisierung Vorbestrafter nicht gerecht. Aus diesem Grund kann die „Gefahr einer kriminellen Infiltration" der Belegschaft nicht als sachlicher Kündigungsgrund betrachtet werden.

1001 MünchArbR-Berkowsky, § 137 Rn. 279. Zum strafbaren Verhalten des Arbeitnehmers auf Anweisung des Arbeitgebers siehe: LAG Hamm, Urteil vom 20.04.1998 – 19 Sa 2123/97, NZA-RR 1999, 24 ff.

Straftaten, die einen Bezug zum Arbeitsverhältnis aufweisen und sich darüber hinaus störend auf den Betrieb auswirken[1002].

1. Ordentliche Kündigung gemäß § 1 KSchG

Gemäß § 1 KSchG kommt eine ordentliche Kündigung in Betracht. Neben der Kündigungserklärung ist ferner der Betriebsrat gemäß § 102 Abs. 1 S. 1 BetrVG zu beteiligen. Der besondere[1003] und allgemeine Kündigungsschutz sind zu beachten. Gemäß § 1 Abs. 1 KSchG darf die Kündigung nicht rechtsunwirksam, d. h. sozial nicht gerechtfertigt sein. Das ist gemäß § 1 Abs. 2 KSchG der Fall, wenn die Kündigung nicht durch Gründe, die in der Person oder dem Verhalten des Arbeitnehmers liegen oder durch dringende betriebliche Erfordernisse, die der Weiterbeschäftigung des Arbeitnehmers im Betrieb entgegenstehen, bedingt ist. Bei einer Verletzung der Offenbarungs- und Aufklärungspflichten des Bewerbers kommt nur eine personenbedingte und verhaltensbedingte Kündigung nach § 1 Abs. 2 S. 1 KSchG in Betracht. Ferner ist das Prognoseprinzip und das Ultima-Ratio-Prinzip zu beachten und eine Interessenabwägung vorzunehmen[1004].

1002 MünchArbR-Berkowsky, § 137 Rn. 279.

1003 Vgl. dazu: Erfurter Kommentar-Ascheid, § 1 KSchG Rn. 35 ff.; MünchArbR-Wank, § 119 Rn. 62 ff., 127 ff.; Junker, Arbeitsrecht, Rn. 338-355. In Betracht kommt ein Verstoß gegen die Vorschriften des BGB: Verstoß gegen eine Formvorschrift gemäß § 125 S. 1 BGB, Anfechtung der Kündigung nach § 123 Abs. 1 BGB, Verstoß der Kündigung gegen ein gesetzliches Verbot, wie § 9 Abs. 1 S. 1 MuSchG i. V. m. § 134 BGB oder § 613a Abs. 4 S. 1 BGB, vgl. dazu: BAG, Urteil vom 02.04.1987 – 2 AZR 227/86, AP § 612a BGB Nr. 1 Bl. 2 f.; Stahlhacke/Preis/Vossen, Kündigung und Kündigungsschutz im Arbeitsverhältnis, Rn. 146; Erfurter Kommentar-Ascheid, § 1 KSchG Rn. 36; Zöllner/Loritz, Arbeitsrecht, § 22 I 3, S. 276 f., Sittenwidrigkeit der Kündigung nach § 138 Abs. 1 BGB, wenn die Grenze zur Sozialwidrigkeit überschritten ist, Erfurter Kommentar-Ascheid, § 1 KSchG Rn. 38, oder ein Verstoß gegen die Treuwidrigkeit als Generalklausel nach § 242 BGB. Darüber hinaus kann ein Verstoß gegen einen vereinbarten Kündigungsschutz gegeben sein, z. B. in Tarifverträgen nach § 1 Abs. 1 TVG oder Betriebsvereinbarungen. Darüber hinaus kommt der besondere Kündigungsschutz in Betracht, den nur bestimmte Arbeitnehmergruppen genießen, da dies im Allgemeininteresse steht. Es besteht ein besonderer Kündigungsschutz für Schwerbehinderte nach dem SGB IX, für Frauen nach § 9 Abs. 1 S. 1 MuSchG, für Arbeitnehmer, die sich im Erziehungsurlaub befinden nach § 18 Abs. 1 S. 1 BErzGG, für Arbeitnehmervertreter nach § 15 Abs. 1-3 KSchG, für Auszubildende nach § 3 BBiG, für Wehrdienstleistende nach § 1 Abs. 1 ArbPlSchG, für Zivildienstleistende nach § 78 Abs. 1 Nr. 1 ZDG i. V. m. § 1 Abs. 1 ArbPlSchG und für Abgeordnete nach Art. 48 Abs. 2 S. 1 GG.

1004 Kittner/Däubler/Zwanziger-Kittner, § 1 KSchG Rn. 70; v. Hoyningen-Huene/Linck, § 1 KSchG Rn. 130 ff., 135 ff., 139 ff.; GK-Preis, Grundlagen H, Rn. 23; GK-Dörner, § 1 KSchG Rn. 123.

a.) Personenbedingte Kündigung

Eine personenbedingte Kündigung nach § 1 Abs. 2 S. 1 KSchG umfaßt Gründe, die in der Person des Arbeitnehmers – also in seinen persönlichen Verhältnissen, Fähigkeiten oder Eigenschaften – liegen[1005]. Auf ein Verschulden kommt es nicht an[1006]. Zunächst muß „an sich“ ein Grund in der Person des Arbeitnehmers gegeben sein. Der Arbeitnehmer muß die Fähigkeit und die Eignung verloren haben, die geschuldete Arbeitsleistung ganz oder teilweise zu erbringen[1007].

Sofern der Bewerber eine Vorstrafe verschweigt, die ihn für die in Aussicht genommene Tätigkeit ungeeignet macht, handelt es sich um einen personenbedingten Kündigungsgrund[1008]. Fraglich ist, ob auch eine Straftat des Bewerbers einen personenbedingten Kündigungsgrund darstellt. Bei Straftaten im dienstlichen Bereich handelt es sich um einen verhaltensbedingten Kündigungsgrund[1009]. Bei

---

[1005] BAG, Urteil vom 29.01.1997 – 2 AZR 9/96, AP § 1 KSchG 1969 Krankheit Nr. 32 Bl. 1; Urteil vom 20.05.1988 – 2 AZR 682/87, AP § 1 KSchG 1969 Personenbedingte Kündigung Nr. 9 Bl. 2; Urteil vom 13.03.1987 – 7 AZR 724/85, EzA § 1 KSchG Betriebsbedingte Kündigung Nr. 44, S. 314; Kittner/Däubler/Zwanziger-Kittner, § 1 KSchG Rn. 62; Erfurter Kommentar-Ascheid, § 1 KSchG Rn. 169; v. Hoyningen-Huene/Linck, § 1 KSchG Rn. 176; GK-Dörner, § 1 KSchG Rn. 124; HK-Weller/Dorndorf, § 1 KSchG Rn. 360; Löwisch, § 1 KSchG Rn. 180; Stahlhacke/Preis/Vossen, Kündigung und Kündigungsschutz im Arbeitverhältnis, Rn. 1188 f.; MünchArbR-Wank, § 120 Rn. 42; MünchArbR-Berkowsky, § 136 Rn. 2; Junker, Arbeitsrecht, Rn. 365; Becker-Schaffner, ZTR 1997, 49; Schiefer, NZA 1994, 534 (535); Rüthers/Henssler, ZfA 1988, 31 (44).

[1006] BAG, Urteil vom 03.11.1955 – 2 AZR 39/54, AP § 626 BGB Nr. 4 Bl. 1 f.; KR-Fischermeier, § 626 BGB Rn. 129; Kittner/Däubler/Zwanziger-Kittner, § 1 KSchG Rn. 69; Erfurter Kommentar-Ascheid, § 1 KSchG Rn. 170; v. Hoyningen-Huene/Linck, § 1 KSchG Rn. 176; MünchArbR-Wank, § 120 Rn. 42; MünchArbR-Berkowsky, § 136 Rn. 1; Stahlhacke/Preis/Vossen, Kündigung und Kündigungsschutz im Arbeitsverhältnis, Rn. 1189; Junker, Arbeitsrecht, Rn. 365; Schiefer, NZA 1994, 534 (535).

[1007] BAG, Urteil vom 28.02.1990 – 2 AZR 401/89, Urteil vom 28.02.1990 – 2 AZR 401/89, AP § 1 KSchG 1969 Krankheit Nr. 25 Bl. 3 = EzA § 1 KSchG Personenbedingte Kündigung Nr. 5, S. 3 f.; Urteil vom 20.05.1988 – 2 AZR 682/87, AP § 1 KSchG 1969 Personenbedingte Kündigung Nr. 9 Bl. 5; Kittner/Däubler/Zwanziger-Kittner, § 1 KSchG Rn. 62; KR-Etzel, § 1 KSchG Rn. 266; Erfurter Kommentar-Ascheid, § 1 KSchG Rn. 170 ff., 255; v. Hoyningen-Huene/Linck, § 1 KSchG Rn. 176, 211-212d; Stahlhacke/-Preis/Vossen, Kündigung und Kündigungsschutz im Arbeitsverhältnis, Rn. 746; MünchArbR-Buchner, § 41 Rn. 186; MünchArbR-Berkowsky, § 136 Rn. 3; Leuchten/Zimmer, BB 1999, 1973; Becker-Schaffner, ZTR 1997, 49; Schiefer, NZA 1994, 534; Becker-Schaffner, DB 1981, 1775.

[1008] KR-Etzel, § 1 KSchG Rn. 390; MünchArbR-Berkowsky, § 137 Rn. 302.

[1009] BAG, Urteil vom 20.09.1984 – 2 AZR 633/82, EzA § 626 BGB n. F. Nr. 91, S. 389 f.; Urteil vom 30.05.1978 – 2 AZR 630/76, EzA § 626 BGB n. F. Nr. 66, S. 250 f.; Kittner/-

einer Straftat, die der Arbeitnehmer im außerdienstlichen Bereich begangen hat, ist hingegen zu differenzieren. Hat die Straftat keinen Bezug zum Arbeitsverhältnis, kommt eine personenbedingte Kündigung nicht in Betracht[1010]. Wenn die außerbetriebliche Straftat negative Ausstrahlungen auf die arbeitsrechtlichen Beziehungen zur Folge hat, ist eine personenbedingte Kündigung gerechtfertigt, sofern es sich nicht bereits um einen verhaltensbedingten Kündigungsgrund handelt[1011]. Bei einer außerbetrieblichen Straftat des Arbeitnehmers kann es unter Umständen sein, daß er seine Eignung für den Arbeitsplatz verliert[1012]. Das ist

---

Däubler/Zwanziger-Kittner, § 1 KSchG Rn. 151a, 244; KR-Etzel, § 1 KSchG Rn. 390; Erfurter Kommentar-Ascheid, § 1 KSchG Rn. 294, 364. Vgl. auch S. 289 ff.

1010 V. Hoyningen-Huene/Linck, § 1 KSchG Rn. 255, 352; Erfurter Kommentar-Ascheid, § 1 KSchG Rn. 265.

1011 KR-Etzel, § 1 KSchG Rn. 303; v. Hoyningen-Huene/Linck, § 1 KSchG Rn. 211a, 255, 352; Erfurter Kommentar-Ascheid, § 1 KSchG Rn. 265.

1012 BAG, Urteil vom 26.03.1992 – 2 AZR 519/91, AP § 626 BGB Verdacht strafbarer Handlung Nr. 23 Bl. 6 = EzA § 626 BGB Verdacht strafbarer Handlung Nr. 4, S. 6 f.; Kittner/-Däubler/Zwanziger-Kittner, § 1 KSchG Rn. 151a; KR-Etzel, § 1 KSchG Rn. 450; Stahlhacke/Preis/Vossen, Kündigung und Kündigungsschutz im Arbeitsverhältnis, Rn. 1211; v. Hoyningen-Huene/Linck, § 1 KSchG Rn. 211a, 255; Erfurter Kommentar-Ascheid, § 1 KSchG Rn. 294, 365; MünchArbR-Wank, § 120 Rn. 44; MünchArbR-Berkowsky, § 136 Rn. 105. Außerbetriebliche Tatsachen können als Einigungsmangel nur bedeutsam sein, wenn sie das Arbeitsverhältnis konkret beeinträchtigen, Erfurter Kommentar-Ascheid, § 1 KSchG Rn. 255. Eine fehlende Eignung besteht in folgenden Fällen: Ladendiebstahl einer Lehrerin: BAG, Urteil vom 23.09.1967 – 2 AZR 309/75, EzA § 1 KSchG Nr. 35, S. 106 f.; Kittner/Däubler/Zwanziger-Kittner, § 1 KSchG Rn. 151a; Verstoß einer Erzieherin gegen das BtMG: BAG, Urteil vom 18.10.2000 – 2 AZR 131/00, EzA § 626 BGB n. F. Nr. 183, S. 2 f.; Urteil vom 23.09.1976 – 2 AZR 309/75, AP § 1 KSchG 1969 Wartezeit Nr. 1 Bl. 3; v. Hoyningen-Huene/Linck, § 1 KSchG Rn. 255; KR-Etzel, § 1 KSchG Rn. 391; Erfurter Kommentar-Ascheid, § 1 KSchG Rn. 265; Ladendiebstahl einer Gerichtshelferin: LAG Frankfurt am Main, Urteil vom 04.07.1985 – 12 Sa 1329/84, LAGE § 626 BGB Nr. 22, S. 35 f.; Kittner/Däubler/Zwanziger-Kittner, § 1 KSchG Rn. 151a; KR-Etzel, § 1 KSchG Rn. 391; v. Hoyningen-Huene/Linck, § 1 KSchG Rn. 255; Ladendiebstahl eines Arbeitnehmers in einem anderen Konzernunternehmen: BAG, Urteil vom 20.09.1984 – 2 AZR 233/83, AP § 1 KSchG 1969 Verhaltensbedingte Kündigung Nr. 13 Bl. 2 = EzA § 1 KSchG Verhaltensbedingte Kündigung Nr. 14, S. 79; Kittner/Däubler/Zwanziger-Kittner, § 1 KSchG Rn. 151a; KR-Etzel, § 1 KSchG Rn. 391; v. Hoyningen-Huene/Linck, § 1 KSchG Rn. 255; Außerbetrieblicher Diebstahl eines Kassierers: v. Hoyningen-Huene/Linck, § 1 KSchG Rn. 255; Kittner/Däubler/Zwanziger-Kittner, § 1 KSchG Rn. 141b; KR-Etzel, § 1 KSchG Rn. 390 f.; Erfurter Kommentar-Ascheid, § 1 KSchG Rn. 265; Trunkenheit am Steuer oder Unfallflucht bei einer privaten Fahrt eines Berufskraftfahrers: BAG, Urteil vom 30.05.1978 – 2 AZR 630/76, AP § 626 BGB Nr. 70 Bl. 2 f.; Urteil vom 22.08.1963 – 2 AZR 114/63, AP § 626 BGB Nr. 51 Bl. 1 f.; LAG Schleswig-Holstein, Urteil vom 16.06.1986 – 4 (5) SA 684/85, RzK I 6 a Nr. 21, S. 24 f.; ArbG Kassel, Urteil vom 12.04.1973 – 1 Ca 74/73, AuR 1973, 315; Kittner/Däubler/Zwanziger-Kittner, § 1 KSchG Rn. 151a; KR-Etzel, § 1 KSchG Rn. 391;

der Fall, wenn die Art des Delikts die Eignung des Arbeitnehmers für die vertraglich geschuldete Leistung ausschließt[1013]. Dies ist anhand der Umstände des konkreten Einzelfalls zu bestimmen. In allen anderen Fällen hingegen sind die außerbetrieblichen Straftaten des Arbeitnehmers i. d. R. kündigungsrechtlich irrelevant[1014].

In Betracht kommt eine Kündigung wegen eines Charaktermangels. Dieser wird sich zudem regelmäßig in einer bestimmten Verhaltensweise des Arbeitnehmers manifestieren, so daß dann eine verhaltensbedingte Kündigung wegen dieser konkreten Verhaltensweise vorrangig ist[1015]. Im Zusammenhang mit der Falschbeantwortung von Fragen seitens des Bewerbers während des Vorstellungsgesprächs kann auch eine Unehrlichkeit einen kündigungsrechtlich relevanten Charaktermangel darstellen. Dazu muß sich die Unehrlichkeit in einer Verhal-

---

v. Hoyningen-Huene/Linck, § 1 KSchG Rn. 255 oder des Leiters der Kfz-Prüfstelle: LAG Köln, Urteil vom 25.08.1988 – 8 Sa 1334/87, LAGE § 626 BGB Nr. 34, S. 4 f.; Kittner/-Däubler/Zwanziger-Kittner, § 1 KSchG Rn. 151a; KR-Etzel, § 1 KSchG Rn. 391; v. Hoyningen-Huene/Linck, § 1 KSchG Rn. 255; Außerbetriebliche Trunkenheitsdelikte eines Berufskraftfahrers: BAG, Urteil vom 30.05.1978 – 2 AZR 630/76, AP § 626 BGB Nr. 70 Bl. 2; Urteil vom 22.08.1963 – 2 AZR 114/63, AP § 626 BGB Nr. 51 Bl. 1 f.; v. Hoyningen-Huene/Linck, § 1 KSchG Rn. 255; Erfurter Kommentar-Ascheid, § 1 KSchG Rn. 265; der U-Bahn-Fahrer verursacht mit seinem Privat-Pkw mit einer Blutalkoholkonzentration von 2,73 ‰ einen Verkehrsunfall: BAG, Urteil vom 04.06.1997 – 2 AZR 526/96, NZA 1997, 1281 (1282); MünchArbR-Berkowsky, § 136 Rn. 105; KR-Etzel, § 1 KSchG Rn. 391; v. Hoyningen-Huene/Linck, § 1 KSchG Rn. 212a; Straftaten öffentlicher Bediensteter im privaten Bereich: Erfurter Kommentar-Ascheid, § 1 KSchG Rn. 265; Bei einer Steuerhinterziehung einer Angestellten in der Finanzverwaltung: LAG Düsseldorf/Köln, Urteil vom 20.05.1980 – 19 Sa 624/79, EzA § 626 BGB n. F. Nr. 72, S. 286 f.; Kittner/Däubler/Zwanziger-Kittner, § 1 KSchG Rn. 151a; KR-Etzel, § 1 KSchG Rn. 391; v. Hoyningen-Huene/Linck, § 1 KSchG Rn. 212a, 255; Bei Vermögensdelikten eines Kassierers: BAG, Urteil vom 20.09.1984 – 2 AZR 233/83, AP § 1 KSchG Verhaltensbedingte Kündigung Nr. 13 Bl. 3; Kittner/Däubler/Zwanziger-Kittner, § 1 KSchG Rn. 151a; v. Hoyningen-Huene/Linck, § 1 KSchG Rn. 212a oder eines Polizeiangestellten, der befugt ist, Verwarnungsgelder zu erheben: LAG Berlin, Urteil vom 27.09.1982 – 9 Sa 52/82, EzA § 626 BGB n. F. Nr. 80, S. 329; Kittner/Däubler/Zwanziger-Kittner, § 1 KSchG Rn. 151a; Sittlichkeits- oder Sexualdelikte eines Lehrers oder Erziehers: v. Hoyningen-Huene/Linck, § 1 KSchG Rn. 212a.

1013 Erfurter Kommentar-Ascheid, § 1 KSchG Rn. 255, 365; MünchArbR-Berkowsky, § 137 Rn. 302.

1014 BAG, Urteil vom 20.09.1984 – 2 AZR 233/83, AP § 1 KSchG Verhaltensbedingte Kündigung Nr. 13 Bl. 3; LAG Hamm, Urteil vom 15.11.1990 – 7 Sa 942/90, LAGE § 626 BGB Nr. 53, S. 1 ff.; Erfurter Kommentar-Ascheid, § 1 KSchG Rn. 365.

1015 MünchArbR-Berkowsky, § 136 Rn. 142 erwähnt in diesem Zusammenhang das Beispiel, daß ein kleptomanisch veranlagter Arbeitnehmer einen Geldbetrag zu Lasten des Arbeitgebers stiehlt.

tensweise nach außen hin darstellen, so daß der Arbeitgeber in diesem Fall seine Kündigung eher auf das konkrete Verhalten des Arbeitnehmers stützen wird.

Ferner kommt eine personenbedingte Kündigung des Arbeitnehmers in Betracht, wenn er zu einer Freiheitsstrafe[1016] verurteilt wird oder sich in Untersuchungshaft[1017] befindet, denn die Strafverbüßung steht der Arbeitserbringung entgegen und macht dieselbe unmöglich[1018]. Dieser Umstand ist der Sphäre des Arbeitnehmers zuzurechnen, aber nicht als verhaltensbedingt i. S. d. § 1 Abs. 2 S. 1 KSchG zu qualifizieren[1019]. Ob aber eine personenbedingte Kündigung bei einer

---

1016 BAG, Urteil vom 09.03.1995 – 2 AZR 497/94, AP § 626 BGB Nr. 123 Bl. 2 = SAE 1996, 32 (35); Urteil vom 22.09.1994 – 2 AZR 719/93, NZA 1995, 119 f.; Urteil vom 15.11.1984 – 2 AZR 613/83, AP § 626 BGB Nr. 87 Bl. 2 = NZA 1985, 661 = SAE 1986, 5; LAG Berlin, Urteil vom 19.08.1985 – 9 Sa 56/85, AuR 1986, 247; Handkommentar-Gallner, § 1 KSchG Rn. 497; Berkowsky, Die personen- und verhaltensbedingte Kündigung, Rn. 128.

1017 BAG, Urteil vom 22.09.1994 – 2 AZR 719/93, AP § 1 KSchG 1969 Nr. 25 Bl. 1 f.; LAG Berlin, Urteil vom 19.08.1985 – 9 Sa 56/85, RzK I 6 a Nr. 14, S. 12 ff.; ArbG Elmshorn, Urteil vom 09.08.1984 – 3b Ca 603/84, NZA 1985, 26, Handkommentar-Gallner, § 1 KSchG Rn. 496; Berkowsky, Die personen- und verhaltensbedingte Kündigung, Rn. 128.

1018 BAG, Urteil vom 09.03.1995 – 2 AZR 497/94, AP § 626 BGB Nr. 123 Bl. 2 = SAE 1996, 32 (35); Urteil vom 22.09.1994 – 2 AZR 719/93, EzA § 1 KSchG Personenbedingte Kündigung Nr. 11 = NZA 1995, 119 f.; Urteil vom 22.09.1994 – 2 AZR 719/93, AP § 1 KSchG 1969 Nr. 25 Bl. 1 f.; Urteil vom 15.11.1984 – 2 AZR 613/83, AP § 626 BGB Nr. 87 Bl. 2 = EzA § 626 BGB n. F. Nr. 95 = NZA 1985, 661 = SAE 1986, 5; LAG Berlin, Urteil vom 19.08.1985 – 9 Sa 56/85, AuR 1986, 247; ArbG Elmshorn, Urteil vom 09.08.1984 – 3b Ca 603/84, NZA 1985, 26; Kittner/Däubler/Zwanziger-Kittner, § 1 KSchG Rn. 141b; v. Hoyningen-Huene/Linck, § 1 KSchG Rn. 254 f.; GK-Dörner, § 1 KSchG Rn. 242; Handkommentar-Gallner, § 1 KSchG Rn. 496; KR-Etzel, § 1 KSchG Rn. 317, 393; MünchArbR-Berkowsky, § 136 Rn. 154, § 137 Rn. 285; Erfurter Kommentar-Ascheid, § 1 KSchG Rn. 264; Löwisch, § 1 KSchG Rn. 229; Stahlhacke/Preis/Vossen, Kündigung und Kündigungsschutz im Arbeitsverhältnis, Rn. 1242; Berkowsky, Die personen- und verhaltensbedingte Kündigung, Rn. 128; Franzen, Anm. zum Urteil des BAG vom 09.03.1995 – 2 AZR 497/94, SAE 1996, 37 f. Der Arbeitnehmer im öffentlichen Dienst verstößt gegen die ihm obliegende Verpflichtung aus § 8 Abs. 1 S. 1 BAT, wenn er sich über Jahre hinweg wiederholt des Diebstahls oder des Betrugs strafbar gemacht hat und aus diesem Grund mehrere Freiheitsstrafen absitzen mußte. Dies stellt ein kündigungsrelevantes Verhalten dar, BAG, Urteil vom 20.11.1997 – 2 AZR 643/96, AP § 1 KSchG 1969 Nr. 43 Bl. 3; MünchArbR-Berkowsky, § 137 Rn. 285. Zu der Bedeutung des § 8 Abs. 1 S. 1 BAT für die arbeitsrechtlichen Pflichten: Scheuring, ZTR 1999, 337 ff.; Scheuring, ZTR 1999, 387 ff.

1019 BAG, Urteil vom 22.09.1994 – 2 AZR 719/93, AP § 1 KSchG 1969 Nr. 25 Bl. 2; Urteil vom 15.11.1984 – 2 AZR 613/83, AP § 626 BGB Nr. 87 Bl. 2; Kittner/Däubler/Zwanziger-Kittner, § 1 KSchG Rn. 151a; v. Hoyningen-Huene/Linck, § 1 KSchG Rn. 254; KR-Etzel, § 1 KSchG Rn. 317; GK-Dörner, § 1 KSchG Rn. 242; Stahlhacke/Preis/Vossen, Kündigung und Kündigungsschutz im Arbeitsverhältnis, Rn. 1242; Löwisch, § 1 KSchG

Haft des Arbeitnehmers tatsächlich in Betracht kommt und ob eine ordentliche oder außerordentliche Kündigung auszusprechen ist, hängt von der Dauer, der Art und dem Ausmaß der betrieblichen Auswirkungen ab[1020]. Insofern ist eine Fehlzeitenprognose zu stellen[1021]. Für den Zeitraum der Haft des Arbeitnehmers muß der Arbeitgeber gemäß § 326 Abs. 1 S. 1, 1. HS BGB keine Entgeltfortzahlung leisten, so daß hier nur Störungen des Produktionsablaufs oder des Personaleinsatzes ausschlaggebend sein können[1022]. Jedoch muß untersucht werden, ob dem Arbeitgeber zumutbare Maßnahmen in Betracht kommen, um die haftbedingte Abwesenheit des Arbeitnehmers zu überbrücken[1023].

Es ist nach der Feststellung des Vorliegens eines Grundes „an sich" eine negative Prognose anzustellen, anhand derer zu klären ist, ob der Arbeitnehmer auch in der Zukunft außerstande sein wird, seine Arbeit vertragsgemäß zu leisten[1024].

Rn. 229; Erfurter Kommentar-Ascheid, § 1 KSchG Rn. 264; MünchArbR-Berkowsky, § 136 Rn. 154.

[1020] BAG, Urteil vom 09.03.1995 – 2 AZR 497/94, AP § 626 BGB Nr. 123 Bl. 2 f.; Urteil vom 22.09.1994 – 2 AZR 719/93, AP § 1 KSchG 1969 Nr. 25 Bl. 2; Urteil vom 15.11.1984 – 2 AZR 613/83, AP § 626 BGB Nr. 87 Bl. 2 = NZA 1985, 661 f.; LAG Berlin, Urteil vom 19.08.1985 – 9 Sa 56/85, RzK I 6 a Nr. 14, S. 12 f.; ArbG Elmshorn, Urteil vom 09.08.1984 – 3b Ca 603/84, NZA 1985, 26; GK-Dörner, § 1 KSchG Rn. 243; KR-Etzel, § 1 KSchG Rn. 317; v. Hoyningen-Huene/Linck, § 1 KSchG Rn. 254; Erfurter Kommentar-Ascheid, § 1 KSchG Rn. 264; Berkowsky, Die personen- und verhaltensbedingte Kündigung, Rn. 128 f.

[1021] GK-Dörner, § 1 KSchG Rn. 243; MünchArbR-Berkowsky, § 136 Rn. 154; Berkowsky, Die personen- und verhaltensbedingte Kündigung, Rn. 128 f.

[1022] BAG, Urteil vom 22.09.1994 – 2 AZR 719/93, AP § 1 KSchG 1969 Nr. 25 Bl. 2 = NZA 1995, 119 f.; v. Hoyningen-Huene/Linck, § 1 KSchG Rn. 254; GK-Dörner, § 1 KSchG Rn. 242 f.; KR-Etzel, § 1 KSchG Rn. 317 f., 341 f.; Löwisch, § 1 KSchG Rn. 203; Dörner/Luczak/Wildschütz, Arbeitsrecht in der anwaltlichen und gerichtlichen Praxis, D Rn. 939 f.; Stahlhacke/Preis/Vossen, Kündigung und Kündigungsschutz im Arbeitsverhältnis, Rn. 1242; Erfurter Kommentar-Ascheid, § 1 KSchG Rn. 264.

[1023] BAG, Urteil vom 22.09.1994 – 2 AZR 719/93, AP § 1 KSchG 1969 Nr. 25 Bl. 2 = NZA 1995, 119 f.; Urteil vom 15.11.1984 – 2 AZR 613/83, AP § 626 BGB Nr. 87 Bl. 3 f. = NZA 1985, 661 f.; GK-Dörner, § 1 KSchG Rn. 243; KR-Etzel, § 1 KSchG Rn. 317; Berkowsky, Personen- und verhaltensbedingte Kündigung, Rn. 130.

[1024] BAG, Urteil vom 22.09.1994 – 2 AZR 719/93, AP § 1 KSchG 1969 Nr. 25 Bl. 2 = NZA 1995, 119 f.; Urteil vom 23.06.1983 – 2 AZR 15/82, DB 1983, 2524 (2525); Erfurter Kommentar-Ascheid, § 1 KSchG Rn. 125 f., 169; v. Hoyningen-Huene/Linck, § 1 KSchG Rn. 130 ff., 176a f.; Kittner/Däubler/Zwanziger-Kittner, § 1 KSchG Rn. 70; GK-Preis, Grundlagen H, Rn. 74; GK-Dörner, § 1 KSchG Rn. 124; KR-Fischermeier, § 626 BGB Rn. 110-112; MünchKomm-Henssler, § 626 BGB Rn. 109; Erman-Belling, § 626 BGB Rn. 32; Stahlhacke/Preis/Vossen, Kündigung und Kündigungsschutz im Arbeitsverhältnis, Rn. 920 f.; Preis, Prinzipien des Kündigungsrechts bei Arbeitsverhältnissen,

Nach dem Ultima-Ratio-Prinzip gemäß § 1 Abs. 2 S. 2, 3 KSchG dürften dem Arbeitgeber Umschulungs- oder Fortbildungsmaßnahmen nicht zumutbar sein, um den Arbeitnehmer auf einem anderen freien Arbeitsplatz weiterzubeschäftigen[1025]. Im Rahmen einer Interessenabwägung ist ferner zu untersuchen, ob die Kündigung im Einzelfall angemessen und billigenswert ist[1026]. Im Einzelfall ist das Interesse des Arbeitnehmers am Erhalt seines Arbeitsplatzes mit den wirtschaftlichen und betrieblichen Interessen des Arbeitgebers abzuwägen[1027].

S. 322 ff.; Gentes, Prognoseprobleme im Kündigungsschutzrecht, S. 175 ff.; Junker, Arbeitsrecht, Rn. 366; Herschel, FS Müller, S. 191 (202 f.); Preis, DB 1988, 1444.

1025 Std. Rspr. des BAG: Urteil vom 28.02.1990 – 2 AZR 401/89, DB 1990, 2430 (2431); Urteil vom 30.01.1986 – 2 AZR 668/84, NZA 1987, 555; Urteil vom 20.03.1984 – 3 AZR 124/82, BB 1984, 1429 f.; Kittner/Däubler/Zwanziger-Kittner, § 1 KSchG Rn. 70; v. Hoyningen-Huene/Linck, § 1 KSchG Rn. 139 ff., 178; Erfurter Kommentar-Ascheid, § 1 KSchG Rn. 121 ff., 169; GK-Preis, Grundlagen H, Rn. 37; Löwisch, § 1 KSchG Rn. 180; MünchArbR-Wank, § 120 Rn. 42; Junker, Arbeitsrecht, Rn. 366; Weller, Das Arbeitsrecht der Gegenwart 20 (1982), S. 77 (79 f.).

1026 Std. Rspr. des BAG: Urteil vom 22.07.1982 – 2 AZR 30/81, AP § 1 KSchG 1969 Verhaltensbedingte Kündigung Nr. 5 Bl. 2; Urteil vom 17.10.1980 – 7 AZR 675/78, § 1 KSchG 1969 Betriebsbedingte Kündigung Nr. 10 Bl. 2; Urteil vom 07.03.1980 – 7 AZR 1093/77, AP § 1 KSchG 1969 Betriebsbedingte Kündigung Nr. 9 Bl. 1; Urteil vom 22.0.2.1980 – 7 AZR 295/78, AP § 1 KSchG 1969 Krankheit Nr. 6 Bl. 3; Urteil vom 24.10.1979 – 2 AZR 940/77, AP § 1 KSchG 1969 Betriebsbedingte Kündigung Nr. 8 Bl. 3; Urteil vom 03.05.1978 – 4 AZR 698/76, AP § 1 KSchG 1969 Betriebsbedingte Kündigung Nr. 5 Bl. 2; Urteil vom 26.06.1975 – 2 AZR 499/74, AP § 1 KSchG 1969 Betriebsbedingte Kündigung Nr. 1 Bl. 1; Urteil vom 13.09.1973 – 2 AZR 601/72, BAGE 25, 278 (186) = AP § 1 KSchG 1969 Nr. 2 LS 2; Urteil vom 05.08.1976 – 3 AZR 110/75, AP § 1 KSchG 1969 Krankheit Nr. 1 Bl. 2; Urteil vom 16.09.1982 – 2 AZR 271/80, AP § 22 KO Nr. 4 Bl. 3; Urteil vom 12.08.1976 – 2 AZR 237/75, AP § 1 KSchG 1969 Nr. 3 Bl. 2 f.; Urteil vom 25.06.1964 – 2 AZR 382/63, BAGE 16, 134 (136); Urteil vom 07.10.1954 – 2 AZR 6/54, BAGE 1, 99 (101); Urteil vom 20.10.1954 – 1 AZR 193/54, BAGE 1, 117 (119). Herrschende Meinung in der Literatur: Kittner/Däubler/Zwanziger-Kittner, § 1 KSchG Rn. 51, 70; v. Hoyningen-Huene/Linck, § 1 KSchG Rn. 135; Erfurter Kommentar-Ascheid, § 1 KSchG Rn. 124; GK-Preis, Grundlagen H, Rn. 37; GK-Dörner, § 1 KSchG Rn. 124; GK-Dörner, § 1 KSchG Rn. 126; MünchArbR-Berkowsky, § 134 Rn. 41 ff.; Stahlhacke/Preis/Vossen, Kündigung und Kündigungsschutz im Arbeitsverhältnis, Rn. 922; Junker, Arbeitsrecht, Rn. 367; v. Stebut, Der soziale Schutz als Regelungsproblem des Vertragsrechts, S. 51 ff.; Dassau, Die allgemeine Interessenabwägung im Rahmen des § 1 Abs. 2 S. 1 KSchG, S. 27 ff.; Bitter/Kiel, RdA 1994, 333 (336 f.); Meisel, ZfA 1985, 213 (229). Kritisch zum Erfordernis der Interessenabwägung hingegen: Löwisch, § 1 KSchG Rn. 61 ff.; Bötticher, FS Molitor, S. 123 (127 ff.); Herschel, FS Müller, S. 191 (205); Boewer, FS Gaul, S. 19 (24 ff.); Schwerdtner, ZIP 1984, 10 (12).

1027 Kittner/Däubler/Zwanziger-Kittner, § 1 KSchG Rn. 51 f., 70; v. Hoyningen-Huene/Linck, § 1 KSchG Rn. 135.; GK-Preis, Grundlagen H, Rn. 37; GK-Dörner, § 1 KSchG Rn. 126; KR-Etzel, § 1 KSchG Rn. 317; Junker, Arbeitsrecht, Rn. 367.

b.) Verhaltensbedingte Kündigung

Eine verhaltensbedingte Kündigung nach § 1 Abs. 2 S. 1 KSchG umfaßt Gründe, die im Verhalten des Arbeitnehmers liegen. In Abgrenzung zu der personenbedingten Kündigung handelt es sich um Verhaltensweisen des Arbeitnehmers, die von diesem steuerbar sind[1028]. Es kommen Vertragsverletzungen des Arbeitnehmers im Leistungsbereich und im Vertrauensbereich sowie Verstöße gegen die betriebliche Ordnung in Betracht[1029]. Grundsätzlich ist ein schuldhaftes Verhalten des Arbeitnehmers[1030] und eine Verletzung der vertraglichen Haupt- und

---

[1028] BAG, Urteil vom 21.01.1999 – 2 AZR 665/98, AP § 626 BGB Nr. 151 Bl. 2; v. Hoyningen-Huene/Linck, § 1 KSchG Rn. 270; GK-Dörner, § 1 KSchG Rn. 265; Erfurter Kommentar-Ascheid, § 1 KSchG Rn. 286; Stahlhacke/Preis/Vossen, Kündigung und Kündigungsschutz im Arbeitsverhältnis, Rn. 1168; v. Hoyningen-Huene, Anm. zum Urteil des BAG vom 21.01.1999 – 2 AZR 665/98, AP § 626 BGB Nr. 151 Bl. 5. Es kommt bei der verhaltensbedingten Kündigung im Gegensatz zur personenbedingten Kündigung darauf an, daß dem Arbeitnehmer vorgeworfen werden kann, daß er sich auch anders hätte verhalten können. Vgl. dazu: KR-Etzel, § 1 KSchG Rn. 266, 395 f.; Erfurter Kommentar-Ascheid, § 1 KSchG Rn. 286.

[1029] BAG, Urteil vom 21.11.1996 – 2 AZR 357/95, AP § 626 BGB Nr. 130 Bl. 2 = NZA 1997, 487 (489); Urteil vom 22.09.1994 – 2 AZR 719/93, AP § 1 KSchG 1969 Nr. 25 Bl. 4 Bl. 1 ff.; Urteil vom 25.10.1989 – 2 AZR 633/88, AP § 611 BGB Direktionsrecht Nr. 36 Bl. 3; Urteil vom 20.07.1989 – 2 AZR 114/87, AP § 1 KSchG 1969 Sicherheitsbedenken Nr. 2 Bl. 3 = NZA 1990, 614; Urteil vom 26.05.1977 – 2 AZR 632/76, AP § 611 BGB Beschäftigungspflicht Nr. 5 Bl. 2 = DB 1977, 2099 ff.; Urteil vom 07.12.1988 – 7 AZR 122/88, AP § 1 KSchG 1969 Verhaltensbedingte Kündigung Nr. 26 Bl. 3 f.; Urteil vom 24.09.1987 – 2 AZR 26/87, AP § 1 KSchG 1969 Verhaltensbedingte Kündigung Nr. 19 Bl. 2; GK-Dörner, § 1 KSchG Rn. 265, 268; KR- Etzel, § 1 KSchG Rn. 399; KR-Fischermeier, § 626 BGB Rn. 317; Kittner/Däubler/Zwanziger-Kittner, § 1 KSchG Rn. 154; Erfurter Kommentar-Ascheid, § 1 KSchG Rn. 287; HK-Dorndorf, § 1 KSchG Rn. 514 f.; Stahlhacke/Preis/Vossen, Kündigung und Kündigungsschutz im Arbeitsverhältnis, Rn. 1168; v. Hoyningen-Huene/Linck, § 1 KSchG Rn. 271; Löwisch, § 1 KSchG Rn. 93; Junker, Arbeitsrecht, Rn. 368; Preis, DB 1990, 630 (632). Ausnahmsweise genügt auch eine schuldlose Pflichtverletzung: BAG, Urteil vom 21.01.1999 – 2 AZR 665/98, RdA 2000, 109 (111).

[1030] BAG, Urteil vom 21.01.1999 – 2 AZR 357/95, AP § 626 BGB Nr. 151 Bl. 2; Urteil vom 04.06.1997 – 2 AZR 526/96, AP § 626 BGB Nr. 137 Bl. 4; Urteil vom 21.11.1996 – 2 AZR 357/95, AP § 626 BGB Nr. 130 Bl. 2 = NZA 1997, 487 (489); Urteil vom 07.10.1993 – 2 AZR 226/93, BAGE 74, 325 (331 f.) = AP § 626 BGB Nr. 114 Bl. 6; Urteil vom 30.09.1993 – 2 AZR 188/93, EzA § 626 BGB n. F. Nr. 152, S. 7; Urteil vom 04.04.1974 – 2 AZR 452/73, BAGE 26, 116 (124 f.) = AP § 626 BGB Arbeitnehmervertreter im Aufsichtsrat Nr. 1 Bl. 4; Urteil vom 27.07.1961 – 2 AZR 255/60, AP § 611 BGB Ärzte, Gehaltsansprüche Nr. 24 Bl. 4; HK-Dorndorf, § 1 KSchG Rn. 526; KR-Etzel, § 1 KSchG Rn. 400; v. Hoyningen-Huene/Linck, § 1 KSchG Rn. 279; GK-Dörner, § 1 KSchG Rn. 265, 275; Löwisch, § 1 KSchG Rn. 94; Erfurter Kommentar-Ascheid, § 1 KSchG Rn. 291; Kölner Praxis Kommentar zum KSchG-Schiefer, § 1 KSchG Rn. 272;

Nebenpflichten des Arbeitnehmers erforderlich[1031]. Ein außerdienstliches Verhalten des Arbeitnehmers ist i. d. R. kündigungsrechtlich irrelevant[1032] und stellt nur ausnahmsweise eine verhaltensbedingte Kündigung dar, wenn es konkrete negative Auswirkungen auf das Arbeitsverhältnis hat[1033].

Sofern der Bewerber im Einstellungsgespräch eine zulässige Frage des Arbeitgebers nach seinen Vorstrafen unzulässigerweise falsch beantwortet, handelt es sich um eine Verletzung der Aufklärungspflicht des Arbeitnehmers, die einen verhaltensbedingten Kündigungsgrund darstellt[1034]. Ebenso verhält es sich, wenn

---

Stahlhacke/Preis/Vossen, Kündigung und Kündigungsschutz im Arbeitsverhältnis, Rn. 1168; Busemann/Schäfer, Kündigung und Kündigungsschutz im Arbeitsverhältnis, Rn. 499; Junker, Arbeitsrecht, Rn. 368; Preis, DB 1990, 630 (632).

1031 V. Hoyningen-Huene/Linck, § 1 KSchG Rn. 353; Junker, Arbeitsrecht, Rn. 368.

1032 V. Hoyningen-Huene/Linck, § 1 KSchG Rn. 321; KR-Etzel, § 1 KSchG Rn. 399; Kittner/Däubler/Zwanziger-Kittner, § 1 KSchG Rn. 204a; Stahlhacke/Preis/Vossen, Kündigung und Kündigungsschutz im Arbeitsverhältnis, Rn. 1168 ff.; Löwisch, § 1 KSchG Rn. 169; Erfurter Kommentar-Ascheid, § 1 KSchG Rn. 348. Das ist der Fall, da der Arbeitgeber im Regelfall keinen Anspruch auf eine bestimmte Lebensführung des Arbeitnehmers hat: LAG Berlin, Urteil vom 03.11.1964 – 3 Sa 118/64, DB 1965, 1291; v. Hoyningen-Huene/Linck, § 1 KSchG Rn. 323; Löwisch, § 1 KSchG Rn. 172; Erfurter Kommentar-Ascheid, § 1 KSchG Rn. 348. Des weiteren sind die betriebliche Sphäre und die Privatsphäre des Arbeitnehmers i. d. R. streng voneinander zu trennen: Kittner/Däubler/Zwanziger-Kittner, § 1 KSchG Rn. 204a; Erfurter Kommentar-Ascheid, § 1 KSchG Rn. 348; Stahlhacke/Preis/Vossen, Kündigung und Kündigungsschutz im Arbeitsverhältnis, Rn. 1168 ff.

1033 Std. Rspr. des BAG: Urteil vom 24.09.1987 – 2 AZR 26/87, AP § 1 KSchG 1969 Verhaltensbedingte Kündigung Nr. 19 Bl. 2; Urteil vom 24.09.1987 – 2 AZR 26/87, EzA § 1 KSchG Verhaltensbedingte Kündigung Nr. 18, S. 3; Urteil vom 06.06.1984 – 7 AZR 456/82, EzA § 1 KSchG Verhaltensbedingte Kündigung Nr. 12, S. 67 ff.; Urteil vom 26.05.1977 – 2 AZR 632/76, AP § 611 BGB Beschäftigungspflicht Nr. 5 Bl. 2; Urteil vom 06.06.1984 – 7 AZR 456/82, AP § 1 KSchG 1969 Verhaltensbedingte Kündigung Nr. 11 Bl. 3 f.; Urteil vom 04.11.1981 – 7 AZR 264/79, AP § 1 KSchG 1969 Verhaltensbedingte Kündigung Nr. 4 Bl. 2; Urteil vom 15.07.1971 – 2 AZR 232/70, BAGE 23, 371 (375); Urteil vom 06.02.1969 – 2 AZR 241/68, AP § 626 BGB Nr. 58 Bl. 1 f.; Kittner/-Däubler/Zwanziger-Kittner, § 1 KSchG Rn. 204a; v. Hoyningen-Huene/Linck, § 1 KSchG Rn. 272; Erfurter Kommentar-Ascheid, § 1 KSchG Nr. 348; Junker, Arbeitsrecht, Rn. 368; van Venrooy, Anm. zum Urteil des BAG vom 24.09.1987 – 2 AZR 26/87, DB 1988, 1757 f. Am Beispiel der politischen Betätigung in einer verfassungsfeindlichen Partei: v. Hoyningen-Huene/Linck, § 1 KSchG Rn. 321; Erfurter Kommentar-Ascheid, § 1 KSchG Rn. 348.

1034 BAG, Urteil vom 20.05.1999 – 2 AZR 320/98, AP § 123 BGB Nr. 50 Bl. 2 f.; Urteil vom 07.09.1983 – 7 AZR 433/82, AP § 1 KSchG 1969 Verhaltensbedingte Kündigung Nr. 7 Bl. 3; v. Hoyningen-Huene/Linck, § 1 KSchG Rn. 360; Löwisch, § 1 KSchG Rn. 177; MünchArbR-Berkowsky, § 137 Rn. 302; Ortlepp, Anm. zum Urteil des BAG vom 07.09.1983 – 7 AZR 433/82, AP § 1 KSchG 1969 Verhaltensbedingte Kündigung Nr. 7

der Bewerber beim Einstellungsgespräch seine Offenbarungspflicht verletzt[1035]. Im Einzelfall ist die Schwere des Verstoßes gegen die Mitteilungspflichten zu berücksichtigen[1036]. Eine verhaltensbedingte Kündigung kommt nicht in Betracht, wenn der Arbeitgeber den Arbeitnehmer auch nach der Kenntniserlangung weiterbeschäftigt oder die Pflichtverletzung infolge des Ablaufs eines längeren Zeitraums für das Arbeitsverhältnis keine Bedeutung mehr hat[1037].

Eine Straftat des Arbeitnehmers, die er im Betrieb und im Zusammenhang mit dem Arbeitsverhältnis begangen hat, stellt einen verhaltensbedingten Kündigungsgrund dar[1038], wenn die Straftat eine Pflicht aus dem Arbeitsverhältnis betrifft[1039]. Begeht der Arbeitnehmer eine Straftat, die nicht im Zusammenhang

---

Bl. 4. Anders hingegen BAG, Urteil vom 13.06.1996 – 2 AZR 483/95, NZA 1997, 204 (205 f.) und Kittner/Däubler/Zwanziger-Kittner, § 1 KSchG Rn. 209d, 246, die zwar anerkennen, daß eine falsche Antwort des Arbeitnehmers in einem Personalfragebogen bzgl. der Stasi-Tätigkeit eine verhaltensbedingte Kündigung zu rechtfertigen vermag, aber diese Grundsätze nicht auf die Falschbeantwortung i. R. d. Einstellungsverhandlungen ausweiten wollen, da in diesem Fall keine Pflichten aus dem Arbeitsverhältnis verletzt werden. Hier soll dem Arbeitgeber lediglich die Möglichkeit der Anfechtung des Arbeitsvertrags wegen arglistiger Täuschung nach § 123 Abs. 1 BGB verbleiben.

[1035] BAG, Urteil vom 07.02.1964 – 1 AZR 251/63, BB 1964, 472; Löwisch, § 1 KSchG Rn. 177.

[1036] Löwisch, § 1 KSchG Rn. 177.

[1037] ArbG Hamburg, Urteil vom 07.11.1979 – 18 Ca 263/79, BB 1980, 316 (317); Löwisch, § 1 KSchG Rn. 177.

[1038] BAG, Urteil vom 20.09.1984 – 2 AZR 633/82, EzA § 626 BGB n. F. Nr. 91, S. 389 f.; Urteil vom 30.05.1978 – 2 AZR 630/76, EzA § 626 BGB n. F. Nr. 66, S. 250 f.; Kittner/Däubler/Zwanziger-Kittner, § 1 KSchG Rn. 151a, 244; Erfurter Kommentar-Ascheid, § 1 KSchG Rn. 294, 364; v. Hoyningen-Huene/Linck, § 1 KSchG Rn. 353; Löwisch, § 1 KSchG Rn. 160; KR-Etzel, § 1 KSchG Rn. 501 f.; HK-Dorndorf, § 1 KSchG Rn. 834; Staudinger-Preis, § 626 BGB Rn. 193; MünchArbR-Berkowsky, § 137 Rn. 280. Nur ausnahmsweise stellt eine Straftat oder eine Unterschlagung des Arbeitnehmers zu Lasten des Arbeitgebers kein kündigungsrelevantes Verhalten dar, sofern der Arbeitnehmer damit beweisen möchte, daß er zu einem bestimmten Verhalten gegenüber dem Arbeitgeber berechtigt gewesen ist. Das ist aber nur der Fall, wenn für den Arbeitnehmer die konkrete Gefahr besteht, daß er Rechtsnachteile erleiden wird, wenn er nicht die vorhandenen Beweismittel zu seinen Gunsten unterschlägt, um beweisen zu können, daß er sich korrekt verhalten hat, sog. Beweisnot des Arbeitgebers: MünchArbR-Berkowsky, § 137 Rn. 283; Kittner/Däubler/Zwanziger-Kittner, § 1 KSchG Rn. 244; v. Hoyningen-Huene/Linck, § 1 KSchG Rn. 353; Haller, BB 1997, 202.

[1039] Kittner/Däubler/Zwanziger-Kittner, § 1 KSchG Rn. 151a, 244; KR-Etzel, § 1 KSchG Rn. 501; v. Hoyningen-Huene/Linck, § 1 KSchG Rn. 353; Erfurter Kommentar-Ascheid, § 1 KSchG Rn. 364. Kündigungsrelevante Straftaten des Arbeitnehmers gegen den Arbeitgeber sind z. B.: Beleidigung des Arbeitgebers, der Diebstahl oder Unterschlagung auch geringwertiger Sachen: BAG, Urteil vom 20.09.1984 – 2 AZR 633/82, AP § 626 BGB Nr. 80 Bl. 2 f. = NZA 1985, 286 (187 f.); Urteil vom 17.05.1984 – 2 AZR 3/83, AP

mit den arbeitsvertraglichen Pflichten steht, kann es sich um eine personenbedingte Kündigung handeln[1040]. Nutzt der Arbeitnehmer hingegen die betrieblichen Gelegenheiten aus, um eine Straftat zu begehen, so ist der Arbeitgeber regelmäßig zu einer verhaltensbedingten ordentlichen Kündigung berechtigt[1041]. Der Arbeitgeber ist nicht gehalten, an Straftaten Dritter mit seinem Eigentum und gegen seinen Willen mitzuwirken[1042].

---

§ 626 BGB Verdacht strafbarer Handlung Nr. 14 Bl. 2 f. = NZA 1985, 91 f.; LAG Hamm, Urteil vom 15.03.1977 – 6 Sa 1200/75, DB 1977, 2002 f.; LAG Düsseldorf, Urteil vom 06.11.1973 – 11 Sa 561/73, DB 1974, 928; ArbG Reutlingen, Urteil vom 04.06.1996 – 1 Ca 73/96, AiB 1996, 623; ArbG Hamburg, Urteil vom 21.09.1998 – 21 Ca 154/98, AiB 1999, 177; MünchArbR-Berkowsky, § 137 Rn. 282; Zuber, NZA 1999, 1142 (1144); Fälschung von Besuchsberichten, Stempelkarten, Stundenzetteln, wenn eine Betrugsabsicht gegeben ist: MünchArbR-Berkowsky, § 137 Rn. 282; die Abrechnung nicht angefallener Spesen: BAG, Urteil vom 22.11.1962 – 2 AZR 42/62, AP § 626 BGB Nr. 49 Bl. 2; MünchArbR-Berkowsky, § 137 Rn. 282. Bei Diebstählen im Betrieb kommt es nicht auf den Wert der entwendeten Sache an, sondern es ist entscheidend, daß die Arbeitskollegen davon ausgehen können, daß die im Betrieb vorhandenen Sachen sowie die eigenen mitgebrachten Sachen vor dem Zugriff der anderen Arbeitnehmer sicher sind. Vgl. dazu: BAG, Urteil vom 03.04.1986 – 2 AZR 324/85, AP § 626 BGB Verdacht strafbarer Handlung Nr. 18 Bl. 2; Urteil vom 20.09.1984 – 2 AZR 633/82, AP § 626 BGB Nr. 80 Bl. 2 f.; Urteil vom 17.05.1984 – 2 AZR 3/83, AP § 626 BGB Verdacht strafbarer Handlung Nr. 14 Bl. 2; v. Hoyningen-Huene/Linck, § 1 KSchG Rn. 353 f.; Erfurter Kommentar-Ascheid, § 1 KSchG Rn. 364. Ein Lohn- und Spesenbetrug ist bereits bei geringen Beträgen dazu geeignet, eine Kündigung sozial zu rechtfertigen: BAG, Urteil vom 22.11.1962 – 2 AZR 42/62, AP § 626 BGB Nr. 49 Bl. 1 f.; Urteil vom 02.06.1960 – 2 AZR 91/58, AP § 626 BGB Nr. 42 Bl. 2 f.; Kittner/Däubler/Zwanziger-Kittner, § 1 KSchG Rn. 151a; v. Hoyningen-Huene/Linck, § 1 KSchG Rn. 355 f.; Erfurter Kommentar-Ascheid, § 1 KSchG Rn. 364. Begeht ein Arbeitnehmer in seiner Freizeit einen Diebstahl zu Lasten einer Konzernschwester seines Arbeitgebers, kann dies unter Umständen eine verhaltensbedingte Kündigung rechtfertigen: BAG, Urteil vom 20.09.1984 – 2 AZR 233/83, AP § 1 KSchG 1969 Verhaltensbedingte Kündigung Nr. 13 Bl. 2; Erfurter Kommentar-Ascheid, § 1 KSchG Rn. 364.

[1040] Erfurter Kommentar-Ascheid, § 1 KSchG Rn. 365. Vgl. dazu bereits S. 283 ff.

[1041] MünchArbR-Berkowsky, § 137 Rn. 281. Beispiele: Spionage von Daten Dritter durch den Arbeitnehmer mit Hilfe der betriebseigenen EDV-Anlage oder Anfertigung von Raubkopien: MünchArbR-Berkowsky, § 137 Rn. 281.

[1042] MünchArbR-Berkowsky, § 137 Rn. 281. Ebenso verhält es sich, wenn der Arbeitnehmer die Straftaten bei Gelegenheit seiner Arbeitsleistung begeht: BAG, Urteil vom 30.05.1978 – 2 AZR 630/76, NJW 1979, 332 (333 f.); ArbG Frankfurt am Main, Urteil vom 08.10.1997 – 9 Ca 171/97, NZA-RR 1998, 355 ff.; MünchArbR-Berkowsky, § 137 Rn. 281.

Das vertraglich nicht erfaßte Privatleben des Arbeitnehmers spielt hingegen im Verhaltensbereich kündigungsrechtlich keine Rolle[1043]. Anders verhält es sich indes bei den Straftaten, die der öffentliche Bedienstete auch im privaten Bereich begeht. Diese können nach §§ 6, 8 BAT auch eine ordentliche Kündigung rechtfertigen[1044]. Nur ausnahmsweise, wenn sich das strafrechtlich relevante Verhalten des Arbeitnehmers im Privatbereich auf die Beziehungen zwischen Arbeitnehmer und Arbeitgeber auswirkt, kommt eine verhaltensbedingte Kündigung in Betracht[1045]. Dies ist wiederum anhand der Umstände des konkreten Einzelfalls zu beurteilen. In der Regel wird es sich aber um einen personenbedingten Kündigungsgrund handeln[1046].

Des weiteren ist auch bei der verhaltensbedingten Kündigung eine negative Prognose anzustellen. Der Arbeitgeber muß mit weiteren Vertragsverletzungen seitens des Arbeitnehmers rechnen können oder die Verletzung des Vertrauens muß derart schwer wiegen, daß eine vertrauensvolle Fortsetzung des Arbeitsverhältnisses nicht mehr möglich erscheint[1047]. Bei der verhaltensbedingten Kündigung wird aus dem Ultima-Ratio-Grundsatz das Erfordernis einer vorhergehenden Abmahnung abgeleitet[1048]. Diese ist i. d. R. auch bei strafbaren Handlungen

---

[1043] KR-Etzel, § 1 KSchG Rn. 501 f.; Kittner/Däubler/Zwanziger-Kittner, § 1 KSchG Rn. 151a, 204, 245; Stahlhacke/Preis/Vossen, Kündigung und Kündigungsschutz im Arbeitsverhältnis, Rn. 1168; Löwisch, § 1 KSchG Rn. 169; Erfurter Kommentar-Ascheid, § 1 KSchG Rn. 294; MünchArbR-Berkowsky, § 137 Rn. 286.

[1044] Erfurter Kommentar-Ascheid, § 1 KSchG Rn. 293; MünchArbR-Berkowsky, § 137 Rn. 285.

[1045] BAG, Urteil vom 20.09.1984 – 2 AZR 233/83, AP § 1 KSchG 1969 Verhaltensbedingte Kündigung Nr. 13 Bl. 2; Kittner/Däubler/Zwanziger-Kittner, § 1 KSchG Rn. 151a; v. Hoyningen-Huene/Linck, § 1 KSchG Rn. 325; Erfurter Kommentar-Ascheid, § 1 KSchG Rn. 294, 348.

[1046] Erfurter Kommentar-Ascheid, § 1 KSchG Rn. 348. Siehe dazu bereits die Darstellungen auf S. 283 ff.

[1047] BAG, Urteil vom 26.01.1995 – 2 AZR 649/94, AP § 1 KSchG 1969 Verhaltensbedingte Kündigung Nr. 34 Bl. 2 f.; Urteil vom 16.08.1991 – 2 AZR 604/90, AP § 1 KSchG 1969 Verhaltensbedingte Kündigung Nr. 27 Bl. 3; Urteil vom 17.01.1991 – 2 AZR 375/90, AP § 1 KSchG 1969 Verhaltensbedingte Kündigung Nr. 25 Bl. 1 = SAE 1992, 116 (118); Urteil vom 10.11.1988 – 2 AZR 215/88, AP § 1 KSchG 1969 Abmahnung Nr. 3 Bl. 3 = NZA 1989, 633 (634 f.); Urteil vom 07.12.1988 – 7 AZR 122/88, EzA § 1 KSchG Verhaltensbedingte Kündigung Nr. 26, S. 7; KR-Etzel, § 1 KSchG Rn. 501-503; HK-Dorndorf, § 1 KSchG Rn. 545 ff.; GK-Dörner, § 1 KSchG Rn. 272; Kittner/Däubler/Zwanziger-Kittner, § 1 KSchG Rn. 70; v. Hoyningen-Huene/Linck, § 1 KSchG Rn. 274; Stahlhacke/Preis/Vossen, Kündigung und Kündigungsschutz im Arbeitsverhältnis, Rn. 1168; Junker, Arbeitsrecht, Rn. 369; Bitter/Kiel, RdA 1995, 26 (34); Hillebrecht, ZfA 1991, 87 (120); Preis, DB 1990, 630 (634).

[1048] BAG, Urteil vom 17.02.1994 – 2 AZR 616/93, NJW 1994, 2783; Urteil vom 09.08.1984 – 2 AZR 400/83, AP § 1 KSchG 1969 Verhaltensbedingte Kündigung Nr. 12 Bl. 2; NZA

seitens des Arbeitnehmers der Fall[1049]. Mit dieser beanstandet der Arbeitgeber das Fehlverhalten des Arbeitnehmers, fordert ihn zu einem zukünftigen vertragsgemäßen Verhalten auf und macht deutlich, daß bei einer Wiederholung weitere arbeitsrechtliche Folgen drohen[1050]. Bei einer verhaltensbedingten Kündigung liegt ein Verstoß gegen das Ultima-Ratio-Prinzip gemäß § 1 Abs. 2 S. 2 Nr. 1b.) KSchG vor, wenn eine Weiterbeschäftigung auf einem anderen freien Arbeitsplatz möglich ist und davon auszugehen ist, daß der Arbeitnehmer nicht wieder gegen seine Pflichten verstoßen wird[1051]. Ferner ist auch hier eine Interessenabwägung vorzunehmen, um herauszufinden, ob die Interessen der Arbeitsvertragsparteien billigenswert und angemessen erscheinen[1052].

c.) Zwischenergebnis

Der Arbeitgeber kann das Arbeitsverhältnis ordentlich kündigen, sofern die Voraussetzungen für die Wirksamkeit der Kündigung gegeben sind. Bei einer betrieblichen Straftat des Arbeitnehmers handelt es sich um einen verhaltensbedingten Kündigungsgrund i. S. v. § 1 Abs. 2 S. 1 KSchG, wenn mit der Straftat zugleich eine Pflicht des Arbeitnehmers aus dem Arbeitsverhältnis verletzt wird. Handelt es sich hingegen um eine außerbetrieblich begangene Straftat, so vermag diese nur ausnahmsweise eine personenbedingte Kündigung gemäß § 1 Abs. 2 S. 1 KSchG zu rechtfertigen, sofern sie sich negativ auf das Arbeitsverhältnis auswirkt und der Arbeitnehmer dadurch seine Eignung für die konkrete

---

1987, 518 (519); Urteil vom 09.08.1984 – 2 AZR 400/83, NZA 1985, 124 (125); Urteil vom 17.02.1994 – 2 AZR 616/93, AP § 626 BGB Nr. 116 Bl. 2; GK-Dörner, § 1 KSchG Rn. 343; HK-Dorndorf, § 1 KSchG Rn. 575 ff.

[1049] ArbG Hamburg, Urteil vom 21.09.1998 – 21 Ca 154/98, AiB 1999, 177; ArbG Reutlingen, Urteil vom 04.06.1996 – 1 Ca 73/96, AiB 1996, 623; Kittner/Däubler/Zwanziger-Kittner, § 1 KSchG Rn. 158; MünchArbR-Berkowsky, § 137 Rn. 282.

[1050] HK-Dorndorf, § 1 KSchG Rn. 578; KR-Etzel, § 1 KSchG Rn. 402; Kittner/Däubler/Zwanziger-Kittner, § 1 KSchG Rn. 159; v. Hoyningen-Huene/Linck, § 1 KSchG Rn. 280 ff.; Stahlhacke/Preis/Vossen, Kündigung und Kündigungsschutz im Arbeitsverhältnis, Rn. 1180; Löwisch, § 1 KSchG Rn. 100; Erfurter Kommentar-Ascheid, § 1 KSchG Rn. 299 f.; MünchArbR-Berkowsky, § 137 Rn. 339 ff.; Junker, Arbeitsrecht, Rn. 369.

[1051] BAG, Urteil vom 31.03.1993 – 2 AZR 492/92, AP § 626 BGB Ausschlußfrist Nr. 32 Bl. 5; Urteil vom 22.07.1982 – 2 AZR 30/81, AP § 1 KSchG 1969 Verhaltensbedingte Kündigung Nr. 5 Bl. 3; Erfurter Kommentar-Ascheid, § 1 KSchG Rn. 295; Kittner/Däubler/Zwanziger-Kittner, § 1 KSchG Rn. 163; KR-Etzel, § 1 KSchG Rn. 406; v. Hoyningen-Huene/Linck, § 1 KSchG Rn. 276; Junker, Arbeitsrecht, Rn. 369.

[1052] BAG, Urteil vom 22.07.1982 – 2 AZR 30/81, AP § 1 KSchG 1969 Verhaltensbedingte Kündigung Nr. 5 Bl. 3 = NJW 1983, 700 f.; Kittner/Däubler/Zwanziger-Kittner, § 1 KSchG Rn. 168; GK-Dörner, § 1 KSchG Rn. 274; HK-Dorndorf, § 1 KSchG Rn. 705 ff.; KR-Etzel, § 1 KSchG Rn. 409.

Arbeitsstelle verloren hat. Befindet sich der Arbeitnehmer in Untersuchungshaft oder verbüßt er eine Freiheitsstrafe, so kann dieser Umstand dann eine personenbedingte Kündigung rechtfertigen, wenn nach Dauer, Art und Ausmaß der Verbüßung die betrieblichen Interessen erheblich beeinträchtigt sind.

2. Außerordentliche Kündigung gemäß § 626 Abs. 1 BGB

Im Gegensatz zur ordentlichen Kündigung gelten für die außerordentliche Kündigung strengere Voraussetzungen[1053]. Für die außerordentliche Kündigung muß ein wichtiger Grund „an sich" vorliegen[1054]. Dieser ist gegeben, wenn ein Vorfall oder Umstand ein derart starkes Gewicht hat, daß dem Kündigenden unter Berücksichtigung aller Umstände des Einzelfalls und unter Abwägung der Interessen beider Vertragsteile die Fortsetzung des Dienstverhältnisses bis zum Ablauf der Kündigungsfrist nicht zugemutet werden kann[1055]. Auch hier kommt lediglich die personen- und verhaltensbedingte Kündigung in Betracht. Des weiteren ist nach der Feststellung eines wichtigen Grundes eine umfassende Interessenabwägung vorzunehmen[1056]. Es ist vor allem auf die Umstände des Einzelfalls abzustellen. Insbesondere drei Gesichtspunkte sind aber hierbei zu beachten: Das Prognoseprinzip, das Ultima-Ratio-Prinzip und das Übermaßverbot[1057].

a.) Personenbedingte Kündigung

Wie bei der ordentlichen Kündigung ist ein personenbedingter Kündigungsgrund gegeben, wenn Gründe vorliegen, die die Interessen des Arbeitgebers beeinträchtigen und auf den persönlichen Fähigkeiten und Eigenschaften des Arbeitnehmers beruhen. Ob die im Einstellungsgespräch verschwiegene Vor-

---

1053 MünchArbR-Wank, § 120 Rn. 15.

1054 BAG, Urteil vom 12.08.1999 – 2 AZR 923/98, DB 2000, 48 f.; Kittner/Däubler/Zwanziger-Däubler, § 626 BGB Rn. 38; GK-Dörner, § 626 BGB Rn. 48; MünchArbR-Wank, § 120 Rn. 29; Junker, Arbeitsrecht, Rn. 401.

1055 Kittner/Däubler/Zwanziger-Däubler, § 626 BGB Rn. 39; MünchArbR-Buchner, § 41 Rn. 186; MünchArbR-Wank, § 120 Rn. 27; Junker, Arbeitsrecht, Rn. 394. Vgl. dazu den Wortlaut des § 626 Abs. 1 BGB. Der Begriff des wichtigen Grunds stellt einen unbestimmten Rechtsbegriff dar: BAG, Urteil vom 08.02.1962 – 2 AZR 252/60, AP § 611 BGB Erfinder Nr. 1 Bl. 7; KR-Fischermeier, § 626 BGB Rn. 83 ff.; MünchArbR-Wank, § 120 Rn. 28.

1056 BAG, Urteil vom 19.07.1957 – 1 AZR 420/54, BAGE 1, 237 (239); Urteil vom 09.12.1954 – 2 AZR 46/53, AP § 123 GewO Nr. 1 Bl. 2; MünchArbR-Wank, § 120 Rn. 33; Junker, Arbeitsrecht, Rn. 404; Hueck, Anm. zum Urteil des BAG vom 09.12.1954 – 2 AZR 64/53, NJW 1955, 807 f.

1057 MünchArbR-Wank, § 120 Rn. 33; Hromadka/Maschmann, Arbeitsrecht, Band I, § 10 Rn. 114-119; Preis, Arbeitsrecht, Praxislehrbuch, § 66 III, S. 773 ff.; Junker, Arbeitsrecht, Rn. 404-407.

strafe des Bewerbers einen wichtigen Grund i. S. d. § 626 Abs. 1 BGB darstellt, ist anhand der Umstände des konkreten Einzelfalls und einer Interessenabwägung zu ermitteln. Dabei sind die Art und Schwere der Tat, die seitdem verstrichene Zeit, die bisherige Führung des Arbeitnehmers und die Einschlägigkeit der Vorstrafe in Bezug auf die Arbeitsstelle in Abwägung zu bringen[1058]. Des weiteren ist die soziale und wirtschaftliche Lage des Arbeitnehmers, das Allgemeininteresse an der Resozialisierung Vorbestrafter und die Arbeitgeberinteressen zu berücksichtigen. Sofern eine Abwägung ergibt, daß die erforderliche Vertrauensgrundlage zwischen den Arbeitsvertragsparteien nachhaltig gestört ist, kann die verschwiegene Vorstrafe einen wichtigen Grund i. S. v. § 626 Abs. 1 BGB darstellen.

Zwar kann „an sich" der Antritt einer Freiheitsstrafe[1059] oder die Verbüßung einer Untersuchungshaft[1060] eine außerordentliche personenbedingte Kündigung rechtfertigen, weil der Arbeitnehmer in dieser Zeit seine Arbeitsleistung nicht erbringen kann[1061], jedoch sind im einzelnen die Art und das Ausmaß der be-

---

[1058] Endemann, AR-Blattei D, Vorstrafen I., I. Bedeutung im Arbeitsverhältnis, 3. Fortsetzungsblatt. Vgl. dazu auch: LAG Leipzig, Urteil vom 18.02.1938 – 24 Sa 127/37, ARS 33, 98 (101 f.).

[1059] BAG, Urteil vom 09.03.1995 – 2 AZR 497/94, AP § 626 BGB Nr. 123 Bl. 2 = NZA 1995, 777 (778) = SAE 1996, 32 (34); Urteil vom 15.11.1984 – 2 AZR 613/83, AP § 626 BGB Nr. 87 Bl. 3; KR-Fischermeier, § 626 BGB Rn. 135, 435, 451; GK-Dörner, § 626 BGB Rn. 316; Kittner/Däubler/Zwanziger-Däubler, § 626 BGB Rn. 149; MünchArbR-Wank, § 120 Rn. 46; Dörner/Luczak/Wildschütz, Arbeitsrecht in der anwaltlichen und gerichtlichen Praxis, D Rn. 580 ff.; Junker, Arbeitsrecht, Rn. 401; Franzen, Anm. zum Urteil des BAG vom 09.03.1995 – 2 AZR 497/94, SAE 1996, 32 (34). Eine außerordentliche Kündigung kommt insoweit in Betracht, wenn die Freiheitsstrafe drei Monate bis zu 2 ½ Jahren andauert, vgl. dazu: GK-Dörner, § 626 BGB Rn. 316.

[1060] BAG, Urteil vom 10.06.1965 – 2 AZR 339/64, DB 1965, 1290; LAG Berlin, Urteil vom 01.12.1986 – 9 Sa 89/86, AP § 626 BGB Nr. 94 Bl. 4; LAG Bayern, Urteil vom 23.05.1958 – Sa 68/58/VN, DB 1958, 1188; Kittner/Däubler/Zwanziger-Däubler, § 626 BGB Rn. 149; GK-Dörner, § 626 BGB Rn. 315; MünchArbR-Wank, § 120 Rn. 46. Nach dem Urteil des BAG, Urteil vom 10.06.1965 – 2 AZR 339/64, DB 1965, 1290 kann der Arbeitgeber dem bereits seit langer Zeit beschäftigten Arbeitnehmer nicht bereits deshalb kündigen, weil er 17 Tage in Untersuchungshaft gesessen hat. Bei einer Betriebszugehörigkeit von 15 Jahren kommt einer außerordentliche Kündigung nach § 626 Abs. 1 BGB erst bei einer Arbeitsunfähigkeit infolge Untersuchungshaft von einem Monat in Betracht. Hier ist darauf abzustellen, ob der Arbeitnehmer bereits beim Ausspruch der Kündigung durch den Arbeitgeber für eine verhältnismäßig erhebliche Zeit an der Erbringung seiner Arbeitleistung verhindert war.

[1061] Kittner/Däubler/Zwanziger-Däubler, § 626 BGB Rn. 149; MünchArbR-Wank, § 120 Rn. 46. Einschränkend aber: Erman-Belling, § 626 BGB Rn. 77.

trieblichen Auswirkungen zu berücksichtigen[1062]. Bei bestimmten Straftaten kann der Arbeitnehmer seine Eignung für das Arbeitsverhältnis eingebüßt haben[1063]. Wenn der als Kraftfahrer beschäftigte Arbeitnehmer seine Fahrerlaubnis verliert, ist er wegen eines in seiner Person liegenden Grundes nicht in der Lage, die geschuldete Arbeitsleistung zu erbringen. Aus diesem Grund kann auch eine außerordentliche Kündigung gerechtfertigt sein[1064]. Ebenso verhält es sich mit einem Arbeitnehmer, der seine Fluglizenz verloren hat und als Pilot beschäftigt ist[1065] oder einem Erzieher oder Lehrer, der sich der Kindesmißhandlung strafbar gemacht hat[1066]. Ferner ist es den Arbeitskollegen und dem Arbeitgeber unzumutbar, weiter mit einem Arbeitnehmer zusammenzuarbeiten, der seine Frau und sein Kind erschossen hat[1067].

Es kommt nur eine außerordentliche Kündigung in Betracht, wenn sich die Arbeitsverhinderung nachteilig auf das Arbeitsverhältnis auswirkt und der Arbeitgeber keine zumutbaren Überbrückungsmaßnahmen treffen kann[1068]. Jedoch kann die Interessenabwägung nur zugunsten des Arbeitgebers ausfallen, wenn er unausweichliche Gründe anführen kann, die eine Neubesetzung des Arbeitsplatzes sofort und nicht erst nach dem Ablauf der Kündigungsfrist erforderlich machen. An die Unzumutbarkeit der Weiterbeschäftigung ist ein strenger Maßstab zu stellen[1069].

[1062] BAG, Urteil vom 09.03.1995 – 2 AZR 497/94, AP § 626 BGB Nr. 123 Bl. 3; Urteil vom 15.11.1984 – 2 AZR 613/83, AP § 626 BGB Nr. 87 Bl. 4; GK-Dörner, § 626 BGB Rn. 315 f.; Kittner/Däubler/Zwanziger-Däubler, § 626 BGB Rn. 149; Staudinger-Preis, § 626 BGB Rn. 222.

[1063] Kittner/Däubler/Zwanziger-Däubler, § 626 BGB Rn. 79, 146; Staudinger-Preis, § 626 BGB Rn. 193 f.

[1064] BAG, Urteil vom 30.05.1978 – 2 AZR 630/76, AP § 626 BGB Nr. 70 Bl. 2 = NJW 1979, 332 (333 f.); Kittner/Däubler/Zwanziger-Däubler, § 626 BGB Rn. 146; MünchArbR-Berkowsky, § 136 Rn. 150.

[1065] BAG, Urteil vom 31.01.1996 – 2 AZR 68/95, NZA 1996, 819 (820 f.); Urteil vom 30.05.1978 – 2 AZR 630/76, NJW 1979, 332 (333 f.); MünchArbR-Berkowsky, § 136 Rn. 152.

[1066] Kittner/Däubler/Zwanziger-Däubler, § 626 BGB Rn. 79.

[1067] BAG, Urteil vom 08.06.2000 – 2 AZR 638/99, DB 2001, 285 f.; Urteil vom 10.03.1977 – 4 AZR 675/75, NJW 1977, 1504; Kittner/Däubler/Zwanziger-Däubler, § 626 BGB Rn. 79.

[1068] BAG, Urteil vom 09.03.1995 – 2 AZR 497/94, AP § 626 BGB Nr. 123 Bl. 2; MünchArbR-Wank, § 120 Rn. 46.

[1069] BAG, Urteil vom 16.09.1999 – 2 AZR 123/99, AP § 626 BGB Nr. 159 Bl. 3 ff. = NZA 2000, 141 (142 f.); Urteil vom 12.07.1995 – 2 AZR 762/94, AP § 626 BGB Krankheit Nr. 7 Bl. 2 = NZA 1995, 1100 (1101); Urteil vom 09.09.1992 – 2 AZR 190/92, AP § 626 BGB Krankheit Nr. 3 Bl. 4 f. = NZA 1993, 598 (600); Junker, Arbeitsrecht, Rn. 401.

b.) Verhaltensbedingte Kündigung

Eine außerordentliche verhaltensbedingte Kündigung umfaßt Gründe, die sich in Vertragsverletzungen des Arbeitnehmers erschöpfen, die im Leistungsbereich, Vertrauensbereich oder in Verstößen gegen die betriebliche Ordnung liegen können, wobei es sich grundsätzlich um schuldhaftes Verhalten des Arbeitnehmers handeln muß. Strafbare Handlungen, die sich gegen den Arbeitgeber oder die anderen Arbeitnehmer richten, können in schweren Fällen einen wichtigen verhaltensbedingten Kündigungsgrund darstellen, wenn dadurch das erforderliche Vertrauensverhältnis nachhaltig und in irreparabler Weise gestört ist[1070]. Das kann der Fall sein, wenn durch die Straftat die Rechtsgüter des Arbeitgebers oder von Arbeitskollegen beeinträchtigt werden[1071]. Als solche kommt ein Diebstahl des Arbeitnehmers zu Lasten des Arbeitgebers in Betracht[1072], ferner kann es sich um Körperverletzungen[1073] oder Beleidigungen des Arbeitgebers handeln[1074]. Da es sich um einen massiven Vertrauensbruch handelt, kann auch schon die Wegnahme geringwertiger Sachen eine außerordentliche Kündigung rechtfertigen[1075]. Ferner kann der Spesenbetrug durch einen leitenden Angestell-

---

1070 KR-Fischermeier, § 626 BGB Rn. 212 f.; Kittner/Däubler/Zwanziger-Däubler, § 626 BGB Rn. 80 ff.; MünchArbR-Wank, § 120 Rn. 76; MünchArbR-Berkowsky, § 137 Rn. 280.

1071 Kittner/Däubler/Zwanziger-Däubler, § 626 BGB Rn. 80 f.; MünchArbR-Berkowsky, § 137 Rn. 280.

1072 BAG; Urteil vom 13.12.1984 – 2 AZR 454/83, AP § 626 BGB Nr. 81 Bl. 2 f.; Urteil vom 20.09.1984 – 2 AZR 633/82, AP § 626 BGB Nr. 80 Bl. 2; Urteil vom 17.05.1984 – 2 AZR 3/83, AP § 626 BGB Verdacht strafbarer Handlung Nr. 14 Bl. 2 f.; Kittner/Däubler/Zwanziger-Däubler, § 626 BGB Rn. 81; MünchArbR-Wank, § 120 Rn. 29, 76. Ebenso verhält es sich mit einer Unterschlagung des Arbeitnehmers zu Lasten des Arbeitgebers: BAG, Beschluß vom 10.02.1999 – 2 ABR 31/98, AiB 1999, 710 (711 ff.); Kittner/Däubler/Zwanziger-Däubler, § 626 BGB Rn. 81. Weitere Beispiele hierzu: Diebstahl des Arbeitnehmers von einer beträchtlichen Menge an Kupferblechen: LAG Köln, Urteil vom 22.01.1996 – 3 Sa 722/95, AP § 626 BGB Nr. 127 Bl. 2 f.; Kittner/Däubler/Zwanziger-Däubler, § 626 BGB Rn. 81; Zueignung von Treibstoff: BAG, Urteil vom 13.12.1984 – 2 AZR 454/83, AP § 626 BGB Nr. 81; Kittner/Däubler/Zwanziger-Däubler, § 626 BGB Rn. 81. Weitere Beispiele finden sich bei Kittner/Däubler/Zwanziger-Däubler, § 626 BGB Rn. 81-90a.

1073 BAG, Urteil vom 24.03.1958 – 2 AZR 587/55, AP § 626 BGB Verdacht strafbarer Handlung Nr. 5 Bl. 1 ff.; MünchArbR-Wank, § 120 Rn. 76; Schaub-Linck, ArbR-Hdb., § 125 Rn. 117.

1074 BAG, Urteil vom 18.07.1957 – 2 AZR 121/55, AP § 124a GewO Nr. 1 Bl. 1 f.; MünchArbR-Wank, § 120 Rn. 76

1075 BAG, Urteil vom 17.05.1984 – 2 AZR 3/83, AP § 626 BGB Verdacht strafbarer Handlung Nr. 14 Bl. 2 f.; Urteil vom 24.03.1958 – 2 AZR 587/55, AP § 626 BGB Verdacht strafbarer Handlung Nr. 5 Bl. 2 f.; LAG Frankfurt am Main, Urteil vom 04.07.1985 – 12 Sa 1329/84, BB 1986, 193; LAG Düsseldorf, Urteil vom 13.01.1976 – 11 Sa 845/75,

ten auch zu einer außerordentlichen Kündigung führen[1076]. Eine vorhergehende Abmahnung ist hier i. d. R. nicht erforderlich, da es sich mit den Straftaten im betrieblichen Bereich um eine Verletzung des Vertrauensverhältnisses handelt. Der Arbeitnehmer kann in einem solchen Fall schließlich nicht davon ausgehen, daß sein Verhalten vom Arbeitgeber gebilligt wird[1077]. Jedoch ist trotzdem in jedem Einzelfall zu untersuchen, ob das Vertrauen für die Zukunft durch eine Abmahnung wiederhergestellt werden kann[1078].

Ein außerbetriebliches Verhalten des Arbeitnehmers hingegen kann eine außerordentliche Kündigung nur rechtfertigen, wenn dadurch das Arbeitsverhältnis konkret beeinträchtigt wird[1079]. Straftaten, die nicht im Zusammenhang mit dem Arbeitsverhältnis begangen worden sind, stellen keinen wichtigen Grund i. S. d. § 626 Abs. 1 BGB dar[1080].

3. Zwischenergebnis

Verstößt der Bewerber während des Vorstellungsgesprächs gegen seine Mitteilungspflichten hinsichtlich seiner Vorstrafen, kommt eine personenbedingte ordentliche oder außerordentliche Kündigung seitens des Arbeitgebers in Betracht, wenn der Bewerber durch die Vorstrafe seine Eignung für die Arbeitsstelle verloren hat. Bei betriebsbezogenen Straftaten des Arbeitnehmers kann eine verhaltensbedingte Kündigung in Betracht kommen, bei den außerbetrieblichen Straftaten des Arbeitnehmers kommt es hingegen auf den Arbeitsplatzbezug an.

DB 1976, 680; MünchArbR-Wank, § 120 Rn. 76; Tschöpe, NZA 1985, 588 (589). Anders hingegen: LAG Hamm, Urteil vom 17.03.1977 – 8 Sa 1348/76, BB 1977, 849; ArbG Frankfurt am Main, Urteil vom 10.04.1985 – 9 Ca 473/84, BB 1986, 459 f.

1076 BAG, Urteil vom 22.11.1962 – 2 AZR 42/62, AP § 626 BGB Nr. 49 Bl. 2 f.; Urteil vom 02.06.1960 – 2 AZR 91/58, AP § 626 BGB Nr. 42 Bl. 3; Kittner/Däubler/Zwanziger-Däubler, § 626 BGB Rn. 85; MünchArbR-Wank, § 120 Rn. 76.

1077 LAG Niedersachsen, Urteil vom 11.08.1977 – 6 Sa 1038/76, DB 1978, 749 (750); LAG Berlin, Urteil vom 16.05.1978 – 9 Sa 138/77, BB 1978, 1570 (1571); MünchArbR-Wank, § 120 Rn. 76.

1078 Erfurter Kommentar-Ascheid, § 1 KSchG Rn. 130 ff.; MünchArbR-Berkowsky, § 137 Rn. 280. Hingegen vertritt Löwisch, § 1 KSchG Rn. 118 und BB 1998, 1793 (1795) eine engere Auffassung.

1079 LAG Baden-Württemberg, Beschluß vom 19.10.1993 – 11 Ta BV 9/93, NZA 1994, 175 (176); KR-Fischermeier, § 626 BGB Rn. 414, 455; Kittner/Däubler/Zwanziger-Däubler, § 626 BGB Rn. 78, 130 ff.; GK-Dörner, § 626 BGB Rn. 77; Erman-Belling, § 626 BGB Rn. 59; MünchArbR-Wank, § 120 Rn. 88; Schaub-Linck, ArbR-Hdb., § 125 Rn. 117; Stahlhacke/Preis/Vossen, Kündigung und Kündigungsschutz im Arbeitsverhältnis, Rn. 1121 f.; Wank, Politik und Arbeitsrecht, S. 43; Wank, RdA 1993, 79 (86).

1080 MünchArbR-Wank, § 120 Rn. 88; Schaub-Linck, ArbR-Hdb., § 125 Rn. 117; Stahlhacke/Preis/Vossen, Kündigung und Kündigungsschutz im Arbeitsverhältnis, Rn. 1121 f.

III. Schadensersatzanspruch des Arbeitgebers, § 280 Abs. 1 BGB

Des weiteren ist zu untersuchen, ob der Arbeitgeber neben der Beendigung des Arbeitsverhältnisses bei einer Verletzung der Mitteilungspflichten vom Bewerber Schadensersatz verlangen kann. Dieser kann auf den Ersatz des Vertrauensschadens und auf Vertragsaufhebung gerichtet sein.

1. Ersatz des Vertrauensschadens

Ob die Verletzung einer Mitteilungspflicht einen Anspruch des Arbeitgebers auf Ersatz des Vertrauensschadens nach sich zieht, ist nicht eindeutig geklärt. Nach einer Ansicht[1081] stellt der Verstoß des Bewerbers gegen seine Mitteilungspflichten ein Verschulden bei Vertragsabschluß dar. Der Arbeitgeber könne unabhängig vom Bestehen oder der Ausübung eines eventuellen Anfechtungsrechts den Ersatz des durch das Verhalten des Bewerbers entstandenen Vertrauensschadens bzw. des negativen Interesses verlangen[1082]. Auch die fahrlässige Verletzung der Offenbarungspflicht reiche aus[1083]. Der ersatzfähige Vertrauensschaden umfasse die angefallenen Inseratskosten, die der Arbeitgeber aufwenden muß, um die Stelle anderweitig zu besetzen[1084].

[1081] BAG, Urteil vom 07.02.1964 – 1 AZR 251/63, AP § 276 BGB Verschulden bei Vertragsabschluß Nr. 6 Bl. 2 f.; OLG Stuttgart, Urteil vom 22.06.1999 – 12 U 3/99, NJW 1999, 3640 f.; MünchArbR-Buchner, § 41 Rn. 188; MünchArbR-Richardi, § 45 Rn. 11 f.; Erfurter Kommentar-Preis, § 611 BGB Rn. 326 f., MünchKomm-Kramer, § 123 BGB Rn. 35; Palandt-Heinrichs, § 123 BGB Rn. 27; Bellgardt, Recht und Taktik des Bewerbergesprächs, S. 102; Borgaes, Der Informationsschutz des Arbeitsplatzbewerbers, S. 118; Stevens-Bartol, in: Handbuch des Arbeits- und Sozialrechts, § 7c, Rn. 46; Bürger/Knipp, AR-Blattei D, Einstellung I., I. Allgemeines, 17. Fortsetzungsblatt.

[1082] BAG, Urteil vom 07.02.1964 – 1 AZR 251/63, AP § 276 BGB Verschulden bei Vertragsabschluß Nr. 6 Bl. 2 f.; Urteil vom 10.11.1955 – 2 AZR 282/54, AP § 276 BGB Verschulden bei Vertragsabschluß Nr. 1 Bl. 1 f.; MünchArbR-Buchner, § 41 Rn. 189; Erfurter Kommentar-Preis, § 611 BGB Rn. 326 f.; Bellgardt, Recht und Taktik des Bewerbergesprächs, S. 102; Borgaes, Der Informationsschutz des Arbeitsplatzbewerbers, S. 118; Boemke, AR-Blattei SD, Auskunftspflicht 320, Rn. 35.

[1083] MünchArbR-Buchner, § 41 Rn. 189; Bellgardt, Recht und Taktik des Bewerbergesprächs, S. 102.

[1084] BAG, Urteil vom 07.02.1964 – 1 AZR 251/63, AP § 276 BGB Verschulden bei Vertragsabschluß Nr. 6 Bl. 2; LAG Düsseldorf, Urteil vom 23.05.1961 – 8 Sa 90/61, DB 1961, 1135; MünchArbR-Buchner, § 41 Rn. 189; Erfurter Kommentar-Preis, § 611 BGB Rn. 326; Bellgardt, Recht und Taktik des Bewerbergesprächs, S. 102; Bürger/Knipp, AR-Blattei D, Einstellung I., I. Allgemeines, 17. Fortsetzungsblatt; Hofmann, ZfA 1975, 1 (55); Falkenberg, BB 1970, 1013 (1016); Herschel, Anm. zum Urteil des BAG vom 07.02.1964 – 1 AZR 251/62, SAE 1964, 220; Neumann, DB 1961, 1291 (1294).

Das Bundesarbeitsgericht[1085] hingegen erkennt beim bloßen Verstoß des Bewerbers gegen seine Mitteilungspflicht keinen ersatzfähigen Schaden des Arbeitgebers an. Ein solcher liegt nur vor, wenn der Arbeitgeber das Arbeitsverhältnis nach § 123 Abs. 1 BGB anficht. Nur ausnahmsweise kommt ein Schadensersatzanspruch in Betracht, wenn der Arbeitnehmer seine Arbeitsaufgaben wegen eines Qualifikationsmangels nicht sachgerecht zu lösen imstande ist. Ob hingegen die alleinige fehlende Qualifikation einen Schadensersatzanspruch des Arbeitgebers auslösen kann, ist in der Rechtsprechung nicht geklärt. Buchner[1086] schlägt vor, alle konkreten Schäden des Arbeitgebers zu ersetzen, die auf eine fehlende Eignung des Arbeitgebers zurückzuführen sind oder eine Lohnminderung des Arbeitnehmers als abstrakten Schadensersatz zuzulassen.

2. Anspruch auf Vertragsaufhebung

Als zweite Rechtsfolge des Verschuldens bei Vertragsverhandlungen kommt die Naturalrestitution in Betracht, nach der der Arbeitgeber so zu stellen ist, wie er bei der wahrheitsgemäßen Beantwortung seiner zulässigen Frage gestanden hätte[1087]. Danach hat der Arbeitgeber einen Anspruch auf Vertragsaufhebung, wenn er ohne Kenntnis von den negativen Umständen in der Person des Arbeitnehmers den Arbeitsvertrag nicht abgeschlossen hätte[1088]. Diese Möglichkeit ist vor allem in Betracht zu ziehen, wenn der Bewerber zwar nicht vorsätzlich, aber doch fahrlässig gegen seine Offenbarungs- oder Aufklärungspflicht verstoßen hat[1089].

3. Zwischenergebnis

Der Arbeitgeber kann den Ersatz des Vertrauensschadens oder die Vertragsaufhebung verlangen, wenn der Bewerber seiner Mitteilungspflicht nicht nachgekommen ist und der Arbeitgeber entweder von seinem Anfechtungsrecht Gebrauch gemacht hat oder der Arbeitnehmer seine ihm übertragenen Aufgaben wegen eines Qualifikationsmangels nicht zu lösen vermag.

[1085] BAG, Urteil vom 18.04.1968 – 2 AZR 145/67, AP § 63 HGB Nr. 32 Bl. 2.

[1086] MünchArbR-Buchner, § 41 Rn. 190.

[1087] Erfurter Kommentar-Preis, § 611 BGB Rn. 326; Ehrich, HwB-AR, Fragerecht des Arbeitgebers 865, Rn. 69; Ehrich, DB 2000, 421 (427).

[1088] MünchArbR-Buchner, § 41 Rn. 191; Ehrich, HwB-AR, Fragerecht des Arbeitgebers 865, Rn. 69; Ehrich, DB 2000, 421 (427).

[1089] Ehrich, HwB-AR, Fragerecht des Arbeitgebers 865, Rn. 70; Ehrich, DB 2000, 421 (427).

IV. Aufhebungsvertrag

Eine weitere Möglichkeit des Arbeitgebers, sich aus dem Arbeitsverhältnis zu lösen, stellt der Aufhebungsvertrag dar. Im Wege einer vertraglichen Vereinbarung und aufgrund einer autonomen Entscheidung[1090] kann das Arbeitsverhältnis zu jedem Zeitpunkt ohne Rücksicht auf die gesetzlichen Kündigungsfristen aufgelöst werden[1091], § 305 BGB. Legt der Arbeitgeber dem Arbeitnehmer nahe, das Arbeitsverhältnis vorzeitig zu beenden, handelt es sich um ein Angebot des Arbeitgebers zum Abschluß eines Aufhebungsvertrags. Gemäß § 147 Abs. 1 BGB muß der mündliche Antrag unter Anwesenden sofort angenommen werden, ansonsten gilt er als abgelehnt.

V. Arbeitszeugnis

Fraglich ist des weiteren, ob die Vorstrafe des Arbeitnehmers in sein Arbeitszeugnis aufzunehmen ist. Zweck der Erteilung eines Arbeitszeugnisses ist es, das berufliche Fortkommen des Arbeitnehmers zu erleichtern[1092]. Der Arbeitnehmer kann zwischen dem einfachen Zeugnis[1093] nach § 630 S. 1 BGB, § 113 Abs. 1 GewO, § 73 S. 1 HGB, § 8 Abs. 2 S. 1 BBiG, das lediglich Angaben über die Art und die Dauer des Arbeitsverhältnisses beinhaltet und dem qualifizierten Zeugnis[1094] nach § 630 S. 2 BGB, § 113 Abs. 2 GewO, § 73 S. 2 HGB, § 8 Abs. 2 S. 2 BBiG, das sich darüber hinaus auch auf die Leistungen und die Führung des Arbeitnehmers erstreckt, wählen.

Im Arbeitszeugnis ist lediglich die dienstliche Führung des Arbeitnehmers zu erörtern, die außerdienstlichen Umstände müssen außer Betracht bleiben, so daß nur die für die Beschäftigung maßgeblichen Persönlichkeitszüge und Charakter-

---

1090 BAG, Urteil vom 07.05.1987 – 2 AZR 271/86, AP § 9 KSchG 1969 Nr. 19 Bl. 1 f. = NZA 1988, 15 f.; MünchArbR-Wank, § 115 Rn. 1.

1091 MünchArbR-Wank, § 115 Rn. 17; Erfurter Kommentar-Müller-Glöge, § 620 BGB Rn. 5; Krasshöfer, Beendigung des Arbeitsverhältnisses aufgrund Befristung oder Aufhebungsvertrag, Rn. 356.

1092 BGH, Urteil vom 15.05.1979 – VI ZR 230/76, BGHZ 74, 281 (289) = NJW 1979, 1882 (1883); Urteil vom 16.09.1974 – 5 AZR 255/74, AP § 630 BGB Nr. 9 Bl. 1; MünchKomm-Henssler, § 630 BGB Rn. 4; MünchArbR-Wank, § 128 Rn. 1.

1093 BAG, Urteil vom 12.08.1976 – 3 AZR 720/75, AP § 630 BGB Nr. 11 Bl. 2 f. = DB 1976, 2211; MünchArbR-Wank, § 128 Rn. 16-21; Erfurter Kommentar-Müller-Glöge, 2. Aufl., 2001, § 630 BGB Rn. 16; Junker, Arbeitsrecht, Rn. 443.

1094 MünchArbR-Wank, § 128 Rn. 22 f.; Erfurter Kommentar-Müller-Glöge, 2. Aufl., 2001, § 630 BGB Rn. 16; Junker, Arbeitsrecht, Rn. 443.

eigenschaften des Arbeitnehmers Erwähnung finden dürfen[1095]. So hat die vor dem Antritt des Arbeitsverhältnisses liegende Verurteilung des Arbeitnehmers nur eine mittelbare Relevanz für das Arbeitsverhältnis. Sie darf daher im Arbeitszeugnis nicht erwähnt werden[1096]. Anders verhält es sich nur, wenn sich die Vorstrafe des Arbeitnehmers auf seine Arbeitsleistung negativ ausgewirkt hat. Auch wenn das Verschweigen der Vorstrafe einen Einfluß auf die Charaktereigenschaften des Bewerbers hatte, kann dies im Zeugnis ausnahmsweise vermerkt werden[1097].

Straftaten, die der Arbeitnehmer im Dienst begangen hat, können hingegen grundsätzlich im Zeugnis aufgenommen werden[1098]. Außerdienstliche Straftaten sind im Gegensatz dazu nur im Arbeitszeugnis aufzunehmen, wenn sie im Zusammenhang mit dem Arbeitsverhältnis stehen und sich auf dieses negativ auswirken[1099]. Sofern sich der Arbeitnehmer nach dem BZRG wieder als nicht vorbestraft bezeichnen darf, ist die Vorstrafe im Zeugnis dennoch aufzunehmen, wenn die Straftat die persönliche Eignung des Arbeitnehmers für seinen Beruf berührt[1100].

[1095] Erfurter Kommentar-Müller-Glöge, 2. Aufl., 2001, § 630 BGB Rn. 86; Soergel-Kraft, § 630 BGB Rn. 16; Schaub-Linck, ArbR-Hdb., § 146 Rn. 15.

[1096] Endemann, AR-Blattei D, Vorstrafen I., I. Bedeutung im Arbeitsverhältnis, 4. Fortsetzungsblatt.

[1097] Endemann, AR-Blattei D, Vorstrafen I., I. Bedeutung im Arbeitsverhältnis, 4. Fortsetzungsblatt. Allgemein zur Aufnahme von außerdienstlichen Verhaltensweisen im Arbeitszeugnis, sofern diese privaten Ereignisse einen Einfluß auf das Arbeitsverhältnis haben: BAG, Urteil vom 29.01.1986 – 4 AZR 479/84, NZA 1987, 384; Erfurter Kommentar-Müller-Glöge, 2. Aufl., 2001, § 630 BGB Rn. 86.

[1098] Erfurter Kommentar-Müller-Glöge, 2. Aufl., 2001, § 630 BGB Rn. 89. Anders verhält es sich nur, wenn der Arbeitgeber den Arbeitnehmer zur Begehung dieser Straftat angestiftet hat oder dazu Beihilfe geleistet hat. Vgl. dazu ebenfalls: Erfurter Kommentar-Müller-Glöge, 2. Aufl., 2001, § 630 BGB Rn. 89.

[1099] BAG, Urteil vom 05.08.1976 – 3 AZR 491/75, AP § 630 BGB Nr. 10 Bl. 2 = BB 1977, 297 f.; Erfurter Kommentar-Müller-Glöge, 2. Aufl., 2001, § 630 BGB Rn. 89.

[1100] BAG, Urteil vom 05.08.1976 – 3 AZR 491/75, AP § 630 BGB Nr. 10 Bl. 2 = BB 1977, 297 f.; Erfurter Kommentar-Müller-Glöge, 2. Aufl., 2001, § 630 BGB Rn. 90. Das ist z. B. der Fall, wenn sich ein Heimerzieher sittlicher Verfehlungen gegenüber seinen Pfleglingen strafbar gemacht hat und dieser daraufhin entlassen wurde. Hat das Arbeitsverhältnis hingegen für die Dauer der Tilgungsfrist fortbestanden, ist zu unterstellen, daß das Gewicht für das Arbeitsverhältnis nicht bedeutend war. Daher wird in einem solchen Fall eine Erwähnung der Vorstrafe unterbleiben. Vgl. dazu: Erfurter Kommentar-Müller-Glöge, 2. Aufl., 2001, § 630 BGB Rn. 90.

VI. Anstellungsbetrug, § 263 Abs. 1 StGB

Der Bewerber kann sich wegen einer Verletzung seiner Mitteilungspflicht gleichzeitig des Anstellungsbetrugs nach § 263 Abs. 1 StGB strafbar machen. Dazu ist zunächst eine Täuschung über Tatsachen seitens des Bewerbers erforderlich. Eine Täuschung ist das intellektuelle Einwirken auf das Vorstellungsbild eines anderen, um Fehlvorstellungen über Tatsachen herbeizuführen[1101]. Verstößt der Bewerber gegen seine Aufklärungspflichten, handelt es sich um eine Täuschung durch positives Tun, verstößt der Bewerber gegen seine Offenbarungspflichten, handelt es sich um eine Täuschung durch Unterlassen, wofür das Bestehen einer Garantenpflicht erforderlich ist. Aufgrund der Täuschung muß der Arbeitgeber ferner einem Irrtum unterlegen sein. Ein Irrtum ist das Auseinanderfallen von Vorstellung und Wirklichkeit[1102]. Das ist der Fall, wenn der Arbeitgeber irrtümlicherweise davon ausgeht, daß der Bewerber nicht vorbestraft ist. Drittens ist eine Vermögensverfügung erforderlich. Diese ist jedes Handeln, Dulden oder Unterlassen, das sich unmittelbar vermögensmindernd auswirkt[1103]. Die Vermögensverfügung kann darin liegen, daß eine Person durch eine Täuschung dazu veranlaßt wird, einen anfechtbaren Vertrag zu schließen, da dadurch der Schein einer vertraglichen Bindung geschaffen wird[1104]. Des weiteren ist das Vorliegen eines Vermögensschadens erforderlich. Ein solcher ist gegeben, wenn der Wert des Vermögens nach der Verfügung weniger beträgt als vorher[1105].

Beim sog. Anstellungsbetrug ergeben sich Besonderheiten. Bei der Eingehung eines privatrechtlichen Arbeitsverhältnisses entsteht für den Arbeitgeber ein Schaden, wenn die vom Arbeitnehmer erbrachten Arbeitsleistungen den gezahl-

---

[1101] BGH, Urteil vom 26.04.2001 – 4 StR 439/00, NJW 2001, 2187 (2188); Schönke/Schröder-Cramer, § 263 StGB Rn. 11; Lackner/Kühl, § 263 StGB Rn. 6; Tröndle/Fischer, § 263 StGB Rn. 10.

[1102] Schönke/Schröder-Cramer, § 263 StGB Rn. 33; Lackner/Kühl, § 263 StGB Rn. 18; Tröndle/Fischer, § 263 StGB Rn. 33.

[1103] BGH, Urteil vom 11.03.1960 – 4 StR 588/59, BGHSt 14, 170 (171); Schönke/Schröder-Cramer, § 263 StGB Rn. 55; Lackner/Kühl, § 263 StGB Rn. 22; Tröndle/Fischer, § 263 StGB Rn. 40.

[1104] BGH, Urteil vom 20.02.1968 – 5 StR 694/67, BGHSt 22, 88 f.; Schönke/Schröder-Cramer, § 263 StGB Rn. 55.

[1105] BGH, Urteil vom 04.03.1999 – 5 StR 355/98, NStZ 1999, 353 (354); Beschluß vom 30.07.1996 – 5 StR 168/96, NStZ 1997, 32 f.; Beschluß vom 16.08.1961 – 4 StR 166/61, BGHSt 16, 321 (329); Urteil vom 10.07.1952 – 5 StR 358/52, BGHSt 3, 99 (102); RG, Urteil vom 18.03.1940 – N 2 D 16/40, RGSt 74, 129 (130); Beschluß vom 20.04.1887 – Rep. 2237/86, RGSt 16, 1 (3); Schönke/Schröder-Cramer, § 263 StGB Rn. 99; LK-Tiedemann, § 263 StGB Rn. 126; Lackner/Kühl, § 263 StGB Rn. 36; Tröndle/Fischer, § 263 StGB Rn. 72.

ten Lohn nicht wert sind[1106]. Erbringt der Arbeitnehmer trotz der Verletzung seiner Aufklärungs- oder Offenbarungspflicht einwandfreie Leistungen, scheidet eine Strafbarkeit nach § 263 Abs. 1 StGB i. d. R. aus. Nur ausnahmsweise kann dies der Fall sein, wenn der Arbeitnehmer eine besondere Vertrauensstellung bekleidet und seine Vergütung aus diesem Grunde höher angesetzt ist und die für diese Stellung erforderlichen Eigenschaften nicht besitzt[1107]. Jedoch kann nicht bereits dann ein Vermögensschaden des Arbeitgebers angenommen werden, wenn er den Bewerber ohne die vorangegangene Täuschung nicht eingestellt hätte, weil dieser beispielsweise vorbestraft oder charakterlich ungeeignet ist[1108]. Ferner kommt eine Strafbarkeit nach § 263 Abs. 1 StGB nicht in Betracht, wenn der Vorbestrafte bei der Bewerbung um einen Arbeitsplatz erklärt, er sei unbestraft, sofern der Registereintrag nicht in ein Führungszeugnis aufzunehmen oder bereits getilgt war bzw. der Tilgungsreife unterlag[1109]. Ebenso verhält es sich mit einem Arbeitnehmer, der wegen Vermögensdelikten vorbestraft ist und die Gefahr für das seinem Zugriff unterliegende Vermögen des Arbeitgebers besteht. Denn die reine Möglichkeit, daß der Arbeitnehmer seine Stellung ausnutzt und ein weiteres Vermögensdelikts zu Lasten des Arbeitgebers begeht, stellt keine Vermögensverfügung i. S. d. § 263 Abs. 1 StGB dar[1110].

Anders verhält es sich indes bei der Erschleichung einer Beamtenstellung. Hier ist ein Anstellungsbetrug nach § 263 Abs. 1 StGB schon dann gegeben, wenn der Arbeitnehmer zwar fachlich ausreichende Leistungen erbringt, aber persönlich für diese Beamtenstellung unwürdig ist oder die erforderliche Vorbildung

---

[1106] BGH, Beschluß vom 18.02.1999 – 5 StR 193/98, BGHSt 45, 1 (4); Urteil vom 04.05.1962 – 4 StR 71/62, BGHSt 17, 254 (255 f.); Urteil vom 21.07.1961 – 4 StR 93/61, NJW 1961, 2027 (2028); Urteil vom 16.03.1954 – 5 StR 552/53, BGHSt 5, 358 (360 f.); Urteil vom 05.01.1951 – 2 StR 29/50, BGHSt 1, 13 (14); RG, Urteil vom 13.07.1939 – 3 D 472/39, RGSt 73, 268 (269); OLG Celle, Urteil vom 28.01.1960 – 1 Ss 350/59, MDR 1960, 696 (697); Schönke/Schröder-Cramer, § 263 StGB Rn. 154; Lackner/Kühl, § 263 StGB Rn. 52; Tröndle/Fischer, § 263 StGB Rn. 91; Protzen, Der Vermögensschaden beim sog. Anstellungsbetrug, S. 252 ff.; Gutmann, MDR 1963, 91 (96).

[1107] Schönke/Schröder-Cramer, § 263 StGB Rn. 154; Tröndle/Fischer, § 263 StGB Rn. 91. Das kann z. B. der Fall sein, wenn der Arbeitnehmer aus seiner früheren Stellung wegen Unzuverlässigkeit entlassen worden ist und sich daraufhin die Stelle eines Prokuristen erschleicht. Vgl. dazu: RG, Urteil vom 13.07.1939 – 3 D 472/39, RGSt 73, 268 (269); OLG Celle, Urteil vom 28.01.1960 – 1 Ss 350/59, MDR 1960, 696 (697); Schönke/Schröder-Cramer, § 263 StGB Rn. 154; Lackner/Kühl, § 263 StGB Rn. 52; Bockelmann, JZ 1952, 461 (465).

[1108] Schönke/Schröder-Cramer, § 263 StGB Rn. 154.

[1109] Stadie, DRiZ 1972, 347.

[1110] BGH, Urteil vom 05.12.1957 – 1 AZR 594/56, NJW 1958, 516; BGHSt 17, 259; Schönke/Schröder-Cramer, § 263 StGB Rn. 154; Lackner/Kühl, § 263 StGB Rn. 52; Miehe, JuS 1980, 261 (262); Diekhoff, DB 1961, 1487 f.

nicht hat[1111]. Der Staat hat hinsichtlich der Beamtenstellungen ein Monopol und kann aus diesem Grund die Gegenleistung für die Dienstleistung des Beamten einseitig bestimmen. Daher erscheint es gerechtfertigt, wenn man in diesem Fall einen Vermögensschaden bejaht[1112].

Sofern die Tatbestandsvoraussetzungen des Anstellungsbetrugs nach § 263 Abs. 1 StGB gegeben sind, ist des weiteren das Vorliegen der subjektiven Tatbestandsmerkmale erforderlich. Hier handelt es sich zum einen um den Vorsatz und zum anderen die Absicht des Arbeitnehmers, sich oder einem anderen einen rechtswidrigen und stoffgleichen Vermögensvorteil zu verschaffen. Sofern der Bewerber auch rechtswidrig und schuldhaft handelt, liegt eine Strafbarkeit wegen Anstellungsbetrugs nach § 263 Abs. 1 StGB vor.

VII. Zwischenergebnis

Verletzt der Bewerber seine Aufklärungs- und Offenbarungspflichten, kann der Arbeitgeber die Anfechtung erklären oder kündigen. Eine personenbedingte Kündigung durch den Arbeitgeber kommt bei einer verschwiegenen Vorstrafe des Bewerbers in Betracht, wenn er wegen der Vorstrafe nicht die für den Arbeitsplatz erforderliche Eignung besitzt. Ferner kommt ein Anspruch des Arbeitgebers auf Ersatz des negativen Interesses in Betracht. Darüber hinaus besteht die Möglichkeit, einen Aufhebungsvertrag zu schließen. Ferner bleibt festzuhalten, daß eine Vorstrafe des Arbeitnehmers grundsätzlich nicht in das Arbeitszeugnis nach § 630 BGB aufzunehmen ist. Nur in den seltensten Fällen wird sich der Bewerber durch die Verletzung seiner Aufklärungs- und Offenbarungspflicht des Anstellungsbetrugs nach § 263 Abs. 1 StGB strafbar machen.

[1111] BGH, Beschluß vom 18.02.1999 – 5 StR 193/98, BGHSt 45, 1 (4); Urteil vom 31.08.1955 – 2 StR 110/55, GA 56, 121 (122); RG, Urteil vom 27.04.1931 – III 171/31, RGSt 65, 281; KG, Urteil vom 23.10.1946 – 1 Ss 89/46, JR 1948, 141; OLG Köln, Urteil vom 12.03.1963 – Ss 478/62, Justizministerialblatt für das Land Nordrhein-Westfalen 1963, 206 f.; OLG Oldenburg, Beschluß vom 17.02.1948 – Ss 108/47, Nds. RPfl. 1948, 95; Schönke/Schröder-Cramer, § 263 StGB Rn. 156; Tröndle/Fischer, § 263 StGB Rn. 91; Gutmann, MDR 1963, 91 (96); Sarstedt, JR 1952, 308. Anders: Jerouschek/Koch, GA 2001, 273 (280); Geppert, Anm. zum Beschluß des BGH vom 18.02.1999 – 5 StR 193/98, NStZ 1999, 305; Otto, Anm. zum Beschluß des BGH vom 18.02.1999 – 5 StR 193/98, JZ 1999, 738 (739).

[1112] Schönke/Schröder-Cramer, § 263 StGB Rn. 156; LK-Tiedemann, § 263 StGB Rn. 139; Sarstedt, JR 1952, 308.

§ 3: Ergebnis zum 7. Kapitel

Bewegt sich der Arbeitgeber im Rahmen seines Fragerechts und kommt der Bewerber seinen Mitteilungspflichten nach, ergeben sich keine Probleme. Überschreitet der Arbeitgeber aber sein Fragerecht, indem er eine unzulässige Frage an den Bewerber richtet, so kann der Bewerber eine unwahre Antwort darauf geben, ohne daß der Arbeitgeber zur Anfechtung des Arbeitsvertrags wegen arglistiger Täuschung nach § 123 Abs. 1 BGB berechtigt ist. Da den Bewerber aber keine Pflicht zur Beantwortung einer Frage überhaupt trifft, kann er gegen den Arbeitgeber auch im Falle einer unzulässigen Frage keinen Abwehr- oder Schadensersatzanspruch geltend machen, denn er kann ebenso gut die Beantwortung der Frage verweigern.

Verletzt der Bewerber seine Mitteilungspflichten, hat er mit einer Anfechtung oder Kündigung des Arbeitsverhältnisses seitens des Arbeitgebers zu rechnen. Möglicherweise kommen darüber hinaus noch Schadensersatzansprüche in Betracht oder die Tatsache, daß der Arbeitgeber dem Arbeitnehmer ein unvorteilhaftes Arbeitszeugniszeugnis ausstellt. Der Bewerber kann sich u. U. sogar wegen Anstellungsbetrugs nach § 263 Abs. 1 StGB strafbar machen.

Ergebnis

Die Grenzen des Fragerechts des Arbeitgebers nach den Bewerbervorstrafen im Rahmen der vorvertraglichen Verhandlungen sind seit Jahrzehnten umstritten. Im Laufe der Zeit hat sich aber eine einheitliche Rechtsprechung des Bundesarbeitsgerichts herausgebildet, der sich die überwiegende Anzahl der Autoren in der Literatur anschließt. Der Arbeitgeber darf den Bewerber nur nach den für die in Aussicht genommene Stelle einschlägigen Vorstrafen fragen. Die Einschlägigkeit ist anhand einer Einzelfallabwägung der gegenseitigen Interessen zu ermitteln. Die Untersuchung hat jedoch gezeigt, daß der Arbeitgeber nach der Rechtslage des BZRG seine Fragerechtsbeschränkungen umgehen kann. Läßt er sich durch den Bewerber ein Führungszeugnis für private Zwecke nach § 30 Abs. 1 S. 1 BZRG vorlegen, so kann er aus diesem auch die nicht einschlägigen Vorstrafen erfahren. Die richterrechtlichen Grundsätze hinsichtlich der Einschlägigkeit der Vorstrafe und die damit einhergehende Verbesserung der Rechtslage des Bewerbers werden damit konterkariert.

Die Untersuchung hat ergeben, daß der Widerspruch der geltenden Rechtslage nur anhand einer Gesetzesänderung der §§ 30 ff. BZRG zu beseitigen ist. Nach dem niederländischen Vorbild des *wet op de justitiële documentatie en op de verklaringen omtrent het gedrag* bietet sich daher an, daß der Gesetzgeber ein sog. Arbeitgeberführungszeugnis schafft. Diese Möglichkeit hat der Bundestag[1113] vor kurzen selbst aufgeworfen, ohne jedoch eine Regelung bereitzustellen. In die Bestimmungen des BZRG sollten folgende Änderungen aufgenommen werden:

Der Katalog des Inhalts des Führungszeugnisses nach § 32 Abs. 2 BZRG sollte um eine weitere Bestimmung ergänzt werden. Dem erkennenden Richter in der strafgerichtlichen Hauptverhandlung soll die Möglichkeit eingeräumt werden, die Aufnahme einer Verurteilung im Privatführungszeugnis sowie im Arbeitgeberführungszeugnis auszuschließen, sofern er auf eine Geldstrafe von mehr als 90 Tagessätzen oder eine Freiheitsstrafe zwischen drei Monaten und zwei Jahren, deren Vollstreckung nicht zur Bewährung ausgesetzt wird, erkannt hat und im Bundeszentralregister keine weiteren Eintragungen vorhanden sind.

Es soll neben den drei herkömmlichen Arten der Auskunftserteilung ein Arbeitgeberführungszeugnis als vierte Möglichkeit eingeführt werden.

[1113] 4. BZRGÄndG, BT-Drucks., XIV/6814, S. 5 ff., vor allem S. 23.

Es soll bei der Regelung des § 30 Abs. 1 S. 1 BZRG bleiben, wonach der Bewerber selbst den Antrag auf Ausstellung des Arbeitgeberführungszeugnisses bei der Registerbehörde stellen muß. Der Arbeitgeber soll nicht antragsberechtigt sein.

Der potentielle Arbeitgeber muß dem Antrag des Bewerbers auf Ausstellung eines Arbeitgeberführungszeugnisses eine hinreichend bestimmte Bezeichnung des in Aussicht genommenen Arbeitsplatzes beizufügen, damit die Bundeszentralregisterbehörde bei der Ausstellung des Führungszeugnisses die „Einschlägigkeit" der Vorstrafen feststellen kann. Die Beschreibung muß genaue Angaben hinsichtlich der Art und des Umfangs der zu verrichtenden Tätigkeit, der Aufgaben und der Intensität des Kontakts mit anderen Personen, Vermögens- und Sachwerten sowie anderen Rechtsgütern enthalten.

Die Registerbehörde soll bei der Ausstellung des Arbeitgeberführungszeugnisses den genauen Zweck auf dem Zeugnis vermerken, für den des ausgestellt wird. Ferner ist die Kenntlichmachung erforderlich, daß das Arbeitgeberführungszeugnis nur einmalig für den beantragten Zweck verwendet werden kann.

Die Registerbehörde darf auch das Arbeitgeberführungszeugnis nur an den Bewerber selbst aushändigen, nicht aber an eine dritte Person wie z. B. den Arbeitgeber. Damit soll es bei der Regelung des § 30 Abs. 4 BZRG bleiben.

Im Anschluß an § 32 BZRG, der den Inhalt des Führungszeugnisses bestimmt, ist eine weitere Bestimmung einzuführen, die sich mit dem Inhalt des Arbeitgeberführungszeugnisses beschäftigt. In das Arbeitgeberführungszeugnis dürfen nur Registereintragungen aufgenommen werden, die erstens nach § 32 BZRG auch im Privatführungszeugnis Erwähnung finden und zweitens im Hinblick auf das in Aussicht genommene Arbeitsverhältnis einschlägig sind. Alle anderen Registereintragungen dürfen hingegen nicht erscheinen. §§ 33, 34 BZRG sollen auch auf das Arbeitgeberführungszeugnis Anwendung finden.

Gebührenschuldner für die Ausstellung des Arbeitgeberführungszeugnisses bleibt der Bewerber als Antragssteller gemäß § 30 Abs. 2 S. 4 BZRG. Dem Bewerber ist daneben aber ein Erstattungsanspruch gegen den Arbeitgeber einzuräumen, nachdem er die Gebühr für die Erstellung eines Arbeitgeberführungszeugnisses ersetzt bekommen kann.

Der formelle Gesetzgeber sollte für die Konkretisierung der Einschlägigkeit der Vorstrafe im BZRG eine Ermächtigung an den Bundeswirtschaftsminister zum Erlaß einer Durchführungsverordnung erteilen.

Auf diese Weise kann der Widerspruch zwischen dem Inhalt des Führungszeugnisses nach § 30 Abs. 1 S. 1 BZRG und den Fragerechtsbeschränkungen des Arbeitgebers nach Maßgabe der „Einschlägigkeits"-Rechtsprechung des Bundesarbeitsgerichts beseitigt werden. Der Arbeitgeber wird in die Lage versetzt, von den einschlägigen Vorstrafen, für die er ein berechtigtes Informationsinteresse hat, Kenntnis zu erlangen. Das informationelle Selbstbestimmungsrecht des Bewerbers aus Art. 2 Abs. 1 i. V. m. Art. 1 Abs. 1 GG hingegen erfährt ausreichenden Schutz davor, daß der Arbeitgeber auch von den nicht einschlägigen Vorstrafen Kenntnis erlangt. Das Arbeitgeberführungszeugnis beseitigt die Diskrepanz der heutigen Rechtslage und stellt einen gerechten Ausgleich der widerstreitenden Interessen her.

Literaturverzeichnis

Adomeit, Klaus: Arbeitsrecht für die 90er Jahre, München, 1991.

Akademie für Deutsches Recht: Entwurf einer Regelung der Arbeit, 1942, abgedruckt in: ZfA 1990, S. 435-493.

Anonym: Für die Betriebsarbeit: Sind Sie schwanger, vorbestraft oder nervenkrank?, Fragebogen-Provokation der Unternehmer, Die Quelle 1953, S. 171-172.

Appel, Clemens / Gerken, Doris: Pro und contra Verdachtskündigung, AuR 1995, S. 201- 206.

Appleton, Jean: La Réforme des Casiers Judiciaires, Diss. Jur. Lyon, 1892.

Arbeitskreis Deutsche Rechtseinheit im Arbeitsrecht: Welche wesentlichen Inhalte sollte ein nach Artikel 30 des Einigungsvertrags zu schaffendes Arbeitsrecht haben?, Arbeitsvertragsgesetz 1992, Ein Diskussionsentwurf, in: Verhandlungen des 59. Deutschen Juristentags, Ständige Deputation des Deutschen Juristentags (Hrsg.): München, 1992, Band I: Gutachten, Teil D.

Ascheid, Reiner / Preis, Ulrich / Schmidt, Ingrid (Hrsg.): Großkommentar zum Kündigungsrecht, 2. Aufl., München, 2004. Zit.: GK-Bearbeiter.

Auffarth, Fritz / Müller, Gerhard: Kündigungsschutzgesetz, Handkommentar für die Praxis unter besonderer Berücksichtigung der Rechtsprechung des Bundesarbeitsgerichts, Berlin, Frankfurt am Main, 1960.

Badura, Peter: Arbeit als Beruf (Art. 12 Abs. 1 GG), in: Festschrift für Wilhelm Herschel zum 85. Geburtstag, Peter Hanau, Gerhard Müller, Herbert Wiedemann, Otfried Wlotzke (Hrsg.), München, 1982, S. 21-35. Zit.: Badura, FS Herschel.

Ders.: Grundfreiheiten der Arbeit, Zur Frage einer Kodifikation „sozialer Grundrechte“, in: Festschrift für Friedrich Berber zum 75. Geburtstag, Dieter Blumenwitz, Albrecht Randelzhofer (Hrsg.), München, 1973, S. 12-45. Zit.: Badura, FS Berber.

Ders.: Arbeitsrecht und Verfassungsrecht, RdA 1999, S. 8-13.

Ballerstedt, Kurt: Zur Haftung für culpa in contrahendo bei Geschäftsabschluß durch Stellvertreter, AcP 151 (1950/51), S. 501-531.

Bauer, Jobst-Hubertus: Arbeitsrechtliche Aufhebungsverträge, arbeits-, gesellschafts-, steuer- und sozialversicherungsrechtliche Hinweise zur einvernehmlichen Beendigung von Dienst- und Arbeitsverhältnissen, 7. Aufl., München, 2004.

Baumann, Reinhold: Bundesdatenschutzgesetz: Plädoyer für die Beibehaltung der Gesetzeseinheit – zugleich eine Erwiderung auf Zöllner, RDV 1985, S. 3 ff., RDV 1986, S. 1-9.

Ders.: Die Entwicklung des öffentlichen Rechts, Stellungnahme zu den Auswirkungen des Urteils des Bundesverfassungsgerichts vom 15.12.1983 zum Volkszählungsgesetz 1983, DVBl. 1984, S. 612-619.

Becker, Friedrich / Etzel, Gerhard / Bader, Peter / Fischermeier, Ernst / Friedrich, Hans-Wolf / Lipke, Gert-Albert / Pfeiffer, Thomas / Rost, Friedhelm / Spilger, Andreas Michael / Vogt, Norbert / Weigand, Horst / Wolff, Ingeborg: Gemeinschaftskommentar zum Kündigungsschutzgesetz und zu sonstigen kündigungsschutzrechtlichen Vorschriften, 7. Aufl., Neuwied, Kriftel, 2004. Zit.: KR-Bearbeiter.

Becker-Schaffner, Reinhard: Fragen und Grundsätzliches zur personenbedingten Kündigung unter Berücksichtigung der neueren Rechtsprechung, ZTR 1997, S. 49-57.

Ders.: Die Personalakte – Einsichtsrecht – Berichtigungsanspruch, BlStSozArbR 1980, S. 177-180.

Bellgardt, Peter: Recht und Taktik des Bewerbergesprächs, 2. Aufl., Heidelberg, 1992. Zit.: Bellgardt, Recht und Taktik des Bewerbergesprächs.

Ders.: Rechtsprobleme des Bewerbergesprächs, Seine Grenzen und Konsequenzen bei einer Verletzung durch Arbeitgeber und Bewerber, 1. Aufl., Heidelberg, 1984. Zit.: Bellgardt, Rechtsprobleme des Bewerbergesprächs (1. Aufl.).

Ders.: Datenschutzpraxis im Personalbereich, Problemfelder, Anforderungen, Munster, Heidelberg, 1992.

Ders.: Die Konkurrentenklage des Beamtenrechts, Der Rechtsschutz des unterlegenen Bewerbers auf Einstellung und Beförderung, Frankfurt am Main, Bern, 1981.

Ders.: Der Personalfragebogen gemäß § 94 Abs. 1 BetrVG als Mitbestimmungsproblem, AiB 1984, S. 61-64.

Belling, Detlev W.: Die Verdachtskündigung, in: Arbeitsrecht in der Bewährung, Festschrift für Otto Rudolf Kissel zum 65. Geburtstag, Meinhard Heinze, Alfred Söllner (Hrsg.), München, 1994, S. 11-50. Zit.: Belling, FS Kissel.

Benda, Ernst: Resozialisierung als Verfassungsauftrag, in: Festschrift für Hans Joachim Faller, Wolfgang Zeidler, Theodor Maunz, Gerd Roellecke (Hrsg.), München, 1984, S. 307-324. Zit.: Benda, FS Faller.

Ders.: Industrielle Herrschaft und sozialer Staat, Wirtschaftsmacht von Großunternehmen als gesellschaftspolitisches Problem, Göttingen, 1966.

Bengelsdorf, Peter: Anfechtung 16, in: Arbeitsrechtslexikon, Hans Joachim Spiegelhalter (Redaktion), Loseblatt, München, 2003. Zit.: Bengelsdorf, in: Arbeitsrechtslexikon, Anfechtung 16.

Bernert, Günther: Die Leerformel von der „Adaequanz", AcP 169 (1969), S. 421-442.

Beuthien, Volker: Das fehlerhafte Arbeitsverhältnis als bürgerlich-rechtliches Abwicklungsproblem, RdA 1969, S. 161-174.

Birk, Uwe-Wolfram: Auskünfte über Arbeitnehmer, München, 1985. Zugleich: Diss. Jur. Mannheim, 1985.

Bitter, Walter / Kiel, Heinrich: 40 Jahre Rechtsprechung des Bundesarbeitsgerichts zur Sozialwidrigkeit von Kündigungen, RdA 1995, S. 26-35.

Dies.: 40 Jahre Rechtsprechung des Bundesarbeitsgerichts zur Sozialwidrigkeit von Kündigungen, RdA 1994, S. 333-358.

Bleckmann, Albert: Allgemeine Grundrechtslehren, 1. Aufl., Köln, Berlin, Bonn, München, 1979.

Bleistein, Franzjosef: Betriebsverfassung in der Praxis, Praxisnaher Leitfaden und Kommentar zum Betriebsverfassungsgesetz 1972, 3. Aufl., Bonn, 1972.

Bleser, Manfred: Die Anfechtung im Arbeitsrecht, Diss. Jur. Köln, 1953.

Bobrowski, Paul / Gaul, Dieter: Das Arbeitsrecht im Betrieb von der Einstellung bis zur Entlassung, Band I, 8. Aufl., Heidelberg, 1986. Zit.: Bobrowski/Gaul, Arbeitsrecht im Betrieb.

Bobrowski, Paul: Das Arbeitsrecht, Von der Einstellung bis zur Entlassung, Mit Betriebsräte- und Tarifvertragsrecht, 2. Aufl., Heidenheim/Brenz, 1954. Zit.: Bobrowski, Das Arbeitsrecht, 2. Aufl.

Bockelmann, Paul: Zum Begriff des Vermögensschadens beim Betrug, JZ 1952, S. 461-465.

Böhm, Walter / Spiertz, Hans: Die Dienstverhältnisse der Angestellten bei öffentlichen Verwaltungen und Betrieben, Bundesangestelltentarif, BAT, Kommentar, Ordner 1: Text zum BAT, Kommentar BAT, §§ 1-14, 3. Aufl., Heidelberg, 2002.

Böhm, Wolfgang / Justen, Robert: Bewerberauswahl und Einstellungsgespräch, Ein Leitfaden für die Praxis aus arbeitsrechtlicher und psychologischer Sicht, 5. Auflage, Berlin, 1996.

Boemke, Burkhard: Auskunftspflichten im Arbeitsverhältnis, AR-Blattei SD, Auskunftspflicht 320, Loseblatt.

Bötticher, Eduard: Bestandsschutz und Vertragsinhaltsschutz im Lichte der Änderungskündigung, in: Festschrift für Erich Molitor zum 75. Geburtstag am 3. Oktober 1961, Hans Carl Nipperdey (Hrsg.), München, Berlin, 1962, S. 123-141. Zit.: Bötticher, FS Molitor.

Ders.: Vertragstheorie und Eingliederungstheorie, RdA 1955, S. 321-323.

Boewer, Dietrich: Das Prinzip der Verhältnismäßigkeit in der Rechtsprechung des Bundesarbeitsgerichts zu § 1 Abs. 2 S. 1 KSchG, in: Festschrift für Dieter Gaul zum 70. Geburtstag, Dietrich Boewer, Björn Gaul (Hrsg.), Neuwied, Kriftel, 1992, S. 19-39. Zit.: Boewer, FS Gaul.

Bohle, Thomas: Einheitliches Arbeitsrecht in der Weimarer Republik, Bemühungen um ein deutsches Arbeitsgesetzbuch, Tübingen, 1990.

Boldt, Gerhard: Der Arbeitsvertrag nach dem Recht der Bundesrepublik Deutschland, in: Der Arbeitsvertrag nach dem Recht der Mitgliedsstaaten der

EGKS, Europäische Gemeinschaft für Kohle und Stahl, Hohe Behörde (Hrsg.), Freudenstadt, 1967, S. 253-340.

Borgaes, Hans-Udo: Der Informationsschutz des Arbeitsplatzbewerbers, Eine juristische und rechtspolitische Studie zu den Grenzen der Bewerberauswahl bei Einstellungen, Köln, 1985. Zugleich: Diss. Jur. Bremen, 1985.

Bornkamm, Joachim: Pressefreiheit und Fairneß des Strafverfahrens, Die Grenzen der Berichterstattung über schwebende Strafverfahren im englischen, amerikanischen und deutschen Recht, 1. Aufl., Baden-Baden, 1980.

Ders.: Die Berichterstattung über schwebende Strafverfahren und das Persönlichkeitsrecht des Beschuldigten, NStZ 1983, S. 102-108.

Brecht, Hans-Theo: Kommentar zum Betriebsverfassungsgesetz nebst Wahlordnung, Herne, Berlin, 1972.

Bregenhorn, Siegbert: Die Rechtsproblematik in der Personalbeurteilung, München, 1982.

Bresser, Paul H.: Der Sachverständige und das Bundeszentralregistergesetz, NJW 1973, S. 537-540.

Brill, Werner: Der Einstellungsfragebogen, AuR 1968, S. 136-144.

Brossette, Josef: Der Wert der Wahrheit im Schatten des Rechts auf informationelle Selbstbestimmung, Ein Beitrag zum zivilrechtlichen Ehren-, Persönlichkeits- und Datenschutz, Berlin, 1991. Zugleich: Diss. Jur. Trier, 1990.

Brox, Hans: Die Einschränkung der Irrtumsanfechtung, Ein Beitrag zur Lehre von der Willenserklärung und deren Auslegung, Karlsruhe, 1960.

Ders.: Anmerkungen zum Urteil des Bundesarbeitsgerichts vom 16.09.1982 – 2 AZR 228/80, AP § 123 BGB Nr. 24 Bl. 5-10.

Brox, Hans / Rüthers, Bernd: Arbeitsrecht, 15. Aufl., Stuttgart, Berlin, Köln, 2002.

Bruns, Hans-Jürgen: Strafzumessungsrecht, Gesamtdarstellung, 2. Aufl., Köln, Berlin, Bonn, München, 1974.

Buchner, Herbert: Freiheit und Bindung des Arbeitgebers bei Einstellungsentscheidungen, NZA 1991, S. 577-594.

Ders.: Vom „gläsernen Menschen" zum „gläsernen Unternehmen" – Zur rechtlichen Bindung der Datenerfassung und -verarbeitung im Betrieb –, ZfA 1988, S. 449-488.

Ders.: Bemerkungen zu: Fürsorgetheorie und Entgelttheorie im Recht der Arbeitsbedingungen von Peter Schwerdtner, RdA 1970, S. 214-215.

Buchner, Herbert / Becker, Ulrich / Bulla, Gustav-Adolf: Mutterschutzgesetz und Bundeserziehungsgeldgesetz, Kommentar, 7. Aufl., München, 2003.

Bürger, Karlheinz / Knipp, Gerhard: Einstellung des Arbeitnehmers, AR-Blattei D, Einstellung I., I. Allgemeines, Loseblatt.

Bulla, Gustav-Adolf: Mutterschutzgesetz und Frauenarbeit, Kommentar, 1. Aufl., München, Berlin, 1954.

Ders.: Das neue Mutterschutzgesetz (MuSchG) des Bundes, RdA 1952, S. 10-16.

Bundesarbeitsminister: Bericht des Bundesarbeitsministers, BABl. 1977, S. 547.

Ders.: Bericht des Bundesarbeitsministers, Berichterstatter: Klaus Ehrenheim, AuR 1973, S. 80-82.

Bundesminister für Arbeit und Sozialordnung (Hrsg.), Arbeitsgesetzbuchkommission: Entwurf eines Arbeitsgesetzbuchs – Allgemeines Arbeitsvertragsrecht, Bonn, 1977.

Bundesvereinigung der Arbeitgeberverbände: Neues Arbeitsvertragsrecht unnötig und gefährlich, Der Arbeitgeber 1977, S. 864.

Burchardi, Karl / Klempahn, Gerhard: Strafregister, Führungszeugnis und Karteien, 3. Aufl., Münster/Westfalen, 1960.

Busch, Hans Werner: Konflikt zwischen Arbeitsrecht und Personalpolitik, Der Arbeitgeber 1997, S. 446-447.

Busch, Jost-Dietrich: Anmerkungen zum Urteil des Bundesverfassungsgerichts vom 15.12.1983 – 1 BvR 209/83, DVBl. 1984, S. 385-389.

Busemann, Andreas / Schäfer, Horst: Kündigung und Kündigungsschutz im Arbeitsverhältnis, 4. Aufl., Berlin, 2002.

Butz, Hans H.: Form und Inhalt von Anstellungsverträgen, Teil II: Hinweise für die betriebliche Praxis unter Berücksichtigung der arbeitsrechtlichen Rechtsprechung, DB 1955, S. 581-582.

Calliess, Rolf-Peter / Müller-Dietz, Heinz: Strafvollzugsgesetz, 9. Aufl., München, 2002.

Canaris, Claus-Wilhelm: Schutzgesetze – Verkehrspflichten – Schutzpflichten, in: Festschrift für Karl Larenz zum 80. Geburtstag am 23. April 1983, Claus-Wilhelm Canaris, Uwe Diederichsen (Hrsg.), München, 1983, S. 27-110. Zit.: Canaris, FS Larenz.

Ders.: Ansprüche wegen „positiver Vertragsverletzung“ und „Schutzwirkungen für Dritte“ bei nichtigen Verträgen, JZ 1965, S. 475-482.

Cohen, Daniel: Fehldiagnose Globalisierung, Die Neuverteilung des Wohlstands nach der dritten industriellen Revolution, Frankfurt am Main, New York, 1998.

Conrad, Dieter: Freiheitsrechte und Arbeitsverfassung, Diss. Jur. Heidelberg 1964.

Conze, Peter: Fragerecht des öffentlichen Arbeitgebers und Offenbarungspflicht des Bewerbers bei der Vertragsanbahnung, ZTR 1991, S. 99-107.

Ders.: Anmerkungen zum Urteil des Bundesarbeitsgerichts vom 18.09.1987 – 7 AZR 507/86, AP § 123 BGB Nr. 32 S. 3-4.

Creifelds, Carl: Straftilgung und Verwertungsverbot, GA 1974, S. 129-142.

Ders.: Anmerkungen zum Urteil des Verwaltungsgerichts Berlin (West) vom 03.10.1952 – VG I A 263/52, NJW 1953, S. 718-719.

Creifelds, Carl / Weber, Klaus: Rechtswörterbuch, 17. Aufl., München, 2002.
Crisolli, Julius: Anmerkungen zum Urteil des Bundesarbeitsgerichts vom 09.02.1977 – 5 AZR 2/76, AP § 611 BGB Fürsorgepflicht Nr. 83 Bl. 4.
Crisolli, Julius / Tiedtke, Werner: Das Tarifrecht der Angestellten im öffentlichen Dienst, Kommentar, Neuwied, Kriftel, 1999, Loseblatt.
Däubler, Wolfgang: Gläserne Belegschaften?, Datenschutz in Betrieb und Dienststelle, 4. Aufl., Frankfurt am Main, 2002.
Ders.: Das Arbeitsrecht, Leitfaden für Arbeitnehmer, Band 2, 11. Aufl., Hamburg, 1998.
Ders.: Das neue Bundesdatenschutzgesetz und seine Auswirkungen im Arbeitsrecht, NZA 2001, S. 874-881.
Ders.: Ein Gesetz über den Arbeitnehmerdatenschutz, RDV 1999, S. 243-250.
Ders.: Erhebung von Arbeitnehmerdaten, CR 1994, S. 101-110.
Ders.: Weniger Mitbestimmung im öffentlichen Dienst?, Zum Entwurf der Fraktionen der SPD und FDP zu einem neuen Bundespersonalvertretungsgesetz, AuR 1973, S. 233-243.
Däubler, Wolfgang / Kittner, Michael / Klebe, Thomas: Betriebsverfassungsgesetz mit Wahlordnung, §§ 321-325 UmwG, §§ 121-128 InsO und EBR-Gesetz, 9. Aufl., Frankfurt am Main, 2004. Zit.: Däubler/Kittner/Klebe-Bearbeiter.
Dahm, Georg: Deutsches Recht, Die geschichtlichen und dogmatischen Grundlagen des geltenden Rechts, Eine Einführung, 2. Aufl., Stuttgart, 1963.
Dassau, Anette: Die allgemeine Interessenabwägung im Rahmen des § 1 Abs. 2 S. 1 Kündigungsschutzgesetz unter besonderer Berücksichtigung der Rechtsprechung des Bundesarbeitsgerichts, Diss. Jur. Köln, 1988.
Daum, Werner: Der Bundesgerichtshof zum finanzierten Abzahlungskauf, zugleich ein Beitrag zur culpa in contrahendo, NJW 1968, S. 372-377.
Degener, Udo: Das Fragerecht des Arbeitgebers gegenüber Bewerbern, Diss. Jur. Göttingen, 1975.
Delaquis, Ernst: Die Rehabilitation im Strafrecht, Berlin, 1907.
Ders.: Die Rehabilitation Verurteilter, Berlin, 1906.
Ders.: Rehabilitation und Strafregister, Schweizerische Zeitschrift für Strafrecht 1912, S. 99-128.
Ders.: Die Rehabilitation in den Strafgesetzvorentwürfen Österreichs, des Deutschen Reiches und der Schweiz. Vortrag, gehalten in der Österreichischen Kriminalistischen Vereinigung in Wien am 06. Februar 1911, Österreichische Zeitschrift für Strafrecht, 2. Jahrgang, 1911, S. 282-305.
Ders.: Die Rehabilitation Verurteilter, Monatsschrift für Kriminalpsychologie und Strafrechtsreform, 3. Jahrgang, 1907, S. 357-365.
Ders.: Begriff und Wert der Rehabilitation. Vortrag, gehalten auf der Hauptversammlung der Zentralstelle für das Gefangenenfürsorgewesen der Provinz Brandenburg und des Provinzialverbandes der Brandenburgischen Fürsorge-

vereine für entlassene Strafgefangene, am 18. Oktober 1906, Zeitschrift für die gesamte Strafrechtswissenschaft, 27. Band, 1907, S. 376-397.
Ders.: La réhabilitation, Esquisse de droit comparé, Schweizerische Zeitschrift für Strafrecht, 18. Jahrgang, 1905, S. 315-325.
Dersch, Hermann: Neue Entwicklung der Fürsorgepflicht im Arbeitsverhältnis, in: Festschrift für Wilhelm Herschel, Beiträge zu Problemen des neuzeitlichen Arbeitsrechts, Stuttgart, 1955, S. 71-85. Zit.: Dersch, FS Herschel (1955).
Ders.: Entwicklungen im Arbeitsrecht unter Abweichung vom BGB, RdA 1958, S. 441-447.
Deutscher Gewerkschaftsbund: 2. DGB-Aktionsprogramm 1972, Protokoll des 9. Ordentlichen Bundeskongresses vom 25. bis 30. Juni 1972 in Berlin, abgedruckt in: Politik und Programmatik des Deutschen Gewerkschaftsbundes, Gerhard Leminsky, Bernd Otto (Hrsg.), 1. Aufl. Köln, 1974, S. 63-65.
Ders.: DGB-Entwurf zum Arbeitsverhältnisrecht vom 05.04.1977, RdA 1977, S. 166-179.
Diekhoff, Ludwig: Anstellungsbetrug, DB 1961, S. 1487-1488.
Dieterich, Thomas: Die Kodifikation des Arbeitsrechts, in: 9. Internationaler Kongreß in München vom 12.-15. September 1978, Internationale Gesellschaft für das Recht der Arbeit und der sozialen Sicherheit, Gerhard Müller, Franz Gamillscheg (Hrsg.), Band II: Berichte und Verhandlungen, Teilband 2: Länderberichte, Heidelberg, 1978, S. 786-816.
Ders.: Die Kodifikation des Arbeitsrechts, RdA 1978, S. 329-335.
Dieterich, Thomas / Hanau, Peter / Schaub, Günter: Erfurter Kommentar zum Arbeitsrecht, 5. Aufl., München, 2005. Zit.: Erfurter Kommentar-Bearbeiter.
Doat, Auguste: Le Casier Judiciaire, Diss. Jur. Toulouse, 1899.
Dörner, Hans-Jürgen: Schwerbehindertengesetz, Gesetz zur Sicherung der Eingliederung Schwerbehinderter in Arbeit, Beruf und Gesellschaft, Kommentar, Band I, Loseblatt, Stand: 116. Ergänzungslieferung, Mai 2001, Starnberg.
Dörner, Klemens Maria / Luczak, Stefan / Wildschütz, Martin: Arbeitsrecht in der anwaltlichen und gerichtlichen Praxis, 2. Aufl., Neuwied, Kriftel, 1999.
Dörner, Klemens: Anfechtung im Arbeitsrecht, AR-Blattei SD, Anfechtung 60, Loseblatt, 104. Ergänzungslieferung, Stand: August 2002, Heidelberg.
Ders.: Abschied von der Verdachtskündigung, NZA 1993, S. 873-877.
Ders.: Die Verdachtskündigung im Spiegel der Methoden zur Auslegung, NZA 1992, S. 865-873.
Dorndorf, Eberhard / Weller, Bernhard / Hauk, Friedrich / Höland, Armin / Kriebel, Volkhart / Neef, Klaus: Heidelberger Kommentar zum Kündigungsschutzgesetz, 4. Aufl., Heidelberg, 2001. Zit.: HK-Bearbeiter.

Dreher, Eduard: Zur Sperrwirkung des § 49 BZRG für ein späteres Strafverfahren, JZ 1972, S. 618-621.

Dreier, Horst (Hrsg.): Grundgesetz, Kommentar, Band II: Art. 20-82 GG, Tübingen, 1998. Zit.: Dreier-Bearbeiter.

Drumm, Hans Jürgen: Personalwirtschaftslehre, 2. Aufl., Berlin, Heidelberg, New York, London, Paris, Tokio, Hong Kong, Barcelona, Budapest, 1992.

Dünnebier, Hanns: Möglichkeiten der Rehabilitation durch strafregisterliche Maßnahmen, JZ 1958, S. 713-719.

Dürig, Günter: Freizügigkeit, in: Die Grundrechte, Handbuch der Theorie und Praxis der Grundrechte, Band II: Die Freiheitsrechte in Deutschland, Berlin, 1954, S. 507-534. Zit.: Dürig, in: Die Grundrechte, Band II.

Ders.: Grundrechte und Zivilrechtsprechung, in: Vom Bonner Grundgesetz zur gesamtdeutschen Verfassung, Festschrift zum 75. Geburtstag von Hans Nawiasky, Theodor Maunz (Hrsg.), München, 1956, S. 157-190. Zit.: Dürig, FS Nawiasky.

Ders.: Zum „Lüth-Urteil" des Bundesverfassungsgerichts vom 15.1.1958, DÖV 1958, S. 194-197.

Dütz, Wilhelm: Arbeitsrecht, 9. Aufl., München, 2004.

Echterhölter, Rudolf: Grundgesetz und Arbeitsrecht; in: AR-Blattei D, Grundgesetz I.,
Übersicht.

Ders.: Einwirkung der Grundrechte auf das Arbeitsrecht, in: AR-Blattei D, Grundgesetz II., Grundrechte und Arbeitsrecht.

Ders.: Verfassungsrecht und Individualarbeitsrecht, BB 1970, S. 677-683.

Ders.: Die Europäische Menschenrechtskonvention in der juristischen Praxis, JZ 1956, S. 142-146.

Ders.: Die Europäische Menschenrechtskonvention im Rahmen der verfassungsmäßigen Ordnung, JZ 1955, S. 689-693.

Ehmann, Horst: Datenschutz und Mitbestimmungsrechte bei der Arbeitnehmer-Datenverarbeitung, NZA 1993, S. 241-248.

Ders.: Informationsschutz und Informationsverkehr im Zivilrecht, AcP 188 (1988), S. 230-380.

Ders.: Datenverarbeitung und Persönlichkeitsschutz im Arbeitsverhältnis, NZA 1985, Beilage 1, S. 2-11.

Ehrenberg, Herbert: Bundesarbeitsgericht, Bewährungsprobe bestanden, BABl. 1978, S. 545-548.

Ehrich, Christian: Fragerecht des Arbeitgebers bei Einstellungen und Folgen der Falschbeantwortung, DB 2000, S. 421-427.

Ders.: Fragerecht des Arbeitgebers, 865, in: Handwörterbuch des Arbeitsrechts für die tägliche Praxis, HwB-AR, Karlheinz Bürger, Werner Oehmann, Hans-Christoph Matthes (Hrsg.), 8. Aufl., Wiesbaden, 1996, Loseblatt. Zit.: Ehrich, HwB-AR, Fragerecht des Arbeitgebers 865.

Eich, Rolf-Achim: Aids und Arbeitsrecht, NZA 1987, Beilage 2, S. 10-20.

Emmerich, Volker: Das Recht der Leistungsstörungen, 5. Aufl., München, 2003.

Ders.: Zum gegenwärtigen Stand der Lehre von der culpa in contrahendo, Jura 1987, S. 561-567.

Endemann, F.: Lehrbuch des Bürgerlichen Rechts, Einführung in das Studium des Bürgerlichen Gesetzbuchs, Erster Band: Einleitung, Allgemeiner Teil, Recht der Schuldverhältnisse, 8. Aufl. Berlin, 1903.

Endemann, Helmut: Der vorbestrafte Arbeitnehmer, AR-Blattei D, Vorstrafen I., I. Bedeutung im Arbeitsverhältnis.

Ders.: Pflicht zur Offenbarung getilgter Vorstrafen?, Die Bedeutung einer Vorstrafe für das Erfordernis der Ehrbarkeit im Sinne des Gesetzes über das Kreditwesen, BB 1955, S. 509-510.

Ders.: Der vorbestrafte Arbeitnehmer, BB 1953, S. 266-268.

Engisch, Karl: Einführung in das juristische Denken, 8. Aufl., Stuttgart, Berlin, Köln, Mainz, 1983.

Ders.: Die Idee der Konkretisierung in Recht und Rechtswissenschaft unserer Zeit, 2. Aufl., Heidelberg, 1968.

Enneccerus, Ludwig / Lehmann, Heinrich: Lehrbuch des Bürgerlichen Rechts, Band II: Recht der Schuldverhältnisse, Ein Lehrbuch, 15. Aufl., Tübingen, 1958.

Enneccerus, Ludwig / Nipperdey, Hans Carl: Lehrbuch des Bürgerlichen Rechts, Band I: Allgemeiner Teil des Bürgerlichen Rechts, Ein Lehrbuch, 15. Aufl., Tübingen, 1959.

Erichsen, Hans-Uwe / Ehlers, Dirk: Allgemeines Verwaltungsrecht, 12. Aufl., Berlin, New York, 2002. Zit.: Erichsen/Ehlers-Bearbeiter.

Ders.: Die Drittwirkung der Grundrechte, Jura 1996, S. 527-533.

Esser, Josef: Vorverständnis und Methodenwahl in der Rechtsfindung, Rationalitätsgrundlagen richterlicher Entscheidungspraxis, Frankfurt am Main, 1972.

Ders.: Grundsatz und Norm in der richterlichen Fortbildung des Privatrechts, Rechtsvergleichende Beiträge zur Rechtsquellen- und Interpretationslehre, 1. Aufl., Tübingen, 1956.

Ders.: Vorwort, in: Ermessensfreiheit und Billigkeitsspielraum des Zivilrichters, Verhandlungen der Fachgruppe für Grundlagenforschung anläßlich der Tagung für Rechtsvergleichung in Wien vom 18. bis 21. September 1963, Ernst von Caemmerer (Hrsg.), Frankfurt am Main, Berlin, 1964, S. 5-20. Zit.: Esser, in: Ermessensfreiheit und Billigkeitsspielraum des Zivilrichters, v. Caemmerer (Hrsg.).

Esser, Josef / Schmidt, Eike: Schuldrecht, Band I: Allgemeiner Teil, Teilband 2: Durchführungshindernisse und Vertragshaftung, Schadensausgleich und Mehrseitigkeit beim Schuldverhältnis, 8. Aufl., Heidelberg, 2000.

Esser, Josef / Weyers, Hans-Leo: Schuldrecht, Band II: Besonderer Teil, Teilband 2: Gesetzliche Schuldverhältnisse, 8. Auflage, Heidelberg, 2000.

Etzel, Gerhard: Betriebsverfassungsrecht, Systematische Darstellung, 8. Aufl., Neuwied, Kriftel, 2002.

Ders.: Aus der Rechtsprechung des BAG, Anmerkungen zum Urteil des Bundesarbeitsgericht vom 15.01.1970 – 2 AZR 64/69, BlStSozArbR 1970, S. 238-239.

Evans-von Krbek, Franziska-Sophie: Nichterfüllungsregeln auch bei weiteren Verhaltens- oder Sorgfaltspflichtverletzungen?, AcP 179 (1979), S. 85-152.

Falkenberg, Rolf-Dieter: Fragen des Arbeitgebers an den einzustellenden Arbeitnehmer, BB 1970, S. 1013-1016.

Ders.: Anmerkungen zum Urteil des Landesarbeitsgericht Düsseldorf vom 15.06.1973 – 9 Sa 177/73, EzA § 123 BGB Nr. 11.

Farthmann, Friedhelm: Anfechtung des Arbeitsvertrags – BAGE 5, 159, JuS 1964, S. 141-147.

Ders.: Der „personenrechtliche Charakter" des Arbeitsverhältnisses, RdA 1960, S. 5-9.

Ders.: Zur Anfechtbarkeit von Arbeitsverträgen, RdA 1958, S. 338-341.

Fechner, Erich: Sozialer Rechtsstaat und Arbeitsrecht, RdA 1955, S. 161-168.

Feig, Johannes: Die Vorarbeiten für das deutsche Arbeitsgesetzbuch, Reichsarbeitsblatt, Nichtamtlicher Teil 1928, S. 205-208.

Fenn, Herbert: Fürsorgetheorie und Entgelttheorie im Recht der Arbeitsbedingungen, AuR 1971, S. 321-327.

Fiebig, Stefan / Gallner, Inken / Griebeling, Jürgen / Mestwerdt, Wilhelm / Nägele, Stefan / Pfeiffer, Gerhard: Kündigungsschutzgesetz, Handkommentar, 2. Aufl., Baden-Baden, 2004. Zit.: Handkommentar-Bearbeiter.

Fikentscher, Wolfgang: Schuldrecht, 9. Auflage, Berlin, New York, 1997.

Fitting, Karl / Engels, Gerd / Schmidt, Ingrid / Trebinger, Yvonne / Linsenmaier, Wolfgang: Betriebsverfassungsgesetz, Handkommentar, 22. Auflage, München, 2004.

Fleischmann, Ludwig: Zur Problematik der beschränkten Auskunft aus dem Strafregister, JZ 1954, S. 147-148.

Flume, Werner: Allgemeiner Teil des Bürgerlichen Rechts, Zweiter Band: Das Rechtsgeschäft, 3. Aufl., Berlin, Heidelberg, New York, 1979.

Ders.: Rechtsgeschäft und Privatautonomie, in: Hundert Jahre Deutsches Rechtsleben, Festschrift zum hundertjährigen Bestehen des Deutsches Juristentags 1860-1960, Ernst von Caemmerer, Ernst Friesenhahn, Richard Lange (Hrsg.), Band I, Karlsruhe 1960, S. 135-238. Zit.: Flume, FS zum hundertjährigen Bestehen des Deutschen Juristentags.

Föhr, Horst / Bobke, Manfred H.: Arbeitsrecht für Arbeitnehmer, 4. Aufl., Köln, 1989.

Franz, Wolfgang / Rüthers, Bernd: Arbeitsrecht und Ökonomie, Mehr Beschäftigung durch eine Flexibilisierung des Arbeitsrechts, RdA 1999, S. 32-38.

Freiherr von Hahn, Karl: Strafregister und Rehabilitation in Frankreich, Diss. Jur. Hamburg, 1971.

Frey, Erich: Das Verhältnis von Fürsorgepflicht und Treuepflicht, AuR 1958, S. 203-204.

Ders.: Können Arbeitsverhältnisse angefochten werden?, AuR 1953, S. 167-171.

Frieling, Ekkehart / Sonntag, Karlheinz: Lehrbuch der Arbeitspsychologie, 2. Aufl., Bern, Göttingen, Toronto, Seattle, 1999.

Fritsch, Stephan: Gleichbehandlung als Aufgabe von Arbeitgeber und Betriebsrat nach § 75 Abs. 1 BetrVG, BB 1992, S. 701-707.

Frotz, Gerhard: Die rechtsdogmatische Einordnung der Haftung für culpa in contrahendo, in: Privatrechtliche Beiträge, Gedenkschrift für Franz Gschnitzer, Christoph Faistenberger, Heinrich Mayrhofer (Hrsg.), Aalen, 1969, S. 163-180. Zit.: Frotz, GS Gschnitzer.

Frowein, Jochen Abr.: Zur Bedeutung der Unschuldsvermutung in Art. 6 Abs. 2 der Europäischen Menschenrechtskonvention, in: Recht als Prozeß und Gefüge, Festschrift für Hans Huber zum 80. Geburtstag, Kurt Eichenberger (Hrsg.), Bern, 1981, S. 553-562. Zit.: Frowein, FS Huber.

Gadamer, Hans-Georg: Wahrheit und Methode, Grundzüge einer philosophischen Hermeneutik, 2. Aufl., Tübingen, 1965.

Galperin, Hans / Löwisch, Manfred / Kröger, Bernd: Kommentar zum Betriebsverfassungsgesetz, Band II: Regelung der Mitbestimmung (§§ 74-132), 6. Aufl., Heidelberg, 1982.

Gamillscheg, Franz: Arbeitsrecht I: Arbeitsvertrags- und Arbeitsschutzrecht, 8. Aufl., München, 2000.

Ders.: Arbeitsrecht, Band I: Individualarbeitsrecht, 7. Aufl., München, 1987.

Ders.: Der Abschluß des Arbeitsvertrages im neuen Arbeitsvertragsgesetz, in: Im Dienst an Recht und Staat, Festschrift für Werner Weber zum 70. Geburtstag dargebracht von Freunden, Schülern und Kollegen, Hans Schneider, Volkmar Götz (Hrsg.), Berlin, 1974, S. 793-818. Zit.: Gamillscheg, FS Weber.

Ders.: Zivilrechtliche Denkformen und die Entwicklung des Individualarbeitsrechts, Zum Verhältnis von Arbeitsrecht und BGB, AcP 176 (1976), S. 197-220.

Ders.: Die Grundrechte im Arbeitsrecht, AcP 164 (1964), S. 385-445.

Ganderath, Reinhard: Getilgt – aber nicht vergessen, Das Verwertungsverbot des Bundeszentralregistergesetzes, ZRP 1985, S. 319-322.

Gangloff, E.: Anmerkungen zum Urteil des Landesarbeitsgerichts Düsseldorf vom 07.05.1958 – 6 Sa 173/58, SAE 1959, S. 162-164.

Gaul, Dieter / Gaul, Jörn: Arbeitsrecht für Führungskräfte, 3. Aufl., Freiburg im Breisgau, 1996.

Geiger, Willi: Die Grundrechte in der Privatrechtsordnung, Stuttgart, 1960.

Gentes, Peter: Prognoseprobleme im Kündigungsschutzrecht, Baden-Baden, 1995. Zugleich: Diss. Jur. Bochum 1994.

Geppert, Klaus: Anmerkungen zum Beschluß des Bundesgerichtshofs vom 18.02.1999 – 5 StR 193/98, NStZ 1999, S. 305-306.

Gerhardt, Walter: Die Haftungsfreizeichnung innerhalb des gesetzlichen Schutzverhältnisses, JZ 1970, S. 535-539.

Gernhuber, Joachim (Hrsg.): Handbuch des Schuldrechts in Einzeldarstellungen, Band 8: Das Schuldverhältnis, Begründung und Änderung, Pflichten und Strukturen, Drittwirkungen, Tübingen, 1989.

Gesser, Rudolf: Die „gnadenweise" Straftilgung nach § 8 des Straftilgungsgesetzes, Diss. Jur. Marburg, 1968.

Ghidini, Mario: Diritto del lavoro, Corso di lezioni universitarie, 5. Aufl., Padova, 1973.

Gierke, Otto von: Die Wurzeln des Dienstvertrages, in: Festschrift für Heinrich Brunner zum fünfzigjährigen Doktorjubiläum am 8. April 1914, überreicht von der Juristenfakultät Berlin, München, Leipzig, 1914, S. 37-68. Zit.: v. Gierke, FS Brunner.

Gift, Emil: Buchbesprechung: Michael Kittner, Wolfgang Trittin: Kündigungsschutzrecht, Köln, 1993, RdA 1994, S. 306-307.

Gitter, Wolfgang / Michalski, Lutz: Arbeitsrecht, 5. Aufl., Heidelberg, 2002.

Götz, Albrecht: Das Bundeszentralregister, 1. Aufl., Stuttgart, Berlin, Köln, 1972. Zit.: Götz, Das Bundeszentralregister, 1. Aufl., 1972.

Ders.: Das Verwertungsverbot des Bundeszentralregistergesetzes, JZ 1973, S. 496-500.

Ders.: Aktuelle Fragen des Bundeszentralregistergesetzes, GA 1973, S. 193-199.

Ders.: Zur Zulässigkeit der Befragung von Stellenbewerbern nach Vorstrafen, BB 1971, S. 1325-1326.

Götz, Albrecht / Tolzmann, Gudrun (Hrsg.): Bundeszentralregistergesetz, Kommentar, Zentralregister, Erziehungsregister und Gewerbezentralregister, 4. Aufl., Stuttgart, Berlin, Köln, 2000.

Dies.: Nachtrag zur 4. Auflage des Bundeszentralregistergesetzes, Kommentar, Zentralregister, Erziehungsregister und Gewerbezentralregister, Stuttgart, Berlin, Köln, 2003.

Götz, Hilmar: Grundzüge des Arbeitsrechts, Band I: Arbeitsvertragsrecht, 3. Aufl., München, Wien, 1996.

Gola, Peter / Hümmerich, Klaus: Personaldatenrecht im Arbeitsverhältnis, Stand der Entwicklungstendenzen beim Datenschutz im Personalwesen, Heidelberg, 1985.

Gola, Peter / Wronka, Georg: Handbuch zum Arbeitnehmerdatenschutz, Rechtsfragen und Handlungshilfen für die betriebliche Praxis, Köln, 1989.

Gottwald, Wolfgang: Darf der Strafrichter getilgte Vorstrafen in einem späteren Strafverfahren noch berücksichtigen?, JR 1950, S. 109-111.

Grell, Dieter: Der Betriebsinhaberwechsel, Zugleich ein Beitrag zur Lehre vom Arbeitsverhältnis und Betrieb, Berlin, 1957.

Gröninger, Karl / Thomas, Werner: Schwerbehindertengesetz, Kommentar, Neuwied, Kriftel, Berlin, Loseblatt, Stand: 16. Ergänzungslieferung, August 1995.

Großmann, Ruprecht: Arbeitsrechtliche Probleme des vorbestraften Arbeitnehmers, AuR 1969, S. 97-107.

Gschnitzer, Franz: Die Kündigung nach deutschem und österreichischem Recht, JhJb. 76 (1926), S. 317-384.

Güllemann, Dirk / Spellenberg, Ulrich: Neuregelung des Strafregisterrechts durch das Bundeszentralregistergesetz, NJW 1972, S. 1969-1974.

Gürtner: Das Problem der Vorstrafenregistrierung, Vortrag des Reichsministers der Justiz Dr. Gürtner auf der Jahresversammlung des Deutschen Reichsverbandes für Straffälligenbetreuung und Ermittlungshilfe in Breslau am 4. Mai 1939, DJ 1939, S. 816-821.

Gumpert, Jobst: Anmerkungen zum Urteil des Bundesarbeitsgerichts vom 15.01.1970 – 2 AZR 64/69, BB 1970, S. 804-805.

Guradze, Heinz: Der Stand der Menschenrechte im Völkerrecht, Göttingen, 1956.

Ders.: Verfassungsbeschwerde und Verletzung der Menschenrechtskonvention, Antwort zur Erwiderung Herzog in DÖV 1960, 775 ff., DÖV 1961, S. 12-13.

Ders.: Kann die Verfassungsbeschwerde auf eine Verletzung der Konvention zum Schutze der Menschenrechte gestützt werden?, DÖV 1960, S. 286-288.

Ders.: Anmerkungen zum Beschluß des Bundesverfassungsgerichts vom 14.01.1960 – 2 BvR 243/60, NJW 1960, S. 1243.

Gutmann, Alexander: Der Vermögensschaden beim Betrug im Licht der neueren höchstrichterlichen Rechtsprechung (II), MDR 1963, S. 91-96.

Haberkorn, Kurt: Zur Offenbarungspflicht des Arbeitnehmers bei Einstellungen, RdA 1962, S. 416-418.

Händel, Konrad: Auswirkungen des Bundeszentralregisters in der Praxis, JR 1973, S. 265-268.

Ders.: Bundeszentralregister und Verkehrszentralregister, NJW 1971, S. 1549-1550.

Häßler, Manfred / Kehrmann, Karl: Personalfragebogen und Intimsphäre, BlStSozArbR 1967, S. 44-46.

Haffke, Bernhard: Hat das Bundeszentralregistergesetz eine Konzeption?, Öffentliche Strafmoral und Gesetzesplanung, GA 1975, S. 65-83.

Hager, Johannes: Grundrechte im Privatrecht, JZ 1994, S. 373-383.

Hahn, Hans-Otto: Die fehlerhafte Normenanwendung im Arbeitsverhältnis, Zur Problematik der Rückforderung und Einstellung irrtümlicher Arbeitgeberleistungen, Berlin, 1976. Zugleich: Diss. Jur. Köln, 1976.

Halbach, Günter / Paland, Norbert / Schwedes, Rolf / Wlotzke, Otfried: Übersicht über das Arbeitsrecht, 7. Aufl., Bonn, 1998.

Hallenberger, Achim: Die Pflicht des Arbeitgebers zur Förderung der freien Persönlichkeitsentfaltung nach § 75 Abs. 2 Betriebsverfassungsgesetz, Frankfurt am Main, Bern, New York, Paris, 1988.

Haller, Robert: Diebstahl des Arbeitnehmers aus Beweisnot, BB 1997, S. 202-204.

Hamel, Walter: Formen und Vertretungsmacht bei Rechtsgeschäften der öffentlichen Hand, DVBl. 1955, S. 796-800.

Hanau, Peter: Zwangspensionierung des Arbeitnehmers mit 65?, RdA 1976, S. 24-31.

Hanau, Peter / Adomeit, Klaus: Arbeitsrecht, 12. Aufl., Neuwied, Kriftel, 2000.

Dies.: Arbeitsrecht, 1. Aufl., Frankfurt am Main, 1972.

Hartung, Fritz: Das Strafregister, Gesetz über beschränkte Auskunft aus dem Strafregister und die Tilgung von Strafvermerken und Strafregisterverordnung mit den das Strafregisterwesen betreffenden Vorschriften des Strafgesetzbuches, der Strafprozeßordnung, des Jugendgerichtsgesetzes und des Rechtshilfegesetzes, 2. Aufl., München, Berlin, 1963.

Ders.: Der Stand der Rehabilitationsfrage in Deutschland; in: Festschrift für Edmund Mezger zum 70. Geburtstag, 15.10.1953, Karl Engisch und Reinhart Maurach (Hrsg.), München, Berlin, 1954, S. 503-513. Zit.: Hartung, FS Mezger.

Ders.: Anmerkungen zum Urteil des Bundesgerichtshofs vom 22.06.1954 – 1 StR 451/53, NJW 1955, S. 393-394.

Ders.: Die materiellen Wirkungen der Tilgung von Strafvermerken, JR 1952, S. 42-45.

Hartwieg, Oskar: Culpa in contrahendo als Korrektiv für „ungerechte“ Verträge, Zur Aufhebung der Vertragsbindung wegen Verschuldens bei Vertragsabschluß, JuS 1973, S. 733-740.

Hase, Peter: Bundeszentralregistergesetz mit Verwaltungsvorschrift zur Durchführung des BZRG, Kommentar, München, 2003.

Hauke, Christoph: Personalorganisation, in: Handbuch der Personalleitung, Funktionen und Konzeptionen der Personalarbeit im Unternehmen, Dieter Wagner, Ernst Zander, Christoph Hauke (Hrsg.), München, 1992, S. 29-43. Zit.: Hauke, in: Handbuch der Personalleitung, Wagner/Zander/Hauke (Hrsg.).

Hedemann, Justus Wilhelm: Das Recht auf Arbeit als allgemeines Menschenrecht, in: Festschrift für Gustav Boehmer, Dem Siebziger von Freunden und Kollegen dargebracht, Bonn, 1954, S. 51-59. Zit.: Hedemann, FS Boehmer.

Hellmer, Joachim: Jugendkriminalität, 4. Aufl., Neuwied, Darmstadt, 1978.

Henkel, Heinrich: Recht und Individualität, Berlin, 1958.

Hentig, Hans von: Die unbekannte Straftat, Berlin, Göttingen, Heidelberg, 1964.

Herschel, Wilhelm: Das Arbeitsrecht; in: Die Grundrechte, Handbuch der Theorie und Praxis der Grundrechte, Karl August Bettermann, Hans Carl Nipperdey, Ulrich Scheuner (Hrsg.), Band III, 1. Teilband: Die Wirtschafts- und Arbeitsverfassung, 1. Auflage, Berlin, 1958, S. 325-371.

Ders.: Vom Arbeitsschutz zum Arbeitsrecht, in: Hundert Jahre Deutsches Rechtsleben, Festschrift zum hundertjährigen Bestehen des Deutschen Juristentags 1860-1960, Ernst von Caemmerer, Ernst Friesenhahn, Richard Lange (Hrsg.), Band I, Karlsruhe, 1960, S. 305-315. Zit.: Herschel, FS zum hundertjährigen Bestehen des Deutschen Juristentages, Band I.

Ders.: Gedanken zur Theorie des arbeitsrechtlichen Kündigungsgrundes, in: Arbeitsleben und Rechtspflege, Festschrift für Gerhard Müller, Theo Mayer-Maly, Reinhard Richardi, Herbert Schambeck, Wolfgang Zöllner (Hrsg.), Berlin, 1981, S. 191-207. Zit.: Herschel, FS Müller.

Ders.: Rechte und Pflichten vor Arbeitsaufnahme, RdA 1965, S. 191-195.

Ders.: Anmerkungen zum Urteil des Bundesarbeitsgerichts vom 07.02.1964 – 1 AZR 251/63, SAE 1964, S. 220.

Ders.: Gesetzbuch der Arbeit – heute?, DB 1959, S. 1440-1445.

Ders.: Entwicklungstendenzen des Arbeitsrechts, RdA 1956, S. 161-168.

Ders.: Arbeitsschutz im sozialen Rechtsstaat, BABl. 1955, S. 571-583.

Ders.: Die Anfechtung von Arbeitsverhältnissen, Stellungnahme zu dem Urteil des Landesarbeitsgerichts Frankfurt am Main vom 08.07.1953 – II LA 123/52, BB 1953, S. 1069-1070.

Ders.: Anmerkungen zum Urteil des Bundesarbeitsgericht vom 05.04.1984 – 2 AZR 513/82, AP § 17 BBiG Nr. 2, Bl. 4-5.

Herschel, Wilhelm / Steinmann, Georg: Kommentar zum Kündigungsschutzgesetz, 1. Aufl., Heidelberg, 1951. Zit.: Herschel/Steinmann, 1. Aufl.

Hess, Harald / Schlochauer, Ursula / Glaubitz, Werner: Kommentar zum Betriebsverfassungsgesetz, 5. Aufl., Neuwied, Kriftel, Berlin, 1997. Zit.: Hess/Schlochauer/Glaubitz-Bearbeiter.

Hesse, Konrad: Verfassungsrecht und Privatrecht, Heidelberg, 1988.

Heußner, Hermann: Datenverarbeitung und die Rechtsprechung des Bundesverfassungsgerichts im Spannungsfeld zwischen Recht und Politik, AuR 1985, S. 309-315.

Ders.: Das informationelle Selbstbestimmungsrecht in der Rechtsprechung des Bundesverfassungsgerichts, SGb. 1984, S. 279-285.

Hientzsch, Ulf: Arbeitsrechtslehren im Dritten Reich und ihre historische Vorbereitung, Marburg, 1970.

Hillebrecht, Wilfried: Die „Prinzipien des Kündigungsrechts bei Arbeitsverhältnissen" und die Kündigungsrechtsprechung des Bundesarbeitsgerichts, ZfA 1991, S. 87-128.

Hinrichs, Werner: Anmerkungen zu den Beschlüssen des Bundesarbeitsgerichts vom 18.02.1986 - ABR 21/84 und vom 11.03.1986 – 1 ABR 12/84, AuR 1986, S. 285-288.

Höfle, T.: Zur Vorstrafe im Arbeitsverhältnis, AR-Blattei, Vorstrafen I., I. Bedeutung im Arbeitsverhältnis.

Höfling, Wolfram: Vertragsfreiheit, Eine grundrechtsdogmatische Studie, Heidelberg, 1991.

Hölzel, Christoph: Die Arbeit – Ein Ausdruck des Personenwesens des Menschen, Wie sehen die Sozialenzyklika Johannes' XXIII. „Mater et magistra" und das deutsche Arbeitsrecht arbeitsrechtliche Fragen unter diesem Gesichtspunkt?, Diss. Jur. Erlangen-Nürnberg, 1964.

Hönn, Günther: Zur Problematik fehlerhafter Vertragsverhältnisse, Kritik einer arbeitsrechtlichen Sonderentwicklung und Kritik der Kritik der neuen Rechtsprechung des Bundesarbeitsgerichts, ZfA 1987, S. 61-93.

Hönsch, Ronald: Akuter Handlungsbedarf wegen Rechtsunsicherheit, Das Recht der verhaltens- und personenbedingten Kündigung in seiner Ausformung durch die höchstrichterliche Rechtsprechung, Der Arbeitgeber 1989, S. 203-204.

Hoffmann, Reinhard: Koalitionsrecht und Tarifautonomie, Gewerkschaftliche Monatshefte 1966, S. 151-160.

Hofmann, Paul: Zur Offenbarungspflicht des Arbeitnehmers, ZfA 1975, S. 1-64.

Ders.: Anmerkungen zum Urteil des Bundesarbeitsgericht vom 15.01.1970 – 2 AZR 64/69, SAE 1971, S. 134-138.

Ders.: Arbeitskraft und Wirtschaftsordnung, Deutschland Archiv 4 (1971), S. 1072-1077.

Ders.: Zur Auslegung des § 9 Abs. 1 KSchG, ZfA 1970, S. 63-83.

Holzapfel, Helmut: Wechselseitigkeit der Informationspflichten bei Begründung von Arbeitsverhältnissen, Diss. Jur. Bayreuth, 1986.

Hoppe, Günther: Offenbarungspflicht und Kündigungsschutz der Arbeitnehmerin während und nach der Schwangerschaft, BlStSozArbR 1972, S. 375-378.

Ders.: Vorstrafen des Arbeitnehmers, BlStSozArbR 1971, S. 173-175.

Hoyningen-Huene, Gerrick von / Linck, Rüdiger: Kündigungsschutzgesetz, Kommentar, 13. Aufl., München, 2002.

Hromadka, Wolfgang / Maschmann, Frank: Arbeitsrecht, Band I: Individualarbeitsrecht, 2. Aufl., Berlin, Heidelberg, New York, 2002.

Hubmann, Heinrich: Das Persönlichkeitsrecht, 2. Auflage, Köln, Graz, 1967.
Hueck, Alfred: Kündigungsschutzgesetz, Kommentar, 1. Aufl., München, Berlin, 1951. Zit.: Hueck, 1. Aufl.
Ders.: Der Treuegedanke im modernen Privatrecht, München, 1947.
Ders.: Aufgaben und Fortschritte der Arbeitsrechtswissenschaft, ZAkfDR 1941, S. 60-62.
Ders.: Gutachten über die Auflösung eines fehlerhaften Arbeitsverhältnisses, BB 1952, S. 263-264.
Ders.: Anmerkungen zum Urteil des Bundesarbeitsgerichts vom 05.12.1957 – 1 AZR 594/56, AP § 123 BGB Nr. 2 Bl. 3-4.
Hueck, Alfred / Nipperdey, Hans Carl: Lehrbuch des Arbeitsrechts, Erster Band, 7. Aufl., Berlin, Frankfurt am Main, 1959.
Hueck, Alfred / Nipperdey, Hans Carl / Säcker, Franz Jürgen: Lehrbuch des Arbeitsrechts, Zweiter Band: Kollektives Arbeitsrecht, Zweiter Halbband, 7. Aufl., Berlin, Frankfurt am Main, 1970.
Hueck, Götz: Der Grundsatz der gleichmäßigen Behandlung im Privatrecht, München, Berlin, 1958.
Hümmerich, Klaus: Erfassungsschutz im arbeitsvertraglichen Anbahnungsverhältnis unter besonderer Berücksichtigung der Datenerfassung bei Personalinformationssystemen, Diss. Jur. Bonn, 1977.
Ders.: Von der Verantwortung der Arbeitsrechtsprechung für die Volkswirtschaft, NZA 1996, S. 1289-1304.
Ders.: Wonach darf der Arbeitnehmer bei der Einstellung gefragt werden?, BB 1979, S. 428-431.
Hufen, Friedhelm: Das Volkszählungsurteil des Bundesverfassungsgerichts und das Grundrecht auf informationelle Selbstbestimmung – eine juristische Antwort aus 1984, JZ 1984, S. 1072-1978.
Hug, Walther: Das Kündigungsrecht nach schweizerischem und unter Berücksichtigung des deutschen und österreichischen Arbeitsrechts, samt einem allgemeinen Teil über die arbeitsrechtlichen Grundlagen, Band II: Das geltende Recht und seine Fortbildung, Aarau, 1927.
Humborg, Franz-Egon: Dürfen getilgte Straftaten beim Entzug der Fahrerlaubnis und bei der Strafzumessung verwertet werden?, DAR 1969, S. 206-209.
Hunn, Felix: Offenbarungspflicht bei Schwangerschaft?, AuR 1954, S. 18-21.
Hunold, Wolf: Fragerecht des Arbeitgebers, Nr. 187, in: Arbeitsrechtslexikon, Beck'sches Personalhandbuch, Band I, Hans Joachim Spiegelhalter (Hrsg.), Loseblatt, München, 2002.
Ders.: Personalplanung, Nr. 282, in: Arbeitsrechtslexikon, Beck'sches Personalhandbuch, Band I, Hans Joachim Spiegelhalter (Hrsg.), Loseblatt, München, 2002.

Ders.: Personalwirtschaft, Nr. 283, in: Arbeitsrechtslexikon, Beck'sches Personalhandbuch, Band I, Hans Joachim Spiegelhalter (Hrsg.), Loseblatt, München, 2002.

Ders.: Einstellung, Welche Fragen sind erlaubt?, AuA 2001, S. 260-265.

Ders.: Aktuelle Rechtsprobleme der Personalauswahl, DB 1993, S. 224-229.

Ichino, Pietro: Arbeitsrecht und Wirtschaftsmodelle, Anmerkungen zur Zukunft des Arbeitsrecht, RdA 1998, S. 271-277.

Isele, Hellmut Georg: Die Entgeltzahlungs- und Beitragszahlungspflicht des Arbeitgebers, in: Festschrift für Heinrich Demelius zum 80. Geburtstag, Erlebtes Recht in Geschichte und Gegenwart, Gerhard Frotz, Werner Ogris (Hrsg.), Wien, 1973, S. 365-373. Zit.: Isele, FS Demelius

Ders.: Die Bedeutung Otto von Gierkes für das moderne Arbeitsrecht, in: Eranion in honorem Georgii S. Maridakis qui in fungendo professoris munere annos iam XXXV docendo consumpsit, Band II: Ad philosophiam iuris ius privatum actiones pertinens, Athen, 1963, S. 285-300. Zit.: Isele, FS Maridakis, Band II.

Ders.: Das Arbeitsverhältnis in der Zivilrechtsordnung, Juristen-Jahrbuch 8 (1967/68), S. 63-78.

Ders.: Reflexwirkungen der Betriebsverfassung im Individualbereich, RdA 1962, S. 373-375.

Isensee, Josef / Kirchhof, Paul (Hrsg.): Handbuch des Staatsrechts der Bundesrepublik Deutschland, Band VI: Freiheitsrechte, 1. Auflage, Heidelberg, 1989.

Jähnke, Burkhard / Laufhütte, Heinrich Wilhelm / Odersky, Walter (Hrsg.): StGB, Leipziger Kommentar, Großkommentar, 11. Aufl., Berlin, New York, 2000. Zit.: LK-Bearbeiter.

Jaffe, A. J. / Stewart, Charles D.: The Rationale of the Current Labor Force Measurement, in: The Language of Social Research, A Reader in the Methodology of Sozial Research, Paul F. Lazarsfeld, Morris Rosenberg (Ed.), Glencoe, Illinois, 1955, S. 28-34.

Janker, Helmut: Das Fragerecht des Arbeitgebers bei der Einstellung, AuA 1991, S. 264-266.

Jedzig, Joachim: Mitbestimmung bei Einführung von Verfahren zur Potentialanalyse von Arbeitnehmern, DB 1996, S. 1337-1342.

Jerouschek, Günter / Koch, Arnd: Zur Neubegründung des Vermögensschadens bei „Amtserschleichungen", GA 2001, S. 273-282.

Jerusalem, Franz Wilhelm: Die Zersetzung im Rechtsdenken, Stuttgart, Berlin, Köln, Mainz, 1968.

Joachim, Hans G.: Zur Problematik der Verdachtskündigung, AuR 1964, S. 33-39.

Jobs, Friedhelm: Die Bedeutung Otto von Gierkes für die Kennzeichnung des Arbeitsverhältnisses als personenrechtliches Gemeinschaftsverhältnis, ZfA 1972, S. 305-343.

Johann, Klaus: Umfang des Rechts des Arbeitgebers auf Auskunft bei der Neueinstellung von Arbeitnehmern, Diss. Jur. Köln, 1967.

Joussen, Jacob: Si tacuisses – Der aktuelle Stand zum Fragerecht des Arbeitgebers nach einer Schwerbehinderung, NJW 2003, S. 2857-2861.

Junker, Abbo: Grundkurs Arbeitsrecht, 4. Auflage, München, 2004.

Käßer, Petra: Der fehlerhafte Arbeitsvertrag, Berlin, 1979. Zugleich: Diss. Jur. München, 1979.

Kaiser, Eberhard: Strafregisterrecht und Resozialisierung, NJW 1970, S. 271-272.

Karmasin, Fritz / Karmasin, Helene: Einführung in die Methoden und Probleme der Umfragenforschung, Wien, Köln, Graz, 1977.

Kaskel, Walter: Art. 157 Abs. 2 WRV: Einheitliches Arbeitsrecht, in: Die Grundrechte und Grundpflichten der Reichsverfassung, Kommentar zum zweiten Teil der Reichsverfassung, 3. Band: Art. 143-165 und „Zur Ideengeschichte der Grundrechte“, Hans Carl Nipperdey (Hrsg.), 1. Auflage, Berlin, 1930, S. 359-373.

Kaskel, Walter / Dersch, Hermann: Arbeitsrecht, 5. Aufl., Berlin, Göttingen, Heidelberg, 1957.

Kauffmann: Die Anfechtung des Arbeitsverhältnisses, DB 1953, S. 21-22.

Kehrmann, Karl: Personalfragebogen, Das Mitbestimmungsgespräch 1973, S. 47-49.

Kehrmann, Karl / Schneider, Wolfgang: Die personelle Mitbestimmung nach dem Betriebsverfassungsgesetz, Das Mitbestimmungsgespräch 1973, S. 23-29.

Kempff, Gilbert: Grundrechte im Arbeitsverhältnis, Zum Grundrechtsverständnis des Bundesarbeitsgerichts, Köln, 1988.

Kemter, Manfred: Die Anfechtung des Arbeitsverhältnisses im Zusammenhang mit dem Gesundheitszustand des Arbeitnehmers, RdA 1962, S. 307-310.

Kittner, Michael: Arbeitsrecht und marktwirtschaftliche Unternehmensführung – ein Gegensatz?, AuR 1995, S. 385-395.

Kittner, Michael / Däubler, Wolfgang / Zwanziger, Bertram: Kündigungsschutzrecht, Kommentar für die Praxis, 5. Aufl., Frankfurt am Main, 2001. Zit.: Kittner/Däubler/Zwanziger-Bearbeiter.

Kittner, Michael / Zwanziger, Bertram (Hrsg.): Arbeitsrecht, Handbuch für die Praxis, 2. Aufl., Frankfurt am Main, 2003.

Klebe, Thomas / Roth, Siegfried: Betriebsrat und Personaldatenverarbeitung, AiB 1985, S. 131-136.

Klein, Rolf: Ausforschung von Stellenbewerbern durch Fragebogen und psychologische Tests, AuR 1978, S. 266-273.

Klein, Stefanie: Wichtige arbeitsrechtliche Fragestellungen, Der Arbeitgeber 1997, S. 749-751.

Kleiner, Hartmann: Rechtsfragen der Arbeitskräftelenkung und -verteilung im geteilten Deutschland, Diss. Jur. Köln, 1971.

Kloepfer, Michael: Datenschutz als Grundrecht, Verfassungsprobleme der Einführung eines Grundrechts auf Datenschutz, Königsstein/Ts., 1980.

Knack, Hans Joachim: Verwaltungsverfahrensgesetz (VwVfG), 7. Aufl., Köln, Berlin, Bonn, München, 2000. Zit.: Knack-Bearbeiter.

Knevels, Peter: Offenbarung der Gewerkschaftszugehörigkeit, BB 1965, S. 336-338.

Knipp, Gerhard: Einstellung des Arbeitnehmers, AR-Blattei SD, Einstellung 640, Loseblatt.

Ders.: Einstellung 795, in: Handwörterbuch des Arbeitsrechts für die tägliche Praxis,
HwB-AR, Karlheinz Bürger, Werner Oehmann, Hans-Christoph Matthes (Hrsg.), 8. Aufl., Wiesbaden, 1996, Loseblatt. Zit.: Knipp, HwB-AR, Einstellung 795.

Koch, Thorsten: Der Grundrechtsschutz des Drittbetroffenen, Zur Rekonstruktion der Grundrechte als Abwehrrechte, Tübingen, 2000.

Köpcke, Günther: Typen der positiven Vertragsverletzung, Stuttgart, Berlin, Köln, Mainz, 1965.

Kohlhaas: Die getilgte Vorstrafe und die Pflicht zu ihrer Offenbarung in der Hauptverhandlung, NJW 1953, S. 851-852.

Konzen, Horst: Die Entwicklung der Rechtsprechung des Bundesarbeitsgerichts im Jahre 1970, ZfA 1972, S. 131-212.

Konferenz der Datenschutzbeauftragten: Auswirkungen des Volkszählungsurteils, DÖV 1984, S. 504-510.

Korn, Dietrich: Die Offenbarungspflicht des vorbestraften Arbeitnehmers bei einwandfreiem polizeilichen Führungszeugnis, RdA 1957, S. 291-292.

Kort, Michael: Die Auswirkungen des neuen Bundesdatenschutzgesetzes auf die Mitbestimmung im Arbeitsrecht, RdA 1992, S. 378-386.

Kraft, Alfons: Bestandsschutz des Arbeitsverhältnisses; Lohn ohne Arbeit – Überlegungen zur Reduzierung der Regelungsdichte des Arbeitsrechts und zur Wiederherstellung der Äquivalenz im Arbeitsverhältnis, ZfA 1994, S. 463-485.

Ders.: Arbeitsrecht und soziale Marktwirtschaft, ZfA 1995, S. 419-431.

Kraft, Alfons / Wiese, Günther / Kreutz, Peter / Oetker, Hartmut / Raab, Thomas / Weber, Christoph / Thiele, Wolfgang / Fabricius, Fritz: Betriebsverfassungsgesetz, Band II: §§ 74-132 mit Kommentierung des Betriebsverfassungsgesetzes 1952, Gemeinschaftskommentar, 7. Aufl., Neuwied, Kriftel, 2002. Zit.: GK-Bearbeiter.

Krasshöfer, Horst-Dieter: Die Beendigung des Arbeitsverhältnisses aufgrund Befristung oder Aufhebungsvertrag, Ein Leitfaden für die betriebliche Praxis, Berlin, 1997.

Kriele, Martin: Theorie der Rechtsgewinnung entwickelt am Problem der Verfassungsinterpretation, 2. Aufl., Berlin, 1976.

Kroll, Joachim: Datenschutz im Arbeitsverhältnis, Königsstein/Ts., 1981. Zugleich: Diss. Jur. Köln, 1981.

Krüger, Herbert: Allgemeine Staatslehre, Stuttgart, 1964.

Krüger, Hildegard: Grenzen der Zumutbarkeit aus Gewissensgründen im Arbeitsrecht, RdA 1954, S. 365-375.

Ders.: Einwirkungen des Verfassungsrechts auf das Arbeitsrecht, RdA 1969, S. 97-108.

Ders.: Anmerkungen zum Urteil des Bundesarbeitsgerichts vom 28.03.1974 – 2 AZR 82/73, AP § 119 BGB Nr. 3 Bl. 3-5.

Kühl, Kristian: Persönlichkeitsschutz des Tatverdächtigen durch die Unschuldsvermutung, Ein Beitrag zu den Grenzen der Kriminalberichterstattung, in: Beiträge zum Schutz der Persönlichkeit und ihrer schöpferischen Leistungen, Festschrift für Heinrich Hubmann zum 70. Geburtstag, Hans Forkel, Alfons Kraft (Hrsg.), Frankfurt am Main, 1985, S. 241-254. Zit.: Kühl, FS Hubmann.

Künzl, Reinhard: Nebenpflichten des Arbeitnehmers, in: Handbuch zum Arbeitsrecht (HzA), Arbeitsrecht in der Praxis, Wolfgang Leinemann (Hrsg.), Band 1: Einzelarbeitsverhältnis, Teilbereich 5, Gruppe 1 (5/1), Loseblatt, Neuwied.

Küpferle, Otto / Wohlgemuth, Hans Hermann: Personaldatenverarbeitende Systeme, Rechtsprobleme und Argumentationsmöglichkeiten aus der Sicht der Beschäftigten, Düsseldorf, 1987.

Kuhla, Wolfgang: Datenschutz im Beamten- und Arbeitsverhältnis, Darmstadt, 1983.

Kursawe, Stefan: Die Aufklärungspflicht des Arbeitgebers bei Abschluß von Arbeitsverträgen, NZA 1997, S. 245-249.

Lackner, Karl / Kühl, Kristian: Strafgesetzbuch mit Erläuterungen, 25. Aufl., München, 2004.

Lampe, Ernst-Joachim: Der Straftäter als „Person der Zeitgeschichte", NJW 1973, S. 217-222.

Lange, Heinrich: Wesen und Gestalt des Volksgesetzbuchs, ZfgesStW 103 (1943), S. 208-259.

Larenz, Karl: Lehrbuch des Schuldrechts, Erster Band: Allgemeiner Teil, 14. Aufl., München, 1987.

Ders.: Lehrbuch des Schulrechts, Zweiter Band: Besonderer Teil, 12. Aufl., München, 1981.

Ders.: Methodenlehre der Rechtswissenschaft, 5. Aufl., Berlin, Heidelberg, New York, Tokio, 1983.

Ders.: Bemerkungen zur Haftung für „culpa in contrahendo", in: Beiträge zum Zivil- und Wirtschaftsrecht, Festschrift für Kurt Ballerstedt zum 70. Geburtstag am 24. Dezember 1975, Werner Flume, Peter Raisch, Ernst Steindorff (Hrsg.), Berlin, 1975, S. 397-419. Zit.: Larenz, FS Ballerstedt.

Ders.: Culpa in contrahendo, Verkehrssicherungspflicht und „sozialer Kontakt", MDR 1954, S. 515-518.

Ders.: Anmerkungen zum Urteil des Bundesarbeitsgerichts vom 22.09.1961 – 1 AZR 241/60, AP § 123 BGB Nr. 15 Bl. 3-4.

Ders.: Anmerkungen zum Urteil des Bundesarbeitsgericht vom 10.11.1955 – 2 AZR 282/54, AP § 276 BGB Verschulden bei Vertragsabschluß Nr. 1 Bl. 2-3.

Larenz, Karl / Canaris, Claus-Wilhelm: Lehrbuch des Schuldrechts, Zweiter Band: Besonderer Teil, 2. Halbband, 13. Auflage, München, 1993.

Lassen, Peter: Die Rechtsstellung des Vorbestraften nach dem BZRG, Diss. Jur. Hamburg, 1973.

Leibholz; Gerhard: Verfassungsrecht und Arbeitsrecht, in: Zwei Vorträge zum Arbeitsrecht, gehalten anläßlich des zehnjährigen Wiederbestehens des Deutschen Arbeitsgerichtsverbandes e. V. am 1. Dezember 1959 in Köln am Rhein, Alfred Hueck, Gerhard Leibholz, München, 1960, S. 21-42.

Leinemann, Wolfgang (Hrsg.): Kasseler Handbuch zum Arbeitsrecht, Band 1: Arbeitsverhältnis, Inhalt des Arbeitsverhältnisses und Arbeitsverhältnisse mit erhöhtem Schutz, 2. Aufl., Neuwied, Kriftel, Berlin, 2000. Zit.: Kasseler Handbuch zum Arbeitsrecht 1-Bearbeiter.

Ders.: Die „Betriebsgemeinschaft", BUV 1971, S. 49-58.

Ders.: Betriebsbußen – Betriebs- oder Vertragsstrafen, AuR 1970, S. 134-141.

Leipold, Dieter: Einstellungsfragebögen und das Recht auf Arbeit, AuR 1971, S. 161-167.

Leisner, Walter: Grundrechte und Privatrecht, München, 1960.

Leuchten, Alexius / Zimmer, Mark: Kündigung wegen subjektiver Eignungsmängel, BB 1999, S. 1973-1976.

Linnenkohl, Karl: Einführung in die Grundlagen des Arbeitsrechtes, Baden-Baden, Bad Homburg, 1971.

Ders.: Arbeitsverhältnis und Vorstrafenfrage, Zum Fragerecht des Arbeitgebers und zur Auskunftspflicht des Arbeitnehmers, AuR 1983, S. 129-141.

Ders.: Fragerecht und Auskunftspflicht bei Einstellungen im Hinblick auf Vorstrafen des Bewerbers, DVR 1981, S. 317-366.

Linnenkohl, Karl / Töfflinger, Frank: Personalakte und Inhaltskontrolle durch den Arbeitnehmer, AuR 1986, S. 199-208.

Liszt, Franz von / Schmidt, Eberhard: Lehrbuch des Deutschen Strafrechts, Erster Band: Einleitung und Allgemeiner Teil, 26. Aufl., Berlin, Leipzig, 1932.

Löwisch, Manfred: Arbeitsrecht, 6. Aufl., Düsseldorf, 2002.

Ders.: Kommentar zum Kündigungsschutzgesetz, 8. Aufl., Heidelberg, 2000.

Ders.: Arbeitsrecht und wirtschaftlicher Wandel, RdA 1999, S. 69-80.

Ders.: Wilhelm Herschel und die Wurzeln von Ultima-Ratio-Grundsatz und Prognoseprinzip, BB 1998, S. 1793-1795.

Ders.: Schutz und Förderung der freien Entfaltung der Persönlichkeit der im Betrieb beschäftigten Arbeitnehmer (§ 75 Abs. 2 BetrVG 1972), AuR 1972, S. 359-365.

Löwisch, Manfred / Kaiser, Dagmar: Betriebsverfassungsgesetz, Kommentar, 5. Aufl., Heidelberg, 2002.

Löwisch, Manfred / Krauß, Ernst-Friedrich: Anmerkungen zum Urteil des Bundesarbeitsgerichts vom 12.02.1970 – 2 AZR 184/69, SAE 1971, S. 176-177.

Looschelders, Dirk / Roth, Wolfgang: Grundrechte und Vertragsrecht: Die verfassungskonforme Reduktion des § 565 Abs. 2 S. 2 BGB, JZ 1995, S. 1034-1046.

Lorenzen, Bernd / Westermann, Fritz: Einführung neuer Mitarbeiter, in: Handbuch der Personalleitung, Funktionen und Konzeptionen der Personalarbeit im Unternehmen, Dieter Wagner, Ernst Zander, Christoph Hauke (Hrsg.), München, 1992, S. 571-584. Zit.: Lorenzen/Westermann, in: Handbuch der Personalleitung, Wagner/Zander/Hauke (Hrsg.).

Lucke, Karl: Einrichtung eines Bundeszentralstrafregisters, JVBl. 1959, S. 99-101.

Lübtow, Ulrich von: Zur Anfechtung von Willenserklärungen wegen arglistiger Täuschung, in: Entwicklungstendenzen im Wirtschafts- und Unternehmensrecht, Festschrift für Horst Bartholomeyczik zum 70. Geburtstag, Wolfgang Harms, Dieter Heckelmann, Robert Knöpfle, Arndt Teichmann (Hrsg.), Berlin, 1973, S. 249-278. Zit.: v. Lübtow, FS Bartholomeyczik.

Lüke, Gerhard: Der Informationsanspruch im Zivilrecht, JuS 1986, S. 2-7.

Lutz, Burkart: Der künftige Arbeitsmarkt für Industriearbeit - Entwicklungstendenzen und Handlungsbedarf, in: Produzieren im 21. Jahrhundert, Herausforderungen für die deutsche Industrie, Ergebnisse des Expertenkreises „Zukunftsstrategien", Band I, Burkart Lutz, Matthias Hartmann, Hartmut Hirsch-Kreinsen (Hrsg.), Frankfurt am Main, New York, 1996, S. 103-142.

Maccoby, Eleanor E. / Maccoby, Nathan: Das Interview, Ein Werkzeug der Sozialforschung, in: Das Interview, Formen, Technik, Auswertung, René König (Hrsg.), 7. Aufl., Köln, 1972, S. 37-85.

Mangoldt, Hermann von / Klein, Friedrich / Starck, Christian: Das Bonner Grundgesetz, Kommentar, Band 1: Präambel, Art. 1-19 GG, 4. Auflage,

München, 1999; Band 2: Art. 20-78 GG, 4. Aufl., München, 2000. Zit.: Mangoldt/Klein/Starck-Bearbeiter.

Mansfeld, Werner: Um die Zukunft des deutschen Arbeitsrechts, DAR 1942, S. 117-122.

Manssen, Gerrit: Privatrechtsgestaltung durch Hoheitsakt, Verfassungsrechtliche und verwaltungsrechtliche Grundfragen, Tübingen, 1994.

Martinek, Oswin: Restauration des Kodifikationsgedankens, Reminiszenzen und Ausblick, in: Arbeit, Recht und Gesellschaft, Festschrift für Walter Schwarz zum 65. Geburtstag, Oswin Martinek (Hrsg.), Wien, 1991, S. 830-850. Zit.: Martinek, FS Schwarz.

Ders.: Bestrebungen zur Schaffung eines Arbeitsgesetzbuchs in Österreich, AuR 1961, S. 74-84.

Marxen, Klaus: Medienfreiheit und Unschuldsvermutung, GA 1980, S. 365-381.

Maunz, Theodor / Dürig, Günter / Badura, Peter / Di Fabio, Udo / Herdegen, Matthias / Herzog, Roman (Hrsg.): Grundgesetz, Kommentar, Band I: Präambel, Art. 1-11 GG; Band II: Art. 12-20 GG, München, Loseblatt, Lieferungen 1-40, Juni 2002. Zit.: Maunz/Dürig/Herzog-Bearbeiter.

Maurer, Kurt: Befragung von Stellenbewerbern nach Vorstrafen nach Inkrafttreten des Bundeszentralregistergesetzes, AuR 1972, S. 9-10.

Maus, Wilhelm: Werbung und Anbahnung des Arbeitsverhältnisses, in: Handbuch des Arbeitsrechts, Wilhelm Maus, Jochen Kremp (Hrsg.), 123. Ergänzungslieferung, April 1988, Loseblatt, Baden-Baden, Teil II A, S. 1-30. Zit.: Maus, Handbuch des Arbeitsrechts, II A.

Mavridis, Vassili: Vor- und Nachwirkungen der Fürsorgepflicht im Arbeitsverhältnis, AuR 1957, S. 225-230.

Ders.: Eingliederungstheorie, Vertragstheorie und Gemeinschaftsverhältnis, RdA 1956, S. 444-448.

Mayer-Maly, Theo: Das arbeitsrechtliche Lehrgebäude von A. Nikisch, RdA 1962, S. 49-52.

Medicus, Dieter: Grenzen der Haftung für culpa in contrahendo, JuS 1965, S. 209-218.

Mehrabian, Albert: Nonverbal communication, Chicago, New York, 1972.

Meilicke, Heinz: Recht auf Lüge beim Einstellungsgespräch, BB 1986, S. 1288-1289.

Meisel, Peter Georg: Die Mitwirkung und Mitbestimmung des Betriebsrats in personellen Angelegenheiten, Mit zahlreichen Musterformularen im Anhang, 5. Aufl., Heidelberg, 1984.

Ders.: Neue Entwicklung in der Rechtsprechung des Bundesarbeitsgerichts zur sozialen Rechtfertigung einer Kündigung, ZfA 1985, S. 213-247.

Mengoni, Luigi: Der Schutz der Arbeitnehmer bei Verlust des Arbeitsplatzes nach italienischem Recht, in: Der Schutz des Arbeitnehmers bei Verlust des

Arbeitsplatzes, Gerhard Boldt, Paul Durand, Paul Horion, Armand Kayser, Luigi Mengoni, A. N. Molenaar, Baden-Baden, Bonn, 1961, S. 333-418.

Mertens, Hans-Joachim: Persönlichkeitsrecht und Schadensersatz – BGHZ 35, 363, JuS 1962, S. 261-269.

Meyer, Julius: Zum Strafregister, DJZ 1906, Sp. 1255-1256.

Meyer, Karlheinz: Grenzen der Unschuldsvermutung, in: Festschrift für Herbert Tröndle zum 70. Geburtstag am 24. August 1989, Hans-Heinrich Jescheck, Theo Vogler (Hrsg.), Berlin, New York, 1989, S. 61-75. Zit.: Meyer, FS Tröndle.

Meyer-Goßner, Lutz: Strafprozeßordnung, Gerichtsverfassungsgesetz, Nebengesetze und ergänzende Bestimmungen, 48. Aufl., München, 2005.

Miehe, Olaf: Die Erschleichung einer Amtsstellung bei einem privaten Unternehmen – BGH, NJW 1978, 2024, JuS 1980, S. 261-265.

Migsch, Erwin: Die absolut geschützte Rechtsstellung des Arbeitnehmers, München, Salzburg, 1972.

Mincke, Wolfgang: Der Ersatz des immateriellen Schadens bei Persönlichkeitsrechtsverletzungen, JZ 1980, S. 86-91.

Mitglieder des BGH (Hrsg.): Das Bürgerliche Gesetzbuch mit besonderer Berücksichtigung der Rechtsprechung des Reichsgerichts und des Bundesgerichtshofs, Kommentar, Band I: §§ 1-240 BGB, 12. Aufl., Berlin, New York, 1982; Band II: Teil: 3/1: §§ 611-620 BGB, 12. Aufl., Berlin, York, 1997. Zit.: RGRK-Bearbeiter.

Mohnen, Heinz: Nachwirkungen des Arbeitsverhältnisses, RdA 1957, S. 361-368.

Molitor, Erich: Die Kündigung unter besonderer Berücksichtigung der Kündigung des Arbeitsvertrages, 2. Aufl., Mannheim, 1951.

Ders.: Privatrecht und Öffentliches Recht im Arbeitsrecht, RdA 1951, S. 254-258.

Molitor, Erich / Hueck, Alfred / Riezler, Erwin (Hrsg.): Der Arbeitsvertrag und der Entwurf eines Allgemeinen Arbeitsvertrags-Gesetzes, Kritische juristische Untersuchungen, Mannheim, Berlin, Leipzig, 1925.

Moritz, Heinz Peter: Fragerecht des Arbeitgebers sowie Auskunfts- und/oder Offenbarungspflicht des Arbeitnehmers bei der Anbahnung von Arbeitsverhältnissen, NZA 1987, S. 329-336.

Motive zu dem Entwurfe des Bürgerlichen Gesetzbuches für das Deutsche Reich, Band I: Allgemeiner Teil, Amtliche Ausgabe, Berlin und Leipzig, 1888.

Mückenberger, Ulrich: Die Umwertung des Persönlichkeitsschutzes bei technischen Überwachungseinrichtungen im Betrieb, BetrR 1987, S. 249-270.

Mugdan, B. (Hrsg.): Die gesamten Materialien zum Bürgerlichen Gesetzbuch für das Deutsche Reich, Band I: Einführungsgesetz und Allgemeiner Theil, Berlin, 1899.

Müller, Hermann (Hrsg.): Die preußische Justizverwaltung, Eine systematische Darstellung der die administrativen Geschäfte der Justiz betreffenden Vorschriften, 2. Band: Geschäfte, 4. Aufl., Berlin, 1892.

Müller, Josef: Vorstrafen und Strafregister, Breslau, 1908.

Müller, Ulrich: Die Haftung des Stellvertreters bei culpa in contrahendo und positiver Vertragsverletzung, NJW 1969, S. 2169-2175.

Nannen, Ole: Grundrechte und privatrechtliche Verträge, Diss. Jur. Trier, 2000.

Nass, Gustav: Die Kriminellen, Seele, Umwelt, Schuld und Schicksal, München, 1966.

Neumann, Dirk: Die Offenbarungspflicht des Arbeitnehmers, DB 1961, S. 1291-1294.

Neumann, Franz L.: Das Arbeitsrecht in der modernen Gesellschaft, RdA 1951, S. 1-5.

Neumann-Duesberg, Horst: Rechtswidrigkeitserfordernis und Rechtswidrigkeitsausschluß (Notwehr) im Täuschungstatbestand des § 123 BGB, JR 1967, S. 1-5.

Ders.: Persönlichkeitsrecht, Vertragsfreiheit und gegenseitige Sozialpflichtigkeit, JZ 1962, S. 204-207.

Ders.: Fragebogen und Persönlichkeitsrechtsverletzung und Lüge als Notwehr, UFITA 36 (1962), S. 101-115.

Niese, Werner: Streik und Strafrecht, Tübingen, 1954.

Ders.: Die moderne Strafrechtsdogmatik und das Zivilrecht, JZ 1956, S. 457-466.

Nikisch, Arthur: Arbeitsrecht, I. Band: Allgemeine Lehren und Arbeitsvertragsrecht, 3. Auflage, Tübingen, 1961.

Ders.: Arbeitsrecht, Band I: Allgemeine Lehren und Arbeitsvertragsrecht, 2. Aufl., Tübingen, 1955. Zit.: Nikisch, Arbeitsrecht, Band I, 2. Aufl.

Ders.: Das Arbeitsgesetzbuch und die Lehre vom Arbeitsverhältnis, in: Festschrift für Erich Molitor zum 75. Geburtstag am 3. Oktober 1961, Hans Carl Nipperdey (Hrsg.), München, Berlin, 1962, S. 83-105. Zit.: Nikisch, FS Molitor.

Ders.: Dienstpflicht und Arbeitspflicht, in: Festschrift für Hans Carl Nipperdey zum 60. Geburtstag am 21. Januar 1955, Rolf Dietz, Alfred Hueck, Rudolf Reinhardt (Hrsg.), München, Berlin, 1955, S. 65-82. Zit.: Nikisch, FS Nipperdey.

Nipperdey, Hans Carl: Die Würde des Menschen, in: Die Grundrechte, Handbuch der Theorie und Praxis der Grundrechte, Band II: Freiheitsrechte in Deutschland, Franz L. Neumann, Hans Carl Nipperdey, Ulrich Scheuner (Hrsg.), Berlin, 1954, S. 1-50. Zit.: Nipperdey, in: Die Grundrechte, Band II.

Ders.: Freie Entfaltung der Persönlichkeit, in: Die Grundrechte, Handbuch der Theorie und Praxis der Grundrechte, Band IV: Grundrechte und institutionelle Garantien, 2. Halbband, Berlin, 1962, S. 741-909. Zit.: Nipperdey, in: Die Grundrechte, Band IV/2.

Ders.: Grundrechte und Privatrecht, Krefeld, 1961.

Nipperdey, Hans Carl / Wiese, Günther: Freie Entfaltung der Persönlichkeit, in: Die Grundrechte, Handbuch der Theorie und Praxis der Grundrechte, Karl August Bettermann, Hans Carl Nipperdey (Hrsg.), Band IV: Grundrechte und institutionelle Garantien, 2. Halbband, 1. Auflage, Berlin, 1962, S. 741-909.

Nirk, Rudolf: Vertrauenshaftung Dritter bei Vertragsdurchführung, Bemerkungen zu BGHZ 70, 337, in: Festschrift für Fritz Hauß zum 70. Geburtstag, Ernst von Caemmerer, Robert Fischer, Karl Nüßgens, Reimer Schmidt (Hrsg.), Karlsruhe, 1978, S. 267-285. Zit.: Nirk, FS Hauß.

Ders.: Culpa in contrahendo – Eine geglückte richterliche Rechtsfortbildung – quo vadis?, in: Festschrift für Philipp Möhring zum 75. Geburtstag am 4. September 1975, Wolfgang Hefermehl, Rudolf Nirk, Harry Westermann (Hrsg.), München, 1975, S. 71-100. Zit.: Nirk, FS Möhring (1975).

Ders.: Culpa in contrahendo, Eine richterliche Rechtsfortbildung in der Rechtsprechung des Bundesgerichtshofs, in: Festschrift für Philipp Möhring zum 65. Geburtstag am 4. September 1965, Wolfgang Hefermehl, Hans Carl Nipperdey (Hrsg.), München, Berlin, 1965, S. 385-418. Zit.: Nirk, FS Möhring (1965).

Oldiges, Martin: Neue Aspekte der Grundrechtsgeltung im Privatrecht, in: Staat, Wirtschaft, Steuern, Festschrift für Karl Heinrich Friauf zum 65. Geburtstag, Rudolf Wendt, Wolfram Höfling, Ulrich Karpen, Martin Oldiges (Hrsg.), Heidelberg, 1996, S. 281-308. Zit.: Oldiges, FS Friauf.

Osswald, Richard: Anmerkungen zum Urteil des Bundesarbeitsgericht vom 05.12.1957 – 1 AZR 594/56, SAE 1958, S. 149.

Otto, Hansjörg: Personale Freiheit und soziale Bindung, Zur Kontrolle und Gewährleistung personal motivierten Verhaltens im Privatrecht, München, 1978.

Otto, Harro: Anmerkungen zum Beschluß des Bundesgerichtshofs vom 18.02.1999 – 5 StR 193/98, JZ 1999, S. 738-740.

Otto, Kurt / Eisel, Josef: Soziale Gesetzgebung und Praxis, MuSchG, 11. Aufl., Essen, 1988.

Palandt, Otto: Bürgerliches Gesetzbuch, 64. Auflage, München, 2005. Zit.: Palandt-Bearbeiter.

Paulus, Christoph G. / Zenker, Wolfgang: Grenzen der Privatautonomie, JuS 2001, S. 1-9.

Paulus, R.: Anmerkungen zum Beschluß des Bundesverfassungsgerichts vom 29.05.1990 – 2 BvR 254 und 1343/88, NStZ 1990, S. 600-601.

Picker, Eduard: Positive Forderungsverletzung und culpa in contrahendo – Zur Problematik der Haftungen „zwischen“ Vertrag und Delikt, AcP 183 (1983), S. 369-520.

Ders.: Die Anfechtung von Arbeitsverträgen – Theorie und Praxis der höchstrichterlichen Judikatur, zugleich eine Auseinandersetzung mit der sog. Kündigungstheorie, ZfA 1981, S. 1-163.

Pieroth, Bodo / Schlink, Bernhard: Grundrechte, Staatsrechts II, 15. Auflage, Heidelberg, 1999.

Pinther, Helmut: Ist das Arbeitsverhältnis ein personenrechtliches Gemeinschaftsverhältnis, AuR 1961, S. 225-230.

Pleyer, Klemens: Grundfragen des mitteldeutschen Arbeitsrechts im Spiegel der Rechtsprechung, in: Zentralplanung und Recht, Untersuchungen zur Entwicklung des Zivil-, Wirtschafts-, Arbeits- und Sozialrechts in beiden Teilen Deutschlands aus den Jahren 1966-1968, Klemens Pleyer, Joachim Lieser (Hrsg.), Stuttgart, 1969, S. 225-246.

Ders.: Wirtschaftsordnung und Arbeitsrecht, Wirtschaftsrechtliche Betrachtungen zum neuen Arbeitsgesetzbuch der SBZ, ZHR 125 (1963), S. 81-124.

Popitz, Heinrich: Über die Präventivwirkung des Nichtwissens, Dunkelziffer, Norm und Strafe, Tübingen, 1968.

Präsident der Akademie für Deutsches Recht: Reichsminister Hans Frank (Hrsg.): Entwurf eines Gesetzes über das Arbeitsverhältnis, Aufgestellt vom Arbeitsrechtsausschuß der Akademie für Deutsches Recht, in: Arbeitsberichte der Akademie für Deutsches Recht, Hamburg 1938.

Prasse, Helmut: Die Bedeutung der Vorstrafe im Arbeitsrecht, AuR 1957, S. 76-81.

Preis, Ulrich: Arbeitsrecht, Praxis-Lehrbuch zum Individualarbeitsrecht, 2. Aufl., Köln, 2003.

Ders.: Grundfragen der Vertragsgestaltung im Arbeitsrecht, Neuwied, Kriftel, Berlin, 1993.

Ders.: Prinzipien des Kündigungsrechts bei Arbeitsverhältnissen, Eine Untersuchung zum Recht des materiellen Kündigungsschutzes, insbesondere zur Theorie der Kündigungsgründe, München, 1987.

Ders.: Die verhaltensbedingte Kündigung (I), DB 1990, S. 630-634.

Ders.: Die verhaltensbedingte Kündigung (II), DB 1990, S. 685-689.

Ders.: Neuere Tendenzen im arbeitsrechtlichen Kündigungsschutz (II), DB 1988, S. 1444-1451.

Protzen, Peer Daniel G.: Der Vermögensschaden beim sog. Anstellungsbetrug – unter besonderer Berücksichtigung des Verschweigens ehemaliger Tätigkeit für das MfS, Zugleich ein Beitrag zur Lehre vom Vermögensschaden beim Betrug, Pfaffenweiler, 2000. Zugleich: Diss. Jur. Berlin, 1999.

Pryzwanski, Eugen: Auswirkungen des Vorhalte- und Verwertungsverbotes des Bundeszentralregistergesetzes im Strafrecht, Diss. Jur. Göttingen, 1977.

Raab, Thomas: Das Fragerecht des Arbeitgebers nach schwebenden Strafverfahren und die Unschuldsvermutung des Bewerbers, RdA 1995, S. 36-48.

Raiser, Ludwig: Vertragsfunktion und Vertragsfreiheit, in: Hundert Jahre Deutsches Rechtsleben, Festschrift zum hundertjährigen Bestehen des Deutschen Juristentages 1860-1960, Ernst von Caemmerer, Ernst Friesenhahn, Richard Lange (Hrsg.), Band I, Karlsruhe, 1960, S. 101-134. Zit.: Raiser, FS zum hundertjährigen Bestehen des Deutschen Juristentages, Band I.

Ramm, Thilo (Hrsg.): Entwürfe zu einem Deutschen Arbeitsvertragsgesetz mit dem Arbeitsgesetzbuch der DDR von 1990 und dem österreichischen Entwurf einer Teilkodifikation des Arbeitsrechts von 1960, Frankfurt am Main, 1992.

Ders.: Die Anfechtung des Arbeitsvertrags, Zur Kritik und Neubegründung der Lehre vom Arbeitsverhältnis, Karlsruhe, 1955.

Ders.: Bestandsaufnahme und Neugestaltung des Arbeitsverhältnisses – Thesen, in: Freiheit der sozialen Demokratie, Materialien zum 4. Rechtspolitischen Kongreß der SPD am 6., 7. und 8. Juni 1975 in Düsseldorf, Arbeitsgemeinschaft III: Freie Entfaltung der Arbeitnehmerpersönlichkeit im Betrieb, Vorstand der Sozialdemokratischen Partei Deutschlands (Hrsg.), Bonn, 1975, S. 1-10. Zit.: Ramm, in: Freiheit der sozialen Demokratie.

Ders.: Bemerkungen zu: Das Arbeitsverhältnis als Austausch- und Gemeinschaftsverhältnis von Herbert Wiedemann, JZ 1968, S. 479-480.

Ders.: Irrtum und arglistige Täuschung als Gründe der Anfechtung des Arbeitsvertrags, AuR 1963, S. 161-177.

Ders.: Die Rechtswirkung der Anfechtung des Arbeitsvertrags, AuR 1963, S. 97-108.

Rebmann, Kurt: Einhundert Jahre Strafregisterwesen in Deutschland, NJW 1983, S. 1513-1519.

Rebmann, Kurt / Säcker, Franz Jürgen: Münchener Kommentar zum Bürgerlichen Gesetzbuch, Band 1: Allgemeiner Teil: §§ 1-240 BGB und AGB-Gesetz, 4. Auflage, München, 2001; Band 2: Schuldrecht, Allgemeiner Teil: §§ 241-432 BGB, 4. Aufl., München, 2001; Band 4: Schuldrecht, Besonderer Teil II: §§ 607-704 BGB, 4. Auflage, München, 2005; Band 5: Schuldrecht, Besonderer Teil III: §§ 705-853 BGB, Partnerschaftsgesellschaftsgesetz und ProdHaftG, 4. Aufl., München, 2004. Zit.: MünchKomm-Bearbeiter.

Rebmann, Kurt / Uhlig, Sigmar: Bundeszentralregistergesetz, 1. Aufl., München, 1985.

Reimers, Claudia / Wiesinger, Kai: Keine Ausnahmen mehr?, Lügerecht bei Frage nach Schwangerschaft, AuA 2003, S. 25-27.

Reinfeld, Roland: Vorstrafen im Arbeitsverhältnis, AR-Blattei SD, Vorstrafen 1780.

Reinhard, Rudolf: Methoden der Rechtsfindung, in: Richter und Rechtsfindung, Zwei Vorträge, gehalten auf der Verbandsausschußsitzung des Deutschen Arbeitsgerichtsverbands e. V. am 3. November 1956 in Frankfurt am Main, Rudolf Reinhard, Wilhelm König (Hrsg.), München, Berlin, 1957, S. 7-30.

Reuter, Dieter: Anmerkungen zu den Urteilen des Bundesarbeitsgerichts vom 01.08.1985 – 2 AZR 101/83 und vom 20.02.1986 – 2 AZR 244/85, JuS 1987, S. 155-156.

Richardi, Reinhard (Hrsg.): Betriebsverfassungsgesetz mit Wahlordnung, 9. Aufl., München, 2004. Zit.: Richardi-Bearbeiter.

Ders.: Betriebsverfassungsgesetz mit Wahlordnungen, 5. Aufl., München, 1973. Zit.: Richardi (5. Aufl., 1973).

Ders.: Arbeitsrechtliche Probleme bei der Einstellung und Entlassung Aids-infizierter Arbeitnehmer, NZA 1988, S. 73-79.

Ders.: Die Mitbestimmung des Betriebsrats in personellen Angelegenheiten, ZfA 1972, Sonderheft, S. 1-40.

Richardi, Reinhard / Wlotzke, Otfried (Hrsg.): Münchener Handbuch zum Arbeitsrecht, Band 1: Individualarbeitsrecht I; Band 2: Individualarbeitsrecht II; Band 3: Kollektives Arbeitsrecht, 2. Aufl., München, 2000. Zit.: MünchArbR-Bearbeiter.

Rieß, Peter (Hrsg.): Die Strafprozeßordnung und das Gerichtsverfassungsgesetz, Großkommentar, Löwe-Rosenberg, 1. Band: Einleitung; §§ 1-71, 25. Aufl., Berlin, New York, 1999; 6. Band, 2. Teilband: Rechtspflegerecht des Einigungsvertrages, MRK, IPBPR, Register, 24. Aufl., Berlin, New York, 1996. Zit.: Löwe/Rosenberg-Bearbeiter.

Rittner, Fritz: Ermessensfreiheit und Billigkeitsspielraum des Zivilrichters im deutschen Recht, in: Ermessensfreiheit und Billigkeitsspielraum des Zivilrichters, Verhandlungen der Fachgruppe für Grundlagenforschung anläßlich der Tagung für Rechtsvergleichung in Wien vom 18. bis 21. September 1963, Ernst von Caemmerer (Hrsg.), Frankfurt am Main, Berlin, 1964, S. 21-52. Zit.: Rittner, in: Ermessensfreiheit und Billigkeitsspielraum des Zivilrichters, v. Caemmerer (Hrsg.).

Römer, Josef: Zur Frage der Einrichtung eines Bundeszentralstrafregisters, JVBl. 1972, S. 5-6.

Ders.: Führungszeugnis und Strafregisterauskunft nach der Reform des Strafregisters, Teil 1, JVBl. 1972, S. 25-32.

Ders.: Führungszeugnis und Strafregisterauskunft nach der Reform des Strafregisters, Teil 2, JVBl. 1972, S. 49-53.

Ders.: Die Stellung des Vorbestraften nach der Reform des Strafregisterrechts, Teil 1, JVBl. 1972, S. 169-176.

Ders.: Die Stellung des Vorbestraften nach der Reform des Strafregisterrechts, Teil 2, JVBl. 1972, S. 217-222.

Röschlau, Manfred: RKW-Handbuch Personalplanung, 2. Aufl., Neuwied, Frankfurt am Main, 1990.

Roos, Bernd: Anmerkungen zum Urteil des Bundesarbeitsgerichts vom 20.05.1999 – 2 AZR 320/98, AiB 2000, S. 220-222.

Rose, Franz-Josef: Datenschutz 740, in: Handwörterbuch des Arbeitsrechts für die tägliche Praxis (HwB-AR), Karlheinz Bürger, Werner Oehmann, Hans-Christoph Matthes (Hrsg.), Loseblatt, Stand: 72. Ergänzungslieferung, Heidelberg, 1996. Zit.: Rose, in: HwB-AR, Datenschutz 740.

Rüthers, Bernd: Die unbegrenzte Auslegung, Zum Wandel der Privatrechtsordnung im Nationalsozialismus, 5. Aufl., Heidelberg, 1997.

Rüthers, Bernd / Henssler, Martin: Die Kündigung bei kumulativ vorliegenden und gemischten Kündigungssachverhalten, ZfA 1988, S. 31-48.

Rumpff, Klaus / Boewer, Dietrich: Mitbestimmung in wirtschaftlichen Angelegenheiten und bei der Unternehmensplanung und Personalplanung, 3. Aufl., Heidelberg, 1990.

Sachs, Michael (Hrsg.): Grundgesetz, Kommentar, 3. Auflage, München, 2003. Zit.: Sachs-Bearbeiter.

Sachverständigenrat zur Begutachtung der gesamtwirtschaftlichen Entwicklung, Weichenstellung für die neunziger Jahre, Jahresgutachten 1989/90, Stuttgart, 1989.

Säcker, Franz-Jürgen: Gruppenautonomie und Übermachtkontrolle im Arbeitsrecht, Berlin, 1972.

Sander, Peter: Fragerechte und Auskunftspflichten, AuA 1995, S. 9-11.

Sarstedt: Betrug durch Amtserschleichung, JR 1952, S. 308-309.

Sawade, Ulrich / Schomburg, Wolfgang: Ausgewählte Probleme des Bundeszentralregistergesetzes, NJW 1982, S. 551-558.

Sax, Walter: Grundsätze der Strafrechtspflege, in: Die Grundrechte, Handbuch der Theorie und Praxis der Grundrechte, Dritter Band, 2. Halbband: Rechtspflege und Grundrechtsschutz, Karl August Bettermann, Hans Carl Nipperdey, Ulrich Scheuner (Hrsg.), Berlin, 1959, S. 909-104. Zit.: Sax, in: Die Grundrechte, Band III/2.

Schäfer, Leopold / Hellwig, Albert: Straftilgungsgesetz und Strafregisterverordnung, Mit einer Sammlung aller für das Strafregister bedeutsamen Vorschriften, Erlasse und Verfügungen, Berlin, München, 1926.

Schapper, Claus Henning / Waniorek, Gabriele: Die Mitbestimmung des Betriebsrats bei der Einführung und Anwendung von Personalinformationssystemen nach § 87 Abs. 1 Ziff. 6 BetrVG, AuR 1985, S. 246-250.

Schaub, Günter / Koch, Ulrich / Linck, Rüdiger: Arbeitsrechtshandbuch, Systematische Darstellung und Nachschlagewerk für die Praxis, 11. Aufl., München, 2005. Zit.: Schaub-Bearbeiter, ArbR-Hdb.

Schelp, Günther: The Contract of Service, Essen, 1965.

Ders.: Gemischte Rechtsverhältnisse mit arbeitsrechtlichen Elementen, in: Festschrift für Wilhelm Herschel, Beiträge zu Problemen des neuzeitlichen Arbeitsrechts, Stuttgart, 1955, S. 87-104. Zit.: Schelp, FS Herschel (1955).

Scheuring, Ottheinz: Das Bundesgleichstellungsgesetz (BGleiG), Eine schwerpunktmäßige Betrachtung, ZTR 2002, S. 314-320.

Ders.: Außerdienstliches Fehlverhalten von Arbeitnehmern des öffentlichen Dienstes als Verletzung arbeitsvertraglicher Pflichten, Teil I – Nrn. 1 bis 7 – Im Anschluß an die Urteile des BAG vom 14.02.1996 – 2 AZR 274/95 und vom 20.11.1997 – 2 AZR 643/96, ZTR 1999, S. 337-343.

Ders.: Außerdienstliches Fehlverhalten von Arbeitnehmern des öffentlichen Dienstes als Verletzung arbeitsvertraglicher Pflichten, Teil II – Nrn. 8 bis 15 – Im Anschluß an die Urteile des BAG vom 14.02.1996 – 2 AZR 274/95 und vom 20.11.1997 – 2 AZR 643/96, ZTR 1999, S. 387-343.

Schiefer, Bernd: Wichtige Entscheidungen zur Beendigung des Arbeitsverhältnisses, NZA 1994, S. 534-542.

Schmid, Karlheinz: Zur zivilrechtlichen Zulässigkeit verschiedener Formen des Personalinterviews (II), DB 1980, S. 2517-2520.

Ders.: Die rechtliche Zulässigkeit psychologischer Testverfahren im Personalbereich, NJW 1971, S. 1863-1868.

Ders.: Ausgewählte Probleme zur ärztlichen Einstellungsuntersuchung, BB 1969, S. 631-634.

Schmidt, Herbert: Begriff, Inhalt und Umfang der Personalplanung, in: Handbuch der Personalplanung, Herbert Schmidt, Hasso Hagenbruck, Werner Sämann (Hrsg.), Frankfurt am Main, New York, 1975, S. 13-31.

Schmidt, Karl Heinrich: Probleme der Anfechtung des Arbeitsvertrags, AuR 1960, S. 43-50.

Schmidt, Otto: Kritische Gedanken zur Kollektivwirkung, Individualbereich und personenrechtlichem Gemeinschaftsdenken im Arbeitsrecht, AcP 162 (1963), S. 305-353.

Schmidt-Bleibtreu, Bruno / Klein, Franz: Kommentar zum Grundgesetz, 10. Aufl., Neuwied, Kriftel, 2004. Zit.: Schmidt-Bleibtreu/Klein-Bearbeiter.

Schmidt-Dorrenbach, Heribert: Personalplanung, in: Handbuch der Personalleitung, Funktionen und Konzeptionen der Personalarbeit im Unternehmen, Dieter Wagner, Ernst Zander, Christoph Hauke (Hrsg.), München, 1992, S. 495-538. Zit.: Schmidt-Dorrenbach, in: Handbuch der Personalleitung, Wagner/Zander/Hauke (Hrsg.).

Schnorr von Carolsfeld, Ludwig: Arbeitsrecht, 2. Aufl., Göttingen, 1954.

Schnupp, Günther: Tilgung von Gerichtsstrafen und Entfernung von Strafvorgängen, – Unter besonderer Berücksichtigung der Auswirkungen des neuen Bundeszentralregistergesetzes, ZBR 1972, S. 242-247.

Schönke, Adolf / Schröder, Horst: Strafgesetzbuch, Kommentar, 26. Aufl., München, 2001. Zit.: Schönke/Schröder-Bearbeiter.

Scholz, Rupert: Die Koalitionsfreiheit als Verfassungsproblem, München, 1971.

Ders.: Die Berufsfreiheit als Grundlage und Grenze arbeitsrechtlicher Regelungssysteme, ZfA 1981, S. 265-302.

Schoof, Christian: Kleines Lexikon des Arbeitsrechts in der Wirtschaftskrise, AiB 1993, S. 289-313.

Schoreit, Armin: Die gesetzgeberische Konzeption des Bundeszentralregistergesetzes, GA 1975, S. 362-365.

Schorn, Hubert: Die Europäische Konvention zum Schutze der Menschenrechte und Grundfreiheiten in strafgerichtlicher Praxis, DRiZ 1963, S. 339-342.

Schröder, Georg: Vom werdenden Arbeitsverhältnis, Juristen-Jahrbuch, Band 6 (1965/66), S. 159-186.

Schröder, Ulrich: Altersbedingte Kündigungen und Altersgrenzen im Individualarbeitsrecht, Zur Zulässigkeit einer „Zwangspensionierung" mit 65. Jahren, Berlin, 1984.

Schulte, Wolf-Dieter: Anfechtung 100, in: Handwörterbuch des Arbeitsrechts für die tägliche Praxis, HwB-AR, Karlheinz Bürger, Werner Oehmann, Hans-Christoph Matthes (Hrsg.), 8. Aufl., Wiesbaden, 1996, Loseblatt. Zit.: Schulte, HwB-AR, Anfechtung 100.

Schulte-Langforth, Marie: Das neue Mutterschutzgesetz, BB 1952, S. 61-64.

Schulte Westenberg, Michael: Die Frage nach der Schwangerschaft – Entwicklung der Rechtsprechung, NJW 1994, S. 1573-1575.

Schwab, Dieter: Einführung in das Zivilrecht, 1. Aufl., Frankfurt am Main, 1974.

Schwarz, Wolfgang: Das Verwertungsverbot des § 49 Bundeszentralregistergesetz in der Verwaltungspraxis, NJW 1974, S. 209-213.

Schweckendieck, Helmut: Analoge Anwendung von § 51 I BZRG auf Freisprüche?, NStZ 1994, S. 418-420.

Schwedes, Rolf: Einstellung und Entlassung des Arbeitnehmers, Unter besonderer Berücksichtigung des Beschäftigungsförderungsgesetzes, 7. Aufl., Freiburg im Breisgau, 1993.

Schwenk, Edmund H.: Das allgemeine Persönlichkeitsrecht des Arbeitnehmers, NJW 1968, S. 822-826.

Ders.: Die Auskunftspflicht des Arbeitnehmers über Vorstrafen, MDR 1960, S. 353-355.

Schwerdtner, Peter: Fürsorgetheorie und Entgelttheorie im Recht der Arbeitsbedingungen, Ein Beitrag zum Gemeinschafts- und Vertragsdenken im Individualarbeitsrecht und allgemeinen Zivilrecht, Heidelberg, 1970.

Ders.: Arbeitsrecht I: Individualarbeitsrecht, München, 1976.

Ders.: Offene Probleme des Kündigungsschutzes bei betriebsbedingten Kündigungen, Anmerkungen zum Urteil des BAG vom 24.3.1983 – 2 AZR 21/82 (ZIP 1983, 1105), ZIP 1984, S. 10-22.

Ders.: Die Garantie des Rechts auf Arbeit – Ein Weg zur Knechtschaft? –, ZfA 1977, S. 47-86.

Segger, Hans-Horst: Generalrevision im Zentralregisterrecht, NJW 1976, S. 1189-1190.

Seib, Herbert: Unzulänglichkeiten des Bundeszentralregistergesetzes, DRiZ 1973, S. 17-19.

Seibertz: Vorbestrafte in Vertrauensstellungen, DR 1942, S. 145-146.

Siebert, Gerd / Becker, Knut: Betriebsverfassungsgesetz, Kommentar für die Praxis, 7. Aufl., Bonn, 1992.

Siebert, Wolfgang: Faktische Vertragsverhältnisse, Abwandlungen des Vertragsrechts in den Bereichen der Daseinsvorsorge, des Gesellschaftsrechts und des Arbeitsrechts, Karlsruhe, 1958.

Ders.: Schadensersatz und Lohnfortzahlung, Die Bedeutung der Lohnzahlung nach § 616 BGB für Schadensersatzansprüche aus Verletzung eines Arbeitnehmers durch Dritte, in: Das Deutsche Privatrecht in der Mitte des 20. Jahrhunderts, Festschrift für Heinrich Lehmann zum 80. Geburtstag, Hans Carl Nipperdey (Hrsg.), Band II, Berlin, Tübingen, Frankfurt am Main, 1956, S. 670-692. Zit.: Siebert, FS Lehmann, Band II.

Ders.: Einige Entwicklungslinien im neueren Individualarbeitsrecht, RdA 1958, S. 366-370.

Ders.: Einige Grundgedanken des gegenwärtigen Arbeitsrechts, RdA 1956, S. 13-17.

Sieverts, Rudolf: „Kriminalpolitik", S. 1-19, in: Handwörterbuch der Kriminologie, Rudolf Sieverts, Hans Joachim Schneider (Hrsg.), Band 2: Kriminalpolitik – Rauschmittelmißbrauch, 2. Aufl., Berlin, New York, 1977.

Simitis, Spiros: Schutz von Arbeitnehmerdaten, Regelungsdefizite – Lösungsvorschläge, Gutachten erstattet im Auftrag des Bundesministers für Arbeit und Sozialordnung, Bonn, 1980.

Ders.: Die faktischen Vertragsverhältnisse als Ausdruck der gewandelten sozialen Funktion der Rechtsinstitute des Privatrechts, Frankfurt am Main, 1957.

Ders.: Mitbestimmung als Regulativ einer technisierten Kontrolle von Arbeitnehmern, NJW 1985, S. 401-408.

Ders.: Die informationelle Selbstbestimmung – Grundbedingung einer verfassungskonformen Informationsordnung, NJW 1984, S. 398-405.

Söllner, Alfred: Ungerechtfertigte Bereicherung im Arbeitsrecht, in: AR-Blattei D, Ungerechtfertigte Bereicherung I., I. Übersicht, Loseblatt, Wiesbaden.

Ders.: Besprechung von: Das Arbeitsverhältnis als Austausch- und Gemeinschaftsverhältnis von Herbert Wiedemann, AuR 1968, S. 242-244.

Söllner, Alfred / Waltermann, Raimund: Grundriß des Arbeitsrechts, 13. Aufl., München, 2003.

Soergel, Hans Theodor / Siebert, Wolfgang: Bürgerliches Gesetzbuch mit Einführungsgesetz und Nebengesetzen, Band 1: Allgemeiner Teil 1: §§ 1-103 BGB, 13. Auflage, Stuttgart, Berlin, Köln, Mainz, 2000; Band 1: Allgemeiner Teil 2: §§ 104-240 BGB, 13. Aufl., Stuttgart, Berlin, Köln, Mainz, 1999; Band 2: Schuldrecht I, §§ 241-432 BGB, 12. Aufl., Stuttgart, Berlin, Köln, 1990; Band 4/1: Schuldrecht III/1: §§ 516-651 BGB, 12. Aufl., Stuttgart, Berlin, Köln, 1997; Band 5/2: Schuldrecht IV/2: §§ 823-853 BGB, Produkthaftungsgesetz, Umwelthaftungsgesetz, 12. Auflage, Stuttgart, Berlin, Köln, 1999. Zit.: Soergel-Bearbeiter.

Sowka, Hans-Harald: Die Frage nach der Schwangerschaft, NZA 1994, S. 967-971.

Sproll, Hans-Dieter: Individualrechtliche Probleme des Arbeitnehmerdatenschutzes, Diss. Jur. Tübingen, 1982.

Ders.: Rechtliche Grenzen der Erhebung und Speicherung von Arbeitnehmerdaten, ZIP 1984, S. 23-32.

Stackelberg, Freiherr von: Anmerkungen zum Beschluß des Oberlandesgerichts Bremen vom 17.02.1960 – Ws 15/60, NJW 1960, S. 1265-1266.

Stadie, Volkmar: Das neue Bundeszentralregistergesetz, DRiZ 1972, S. 347-349.

Stahlhacke, Eugen: Das Arbeitsrecht in der Gewerbeordnung, Eine ausführliche Kommentierung der arbeitsrechtlichen Vorschriften der Gewerbeordnung unter Berücksichtigung der wichtigsten arbeitsrechtlichen Einzelgesetze und Nebenvorschriften, Neuwied, Berlin, 1966.

Ders.: Das personelle Mitbestimmungsrecht des Betriebsrats nach dem Betriebsverfassungsgesetz 1972, BlStSozArbR 1972, S. 51-60.

Stahlhacke, Eugen / Preis, Ulrich / Vossen, Reinhard: Kündigung und Kündigungsschutz im Arbeitsverhältnis, Handbuch, 8. Aufl., München, 2002.

Staudinger, Julius von: Kommentar zum Bürgerlichen Gesetzbuch mit Einführungsgesetz und Nebengesetzen, §§ 611-615 BGB, 13. Bearbeitung, Berlin, 1999, §§ 616-630 BGB, 13. Bearbeitung, Berlin, 2002. Zit.: Staudinger-Bearbeiter.

Stebut, Dietrich von: Der soziale Schutz als Regelungsproblem des Vertragsrechts, Die Schutzbedürftigkeit von Arbeitnehmern und Wohnungsmietern, Berlin, 1982.

Stege, Dieter / Weinspach, F. K.: Betriebsverfassungsgesetz, Handkommentar für die betriebliche Praxis, 9. Aufl., Köln, 2002.

Steindorff, Ernst: Anmerkungen zum Urteil des Bundesarbeitsgerichts vom 05.12.1957 – 1 AZR 594/56, JZ 1958, S. 513-514.

Steinert, Heinz: Das Interview als soziale Interaktion, in: Soziale Realität im Interview, Empirische Analysen methodischer Probleme, Heiner Meulemann, Karl Heinz Reuband (Hrsg.), Frankfurt am Main, New York, 1984, S. 17-156.

Stemmler, Jochen: Grundrechtswirkung und Privatrechtsentfaltung, Diss. Jur. Frankfurt am Main, 1998.

Stern, Klaus: Das Staatsrecht der Bundesrepublik Deutschland, Band III/1: Allgemeine Lehren der Grundrechte: Grundlagen und Geschichte, nationaler und internationaler Grundrechtskonstitutionalismus, juristische Bedeutung der Grundrechte, Grundrechtsberechtigte, Grundrechtsverpflichtete, München, 1988.

Stevens-Bartol, Eckhard: § 7c: Anbahnung und Abschluß, in: Handbuch des Arbeits- und Sozialrechts, Systematische Darstellung, Manfred Weiss, Alexander Gagel (Hrsg.), Baden-Baden, Loseblatt, 1990.

Stoll, Hans: Tatbestände und Funktionen der Haftung für culpa in contrahendo, in: Festschrift für Ernst von Caemmerer zum 70. Geburtstag, Hans Claudius Ficker, Detlef König, Karl F. Kreuzer, Hans G. Leser, Wolfgang Frhr. Marschall von Bieberstein, Peter Schlechtriem (Hrsg.), Tübingen, 1978, S. 435-474. Zit.: Stoll, FS Caemmerer.

Ders.: Vertrauensschutz bei einseitigen Leistungsversprechen, in: Festschrift für Werner Flume zum 70. Geburtstag am 12. September 1978, Band I, Kurt Ballerstedt, F. A. Mann, Horst Heinrich Jakobs, Brigitte Knobbe-Keuk, Eduard Picker, Jan Wilhelm (Hrsg.), Köln, 1978, S. 741-773. Zit.: Stoll, FS Flume, Band I.

Stoll, Heinrich: Abschied von der Lehre von der positiven Vertragsverletzung, Betrachtungen zum dreißigjährigen Bestand der Lehre, AcP 136 (1932), S. 257-320.

Ders.: Haftung für das Verhalten während der Vertragsverhandlungen, Leipziger Zeitschrift 1923, Sp. 532-548.

Strick, Kerstin: Die Anfechtung von Arbeitsverträgen durch den Arbeitgeber, NZA 2000, S. 695-700.

Striegan, Dietmar: Individuelles Datenschutzrecht, in: Handbuch zum Arbeitsrecht, HzA, Gruppe 23, Teilbereich 1.

Stürner, Rolf: „Fair trial" und öffentliche Meinung, Zugleich eine Besprechung der Sunday-Times-Entscheidung des EGMR, JZ 1980, S. 1-7.

Terhorst, Bruno: Resozialisierung auf Kosten umfassender Wahrheitserforschung im Strafverfahren, ZRP 1973, S. 5-7.

Teske, Wolfgang: Personaldatenverarbeitung und Persönlichkeitsschutz, ZIP 1987, S. 960-970.

Ders.: Das Recht auf informationelle Selbstbestimmung in einer sich wandelnden Arbeitswelt, CR 1988, S. 670-677.

Thiele: Die Kündigung, insbesondere bei Darlehn, nach dem bürgerlichen Gesetzbuch, AcP 89 (1899), S. 85-165.

Tinnefeld, Marie-Theres / Ehmann, Eugen: Einführung in das Datenschutzrecht, 3. Aufl., München, Wien, 1998.

Tremml, Bernd: Die Rechtswirkungen der Straftilgung – Das Verwertungsverbot des § 49 BZRG –, Diss. Jur. Mannheim, 1975.

Trieschmann, Günther: Das Verhältnis des Rechts des Einzelarbeitsverhältnisses zum allgemeinen bürgerlichen Recht, AuR 1962, S. 97-105.

Ders.: Anmerkungen zum Urteil des Bundesarbeitsgerichts vom 05.12.1957 – 1 AZR 594/56, BABl. 1958, S. 196-198.

Trinkhaus, Hans: Die Auskunft des Arbeitgebers und ihre Grenze, RdA 1961, S. 221-229.

Tröndle, Herbert / Fischer, Thomas: Strafgesetzbuch und Nebengesetze, 52. Aufl., München, 2004.

Trümner, Martina: Das Fragerecht des Arbeitgebers, Fachanwalt Arbeitsrecht 2003, S. 4-38.

Tschöpe, Ulrich: Außerordentliche Kündigung bei Diebstahl geringwertiger Sachen, NZA 1985, S. 588-560.

Ulsamer, Gerhard: Europäische Menschenrechtskonvention und deutsche Strafverfolgungspraxis, in: Festschrift für Wolfgang Zeidler, Band II, Walter Fürst, Roman Herzog, Dieter C. Umback (Hrsg.), Berlin, New York, 1987, S. 1799-1815. Zit.: Ulsamer, FS Zeidler, Band II.

Umbreit, Paul: Die deutschen Gewerkschaften im Weltkrieg, Berlin, 1917.

Vogler, Theo: Die strafschärfende Verwertung strafbarer Vor- und Nachtaten bei der Strafzumessung und die Unschuldsvermutung (Art. 6 Abs. 2 EMRK), in: Strafverfahren im Rechtsstaat, Festschrift für Theodor Kleinknecht zum 75. Geburtstag am 18. August 1985, Karl Heinz Gössel, Hans Kauffmann (Hrsg.), München, 1985, S. 429-443. Zit.: Vogler, FS Kleinknecht.

Wachinger: Die Wirkungen der Tilgung eines Strafvermerks vor und nach der Verordnung vom 17. November 1939, DJ 1940, S. 863-868.

Waechter, Heinz: Der vorbestrafte Arbeitnehmer, Einstellung und Entlassung, DB 1950, S. 83.

Wägenbaur, Rolf: Vorstrafen des Arbeitnehmers, BB 1958, S. 1061-1062.

Wagner, Siegfried: Soll ein Bundeszentralstrafregister eingerichtet werden?, JVBl. 1957, S. 163-165.

Walker, Wolf-Dietrich: Zur Zulässigkeit der Frage nach der Schwangerschaft, DB 1987, S. 273-278.

Wallmeyer, Josef: Die Kündigung des Arbeitsvertrags aus wichtigem Grund, Stuttgart, 1962.

Walter, Gerhard / Böhm, Norbert: Arbeitsverhältnis und Beamtenverhältnis, in: Sozialpolitik, Arbeits- und Sozialrecht, Festschrift für Friedrich Sitzler zu seinem 75. Geburtstag, Hans Constantin Paulssen, Walter Freitag, Hans Carl Nipperdey, Willi Richter, Walter Raymond, Hans-Albrecht Bischoff (Hrsg.), Stuttgart, 1956, S. 181-201. Zit.: Walter/Böhm, FS Sitzler.

Walz, Stefan: Datenschutz und Mitbestimmung – Personalinformationssysteme in der Reformdiskussion, AuR 1985, S. 233-239.

Wank, Rolf: Politik und Arbeitsrecht, Köln, 1990.
Ders.: Das Recht auf Arbeit im Verfassungsrecht und im Arbeitsrecht, Königstein /Ts., 1980.
Weber, Rolf: Schwerbehindertengesetz, Kommentar, Köln, Loseblatt, Stand: 67. Ergänzungslieferung, Mai 1995.
Weber, Ulrich / Ehrich, Christian / Hörchens, Angela / Oberthür, Nathalie: Handbuch zum Betriebsverfassungsrecht, 2. Aufl., Köln, 2003.
Wedde, Peter: Fragen privater Arbeitgeber nach MfS-Tätigkeiten, CR 1992, S. 679-683.
Weichert, Thilo: Verhängnisvolle Datenschutzselbstauskünfte, CR 1991, S. 361-364.
Weinert, Ansfried B. / Sarges, Werner: Personalauswahl, in: Handbuch der Personalleitung, Funktionen und Konzeptionen der Personalarbeit im Unternehmen, Dieter Wagner, Ernst Zander, Christoph Hauke (Hrsg.), München, 1992, S. 639-675. Zit.: Weinert/Sarges, in: Handbuch der Personalleitung, Wagner/Zander/Hauke (Hrsg.).
Weiß, Max: Die Rehabilitation und das Straftilgungsgesetz, Diss. Jur. Tübingen, 1931.
Weiß; Thomas: Die Entwicklung des Arbeitsvertragsrechts und das BGB, Baden-Baden, 1991. Zugleich: Diss. Jur. Göttingen, 1990.
Weller, Bernhard: Kündigung bei Krankheit, Das Arbeitsrecht der Gegenwart 20 (1982), S. 77-93.
Wendeling-Schröder, Ulrike: Autonomie im Arbeitsrecht, Möglichkeiten und Grenzen eigenverantwortlichen Handelns in der abhängigen Arbeit, Frankfurt am Main, 1994.
Wente, Jürgen: Informationelles Selbstbestimmungsrecht und absolute Drittwirkung der Grundrechte, NJW 1984, S. 1446-1447.
Westermann, Harm-Peter (Hrsg.): Bürgerliches Gesetzbuch, Handkommentar mit EGBGB, ErbbauVO, HausratsVO, LPartG, ProdHaftG, UKlaG, VAHRG und WEG, Band I: §§ 1-811 BGB und UKlaG, 11. Aufl., Münster, Köln, 2004. Zit.: Erman-Bearbeiter.
Wichmann, Fritz: Der Schmerzensgeldanspruch im Arbeitsverhältnis, AuR 1975, S. 105-107.
Wiedemann, Herbert: Das Arbeitsverhältnis als Austausch- und Gemeinschaftsverhältnis, Karlsruhe, 1966.
Ders.: Zur culpa in contrahendo beim Abschluß des Arbeitsvertrages, in: Festschrift für Wilhelm Herschel zum 85. Geburtstag, Peter Hanau, Gerhard Müller, Herbert Wiedemann, Otfried Wlotzke in Verbindung mit dem Deutschen Arbeitsgerichtsverband e. V. (Hrsg.), München, 1982, S. 463-481. Zit.: Wiedemann, FS Herschel.
Wiese, Günther: Gibt es ein Recht auf Nichtwissen? – Dargestellt am Beispiel der genetischen Veranlagung von Arbeitnehmern, in: Festschrift für Hubert

Niederländer zum siebzigsten Geburtstag am 10. Februar 1991, Erik Jayme, Adolf Laufs, Karlheinz Misera, Gert Reinhart, Rolf Serick (Hrsg.), Heidelberg, 1991, S. 475-488. Zit.: Wiese, FS Niederländer.

Ders.: Der personale Gehalt des Arbeitsverhältnisses, ZfA 1996, S. 329-479.

Ders.: Kein Anspruch auf Entschädigung des immateriellen Schadens in Geld wegen Verletzung eines Persönlichkeitsrechts bei gleichzeitiger Vertragsverletzung?, DB 1975, S. 2309-2312.

Ders: Der Persönlichkeitsschutz des Arbeitnehmers gegenüber dem Arbeitgeber, ZfA 1971, S. 273-317.

Wiethölter, Rudolf: Rechtswissenschaft, Frankfurt am Main, Hamburg, 1968.

Ders.: Der Rechtfertigungsgrund des verkehrsrichtigen Verhaltens, Eine Studie zum zivilrechtlichen Unrecht, Karlsruhe 1960.

Wilde, Christian Peter: Amtshilfe und Datenschutz im Lichte des Volkszählungsurteil des Bundesverfassungsgerichts, BayVBl. 1986, S. 230-239.

Windolph, Albert: Die Resozialisierung und das Bekanntwerden von Vorstrafen im öffentlichen und zivilen Bereich, DB 1966, S. 579-582.

Wlotzke, Otfried: Die arbeitsrechtliche Gesetzgebung in der 7. Legislaturperiode des Deutschen Bundestags, AuR 1974, S. 1-10.

Wohlgemuth, Hans H.: Datenschutz für Arbeitnehmer, Eine systematische Darstellung, 2. Aufl., Neuwied, 1988.

Ders.: Grundlagen des individualrechtlichen Arbeitnehmer-Datenschutzes, in: Arbeitsrecht und Sozialpartnerschaft, Festschrift für Peter Hanau, Udo Isenhardt, Ulrich Preis (Hrsg.), Köln, 1999, S. 329-244. Zit.: Wohlgemuth, FS Hanau.

Ders.: Fragerecht und Erhebungsrecht – Zu den Grenzen des Informationsbeschaffungsrechts des Arbeitgebers, AuR 1992, S. 46-50.

Ders.: Ausgewählte Probleme des Arbeitnehmerdatenschutzes, AuR 1985, S. 239-246.

Ders.: Darf der Arbeitgeber ein Führungszeugnis anfordern?, DB 1985, Beilage 21, S. 1-11.

Ders.: Auswirkungen des „Volkszählungsurteils" auf den Arbeitnehmerdatenschutz, Informationelles Selbstbestimmungsrecht und Personaldatenverarbeitung, BetrR 1985, S. 5-10.

Ders.: Grenzen der Personaldatenverarbeitung – Mitbestimmung des Betriebsrats nach § 87 Abs. 1 Ziff. 6 BetrVG, AuR 1984, S. 257-263.

Ders.: Rechtliche Grenzen der Informationsgewinnung durch den Arbeitgeber, BB 1980, S. 1530-1536.

Wohlgemuth, Hans H. / Mostert, Michael: Rechtsfragen der betrieblichen Telefondatenverarbeitung, AuR 1986, S. 138-146.

Wolf, Ernst: Das Arbeitsverhältnis, Personenrechtliches Gemeinschaftsverhältnis oder Schuldverhältnis, Marburg, 1970.

Wolf, Manfred: Gerichtliches Verfahrensrecht, Darstellung des Zivilprozesses mit vergleichender Beleuchtung von Strafprozeß und Verwaltungsgerichtsprozeß, Hamburg, 1978.

Ders.: Rechtsgeschäftliche Entscheidungsfreiheit und vertraglicher Interessenausgleich, Diss. Jur. Tübingen, 1970.

Wolff, Hans J. / Bachof, Otto / Stober, Rolf: Verwaltungsrecht, Band 1, Ein Studienbuch, 11. Aufl., München, 1994.

Wüst, Günther: Die Interessengemeinschaft, Ein Ordnungsprinzip des Privatrechts, Frankfurt am Main, 1958.

Zeiss, Walter: Schadensersatzpflichten aus prozessualem Verhalten, NJW 1967, S. 703-709.

Zeller, Sven: Die arbeitsrechtlichen Aspekte des Personalfragebogens als Mittel der Personalauswahl, BB 1987, S. 1522-1528.

Zöllner, Wolfgang: Daten- und Informationsschutz im Arbeitsverhältnis, Köln, Berlin, Bonn, München, 1982.

Ders.: Rechtspolitische Grundfragen zur Neuregelung der Begründung von Arbeitsverhältnissen, in: Verhandlungen des 52. Deutschen Juristentags, Wiesbaden 1978, Ständige Deputation des Deutschen Juristentags (Hrsg.), Band I: Gutachten, München, 1978, Teil D, S. 103-112. Zit.: Zöllner, 52. DJT.

Ders.: Arbeitsrecht und Marktwirtschaft, ZfA 1994, S. 423-437.

Ders.: Die gesetzgeberische Trennung des Datenschutzes für öffentliche und private Datenverarbeitung, RDV 1985, S. 3-16.

Ders.: Die Nutzung von DV-gestützter Personalinformationssysteme im Schnittpunkt von Datenschutzrecht und Betriebsverfassung, DB 1984, S. 241-246.

Zöllner, Wolfgang / Loritz, Karl-Georg: Arbeitsrecht, Ein Studienbuch, 5. Aufl., München, 1998.

Zuber, Jörg: Das Abmahnungserfordernis vor Ausspruch verhaltensbedingter Kündigungen, NZA 1999, S. 1142-1144.

Zweigert, Konrad: „Rechtsgeschäft" und „Vertrag" heute, in: Ius Privatum Gentium, Festschrift für Max Rheinstein zum 70. Geburtstag am 5. Juli 1969, Band II: Nationales und vergleichendes Privatrecht, Ernst von Caemmerer, Sonia Mentschikoff, Konrad Zweigert (Hrsg.), Tübingen, 1969, S. 493-504. Zit.: Zweigert, FS Rheinstein, Band II.

Stichwortverzeichnis

Die angegebenen Fundstellen beziehen sich auf die Seitenzahlen;
Hauptfundstellen sind im Druck hervorgehoben.

Schriften zum Arbeitsrecht und Wirtschaftsrecht

Herausgegeben von Abbo Junker

- Band 1 Christoph-N. Lerche: Der Europäische Betriebsrat und der deutsche Wirtschaftsausschuß. Eine vergleichende Analyse der betrieblichen Mitwirkung der Arbeitnehmer vor dem Hintergrund der Globalisierung der Märkte. 1997.
- Band 2 Christian Walter Mecke: Zur rechtlichen Verbindlichkeit kollektiver Vereinbarungen in England. 1997.
- Band 3 Katja Francke: Die betriebliche Mitwirkung der Arbeitnehmer in Belgien. Unter Berücksichtigung vergleichender Aspekte zum deutschen Betriebsverfassungsrecht. 1997.
- Band 4 Christian Schulze: Die Zulässigkeit einstweiliger Verfügungen gegen Betriebsänderungen. 1998.
- Band 5 Stefan Miersch: Die Rechtsfolgen mitbestimmungswidriger Maßnahmen für das Arbeitsverhältnis. Eine zivilrechtsdogmatische Untersuchung. 1998.
- Band 6 Heike Wegner: Internationaler Verbraucherschutz beim Abschluß von Timesharingverträgen: § 8 Teilzeitwohnrechtegesetz. 1998.
- Band 7 Julia Wichmann: Dienstleistungsfreiheit und grenzüberschreitende Entsendung von Arbeitnehmern. 1998.
- Band 8 Johann-Volker Peter: Société par actions simplifiée (S.A.S.). Die Vereinfachte Aktiengesellschaft in Frankreich, eine Rechtsform für die Kooperation von Unternehmen. 1999.
- Band 9 Sylvia Schnelle: Der Europäische Betriebsrat in Spanien. Zugleich eine Einführung in das spanische Recht der Arbeitnehmervertretung. 1999.
- Band 10 Viktoria Bornhagen: Die Zumutbarkeit als Rechtsgedanke im Arbeitsrecht. 1999.
- Band 11 Thorsten Schacht: Der Übereilungsschutz beim arbeitsrechtlichen Aufhebungsvertrag. Arbeitnehmerschutz bereits de lege lata? 2000.
- Band 12 Marcus Hellmann: Immobilienkauf nach spanischem Recht. 1999.
- Band 13 Nicolaus Johannes Ehinger: Die juristischen Personen des öffentlichen Rechts als herrschende Unternehmen. 2000.
- Band 14 Alexander Lentz: Das kollektive Arbeitsrecht der Republik Südafrika. Eine Untersuchung mit Bezügen zum deutschen Recht. 2000.
- Band 15 Michaela Brunssen: Der Arbeitgeberverbandswechsel. Tarifrechtliche und arbeitskampfrechtliche Konsequenzen. 2000.
- Band 16 Morten Petersenn: Das Recht des Grundstückskaufs in Südafrika. 2000.
- Band 17 Stefan Krüger: Die umwandlungsrechtliche Haftungsregelung bei der Betriebsaufspaltung und ihre Analogiefähigkeit. 2001.
- Band 18 Jürgen Kitzinger: Der GmbH-Geschäftsführer zwischen Arbeits- und Gesellschaftsrecht. Im Blickpunkt: Zuständigkeit der Arbeitsgerichte. 2001.
- Band 19 Anja Ruge: Die Lohnersatzansprüche ehemaliger Zwangsarbeiter gegen deutsche Industrieunternehmen. 2001.
- Band 20 Michael Knoll: Die Sozialauswahl im Arbeitsrecht. 2001.
- Band 21 Britta Albrecht: Mediation im Arbeitsrecht. Individualarbeitsrecht und Betriebsverfassungsrecht. 2001.
- Band 22 Annusch Barten: Das System der Arbeitnehmervertretung in Frankreich. 2001.
- Band 23 Diane Westera: Der Wiedereinstellungsanspruch nach wirksamer Kündigung. 2001.

Band 24 Kristin Doerlich: Die Tariffähigkeit der Gewerkschaft. Eine Analyse der Mächtigkeitsrechtsprechung des Bundesarbeitsgerichts im Lichte neuerer Erfahrungen. 2002.

Band 25 Tina Witten: Vertragsgestaltung und Gesetzesbindung im Recht der Zeitarbeit. 2002.

Band 26 Martin Hellfeier: Die Leistungszeit im Arbeitsverhältnis. Eine Untersuchung zum Fixschuldcharakter der Arbeitspflicht und zu den Folgen ihrer Nichterfüllung. 2003.

Band 27 Almut Maulshagen: Betriebliche Arbeitskampfregelungen. 2003.

Band 28 Maren Band: Tarifkonkurrenz, Tarifpluralität und der Grundsatz der Tarifeinheit. 2003.

Band 29 Manuela Schulz: Der Bereitschaftsdienst in öffentlich-rechtlich organisierten Krankenhäusern. Eine rechtliche Bewertung. 2003.

Band 30 Felix Benedikt: Die Kürzung von Tariflöhnen zur Sanierung. Eine verfassungskonforme Auslegung des § 3 III TVG entsprechend § 626 BGB. 2003.

Band 31 Tim Kaden: Individuelle Bündnisse für Arbeit und Günstigkeitsprinzip. 2003.

Band 32 Simone Kreiling: Die Erstreckung betrieblicher und betriebsverfassungsrechtlicher Tarifnormen auf Außenseiter. 2004.

Band 33 Carsten Beck: Betriebliche Mitbestimmung und Kündigungsschutz. Die Funktionen betrieblicher Mitbestimmung im und deren Einfluß auf den Kündigungsschutz nach dem KSchG. 2004.

Band 34 Jost Eder: Die Regelungsabrede als Alternative zur Betriebsvereinbarung bei der Gestaltung materieller Arbeitsbedingungen. 2004.

Band 35 Christian Pfab: Wirkungsweise und Reichweite tarifvertraglicher Öffnungsklauseln. 2004.

Band 36 Julia Amlang: Die unternehmerische Entscheidungsfreiheit bei *betriebsbedingten Kündigungen* im europäischen Rechtsvergleich. Kündigung aus wirtschaftlichen Gründen in Deutschland, Frankreich, Spanien, Großbritannien und Schweden. 2005.

Band 37 Alida Milthaler: Das Fragerecht des Arbeitgebers nach den Vorstrafen des Bewerbers. 2006.

www.peterlang.de

Peter Lang · Europäischer Verlag der Wissenschaften

Tanja Isabel Budde

Der Anstellungsbetrug

Täuschungen des Bewerbers im Arbeitsrecht, Beamtenrecht und Strafrecht

Frankfurt am Main, Berlin, Bern, Bruxelles, New York, Oxford, Wien, 2005. 262 S.
Europäische Hochschulschriften: Reihe 2, Rechtswissenschaft. Bd. 4124
ISBN 3-631-52883-3 · br. € 45.50*

Rechtsprechung und Literatur im Strafrecht differenzieren beim Anstellungsbetrug zwischen der Erschleichung einer Beamtenstellung und der Erschleichung eines Arbeitsverhältnisses und reduzieren die Probleme allein auf die Bestimmung des Vermögensschadens. Diese Untersuchung zeigt, dass der Anstellungsbetrug aber auch arbeits- und beamtenrechtliche Problemstellungen aufwirft. Zunächst werden daher die arbeitsrechtliche und die beamtenrechtliche Einstellungsentscheidung untersucht. Eine strafrechtliche Betrachtung des Anstellungsbetruges schließt sich an. Die im Hinblick auf die unterschiedliche Behandlung der Täuschung des Bewerbers im Arbeits-, Beamten- und Strafrecht auftretenden Wertungswidersprüche werden schließlich vor dem Hintergrund der Einheit der Rechtsordnung einer harmonisierenden neuen Lösung zugeführt.

Die Arbeit wurde 2004 mit dem Promotionspreis der Commerzbankstiftung ausgezeichnet.

Aus dem Inhalt: Die arbeitsrechtliche Einstellungsentscheidung · Fragerecht des Arbeitgebers · Offenbarungspflichten des Bewerbers · Konsequenzen der unzulässigen Frage des Arbeitgebers – Recht zur Lüge? · Die beamtenrechtliche Einstellungsentscheidung · Der Anstellungsbetrug in der strafrechtlichen Rechtsprechung und Literatur · Eigene harmonisierende Lösung zum Anstellungsbetrug

Frankfurt am Main · Berlin · Bern · Bruxelles · New York · Oxford · Wien
Auslieferung: Verlag Peter Lang AG
Moosstr. 1, CH-2542 Pieterlen
Telefax 00 41 (0) 32 / 376 17 27

*inklusive der in Deutschland gültigen Mehrwertsteuer
Preisänderungen vorbehalten

Homepage http://www.peterlang.de

FSC
www.fsc.org
MIX
Papier | Fördert gute Waldnutzung
FSC® C083411

Kolibri 360 GmbH
Ferdinand-Jühlke-Straße 7
99095 Erfurt, Deutschland
produktsicherheit@kolibri360.de

Druck:
CPI Druckdienstleistungen GmbH
im Auftrag der
Kolibri 360 GmbH
Ferdinand-Jühlke-Str. 7
99095 Erfurt